Einfachgesetzliche Präzisierung des verfassungsrechtlichen Funktionsauftrags des öffentlich-rechtlichen Rundfunks

STUDIEN UND MATERIALIEN ZUM ÖFFENTLICHEN RECHT

Herausgegeben von Herbert Bethge

Band 30

PETER LANG

Frankfurt am Main · Berlin · Bern · Bruxelles · New York · Oxford · Wien

Kai Thum

Einfachgesetzliche Präzisierung des verfassungsrechtlichen Funktionsauftrags des öffentlich-rechtlichen Rundfunks

Zugleich ein Beitrag zur Dogmatik der Rundfunkfreiheit

PETER LANG
Europäischer Verlag der Wissenschaften

Bibliografische Information der Deutschen Nationalbibliothek
Die Deutsche Nationalbibliothek verzeichnet diese Publikation in der Deutschen Nationalbibliografie; detaillierte bibliografische Daten sind im Internet über <http://www.d-nb.de> abrufbar.

Zugl.: Gießen, Univ., Diss., 2006

D 26
ISSN 1433-1500
ISBN 978-3-631-56385-4

www.peterlang.de

"First, we shape our structures, and afterwards our structures shape us."

Winston Churchill

Vorwort

Die vorliegende Arbeit wurde im Sommersemester 2006 von der Juristischen Fakultät der Justus-Liebig-Universität Gießen als Dissertation angenommen. Rechtsprechung und Literatur befinden sich auf dem Stand von Januar 2007. Die erst im März 2007 in Kraft tretenden Änderungen durch den 9. Rundfunkänderungsstaatsvertrag wurden jedoch bereits im Rahmen der Bearbeitung berücksichtigt.

An dieser Stelle möchte ich meinem Doktorvater Prof. Dr. Thomas Groß für die Begleitung und Betreuung meines Promotionsvorhabens sowie für die persönliche Unterstützung während meiner universitären Laufbahn besonderen Dank aussprechen. Des Weiteren danke ich Prof. Dr. Martin Eifert für die außerordentlich schnelle Erstellung des Zweitgutachtens. Weiterer Dank gebührt Prof. Dr. Herbert Bethge als Herausgeber dieser Schriftenreihe für die umgehende Aufnahme der Arbeit in die „*Studien und Materialien zum Öffentlichen Recht*“.

Sodann möchte ich Dr. Thomas Tschentscher und Dr. Norbert Nolte für ein Arbeitsumfeld in der Sozietät Freshfields Bruckhaus Deringer danken, das mir durch den thematischen Bezug zu meiner Dissertation sowie durch die Möglichkeit flexibler Zeiteinteilung und Arbeitsgestaltung die Finanzierung und Durchführung meines Promotionsvorhabens erheblich erleichtert hat. Des Weiteren danke ich dem Förderverein des Fachbereichs Rechtswissenschaft der Justus-Liebig-Universität Gießen für die finanzielle Unterstützung im Hinblick auf den angefallenen Druckkostenzuschuss.

Schließlich gilt es noch den Personen einen besonderen Dank auszusprechen, ohne die mir die Fertigstellung meiner Dissertation niemals möglich gewesen wäre: Mehr als nur Dank schulde ich an erster Stelle meiner Lebensgefährtin Nicole Hofmann, die mich in ihrer unvergleichlichen Art mit ihrer Liebe durch die höchsten Höhen und tiefsten Tiefen meines Promotionsverfahrens begleitet und mir dabei jede nur erdenkliche Rücksicht, Unterstützung und Geduld zukommen lassen hat. Meine Dankbarkeit für ihren Beistand vermögen Worte allein nicht auszudrücken.

Daneben möchte ich bei dieser Gelegenheit meinen Eltern, Karin Thum-Hock und Werner Thum, dafür danken, dass sie mich in meinem Leben in jeder erdenklichen Weise gefördert und mir durch ihre Liebe und Unterstützung meinen Weg durch Studium und Promotion überhaupt erst ermöglicht haben. Ihnen ist in Dankbarkeit für all die Jahre der Liebe und Fürsorge diese Arbeit gewidmet. Zu guter Letzt bin ich auch meinem Großvater, Fritz Janz, zu besonderem Dank für die für mich unverzichtbare finanzielle Unterstützung während Studium und Promotion verpflichtet.

Inhaltsverzeichnis

kommunikation in der intendierten Rolle teilnehmen zu können.[129] Kernelement des Arbeitens im Rundfunkbereich ist die eigenständige und freiverantwortliche Gestaltung, also das eigentliche Veranstalten und die Verbreitung des anstaltsspezifischen Programms. Rundfunkveranstalter haben daher vor allem das Recht, Auswahl, Gestaltung und Inhalt ihres Programms frei von externer Einflussnahme durch Dritte eigenverantwortlich auszusuchen und zu bestimmen und das so erstellte Programm nach eigenem Gutdünken zu verbreiten.[130] Geschützt ist in diesem Zusammenhang der gesamte Prozess ausgehend von der studiotechnischen Herstellung und Gestaltung einzelner Inhalte, über die für das Programm typische Auswahl und Zusammenstellung der Folge der Beiträge bis hin zur technischen Weiterleitung des erstellten Programms oder der anderweitigen Verwertung der produzierten Inhalte.[131] Allgemein formuliert gewährt Art. 5 Abs. 1 S. 2 GG den Rundfunkveranstaltern die Freiheit, autonom zu bestimmen, wie sie ihre publizistische Aufgabe wahrnehmen wollen. Die programmlichen Entscheidungen dürfen nicht fremdbestimmt sein, sondern werden innerhalb des verfassungsrechtlich gewährten Autonomiebereiches eigenverantwortlich getroffen.[132] Vor diesem Hintergrund lässt sich prägnant zusammenfassen: Rundfunkfreiheit ist im Kern Programmfreiheit.[133] Diese spezifische Freiheit soll die Rundfunkveranstalter insgesamt davor bewahren, durch heteronome Einflüsse gelenkt zu werden und so nicht mehr objektiv und unabhängig operieren zu können. *Herrmann* beschreibt deshalb die verfassungsrechtliche Programmfreiheit als „Chance freier Programmarbeit".[134] Letztlich soll so ein kreativer Freiraum verfestigt werden, durch den die medialen Funktionen, die der Rundfunk für die moderne Gesellschaft erbringen soll, funktionsangemessen erfüllbar werden. Der Gestaltungsspielraum der Rundfunkanstalten erschöpft sich dabei nicht allein in einem dem verwaltungsrechtlich anerkannten Beurteilungsspielraum vergleichbaren Maß, sondern Programmfreiheit soll nach der Interpretation des Bundesverfassungsgerichts ein viel weitergehendes Maß an Freiheit und Eigenständigkeit gewährleisten.[135]

Gegenständlich erstreckt sich der Schutz der Rundfunkfreiheit nicht allein auf reine Sachinformationen; über sie hinaus wird jedwede Sendeform im Rahmen der Pro-

---

[129] *Bornemann/Hepbach* K&R 2004, 317, 320; *Bethge*, Verfassungsrechtliche Position, S. 33 f.; *Herrmann/Lausen*, Rundfunkrecht, Kap. 7 Rz. 16.

[130] BVerfGE 87, 181, 201; 90, 60, 87; *Jarass* AfP 1998, 133, 138; *Scheble* ZUM 1995, 383, 385; *Jarass*, in: Jarass/Pieroth, Art. 5 GG Rz. 35; *Bethge*, Verfassungsrechtliche Position, S. 32; *Ricker/Schiwy*, Rundfunkverfassungsrecht, Teil F Rz. 1; *Herrmann/Lausen*, Rundfunkrecht, Kap. 10 Rz. 30.

[131] BVerfGE 77, 65, 74; 91, 125, 134; 103, 44, 59; *Bethge* NVwZ 1997, 1, 4; *Jarass* AfP 1998, 133, 137; *Hartstein, u.a.*, Teil B5, Vor § 11 RfStV Rz. 14; *Degenhart*, in: Bonner Kommentar, Art. 5 GG Rz. 734 mwN; *Hoffmann-Riem*, Regulierung, S. 111; zum Umfang des Programmfreiheit detailliert *Eifert*, Programmauftrag, S. 87 f.

[132] BVerfGE 90, 60, 87; 97, 228, 268; 97, 298, 310; *Bethge* DÖV 2002, 673, 673; *Hartstein, u.a.*, Teil B5, Vor § 11 RfStV Rz. 14; *Eifert*, Programmauftrag, S. 30; *Hoffmann-Riem*, Regulierung, S. 201.

[133] BVerfGE 59, 231, 258; 87, 181, 201; 90, 60, 87; 95, 220, 234; 97, 298, 310; *Bethge*, in: Sachs, Art. 5 GG Rz. 96 Fn. 301 mwN; *Degenhart*, in: Bonner Kommentar, Art. 5 GG Rz. 733 mwN; *Jarass*, in: Jarass/Pieroth, Art. 5 GG Rz. 35; *Schulze-Fielitz*, in: Dreier, Art. 5 I, II GG Rz. 103.

[134] *Herrmann/Lausen*, Rundfunkrecht, Kap. 10 Rz. 31.

[135] *Hartstein, u.a.*, Teil B5, Vor § 11 RfStV Rz. 35.

grammgestaltung geschützt. Neben dem Bereich der Information sind auch nicht sachbezogene Inhalte aus Bildung, Beratung und Unterhaltung durch die Programmfreiheit geschützt.[136] Insbesondere für den Bereich der Unterhaltung hat das Bundesverfassungsgericht herausgearbeitet, dass diese teilweise die öffentliche Meinungsbildung sogar stärker beeinflussen kann als Sachinformation.[137] Im Übrigen wäre eine solche Differenzierung nach schützenswerten und nicht schützenswerten Inhalten im Normgefüge des Art. 5 Abs. 1 GG ein Fremdkörper. Pressefreiheit und Rundfunkfreiheit verlangen nach einer wesensmäßigen Gleichstellung.[138] Auslöser eines Schutzes durch die Rundfunkfreiheit darf nicht die Qualität des Inhaltes, sondern muss dessen potenzielle Relevanz für den Prozess individueller und öffentlicher Meinungsbildung sein. Jede qualitative Unterscheidung liefe im Ergebnis auf eine staatliche Bevorzugung oder Lenkung hinaus.[139] Grundrechtsschutz muss im Verfassungsgefüge stets möglichst umfänglich sein, um die Freiheit des Einzelnen allein dort zu beschränken, wo rechtliche Grenzen der Beschränkbarkeit klar definierbar sind. Eine Qualifizierung entlang der „tradierten Aufgabentrias Information, Bildung und Unterhaltung“[140] könnte dem nicht genügen: Vielmals würden sich klare Einteilungen der Inhalte kaum vornehmen lassen, weil sie mehreren Bereichen zugleich zuordenbar wären.[141]

Die Konstruktion des Bundesverfassungsgerichts geht jedoch über diese Bedeutung der Rundfunkfreiheit als klassisches Freiheitsrecht bis hin zu deren vollständiger Negierung hinaus. Das argumentative Fundament der Interpretation der Rechtsprechung fußt dabei auf der Erkenntnis, dass die Freiheit des Rundfunks für das Funktionieren der modernen Gesellschaft von eminenter Bedeutung ist. Das Gericht höchstselbst geht dabei von einer für die funktionierende Demokratie schlechthin konstituierenden Stellung des Massenmediums Rundfunk aus und bezeichnet seine Existenz als “unentbehrlich“.[142] Der Rundfunk sei eben nicht bloß Medium, sondern zugleich auch Faktor des Prozesses individueller und öffentlicher Meinungsbildung.[143] Daran knüpft die Konsequenz an, dass die Qualität der Rundfunkfreiheit – abweichend von der Grundkonzeption der Grundrechte – diejenige eines Funktionsgrundrechts ist, welches funktional auf die Gewährleistung freier, individueller und öffentlicher Meinungsbildung gerichtet ist.[144] Die Rundfunkfreiheit sei so vornehmlich eine institutionelle, objektiv zu verstehende Freiheit, die nicht dem freien Spiel der Kräfte ausgesetzt sein darf.[145]

---

[136] BVerfGE 35, 202, 222; 101, 361, 389 f.; *Schulze-Fielitz*, in: Dreier, Art. 5 I, II GG Rz. 104, *Starck*, in: vMangoldt/Klein/Starck, Art. 5 I, II GG Rz. 104; *Hartstein, u.a.*, Teil B5, Vor § 11 RfStV Rz. 14.

[137] BVerfGE 35, 202, 222; 101, 361, 389 f.; *Ladeur* M&K 2000, 93, 96.

[138] BVerfGE 35, 202, 222.

[139] BVerfGE 101, 361, 389 f.; *Ricker/Schiwy*, Rundfunkverfassungsrecht, Teil F Rz. 4; *Gersdorf*, Rundfunkrecht, Rz. 91.

[140] *Herrmann/Lausen*, Rundfunkrecht, Kap. 10 Rz. 34.

[141] Plakative Beispiele finden sich bei *Herrmann/Lausen*, Rundfunkrecht, Kap. 10 Rz. 35.

[142] BVerfGE 12, 205, 260.

[143] BVerfGE 12, 205, 260.

[144] *Badura*, in: FS Knöpfle, 1, 4 mwN; *Gersdorf*, Rundfunkrecht, Rz. 62.

[145] BVerfGE 12, 205, 259 f.; 31, 314, 325 f.; 90, 60, 87; *Bethge*, in: Sachs, Art. 5 GG Rz. 96; *A. Hesse*, Rundfunkrecht, Kap. 2 Rz. 43.

Der so konstruierte dienende Charakter des Grundrechts bringt erhebliche Konsequenzen für die Auslegung der Rundfunkfreiheit einerseits, aber auch für die Anwendung der strukturellen Vorgaben durch den Rundfunkgesetzgeber andererseits mit sich. Bevor diese Besonderheiten näher erläutert werden, gilt es das dogmatische Sondermodell, welches das Bundesverfassungsgericht zur Rundfunkfreiheit entwickelt hat, vor dem Hintergrund der modernen Grundrechtsdogmatik eingehender zu betrachten.

C. Dogmatische Fundierung

I. Grundrechtsdogmatische Ausgangslage

Konzeptionell waren und sind die Grundrechte als subjektive Abwehrrechte des Individuums gegenüber dem Staat vorgesehen.[146] In der Tradition des Liberalismus sollen sie dem Einzelnen einen Bereich individueller Freiheit absichern, innerhalb welchem dieser vor staatlichen Eingriffen geschützt bleibt. Auch heute noch ist als Ausfluss dieses klassischen, liberalen Grundrechtsverständnisses die originäre, wesentliche Funktion eines Grundrechts diejenige eines Freiheitsrechts. Ausgehend von der ursprünglichen Wirkrichtung hat sich aber in der neueren Grundrechtsdogmatik ein Wandel im Verständnis der Grundrechte vollzogen.[147] Aufgrund der Komplexität der gesellschaftlichen Strukturen, die zum Zeitpunkt der Verfassungsgebung für den Verfassungsgesetzgeber nicht vorhersehbar war, ist es im modernen Staat kaum mehr ausreichend, wenn sich die Bedeutung der Grundrechte in ihrer originären Funktion erschöpft. Rein subjektiv verstandene Freiheiten vermögen allein nicht mehr die Freiheit der Person adäquat zu sichern. In Reaktion auf diese Erkenntnis sind vielfach funktionale Erweiterungen der Wirkrichtungen der Grundrechte vorgenommen worden.[148] So konstituieren die Grundrechte über ihre originäre, subjektiv-abwehrrechtliche Dimension hinaus ein objektiv-rechtliches Wertesystem.[149] Dieses objektive Fundament durchdringt in seiner Allgemeingültigkeit das gesamte Rechtssystem. Weitere anerkannte objektive Erweiterungen sind die mittelbare Drittwirkung der Grundrechte, Schutzpflichten so-

---

[146] BVerfGE 7, 198, 204; 50, 290, 336 f.; 68, 193, 205; *Schapp* JZ 1998, 913, 915 f.; *Böckenförde* NJW 1974, 1529, 1530 ff.; *Dreier* Jura 1994, 505, 505 f.; *Jarass* AöR 120 (1995), 345, 347; *Schlink* EuGRZ 1984, 457, 457 f.; *Gostomzyk* JuS 2004, 949. 950; *von Münch*, in: vMünch/Kunig, Vorb. Art. 1-19 GG Rz. 16; *Stern*, Staatsrecht, 68 V 2, S. 833 f.; *Dreier*, Dimensionen, S. 27; *I-sensee*, in: Isensee/Kirchhof, HbdStR, § 111 Rz. 11; *Dietlein*, Schutzpflichten, S. 51; *O. Klein*, Fremdnützige Freiheitsgrundrechte, S. 35 f.

[147] *Jarass*, AöR 120 (1995), 345, 347; *Gostomzyk* JuS 2004, 949. 950; *Alexy* Der Staat 29 (1990), 49, 49; *Thum* AfP 2005, 30, 30; *von Münch*, in: vMünch/Kunig, Vorb. Art. 1-19 GG Rz. 17; *Lerche*, in: Isensee/Kirchhof, HbdStR, § 121 Rz. 6.

[148] *Jarass*, AöR 120 (1995), 345, 347; *Dreier* Jura 1994, 505, 513; *Alexy* Der Staat 29 (1990), 49, 49; *K. Hesse* JZ 1995, 265, 266 f.; *von Münch*, in: vMünch/Kunig, Vorb. Art. 1-19 GG Rz. 17; *Sachs*, in: Sachs, Vor Art. 1 GG Rz. 31 ff.; *Isensee*, in: Isensee/Kirchhof, HbdStR, § 115 Rz. 136 ff.; *Dietlein*, Schutzpflichten, S. 51; rundfunkspezifisch vgl. *Bethge*, in: Sachs, Art. 5 GG Rz. 12; *A. Hesse*, Rundfunkrecht, Kap. 2 Rz. 46.

[149] BVerfGE 7, 198, 204 f.; 21, 362, 371 f.; 33, 303, 330; 35, 79, 112; 39, 1, 41 (st. Rspr.); *Dreier* Jura 1994, 505, 509 ff.; *Jeand'Heur* JZ 1995, 161, 162 f.; *Schapp* JZ 1998, 913, 914 f.; *Schlink* EuGRZ 1984, 457, 463 f.; *Gostomzyk* JuS 2004, 949, 949; *Badura*, in: Isensee/Kirchhof, HbdStR, § 159 Rz. 29 ff.

wie die Sicherung der Voraussetzungen der Grundrechtsausübung durch institutionelle Garantien oder durch Schutz durch Organisation und Verfahren.[150] Für den im Rahmen dieses Kapitels zu erörternden Kontext der Rundfunkfreiheit ist allein letztere von erhöhter Relevanz.

1. Grundrechte als institutionelle Garantien

Objektive Erweiterungen ihrer Wirkrichtung haben die Grundrechte insbesondere auch durch das objektiv-institutionelle Grundrechtsverständnis erfahren: Nach diesem können Grundrechte die verfassungsrechtliche Gewährleistung freiheitlich geordneter und ausgestalteter Lebensbereiche beinhalten, die den Kerngehalt des Grundrechts effektuieren und sich nicht allein auf das Verhältnis zwischen Bürger und Staat reduzieren lassen.[151] *Böckenförde* geht in diesem Kontext vom Charakter des Grundrechts als „objektives Ordnungsprinzip" aus.[152] Bei bestimmten Grundrechten kann damit komplementär neben die originäre Funktion als freiheitliches Abwehrrecht die objektive Garantie von Einrichtungen bestimmter komplexer Institute und Institutionen treten (so zum Beispiel das Institut des Eigentums in Art. 14 GG oder die Institution des Berufsbeamtentums als solche in Art. 33 Abs. 5 GG). Allerdings kann die objektive Erweiterung nie mehr als eine Ergänzung sein; die originäre, vom Verfassungsgeber intendierte Funktion der Grundrechte darf nicht bis zu Unkenntlichkeit deformiert werden, denn Grundrechte dienen zuvorderst dem Schutz des Einzelnen und eben nicht der Garantie objektiver Ordnungen.[153] Das objektiv-institutionelle Grundrechtsverständnis führt dann dazu, dass der Kernbestandteil der gewährten Freiheiten des Grundrechts vom Staat in seinem Bestand geschützt und gewährleistet werden muss.[154] Den Staat trifft die objektiv-rechtliche Pflicht, die notwendigen Rahmenbedingungen für die Ausübung der Freiheitsgarantie zu schaffen. Zwar ist dieses Verständnis in der neueren Grundrechtsdogmatik dem Grunde nach anerkannt; nichtsdestotrotz ist seine Anwendung im spezifischen Kontext einzelner Grundrechte durchaus erheblicher Kritik ausgesetzt: So wird beispielsweise für die ebenfalls im Normgefüge des Art. 5 GG verankerte Pressefreiheit die Existenz einer Einrichtungsgarantie der freien Presse kontrovers diskutiert.[155]

---

[150] *Gostomzyk* JuS 2004, 949, 949; *Alexy* Der Staat 29 (1990), 49, 49 mwN; *Jarass*, in: FS 50 Jahre BVerfG II, 35, 39 ff.; *Bethge*, in: Sachs, Art. 5 GG Rz. 12; *Dreier*, Dimensionen, S. 43 f.

[151] *Böckenförde* NJW 1974, 1529, 1532; *Rupp* AöR 101 (1976), 161, 165 ff.; *von Münch*, in: vMünch/Kunig, Vorb. Art. 1-19 GG Rz. 23; *Sachs*, in: Sachs, Vor Art. 1 GG Rz. 30; *Häberle*, Wesensgehaltsgarantie, S. 70 f.; zu den Kommunikationsfreiheiten: *Hoffmann-Riem*, in: Benda/Maihofer/Vogel, Verfassungsrecht, § 7 Rz. 1.

[152] *Böckenförde* NJW 1974, 1529, 1532.

[153] BVerfGE 50, 290, 337; *Alexy* Der Staat 29 (1990), 49, 61; *Kull*, in: FS Lerche, 663, 669; *Starck*, in: vMangoldt/Klein/Starck, Art. 1 III GG Rz. 181; *Gersdorf*, Rundfunkrecht, Rz. 66; *O. Klein*, Fremdnützige Freiheitsgrundrechte, S. 35 f.

[154] *Ladeur* AfP 1998, 141, 142; *Thum* AfP 2005, 30, 31; *Böckenförde* NJW 1974, 1529, 1532 f.; *Jarass* AöR 110 (1985), 363, 390; *Sachs*, in: Sachs, Vor Art. 1 GG Rz. 30; *Starck*, in: vMangoldt/Klein/Starck, Art. 1 III GG Rz. 174 f.; *O. Klein*, Fremdnützige Freiheitsgrundrechte, S. 36 f.; grundlegend *Häberle*, Wesensgehaltsgarantie, S. 70 ff., 116 ff.

[155] Für ein Institut der freien Presse BVerfGE 8, 104, 112; 20, 162, 175 f.; 66, 116, 133; 80, 124, 133; BVerwGE 47, 247, 252; 70, 310, 311; *Bullinger*, in: Isensee/Kirchhof, HbdStR, §142 Rz. 36;

Die Grundintention der Absicherung eines unantastbaren Kernbereiches eines Grundrechtes durch eine objektive Garantie eben dieser Kernfunktionen führt im positiven Sinn dazu, dass dieser „besondere" Kernbereich im Verfassungsgefüge fest verankert wird. Allerdings treten umgekehrt betrachtet auch gegenteilige Effekte auf: Der Schutz der Kernfunktionen bedingt, dass dessen Bedeutung auch von dem von der objektiven Garantie selbst Begünstigten besonders berücksichtigt werden muss. Demnach unterliegt regelmäßig auch der Begünstigte bedingt durch die objektive Garantie einer erhöhten Pflichtenbindung (so erwächst beispielsweise für die Presse aus der Institutionalisierung der freien Presse die Pflicht zur objektiven Berichterstattung und zu journalistischer Sorgfalt).[156] Darüber hinaus muss der abgesicherte Kernbereich bei Abwägungsvorgängen vorrangig Berücksichtigung finden; die originäre Freiheit muss dann häufig zugunsten der objektiven Garantie eingeschränkt werden.[157] Letztlich steht die originäre, subjektive Freiheitsgewährleistung so „unter dem Vorbehalt der objektiv-institutionellen Grundrechtsfunktion".[158] Das Individuum wird im Ergebnis weniger geschützt als ohne die Verobjektivierung, weil das ursprüngliche Freiheitsrecht unter dem Deckmantel des angeblichen, besonderen objektiven Schutzes zulasten des zu schützenden Individuums beschnitten wird. Die originäre, abwehrrechtliche Dimension wird damit durch die objektive Garantie zumindest teilweise entwertet. Die objektiv-rechtliche Erweiterung soll aber gerade eine die originäre Dimension verstärkende Wirkung mit sich bringen.[159] Anderenfalls stünde die originäre Freiheit gerade aufgrund der Objektivierung zur Disposition des Gesetzgebers, womit de facto die autonome Selbstbestimmung des Grundrechtsträgers geschwächt und im Ergebnis das Wesen der originären, grundrechtlichen Freiheit verkannt wird.[160]

Die objektiv-rechtliche Pflicht des Staates, die notwendigen Rahmenbedingungen für die freiheitliche Ausübung zu schaffen, bedingt weiter, dass einfachgesetzliche Ausgestaltungen des Gesetzgebers in Erfüllung dieser Pflicht zumindest teilweise auch erhöhtem Grundrechtsschutz unterstellt werden.[161] Diese Privilegierung soll den erwünschten Status Quo für die Zukunft absichern und mittelbar verfassungsrechtlich

---

Bethge, in: Sachs, Art. 5 GG Rz. 72; *Schulze-Fielitz*, in: Dreier, Art. 5 I, II GG Rz. 175 f.; ablehnend *H. H. Klein* Der Staat 20 (1981), 177, 187; *Herzog*, in: Maunz/Dürig, Art. 5 GG Rz. 11 f.; zum Streitstand ausführlich *Thum* AfP 2005, 30, 31 f.; *Stern*, Staatsrecht, 68 V 2, S. 836 f. Fn. 428.

[156] *Böckenförde* NJW 1974, 1529, 1533; *von Münch*, in: vMünch/Kunig, Vorb. Art. 1-19 GG Rz. 24; zur Pflichtenbindung der Presse vgl. *Bullinger*, in: Isensee/Kirchhof, HbdStR, §142 Rz. 78-80.

[157] *Böckenförde* NJW 1974, 1529, 1533; *von Münch*, in: vMünch/Kunig, Vorb. Art. 1-19 GG Rz. 24 mwN; exemplarisch für die Presse vgl. BVerfGE 66, 116, 138 ff.; auch *Bullinger*, in: Isensee/Kirchhof, HbdStR, §142 Rz. 43 f.; für die Institution des Ersatzschulwesens BVerfGE 75, 40, 40 ff.; auch *Jeand'Heur* JZ 1995, 161, 164 f.

[158] *Jeand'Heur* JZ 1995, 161, 164 f.; *Alexy* Der Staat 29 (1990), 49, 50; *Sachs*, in: Sachs, Vor Art. 1 GG Rz. 65.

[159] *Ladeur* AfP 1998, 141, 142; *Starck*, in: vMangoldt/Klein/Starck, Art. 1 III GG Rz. 181; *O. Klein*, Fremdnützige Freiheitsgrundrechte, S. 37.

[160] *Sachs*, in: Sachs, Vor Art. 1 GG Rz. 65; *Starck*, in: vMangoldt/Klein/Starck, Art. 1 III Rz. 171; *H. H. Klein*, Rundfunkfreiheit, S. 48 f.

[161] *Böckenförde* NJW 1974, 1529, 1533; *Alexy* Der Staat 29 (1990), 49, 50; *von Münch*, in: vMünch/Kunig, Vorb. Art. 1-19 GG Rz. 24 mwN.

verankern. Damit werden zum einen in fragwürdigerweise einfachgesetzliche Normen zumindest mittelbar in den Rang des Verfassungsrechts erhoben, zum anderen auch dem Gesetzgeber ein erweiterter Handlungsspielraum zugebilligt. Die in Erfüllung der gesetzgeberischen Pflicht erlassenen Gesetze sind nicht mehr als Grundrechtsbeschränkungen einzustufen, sondern als Ausgestaltungen der Freiheit, die geringeren Anforderungen als Beschränkungen genügen müssen.[162] Solchermaßen ist bei Ausgestaltungen eine Beschneidung der individuellen Freiheit leichter zulässig. Im Ergebnis führen diese Tendenzen ebenso wie die oben bereits dargelegten zu einer Verminderung der originären Schutzdimension der Grundrechte als Abwehrrechte.

2. Grundrechte als Organisations- und Verfahrensgarantien

Objektiv-rechtliche Erweiterungen dieser Art beruhen auf der Grundannahme, dass Grundrechtsverwirklichung und Grundrechtssicherung eine Interpretation der Grundrechte als Organisationsmaximen und Verfahrensgarantien bedingen.[163] Im Fokus der Verobjektivierung liegt die Intention, der Gefahr einer Entwertung des materiellen Grundrechtskerns durch positive Ausgestaltung und rücksichtvolle Anwendung zugrunde liegender Rechtsnormen durch den Staat entgegen zu wirken.[164] Einerseits bedürfen die Grundrechte zur Durchsetzung der materiellen Wirkrichtung staatlicher Organisation und Verfahren, auf der anderen Seite sind es gerade diese, die – im Lichte des in Frage stehenden Grundrechts interpretiert – den Grundrechtsschutz maßgeblich intensivieren. Dem materiellen Kern eines Grundrechts werden daher Konsequenzen für Auslegung und Anwendung des Grundrechts, aber auch für die Gestaltung des Verfahrens- und Organisationsrechts entnommen.[165] Nach Maßgabe dieses Grundrechtsverständnisses hat der Staat eine Infrastruktur zu gewährleisten, innerhalb der durch prozedurale Vorkehrungen der Grundrechtsschutz intensiviert und gesichert wird.[166] Objektive Erweiterungen in diesem Sinn sind dort anzustreben, wo aufgrund der Komplexität eines Regelungsbereiches Organisation zum entscheidenden Faktor der Sicherung der Freiheit und damit der Grundrechtssicherung allgemein wird.[167] Der

---

162 *Böckenförde* NJW 1974, 1529, 1532 f.; *Jarass* AöR 110 (1985), 363, 390 f.; *von Münch*, in: vMünch/Kunig, Vorb. Art. 1-19 GG Rz. 24; *Isensee*, in: Isensee/Kirchhof, HbdStR, § 115 Rz. 142.

163 *Dreier* Jura 1994, 505, 511 f.; *K. Hesse* EuGRZ 1978, 427, 434; *Denniger*, in: Isensee/Kirchhof, HbdStR, § 113 Rz. 5 ff.; *von Münch*, in: vMünch/Kunig, Vorb. Art. 1-19 GG Rz. 25 mwN; *Starck*, in: vMangoldt/Klein/Starck, Art. 1 III GG Rz. 199 f.; *Lerche*, in: Isensee/Kirchhof, HbdStR, § 121 Rz. 5 f. mwN; etwas anders *Jarass* AöR 120 (1995), 345, 353 f., der diese Komponente nicht als eigenständige Funktion, sondern als Erweiterung der bestehenden Dimensionen der Grundrechte auffasst; zur Rechtsprechung vgl. *Sachs*, in: Sachs, Vor Art. 1 GG Rz. 34 Fn. 67.

164 BVerfGE 35, 79, 114; 63, 131, 143; 69, 315, 355; *Gostomzyk* JuS 2004, 949, 951; *Dreier* Jura 1994, 505, 511; *K. Hesse* EuGRZ 1978, 427, 435; *von Münch*, in: vMünch/Kunig, Vorb. Art. 1-19 GG Rz. 25 mwN.

165 *Sachs*, in: Sachs, Vor Art. 1 GG Rz. 34; *Denniger*, in: Isensee/Kirchhof, HbdStR, § 113 Rz. 35 f.

166 *Sachs*, in: Sachs, Vor Art. 1 GG Rz. 34; *Starck*, in: vMangoldt/Klein/Starck, Art. 1 III GG Rz. 202; *Denniger*, in: Isensee/Kirchhof, HbdStR, § 113 Rz. 18, 35.

167 BVerfGE 53, 50, 65 f.; 90, 60, 96; *Dreier* Jura 1994, 505, 512; *Bethge* NJW 1982, 1, 3 f.; *Denniger*, in: Isensee/Kirchhof, HbdStR, § 113 Rz. 28, 35; *Starck*, in: vMangoldt/Klein/Starck, Art. 1 III GG Rz. 202 f.

Gesetzgeber verhilft dabei dem in Frage stehenden Grundrecht mithilfe eines regulativen Rahmens zur Durchschlagskraft. *Bethge* bezeichnet diesen regulativen Rahmen daher als „organisierte Grundrechtssubstanz".[168] Solcher Schutz ist insbesondere dort geboten, wo eine faktische Situation vorliegt, in der grundrechtliche Freiheit nicht ohne staatliche Vorkehrungen entstehen kann. Deshalb wurden objektive Grundrechtserweiterungen auf der Grundlage des Grundrechtsverständnisses der Grundrechte als Verfahrensgarantien und Organisationsmaximen zumeist dort vorgenommen, wo faktische oder rechtliche Monopole des Staates vorlagen.[169]

So überzeugend diese objektive Erweiterung anmuten mag, so unterliegt sie doch auch einigen allgemeinen Kritikpunkten: Stets muss untersucht werden, ob ein Verständnis des jeweiligen Grundrechtes als Organisationsmaxime und Verfahrensgarantie aktuell zur Intensivierung des Schutzes noch erforderlich ist.[170] Gerade hinsichtlich der verfahrensrechtlichen Komponente kann eine solche Erweiterung allein zulässig sein, wenn die allgemeinen verfahrensrechtlichen Garantien im konkreten Fall ungenügenden Schutz vermitteln.[171] Jedenfalls dann, wenn allgemeine Grundrechte und Verfahrensgarantien einen effizienten Schutz gewährleisten können, muss eine objektiv-rechtliche Erweiterung ausscheiden. Vorsicht ist weiter dahingehend geboten, dass durch die Intensität der objektiv-rechtlichen Erweiterung eine Ausgangslage entsteht, in der der eigentliche subjektive Grundrechtsschutz in den Hintergrund tritt und materiell entkräftet wird.[172] Daher kann ein Verständnis der Grundrechte als Organisationsmaximen und Verfahrensgarantien immer nur komplementär zur originären Schutzrichtung hinzutreten, diese darf aber nie in den Hintergrund gedrängt werden.

3. Grenzen objektiver Grundrechtsgehalte

Insgesamt haben objektiv-rechtliche Erweiterungen stets die Wirkung einer Machtverschiebung hin zum Bundesverfassungsgericht, welches die Hoheit über Auslegung und Anwendung der Grundrechte genießt. Die Interpretation des Bundesverfassungsgerichts liefert dann die strukturellen Vorgaben, nach denen der parlamentarische Gesetzgeber handeln muss. Umgekehrt wird dadurch auch gleichzeitig der Gestaltungsspielraum des Gesetzgebers verfassungsgerichtlich beschnitten. Trotz nur geringer demokratischer Legitimation stilisiert ein objektiv-rechtliches Grundrechtsverständnis das Bundesverfassungsgericht zu einem „Quasi-Gesetzgeber". Eine zu starke Objektivierung des Grundrechtsschutzes führt so mit *Böckenförde* polemisch formuliert „vom parlamentarischen Gesetzgebungsstaat zum verfassungsgerichtlichen Jurisdiktionsstaat".[173] Schlussfolgerung dieser Erkenntnis kann dann nur sein, dass im Interesse der

---

[168] *Bethge* NJW 1982, 1, 4.

[169] Beispiel sind im Hochschulbereich die Wissenschaftsfreiheit, BVerfGE 35, 79, 115; und der Rundfunksektor, nur BVerfGE 12, 205, 262 f.; allgemein *Dreier* Jura 1994, 505, 511 f.; *Gostomzyk* JuS 2004, 949, 951; *von Münch*, in: vMünch/Kunig, Vorb. Art. 1-19 GG Rz. 26.

[170] *von Münch*, in: vMünch/Kunig, Vorb. Art. 1-19 GG Rz. 26; *Denniger*, in: Isensee/Kirchhof, HbdStR, § 113 Rz. 10.

[171] *von Münch*, in: vMünch/Kunig, Vorb. Art. 1-19 GG Rz. 27.

[172] BVerfGE 63, 131, 143; *Gostomzyk* JuS 2004, 949, 951; *Dolde* NVwZ 1982, 65, 69; *Denniger*, in: Isensee/Kirchhof, HbdStR, § 113 Rz. 10; rundfunkspezifisch *Bethge* NVwZ 1997, 1, 2.

[173] *Dreier* Jura 1994, 505, 513; *Böckenförde*, Grundrechtsdogmatik, S. 54 ff., 63 ff.

Vorgaben der Verfassung eine objektiv-rechtliche Interpretation der Grundrechte nur eine restriktiv anzuwendende, rechtfertigungsbedürftige Ausnahme unter dem Grundgesetz sein kann.[174] *Starck* spricht in diesem Kontext sogar von einem „Vorrang des subjektiv-rechtlichen Charakters der Grundrechte".[175] Im Ergebnis sind objektivierende Entwicklungen in der modernen Grundrechtsdogmatik anerkannt, solange sie die originären Kernfunktionen der Grundrechte nicht verfremden und letztlich individuelle Freiheit verstärken oder erweitern, diese aber niemals in den Hintergrund drängen. Das hat das Bundesverfassungsgericht selbst bestätigt.[176] Dennoch unterliegen sie im jeweiligen grundrechtsspezifischen Kontext auch vielfach erheblichen Bedenken.

II. Konzeption des Bundesverfassungsgerichts

Das Bundesverfassungsgericht hat in ständiger Rechtsprechung eine Konzeption der Rundfunkfreiheit entworfen, bei der sich diese nicht im liberalen Grundrechtsverständnis erschöpft, sondern bei der das originäre Abwehrrecht um eine objektive Dimension erweitert wird, die ihrerseits erhebliche Konsequenzen mit sich bringt. Terminologisch geht das Gericht dabei von der Rundfunkfreiheit als „dienender Freiheit" aus, die zuvorderst die „verfassungsadäquaten Strukturen der Rundfunkkommunikation" zu sichern bestimmt ist.[177] Der dienende Charakter der Rundfunkfreiheit bezieht sich dabei auf den Prozess individueller und öffentlicher Meinungsbildung in der modernen Demokratie, den es im Weiteren zu erörtern gilt.

1. Rundfunkfreiheit als dienende Freiheit

Die Einordnung der Rundfunkfreiheit in das Normgefüge der Verfassung gestaltet sich deswegen als schwierig, weil sich inhaltliche Beziehungen zur Meinungsfreiheit als individueller Freiheit wie auch zum Demokratieprinzip als objektiver Grundstrukturnorm herstellen lassen. Rundfunk liegt so im „Schnittpunkt mehrerer Verfassungsnormen" und kann allein in einer Zusammenschau dieser unterschiedlichen Einflüsse systematisch erfasst werden.[178] Das Demokratieprinzip des Grundgesetzes gebietet, dass alle Macht im Staat zunächst vom Volk selbst ausgehen muss, Art. 20 Abs. 2 S. 1 GG.[179] Das Volk als Souverän ist damit verantwortlich für die politische Willensbildung und die Legitimierung der staatlichen Gewalt, die über Wahlen an das Parlament delegiert wird.[180] Um seiner Aufgabe gerecht werden zu können, muss jeder Staats-

---

174 *Alexy* Der Staat 29 (1990), 49, 60 f.; *Jeand'Heur* JZ 1995, 161, 163 f.; *Ossenbühl* NJW 1976, 2100, 2104; *Starck*, in: vMangoldt/Klein/Starck, Art. 1 III GG Rz. 171, 175, 181 mwN; auch *Kull*, in: FS Lerche, 663, 668; *H. H. Klein*, Rundfunkfreiheit, S. 48 f.

175 *Starck*, in: vMangoldt/Klein/Starck, Art. 1 III GG Rz. 181.

176 BVerfGE 50, 290, 337; instruktiv *Starck*, in: FS Stern, 779, 794; *O. Klein*, Fremdnützige Freiheitsgrundrechte, S. 35 f., 180 f.

177 BVerfGE 87, 181, 197; *Ladeur/Gostomzyk* JuS 2002, 1145, 1146; *Jarass*, in: Jarass/Pieroth, Art. 5 GG Rz. 35; *Hoffmann-Riem*, in: Benda/Maihofer/Vogel, Verfassungsrecht, § 7 Rz. 9.

178 *Herzog*, in: Maunz/Dürig, Art. 5 GG Rz. 2; *Herrmann/Lausen*, Rundfunkrecht, Kap. 7 Rz. 1.

179 BVerfGE 83, 60, 71 f.; 93, 37, 66; *Sachs*, in: Sachs, Art. 20 GG Rz. 27 f.; *Jarass*, in: Jarass/Pieroth, Art. 20 GG Rz. 4 f.; *Kloepfer*, in: Isensee/Kirchhof, HbdStR, § 35 Rz. 17.

180 *Dreier*, in: Dreier, Art. 20 (Demokratie) GG Rz. 72, 79; *Sommermann*, in: vMangoldt/Klein/Starck, Art. 20 I GG Rz. 81 f.; *Sachs*, in: Sachs, Art. 20 GG Rz. 28 ff.

bürger auf Basis seiner eigenen, freiverantwortlichen Entscheidung an dem Wahlprozess teilnehmen können. Voraussetzung dieser freien Entscheidung ist, dass der Staatbürger mit zutreffenden und umfangreichen Informationen hinsichtlich des politischen Geschehens versorgt wird.[181] Grundlage des demokratischen Staatswesens ist daher eine unreglementierte, öffentliche Meinung, die dem Individuum als Leitstern der Entscheidungsfindung fungieren kann.[182] Aufgrund der Komplexität des Staatsapparates und der Vielschichtigkeit der dort getroffenen Entscheidungen wäre es aber nahezu unmöglich für den Staatsbürger, sich alle benötigten Informationen selbst zu beschaffen, zumal nicht alle Vorgänge im Staatswesen öffentlich und damit für den Einzelnen transparent sind.[183] Zur Vermeidung der dadurch unweigerlich entstehenden Informationsdefizite dienen die Massenmedien (und unter ihnen insbesondere der Rundfunk) als Mittler zwischen dem Staatsbürger einerseits und der staatlichen Gewalt andererseits. In diesem Kontext erlangt der Rundfunk eine essenzielle Funktion für die moderne Gesellschaft, indem durch ihn jeder Einzelne die Möglichkeit erlangt, sich über aktuell bestehende Tendenzen, Strömungen und Meinungen zu informieren, auf deren Grundlage er dann autonom eine eigene Meinung herausbilden kann.[184] Nur Massenmedien wie der Rundfunk vermögen es, die sonst nicht mehr beherrschbare Flut von alltäglichen Informationen für den Einzelnen beherrschbar und bereits bestehende Strömungen und Tendenzen zu kanalisieren und fassbar zu machen.

Ein Grundpfeiler der modernen Demokratie beruht auf der offenen Willensbildung, bei der das Individuum sich frei und unbeeinflusst mit divergierenden politischen und sozialen Ansichten auseinander setzen kann.[185] Meinungsbildung vollzieht sich so in der demokratischen Gesellschaft in einem Prozess der Kommunikation: Im Diskurs der Meinungen auf einem heterogen besetzten Meinungsmarkt kristallisiert sich jeweils diejenige Meinung heraus, die für das Individuum oder die Gesellschaft als Ganzes die meiste Überzeugungskraft aufweist. *Kübler* spricht in diesem Zusammenhang treffend vom „Markt der Meinungen".[186] Konstituierend für die Freiverantwortlichkeit der Entscheidungsfindung in einem solchen Prozess sind dabei die Kommunikationsfreiheiten, die jedem Staatsbürger zustehen müssen, um ihn in die Lage zu versetzen, seine staatsbürgerliche Rolle im demokratischen System effizient erfüllen zu können. Auf der einen Seite muss jeder Einzelne das Recht haben, seine Meinung ohne staatliche Reglementierung zu äußern und zu verbreiten; auf der anderen Seite muss ihm die Möglichkeit eingeräumt werden, geäußerte Meinungen zur Kenntnis zu nehmen und sich frei und unbeeinflusst aus allgemein zugänglichen Quellen informieren zu dürfen. Die Komponenten dieses Prozesses bilden den Kerngehalt des Art. 5 GG und sie sind dort ihrer Struktur nach geschützt.[187] Nach der Konzeption des Bundesverfassungsge-

---

181 BVerfGE 20, 162, 174; 27, 71, 80 ff.; *Starck*, in: vMangoldt/Klein/Starck, Art. 5 I, II GG Rz. 77; *Kloepfer*, in: Isensee/Kirchhof, HbdStR, § 35 Rz. 53.

182 *Herzog*, in: Maunz/Dürig, Art. 5 GG Rz. 4.

183 *Sachs*, in: Sachs, Art. 20 GG Rz. 18 mwN; *Kloepfer*, in: Isensee/Kirchhof, HbdStR, § 35 Rz. 22 f.

184 BVerfGE 57, 295, 319 f.; *Kübler* AfP 2002, 277, 281.

185 *Ladeur/Gostomzyk* JuS 2002, 1145, 1146; *Herrmann/Lausen*, Rundfunkrecht, Kap. 6 Rz. 2.

186 *Kübler*, in: FS Ridder, 117, 117.

187 BVerfGE 7, 198, 204; 57, 295, 319 f.; 74, 297, 323; 83, 238, 295 f.; *Bethge*, in: Sachs, Art. 5 GG Rz. 18; *Herrmann/Lausen*, Rundfunkrecht, Kap. 7 Rz. 31.

richts ist der Rundfunk Medium und zugleich auch Faktor eben dieses Meinungsbildungsprozesses.[188] Durch das Massenmedium Rundfunk werden Inhalte an eine Vielzahl von Personen vermittelt. In seiner für die Demokratie schlechthin konstituierenden Funktion gibt er die erforderlichen Informationen über das Zeitgeschehen und die Entwicklung im Staatswesen und im gesellschaftlichen Leben umfassend wieder und trägt diese an den einzelnen Staatsbürger heran. Darüber hinaus ist es gerade die bewusste Auswahl oder Nichtauswahl von Inhalten durch die Rundfunkveranstalter, die maßgeblich auf die individuelle und öffentliche Meinungsbildung einwirkt. An dieser Stelle sei nochmals auf die oben bereits skizzierten Besonderheiten des Massenmediums Rundfunk verwiesen: Der Rundfunk ist aufgrund seiner besondere Breitenwirkung, seiner Aktualität und der Suggestivkraft der bewegten Bilder zum mächtigsten Kommunikationsmittel geworden.[189] In dieser eminenten Bedeutung für die moderne Gesellschaft fungiert er einerseits als Mittler, andererseits aber auch als „Machtfaktor bei der Konstruktion der Wirklichkeiten" der Individuen.[190] Durch diese beiden Funktionen als Medium und Faktor des Meinungsbildungsprozesses ermöglicht und intensiviert das Massenmedium Rundfunk eben diesen spezifischen Prozess und „dient" damit dessen Verwirklichung.[191] Umgekehrt hängt die Erreichung des Normzieles des Art. 5 Abs. 1 GG von der Intensität des grundrechtlichen Schutzes dieser Funktionen des Rundfunks ab.[192]

An die Vorgaben schließt sich die Schlussfolgerung an, dass jede Auslegung der Rundfunkfreiheit einerseits die Freiheit des Einzelnen effektivieren und andererseits zugleich aber auch den Wert der objektiven Information für das Staatsvolk und einer möglichst ungehinderten und unbeeinflussten Herausbildung der für die Demokratie lebensnotwendigen öffentlichen Meinung berücksichtigen muss.[193] In der Interpretation des Bundesverfassungsgerichts ermächtigt die Rundfunkfreiheit nicht zu einem beliebigen Gebrauch durch die Rundfunkveranstalter, sondern sie ist zuvorderst ein Funktionsgrundrecht, welches primär auf die Gewährleistung freier, individueller und öffentlicher Meinungsbildung gerichtet ist.[194] Demgemäß ist die Rundfunkfreiheit eine dem Prozess freier individueller und öffentlicher Meinungsbildung dienende Freiheit. Die originäre Abwehrdimension ist dabei abhängig von der dominierenden objektiven Schutzrichtung. Erst wenn der Rundfunkgesetzgeber einen Ordnungsrahmen geschaffen hat, dessen Vorgaben umfassende Vielfalt sicherzustellen vermögen, können auf Basis dieses Rechtsrahmens – wenn überhaupt – subjektive Ansprüche entstehen.[195]

---

188 BVerfGE 12, 205, 260; 57, 295, 319 f.; *Gersdorf*, Rundfunkrecht, Rz. 62; *A. Hesse*, Rundfunkrecht, Kap. 2 Rz. 44.

189 BVerfGE 31, 314, 325; 83, 238, 295 ff.

190 *Gostomzyk* AfP 2005, 437, 438 f.; *Schulze-Fielitz*, in: Dreier, Art. 5 I, II GG Rz. 44.

191 BVerfGE 57, 295, 325; 59, 231, 257; 90, 60, 87 ff.; 101, 361, 389; *Bethge*, in: Sachs, Art. 5 GG Rz. 18; *Ricker/Schiwy*, Rundfunkverfassungsrecht, Teil B Rz. 81.

192 BVerfGE 90, 60, 87.

193 *Herzog*, in: Maunz/Dürig, Art. 5 GG Rz. 9; *Herrmann/Lausen*, Rundfunkrecht, Kap. 7 Rz. 2.

194 BVerfGE 83, 238, 315; 87, 181, 197; *Ladeur/Gostomzyk* JuS 2002, 1145, 1146; *Badura*, in: FS Knöpfle, 1, 4; *Bullinger*, in: Isensee/Kirchhof, HbdStR, § 142 Rz. 118.

195 *Ladeur/Gostomzyk* JuS 2002, 1145, 1146.

Der dienende Charakter beeinflusst die Schutzrichtung der Rundfunkfreiheit dahingehend, dass sie vornehmlich als objektive Freiheit zu verstehen ist.

2. Dogmatische Verankerung im Verfassungsgefüge

Dogmatisch ist die Verobjektivierung des Grundrechtsschutzes nicht als institutionelle Garantie im klassischen Sinn zu verstehen, obwohl die älteren Rundfunkurteile noch hierauf hinzudeuten schienen.[196] Vielmehr soll diese nur die aufgrund der soziologischen Breitenwirkung eminente Bedeutung des Rundfunks für das demokratische Staatswesen verdeutlichen.[197] Nach institutionellem Grundrechtsverständnis müsste die verfassungsrechtliche Garantie des Rundfunks nämlich allein auf den Kern eines einfachgesetzlichen Normbestandes Bezug nehmen und diesen absichern, keinesfalls dürften aber auf dessen Grundlage erst grundrechtliche Positionen entstehen.[198] Auch beziehen sich institutionelle Garantien klassischer Prägung vornehmlich auf Normkomplexe, die eine gewisse Stabilität aufweisen, welche aber für das sich ständig im Fluss befindende Rundfunkrecht nicht erkennbar ist.[199] So ergibt sich aus den Urteilen des Bundesverfassungsgerichts, dass öffentlich-rechtlicher Rundfunk nur soweit notwendig ist, wie die unerlässliche Grundversorgung nur durch ihn sichergestellt werden kann.[200] Das bedeutet aber, dass eine Kontinuität der Institution Rundfunk auf lange Sicht kaum absehbar und eine institutionelle Garantie damit abzulehnen ist.[201] Konsequenterweise finden sich in den neueren Entscheidungen des Bundesverfassungsgerichts auch keine Hinweise mehr auf eine solche Deutung.

Daher fußt das Modell des Bundesverfassungsgerichts dogmatisch eher auf dem objektiv-rechtlichen Grundrechtsverständnis der Grundrechte als Organisationsmaximen und Verfahrensgarantien.[202] Darauf deuten Passagen in neueren Urteilen des Gerichts hin: So stellt das Gericht in seinem Rundfunkgebühren-Urteil 1994 hinsichtlich der staatlichen Rundfunkfinanzierung fest, dass „prozeduraler Grundrechtsschutz insbe-

---

196 So heißt es in BVerfGE 12, 205, 260 f.: „Institutionelle Freiheit ist für den Rundfunk nicht weniger wichtig als für die Presse."; so auch noch BVerfGE 31, 314, 326; hierzu *Stern*, Staatsrecht, 68 V 3, S. 840.

197 *Seelmann-Eggebert* ZUM 1992, 79, 80; *Herzog*, in: Maunz/Dürig, Art. 5 GG Rz. 12 f.; *Stern*, Staatsrecht, 68 V 3, S. 841 f. mwN; *Bullinger*, in: Isensee/Kirchhof, HbdStR, § 142 Rz. 118; wohl differenzierend *Bethge*, Verfassungsrechtliche Position, S. 35 f., der von einer institutionellen Garantie des öffentlich-rechtlichen Rundfunks ausgeht; auch *Herrmann/Lausen*, Rundfunkrecht, Kap. 7 Rz. 135; *Böckenförde/Wieland* AfP 1982, 77, 80, die von einer „institutionellen Rahmen- und Strukturgarantie" sprechen; unklar *Starck*, in: FS Stern, 779, 787.

198 *Ladeur* AfP 1998, 141, 142; *Bullinger*, in: Isensee/Kirchhof, HbdStR, § 142 Rz. 118; *Stern*, Staatsrecht, 68 V 3, S. 843 f.; *Brugger*, Verfassungsinterpretation, S. 49.

199 *Ladeur* AfP 1998, 141, 142; *Stern*, Staatsrecht, 68 V 3, S. 844 f.

200 BVerfGE 73, 118, 155; 74, 297, 326.

201 *Ladeur* AfP 1998, 141, 142; *Schmitt Glaeser* DVBl. 1987, 14, 20; *Bethge* ZUM 1987, 199, 201 f.; *Kull* AfP 1987, 365, 368 f.; *Stern*, Staatsrecht, 68 V 3, S. 845; auch *Bullinger*, in: Isensee/Kirchhof, HbdStR, § 142 Rz. 118; auch *Wieland*, Freiheit des Rundfunks, S. 105, der anmerkt, dass nach Intention der Verfassungsgeber eine Einrichtungsgarantie gerade nicht in der Verfassung verankert werden sollte.

202 So wohl auch BVerfGE 90, 60, 96; *Dreier* Jura 1994, 505, 512; *von Münch*, in: vMünch/Kunig, Vorb. Art. 1-19 GG Rz. 26.

sondere dort geboten ist, wo die Grundrechte ihre materielle Schutzfunktion nicht hinlänglich erfüllen können".[203] Aufgrund der Sonderstellung des Rundfunkverfassungsrechts lässt sich eine eindeutige Zuordnung jedoch schwerlich vornehmen. Die Konzeption des Bundesverfassungsgerichts erscheint mehr eine Collage aus institutionellem Grundrechtsverständnis und der Interpretation der Grundrechte als Organisationsmaximen und Verfahren mit einer Tendenz hin zu letzterem. Nichtsdestotrotz ist die dominierende objektiv-rechtliche Komponente eine erhebliche Intensivierung des Grundrechtsschutzes in Form einer erweiternden Verobjektivierung mit all ihren bereits angedeuteten positiven wie auch negativen Konsequenzen.[204] *Bullinger* bezeichnet die dienende Seite treffend als „schwere Ritterrüstung verfassungsrechtlicher Sicherungen".[205]

3. Begründung der objektiv-rechtlichen Erweiterung

Grundrechtsdogmatisch besteht die konzeptionell angelegte Vermutung zugunsten der subjektiven Dimension; denjenigen, der behauptet, eine Grundrechtsnorm sei bloß objektiver Natur, trifft die Begründungslast für diese Annahme.[206] Die Begründung, die das Bundesverfassungsgericht für die Verobjektivierung der Rundfunkfreiheit anführt, hat sich im Laufe der Zeit gewandelt: Zunächst ging das Gericht von einer Sondersituation des Rundfunks aus. Im Vergleich zur Presselandschaft, in welcher bereits die Vielzahl der Verleger als solches ein Garant für Vielfalt war, konnten sich diese Strukturen in der Rundfunklandschaft aufgrund der geringen Anzahl technischer Frequenzen und dem enorm hohen finanziellen Aufwand, der zum Betreiben eines Rundfunksenders notwendig ist, nicht herausbilden.[207] Die Herstellung von Vielfalt konnte so nicht allein dem Markt überlassen werden; vielmehr mussten Vorkehrungen getroffen werden, die ein Versagen des Marktes verhindern konnten. Das Bundesverfassungsgericht konstituierte als Reaktion die dienende Rundfunkfreiheit, um dem Rundfunkgesetzgeber die Pflicht aufzuerlegen, eine positive Ordnung herzustellen, die Vielfalt in ausreichendem Maße absichert. Insbesondere ein Versagen des Marktes hätte erhebliche Konsequenzen mit sich gebracht, da dessen Fehlentwicklungen nicht mehr korrigierbar gewesen wären. Währenddessen sich Vielfalt historisch bedingt im Pressemarkt wegen der dort vorherrschenden, strukturellen Voraussetzungen selbst eingestellt hatte, machte die Sondersituation des Rundfunks künstliche Erhaltungsmaßnahmen notwendig, deren Verwirklichung das Gericht dem Rundfunkgesetzgeber über die Verobjektivierung zuwies.[208]

---

203 BVerfGE 90, 60, 96.

204 *Stern*, Staatsrecht, 68 V 3, S. 841 f. mwN; *Jarass*, Massenmedien, S. 134; *Wieland*, Freiheit des Rundfunks, S. 105; ausführlich *Brugger*, Verfassungsinterpretation, S. 50 ff.

205 *Bullinger*, wiedergegeben bei *Kresse* ZUM 1996, 59, 68.

206 *Alexy* Der Staat 29 (1990), 49, 60 f.

207 BVerfGE 12, 205, 261; 31, 314, 326; *Ladeur/Gostomzyk* JuS 2002, 1145, 1148; *Holznagel* ZUM 1996, 16, 18 f.; *Degenhart*, in: Bonner Kommentar, Art. 5 GG Rz. 629; *A. Hesse*, Rundfunkrecht, Kap. 2 Rz. 43; *Herzog*, in: Maunz/Dürig, Art. 5 GG Rz. 222 ff.; *H. H. Klein*, Rundfunkfreiheit, S. 14 ff.; *Starck*, in: FS Stern, 779, 780 f.

208 *Ladeur* AfP 1998, 141, 142; *Starck*, in: vMangoldt/Klein/Starck, Art. 5 I, II GG Rz. 112.

Die technische Entwicklung ließ das Fundament dieser Argumentation mehr und mehr bröckeln. Nach und nach entstanden erweiterte Empfangsmöglichkeiten, die Frequenzknappheit entfiel und die Kosten wurden zunehmend tragbar.[209] Während das Bundesverfassungsgericht zunächst weiter an seiner Argumentation festhielt[210], erkannte es 1981 die technischen Veränderungen und modifizierte die Begründung für den dienenden Charakter:[211] Schon in den früheren Entscheidungen war Konsens, dass die Rundfunkfreiheit nicht dem freien Spiel der Kräfte ausgesetzt sein darf, da ansonsten Gefahren für die für die Demokratie essenzielle Vielfalt der Meinungen entstehen könnten.[212] Der Rundfunk als mächtigstes unter den Massenkommunikationsmitteln hat eine für die moderne Gesellschaft schlechthin konstituierende Bedeutung, welche gekoppelt mit der dem Rundfunk immanenten Breitenwirkung, Aktualität und Suggestivkraft dazu führt, dass den Rundfunk als Institution eine besondere Verantwortung trifft.[213] Die Eigengesetzlichkeiten des Rundfunks beherbergen die Gefahr eines Missbrauchs und bedürfen daher der „Disziplinierung durch den Verfassungsstaat".[214] Selbst wenn also eine technisch bedingte Sondersituation nicht vorliegt, so bedarf der Rundfunk aus sich heraus bereits bestimmter Vorkehrungen gegen Missbrauch. Die Existenz und die Aufrechterhaltung eines Pluralismus der Meinungen und Medien ist im Prozess der individuellen und öffentlichen Meinungsbildung unabdingbar und für dessen Funktionieren konstitutive Voraussetzung.[215] Marktwettbewerb alleine kann nicht gewährleisten, dass alle gesellschaftlich relevanten Gruppen in ausreichendem Maße im Rundfunk zu Wort kommen können. Nur ein funktionierender, umfassende Vielfalt gewährender Rundfunk vermag seine konstitutive Rolle in der modernen Demokratie auszufüllen. Vielfalt verengende Fehlentwicklungen in diesem Bereich brächten erhebliche negative Konsequenzen für das demokratische Staatswesen mit sich und wären, wenn überhaupt, nur schwer korrigierbar.[216] Ergo ist es nur folgerich-

---

[209] *Holznagel* ZUM 1999, 425, 425 ff.; *Schoch* VVDStRL 57 (1998), 158, 169 ff.; *Scholz* AfP 1995, 357, 358; *Bullinger*, in: FS 50 Jahre BVerfG II, 193, 198; *Hoffmann-Riem*, Regulierung, S. 80 ff.; *Degenhart*, in: Bonner Kommentar, Art. 5 GG Rz. 647; *Determann*, Kommunikationsfreiheit, S. 363.

[210] BVerfGE 12, 205, 261; 31, 314, 325 f.

[211] BVerfGE 57, 295, 322 f.; *Hoffmann-Riem* M&K 2000, 7, 8 f.; *Seelmann-Eggebert* ZUM 1992, 79, 85 f.; *Kull*, in: FS Lerche, 663, 665; *Schulze-Fielitz*, in: Dreier, Art. 5 I, II GG Rz. 106 mwN; *Degenhart*, Funktionsauftrag, S. 68; *Herzog*, in: Maunz/Dürig, Art. 5 GG Rz. 223.

[212] BVerfGE 12, 205, 262 f.; 31, 314, 326; *Bethge*, in: Sachs, Art. 5 GG Rz. 96; *Herzog*, in: Maunz/Dürig, Art. 5 GG Rz. 231; *A. Hesse*, Rundfunkrecht, Kap. 2 Rz. 43.

[213] BVerfGE 57, 295, 319 f.; 90, 60, 87; 97, 228, 256; 103, 44, 74; *Hoffmann-Riem* M&K 2002, 175, 184; *Rossen-Stadtfeld* M&K 2002, 481, 484; *Kresse* ZUM 1996, 59, 68; *Degenhart*, in: Bonner Kommentar, Art. 5 GG Rz. 623; *Schulze-Fielitz*, in: Dreier, Art. 5 I, II GG Rz. 55;.

[214] *Hoffmann-Riem* M&K 2000, 7, 8 f.; *Rossen-Stadtfeld* M&K 2002, 481, 484; *Schulze-Fielitz*, in: Dreier, Art. 5 I, II GG Rz. 55; *Hoffmann-Riem*, Regulierung, S. 92 f.; *A. Hesse*, Rundfunkrecht, Kap. 2 Rz. 59.

[215] BVerfGE 57, 295, 322 f.; 95, 163, 173; 97, 228, 255 f.; *Ladeur* AfP 1998, 141, 142; *Schellenberg* AöR 119 (1994), 427, 441 ff.; *Ladeur/Gostomzyk* JuS 2002, 1145, 1149; *Schulze-Fielitz*, in: Dreier, Art. 5 I, II GG Rz. 46.

[216] BVerfGE 57, 295, 323; 95, 163, 173; *Ladeur/Gostomzyk* JuS 2002, 1145, 1149; *A. Hesse*, Rundfunkrecht, Kap. 2 Rz. 62.

tig, wenn das Bundesverfassungsgericht die Rundfunkfreiheit als objektive Freiheit versteht, die dem Rundfunkgesetzgeber die Pflicht auferlegt, die gefährdete Freiheit aktiv zu sichern und zu festigen.[217] Der Rundfunkgesetzgeber muss danach dafür Sorge tragen, dass ein Meinungsmarkt entsteht, auf welchem die Vielfalt der Meinungen unverkürzt zum Ausdruck gelangen kann.[218]

4. Rundfunkfreiheit verfassungsgerichtlicher Prägung

Im Ergebnis hat sich damit an der Konstruktion der Rundfunkfreiheit als objektive Freiheit nichts geändert, das Bundesverfassungsgericht hat lediglich die Begründung ergänzt und teilweise ausgetauscht. Rundfunkfreiheit schützt daher nach wie vor als dienende Freiheit vornehmlich die Voraussetzungen und Bedingungen der freien Meinungsbildung und gerade nicht den Einzelnen vor staatlichen Interventionen.[219] Nach der Konzeption des Gerichts steht die objektiv-rechtliche Dimension zentral im Vordergrund. Die in hohem Maße vorgenommene Verobjektivierung des Grundrechts hat aber auch gleichzeitig zu einer Desubjektivierung des Grundrechtsschutzes geführt[220], weshalb das Bundesverfassungsgericht erst spät sehr zögerlich subjektiv-rechtliche Ansprüche der privaten Anbieter zugelassen hat.[221] Sicherlich ist dies auch auf die Tatsache zurückzuführen, dass zu Zeiten des öffentlich-rechtlichen Monopolrundfunks kaum ein Bedürfnis für subjektiv-rechtliche Ansprüche bestand, weil eben keine konkurrierenden privaten Anbieter existierten. Mit der Einführung der dualen Rundfunkordnung hat aber auch das Bundesverfassungsgericht erkannt, dass sich die Grundvoraussetzungen für einen vornehmlich objektiven Charakter der Rundfunkfreiheit erheblich verändert haben. Das Verständnis der Rundfunkfreiheit des Gerichts basierte seit jeher auf der Annahme, dass die Rundfunkfreiheit *zuvorderst* ein Funktionsgrundrecht ist, welches *primär* dienenden Charakter hat.[222] Daraus lässt sich aber umgekehrt schließen, dass, wenn auch nur sekundär, subjektive Rechte der einzelnen Veranstalter existieren müssen. Konsequenterweise hat das Gericht als Folge der gesetzgeberischen Ordnungsentscheidung hin zu einer dualen Ordnung 1998 erstmals einen grundrechtlichen Zulassungsanspruch eines privaten Anbieters angenommen.[223] Damit ist in neuerer Zeit eine „Öffnung [der Auslegung und Anwendung des Bundesverfassungsgerichts, *Anm. des Verf.*] für die allgemeine Grundrechtsdogmatik" erkennbar.[224] Der

---

217 BVerfGE 57, 295, 323 f.; 83, 238, 296 ff.; 90, 60, 88; 97, 228, 255 f.; *Schulze-Fielitz*, in: Dreier, Art. 5 I, II GG Rz. 46; *Hoffmann-Riem*, in: Benda/Maihofer/Vogel, Verfassungsrecht, § 7 Rz. 1.

218 BVerfGE 57, 295, 323.

219 *Vesting*, Rundfunkrecht, S. 228; *Ricker/Schiwy*, Rundfunkverfassungsrecht, Teil B Rz. 38.

220 *Badura*, Verfassungsrechtliche Bindungen, S. 29 f., 33 f.; *Hoffmann-Riem*, in: Benda/Maihofer/Vogel, Verfassungsrecht, § 7 Rz. 32.

221 BVerfGE 97, 298, 310; *Schulze-Fielitz*, in: Dreier, Art. 5 I, II GG Rz. 122, 213; *Degenhart*, in: Bonner Kommentar, Art. 5 GG Rz. 642.

222 BVerfGE 83, 238, 315; 87, 181, 197; *Bullinger*, in: Isensee/Kirchhof, HbdStR, § 142 Rz. 118; dazu schon *Badura*, in: FS Knöpfle, 1, 4; *H. H. Klein*, Rundfunkfreiheit, S. 17 f.

223 BVerfGE 97, 298, 310; auch BVerfGE 95, 220, 234; zu den spezifischen Auswirkungen des Urteils auf die Sondersituation im Bundesland Bayern, vgl. aktuell *Hepbach* ZUM 2006, 530 ff.

224 *Degenhart*, in: Bonner Kommentar, Art. 5 GG Rz. 636; auch *Müller* MMR 12/2005, VI, VI f.; *Bethge* DÖV 2002, 673, 673; *Bullinger*, in: FS 50 Jahre BVerfG II, 193, 207; *Bullinger*, in: Isen-

konkret zugesprochene Anspruch verliert jedoch insofern an Wert, als er abhängig ist von legislativ festgelegten Strukturen.[225] Ob sich daraus aber ein generelles Verständnis der Rundfunkfreiheit als vornehmlich subjektiv geprägte Rundfunkveranstalterfreiheit ableiten lässt, wird sich in Folgeentscheidungen zeigen müssen.[226]

Zusammenfassend lässt sich resümieren: Das Bundesverfassungsgericht interpretiert die Rundfunkfreiheit als vornehmlich objektiv geprägte Freiheit, die in erster Linie dem Prozess der freien individuellen und öffentlichen Meinungsbildung zu dienen bestimmt ist. Als Konsequenz der Einführung einer dualen Rundfunkordnung durch den Rundfunkgesetzgeber und deren Legitimierung durch das Gericht zeigen sich in neuerer Zeit Tendenzen, die erkennen lassen, dass das Gericht gewillt ist, die originäre, subjektive Abwehrdimension zumindest dem Grunde nach anzuerkennen. Dennoch ändert die leichte Rückbesinnung in Richtung der originären Dimension nichts daran, dass die Rundfunkfreiheit in der Auslegung und Anwendung durch das Bundesverfassungsgericht in erster Linie eine dem Meinungsbildungsprozess dienende Freiheit ist.

III. Kritik

An dem Modell der Rundfunkfreiheit als dienender Freiheit hat sich seit jeher erhebliche Kritik entzündet:

1. Desubjektivierung der originären Funktion

Zum einen hat die Objektivierung einzelner Grundrechtsbereiche zur Konsequenz, dass die objektiven Sicherungen ihrerseits wieder auf den originären Charakter negativ zurückwirken können. Rundfunkveranstalter treffen erhöhte Bindungen, die im Ergebnis den originären Grundrechtskern entwerten. Der materielle, subjektive Grundrechtsgehalt wird so von der objektiven Dimension überlagert. Gerade im Bereich der Rundfunkfreiheit hat die Konzeption des Bundesverfassungsgerichts zu einer im Verfassungsgefüge einzigartigen Auswirkung geführt: Der dienende Charakter ist so stark objektiviert, dass kaum mehr Raum für einen eigenständigen, subjektiven Kern ver-

see/Kirchhof, HbdStR, § 142 Rz. 120; *Neun*, Grenzen des Wachstums, S. 204 f.; vgl. auch die landesverfassungsrechtlichen Entscheidungen des StGH Niedersachsen (Entscheidung vom 6. September 2005, StGH 4/04, S. 17) sowie des Bayerischen Verfassungsgerichtshofs (MMR 2005, 694, 694), die auch die subjektive Seite betonen, zu letzterem *Hepbach* ZUM 2006, 530, 534.

225 *Schulze-Fielitz*, in: Dreier, Art. 5 I, II GG Rz. 107; *Jarass*, in: Jarass/Pieroth, Art. 5 GG Rz. 40.

226 Bewusst offen gelassen von BVerfGE 97, 298, 314; *Degenhart*, in: Bonner Kommentar, Art. 5 GG Rz. 642a; für den konkreten Anspruch auf Zulassung privater Anbieter *Ladeur* AfP 1998, 141, 145 f.; *Schulze-Fielitz*, in: Dreier, Art. 5 I, II GG Rz. 106 f.; *Jarass*, in: Jarass/Pieroth, Art. 5 GG Rz. 40; *Hasse*, Finanzierung, S. 82 f.; generell ablehnend *Rossen-Stadtfeld* M&K 2002, 481, 495; *Ruck* AöR 117 (1992), 543, 558 f.; *Böckenförde/Wieland* AfP 1982, 77, 82; *Bethge*, in: Sachs, Art. 5 GG Rz. 110; *Brugger*, Verfassungsinterpretation, S. 50; *Brenner*, Funktionsauftrag, S. 38; *Reese*, Funktionsauftrag, S. 200 f.; generell bejahend *Starck* NJW 1992, 3257, 3261 f.; *Depenheuer* AfP 1997, 669, 673; *Stock* JZ 1997, 583, 590 f.; *Kresse* ZUM 1995, 67, 75; *Schoch* VVDStRL 57 (1998), 158, 194 f.; *Fink* DÖV 1992, 805, 812; *H. H. Klein*, in: FS Maurer, 193, 204; *Wendt*, in: vMünch/Kunig, Art. 5 GG Rz. 50; *Starck*, in: vMangoldt/Klein/Starck, Art. 5 I, II GG Rz. 110; *Bullinger*, in: Isensee/Kirchhof, HbdStR, § 142 Rz. 120 mwN; *Bleckmann*, Spartenprogramme, S. 48; *Neun*, Grenzen des Wachstums, S. 389 f.; *O. Klein*, Fremdnützige Freiheitsgrundrechte, S. 107 f.; eher restriktiv *Bethge* DÖV 2002, 673, 673; *ders.* NVwZ 1997, 1, 3.

bleibt. Subjektive Rechte bestehen nur noch sekundär für diejenigen, die aufgrund der objektiven Ordnung des Rundfunkgesetzgebers Träger der Programme sind; die originären Rechte existieren aber nicht mehr aus sich heraus unmittelbar aus der Verfassung.[227] Subjektive Freiheitsrechte können daher allein dann entstehen, wenn der Gesetzgeber die notwendige Grundrechtssubstanz geschaffen hat.[228] Dem Rundfunkgesetzgeber kommt so die verfassungsrechtliche Aufgabe zu, das Grundrecht der Rundfunkfreiheit durch einfachgesetzliche Ausgestaltung als Organisationsprinzip in das einfache Recht zu transponieren.[229] Auf diese Weise degeneriert der dienende Charakter die Rundfunkfreiheit zu einem reinen „Maßgabegrundrecht“[230], bei dem der individualrechtliche Gehalt nur noch gesetzesakzessorisch nach Maßgabe der objektiven Ordnung besteht.[231] Berechtigterweise findet diese Konstruktion Kritik dahingehend, dass die originäre Freiheit ihren freiheitlichen Charakter verliert, wenn sie zu dienen verpflichtet ist und nur noch allein nach Maßgabe des Gesetzes besteht.[232] Diese Aufweichung der Kernfunktionen der Grundrechte zeigt Tendenzen, die in anderem Kontext als „Weimarisierung der Grundrechte“ bezeichnet worden sind.[233] Objektiver Schutz kann und darf eben stets nur Mittel zum originären Zweck des Schutzes des Einzelnen sein.[234] Dem Kerngehalt dieser Kritik kann auch nicht dadurch die Überzeugungskraft genommen werden, dass darauf hingewiesen wird, das Bundesverfassungsgericht gewähre den Veranstaltern doch subjektiv umfassende Programmfreiheit.[235] Diese Feststellung ändert nichts an der weiterhin bestehenden Problematik, dass auch die Programmfreiheit allein nachrangig auf Basis der Ausgestaltung durch den Rundfunkgesetzgeber als subjektives Recht überhaupt entstehen kann. Die ge-

---

227 *Starck* NJW 1992, 3257, 3261; *Ladeur/Gostomzyk* JuS 2002, 1145, 1146; *Starck*, in: vMangoldt/Klein/Starck, Art. 5 I, II GG Rz. 108; *Bethge*, in: Sachs, Art. 5 GG Rz. 95.

228 BVerfGE 97, 298, 314; *Bornemann/Hepbach* K&R 2004, 317, 320.

229 *Ladeur/Gostomzyk* JuS 2002, 1145, 1146; *Hoffmann-Riem* AfP 1996, 9, 9; *Lerche*, in: Isensee/Kirchhof, HbdStR, § 121 Rz. 2 f.

230 *Bethge* NVwZ 1997, 1, 3.

231 *Bornemann/Hepbach* K&R 2004, 317, 320; *Fink* DÖV 1992, 805, 813; *Bethge* NVwZ 1997, 1, 3; *Seelmann-Eggebert* ZUM 1992, 79, 87; *Rupp* JZ 2001, 271, 271 f.; *Kull*, in: FS Lerche, 663, 670; *Schulze-Fielitz*, in: Dreier, Art. 5 I, II GG Rz. 107; *Starck*, in: vMangoldt/Klein/Starck, Art. 5 I, II GG Rz. 108; *Bethge*, in: Sachs, Art. 5 GG Rz. 95; *Neun*, Grenzen des Wachstums, S. 384 f.; *Flitsch*, Kommunikationsgrundrechte, S. 209.

232 *Ladeur/Gostomzyk* JuS 2002, 1145, 1149; *Scholz* AfP 1995, 357, 359; *Engel* AfP 1994, 185, 186; *Kull*, in: FS Lerche, 663, 669; *Sachs*, in: Sachs, Vor Art. 1 GG Rz. 65; *Krausnick*, Rundfunksystem, S. 25; *Dreier*, Dimensionen, S. 51 f.; *Neun*, Grenzen des Wachstums, S. 189.

233 *Bethge* NVwZ 1997, 1, 3; *Oppermann* JZ 1981, 721, 726; *Bethge*, Verfassungsrechtliche Position, S. 38; so konstatierten bereits die Verfassungsgeber, „wenn in Weimar in den Grundrechten […] der Versuch gemacht worden ist, die Grundzüge der Gemeinschaftsordnung des neuen Staates in der Verfassung zu verankern, […] so konnte [...] in diesem GG der Rahmen nichts so weit gespannt werden. Vielmehr sahen die Beteiligten [die Verfassungsgeber, Anm. d. Verf.] ihre Aufgabe darin, die Grundrechte im Sinne der alten klassischen Grundrechte zu gestalten.“, *Stern*, Staatsrecht, 68 V 2, S. 833 f.

234 BVerfGE 50, 290, 337; *Alexy* Der Staat 29 (1990), 49, 61; *Ossenbühl* NJW 1976, 2100, 2104; *Kull*, in: FS Lerche, 663, 670; *Starck*, in: vMangoldt/Klein/Starck, Art. 1 III GG Rz. 181; *H. H. Klein*, Rundfunkfreiheit, S. 48 f.; *O. Klein*, Fremdnützige Freiheitsgrundrechte, S. 35 f.

235 *Neun*, Grenzen des Wachstums, S. 189; *Krausnick*, Rundfunksystem, S. 26 mwN.

währte, subjektive Programmfreiheit verliert daher insofern an Wert, als dass sie erst nach Maßgabe des Gesetzes entstehen kann.

2. Bundesverfassungsgericht als „Quasi-Gesetzgeber“

Die Objektivierung der Rundfunkfreiheit verlagert weiter die Definitionsmacht des Rundfunkgesetzgebers hin zum Bundesverfassungsgericht: Während im Rahmen der originären Konzeption der Grundrechte dem Gericht die Aufgabe obliegt, durch Auslegung und Anwendung des jeweilig in Frage stehenden Grundrechts den durch die Verfassung vorgegebenen Rahmen interpretatorisch mit Inhalt zu füllen, führt die objektive Dimension der dienenden Freiheit dazu, dass das Gericht durch das Vorzeichnen struktureller Vorgaben die Reichweite des grundrechtlichen Schutzes selbst vorgeben kann.[236] Objektive Normen sind „Prinzipien-Normen“[237], die keinen festen Rahmen statuieren, sondern gerade durch ihren wenig präzisen, nur grundsätzlichen Ordnungsrahmen mehr Spielraum und Flexibilität einräumen als rein subjektiv verstandene Freiheitsrechte.[238] Die Verobjektivierung eines Grundrechtes löst dieses von den Vorgaben der Verfassung und verlegt die Gestaltungskompetenz für die Vorgaben der Ausgestaltung in den Aufgabenbereich des Bundesverfassungsgerichts. Zwar ist es der Rundfunkgesetzgeber, der letztlich die Ausgestaltung übernimmt, jedoch hat er sich dabei an den strukturellen Vorgaben des Gerichts zu orientieren, wobei dieses bei der Festlegung der Notwendigkeiten einen relativen Handlungsspielraum genießt.[239] Gesetzgeber und Bundesverfassungsgericht konkurrieren in der Form der Konkretisierung der objektiven Norm; in diesem Konkurrenzverhältnis hat dann zwar der Gesetzgeber die Vorhand, das Bundesverfassungsgericht aber den Vorrang.[240] Dies führt zu einer erheblichen Machtsteigerung des Gerichts:

Bei rein subjektiv verstandenen Freiheiten erlässt der Gesetzgeber beliebig Gesetze nach eigenem Gutdünken, die dann ihrerseits nachträglich vom Bundesverfassungsgericht beseitigt werden können. Das Gericht vermag also erst im Nachhinein, unter Einhaltung der prozessualen Vorgaben, Handlungen des parlamentarischen Gesetzgebers zu beeinflussen.[241] Die Beanstandung der Akte des Gesetzgebers durch das Gericht ist folglich primär kassatorischer Natur.[242] Dagegen kommt dem Gesetzgeber bei objektiv verstandenen Freiheiten wie der Rundfunkfreiheit zwar ein vermeintlich erweiterter Handlungsspielraum in dem Sinne zu, als dass die Messlatte für eine grundrechtliche

---

236 *Ladeur/Gostomzyk* JuS 2002, 1145, 1146; *Böckenförde* Der Staat 29 (1990), 1, 22.

237 *Alexy* Der Staat 29 (1990), 49, 61.

238 *Ladeur/Gostomzyk* JuS 2002, 1145, 1146; *Jarass* AöR 110 (1985), 363, 366; *Alexy* Der Staat 29 (1990), 49, 62; *Böckenförde* Der Staat 29 (1990), 1, 22; *Kull*, in: FS Lerche, 663, 669; *Starck*, in: vMangoldt/Klein/Starck, Art. 5 I, II GG Rz. 9; *Bethge*, in: Sachs, Art. 5 GG Rz. 12; *Grimm*, Zukunft der Verfassung, S. 233 f.; *Dreier*, Dimensionen, S. 52.

239 *Böckenförde* Der Staat 29 (1990), 1, 25; *Engel* AfP 1994, 185, 186; *Starck*, in: vMangoldt/Klein/Starck, Art. 5 I, II GG Rz. 9 f.

240 *Böckenförde* Der Staat 29 (1990), 1, 15; *Ossenbühl*, in: FS 50 Jahre BVerfG I, 33, 36; *Karpen*, Ersatzgesetzgeber, S. 23.

241 *Engel* AfP 1994, 185, 186; *K. Hesse* JZ 1995, 265, 267; *Karpen*, Ersatzgesetzgeber, S. 23.

242 *K. Hesse* JZ 1995, 265, 267.

Bewertung ungleich extensiver zu seinen Gunsten interpretiert wird.[243] Auf der anderen Seite ist der Gesamtspielraum der Möglichkeiten des Handelns durch verfassungsgerichtliche Strukturvorgaben erheblich eingeengt. Letztlich ist es das Gericht, dass strukturelle Vorgaben entwickelt, innerhalb derer sich das Handeln des Gesetzgebers bewegen muss.[244] Insoweit ist das Gericht aber auch verfassungsrechtlich gehalten, dem normativen Gehalt eines Grundrechts bestmöglich Geltung zu verschaffen.[245] Das Optimierungsgebot wirkt zugleich als Katalysator der Verschiebung der Machtverhältnisse. Diese offenbart sich dann an der Erkenntnis, dass anders als bei den subjektiven Freiheitsrechten das Bundesverfassungsgericht im Rahmen objektiv verstandener Freiheiten über die Kompetenz verfügt, das Handeln des Gesetzgebers bereits im Vorfeld zu beeinflussen und zu beschneiden. Damit nimmt es letztlich von Verfassungs wegen originär dem parlamentarischen Gesetzgeber zugewiesene Aufgaben wahr. Überspitzt formuliert wandelt sich bei exzessiver Objektivierung der Grundrechtsfunktionen der „parlamentarische Gesetzgebungsstaat hin zu einem verfassungsgerichtlichen Jurisdiktionsstaat".[246]

Im Kontext der Rundfunkfreiheit wird diese Konsequenz besonders offenbar: Rundfunkrecht ist wie keine andere Materie sonst Richterrecht. *Engel* resümiert für diesen Bereich treffend, dass „nirgends das Bundesverfassungsgericht den Gesetzgeber so offensichtlich entmannt hat wie im Rundfunkrecht".[247] Erkennt nun aber umgekehrt das Bundesverfassungsgericht seine so im Verfassungsgefüge gedachte Rolle und versucht, den Fehlentwicklungen entgegen zu wirken, indem es dem Gesetzgeber nur minimale, strukturelle Vorgaben macht, so vermag dies die Problematik nicht abzufedern. Dergestalt würde der einfache Gesetzgeber zum Herr über den Schutzumfang der Grundrechte[248], obwohl er doch eigentlich über Art. 1 Abs. 3 GG an die Grundrechte als unmittelbar geltendes Recht gebunden ist.[249] Auch bleibt zu berücksichtigen, dass die objektive Norm das Bundesverfassungsgericht dazu anhält, durch Interpretation der Verfassung diese zu konkretisieren. Eine nicht vollständige Ausübung dieser Pflicht wäre zugleich eine ineffiziente Erfüllung der verfassungsgerichtlichen Funktion im Verfassungsstaat.[250] Die Objektivierung führt also in jedem Fall zu einem Zustand, der so von der Verfassung nicht vorgesehen war und ist.[251] Diese Kritik kann auch

---

243 *Engel* AfP 1994, 185, 186; der feststellt, dass insbesondere „die klärende Wirkung des Übermaßverbotes verloren gehe"; auch *Starck*, in: vMangoldt/Klein/Starck, Art. 5 I, II GG Rz. 9 f.

244 *Engel* AfP 1994, 185, 186; *Böckenförde* Der Staat 29 (1990), 1, 22; *Starck*, in: FS Stern, 779, 789; *Dreier*, Dimensionen, S. 52 f.

245 *Böckenförde*, Grundrechtsdogmatik, S. 69.

246 So *Böckenförde* Der Staat 29 (1990), 1, 25; vgl. auch *Dreier* Jura 1994, 505, 513 mwN; *Engel* AfP 1994, 185, 186 Fn. 40; allgemein *Ossenbühl*, in: FS 50 Jahre BVerfG I, 33, 45 f.

247 *Engel* AfP 1994, 185, 186; Rundfunkrecht ist „Quasi-Verfassungsgesetzgebung" durch das Bundesverfassungsgericht, vgl. *Böckenförde* Der Staat 29 (1990), 1, 22; *Starck*, in: FS 50 Jahre BVerfG I, 1, 18; *Starck*, in: FS Stern, 779, 789.

248 *Starck*, in: vMangoldt/Klein/Starck, Art. 5 I, II GG Rz. 9.

249 *Ossenbühl*, in: FS 50 Jahre BVerfG I, 33, 33; *Badura*, in: Isensee/Kirchhof, HbdStR, § 163 Rz. 35; *Lerche*, in: Isensee/Kirchhof, HbdStR, § 121 Rz. 3 f.

250 *Böckenförde* Der Staat 29 (1990), 1, 29.

251 *Starck* NJW 1992, 3257, 3261; *Starck*, in: vMangoldt/Klein/Starck, Art. 5 I, II GG Rz. 9.

nicht schon dadurch entkräftet werden, dass man annimmt, es sei nun einmal Aufgabe des Bundesverfassungsgerichts, die Verfassung durch seine Interpretation mit Inhalt zu füllen.[252] Man müsse daher eben auf die Selbstbeschränkung des Gerichts vertrauen. Generell mag dieser Einwand nicht unzutreffend sein, dennoch kann er die kontextbezogene Kritik nicht entkräften.[253] Selbst bei Anerkenntnis des Einwands bleibt eines sicher: Ein starke Objektivierung des grundrechtlichen Schutzes potenziert das Risiko einer Grenzüberschreitung der Kompetenzen durch das Bundesverfassungsgericht, weil diesem, so es seine verfassungsrechtliche Rolle Ernst nimmt, kaum anderes übrig bleibt, als extensiv Strukturvorgaben zu entwerfen. Dieses Dilemma ist in der objektiv-rechtlichen Schutzrichtung angelegt und in Bezug auf die Rundfunkfreiheit verfassungsrechtlich unerträglich.

3. Keine Erforderlichkeit der Objektivierung

Argumentative Ansätze, die allein an den Wegfall der Sondersituation im Bereich des Rundfunks anknüpfen und aufgrund dessen die Erforderlichkeit einer objektiven Deutung der Rundfunkfreiheit negieren, können kaum durchgreifen:[254] Wie bereits oben skizziert, hat das Bundesverfassungsgericht zwar ursprünglich seine Konzeption argumentativ auf die technische und finanzielle Sondersituation des Rundfunks gestützt. In Erkenntnis der voranschreitenden, technischen Entwicklung hat das Gericht in seinen neueren Entscheidungen sehr wohl erkannt, dass eine Sondersituation als Begründung des dienenden Charakters nicht mehr auszureichen vermag. Vielmehr stützt es seine objektive Deutung in neuerer Zeit vornehmlich auf die dem Rundfunk immanenten Besonderheiten, die die Gefahr der Einflussnahme von dritter – staatlicher oder nichtstaatlicher – Seite mit sich bringen und die im Interesse eines für die Demokratie wesentlichen Pluralismus der Meinungen einen besonderen Schutz des Massenmediums Rundfunk verlangen. Das Gericht stützt seine Konzeption demnach nicht mehr oder wenn überhaupt, dann allenfalls komplementär auf die technische und finanzielle Sondersituation. Der Wegfall der Sondersituation spricht damit nicht notwendig für ein subjektives Verständnis, jedoch zumindest auch nicht dagegen.[255]

4. Zusammenfassung

Kernaussage der Kritik ist demnach, dass die Konzeption des Bundesverfassungsgerichts grundrechtsdogmatisch ein Sonderrecht konstruiert, welches in der derzeitigen Form keine Stütze im verfassungsrechtlichen Gesamtkonzept finden kann. Die objek-

---

252 So *Dreier*, Dimensionen, S. 61 f.

253 So auch *K. Hesse* JZ 1995, 265, 273, der zurecht differenziertere Lösungen als die konturlose Selbstbeschränkung erwartet.

254 So *Herzog*, in: Maunz/Dürig, Art. 5 GG Rz. 236, *Wendt*, in: vMünch/Kunig, Art. 5 GG Rz. 53 mwN; die mit Entfallen der Sondersituation subjektive Ansprüche privater Anbieter zulassen wollen; wohl auch *Scholz* AfP 1995, 357, 357 ff.; *Pestalozza* NJW 1981, 2158, 2158 ff., der sogar von einem verfassungsgerichtlichen Schutz *vor* der Rundfunkfreiheit spricht; die Kritik verkennt aber den wesentlichen Argumentationspfeiler des Bundesverfassungsgerichts betreffend der Eigengesetzlichkeiten des Rundfunks; ähnlich *Starck*, in: FS Stern, 779, 795.

255 BVerfGE 57, 295, 322; *Hoffmann-Riem* M&K 2002, 175, 184; *Schulze-Fielitz*, in: Dreier, Art. 5 I, II GG Rz. 106; *H. H. Klein*, Rundfunkfreiheit, S. 41 ff.; *A. Hesse*, Rundfunkrecht, Kap. 2 Rz. 59.

tiv-rechtliche Deutung hat zum einen das originäre, subjektive Abwehrrecht der Rundfunkfreiheit als Schutz des Einzelnen gegenüber dem Staat bis zur Unkenntlichkeit überlagert. Zum anderen hat die Konzeption des Gerichts dazu geführt, dass die duale Rundfunkordnung fast ausnahmslos der Feder des Bundesverfassungsgerichts selbst erwachsen ist, was den Grundvorgaben der Gewaltenteilung in der Verfassung widerspricht. Während in anderen Bereichen der Verfassung ein solcher Zustand untragbar wäre, wird im Bereich des Rundfunks aufgrund dessen enormen Machtpotenzials und den diesem immanenten Eigengesetzlichkeiten die Konstituierung eines derart weitläufigen Sonderrechts bislang hingenommen. Ist aber die Begründung des Bundesverfassungsgerichts für die primär objektive Konzeption bereits in sich brüchig, so ist diese auch nicht geeignet, die verfassungsrechtliche Begründungslast hinsichtlich des Abweichens vom Grundkonzept der Verfassung des Grundrechts als liberalem Freiheitsrecht argumentativ zu tragen. Damit ist verfassungsrechtlich eine Rückbesinnung auf die originäre Funktion der Rundfunkfreiheit notwendig. Dabei sollte stets im Fokus der Betrachtung bleiben, dass die Kernpfeiler der Rechtsprechung des Bundesverfassungsgerichts einer Zeit entstammen, in der es gerade keine privaten Konkurrenten gab, für die ein Bedürfnis nach subjektiven Abwehrrechten gegen den Staat bestand. Die europarechtlich bereits anerkannte, wirtschaftliche Dimension des Rundfunks hat aber zu einer Dynamisierung des Wettbewerbes geführt, die ein vorwiegend objektives Verständnis der Rundfunkfreiheit als „Relikt vergangener Zeiten" anmuten und die verfassungsgerichtliche Konzeption in ihrer Gesamtheit damit als nicht mehr zeitgemäß erscheinen lässt.[256]

IV. Eigener Ansatz

Im Folgenden gilt es nun vor diesem Hintergrund eine zeitgemäße Interpretation der Rundfunkfreiheit zu entwickeln, die der wirtschaftlichen Dimension des Rundfunks gebührend Rechnung trägt. Dabei muss es „kardinale Aufgabe sein, die verfassungsrechtliche Position des privaten Rundfunks im dualen System zu bestimmen".[257] Das setzt voraus, dass eine sich im Einklang mit der modernen Grundrechtsdogmatik befindende Gewichtung der subjektiven Schutzrichtung im Rahmen der Konzeption der Rundfunkfreiheit gefunden wird. Die subjektive Wirkintensität darf letztlich nicht allein Ergebnis dessen sein, was dem Grundrecht auf der objektiven Seite an Gehalt entnommen wird.[258] Sie muss verfassungsrechtlich einen eigenständigen Wert aufweisen:

1. Konzeptionelle Ausgangslage

a) Notwendigkeit objektiven Schutzes

Objektive Schutzrichtungen sind in der modernen Grundrechtsdogmatik dem Grunde nach anerkannt und in diese Richtung weisende, funktionale Erweiterungen eines Grundrechtsschutzes ebenso wünschenswert wie notwendig, um der Komplexität der

---

[256] *Müller* MMR 12/2005, VI, VI f.; *Degenhart* K&R 2001, 329, 336 f.; *Depenheuer* AfP 1997, 669, 673; *Vesting*, in: Hahn/Vesting, Einf Rz. 12, 47.

[257] So zutreffend *Bethge* NVwZ 1997, 1, 2.

[258] *Starck*, in: vMangoldt/Klein/Starck, Art. 5 I, II GG Rz. 8; *Böckenförde*, Grundrechtsdogmatik, S. 41 mwN.

modernen Lebenswirklichkeit in all ihren Facetten gerecht werden zu können.[259] Auf der anderen Seite basiert der objektiv-subjektive Doppelcharakter der Grundrechte auf der Annahme, dass objektive Schutzerweiterungen konzeptionell als komplementäre Ergänzung der subjektiven Funktion, nicht aber als deren Substitution und damit als Loslösung vom originären Kern der Grundrechte gedacht waren und sind.[260] Notwendige Bedingung der Zulässigkeit einer objektiv-rechtlichen Interpretation eines Grundrechts ist daher von Verfassungs wegen stets, dass durch ihre Existenz die ursprüngliche, liberale Kernfunktion der Grundrechte als Abwehrrechte des Einzelnen gegenüber dem Staat nicht verfremdet und so letztlich individuelle Freiheit verstärkt und erweitert wird. Die Bedeutung der Grundrechte im Verfassungsgefüge gebietet, dass deren originäre Schutzrichtung niemals gänzlich in den Hintergrund gedrängt werden darf.

Betrachtet man nun die Konzeption des Bundesverfassungsgerichts, so offenbart sich die dogmatische Schwäche des Modells: Die Rundfunkfreiheit wurde durch ihren dienenden Charakter so stark objektiviert, dass die subjektive Freiheit nur noch bloßes Beiwerk des grundrechtlichen Schutzes ist. So sehr eine objektive Erweiterung im Kontext des Rundfunkrechtes auch wünschenswert und notwendig ist, um der für die moderne Demokratie schlechthin konstituierenden Funktion des Rundfunks konzeptionell Rechnung zu tragen[261], so kann dies nicht dazu führen, dass private Anbieter im Verfassungsgefüge nur noch als Spielball des parlamentarischen Gesetzgebers einerseits und des Bundesverfassungsgerichts andererseits betrachtet werden können. Zuzugeben ist, dass wirtschaftlich organisierter Rundfunk allein voraussichtlich nicht in der Lage sein wird, die Vielfalt der Meinungen in ausreichendem Maße abzusichern. Da das Risiko von Fehlentwicklungen in diesem Sektor zu hoch ist, bedarf es einer objektiv-rechtlichen Absicherung, die dazu führt, dass die für die Demokratie essenziellen Funktionen des Rundfunks in einem Kernbereich ausreichend geschützt werden. Daher geht an der Existenz eines breit gefächerten, öffentlich-rechtlichen Rundfunks im Ergebnis kein Weg vorbei. Dies hat zur Konsequenz, dass ein eigener Lösungsweg nicht eine Entscheidung zwischen einer rein subjektiv und einer rein objektiv verstandenen Interpretation herbeizuführen versuchen muss, sondern die Konzeption des Bundesverfassungsgerichts bedarf eines verfassungsgemäßen Ausgleich der Schutzrichtungen, die das Modell wieder im Gefüge der modernen Grundrechtsdogmatik verankert. Subjektiver und objektiver Schutz müssen sich wechselseitig ergänzen und intensivieren.[262] Letztlich hat auch das Bundesverfassungsgericht erkannt, dass seine zu Zeiten des Monopolrundfunks entwickelte Doktrin nach Einführung des dualen Systems einer subjektiven Schutzrichtung im Hinblick auf die privaten Anbie-

---

259 *Hoffmann-Riem* M&K 2002, 175, 194; *Kull*, in: FS Lerche, 663, 668 mwN; *Sachs*, in: Sachs, Vor Art. 1 GG Rz. 64; *Böckenförde*, Grundrechtsdogmatik, S. 9 mwN.

260 BVerfGE 50, 290, 337; auch *Starck* NJW 1992, 3257, 3262; *Ossenbühl* NJW 1976, 2100, 2104; *Starck*, in: vMangoldt/Klein/Starck, Art. 1 III GG Rz. 181; *O. Klein*, Fremdnützige Freiheitsgrundrechte, S. 35 f. zur Notwendigkeit der Objektivierung *Sachs*, in: Sachs, Vor Art. 1 GG Rz. 64; *H. H. Klein*, Rundfunkfreiheit, S. 48 f.

261 *Fink* DÖV 1992, 805, 813.

262 *Bethge* NVwZ 1997, 1, 6; *Degenhart*, in: Bonner Kommentar, Art. 5 GG Rz. 709; *Ricker/Schiwy*, Rundfunkverfassungsrecht, Teil B Rz. 136; allgemein *Starck*, in: vMangoldt/Klein/Starck, Art. 1 III GG Rz. 181 mwN.

ter bedarf.[263] Ziel der weiteren Erörterungen muss es also sein, für die originäre Funktion der Rundfunkfreiheit einen selbstständigen Standort neben der objektiven Schutzrichtung zu finden. Dafür soll zuerst ermittelt werden, ob ein solches subjektiv-objektives Verständnis der Rundfunkfreiheit vom Willen des Verfassungsgebers generell getragen werden kann.

b) Normimmanente Vorgaben

Geht man zunächst vom Normtext des Art. 5 Abs. 1 S. 2 GG aus, so ist dieser hinsichtlich etwaiger Aussagen betreffend der Schutzrichtungen und deren Verhältnis zueinander indifferent und nicht aussagekräftig.[264] Generell entbehren Grundrechte bereits aus sich heraus ihrem Wortlaut nach weitestgehend inhaltlicher Eindeutigkeit.[265] Auch aus der Entstehungsgeschichte der Norm lassen sich keine Hinweise für eine Gewichtung in die eine oder andere Richtung herleiten.[266] Der Verfassungsgeber konnte noch gar nicht die Intensität und den Umfang des technischen Fortschritts im Rundfunkbereich und als deren Konsequenz die Notwendigkeit der Gewichtung objektiver und subjektiver Grundrechtsgehalte absehen. Vor diesem Hintergrund erscheint es konstruiert, dem Wortlaut wie auch der Entstehungsgeschichte eine eindeutige Präferenz zu rein subjektiv oder rein objektiv verstandener Freiheit zu entnehmen, obwohl sich die Ausgangslage im Vergleich zum Zeitpunkt der Verfassungsgebung fundamental verändert hat. Dafür hat sich das moderne Rundfunksystem zu weit von dem Modell entfernt, dass den Verfassungsgebern bei ihren Beratungen vor Augen schwebte.[267] Dennoch hat der Verfassungsgeber allein mit der Aufnahme der Rundfunkfreiheit in den Grundrechtsteil der Verfassung zumindest eine Kernaussage getroffen: Rundfunkfreiheit ist trotz der bestehenden Notwendigkeit objektiven Schutzes von seiner ursprünglichen Bestimmung her Freiheitsrecht.[268] Auf dieser Prämisse fußt die gesamte

---

263 BVerfGE 95, 220, 234; 97, 298, 310.

264 *Wendt*, in: vMünch/Kunig, Art. 5 GG Rz. 50, *Hasse*, Finanzierung, S. 48; dagegen *Brugger*, Verfassungsinterpretation, S. 7; *Wieland*, Freiheit des Rundfunks, S. 95 f.; *Böckenförde/Wieland* AfP 1982, 77, 78, die meinen, der Wortlaut „Freiheit der Berichterstattung durch Rundfunk" lege eine objektive Interpretation nahe; dem entgegen *Starck*, in: FS Stern, 779, 794, der Hinweise auf eine subjektive Freiheit gefunden zu haben meint.

265 *Böckenförde* NJW 1974, 1529, 1537 f.

266 *Doemming/Füßlein/Matz*, JöR 1, S. 86; auch *Alexy* Der Staat 29 (1990), 49, 65 Fn. 91, *Krausnick*, Rundfunksystem, S. 26 f.; *Hasse*, Finanzierung, S. 48 f.; anders wohl *Starck* NJW 1992, 3257, 3261; *ders*., in: FS Stern, 779, 794 f., der Hinweise auf eine subjektive Grundkonzeption erkannt haben will; dagegen *Böckenförde/Wieland* AfP 1982, 77, 78 f.; *Brugger*, Verfassungsinterpretation, S. 8 f.; *Wieland*, Freiheit des Rundfunks, S. 103 ff.; die erkannt haben wollen, dass die freie Meinungsbildung im Fokus der Verfassungsgeber stand; allerdings verkennt dies die vom Verfassungsgeber originär bestimmte Schutzrichtung der Grundrechte; so auch *Alexy* Der Staat 29 (1990), 49, 65 Fn. 91.

267 Dies verkennt *Wieland*, Freiheit des Rundfunks, S. 109, der meint, dass die Vorstellungen der Verfassungsväter ohne Schwierigkeiten in die Wirklichkeit passen; ob diese Behauptung jedoch 20 Jahre später aufrechterhalten werden würde, bleibt fraglich. De facto haben die technischen Entwicklungen die Vorstellungen des Verfassungsgebers (und selbst die des Bundesverfassungsgerichts) mehr als überholt.

268 *Alexy* Der Staat 29 (1990), 49, 65 Fn. 91; *Starck* NJW 1992, 3257, 3261; *Seelmann-Eggebert* ZUM 1992, 79, 80; *Hoffmann-Riem* M&K 2002, 175, 175; *Degenhart*, in: Bonner Kommentar,

Grundkonzeption des Verfassungsgebers hinsichtlich der Grundrechte. Dessen Berichterstatter für den die Rundfunkfreiheit beinhaltenden Grundrechtsabschnitt *von Mangoldt* konstatierte in diesem Kontext, dass, „wenn in Weimar in den Grundrechten [...] der Versuch gemacht worden ist, die Grundzüge der Gemeinschaftsordnung des neuen Staates in der Verfassung zu verankern, [...] so konnte [..] in diesem GG der Rahmen nicht so weit gespannt werden. Vielmehr sahen die Beteiligten [die Verfassungsgeber, *Anm. d. Verf.*] ihre Aufgabe darin, die Grundrechte im Sinne der alten, klassischen Grundrechte zu gestalten."[269] Insbesondere lässt sich umgekehrt aber aus der Stellung der Rundfunkfreiheit im Grundrechtsteil der Verfassung auch nicht eine generelle Deutungshoheit in Richtung Individualgrundrecht herleiten. Dafür finden sich bereits im Grundrechtsteil betreffend anderer Grundrechte eine Vielzahl von Gegenbeispielen.[270] Dennoch muss jede Objektivierung ihre Grenze zumindest dort finden, wo dieser ursprünglich vorgesehene Bedeutungskern vollständig durch konträre Schutzrichtungen substituiert wird. Daraus ergibt sich folglich die verfassungsrechtliche Pflicht, den originär subjektiv intendierten Schutz der Rundfunkfreiheit zumindest nicht vollständig zurückzudrängen und seine Schutzwirkung allein dem Ermessen des Rundfunkgesetzgebers zu überantworten.[271] Eine Aussage über die Gewichtung objektiver und subjektiver Elemente im Einzelnen lässt sich aus dieser Erkenntnis jedoch nicht ableiten. Dieses Ergebnis gilt selbst dann, wenn man Wortlaut und Entstehungsgeschichte eine Präferenz in Richtung Objektivierung entnehmen wollte[272], denn auch dann kann diese eben nicht dazu führen, dass die originäre Funktion der Grundrechte gänzlich überlagert wird.

In systematischer Hinsicht ergeben sich Bedenken hinsichtlich der unterschiedlichen Interpretation von Presse- und Rundfunkfreiheit: Die Presse ist wie der Rundfunk ein hochkomplexer, vielschichtiger Organismus, der sich schwerlich allein auf ein durchweg liberales Grundrechtsverständnis beschränken lässt.[273] Beschränkt auf ein solches wäre die überragende Bedeutung der Presse für die demokratische Gesellschaft zwar theoretisch anerkannt, jedoch ergäben sich aus diesem theoretischen Anerkenntnis eben nicht die notwendigen, rechtlichen Konsequenzen.[274] Deshalb wird vielfach – insbesondere auch vom Bundesverfassungsgericht[275] – eine institutionelle Garantie der freien Presse im Einklang mit dem objektiv-institutionellen Grundrechtsverständnis angenommen, nach der der Staat der elementaren Bedeutung der Presse stets Rech-

Art. 5 GG Rz. 644; *Schulze-Fielitz*, in: Dreier, Art. 5 I, II GG Rz. 106; *Starck*, in: vMangoldt/Klein/Starck, Art. 5 I, II GG Rz. 110; *Wendt*, in: vMünch/Kunig, Art. 5 GG Rz. 50; *Sachs*, in: Sachs, Vor Art. 1 GG Rz. 39; anders wohl *Krausnick*, Rundfunksystem, S. 27.

269 Wortlaut abgedruckt bei *Stern*, Staatsrecht, 68 V 2, S. 833 f.

270 So auch *Hasse*, Finanzierung, S. 46 f.

271 *Alexy* Der Staat 29 (1990), 49, 65 Fn. 91; *Degenhart*, in: Bonner Kommentar, Art. 5 GG Rz. 644; *Stern*, Staatsrecht, 68 V 2, S. 833 f.

272 So aber *Böckenförde/Wieland* AfP 1982, 77, 78 f.; *Brugger*, Verfassungsinterpretation, S. 7-9; *Wieland*, Freiheit des Rundfunks, S. 95 ff.

273 *Kunig* Jura 1995, 589, 594 f.; *Thum* AfP 2005, 30, 31 f.; *von Münch*, in: vMünch/Kunig, Vorb. Art. 1-19 GG Rz. 23; *Löffler/Ricker*, Presserecht, Kap. 18 Rz. 6 f.

274 *Bullinger*, in: Isensee/Kirchhof, HbdStR, § 142 Rz. 36.

275 BVerfGE 8, 104, 112; 20, 162, 175 f.; 66, 116, 133; 80, 124, 133.

nung tragen und deren Voraussetzungen schützen und gewährleisten muss.[276] Ausfluss der Institutsgarantie der freien Presse ist einerseits die rechtliche Verankerung des wesensbestimmenden Kerns der Pressefreiheit im Verfassungsgefüge und andererseits dadurch die Pflicht des Staates, die Wesenszüge einer freien Presse schützend zu erhalten und strukturell zu gewährleisten.[277] Nichtsdestotrotz bestehen bei der Pressefreiheit unbestrittenermaßen weiterhin subjektive Abwehrrechte des Einzelnen.[278] Vergleicht man nun die systematische Stellung der beiden Freiheiten, so erscheint es zumindest fragwürdig, warum das Bundesverfassungsgericht bei der einen Freiheit von einem primär subjektiven, bei der anderen von einem primär objektiven Schutz ausgeht, obwohl doch selbst nach Auffassung des Gerichts die technische und finanzielle Sondersituation des Rundfunks, wenn überhaupt, so nur noch in abgeschwächter Form bestehen soll. Dies gilt umso mehr, da das Bundesverfassungsgericht bereits früher zutreffend festgestellt hat, dass sich die „Rundfunkfreiheit trotz der engeren Fassung des Wortlauts nicht wesensmäßig von der Pressefreiheit unterscheidet".[279]

Sicherlich ist dem Gericht dahingehend Recht zu geben, dass die strukturellen Voraussetzungen für den Rundfunk Pluralismus weniger erwarten lassen als die Strukturen der Presselandschaft. Daher bedarf der Rundfunk aufgrund seiner Eigengesetzlichkeiten und der erhöhten Wirkintensität – anders als die Presse – eines Mehr an objektiver Sicherung. Dies bedeutet aber nicht, dass Rundfunk und Presse hinsichtlich des Grundcharakters eines subjektiv-objektiv verstandenen Grundrechts einer divergierenden Interpretation bedürfen[280], sondern bedingt allenfalls eine Verschiebung in Richtung der objektiven Komponente des Grundrechts der Rundfunkfreiheit. Wie bei der Pressefreiheit darf jedoch die subjektive Freiheit niemals vollständig überlagert werden.[281] Denn, was die vom Gericht selbst favorisierte, subjektiv-objektive Konzeption der Pressefreiheit jedenfalls zeigt, ist, dass eine Koexistenz von objektiver, dem Prozess der Meinungsbildung dienender Absicherung und subjektiver Freiheit unter dem Grundgesetz unproblematisch möglich ist und darüber hinaus effizient Meinungsplura-

---

[276] BVerwGE 47, 247, 252; 70, 310, 311; *Kübler*, in: FS Lerche, 648, 660; *Bethge*, in: Sachs, Art. 5 GG Rz. 72; *Bullinger*, in: Isensee/Kirchhof, HbdStR, § 142 Rz. 36; *Schulze-Fielitz*, in: Dreier, Art. 5 I, II GG Rz. 175 f.; *Löffler/Ricker*, Presserecht, Kap. 18 Rz. 6 f.; ablehnend *H. H. Klein* Der Staat 20 (1981), 177, 187; *Herzog*, in: Maunz/Dürig, Art. 5 GG Rz. 11 f.; zur Kritik *Kunig* Jura 1995, 589, 594 f.; *Bullinger*, in: Isensee/Kirchhof, HbdStR, § 142 Rz. 78-80; zu den Konsequenzen in der Praxis vgl. exemplarisch BVerfGE 66, 116, 138 ff.

[277] BVerfGE 35, 79, 114; *Thum* AfP 2005, 30, 32 f.; *Jeand'Heur*, JZ 1995, 161, 164; *Dreier* Jura 1994, 505, 511; *Böckenförde* NJW 1974, 1529, 1532; *Bullinger*, in: Isensee/Kirchhof, HbdStR, § 142 Rz. 13, 37-40; *Herzog*, in: Maunz/Dürig, Art. 5 GG Rz. 12; *Bethge*, in: Sachs, Art. 5 GG Rz. 65 f.; *Schulze-Fielitz*, in: Dreier, Art. 5 I, II GG Rz. 175.

[278] Statt vieler nur BVerfGE 20, 162, 175 f.; *Thum* AfP 2005, 30, 31; *Starck*, in: FS Stern, 779, 794.

[279] BVerfGE 35, 202, 222; vgl. auch *Kull*, in: FS Lerche, 663, 664; *Bullinger*, in: FS 50 Jahre BVerfG II, 193, 194.

[280] Dies verkennt *Brugger*, Verfassungsinterpretation, S. 12, 28, der aus den Eigengesetzlichkeiten des Rundfunks ableitet, dass eine Annäherung an die Pressefreiheit systematisch nicht begründbar ist.

[281] So wohl auch *Degenhart*, in: Bonner Kommentar, Art. 5 GG Rz. 645; *Bullinger*, in: Isensee/Kirchhof, HbdStR, § 142 Rz. 118; *H. H. Klein*, Rundfunkfreiheit, S. 63 f.; *Neun*, Grenzen des Wachstums, S. 385.

lismus zu sichern vermag. Der primär dienende Charakter ist also keinesfalls notwendig und damit zwingend[282]; vielmehr lässt sich am Beispiel der Pressefreiheit erkennen, dass auch ein subjektiv-objektiver Ansatz effizienten Schutz vermitteln kann. Im systematischen Vergleich mit der Pressefreiheit offenbart sich die Schwäche der verfassungsgerichtlichen Konzeption der Rundfunkfreiheit, nämlich die vollständige „Negierung der primären grundrechtlichen Gehalte“[283] und damit als gegenteiliger Effekt der Schutzerweiterung eine Verminderung des Schutzes des Einzelnen gegenüber dem Staat.[284] Diese Erkenntnis wird zusätzlich durch die neuere Rechtsprechung des Bundesverfassungsgerichts gestützt, bei der eindeutige Parallelen hin zur Anlehnung an die Pressefreiheit erkennbar sind.[285] Im Übrigen ist es über die Pressefreiheit hinaus für das Grundgesetz keine Besonderheit, dass grundrechtlicher Schutz durch objektive Sicherungen *und* subjektive Rechte gewährleistet wird. Exemplarisch sei hier nur auf die Normkomplexe der Art. 5 Abs. 3 S. 1 GG; Art. 6 Abs. 1 GG; Art. 33 Abs. 5 GG und Art. 14 Abs. 1 S. 1 GG verwiesen, bei denen keiner einen effektiven Grundrechtsschutz je bezweifeln würde.[286] Die Vorgaben im Verfassungssystem sprechen daher wenn nicht sogar für, so doch zumindest nicht gegen eine subjektive Dimension als Abwehrrecht.[287]

c) Notwendigkeit originären, subjektiven Schutzes

Problematisch ist weiter der bereits oben dargelegte Charakter subjektiver Rechte im Rahmen der geltenden Konzeption der Rundfunkfreiheit. Deren Bestehen ist gekoppelt an die Existenz von Ausgestaltungen des Rundfunkgesetzgebers. Widersinnig erscheint der Ansatz des Gerichts insbesondere dann, wenn die ausgestaltenden Gesetze keinen ausreichenden Schutz mehr vermitteln sollten, weil sich reale Umstände verschoben haben. Dies führte zu der Konsequenz, dass die bestehende Gesetzeslage Pluralismus in ungenügender Weise zu sichern vermag. In der dienenden Konzeption des Bundesverfassungsgerichts hätte das zur Folge, dass im Ergebnis auch nur ein unzureichender „grundrechtlicher“ Schutz vermittelt würde. Mit anderen Worten: Die Effizienz des Grundrechtsschutzes liegt damit im Ermessen des einfachen Rundfunkgesetzgebers, welchen die Pflicht trifft, die positive Ordnung anzupassen und umzugestalten.[288] Damit entscheidet er ähnlich einem Verfassungsgeber über Schutz oder

---

[282] *Degenhart*, in: Bonner Kommentar, Art. 5 GG Rz. 646.

[283] *Degenhart*, in: Bonner Kommentar, Art. 5 GG Rz. 645.

[284] *Seelmann-Eggebert* ZUM 1992, 79, 84 f.; *Bullinger*, in: Isensee/Kirchhof, HbdStR, § 142 Rz. 120; *Schulze-Fielitz*, in: Dreier, Art. 5 I, II GG Rz. 106; *Starck*, in: vMangoldt/Klein/Starck, Art. 5 I, II GG Rz. 110.

[285] BVerfGE 97, 298, 310 f.; *Bullinger*, in: FS 50 Jahre BVerfG II, 193, 215.

[286] Vgl. BVerfGE 6, 55, 72 ff. (Ehegattenbesteuerung); 35, 79, 112 (Hochschule); allgemein *Alexy* Der Staat 29 (1990), 49, 65 Fn. 91; *Böckenförde* Der Staat 29 (1990), 1, 17 ff.; *Starck*, in: vMangoldt/Klein/Starck, Art. 1 III GG Rz. 174.

[287] So auch *Alexy* Der Staat 29 (1990), 49, 65 Fn. 91; *H. H. Klein*, Rundfunkfreiheit, S. 64; ähnlich *Starck*, in: FS Stern, 779, 794; kritisch zur Tragfähigkeit der verfassungsrechtlichen Vorgaben hinsichtlich der Konzeption des Bundesverfassungsgerichts *Rossen-Stadtfeld* M&K 2002, 481, 487.

[288] *Schulze-Fielitz*, in: Dreier, Art. 5 I, II GG Rz. 107.

Nichtschutz eines Grundrechtsträgers, ohne jedoch dessen formale, grundgesetzliche Fesseln zu tragen. Zur Verwirklichung des Normzieles der Rundfunkfreiheit wird dieser so die individualrechtliche Komponente entzogen. Dabei obliegt es dem einfachen Gesetzgeber, trotz dessen von Verfassungs wegen gemäß Art. 1 Abs. 3 GG bestehender Grundrechtsbindung, Umfang und Schutzweite von Grundrechtspositionen vorzugeben.[289] Grundrechte sind aber vom Standpunkt des Verfassungsrechts so eminent wichtig für den Verfassungsstaat, dass ihre Gewährung oder Nichtgewährung niemals vollständig dem parlamentarischen Gesetzgeber überantwortet werden darf.[290] Eine dem entgegenstehende Annahme widerspricht der Konzeption der Verfassung im Allgemeinen und der der Grundrechte im Besonderen. Notwendig ist daher keine rein derivative, sondern eine – zumindest partiell angelegte – originäre, subjektive Freiheit.

d) Bisher anerkannte Reichweite subjektiven Schutzes

Ohne bestehende subjektive Rechte würden private Anbieter zu bloßen Erfüllungsgehilfen einer objektiven Kommunikationsordnung, wobei die dienende Freiheit deren Rechtsposition zum bloßen Rechtsreflex denaturieren würde.[291] Letztlich bewegt sich auch die durch das Bundesverfassungsgericht vermeintlich anerkannte, subjektive Freiheit der Rundfunkunternehmer im Rahmen dieser Dogmatik: Das Gericht gewährt dem Einzelnen nur einen „Grundrechtsbeachtungsanspruch“, nach dem bei Auslegung und Anwendung bestehender, ausgestaltender Normen „seine Position als Träger des Grundrechts der Rundfunkfreiheit hinreichend beachtet wird“.[292] Das subjektive Recht bewegt sich dann aber nur im Rahmen der bestehenden Gesetze und lässt sich nicht originär aus der Verfassung ableiten. Allerdings gilt es auch festzuhalten, dass das Gericht ausdrücklich damit nicht die generelle Reichweite subjektiven Schutzes der Rundfunkfreiheit festlegen wollte. Es bezeichnet die vermittelte Rechtsposition „als über eine durch das Willkürverbot vermittelte, hinausreichende“ Rechtsposition, deren Weite im behandelten Sachverhalt keiner Klärung bedurfte.[293] Dennoch finden sich in der Rechtsprechung auch originär subjektivierende Andeutungen. So heißt es beispielsweise, das Bedürfnis nach Schutz der Programmgestaltung bestehe dort, wo diese der Sache nach tatsächlich stattfindet, wobei es unerheblich sein soll, ob diese vom Gesetz als Rundfunkveranstaltung bezeichnet oder anerkannt wird.[294] Hier offenbart sich dann eine Tendenz, die grundrechtlichen Schutz losgelöst von der positiven Ordnung gewährleisten will. Zwar lässt sich der Rechtsprechung weder die Billigung einer originären, subjektiven Freiheit, noch ein Hinweis auf das Verhältnis der Gewichtung von subjektivem und objektivem Schutz entnehmen, auf der anderen Seite wird der subjektive Schutz der Rundfunkfreiheit auch nicht auf den eines reinen Maßgabegrundrechts begrenzt, sondern dessen Reichweite wird bewusst offen gelassen.

---

289 *Degenhart*, in: Bonner Kommentar, Art. 5 GG Rz. 643.

290 *Alexy* Der Staat 29 (1990), 49, 68.

291 *Bethge* NVwZ 1997, 1, 6.

292 BVerfGE 97, 298, 314.

293 BVerfGE 97, 298, 314.

294 BVerfGE 97, 298, 310 f.

Gänzlich unbeantwortet bleibt die Reichweite des subjektiven Schutzes darüber hinaus auch in älteren Entscheidungen des Bundesverfassungsgerichts: Interessanterweise wird dort bereits konstatiert, dass der Grundrechtsschutz „grundsätzlich für alle Veranstalter von Rundfunk" gilt und das Gericht seit jeher von dieser Prämisse ausgegangen sei.[295] Im dem zugrunde liegenden Urteil misst das Gericht Regelungen des Rundfunkgesetzgebers an Art. 5 Abs. 2 GG und qualifiziert die angegriffenen Regelungen als grundrechtlichen Eingriff und damit die Rundfunkfreiheit als subjektive Freiheit. Dies muss umso mehr überraschen, als dass das Gericht selbst darlegt, dass diese Normen auf die Ausgestaltung der Rundfunkordnung abzielen.[296] Letztendlich prüft es demnach ausgestaltende Gesetze wie Eingriffsgesetze. Damit scheint auch das Bundesverfassungsgericht erkannt zu haben, dass die zu starke Objektivierung der Rundfunkfreiheit zu einer von der Verfassung konzeptionell so nicht tolerierten Desubjektivierung und Entindividualisierung des Grundrechts geführt hat. Dieser Gefahr der „Verwässerung originären grundrechtlichen Schutzes"[297] ist es ansatzweise, wenn auch zögerlich und systematisch inkonsistent, entgegen getreten. Dennoch bleibt es bei dem bereits dargelegten Ergebnis: Der ergangenen Rechtsprechung des Bundesverfassungsgerichts lassen sich keine konkreten Aussagen über die Reichweite eines subjektiven Schutzes unter der Rundfunkfreiheit entnehmen. Anerkannt ist nur, dass er in irgendeiner Weise existieren muss.

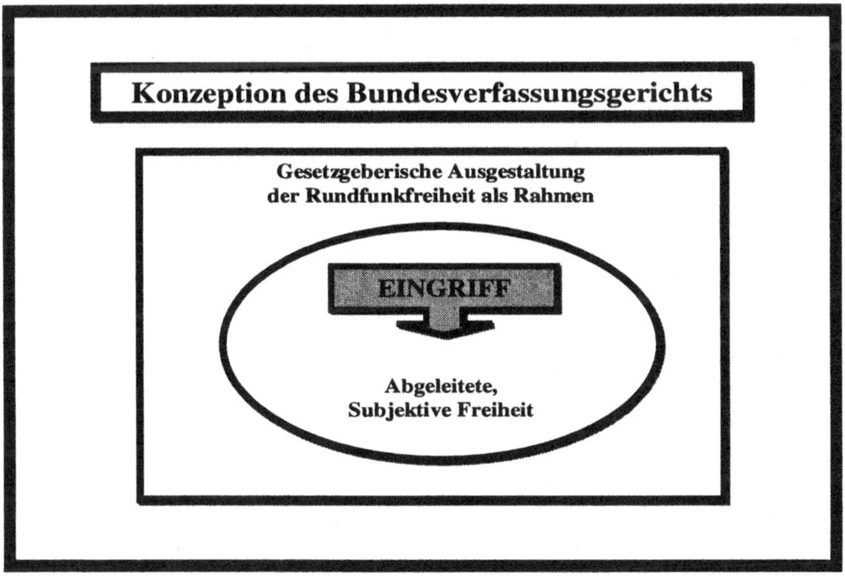

Abb. 13: Dogmatische Konzeption des Bundesverfassungsgerichts

---

295 BVerfGE 95, 220, 234 mit Verweis auf BVerfGE 73, 118, 164.

296 BVerfGE 95, 220, 236 f. mit Verweis auf BVerfGE 57, 295, 326; 83, 238, 324.

297 *Degenhart*, in: Bonner Kommentar, Art. 5 GG Rz. 642.

e) Zusammenfassung

Zusammenfassend bleibt festzuhalten: Objektiver Schutz ist im Rahmen der Rundfunkfreiheit weiterhin zur Pluralismussicherung geboten. Allerdings werden im Einklang mit der modernen Grundrechtsdogmatik objektive Erweiterungen der originären Dimension nur dann hinzunehmen sein, wenn diese geeignet sind, den Grundrechtsschutz zu verstärken und die subjektive Komponente des Schutzes nicht vollständig zu verdrängen. Die Auslegung der Rundfunkfreiheit ergibt zumindest, dass ein primär objektives Verständnis nicht zwingend ist. Insbesondere im systematischen Vergleich mit der Pressefreiheit zeigt sich, dass die Vielfalt der Meinungen im Interesse der Demokratie auch durch subjektiv-objektive verstandene Konzeptionen gewahrt werden kann. Eine vollständige Überlagerung subjektiver Rechte durch objektive Sicherungen mindert den Grundrechtsschutz, indem dessen Gewährleistung wider der Konzeption der Grundrechte der Willkür des einfachen Gesetzgebers als Ausgestaltung obliegt. Diese Bedenken führen in einer Zusammenschau dazu, dass das funktionale Verständnis durch individualgrundrechtliche Elemente ergänzt werden muss, da ansonsten die exzessive Objektivierung durch das Bundesverfassungsgericht den originären Kern im „Nebel des Institutionellen“ verschwinden zu lassen droht.[298] Letztlich hat diese Notwendigkeit auch das Bundesverfassungsgericht erkannt, indem es erstmals subjektivrechtliche Tendenzen der Rundfunkfreiheit befürwortete. Die neuere Rechtsprechung erkennt zwar expressis verbis keine originär subjektive Komponente der Rundfunkfreiheit an, sie schließt sie aber ebenso wenig aus. So richtig nun aber die Tendenz des Gerichts hin zu einer subjektiv-objektiv verstandenen Freiheit ist, so evident ist es auch, dass die derzeitige Konzeption immer noch an der zu stark dominierenden, objektiven Sicherung krankt.

2. Subjektiv-objektive Rundfunkfreiheit

Weiterhin besteht also die Notwendigkeit objektiver Sicherung, so dass eine vollständige Abkehr von der objektiven Interpretation des Bundesverfassungsgerichts dem Ziel der Rundfunkfreiheit nicht in verfassungsadäquater Weise entsprechen würde. Eine verfassungskonforme Lösung muss in jedem Fall objektive Sicherungen beinhalten, daneben aber – ähnlich wie im Rahmen der Pressefreiheit – gleichzeitig in gewissem Rahmen die Rundfunkfreiheit als originäres Abwehrrecht interpretieren. Kernbereich, innerhalb welchem objektive Sicherungen notwendig sind, ist der Bereich der Grundversorgung im Sinne der essenziellen Funktionen des Rundfunks für die Demokratie, die im dualen System der öffentlich-rechtliche Rundfunk zu gewährleisten hat. Jenseits dieser Grundversorgung begegnen sich private wie öffentlich-rechtliche Anbieter dann aber in einem Gleichrangigkeitsverhältnis als gleichwertige Wettbewerber in einer kompetitiven, dualen Rundfunkordnung.[299] Daher bedarf allein dieser elementare Kernbereich einer objektiv-rechtlichen Absicherung, weil dadurch schon die essenziellen Funktionen des Rundfunks als Mindestmaß des Notwendigen geschützt

---

[298] *Bettermann* DVBl. 1963, 41, 42; *Bethge,* Verfassungsrechtliche Position, S. 25, 56; *Bullinger,* in: Isensee/Kirchhof, HbdStR, § 142 Rz. 118; *H. H. Klein,* Rundfunkfreiheit, S. 64; *Herrmann/Lausen,* Rundfunkrecht, Kap. 7 Rz. 19.

[299] BVerfGE 74, 297, 332.

werden. Im Interesse des Schutzbedürfnisses der einzelnen Rundfunkveranstalter muss nun die objektive Dimension der Rundfunkfreiheit restriktiv interpretiert werden, so dass jenseits des objektiv gesicherten Kernbereichs, also jenseits der Grundversorgung der originär subjektive Charakter der Rundfunkfreiheit wieder aufleben muss. Dort steht den außerhalb der Grundversorgung operierenden öffentlich-rechtlichen Anstalten wie auch den privaten Anbietern gleichermaßen ein direkt aus der Verfassung entspringendes, subjektives Freiheitsrecht zu, durch welches sie sich grundrechtlicher Eingriffe erwehren können. „Ausgestaltungen" haben dann im Bereich jenseits der Grundversorgung beschränkenden Charakter und sind als Eingriff zu qualifizieren, der seinerseits der verfassungsrechtlichen Rechtfertigung bedarf.[300] Jenseits des objektiv abzusichernden Kernbereiches muss dem einzelnen Veranstalter Grundrechtsschutz unmittelbar aus der Verfassung zustehen. Damit wäre auch der lange notwendige Wandel von der objektiv verstandenen, dienenden Freiheit hin zu einem liberalen Freiheitsrecht mit komplementären, objektiven Sicherungen für den öffentlich-rechtlichen Rundfunk vollzogen.[301] Die Konsequenz der Qualifizierung von Ausgestaltungsregelungen als Beschränkungen der subjektiven Rundfunkfreiheit hat das Bundesverfassungsgericht bereits selbst in praxi durchgeführt, zugegebenermaßen allerdings systematisch inkonsistent und ohne ausdrückliche Anerkennung einer originären Rundfunkunternehmerfreiheit.[302]

Mit Hilfe dieses Lösungsvorschlages kann die Unsicherheit in der Rechtsanwendung zugunsten eindeutiger Maßstäbe aufgelöst werden. Der hier befürwortete Ansatz vermag die oben aufgeführten Kritikpunkte allesamt zu entkräften: Zum einen bleibt es durch die weiterhin bestehende, objektiv-rechtliche Absicherung des Kernbereiches bei einer verfassungsrechtlichen Verankerung der essenziellen Funktionen des Rundfunks, die dem Rundfunkgesetzgeber nach wie vor die Pflicht zur Ausgestaltung auferlegt. Innerhalb dieses Kernbereiches können dann selbstverständlich auch – im Einklang mit der aktuellen Rechtsprechung des Bundesverfassungsgerichts – abgeleitete, subjektive Rechte nach Maßgabe der objektiven Ordnung bestehen. Auf der anderen Seite gelingt es durch die Aufwertung des abwehrrechtlichen Kerns, die Schwächen der zu starken Objektivierung aufzufangen. Die Rechtsposition insbesondere der privaten Anbieter wird hierdurch maßgeblich gestärkt und der Entindividualisierung der

---

300 So bereits *Kresse* ZUM 1995, 178, 186 f.; *ders.* ZUM 1996, 59, 68; auch *Ladeur* AfP 1998, 141, 147, der eine subjektiv-rechtliche Abstützung befürwortet, diese allerdings als „Recht auf Einhaltung Regeln der dualen Ordnung" bezeichnet. Was dies letztlich anderes sein soll als ein subjektives Freiheitsrecht, bleibt er indes schuldig; ähnliche Tendenzen zeigen sich ohne dogmatische Fundierung bei *Degenhart* ZUM 2000, 356, 360; *Bullinger*, Aufgaben, S. 15 f., 22, 50 f.; *Neun*, Grenzen des Wachstums, S. 390, 398 f.; *Bleckmann*, Spartenprogramme, S. 48, die die durch die Gebührenfinanzierung hervorgerufene Privilegierung des öffentlich-rechtlichen Rundfunks im Wettbewerb jenseits des Kernbereiches entfallen lassen wollen und letztlich auch einen grundrechtlichen Normalzustand herbeirufen; dem Grunde nach auch *Bullinger*, in: FS 50 Jahre BVerfG II, 193, 215; *ders.* JZ 2006, 1137, 1141 f.; *Bethge* DÖV 2002, 673, 677; *Schoch* JZ 2002, 798, 805; auch *Neun*, Grenzen des Wachstums, S. 387 f., 389 f., der zurecht von einer Schutzlücke im bestehende Grundrechtsschutz privater Anbieter ausgeht.

301 Hierzu schon *Bullinger*, in: FS 50 Jahre BVerfG II, 193, 216.

302 BVerfGE 95, 220, 236 f.

Rundfunkfreiheit zeitgemäß entgegen gewirkt. Private Anbieter sind so mehr als bloße Erfüllungsgehilfen einer objektiven Ordnung; sie können sich vielmehr gerade im Wettbewerbsverhältnis zu Mitkonkurrenten auf subjektive Freiheitsrechte berufen. Daneben wird es ihnen in Zeiten, in denen der öffentlich-rechtliche Rundfunk massiv durch extensive Programmpolitik jenseits der Grundversorgung zulasten der privaten Anbieter in den Wettbewerb eingreift[303], ermöglicht, gegen solche strukturellen Benachteiligungen durch die öffentlich-rechtliche Konkurrenz mittels der Geltendmachung subjektiver Rechte vorzugehen.

Weiter wird durch den hier befürworteten Ansatz die norminterne Inkonsistenz zwischen Rundfunk- und Pressefreiheit beseitigt: Beide würden objektiv-rechtliche Sicherungen enthalten, wobei dem Rundfunk aufgrund seiner massiven Wirkkraft ein engeres, objektiv-rechtliches Korsett von Verfassungs wegen auferlegt würde. Diese Abstufung ist dann aber keinesfalls eine neuerliche Inkonsistenz, da die Unterschiede aufgrund der Eigengesetzlichkeiten des Rundfunks und dessen besonderer Wirkintensität im Interesse der Meinungsfreiheit geboten sind. Daneben verlieren beide Grundrechte nicht ihre originäre, subjektive Wirkkraft: Rundfunkfreiheit wie auch Pressefreiheit haben so als wesensmäßig gleiche Grundrechte jeweils abwehrrechtliche Schutzfunktionen. Letztlich wird die Auslegung und Anwendung des Bundesverfassungsgerichts wieder mit der modernen Grundrechtsdogmatik in Einklang gebracht: Die objektive Funktion des Grundrechts besteht nur, um die subjektive Freiheit zu ergänzen und diese zu intensivieren. Die subjektive Freiheit ist nicht mehr nur Maßgabegrundrecht, wodurch dem Rundfunkgesetzgeber die Hoheitsgewalt über den Schutzumfang der Rundfunkfreiheit zu großen Teilen entzogen wird. Insoweit tritt eine Rückentwicklung hin zum grundrechtlichen Normalzustand ein, bei dem der einfache Gesetzgeber bei seinem Handeln über Art. 1 Abs. 3 GG an die Grundrechte, also insbesondere auch an die Vorgaben der Rundfunkfreiheit gebunden ist, währenddessen das Bundesverfassungsgericht vornehmlich die Auslegung und Anwendung des Grundrechts durchzuführen hat. Zwar bleiben die Bedenken gegen die objektiven Grundrechtsgehalte generell zumindest teilweise bestehen, jedoch macht insbesondere ein so komplexes Gebilde wie der Rundfunk einen mehrdimensionalen Grundrechtsschutz notwendig. Soweit dieser nicht die originäre Funktion vollständig überlagert und diese sinnvoll ergänzt, bestehen hiergegen keine Bedenken. Durch die Rückbesinnung auf den originären Kern wird die Konzeption des Bundesverfassungsgerichts wieder auf ein verfassungsadäquates Maß zurückgeführt. Eine teilweise Objektivierung ist in diesem mit inbegriffen.

---

[303] Hierzu aktuell *von Wallenberg* ZUM 2004, 875, 877.

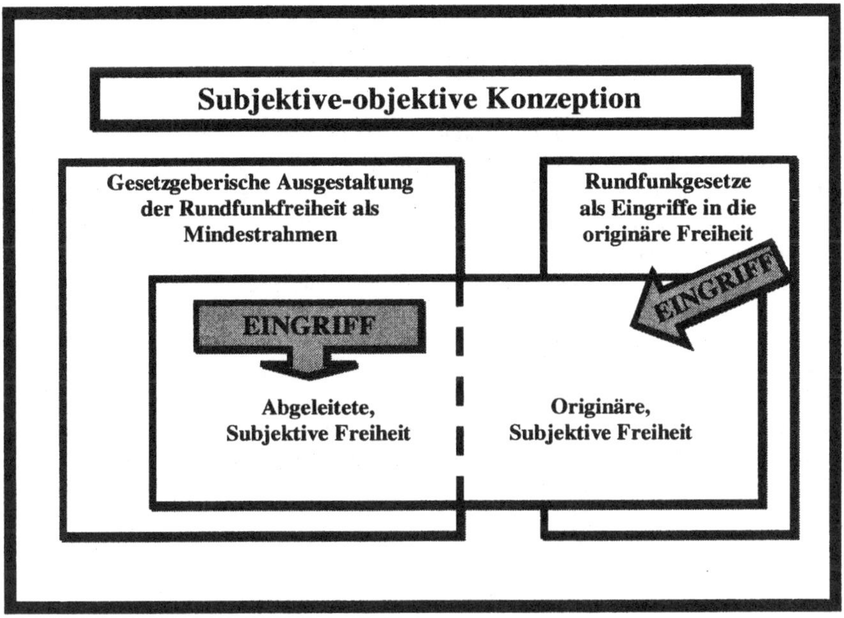

Abb. 14: Eigener Ansatz - Subjektiv-objektive Rundfunkfreiheit

In der praktischen Anwendung bedeutet der hier befürwortete Ansatz, dass sich insbesondere private Rundfunkveranstalter (de facto aber auch öffentlich-rechtliche Anstalten) gegenüber Beeinträchtigungen des Staates mithilfe originären Grundrechtsschutzes zur Wehr setzen können, soweit sich der betroffene Wirkkreis außerhalb der elementaren Kernfunktionen des Rundfunks bewegt. Im Ergebnis müssen zumindest in dem Bereich jenseits der essenziellen Kernfunktionen Ausgestaltungsgesetze als Beschränkungen begriffen werden, die freilich im Interesse des Betroffenen verfassungsrechtlich zu rechtfertigen sind. Rundfunkspezifische Gefahren durch gesetzliche Regelungen außerhalb der Grundversorgung sind somit an Art. 5 Abs. 2 GG zu messen und anhand dessen Maßstäben zu bewerten.[304] Ebenso dürfen strukturelle Vorgaben des Gesetzgebers in diesem Bereich nicht höher geschraubt werden als mit dem Übermaßverbot vereinbar.[305] Dadurch würden die bestehenden Zwangsbindungen für den privaten Rundfunk im Interesse der Verfassung gelockert.[306] Private Veranstalter könnten sich gegenüber staatlichen Reglementierungen auf ihr Grundrecht der Rundfunkunternehmerfreiheit berufen. Auf der anderen Seite bliebe es bei der unbestritten notwendi-

---

[304] *Ruck* AöR 117 (1992), 543, 556; *Starck*, in: FS Stern, 779, 795; *Wendt*, in: vMünch/Kunig, Art. 5 GG Rz. 50; *Schulze-Fielitz*, in: Dreier, Art. 5 I, II GG Rz. 217; *Brugger*, Verfassungsinterpretation, S. 29 f.

[305] *Ruck* AöR 117 (1992), 543, 556; *Starck*, in: FS Stern, 779, 795; *Wendt*, in: vMünch/Kunig, Art. 5 GG Rz. 50; *Brugger*, Verfassungsinterpretation, S. 29 f.

[306] Zu diesen bereits *Bullinger*, in: FS 50 Jahre BVerfG II, 193, 209 f.

gen, objektiven Absicherung der Kernfunktionen des Rundfunks, die dessen essenzielle Funktionen für die moderne Demokratie verfassungsrechtlich verankern.

V. Perspektive

Auf europäischer Ebene wird Rundfunkfreiheit seit jeher auch als wirtschaftliche Freiheit verstanden. Konsequenterweise wird dort Rundfunkfreiheit auch nicht primär objektiv, sondern vielmehr als primär subjektive Freiheit des Einzelnen interpretiert. Diese konträre europarechtliche Dogmatik – Gemeinschaftsrecht und Europäische Menschenrechtskonvention kennen eine äquivalente, funktionsbezogene Deutung nicht[307] – gibt letztlich die Richtung vor, in welche sich auch die Rechtsprechung des Bundesverfassungsgerichts bewegen muss.[308] Die erheblichen, kaum widerlegbaren Kritikpunkte machen zukünftig eine Bewegung hin zu einer Rückbesinnung auf die moderne Grundrechtsdogmatik notwendig. Diskussionswürdig ist dabei vor allem nicht das „Ob" einer subjektiven Komponente der Rundfunkfreiheit, sondern allein das „Wie" einer Gewichtung von subjektiven und objektiven Schutzdimensionen. Der vorstehend erläuterte Ansatz zeigt einen gangbaren Weg für das Bundesverfassungsgericht. Letztlich hat das Gericht durch die aufgezeigten, subjektiven Tendenzen selbst bereits den Pfad zur subjektiv-objektiven Deutung beschritten, wobei zur Auflösung des Spannungsverhältnisses mit der originären Konzeption der Grundrechte mutigere Ansätze erforderlich sind. Über kurz oder lang wird zumindest jenseits des Kernbereiches der Grundversorgung ein originäres, subjektives Abwehrrecht der Rundfunkfreiheit angenommen werden müssen, um nicht europarechtliche Tendenzen auszublenden.[309] Im Ergebnis kann nur so die Dogmatik der Rundfunkfreiheit mit dem Europarecht und der modernen Grundrechtsdogmatik harmonisiert und ihre seit jeher bestehende Widersprüchlichkeit interessengerecht beseitigt werden. Es bleibt abzuwarten, ob das Bundesverfassungsgericht im Rahmen des aktuell anhängigen Verfassungsbeschwerdeverfahrens, angestrengt von ARD, ZDF und DLR, gegen Bestimmungen des 8. Rundfunkänderungsstaatsvertrages, die sich ihm bietende Möglichkeit nutzt, um die geltende Konzeption zu revidieren.

---

307 EGMR EuGRZ 1994, 549, 550, Rz. 35; EuGH Slg. I-1991, 4007, Rz. 23 ff.; sowie Ausführungen bei Staatsgerichtshof Niedersachsen (Entscheidung vom 6. September 2005, StGH 4/04, S. 17); *Schoch* VVDStRL 57 (1998), 158, 193 f.; *Bullinger*, in: FS 50 Jahre BVerfG II, 193, 216 f.; *Degenhart*, in: Bonner Kommentar, Art. 5 GG Rz. 651, 656; *Bullinger*, Aufgaben, S. 42 f.; *Determann*, Kommunikationsfreiheit, S. 361 f.

308 Dazu ausführlich die weitere Bearbeitung; kursorisch Staatsgerichtshof Niedersachsen (Entscheidung vom 6. September 2005, StGH 4/04, S. 17); *Müller* MMR 12/2005, VI, VI f.; *Degenhart* K&R 2000, 49, 52 f.; *Bullinger*, in: FS 50 Jahre BVerfG II, 193, 217 f.; *ders.* JZ 2006, 1137, 1141 f.; *Neun*, Grenzen des Wachstums, S. 385.

309 Staatsgerichtshof Niedersachsen (Entscheidung vom 6. September 2005, StGH 4/04, S. 17); *Schulze-Fielitz*, in: Dreier, Art. 5 I, II GG Rz. 217.

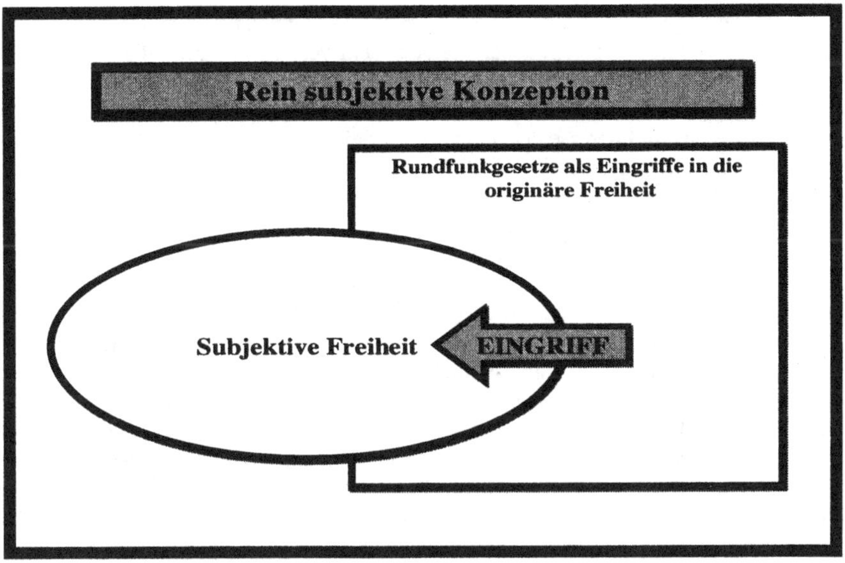

Abb. 15: Subjektive Konzeption des Europäischen Gerichtshofs

D. Konsequenzen der objektiv-rechtlichen Absicherung

Erkennt man die Notwendigkeit einer objektiv-rechtlichen Absicherung im Rahmen der Rundfunkfreiheit an, so hat das erhebliche Konsequenzen für und Rückwirkungen auf die Auslegung und Anwendung der Rundfunkfreiheit. Insbesondere ergeben sich Leitlinien und Verpflichtungen für den Rundfunkgesetzgeber:

I. Pluralismusgebot als Leitprinzip der dualen Ordnung

Konstitutive Voraussetzung für die Funktionsfähigkeit des demokratischen Kommunikationsprozesses ist die Existenz und die Aufrechterhaltung eines Pluralismus der Medien und Meinungen im Prozess der individuellen und öffentlichen Meinungsbildung.[310] Dabei sind insbesondere die Massenmedien Presse und Rundfunk aufgrund ihrer enormen Wirkintensität funktionell gebunden an die für diesen Prozess im Besonderen und die moderne Demokratie im Allgemeinen schlechthin konstituierende Vielfalt der Medien und Meinungen.[311] Konsequenterweise hat der objektiv-rechtliche, dienende Charakter der Rundfunkfreiheit zur Folge, dass der Rundfunk in seiner Funktion als Medium und Faktor des Meinungsbildungsprozesses geschützt ist und auf die

---

[310] BVerfGE 5, 85, 205; 7, 198, 208; *Schellenberg* AöR 119 (1994), 427, 441 ff.; *Schulze-Fielitz*, in: Dreier, Art. 5 I, II GG Rz. 46; *Herzog*, in: Maunz/Dürig, Art. 5 GG Rz. 10a.

[311] Für die Presse: BVerfGE 12, 113, 125; 20, 162, 174 f.; 66, 116, 133; *Herzog*, in: Maunz/Dürig, Art. 5 GG Rz. 119 ff.; für den Rundfunk: BVerfGE 35, 202, 222 f.; 57, 295, 320; 73, 118, 158 f.; 90, 60, 87; 97, 228, 268 f.; *Herzog*, in: Maunz/Dürig, Art. 5 GG Rz. 194 f.; *Hoffmann-Riem*, Regulierung, S. 98 f. Fn. 38 mwN.

Weise in die Lage versetzt wird, diesen Prozess zu ermöglichen.[312] So folgt die Rundfunkfreiheit verfassungsgerichtlicher Prägung dem vorrangigen Ziel, die Freiheit der individuellen und öffentlichen Meinungsbildung zu schützen.[313] Allgemein wird so ein verfassungsrechtlicher Zielwert angestrebt, durch welchen die Freiheitlichkeit des Rundfunkwesens im Interesse der Meinungsfreiheit abgesichert werden soll. Als Konsequenz des verfassungsrechtlichen Zieles der Rundfunkfreiheit lässt sich dieser ein Gebot des Pluralismus der Meinungen entnehmen, welches dem Rundfunk auferlegt, die bestehende Vielfalt der Meinungen in möglichst umfassender Breite ausgewogen zum Ausdruck zu bringen.[314] Anders gewendet obliegt ihm die Pflicht, alle gesellschaftlich relevanten Gruppen in gewissem Mindestumfang zu Wort kommen zu lassen. Allgemein trägt der Rundfunk so die Verantwortung für die Entstehung eines für die Demokratie essenziellen „Marktes der Meinungen". Das Pluralismusgebot ist Grundbedingung der verfassungsrechtlichen Meinungsfreiheit und letztlich Ausfluss aus dem objektiv-rechtlichen Verständnis der Rundfunkfreiheit.[315] Sein Zweck ist die Effektivierung des Schutzes vor gesellschaftlicher Fremdbestimmung des Rundfunks; insbesondere soll verhindert werden, dass das machtintensive Medium Rundfunk nicht einer oder einzelnen gesellschaftlichen Gruppen ausgeliefert wird.[316] Für das rundfunkrechtliche Pluralismusgebot gilt: Je ausgeprägter der Pluralismus der Meinungen grundrechtlich geschützt wird, desto effizienter vermag die Rundfunkfreiheit ihrer Aufgabe gerecht werden, die Freiheit der individuellen und öffentlichen Meinungsbildung abzusichern. Letztlich hängt die Erreichung des Normzieles des Art. 5 Abs. 1 GG daher maßgeblich von der Intensität des grundrechtlichen Schutzes der für die Demokratie schlechthin konstituierenden Funktionen des Rundfunks ab.[317]

Als Folge des verfassungsrechtlichen Pluralismusgebotes ergeben sich dann Rückkopplungen auf die Auslegung und Anwendung der Rundfunkfreiheit in der Rechtswirklichkeit: Wenn nun oberstes Ziel der Rundfunkfreiheit die Sicherung der Freiheitlichkeit des Rundfunkwesens im Interesse des Prozesses der individuellen und öffentlichen Meinungsbildung ist, so muss dieses Ziel zugleich Leitprinzip für alle Maßnahmen sein, die dem Schutz der Rundfunkfreiheit unterfallen. Jede Auslegung und Anwendung der Rundfunkfreiheit hat somit stets einerseits die Freiheit der individuellen Meinungsbildung zu effektuieren, andererseits aber auch den Wert einer möglichst

---

312 BVerfGE 57, 295, 325; 59, 231, 257; 90, 60, 87 ff.; 101, 361, 389; *Bethge*, in: Sachs, Art. 5 GG Rz. 18.

313 BVerfGE 12, 205, 261; 74, 297, 323; 83, 238, 316; *Jarass*, in: Jarass/Pieroth, Art. 5 GG Rz. 35 mwN; *Schulze-Fielitz*, in: Dreier, Art. 5 I, II GG Rz. 46.

314 BVerfGE 83, 238, 324; *Ladeur/Gostomzyk* JuS 2002, 1145, 1148; *Jarass*, in: Jarass/Pieroth, Art. 5 GG Rz. 45; *Schulze-Fielitz*, in: Dreier, Art. 5 I, II GG Rz. 234, 237; *Hartstein, u.a.*, Teil B2, Rz. 18; *Hoffmann-Riem*, Regulierung, S. 98 f.; *Ricker/Schiwy*, Rundfunkverfassungsrecht, Teil E Rz. 1; dabei ist Meinungsvielfalt nur ein Zielwert, der nicht arithmetisch bestimmt werden kann, *Degenhart*, in: Bonner Kommentar, Art. 5 GG Rz. 626.

315 BVerfGE 57, 295, 320; 83, 238, 296.

316 BVerfGE 12, 205, 262 f.; 57, 295, 325; 73, 118, 153; *Schulze-Fielitz*, in: Dreier, Art. 5 I, II GG Rz. 234; *Degenhart*, in: Bonner Kommentar, Art. 5 GG Rz. 626; *A. Hesse*, Rundfunkrecht, Kap. 2 Rz. 59.

317 BVerfGE 90, 60, 87.

ungehinderten und unbeeinflussten Herausbildung der für die Demokratie lebensnotwendigen öffentlichen Meinung zu berücksichtigen.[318] Gekoppelt an diese Erkenntnis ergibt sich dann folgerichtig, dass Ziel einer jeden Rundfunkordnung unter dem Grundgesetz daher stets sein muss, den grundrechtlichen Schutz der Meinungsbildung als Fundament der modernen Demokratie durch weitestmögliche Vielfalt zu maximieren. Im Einklang mit dem objektiv-rechtlichen Grundrechtsverständnis ist es der einfache Rundfunkgesetzgeber, den die Pflicht zur Realisierung des Zieles trifft. Für die Art und Weise der Verwirklichung des Zieles schreibt das Grundgesetz in Art. 5 Abs. 1 S. 2 GG allerdings kein bestimmtes Modell vor; dem einfachen Gesetzgebers obliegt es, dass für ihn tolerable Rundfunksystem zu installieren.[319] Dabei erschöpft sich die Gestaltungsfreiheit des Rundfunkgesetzgebers nicht in der Wahl eines bestimmten Modells mit anschließendem Zwang zur strikten Modellkonsistenz: Solange er eben dem verfassungsrechtlichen Ziel der Pluralismussicherung bestmöglich zur Geltung verhilft, ist er in der Wahl seiner Mittel frei.[320] Der Rundfunk muss innerhalb der etablierten Ordnung nur in die Lage versetzt werden, der individuellen und öffentlichen Meinungsbildung im verfassungsrechtlich gebotenen Maße dienen zu können. Es stünde dem Rundfunkgesetzgeber frei, alternativ zur dualen Ordnung ein rein privatwirtschaftliches Rundfunkmodell zu etablieren, solange er dabei die Voraussetzungen des Bundesverfassungsgerichts zur Effektivierung der Rundfunkfreiheit in ausreichendem Maße beachtet.[321] Orientiert am Leitprinzip des Pluralismusgebotes und damit den Vorgaben des Bundesverfassungsgerichts hat sich der Rundfunkgesetzgeber jedoch für das Ordnungsmodell des dualen Systems entschieden. Dieses wurde auch vom Bundesverfassungsgericht als zulässige Option des Rundfunkgesetzgebers bestätigt und anerkannt.[322] Im Ergebnis ist deshalb auch für die duale Ordnung oberstes Leitprinzip die Sicherung der Meinungsvielfalt als Prämisse des Meinungsbildungsprozesses.[323] Das Verständnis dieses jeder Rundfunkordnung immanenten Leitprinzips ist grundlegend für die an dieses anknüpfende gesetzliche Ausgestaltungspflicht des Rundfunkgesetzgebers und zugleich „Zielpunkt jeder gesetzlichen Ausgestaltung“.[324]

---

318 *Herzog*, in: Maunz/Dürig, Art. 5 GG Rz. 9; *Herrmann/Lausen*, Rundfunkrecht, Kap. 7 Rz. 2.

319 BVerfGE 57, 295, 326 f.; 83, 238, 316; 97, 228, 267; *Lindner* AfP 2005, 429, 432 f.; *Hartstein, u.a.*, Teil B2, Rz. 18; *Hoffmann-Riem*, Regulierung, S. 67; *A. Hesse*, Rundfunkrecht, Kap. 2 Rz. 56.

320 BVerfGE 57, 295, 321; 83, 238, 316; 87, 181, 198; 90, 60, 94; *Lindner* AfP 2005, 429, 432 f.; *Hartstein, u.a.*, Teil B2, Rz. 32; *Degenhart*, in: Bonner Kommentar, Art. 5 GG Rz. 638; *Bethge*, Verfassungsrechtliche Position, S. 20 f.; *Ricker/Schiwy*, Rundfunkverfassungsrecht, Teil C Rz. 10; *A. Hesse*, Rundfunkrecht, Kap. 2 Rz. 56.

321 *Lindner* AfP 2005, 429, 432 f.; *Depenheuer* AfP 1997, 669, 673 f.; *Kübler*, in: FS Berg, 18, 24, der propagiert, als Vorbild werbefinanzierten, öffentlich-rechtlichen Rundfunks könne unter Umständen Channel 4 in Großbritannien fungieren; ablehnend *Krausnick* AfP 2006, 125, 126 f.

322 Nur BVerfGE 73, 118, 157; 74, 297, 324; *Degenhart*, in: Bonner Kommentar, Art. 5 GG Rz. 640 mwN.

323 BVerfGE 83, 238, 296; 87, 181, 198; 90, 60, 94; *Bethge* ZUM 1996, 456, 466; *ders.*, Verfassungsrechtliche Position, S. 44; auch *Herrmann/Lausen*, Rundfunkrecht, Kap. 7 Rz. 77; *A. Hesse*, Rundfunkrecht, Kap. 4 Rz. 1.

324 *Hoffmann-Riem*, in: Benda/Maihofer/Vogel, Verfassungsrecht, § 7 Rz. 20 mwN.

II. Ausgestaltungspflicht des Rundfunkgesetzgebers

Die objektive, grundrechtliche Absicherung im Rahmen der Rundfunkfreiheit verlangt nun als Folge des aus ihr abgeleiteten Gebotes der Pluralismussicherung gesetzliche Maßnahmen des parlamentarischen Gesetzgebers, die sich ihrerseits wieder am Ziel der Pluralismussicherung zu orientieren haben.[325] Das verfassungsrechtliche Gebot vermag alleine noch nicht ein ausreichendes Maß an Sicherung zu vermitteln. Vielmehr ist Vielfalt allein dann effektiv gewährleistet, wenn die Grundsätze durch einfache Gesetze allgemein verbindlich gemacht werden und so die Akteure der Rundfunkordnung umfassend binden. Art. 5 Abs. 1 S. 2 GG konstituiert daher die verfassungsrechtliche Pflicht des Rundfunkgesetzgebers, dem Pluralismusgebot entsprechende Gesetze zu erlassen.[326] Der Staat hat danach eine positive Ordnung zu etablieren, die die Rundfunkfreiheit materiell und organisatorisch ausgestaltet und geeignet ist, die Sicherung der individuellen und öffentlichen Meinungsbildung im verfassungsrechtlich notwendigen Maß abzusichern.[327] Dabei hat die positive Ordnung sicherzustellen, dass sich ausgewogene Vielfalt im Rundfunk wieder finden kann.[328] Der gesetzliche Rahmen dient letztlich der Verwirklichung des Pluralismusgebots. Zu berücksichtigen ist weiter, dass Pluralismus stets nur einen anzustrebenden Zielwert darstellen kann, dessen Erreichung im Ermessen des ausgestaltenden Rundfunkgesetzgebers liegt.[329]

Regulatorisches Ziel der positiven Ordnung ist die Disziplinierung der durch dessen Eigengesetzlichkeiten bedingten, potenziellen und realen Macht des Massenmediums Rundfunk in der Form, dass die Grundstrukturen der pluralistisch verfassten Demokratie nicht gefährdet werden.[330] Das Bundesverfassungsgericht geht im Rahmen seiner Konzeption davon aus, dass ein reines Vertrauen auf den Markt Vielfalt nicht im für die Demokratie notwendigen Maße herzustellen vermag. Das für den Markt typische freie Spiel der Kräfte beinhalte vor allem die erhebliche Gefahr von Vielfalt verengenden Fehlentwicklungen, die aus sich heraus erhebliche negative Auswirkungen auf das demokratische Staatswesen haben können und wenn überhaupt, nur schwer korrigierbar wären.[331] Zur Abwehr dieser Gefahren rechtfertigt sich eine staatliche Intervention,

---

325 BVerfGE 12, 205, 262 f.; 57, 295, 323; *Ladeur/Gostomzyk* JuS 2002, 1145, 1149; *Schulze-Fielitz*, in: Dreier, Art. 5 I, II GG Rz. 232; *Degenhart*, in: Bonner Kommentar, Art. 5 GG Rz. 625; *H. H. Klein*, Rundfunkfreiheit, S. 28 f.; *Ricker/Schiwy*, Rundfunkverfassungsrecht, Teil C Rz. 3; *Hoffmann-Riem*, Regulierung, S. 92, 98 f.; *Bethge*, Verfassungsrechtliche Position, S. 68; *Neun*, Grenzen des Wachstums, S. 187.

326 BVerfGE 12, 205, 263; BVerfGE 57, 295, 323; *Ladeur/Gostomzyk* JuS 2002, 1145, 1149; *Degenhart*, in: Bonner Kommentar, Art. 5 GG Rz. 625; *Herrmann/Lausen*, Rundfunkrecht, Kap. 7 Rz. 77.

327 BVerfGE 57, 295, 320; 73, 118, 153; 83, 238, 296; 95, 220, 236; *Schulze-Fielitz*, in: Dreier, Art. 5 I, II GG Rz. 232; *Jarass*, in: Jarass/Pieroth, Art. 5 GG Rz. 44; *Degenhart*, in: Bonner Kommentar, Art. 5 GG Rz. 625; *Hartstein, u.a.*, Teil B2, Rz. 18; *Starck*, in: vMangoldt/Klein/Starck, Art. 5 I, II GG Rz. 113.

328 BVerfGE 57, 295, 319 f.; 83, 238, 295 f.; 90, 60, 88; 95, 220, 236; *Gersdorf*, Rundfunkrecht, Rz. 72.

329 *Ricker/Schiwy*, Rundfunkverfassungsrecht, Teil D Rz. 5.

330 *Schulze-Fielitz*, in: Dreier, Art. 5 I, II GG Rz. 234.

331 BVerfGE 57, 295, 323; *Ladeur/Gostomzyk* JuS 2002, 1145, 1149; *Herzog*, in: Maunz/Dürig, Art. 5 GG Rz. 217; *Gersdorf*, Rundfunkrecht, Rz. 72 f.

die als kompensierende Steuerung das Marktversagen aufzufangen weiß.[332] Der Staat schafft durch seine Normsetzung im Interesse des Ziels der Rundfunkfreiheit dasjenige, was der Markt alleine nicht zu leisten vermag. Das alleinige Vertrauen auf gesellschaftliche Kräfte könnte eine Sicherung nicht im ausreichenden Maß bewirken. Die Erosion der Sondersituation des Rundfunks im Hinblick auf Technik und Empfangbarkeit vermag hieran nichts zu ändern: Vielfaltsicherung ist insbesondere in Zeiten zunehmender horizontaler Verflechtungen auch unter veränderten Bedingungen weiterhin oberstes Ziel der Rundfunkfreiheit, welches im Rahmen der positiven Ordnung durch den Rundfunkgesetzgeber effektiviert werden muss.[333] Selbst wenn man durch den Wandel der tatsächlichen Verhältnisse eine verminderte Notwendigkeit staatlichen Schutzes herleiten wollte, so würde dieser die verfassungsrechtliche Pflicht zur Ausgestaltung nicht beseitigen, sondern diese allenfalls in gewissem Maße beschränken und reduzieren.[334]

In seiner Bedeutung ist der gesetzlich festgelegte Rahmen als legislatorische Ausgestaltung die Legitimationsgrundlage für jede Freiheitsbetätigung im Rundfunkbereich.[335] Die ausgestaltenden Gesetze füllen die Substanz der Rundfunkfreiheit mit dem für die Verwirklichung des Normzieles der Rundfunkfreiheit notwendigen Inhalt.[336] Das ist letztlich Konsequenz des primär objektiv-rechtlichen geprägten Grundrechtsverständnisses der Rundfunkfreiheit: Die Rolle des Staates verschiebt sich von der Bedrohung der Grundrechte hin zu einem Beschützer, der dem Grundrecht überhaupt erst zur Geltung verhelfen kann. Allerdings kann die Konsequenz eben nur soweit gelten, wie eine objektive Absicherung qua Grundrecht essenziell notwendig ist. Der Staat muss dort in seiner klassischen Rolle nach liberalem Grundrechtsverständnis verweilen, wo der objektiv gesicherte Bereich verlassen wird. Außerhalb des für die Demokratie essenziellen Bereiches ist der Staat nicht mehr und nicht weniger als eine Bedrohung für die Freiheit des Rundfunks des einzelnen Rundfunkveranstalters.

E. Konkretisierungen des Bundesverfassungsgerichts

Zwar hat die Ausgestaltung der Rundfunkordnung im Rahmen der Konzeption der Rundfunkfreiheit des Bundesverfassungsgerichts der Rundfunkgesetzgeber vorzunehmen. Auch verfügt der Rundfunkgesetzgeber zur Erfüllung dieser Pflicht über einen sehr extensiven Gestaltungsfreiraum. Dennoch ermöglicht die Objektivierung des Grundrechtsschutzes erhebliche Einflussnahmen durch das Bundesverfassungsgericht. Das Gericht kann im Kontext objektiver Freiheit im Vorfeld strukturelle Vorgaben festlegen, die den Spielraum des Gesetzgebers schon von vorneherein begrenzen und beschneiden. Alles, was der Gesetzgeber dann als Ausgestaltung unternimmt, ist faktisch an die Strukturvorgaben des Bundesverfassungsgerichts gebunden. Solche Kon-

---

[332] BVerfGE 57, 295, 323; *Kübler* AfP 2002, 277, 282; *Herzog*, in: Maunz/Dürig, Art. 5 GG Rz. 217; *Hoffmann-Riem*, Regulierung, S. 114; *Gersdorf*, Rundfunkrecht, Rz. 72.

[333] BVerfGE 95, 163, 173; 97, 228, 255 f.; *A. Hesse*, Rundfunkrecht, Kap. 2 Rz. 62 f.

[334] BVerfGE 83, 238, 302; 97, 298, 312; *A. Hesse*, Rundfunkrecht, Kap. 2 Rz. 59.

[335] *Gersdorf*, Rundfunkrecht, Rz. 77.

[336] *Bornemann/Hepach* K&R 2004, 317, 317; *Hoffmann-Riem*, Regulierung, S. 97; *Gersdorf*, Rundfunkrecht, Rz. 82.

kretisierungen der objektiven Rundfunkfreiheit hat das Gericht mehrfach vorgenommen. Jedwede Art und Weise der Ausgestaltung kann nicht umhin kommen, diese verfassungsgerichtlichen Vorgaben zu berücksichtigen.

I. Gebot der Staatsfreiheit des Rundfunks

Das Gebot der Staatsfreiheit des Rundfunks ist einer der elementaren Grundsätze der vom Bundesverfassungsgericht herausgearbeiteten, strukturellen Vorgaben für den zur Ausgestaltung berufenen Rundfunkgesetzgeber. *Herzog* bezeichnet es zurecht als „tragendes Prinzip der medienrechtlichen Verfassungsjudikatur".[337] Aufgrund der besonderen Bedeutung und Funktion des Mediums Rundfunk für die moderne Demokratie ist notwendige Bedingung der effizienten Erfüllung dieser Funktion, dass der Rundfunk frei von jedweder staatlichen Beeinflussung, Beherrschung und Einflussnahme organisiert ist.[338] Allein staatsfreier Rundfunk ist in der Lage, Staatsgewalt zu kritisieren und zu kontrollieren und in dieser Form seine essenziellen Funktionen für die Demokratie interessengerecht zu erfüllen. Der Rundfunk kann seiner dienenden Funktion nämlich nur dann nachkommen, wenn seine Bedeutung für den demokratischen Meinungsbildungsprozess nicht durch den Staat behindert wird. Letztlich ist die verfassungsgerichtlich konstituierte Staatsfreiheit auch Ausfluss aus dem Demokratieprinzip, Art. 20 Abs. 2 S. 1 GG, nach welchem sich die demokratische Meinungsbildung vom Volk hin zu den Staatsorganen und eben nicht umgekehrt vollziehen soll und muss.[339] Der Rundfunk als Bestandteil dieses Meinungsbildungsprozesses muss konsequenterweise ebenso frei von staatlicher Beherrschung sein. Der Staat darf weder selbst Rundfunkveranstalter sein, noch in irgendeiner Weise bestimmenden Einfluss auf das Programm unabhängiger Veranstalter gewinnen.[340] Die publizistische Tätigkeit der Rundfunkanstalten darf nicht durch staatliche Handlungen eingeengt werden. Damit ist die Kehrseite der Staatsfreiheit zugleich die Programmautonomie als Zentrum des Selbstbestimmungsrechts der Anstalten.[341] Sie sichert den verfassungsrechtlichen Kern der Tätigkeit der Rundfunkveranstalter, nämlich das Recht, Auswahl, Gestaltung und Inhalt des Programms unbeeinflusst von dritter Seite eigenverantwortlich zu bestimmen.

Vor diesem Hintergrund schützt der Grundsatz der Staatsfreiheit nicht nur vor unmittelbarer Einflussnahme des Staates auf das Programm, sondern vielmehr auch vor lediglich mittelbaren Beeinträchtigungen.[342] Zutreffenderweise hat das Bundesverfas-

---

337 *Herzog*, in: Maunz/Dürig, Art. 5 GG Rz. 213.

338 BVerfGE 12, 205, 262; 31, 314, 329; 57, 295, 320; 83, 238, 308; 90, 60, 88; 97, 298, 310; *Bethge* DÖV 2002, 673, 674; *Holznagel*, Funktionsauftrag, S. 16 f.; *Ricker/Schiwy*, Rundfunkverfassungsrecht, Teil D Rz. 8; *Hoffmann-Riem* , Regulierung, S. 201; *Held/Schulz*, Online-Angebote, S. 52 f.; *A. Hesse*, Rundfunkrecht, Kap. 2 Rz. 37.

339 BVerfGE 12, 205, 262; 20, 56, 99; 44, 125, 140; *Jarass*, in: Jarass/Pieroth, Art. 20 GG Rz. 4; *Herzog*, in: Maunz/Dürig, Art. 5 GG Rz. 213; *Held/Schulz*, Online-Angebote, S. 54; *Ricker/Schiwy*, Rundfunkverfassungsrecht, Teil B Rz. 94; *Gersdorf*, Rundfunkrecht, Rz. 133.

340 BVerfGE 12, 205, 262 f.; 73, 118, 165; 83, 238, 330; *Gersdorf*, Rundfunkrecht, Rz. 143.

341 BVerfGE 83, 238, 299; *Hartstein, u.a.*, Teil B5 Vor § 11 RfStV Rz. 14.

342 BVerfGE 73, 118, 183; 83, 238, 323; 90, 60, 88 f.; *Herzog*, in: Maunz/Dürig, Art. 5 GG Rz. 213a; *Hartstein, u.a.*, Teil B2, Rz. 54; *Holznagel*, Funktionsauftrag, S. 17; *Eifert*, Programmauftrag, S. 85; *Hasse*, Finanzierung, S. 96; *Gersdorf*, Rundfunkrecht, Rz. 134.

sungsgericht solche subtileren Beeinträchtigungen unter den Schutz der umfassenden Staatsfreiheit gestellt und diesen Grundsatz im Rundfunkgebührenurteil festgeschrieben, da es doch gerade diese indirekten Beeinträchtigungen sind, die aufgrund ihrer geringeren Offensichtlichkeit weitaus gefährlicher sind als direkte Beeinflussungen.[343] Entscheidendes Momentum der Staatsfreiheit ist eben nicht die Staatsunmittelbarkeit, sondern die Unabhängigkeit rundfunkspezifischer Arbeit vom Staat.[344] Theoretisch könnten damit selbst Staatsbehörden an maßgeblichen Rundfunkentscheidungen beteiligt werden, soweit diese auf dem Weg der Ermessens- und Beurteilungsspielräume keinen bestimmenden Einfluss auf die Programmgestaltung gewinnen können; ebenso könnte die letztverbindliche Zustimmungspflicht eines weisungsunabhängigen Gremiums ausreichen, soweit eine Staatsbehörde lediglich vorbereitend tätig wird.[345]

Adressat des Gebotes der Staatsfreiheit ist zunächst die Exekutive in all ihren Ausprägungen.[346] Insbesondere soll so verhindert werden, dass im Wege von staatlichen Einzelmaßnahmen gezielt Einfluss auf Ablauf und Inhalt des Programms der Rundfunkveranstalter genommen wird. Deutlich wird dies im Rahmen der Aufsicht gegenüber den Rundfunkveranstaltern, bei der beispielsweise eine Fachaufsicht wegen des Gebotes der Staatsfreiheit unzulässig sein muss, da ansonsten der Staat Entscheidungen der Anstalten substituieren könnte.[347] Auch staatliches Ermessen bei Lizenzvergabe und Frequenzzuteilungen muss aufgrund der Staatsfreiheit des Rundfunks nach festgelegten Kriterien erfolgen, um eine potenzielle Einflussnahme durch den Staat zu vermeiden.[348] Allerdings beschränkt sich die Bindungswirkung der Staatsfreiheit nicht auf die Exekutive: Staatsfreiheit bedeutet weitestmögliche Distanz zum Staat in all seinen unterschiedlichen Funktionen. Jedwede politische Instrumentalisierung des für die Demokratie essenziellen Massenmediums Rundfunk soll damit unzulässig sein.[349] Konsequenterweise wurde vom Bundesverfassungsgericht das Gebot der Staatsfreiheit auf die Legislative ausgeweitet.[350] Hieraus ergeben sich dann für die Ausgestaltung der Rundfunkordnung durch den Rundfunkgesetzgeber Konsequenzen:

---

343 BVerfGE 90, 60, 88 f.; *A. Hesse*, Rundfunkrecht, Kap. 2 Rz. 37.

344 *Bettermann* DVBl. 1963, 41, 43; *Herzog*, in: Maunz/Dürig, Art. 5 GG Rz. 213a; *Hasse*, Finanzierung, S. 96.

345 BVerfGE 73, 118, 186; *Herzog*, in: Maunz/Dürig, Art. 5 GG Rz. 213a, 214a.

346 BVerfGE 73, 118, 182; 83, 238, 323 f.; *Rossen* ZUM 1992, 408, 410; *Gersdorf*, Staatsfreiheit, S. 104; *A. Hesse*, Rundfunkrecht, Kap. 2 Rz. 38; *Gersdorf*, Rundfunkrecht, Rz. 145.

347 Übersicht bei *Hartstein, u.a.*, Teil B5 Vor § 11 RfStV Rz. 31 f.; *Ricker/Schiwy*, Rundfunkverfassungsrecht, Teil D Rz. 12 ff.; *Hoffmann-Riem*, in: Benda/Maihofer/Vogel, Verfassungsrecht, § 7 Rz. 57; *A. Hesse*, Rundfunkrecht, Kap. 2 Rz. 38.

348 BVerfGE 73, 118, 182 ff.; 83, 238, 322 ff.; *Herzog*, in: Maunz/Dürig, Art. 5 GG Rz. 214a.; *Hoffmann-Riem*, in: Benda/Maihofer/Vogel, Verfassungsrecht, § 7 Rz. 58; *A. Hesse*, Rundfunkrecht, Kap. 2 Rz. 38; *Gersdorf*, Rundfunkrecht, Rz. 135 ff.

349 BVerfGE 90, 60, 88; *Hartstein, u.a.*, Teil B2, Rz. 54; *Ricker/Schiwy*, Rundfunkverfassungsrecht, Teil D Rz. 6; *Jarass*, Staatsfreiheit, S. 12 f.; *Gersdorf*, Rundfunkrecht, Rz. 145.

350 BVerfGE 83, 238, 323 f.; 90, 60, 89 f.; *Rossen* ZUM 1992, 408, 410; *Hoffmann-Riem* AfP 1991, 606, 608; *Gersdorf*, Staatsfreiheit, S. 105; *Ricker/Schiwy*, Rundfunkverfassungsrecht, Teil D Rz. 78; *Hoffmann-Riem*, in: Benda/Maihofer/Vogel, Verfassungsrecht, § 7 Rz. 57; *Gersdorf*, Rundfunkrecht, Rz. 145.

Die Einschaltung des Rundfunkgesetzgebers genügt zwar der Absicherung der dienenden Funktion, indem diesem die verfassungsrechtliche Pflicht auferlegt ist, eine positive Ordnung zu gestalten, auf der anderen Seite bildet der Rundfunkgesetzgeber neben seiner Schutzfunktion aber auch gleichzeitig eine Gefahrenquelle für die Rundfunkfreiheit, weil er dazu tendiert, Rundfunk – direkt oder indirekt – für seine Zwecke zu instrumentalisieren.[351] Die Staatsfreiheit des Rundfunks gebietet daher, dass jedwede über die herkömmliche Gesetzgebungsarbeit hinausgehende Einflussnahme auf die Programmgestaltung durch die Legislative zu unterbleiben hat. Hieraus entsteht ein Spannungsfeld zwischen der Notwendigkeit der Ausgestaltung der positiven Ordnung durch den Staat als Garant der Freiheitsgewährleistung einerseits und dem Bedürfnis nach restriktiver Gesetzgebung als Ausfluss der Staatsfreiheit.[352] Der Staat muss also einerseits sichernd tätig werden, andererseits sich weitestmöglich von den Belangen der Rundfunkveranstalter fernhalten. Zutreffend bezeichnen *Ricker/Schiwy* die Rolle des Staates diesbezüglich als „janusköpfig“.[353] In Erfüllung der Pflicht der Ausgestaltung hat der Rundfunkgesetzgeber damit restriktiv vorzugehen. Das Gebot der Staatsfreiheit erfordert daher einen regulatorischen Rahmen, der eine staatsfreie Veranstaltung von Rundfunk für die Veranstalter ermöglicht, mithin also jede direkte oder indirekte Beherrschung einer Anstalt über die funktionssichernden, gesetzlichen Programmvorgaben hinaus durch den Staat verbietet, auf der anderen Seite aber unter Berücksichtigung dieser Restriktionen den demokratischen Meinungsbildungsprozess bestmöglich effektiviert.[354]

Vom Gebot der Staatsfreiheit des Rundfunks umfasst ist letztlich auch die Judikative als Bestandteil staatlicher Gewalt.[355] Rundfunk kann seiner Funktion allein gerecht werden, wenn er unabhängig vom Staat operieren kann. Beeinflussten Gerichtsentscheidungen den Inhalt des Programms, so würde dadurch der Freiraum der Anstalten über Gebühr verkürzt. Letztlich könnte der Staat über die Judikative Einfluss auf die Programmgestaltung gewinnen. Das Rundfunkprogramm darf daher ebenso wenig durch Richterrecht bestimmt werden, sondern unterfällt eben im Interesse der funktionierenden Demokratie der Programmautonomie der Anstalten. Allerdings lassen die Urteile des Bundesverfassungsgerichts diesbezüglich eindeutige Aussagen vermissen.

II. Aufgabenverteilung im dualen System

Zur Erreichung des Normzieles der Rundfunkfreiheit hat der Rundfunkgesetzgeber eine Rundfunkordnung festzulegen, die die individuelle und öffentliche Meinungsbil-

---

351 BVerfGE 90, 60, 89 f.; *Hartstein, u.a.*, Teil B2, Rz. 54; *Eifert*, Programmauftrag, S. 85; *Badura*, Verfassungsrechtliche Bindungen, S. 42; *A. Hesse*, Rundfunkrecht, Kap. 2 Rz. 41.

352 BVerfGE 90, 60, 89 f.; *Hartstein, u.a.*, Teil B2, Rz. 54; *Hoffmann-Riem*, in: Benda/Maihofer/Vogel, Verfassungsrecht, § 7 Rz. 58; *Ricker/Schiwy*, Rundfunkverfassungsrecht, Teil D Rz. 6; *Gersdorf*, Staatsfreiheit, S. 130.

353 *Ricker/Schiwy*, Rundfunkverfassungsrecht, Teil D Rz. 6; auch *Gersdorf*, Staatsfreiheit, S. 130.

354 BVerfGE 12, 205, 263; 73, 118, 165; 90, 60, 89 f.; *Hoffmann-Riem*, in: Benda/Maihofer/Vogel, Verfassungsrecht, § 7 Rz. 57; *Ricker/Schiwy*, Rundfunkverfassungsrecht, Teil D Rz. 8; *Herrmann/Lausen*, Rundfunkrecht, Kap. 7 Rz. 83.

355 *Bornemann/Hepach* K&R 2004, 317, 320 f. mwN; *Ricker/Schiwy*, Rundfunkverfassungsrecht, Teil D Rz. 16.

dung bestmöglich effektiviert. Abstrakt betrachtet bestehen damit für den Rundfunkgesetzgeber zwei Möglichkeiten, seinen verfassungsrechtlichen Verpflichtungen genüge zu tun: Entweder wird einem von werbeinhärenten wirtschaftlichen Zwängen freien öffentlich-rechtlichen Rundfunk der Kernbereich zur Erreichung des Normzieles als erhöhte Pflichtenbindung übertragen oder aber an alle Rundfunkanbieter werden gleichermaßen hohe Anforderungen gestellt.[356] Der letztere Weg führte aber dazu, dass die hohen Auflagen an private Anbieter deren Wirtschaftlichkeit behindern, wenn nicht gar sabotieren würden.[357] Konsequenterweise hat sich der Rundfunkgesetzgeber für die erstere Variante entschieden. In der dualen Rundfunkordnung trägt die wesentliche, verfassungsrechtliche Last damit der öffentlich-rechtliche Rundfunk. Es ist dessen Funktionsfähigkeit, die den privaten Rundfunk im System hält und an die letztlich die Erreichung des Normzieles der Sicherung der Meinungsvielfalt als Wesenselement des demokratischen Prozesses gekoppelt ist. Das Bundesverfassungsgericht hat in mehreren Entscheidungen die Grunddeterminanten der besonderen Funktion des öffentlich-rechtlichen Rundfunks für das duale System herausgearbeitet. Diese gilt es im Folgenden darzustellen:

1. Grundversorgung

Das duale System erhält seine verfassungsrechtliche Daseinsberechtigung aus der erhöhten Pflichtenbindung des öffentlich-rechtlichen Rundfunks. Das Bundesverfassungsgericht hat nun vor diesem Hintergrund zur Effektivierung der Sicherung des Prozesses individueller und öffentlicher Meinungsbildung dem öffentlich-rechtlichen Rundfunk den für diese Sicherung maßgeblichen Kernbereich der Funktionen des Rundfunks als Grundversorgung zugewiesen.[358] In der dualen Ordnung sei es Sache der öffentlich-rechtlichen Anstalten die „unerlässliche ‚Grundversorgung'" zu erbringen.[359] Diese dient vornehmlich der Sicherung des Pluralismus und ist deshalb „Leitmotiv der dualen Ordnung"[360] und zugleich „Kernsubstanz der Funktion des öffentlich-rechtlichen Rundfunks"[361]. Interessanterweise wurden die Grundelemente des Grundversorgungsbegriffs vor dessen Einführung vom Bundesverfassungsgericht für die Anforderungen an das Rundfunksystem als Gesamtheit verwendet. Erst mit der Begründung des dualen Systems wurde die Sicherung des verfassungsrechtlichen Normziels auf den öffentlich-rechtlichen Rundfunk übertragen.[362] Das Gericht hat nicht mit der Zuweisung der Grundversorgung an den öffentlich-rechtlichen Rundfunk

---

356 *Lindner* AfP 2005, 429, 432 f.; *Herzog*, in: Maunz/Dürig, Art. 5 GG Rz. 238a.

357 Anders *Brenner*, Funktionsauftrag, S. 70 f., trotz der Erkenntnis potenzieller Fehlentwicklungen eines rein außenpluralen Systems, stellt *Brenner* lapidar fest, dass Programmauflagen die Vielfalt im privaten Rundfunk sichern können. Hier ist eine differenzierte Betrachtungsweise geboten; vgl. auch *Lindner* AfP 2005, 429, 432 f.

358 BVerfGE 73, 118, 157 f.

359 BVerfGE 73, 118, 157; 74, 297, 324.

360 *Bethge* ZUM 1996, 456, 468.

361 *Bethge*, Verfassungsrechtliche Position, S. 65.

362 *Goerlich/Radeck* JZ 1989, 53, 55; *Degenhart*, in: Bonner Kommentar, Art. 5 GG Rz. 640; *Bethge*, Verfassungsrechtliche Position, S. 40 f.; *Eifert*, Programmauftrag, S. 57; *Rossen*, Freie Meinungsbildung, S. 387 ff.

eine Abkehr von bestehenden Judikaten verfolgt, sondern die Entstehung der dualen Ordnung ist konsequente Weiterführung der bestehenden Rechtsprechung vor dem Hintergrund neuer technischer Entwicklungen in einem neuen Rundfunksystem.

a) Begründung für die Zuweisung

Als Begründung für die Zuweisung der Grundversorgung an den öffentlich-rechtlichen Rundfunk führte das Gericht an, dass vom privaten Rundfunk kein umfassende Vielfalt gewährleistendes Programm erwartet werden könne, weil die zur Finanzierung notwendigen Werbeeinnahmen nur dann ergiebig fließen, wenn hinreichend hohe Einschaltquoten erzielt werden.[363] Programme für Minderheiten lassen solche Quoten nicht erwarten. Nun sei aber der öffentlich-rechtliche Rundfunk wegen der vornehmlichen Gebührenfinanzierung nicht in gleichem Maße wie private Anbieter auf hohe Einschaltquoten angewiesen und so zu einem inhaltlich umfassenden, pluralen Programmangebot in der Lage.[364] Die Zuweisung der Grundversorgung erfolgte also zur Erhaltung der essenziellen Funktionen des Rundfunks insbesondere deshalb, weil der öffentlich-rechtliche Rundfunk die Defizite der privaten Anbieter, die sich aufgrund der Werbefinanzierung an massenattraktiven Inhalten ausrichten müssen, zu kompensieren vermag.[365] Darüber hinaus waren es zum Zeitpunkt der Einführung des privaten Rundfunks allein die öffentlich-rechtlichen Programme, die eine gesamtnationale Empfangbarkeit gewährleisten konnten.[366] Letztlich intendierte das Gericht als Ausgleich der Defizite der privaten Anbieter die generelle Sicherung des Normzieles der Rundfunkfreiheit und ermöglichte durch die Zuweisung der Grundversorgung an den öffentlich-rechtlichen Rundfunk zum einen die Absicherung des essenziellen Kernbereichs und zum anderen die Lockerung der Bindungen an den privaten Rundfunk, weil dieser quasi als „Bonus“ zum sowieso schon gesicherten Kern der Rundfunkfreiheit freier operieren kann. Solange und soweit der öffentlich-rechtliche Rundfunk seine System erhaltenden Aufgaben wahrnimmt, ist es damit gerechtfertigt, geringere Anforderungen an den privaten Rundfunk zu stellen.[367] De facto erlangt der private Rundfunk durch die Zuweisung der Grundversorgung an seinen öffentlich-rechtlichen Widerpart größere Freiräume. Er ist eben „nur“ zu einem Grundstandard gleichgewichtiger Vielfalt verpflichtet.[368]

b) Grundversorgung als Pflichtaufgabe

Grundversorgung umfasst nach Auffassung des Bundesverfassungsgerichts die „essenziellen Funktionen des Rundfunks für die demokratische Ordnung ebenso wie für

---

363 BVerfGE 73, 118, 155 f.

364 BVerfGE 73, 118, 157; *Schulze-Fielitz*, in: Dreier, Art. 5 I, II GG Rz. 264.

365 BVerfGE 73, 118, 157; *Starck*, in: vMangoldt/Klein/Starck, Art. 5 I, II GG Rz. 119.

366 BVerfGE 73, 118, 157 f.; 83, 238, 297 f.; *Schulze-Fielitz*, in: Dreier, Art. 5 I, II GG Rz. 264; *Starck*, in: vMangoldt/Klein/Starck, Art. 5 I, II GG Rz. 119; *Ricker/Schiwy*, Rundfunkverfassungsrecht, Teil E Rz. 86.

367 BVerfGE 73, 118, 157; 74, 297, 325; 83, 238, 297; BVerwG NJW 1999, 2454, 2456; *Degenhart*, in: Bonner Kommentar, Art. 5 GG Rz. 640; *Hoffmann-Riem*, Regulierung, S. 294; *Holznagel*, Funktionsauftrag, S. 18; *Reese*, Funktionsauftrag, S. 74 f.

368 BVerfGE 73, 118, 159; 83, 238, 316; *Bethge*, in: Sachs, Art. 5 GG Rz. 104.

das kulturelle Leben in der Bundesrepublik".[369] Ihr Sicherungscharakter hinsichtlich des Kernbereichs der Rundfunkbetätigung bedingt, dass es dem öffentlich-rechtlichen Rundfunk nicht freigestellt werden kann, ob er gewillt ist, Grundversorgung zu erbringen oder nicht. Im Interesse des demokratischen Staatswesens ist die Grundversorgung Pflichtaufgabe des öffentlich-rechtlichen Rundfunks, die weder zur Disposition des Rundfunkgesetzgebers steht, noch dem Ermessen der einzelnen Anstalt unterfällt.[370] Diese Aufgabe obliegt auch nicht dem Staat als solchem, weil das dem Grundsatz der Staatsfreiheit des Rundfunks diametral zuwider liefe, sondern der Staat ist insoweit Garant der Grundversorgung. Er hat sicherzustellen, dass die Rundfunkanstalten unter seinem Rundfunkregime in die Lage versetzt werden, ihrer verfassungsrechtlichen Pflichtaufgabe in gebotenem Maße und ungestört nachkommen zu können: Der Staat nimmt also niemals Grundversorgung eigenverantwortlich wahr, sondern er trägt lediglich die Verantwortung für die Möglichkeit der Wahrnehmung durch die öffentlich-rechtlichen Rundfunkanstalten.[371] Anders gewendet ist es der öffentlich-rechtliche Rundfunk, dem die „Daueraufgabe der Sicherung des Pluralismus" obliegt.[372]

Auf der anderen Seite bedeutet der Pflichtcharakter für den öffentlich-rechtlichen Rundfunk keineswegs, dass es dem privaten Rundfunk verwehrt ist, selbst Aufgaben der Grundversorgung wahrzunehmen. Diese Wahrnehmung hat dann aber für den privaten Rundfunk gerade keinen Pflichtcharakter.[373] Aufgrund der Eigengesetzlichkeiten privaten Rundfunks, nach denen dieser stets von der Massenattraktivität und Wirtschaftlichkeit seiner Programme abhängig ist, kann eine effiziente Sicherung der essenziellen Funktionen auch nicht äquivalent vollständig durch diesen vorgenommen werden. Schlagwortartig verkürzt: Grundversorgung ist nicht privatisierungsfähig.[374] Auch kann deswegen eine überobligationsmäßige Leistung des privaten Rundfunks den öffentlich-rechtlichen Rundfunk nicht von seiner Verpflichtung zur Sicherung der Kernfunktionen entbinden. Grundversorgung bleibt Pflichtaufgabe des öffentlich-rechtlichen Rundfunks, weil nur dieser die notwendigen Voraussetzungen für einen effizienten Schutz mit sich bringt. Durchaus können private Anbieter kurzfristig gleichermaßen oder gar besser zur Effektivierung der öffentlichen und individuellen Mei-

---

[369] BVerfGE 73, 118, 157 f.

[370] BVerfGE 74, 297, 325; *Bethge*, Verfassungsrechtliche Position, S. 46; *Bullinger*, in: Isensee/Kirchhof, HbdStR, §142 Rz. 130; *Brenner*, Funktionsauftrag, S. 66; *A. Hesse*, Rundfunkrecht, Kap. 4 Rz. 4.

[371] BVerfGE 87, 181, 199; 89, 144, 153; 90, 60, 88; *Bethge* MP 1996, 66, 68; *Bullinger*, in: Isensee/Kirchhof, HbdStR, §142 Rz. 130; *Bethge*, Verfassungsrechtliche Position, S. 55; *Eifert*, Programmauftrag, S. 56 f.

[372] *Kresse* ZUM 1995, 178, 181 f.; *Schulze-Fielitz*, in: Dreier, Art. 5 I, II GG Rz. 264.

[373] BVerfGE 83, 238, 297; *Herzog*, in: Maunz/Dürig, Art. 5 GG Rz. 238b; *Hoffmann-Riem*, Regulierung, S. 206 f.; *Holznagel/Vesting*, Sparten- und Zielgruppenprogramme, S. 55; *Holznagel*, Funktionsauftrag, S. 19 f.; *Bullinger*, in: Isensee/Kirchhof, HbdStR, §142 Rz. 130.

[374] BVerfGE 73, 118, 155 f.; *Berg* MP 1987, 265, 273; *Bethge*, in: Sachs, Art. 5 GG Rz. 105; *Bethge*, Verfassungsrechtliche Position, S. 46 f.; *Holznagel*, Funktionsauftrag, S. 19 f.; *A. Hesse*, Rundfunkrecht, Kap. 4 Rz. 18; anders wohl, unter Vernachlässigung der strukturellen Besonderheiten privaten Rundfunks *Ricker* epd Medien Nr. 35/1996, 5, 5 ff.; *Kull* AfP 1987, 365, 368; *Lindner* AfP 2005, 429, 432 f.; *Kübler*, in: FS Berg, 18, 24; *Brenner*, Funktionsauftrag, S. 69.

nungsbildung beitragen. Da sie aber dazu nicht verpflichtet sind, ist eine Beständigkeit der Qualität der Sicherung nicht gewährleistet. Es wäre zudem widersinnig, wenn die Sicherung des Meinungsbildungsprozesses durch temporäre, überobligationsmäßige Leistungserbringung durch den privaten Rundfunk entwertet und der Legitimationsbasis des dualen Systems der Boden entzogen werden könnte.[375] Grundversorgung ist und bleibt damit allein Pflichtaufgabe des öffentlich-rechtlichen Rundfunks. Essenziell für die Grundversorgungsaufgabe ist es, dass der öffentlich-rechtliche Rundfunk diese selbst wahrnimmt und deren Erfüllung nicht mehrheitlich auf private Sender überträgt.[376] Innerhalb des Kernbereiches kann die Erfüllung daher auch nicht nur teilweise durch Kooperationen mit privaten Sendern ergänzt werden.

c) Inhaltliche Bestimmung

Grundversorgung ist also dasjenige, was abstrakt gesprochen für das Absichern des Funktionierens des dualen Systems und der damit verbundenen, funktional orientierten Bedeutung des öffentlich-rechtlichen Rundfunks für das duale System existenznotwendig ist.[377] Es muss grundsätzlich dafür Sorge getragen werden, dass „für die Gesamtheit der Bevölkerung Programme dargeboten werden, die umfassend und in der vollen Breite des klassischen Rundfunkauftrages informieren und dass Meinungsvielfalt in der verfassungsrechtlich gebotenen Weise gesichert ist".[378] Der zweite Halbsatz dieser Inhaltsbestimmung des Bundesverfassungsgerichts wiederholt nur dasjenige, worauf die Rundfunkfreiheit als Ganzes sowieso bereits ausgerichtet ist, nämlich das Normziel des Art. 5 Abs. 1 S. 2 GG als Ausfluss des dienenden Charakters. Maßgeblich für die unerlässliche Grundversorgung ist daher die Aufgabe, den klassischen Rundfunkauftrag in umfassender Breite wahrzunehmen.[379] Noch im vierten Rundfunkurteil hatte es das Gericht versäumt, die Konturen der Grundversorgung angemessen zu umreißen, so dass sich im Anschluss an dieses Judikat um die Bedeutung des Begriffes Streit entlang der Interessenlinien des öffentlich-rechtlichen und des privaten Rundfunks entzündete.[380] In Reaktion auf diese Diskussion erarbeitete das Gericht dann im fünften Rundfunkurteil die bis heute gültigen verfassungsrechtlichen Kriterien der Grundversorgung unter Zurückweisung restriktiver Deutungen:[381]

(i) Technische Dimension

Notwendig sei zum einen eine Übertragungstechnik, die den Empfang der Sendungen für alle sicherstellt, „bis auf weiteres mithin die herkömmliche, terrestrische Tech-

---

375 *A. Hesse* BayVBl. 1997, 132, 139; *Hoffmann-Riem,* Regulierung, S. 207 f.; *Bethge,* Verfassungsrechtliche Position, S. 47 f.; *Holznagel,* Funktionsauftrag, S. 20.

376 BVerfGE 83, 238, 306; *Ricker/Schiwy,* Rundfunkverfassungsrecht, Teil E Rz. 99.

377 *Schulz/Held/Kops* ZUM 2001, 621, 624; *Degenhart,* in: Bonner Kommentar, Art. 5 GG Rz. 627.

378 BVerfGE 73, 118, 157 f.; 74, 297, 324; *Herzog,* in: Maunz/Dürig, Art. 5 GG Rz. 238b; *Brenner,* Funktionsauftrag, S. 62 f.; *Hoffmann-Riem,* Regulierung, S. 33 f.

379 BVerfGE 83, 238, 310; *Kresse* ZUM 1995, 178, 180.

380 *Grimm* RuF 1987, 25, 35; *Stock* RuF 1987, 5, 16 ff.; *Badura* JA 1987, 180, 186 ff.; *Kull* AfP 1987, 365, 367 f.; *Hartstein, u.a.,* Teil B5, Präambel RfStV Rz. 5 mwN; *Degenhart,* in: Bonner Kommentar, Art. 5 GG Rz. 632.

381 *Degenhart,* in: Bonner Kommentar, Art. 5 GG Rz. 632.

nik".[382] In technischer Hinsicht soll der essenzielle Kernbereich für jedermann empfangbar sein. Das sich das Gericht dabei auf die terrestrische Technik konzentriert, ist vor dem Hintergrund des Zeitpunktes zu sehen, zu welchem das Urteil erging: 1987 waren die heute bestehende Möglichkeiten der Übertragung nicht absehbar. Zudem konnten Programme gesamtnational nur über die terrestrische Verbreitung empfangen werden. Die Reichweite des Satelliten- und Kabelempfangs war noch im Aufbau. In Anerkenntnis der voranschreitenden technischen Entwicklung hat das Gericht die Grundversorgung 1991 als dynamisch begriffen.[383] Die „Garantie kann sich daher nicht auf die herkömmliche Technik der terrestrischen Übertragung beschränken".[384] Vielmehr soll eben auch die Nutzung neuer Übertragungsformen von der Grundversorgung umfasst sein, wenn diese die herkömmliche Technik ergänzen oder gar substituieren.[385] Im aktuellen Kontext bedeutet dies, dass die digitale Übertragungstechnik zumindest Mitbestandteil der Grundversorgung sein muss und auf absehbare Zeit die analoge Verbreitung ersetzen wird.[386] Aus der Notwendigkeit der Empfangbarkeit von Programmen der Grundversorgung für jedermann leitet sich dann das Privileg der Grundversorgungsprogramme ab, bei der Vergabe knapper Übertragungswege bevorzugt behandelt zu werden.[387] Insbesondere auf die begrenzten Übertragungswege bei Weiterverbreitung durch Kabel oder DVB-T kann sich dieses Privileg als eminent wichtig erweisen.

(ii) Inhaltliche Dimension

Weiter muss ein inhaltlicher Standard der Programme dergestalt gewährleistet werden, dass das programmliche Angebot nach seinen Gegenständen und der Art ihrer Darbietung dem klassischen Rundfunkauftrag nicht nur teilweise, sondern voll entspricht.[388] Im Zusammenspiel mit dem Pluralismusgebot verlangt die unerlässliche Grundversorgung vom öffentlich-rechtlichen Rundfunk ein Programm, in welchem die gesellschaftlich bestehende Vielfalt der Meinungen in möglichst umfassender Breite ausge-

---

382 BVerfGE 74, 297, 326; *Hartstein, u.a.*, Teil B5, Präambel RfStV Rz. 5; *Neun*, Grenzen des Wachstums, S. 197; *A. Hesse*, Rundfunkrecht, Kap. 4 Rz. 5; *Gersdorf*, Rundfunkrecht, Rz. 305.

383 BVerfGE 83, 238, 299; *Degenhart*, in: Bonner Kommentar, Art. 5 GG Rz. 627; *Ricker/Schiwy*, Rundfunkverfassungsrecht, Teil E Rz. 87; *Bethge*, Verfassungsrechtliche Position, S. 50 f.; *Gersdorf*, Rundfunkrecht, Rz. 310.

384 BVerfGE 83, 238, 299; *Degenhart*, in: Bonner Kommentar, Art. 5 GG Rz. 787; *Gersdorf*, Rundfunkrecht, Rz. 310.

385 BVerfGE 83, 238, 299; *Gersdorf*, Rundfunkrecht, Rz. 310.

386 National ist der „Analoge Switch-Off", also die vollständige Ersetzung analoger Technik durch digitale Verbreitungsformen für 2010 angesetzt; vgl. auch *Holznagel*, Funktionsauftrag, S. 24; derzeit wird die Verbreitung digitaler Technik forciert durch die Einführung von DVB-T, also des digitalen terrestrischen Empfangs; zur Entwicklung vgl. die Zusammenfassung des 5. KEF-Symposiums "Digitalisierung der Übertragungswege im Rundfunk -- Auswirkungen auf Programm und Kosten", September 2004, MP 11/2004.

387 *Scheble* ZUM 1995, 383, 388; *Ladeur* AfP 1999, 221, 222; *Degenhart*, in: Bonner Kommentar, Art. 5 GG Rz. 748 f., 751; *Gersdorf*, Rundfunkrecht, Rz. 316 f.

388 BVerfGE 74, 297, 326; *Loeb* ZUM 2004, 290, 292 f.; *Hartstein, u.a.*, Teil B5, Präambel RfStV Rz. 5; *Neun*, Grenzen des Wachstums, S. 198; *A. Hesse*, Rundfunkrecht, Kap. 4 Rz. 5; *Gersdorf*, Rundfunkrecht, Rz. 305.

wogen zum Ausdruck gebracht wird.[389] Anders gewendet obliegt ihm die Pflicht, alle gesellschaftlich relevanten Gruppen in gewissem Mindestumfang zu Wort kommen zu lassen. Dabei kann die geforderte Vielfalt nur ein Zielwert sein, der bestmöglich anzustreben und der eben niemals arithmetisch bestimmt werden kann; Grundversorgung kann eben nicht exakt in Sendeminuten oder Programmen bemessen werden.[390] Der Vielfaltsbegriff hat im Rahmen der Grundversorgung multidimensionalen Charakter:

Es ist Pflichtaufgabe des öffentlich-rechtlichen Rundfunks die Meinungen aller gesellschaftlich relevanten Kräfte in möglichst umfänglicher Breite in seinem Programm zu integrieren.[391] Dieser Meinungspluralismus setzt voraus, dass die in der Gesellschaft vorhandenen Strömungen im Rundfunk, soweit dies die Programmgestaltung in zeitlicher Hinsicht zulässt, gleichgewichtig zur Sprache kommen können.[392] Der für die Demokratie lebenserhaltende Widerstreit der Meinungen ist allein dann funktionsfähig, wenn alle in einer Gesellschaft bestehenden Meinungen dem demokratischen Staatsbürger bekannt sind. Berücksichtigung finden müssen dabei eben auch Meinungen und Weltanschauungen von Minderheiten, weil auch diese zum demokratischen Prozess positiv wie negativ beitragen. Allerdings kann nicht verlangt werden, dass alle gesellschaftlichen Meinungen dargestellt werden müssen, sondern den öffentlich-rechtlichen Rundfunk trifft allein die Pflicht, Meinungspluralismus bestmöglich im Rahmen der technischen, zeitlichen und organisatorischen Grenzen zu repräsentieren. Dies beinhaltet auch, dass Sendungen für Minderheiten wegen mangelnder Massenattraktivität nicht zu unsinnigen Zeiten nachts ausgestrahlt werden.[393] Inhaltlich verlangt die Grundversorgung eine gegenständliche Vielfalt im Programm: Umfasst ist daher die gesamte Palette rundfunkspezifischer Sparten- und Darstellungsformen von Information, Bildung und Beratung über Unterhaltung bis hin zu kulturellen Inhalten.[394] Insbesondere bedeutet Grundversorgung nicht, dass eine Beschränkung auf hochwertige Inhalte in Form von informierendem und bildendem Rundfunk im Sinne einer Mindestversorgung stattfindet.[395] Vielmehr bedeutet Information im Sinne des klassischen

---

389 BVerfGE 83, 238, 324; *Ladeur/Gostomzyk* JuS 2002, 1145, 1148; *Jarass*, in: Jarass/Pieroth, Art. 5 GG Rz. 45; *Schulze-Fielitz*, in: Dreier, Art. 5 I, II GG Rz. 234, 237; *Hartstein, u.a.*, Teil B2, Rz. 18; *Hoffmann-Riem*, Regulierung, S. 98 f.; *Ricker/Schiwy*, Rundfunkverfassungsrecht, Teil E Rz. 1.

390 BVerfGE 90, 60, 95; *Degenhart*, in: Bonner Kommentar, Art. 5 GG Rz. 626, 791a; *Reese*, Funktionsauftrag, S. 77.

391 BVerfGE 73, 118, 158 f.; 87, 181, 198 f.; *Schulze-Fielitz*, in: Dreier, Art. 5 I, II GG Rz. 237; *Herzog*, in: Maunz/Dürig, Art. 5 GG Rz. 238; *Hoffmann-Riem*, Regulierung, S. 99 f.; *Ricker/Schiwy*, Rundfunkverfassungsrecht, Teil F Rz. 14; *Brenner*, Funktionsauftrag, S. 41 f.; *A. Hesse*, Rundfunkrecht, Kap. 4 Rz. 6.

392 BVerfGE 73, 118, 160 f.; 87, 181, 198 f.; *Kresse* ZUM 1995, 178, 181; *A. Hesse*, Rundfunkrecht, Kap. 4 Rz. 6; *Brenner*, Funktionsauftrag, S. 42 f.; *Fromm*, Programmauftrag, S. 77.

393 Zur „Flucht in die Nacht", *Ricker/Schiwy*, Rundfunkverfassungsrecht, Teil F Rz. 15.

394 BVerfGE 73, 118, 158; 74, 297, 324; 87, 181, 198 f.; 90, 60, 98; *Kresse* ZUM 1995, 178, 181; *Mahrenholz*, in: FS Kübler, 251, 254; Übersicht über die einzelnen Sparten bei *Ricker/Schiwy*, Rundfunkverfassungsrecht, Teil F Rz. 14; *Brenner*, Funktionsauftrag, S. 87 ff.; *Herrmann/Lausen*, Rundfunkrecht, Kap. 10 Rz. 33 ff.

395 BVerfGE 74, 297, 326; 83, 238, 297 f.; 97, 228, 257; *Jarass*, in: Jarass/Pieroth, Art. 5 GG Rz. 45; *Schulze-Fielitz*, in: Dreier, Art. 5 I, II GG Rz. 264; *Starck*, in: vMangoldt/Klein/Starck, Art. 5 I, II

Rundfunkauftrages die gegenständlich uneingeschränkte Information über alle Lebensbereiche unter Zugrundelegung publizistischer Kriterien.[396] Demnach gehört zum Kernbereich der Grundversorgung auch Unterhaltung, da auch diese durch Stars, idealtypische Lebensstile, gesellschaftliche Stereotype und Weltanschauungen Muster für das soziale Leben in der Gesellschaft darbieten.[397] Meinungsbildung und Unterhaltung sind eben keine Gegensätze; auch in unterhaltenden Beiträgen findet Meinungsbildung statt.[398] Dem Grunde nach kann damit jede Art von Sendung der Grundversorgung unterfallen. Von ihrer Bedeutung her bleiben Nachrichten und Informationssendungen dennoch das wesentliche Element der dem öffentlich-rechtlichen Rundfunk zugewiesenen Grundversorgung.[399] Dennoch kann und darf diese Feststellung nicht dazu führen, dass die Kernaufgabe nur hochwertige Inhalte zu umfassen hat, denn gerade Unterhaltung schafft auf Grundlage ihrer Massenattraktivität Akzeptanz.[400]

Was genau inhaltlich zur Grundversorgung gehört, kann nicht isoliert, sondern muss stets im Gesamtzusammenhang der Erreichung des Normzieles der Rundfunkfreiheit betrachtet werden.[401] Im fünften Rundfunkurteil hat das Bundesverfassungsgericht entschieden, dass „zumindest der Bestand der zum 4. November 1986 terrestrisch verbreiteten öffentlich-rechtlichen Programme der Grundversorgung zuzurechnen ist“.[402] Allerdings muss diese Feststellung vor dem Hintergrund betrachtet werden, dass das Gericht lediglich eine Richtlinie für den neu eingeführten Begriff der Grundversorgung geben wollte, da es zu diesem Zeitpunkt von einer funktionsgerechten Rundfunkordnung ausging.[403] Eine Beschränkung auf den Stand dieses historischen Bezugspunktes ist aber konträr zu einer durch die Entwicklungsgarantie situativ, dynamisch zu verstehenden Grundversorgung.[404] Konsequenterweise ist die damalige Festlegung im heutigen Kontext als nicht mehr tragfähige Inhaltsbeschreibung zu bewerten und kann daher nicht als zeitgemäße Konkretisierung der Grundversorgung verstanden werden.

GG Rz. 119; *Hoffmann-Riem*, Regulierung, S. 99 f.; *Bethge*, Verfassungsrechtliche Position, S. 48 f.; *Brenner*, Funktionsauftrag, S. 73 f.; *Gersdorf*, Rundfunkrecht, Rz. 309.

396 BVerfGE 35, 202, 222 f.; 74, 297, 325; 97, 228, 257; *Ricker/Schiwy*, Rundfunkverfassungsrecht, Teil F Rz. 14; *A. Hesse*, Rundfunkrecht, Kap. 3 Rz. 35.

397 BVerfGE 35, 202, 222; 83, 238, 297; 87, 181, 199; 101, 361, 389; *Schulze-Fielitz*, in: Dreier, Art. 5 I, II GG Rz. 264; *Jarass*, in: Jarass/Pieroth, Art. 5 GG Rz. 45; *Hartstein, u.a.*, Teil B5, Vor § 11 RfStV Rz. 14; *Vesting*, Rundfunkrecht, S. 223; *Herrmann/Lausen*, Rundfunkrecht, Kap. 10 Rz. 43, 146.

398 BVerfGE 97, 228, 257; 101, 361, 389.

399 BVerfGE 73, 118, 158; 74, 297, 324; *Hartstein, u.a.*, Teil B5, Vor § 11 RfStV Rz. 14; *Herrmann/Lausen*, Rundfunkrecht, Kap. 10 Rz. 37.

400 *Kresse* ZUM 1995, 178, 182; *Ricker/Schiwy*, Rundfunkverfassungsrecht, Teil F Rz. 15.

401 BVerfGE 74, 297, 326; *Gersdorf*, Rundfunkrecht, Rz. 310.

402 BVerfGE 74, 297, 326; *Degenhart*, in: Bonner Kommentar, Art. 5 GG Rz. 791a; *Ricker/Schiwy*, Rundfunkverfassungsrecht, Teil E Rz. 94; *Eifert*, Programmauftrag, S. 67; *Gersdorf*, Rundfunkrecht, Rz. 311.

403 *Eifert*, Programmauftrag, S. 67.

404 *Kresse* ZUM 1995, 67, 76; *Starck* NJW 1992, 3257, 3259; *Berg* MP 1987, 265, 273; *Schmitt Glaeser* DÖV 1987, 837, 838 f.; *Lerche*, in: FS Kriele, 357, 359; *Eifert*, Programmauftrag, S. 71 Fn. 241; *Niepalla*, Grundversorgung, S. 148 f.; *Ricker/Schiwy*, Rundfunkverfassungsrecht, Teil E Rz. 94.

Aufgrund der Unmöglichkeit Grundversorgung exakt zu bemessen, ist hinsichtlich ihres konkreten Umfangs die Programmautonomie der Anstalten zu berücksichtigen: Die Bestimmung dessen, was die verfassungsrechtlich vorgegebene und gesetzlich näher umschriebene Funktion publizistisch erfordert, ist primär Sache der öffentlich-rechtlichen Rundfunkanstalten.[405] Die Entscheidung über Anzahl und Art der Programme steht demnach primär im Ermessen der jeweiligen Anstalten. Allerdings müssen sich diese bei der Wahrnehmung an den verfassungsrechtlichen Vorgaben orientieren.[406] Konkrete verfassungsrechtliche Vorgaben existieren, wenn überhaupt, nur rudimentär: Beispielsweise hat das Bundesverfassungsgericht hinsichtlich regionaler und lokaler Programme entschieden, dass diese über die bereits existierenden, landesspezifischen dritten Programme hinaus unter Grundversorgungsgesichtspunkten „nicht eindeutig geboten sind".[407] Dennoch wären sie dann der Grundversorgung zuzuordnen, wenn der private Rundfunk gleichgewichtige Vielfalt im lokalen und regionalen Bereich nicht effizient sichern kann.[408] Zu beachten ist dabei, dass sich die Äußerungen des Gerichts auf Programme, nicht aber auf Inhalte als Bestandteil eines Programms beziehen. Ergo sind lokale und regionale Inhalte innerhalb eines Vollprogrammes des öffentlich-rechtlichen Rundfunks in entsprechender Gewichtung sehr wohl Bestandteil der Grundversorgung.

Aus ihrer Entstehungsgeschichte heraus ist Grundversorgung auf Ausgewogenheit und gleichgewichtige Vielfalt in einem Vollprogramm ausgerichtet, weil nur dieses die integrierende und umfassend informierende Funktion für die Bevölkerung wahrnehmen kann. Zur Umsetzung der inhaltlichen Vorgaben ist demnach zumindest ein Vollprogramm notwendig.[409] Dennoch ist es nicht möglich, den öffentlich-rechtlichen Rundfunk auf ein solches zu begrenzen: Grundversorgung bedarf vielmehr stets einer Mehrzahl von Programmen.[410] Vor diesem Hintergrund hat das Bundesverfassungsgericht entschieden, dass Spartenprogramme wegen ihrer thematischen Begrenzung ein inhaltlich umfassendes Angebot nicht zu leisten vermögen und daher nicht Bestandteil der unerlässlichen Grundversorgung sein können.[411] Dennoch kann durch Spartenpro-

---

405 BVerfGE 87, 181, 201, 203 f.; 90, 60, 91, 95 f.; *Degenhart*, in: Bonner Kommentar, Art. 5 GG Rz. 791a; *A. Hesse*, Rundfunkrecht, Kap. 4 Rz. 17.

406 *A. Hesse*, Rundfunkrecht, Kap. 4 Rz. 31.

407 BVerfGE 74, 297, 327; 87, 181, 204; auch *Schulze-Fielitz*, in: Dreier, Art. 5 I, II GG Rz. 264,; *Jarass*, in: Jarass/Pieroth, Art. 5 GG Rz. 45, die aber verkennen, dass das Bundesverfassungsgericht in seiner Entscheidung E 87, 181, 204 nicht regionale Inhalte der Grundversorgung zuordnet, sondern diese in bestimmten Fällen als finanzierungsfähige Zusatzversorgung qualifiziert; zutreffend *Kresse* ZUM 1995, 67, 76; *Herzog*, in: Maunz/Dürig, Art. 5 GG Rz. 238c; *Ricker/Schiwy*, Rundfunkverfassungsrecht, Teil F Rz. 21.

408 BVerfGE 74, 297, 327.

409 *Bullinger*, in: FS Benda, 33, 35 ff.; *Schulze-Fielitz*, in: Dreier, Art. 5 I, II GG Rz. 237; *Brenner*, Funktionsauftrag, S. 64 mwN; *Fromm*, Programmauftrag, S. 77.

410 BVerfGE 73, 118, 157 f.; 74, 297, 326; *Starck*, in: vMangoldt/Klein/Starck, Art. 5 I, II GG Rz. 119; *Degenhart*, in: Bonner Kommentar, Art. 5 GG Rz. 791a; *Vesting*, Rundfunkrecht, S. 227; *A. Hesse*, Rundfunkrecht, Kap. 4 Rz. 31; *Gersdorf*, Rundfunkrecht, Rz. 310.

411 BVerfGE 74, 297, 345 f.; *Mahrenholz*, in: FS Kübler, 251, 261 f.; *Herzog*, in: Maunz/Dürig, Art. 5 GG Rz. 238d; *Brenner*, Funktionsauftrag, S. 114 f.; differenzierend *Kresse* ZUM 1995, 178, 183, *ders.* ZUM 1995, 67, 76; *Stettner* ZUM 1995, 293, 297 f.; *Kull* AfP 1987, 365, 368; *Schmitt*

gramme besonders im Kultur- und Bildungsbereich die programmliche Breite im Sinne der Funktion des Rundfunks erweitert werden, so dass diese – freilich ohne Grundversorgung zu sein – zulässig sein müssen.[412] Ob eine solche Ausklammerung von Spartenprogrammen aus der Grundversorgung im Zeitalter digitalen Rundfunks Bestand haben kann, bleibt fraglich.[413] Das Konzept des klassischen Vollprogramms, das der Bewertung des Gerichts zugrunde lag, wird durch die technische Entwicklung mehr und mehr in Frage gestellt. Das digitale Fernsehen hat einen fragmentierenden Effekt auf die Programmvielfalt, da die technisch nicht begrenzte Verfügbarkeit von zu belegenden Kanälen dazu verleitet, themenspezifische Programme zu verbreiten.[414] Deshalb wird im digitalen Rundfunkzeitalter der elektronische Programmführer („***EPG***") und das durch diesen vermittelte Programmbouquet mehr und mehr an die Stelle des klassischen Vollprogrammes treten.[415] Dann muss aber auch der öffentlich-rechtliche Rundfunk diese Entwicklung aufgreifen und digitale Spartenprogramme als Grundversorgung erbringen dürfen, die dann im EPG gebündelt werden. Derzeit bedingt das technische Umfeld allerdings noch keine solche Neuinterpretation des Grundversorgungsumfangs. Gesamt betrachtet ist dem Bundesverfassungsgericht zuzustimmen, dass „der Bestimmtheitsgrad [der materiell-rechtlichen Vorgaben, *Anm. d. Verf.*], den die aus Art. 5 Abs. 1 S. 2 GG folgenden Grundsätze vermitteln, verhältnismäßig gering bleibt".[416] Im Ergebnis hat der öffentlich-rechtliche Rundfunk daher stets ein meinungs- und inhaltsbezogen möglichst umfassendes Programmangebot darzubieten, innerhalb dessen gleichgewichtige Vielfalt in möglichster Breite gewährleistet ist. Ein Absinken unterhalb dieses verfassungsrechtlich notwendigen Niveaus ist wegen der Grundversorgungspflicht des öffentlich-rechtlichen Rundfunks nicht zulässig.

(iii) Prozedurale Dimension

Zuletzt bedarf es zur Erreichung des Normzieles und zur Sicherung gleichgewichtiger Vielfalt in der Darstellung der bestehenden Meinungsrichtungen organisatorischer und verfahrensrechtlicher Vorkehrungen.[417] Die Sicherung des Pluralismus bedarf dem-

---

Glaeser DÖV 1987, 837, 839; *Libertus*, Grundversorgungsauftrag, S. 145; *Ricker/Schiwy*, Rundfunkverfassungsrecht, Teil F Rz. 18; *A. Hesse*, Rundfunkrecht, Kap. 4 Rz. 16 mwN, die kulturelle und Bildungsspartenprogrammme als der Grundversorgung zugehörig betrachten; pauschal bejahend *Bethge*, Verfassungsrechtliche Position, S. 115.

412 BVerfGE 74, 297, 346; *Kresse* ZUM 1995, 178, 183; *Wille/Heckel* ZUM 1997, 240, 243; *Libertus* AfP 1998, 149, 150 f.; *Hoffmann-Riem*, MP 1996, 73, 74 f.; *Starck*, in: FS Stern, 777, 785; *Mahrenholz*, in: FS Kübler, 251, 261 f.; *Brenner*, Funktionsauftrag, S. 114 f.; ablehnend *Bleckmann/Pieper/Erberich* AfP 1997, 417, 423; *Scholz* AfP 1995, 357, 361 f.; differenzierend *Degenhart*, in: Bonner Kommentar, Art. 5 GG Rz. 788, 797.

413 So *Libertus* AfP 1998, 149, 150 f.; *A. Hesse*, Rundfunkrecht, Kap. 4 Rz. 16; *Gersdorf*, Rundfunkrecht, Rz. 311.

414 Eingehend *Bullinger*, Aufgaben, S. 47 f.; *A. Hesse*, Rundfunkrecht, Kap. 4 Rz. 16.

415 *Libertus* AfP 1998, 149, 150 f.; *Bullinger*, Aufgaben, S. 48 Fn. 99; *Holznagel*, Funktionsauftrag, S. 120 f.

416 BVerfGE 87, 181, 204; auch *Kresse* ZUM 1995, 67, 74; dennoch darf die unbestimmte Weite nicht zu einem verfassungsrechtlichen Freibrief mutieren, so *Lerche*, in: FS Kriele, 357, 363 f.

417 BVerfGE 74, 297, 326; *Loeb* ZUM 2004, 290, 293; *Degenhart*, in: Bonner Kommentar, Art. 5 GG Rz. 625; *A. Hesse*, Rundfunkrecht, Kap. 4 Rz. 5; *Gersdorf*, Rundfunkrecht, Rz. 305.

nach einer positiven Ordnung, die der Rundfunkgesetzgeber als verfassungsrechtliche Pflicht konstituieren muss. Im Ergebnis zeigt sich hier, dass das Bundesverfassungsgericht die vor Einführung des Privatrundfunks existierende Rechtsprechung hinsichtlich der Grundversorgung konsequent fortgeführt hat.[418] Den Rundfunkgesetzgeber trifft wie bereits oben dargelegt die Pflicht zur Ausgestaltung der Rundfunkordnung als Konsequenz des objektiv-rechtlichen Grundrechtsschutzes. Mit seiner Rechtsprechung hat das Bundesverfassungsgericht durch die Vorgabe der Grundversorgung den Handlungsspielraum des Rundfunkgesetzgebers durch seine Konkretisierungen von vorneherein begrenzt. Damit muss der Rundfunkgesetzgeber eine Ordnung etablieren, in der der öffentlich-rechtliche Rundfunk in die Lage versetzt wird, seiner Pflichtaufgabe Grundversorgung effizient in gebotener Weise nachzukommen. Der gesetzliche Rahmen muss sicherstellen, dass die Gesamtveranstaltung Rundfunk im Ergebnis dasjenige leistet, was die Funktion der Rundfunkfreiheit erfordert.[419]

d) Bestands- und Entwicklungsgarantie

Im Interesse der modernen Demokratie müssen die Kernfunktionen des Rundfunks auch in verändertem Umfeld Sicherung finden, um auf lange Sicht Pluralismus der Meinungen gewährleisten zu können. In Reaktion auf diese Erkenntnis und in Anerkennung der Tatsache, dass eine Fortentwicklung des Verfassungsrechts durch das Gericht nur dann möglich ist, wenn diesem einschlägige Sachverhalte zur Entscheidung vorgetragen werden, hat das Bundesverfassungsgericht die Bestands- und Entwicklungsgarantie des öffentlich-rechtlichen Rundfunks in seinem sechsten Rundfunkurteil entwickelt: Ihr Kerngehalt ist die dynamische, zukunftsoffene Festschreibung der notwendigen Voraussetzungen der Grundversorgung.[420] Diese Bestands- und Entwicklungsgarantie ist letztlich Ausfluss aus der medienpolitischen Grundentscheidung des Rundfunkgesetzgebers für die duale Ordnung, deren Zulässigkeit an die Funktionsfähigkeit des öffentlich-rechtlichen Rundfunks gekoppelt ist.[421] Das duale System kann eben nur verfassungsrechtlich als zulässig erachtet werden, wenn die Kernfunktionen des Rundfunks effizient auf lange Sicht festgeschrieben sind. Da im dualen System dem öffentlichen Rundfunk diese Funktion zukommt, ist es nur konsequent, wenn er in seiner Funktion verfassungsrechtlich gesichert wird. Umgekehrt lässt sich der Bestandsgarantie aber keine „Ewigkeitsgarantie" für die Existenz eines dualen Systems entnehmen; der Rundfunkgesetzgeber hätte durchaus die Option, bei entsprechenden strukturellen Vorkehrungen eine rein privatwirtschaftliche Rundfunkordnung einzuführen.[422] Solange jedoch ein duales System existiert, ist die Existenz eines funktionierenden, öffentlich-rechtlichen Rundfunks notwendig. Deshalb wird zuweilen auch von

---

418 Nur BVerfGE 12, 205, 262 f.; 57, 295, 323.

419 *Schulz/Held/Kops* ZUM 2001, 621, 624; *Degenhart*, in: Bonner Kommentar, Art. 5 GG Rz. 627.

420 BVerfGE 83, 238, 298; *Herzog*, in: Maunz/Dürig, Art. 5 GG Rz. 238d; *Vesting*, in: Hahn/Vesting, Einf Rz. 13; *Brenner*, Funktionsauftrag, S. 79; *Libertus*, Grundversorgungsauftrag, S. 124; *Reese*, Funktionsauftrag, S. 78 f.

421 BVerfGE 90, 60, 91; *Bethge*, Verfassungsrechtliche Position, S. 51; *Brenner*, Funktionsauftrag, S. 78; *Holznagel/Vesting*, Sparten- und Zielgruppenprogramme, S. 61.

422 *Lindner* AfP 2005, 429, 432 f.

einer Funktionsgarantie des öffentlich-rechtlichen Rundfunks ausgegangen.[423] Die Sicherung der Institution des öffentlichen-rechtlichen Rundfunks erlangt dergestalt Verfassungsrang.[424] Damit korrespondiert aber keineswegs eine Bestandsgarantie der einzelnen öffentlich-rechtlichen Anstalt; sehr wohl darf der Rundfunkgesetzgeber eine einzelne Anstalt auflösen, soweit danach der öffentlich-rechtliche Rundfunk insgesamt seine Funktion noch gerecht wird oder falls nicht, der Rundfunkgesetzgeber äquivalenten Ersatz schafft.[425]

Die Garantie der Funktion des öffentlich-rechtlichen Rundfunks im dualen System umfasst zum einen in programmlich-organisatorischer Hinsicht die Pflicht des Rundfunkgesetzgebers eine Gesetzeslage zu schaffen, nach der der öffentlich-rechtliche Rundfunk in den Stand versetzt wird, seine Pluralismus erhaltende Programmfunktion effektiv erfüllen zu können. Mit dieser Pflicht zur Erhaltung der erforderlichen Funktionsfähigkeit wäre es aber unvereinbar, wenn sich die Garantie auf den gegenwärtigen Entwicklungsstand aus technischer, programmlicher und finanzieller Hinsicht bezöge. Die Grundversorgungspflicht des öffentlich-rechtlichen Rundfunks bedingt daher, dass dieser nicht allein in seinem gegenwärtigen, sondern auch in seinem zukünftigen Bestand gesichert wird.[426] Gegenständlich, dynamisch und zeitlich offen ist der Begriff der Grundversorgung allein an die Funktion des Rundfunks gebunden.[427] Die Dynamisierung der Grundversorgung ermöglicht es, auch bei veränderten tatsächlichen Begebenheiten die Kernfunktionen des Rundfunks verfassungsrechtlich zu verankern. De facto ist also der Umfang dessen, was zur Grundversorgung gehört, jeweils situativ für den in Frage stehenden Zeitpunkt zu bestimmen.[428] Soweit die Bestands- und Entwicklungsgarantie mit der Funktion des öffentlich-rechtlichen Rundfunks korrespondiert und sich innerhalb dieses Bereiches bewegt, besitzt sie eine verfassungsrechtliche Grundlage.[429] Die verfassungsrechtlichen Grundzüge werden unter deren Berücksichtigung durch den Rundfunkgesetzgeber einfachgesetzlich konkretisiert.[430]

Die Entwicklungsgarantie bedingt einerseits, dass der öffentlich-rechtliche Rundfunk nicht von vorneherein auf eine bestimmte Technik festgelegt werden kann, sondern dass er Zugang zu neuen Techniken und Übertragungsformen immer dann be-

---

423 *Degenhart*, in: Bonner Kommentar, Art. 5 GG Rz. 778; *Bethge*, in: Sachs, Art. 5 GG Rz. 105; *Brenner*, Funktionsauftrag, S. 78; *Holznagel/Vesting*, Sparten- und Zielgruppenprogramme, S. 61; *Bethge*, Verfassungsrechtliche Position, S. 51.

424 BVerfGE 89, 144, 153; *Degenhart*, in: Bonner Kommentar, Art. 5 GG Rz. 785; *Bethge*, in: Sachs, Art. 5 GG Rz. 105; *Schulze-Fielitz*, in: Dreier, Art. 5 I, II GG Rz. 266; *Herrmann/Lausen*, Rundfunkrecht, Kap. 9 Rz. 49.

425 BVerfGE 89, 144, 153; *Bethge* ZUM 1996, 456, 464; *Degenhart*, in: Bonner Kommentar, Art. 5 GG Rz. 785; *Bethge*, in: Sachs, Art. 5 GG Rz. 105.

426 BVerfGE 83, 238, 298; 90, 60, 90.

427 BVerfGE 83, 238, 299; 87, 181, 200; *Gounalakis* AfP 2003, 395, 397; *Bethge*, Verfassungsrechtliche Position, S. 50; *Fromm*, Programmauftrag, S. 88; *Gersdorf*, Rundfunkrecht, Rz. 310.

428 *Herzog*, in: Maunz/Dürig, Art. 5 GG Rz. 238d; *Ricker/Schiwy*, Rundfunkverfassungsrecht, Teil E Rz. 94.

429 BVerfGE 83, 238, 299 f.; 87, 181, 200; *Gounalakis* AfP 2003, 395, 397; *Hartstein, u.a.*, Teil B2, Rz. 34.

430 BVerfGE 87, 181, 200.

kommen muss, wenn er eben gerade nur unter Nutzung dieser neuen Techniken und Übertragungsformen seine Funktion im dualen System effizient erfüllen kann.[431] Dies bedeutet aber keineswegs, dass damit jede neue Entwicklung von der verfassungsrechtlichen Garantie umfasst sein muss.[432] Notwendige Voraussetzung ist nämlich stets, dass der Zugang zu den neuen technischen Entwicklungen unerlässlich für die Wahrnehmung der Funktion im dualen System durch den öffentlich-rechtlichen Rundfunk ist. Diesem müssen daher auch unter veränderten, technischen Bedingungen stets für seine Funktion ausreichende Übertragungskapazitäten eingeräumt werden. In programmlicher Hinsicht können durch die Entwicklungsgarantie Auswirkungen auf die Fortentwicklung bestehender Programme sowie auf die Vermehrung der Anzahl und des Typus der Programme durchschlagen.[433] Dabei fällt ein wesentlicher Teil der Kompetenzen allein in die Programmautonomie der Anstalten.[434] Legislative Vorgaben laufen dort stets Gefahr, verfassungsrechtlich unzulässig in den Autonomiebereich der Anstalten einzugreifen. Dennoch ist die Entwicklungsgarantie auch hier kein verfassungsrechtlicher Freibrief zur Expansion, sondern sie ist stets an die Funktion des öffentlich-rechtlichen Rundfunks im dualen System gebunden und nur innerhalb dieser Grenzen zulässig. Das situative Verständnis der Grundversorgung kann vielmehr auch dazu führen, dass im Kontext der gegenwärtigen Situation die historische gewachsene Struktur des öffentlich-rechtlichen Rundfunks Einschränkungen unterworfen werden muss: „Dynamische Grundversorgung ist [aus sich heraus, *Anm. d. Verf.*] keine Einbahnstraße“.[435]

Ausfluss des dynamischen Grundversorgungsauftrages ist es zudem, dass die Finanzierung der öffentlich-rechtlichen Anstalten ausreichend gesichert sein muss.[436] Nur wenn die Anstalten über die notwendigen finanziellen Mittel verfügen, können sie überhaupt ihrer Funktion im dualen System gerecht werden. Der Rundfunkgesetzgeber muss daher konsequent für eine funktionsgerechte Finanzierung Sorge tragen, denn er darf nicht dasjenige, was verfassungsrechtlich funktional gefordert ist, durch konträre, gesetzliche Regelungen unmöglich machen.[437] Umgekehrt entspricht der gesetzgeberischen Pflicht zur ausreichenden Finanzierung des öffentlich-rechtlichen Rundfunks

---

431 *Kresse* ZUM 1995, 178, 185; *Starck*, in: FS Stern, 777, 785; *Degenhart*, in: Bonner Kommentar, Art. 5 GG Rz. 787; *Schulze-Fielitz*, in: Dreier, Art. 5 I, II GG Rz. 266; *Brenner*, Funktionsauftrag, S. 77, 89.

432 So aber *Gounalakis* AfP 2003, 395, 397; *Hoffmann-Riem* AfP 1996, 9, 10; *Eberle* ZUM 1995, 249, 254; *A. Hesse* BayVBl. 1997, 132, 135; *Scheble* ZUM 1995, 383, 385 f.; *ders.*, Grundversorgung, S. 91; dagegen *Kresse* ZUM 1995, 178, 185; *Degenhart*, in: Bonner Kommentar, Art. 5 GG Rz. 787 mwN; *Brenner*, Funktionsauftrag, S. 77; *Fromm*, Programmauftrag, S. 89.

433 *Starck*, in: FS Stern, 777, 785; *Degenhart*, in: Bonner Kommentar, Art. 5 GG Rz. 788.

434 BVerfGE 87, 181, 200 f.; *Gounalakis* AfP 2003, 395, 396 f.; *Degenhart*, in: Bonner Kommentar, Art. 5 GG Rz. 788; *Jarass*, Online-Dienste, S. 34; *Libertus*, Grundversorgungsauftrag, S. 139 f.

435 *Kresse* ZUM 1995, 178, 185.

436 BVerfGE 87, 181, 198 f.; 89, 144, 153; 90, 60, 91; *Kresse* ZUM 1995, 67, 68 f.; *Hartstein, u.a.*, Teil B2, Rz. 34; *Degenhart*, in: Bonner Kommentar, Art. 5 GG Rz. 806; *Bethge*, Verfassungsrechtliche Position, S. 51; *Brenner*, Funktionsauftrag, S. 81; *Stulz-Herrnstadt*, Rundfunkfinanzierung, S. 40 f.

437 BVerfGE 87, 181, 198; *Hartstein, u.a.*, Teil B2, Rz. 45.

das aus der Rundfunkfreiheit folgende Recht der Anstalten, die zur Erfüllung ihres Auftrages erforderlichen Mittel zu erhalten.[438] Die dem öffentlich-rechtlichen Rundfunk gemäße Art der Finanzierung ist die Gebührenfinanzierung, wobei aber auch eine Mischfinanzierung verfassungsrechtlich zulässig ist.[439] Zu finanzieren ist all dasjenige, was zur Erfüllung der Funktion des öffentlich-rechtlichen Rundfunks erforderlich ist.[440] Damit umfasst ist also jedenfalls der gesamte Bereich der unerlässlichen Grundversorgung. Allerdings endet die finanzielle Gewährleistungspflicht des Staates nicht an der Grundversorgung, sondern sie findet ihre Grenze nur dort, wo die Aufgabenerfüllung sich außerhalb des für die Wahrung der Funktion im dualen System erforderlichen bewegt.[441] Im Rahmen der einfachgesetzlichen und verfassungsrechtlichen Vorgaben sind die Anstalten zwar grundsätzlich frei zu entscheiden, wie sie ihre Funktion erfüllen; allerdings besteht daraus keine gesetzgeberische Pflicht, jede Entscheidung der Anstalten finanziell honorieren zu müssen. Im Umfang der verfassungsrechtlich verankerten Bestands- und Entwicklungsgarantie besteht daher auch eine Finanzierungsgarantie. Ausfluss dieser Finanzierungsgarantie ist es dann, dass über öffentlich-rechtliche Rundfunkanstalten kein Insolvenzverfahren eröffnet werden kann.[442]

2. Funktionsauftrag

Jedenfalls ist Grundversorgung nicht als Mindestversorgung zu verstehen, auf die der öffentlich-rechtliche Rundfunk allein beschränkt ist.[443] Mit der Zuweisung der Grundversorgung an den öffentlich-rechtlichen Rundfunk korrespondiert keine „Grenzziehung oder Aufgabenteilung zwischen öffentlich-rechtlichen Veranstaltern etwa in dem Sinne, dass jene für den informierenden und bildenden, diese für den unterhaltenden Teil des Programmangebotes zuständig wären".[444] Grundversorgung ist damit ein Zielwert, auf den die Akteure der dualen Ordnung verpflichtet werden sollen und bestimmt als solcher das Zentrum des Tätigkeitsfeldes der Anstalten und damit letztlich auch des dualen Systems.[445] Solange die wesentlichen Pflichtinhalte sich im Programm wieder finden, kann der öffentlich-rechtliche Rundfunk grundsätzlich auch mehr erbringen als die Grundversorgung. Damit trifft den Rundfunkgesetzgeber die Pflicht, auch jenseits der Grundversorgung durch den öffentlich-rechtlichen Rundfunk grundsätzlich die freie Veranstaltung von Rundfunkprogrammen zuzulassen und zu

---

[438] BVerfGE 74, 297, 342; 87, 181, 200; 90, 60, 91; *Kresse* ZUM 1995, 67, 69.

[439] BVerfGE 73, 118, 158; 87, 181, 199 f.; 90, 60, 90; *Degenhart*, in: Bonner Kommentar, Art. 5 GG Rz.810.

[440] BVerfGE 87, 181, 202 f.; *Kresse* ZUM 1995, 67, 69; *Degenhart*, in: Bonner Kommentar, Art. 5 GG Rz. 808 f.; *Hasse*, Finanzierung, S. 100 f.

[441] BVerfGE 87, 181, 201, 203; 90, 60, 92; *Kresse* ZUM 1995, 67, 69; *Degenhart*, in: Bonner Kommentar, Art. 5 GG Rz. 808; *Brenner*, Funktionsauftrag, S. 78; *Fromm*, Programmauftrag, S. 89.

[442] BVerfGE 89, 144, 153; *Stulz-Herrnstadt*, Rundfunkfinanzierung, S. 45 f.

[443] BVerfGE 74, 297, 326; 83. 238, 297; *Schulze-Fielitz*, in: Dreier, Art. 5 I, II GG Rz. 264; *Starck*, in: vMangoldt/Klein/Starck, Art. 5 I, II GG Rz. 119; *Holznagel*, Funktionsauftrag, S. 19; *Bethge*, Verfassungsrechtliche Position, S. 48 f.; *Brenner*, Funktionsauftrag, S. 73 f.

[444] BVerfGE 74, 297, 325 f.; 83, 238, 297 f.; 87, 181, 203; *Mahrenholz*, in: FS Kübler, 251, 266; *Hartstein, u.a.*, Teil B5, Präambel RfStV Rz. 5.

[445] *Hartstein, u.a.*, Teil B5, Präambel RfStV Rz. 5; *A. Hesse*, Rundfunkrecht, Kap. 4 Rz. 8.

finanzieren.[446] In diesem Bereich stehen sich die Akteure der dualen Ordnung dann aber folgerichtig gleichrangig gegenüber.[447] Ist nun also für den öffentlich-rechtlichen Rundfunk mehr als nur Grundversorgung zulässig, so begründet sich daraus das Bedürfnis das dann entstehende, weitere Aufgabenfeld des öffentlich-rechtlichen Rundfunks terminologisch fassbar zu machen. Auf Basis dieser Erkenntnis entstand der Terminus „Funktionsauftrag“[448], dessen rechtliche Bedeutung im weiteren Fortgang zu erörtern sein wird.

a) Vorbemerkung: Terminologische Stringenz

Für die weitere Bearbeitung gilt es zunächst begriffliche Klarheit sicherzustellen: Im Rahmen der Grundversorgung hat der öffentlich-rechtliche Rundfunk in der vollen Breite des klassischen Rundfunkauftrages Programme zu gestalten. Der klassische Rundfunkauftrag ist nicht zu verwechseln mit dem verfassungsrechtlichen Funktionsauftrag, da dieser mehr umfasst als nur den klassischen Rundfunkauftrag. Beide sind sauber von einander zu trennen.[449] Die begriffliche Verwirrung wird komplettiert durch den Terminus „Programmauftrag“: Zuweilen wird der Terminus allein für die programmlichen Aktivitäten der Anstalten verwendet. In dieser Bedeutung ist er weniger als der verfassungsrechtliche Funktionsauftrag, da jener zugleich auch dem Programm neben-, vor- und nachgelagerte Bereiche umfasst.[450] Einige Bearbeiter verwenden den Begriff wiederum für den „Funktionsauftrag“ der einzelnen Anstalt in einfachgesetzlicher Form, also für alles, was die einzelne Anstalt qua Gesetz befugt ist zu tun.[451] Beide Bedeutungen sind jedoch vom verfassungsrechtlichen Funktionsauftrag im hier verwendeten Sinne zu unterscheiden. Für die weitere Bearbeitung wird der Begriff des Programmauftrages in der ersteren Bedeutung verwendet; die einzelnen, anstaltsspezifischen Ausprägungen des verfassungsrechtlichen Funktionsauftrags der Anstalten werden als „einfachgesetzlicher Auftrag“ oder zuweilen nur als „Auftrag“ beschrieben. Einige Verfasser bezeichnen den umfassenden, verfassungsrechtlichen Funktionsauftrag verkürzt als Auftrag des öffentlich-rechtlichen Rundfunks. Damit ist zwar inhaltlich das gleiche gemeint, terminologisch lässt der verkürzte Begriff aber die notwendige Schärfe vermissen. Daher erscheint es sinnvoll, für die weitere Bearbeitung zur Klarstellung vom Begriff des verfassungsrechtlichen Funktionsauftrages auszugehen.[452]

---

446 BVerfGE 74, 297; 332; 87, 181, 203; *Scheble* ZUM 1995, 385, 387.

447 BVerfGE 74, 297; 332; *Scheble* ZUM 1995, 385, 387.

448 *Bullinger*, Aufgaben, S. 14 f.; *ders.*, Länderfinanzausgleich, S. 46; *Holznagel*, Funktionsauftrag, S. 20 f.; *Scheble*, Grundversorgung, S. 28 f., *Hoffmann-Riem*, Regulierung, S. 206 f.

449 Insoweit nicht differenzierend *Degenhart*, in: Bonner Kommentar, Art. 5 GG Rz. 783 mwN; *Degenhart*, Funktionsauftrag, S. 69 f.; *Holznagel*, Funktionsauftrag, S. 21.

450 So auch *Hoffmann-Riem*, Regulierung, S. 209.

451 So *Degenhart* AfP 2005, 493, 493 f.; *Eifert*, Programmauftrag, S. 16; *A. Hesse*, Rundfunkrecht, Kap. 4 Rz. 25; *Hasse*, Finanzierung, S. 90.

452 Einige terminologische Bezeichnungen gehen zu weit: So verwendet *Hasse*, Finanzierung, S. 90 den Begriff im Sinne einer rein anstaltsautonomen, konkretisierenden journalistisch-publizistischen Leistung. Dies würde nicht einmal den einfachgesetzlichen Auftrag umfassen,

b) Terminologische Herleitung

Historisch leitet sich die Abkehr von der ursprünglichen Grundversorgungsdoktrin des Bundesverfassungsgerichts aus der vom Gericht selbst erkannten Untauglichkeit des Begriffes der Grundversorgung zur Grenzziehung zwischen den beiden Säulen ab.[453] Bedingt durch europarechtliche und wirtschaftliche Einflüsse wird zunehmend versucht, den Tätigkeitsbereich der öffentlich-rechtlichen Anstalten umfassend und abschließend zu umschreiben, um diesen deutlich von dem der privaten Anbieter abgrenzen zu können. Grundlage der Begrifflichkeit ist die funktionsbezogene Deutung des Grundrechts der Rundfunkfreiheit: Wo der öffentlich-rechtliche Rundfunk die für die moderne Demokratie und das kulturelle Leben essenziellen Funktionen des Rundfunks sicherzustellen hat, liegt es nahe, dessen besondere Pflichtaufgabe als funktionsbezogenen Auftrag zu verstehen, den er im Interesse der verfassungsrechtlichen Zulässigkeit der dualen Ordnung zu erfüllen hat.[454] Das Gesamtkonzept der dualen Rundfunkordnung basiert gerade auf der Funktionsfähigkeit des öffentlich-rechtlichen Rundfunks, weshalb de facto dieser auch auf allen Ebenen tätig werden muss, die die Funktionsfähigkeit der dualen Rundfunkordnung in irgendeiner Weise festigen und beeinflussen.[455] Auch die Rechtsprechung des Bundesverfassungsgerichts deutet in ihren neueren Entscheidungen darauf hin, dass das funktionsbezogene Verständnis der Rundfunkfreiheit und als dessen Konsequenz, die für dieses notwendige Aufgabe des öffentlich-rechtlichen Rundfunks in den Vordergrund gerückt ist.[456] Grundversorgung beschreibt eben nur einen Teil (obgleich den wesentlichen) des Aufgabenbereiches der öffentlich-rechtlichen Anstalten, nicht aber deren gesamten Tätigkeitsbereich. Auf Basis dieser Erkenntnis müssen auch die neueren Entscheidungen des Bundesverfassungsgerichts betrachtet werden: Dort wird immer versucht, dasjenige zu „bestimmen, was die verfassungsrechtlich vorgegebene und gesetzlich näher umschriebene Funktion [des öffentlich-rechtlichen Rundfunks für das duale System, *Anm. d. Verf.*] publizistisch erfordert".[457] Die Grenzen der Bestands- und Entwicklungsgarantie des öffentlich-rechtlichen Rundfunks lassen sich nur aus „den Funktionen des Rundfunks" herleiten.[458] Auch wenn das Gericht niemals direkt den Begriff des verfassungsrechtlichen Funktionsauftrages verwendet hat[459], so versucht es dennoch, die Substanz des Aufgabenbereiches des öffentlich-rechtlichen Rundfunks aus dessen Funktion für das duale System abzuleiten. Der besondere Auftrag des öffentlich-rechtlichen Rundfunks

---

sondern allein die autonome Selbstbestimmung der Anstalten. Eine solch restriktive Position ist jedoch abzulehnen.

453 BVerfGE 74, 297, 325 f.; 83, 238, 297 f.; 87, 181, 203; *Neun*, Grenzen des Wachstums, S. 249 f., 382; *Bethge*, Verfassungsrechtliche Position, S. 71.

454 *Degenhart*, Funktionsauftrag, S. 69 f.; *Neun*, Grenzen des Wachstums, S. 198.

455 *Hoffmann-Riem*, Regulierung, S. 210.

456 BVerfGE 83, 238, 299; 87, 181, 198 f.; 90, 60, 90 f.

457 BVerfGE 83, 238, 299; 87, 181, 198 f.; 90, 60, 91; *Holznagel*, Funktionsauftrag, S. 21.

458 BVerfGE 83, 238, 299 f.

459 Dies verkennt *Ladeur* M&K 2000, 93, 93, der davon ausgeht, dass das Gericht den Begriff bereits mehrfach verwendet habe.

ist an dessen Funktion gebunden[460] und daher konsequenterweise als verfassungsrechtlicher Funktionsauftrag des öffentlichen-rechtlichen Rundfunks zu bezeichnen.[461] Mit Hilfe dieses Begriffes wird intendiert, die Grenzen der Programmautonomie verfassungsrechtlich zu konkretisieren.[462]

c) Abstrakte Reichweite des Funktionsauftrages

Inhalt und Reichweite des Funktionsauftrages des öffentlich-rechtlichen Rundfunks ergeben sich unmittelbar aus der Verfassung: Erkennt man mit dem Bundesverfassungsgericht an, dass der öffentlich-rechtliche Rundfunk auch jenseits der Grundversorgung tätig werden kann, so lässt sich dieser weitere programmliche Tätigkeitsbereich verkürzt dergestalt umschreiben, dass alles das, was nicht Grundversorgung, aber dennoch für die Funktion des öffentlich-rechtlichen Rundfunks erforderlich ist, unter die ebenfalls zum Funktionsauftrag gehörende Zusatzversorgung fällt.[463] Anders als bei der Pflichtaufgabe Grundversorgung, die öffentlich-rechtlicher Rundfunk erbringen muss, ist die Zusatzversorgung eine Kann-Aufgabe, deren Erfüllung zur Disposition der Anstalten steht. Der Rundfunkgesetzgeber muss dann aber dafür Sorge tragen, dass es dem öffentlich-rechtlichen Rundfunk auch im Bereich der Zusatzversorgung möglich ist, erweiternde Programme anzubieten. Zudem sind die Zusatzversorgungsprogramme auch von der Finanzzierungsgarantie des öffentlich-rechtlichen Rundfunks umfasst; für ihre Finanzierung muss im dualen System gesorgt sein.[464]

Programmlich umfasst der Funktionsauftrag im Sinne der Rechtsprechung des Bundesverfassungsgerichts also neben der Grundversorgung auch den Bereich der für die Funktion des Rundfunks erforderlichen, wenn auch optionalen Zusatzversorgung. Im Bereich dieser Zusatzversorgung stehen sich die Akteure der dualen Ordnung gleichrangig gegenüber.[465] Konsequenz des Gleichrangigkeitsgebotes ist es, dass im Gegen-

---

460 BVerfGE 83, 238, 299 f.; *Holznagel*, Funktionsauftrag, S. 21; *Neun*, Grenzen des Wachstums, S. 198.

461 Anders *Mahrenholz*, in: FS Kübler, 251, 252 f.; *A. Hesse*, Rundfunkrecht, Kap. 4 Rz. 19, die meinen, der Begriff Funktionsauftrag bringe keinen Erkenntnisgewinn, weil dessen Ableitung die selben Probleme aufwirft wie die der Grundversorgung; das verkennt aber, dass der Funktionsauftrag mehr ist als Grundversorgung; ohne den Begriff ließen sich Pflichtaufgaben nicht von den weiteren Aufgaben unterscheiden.

462 *Degenhart* K&R 2005, 295, 296; *Vesting*, in: Hahn/Vesting, Einf Rz. 45; *A. Hesse*, Rundfunkrecht, Kap. 4 Rz. 19 f.; *Reese*, Funktionsauftrag, S. 80 f.; auch *Hoffmann-Riem*, Regulierung, S. 209, der den Begriff zwar verwendet, ihm allerdings jede Möglichkeit der Grenzziehung absprechen will; dies verwundert nicht, da *Hoffmann-Riem* auch davon ausgeht, dass Grundversorgung nicht konkretisierbar ist; sehr wohl lassen sich durch eine Präzisierung des Funktionsauftrages schärfer konturierte Grenzen zwischen den Säulen des dualen Systems schaffen.

463 *Degenhart* K&R 2005, 295, 299 mwN; *Gersdorf* TKMR 2002, 441, 445; *Fromm*, Programmauftrag, S. 94 ff.; *Hoffmann-Riem*, in: Benda/Maihofer/Vogel, Verfassungsrecht, § 7 Rz. 104; *Neun*, Grenzen des Wachstums, S. 202 f.; *Gersdorf*, Rundfunkrecht, Rz. 313, 319; *Reese*, Funktionsauftrag, S. 84 f.

464 BVerfGE 74, 297; 332; 87, 181, 203; 90, 60, 92; *Scheble* ZUM 1995, 383, 387; *Kresse* ZUM 1995, 67, 69; *Degenhart*, in: Bonner Kommentar, Art. 5 GG Rz. 808; *Brenner*, Funktionsauftrag, S. 78; *Fromm*, Programmauftrag, S. 89; *Gersdorf*, Rundfunkrecht, Rz. 319.

465 BVerfGE 74, 297; 332; *Scheble* ZUM 1995, 383, 389; *Gersdorf*, Rundfunkrecht, Rz. 314.

satz zur Grundversorgung der öffentlich-rechtliche Rundfunk im Rahmen der programmlichen Zusatzversorgung bei der Vergabe knapper Übertragungswege nicht privilegiert werden kann.[466] Beiden Akteuren der dualen Ordnung muss zu den begrenzten Kapazitäten technischer Übertragungswege chancengleicher Zugang gewährt werden. Neben dem programmlichen Zusatzbereich erfasst der Funktionsauftrag jedoch dem reinen Programm vor-, nach- und nebengelagerte Bereiche, soweit diese einen gewissen Bezug zum Programm aufweisen und für die Funktion des Rundfunks erforderlich sind.[467] Die Annextätigkeiten betreffen zwar nicht die eigentliche Programmgestaltung der Anstalten, weisen jedoch einen Bezug zu dieser auf, so dass sie ebenfalls funktionell legitimiert werden können.

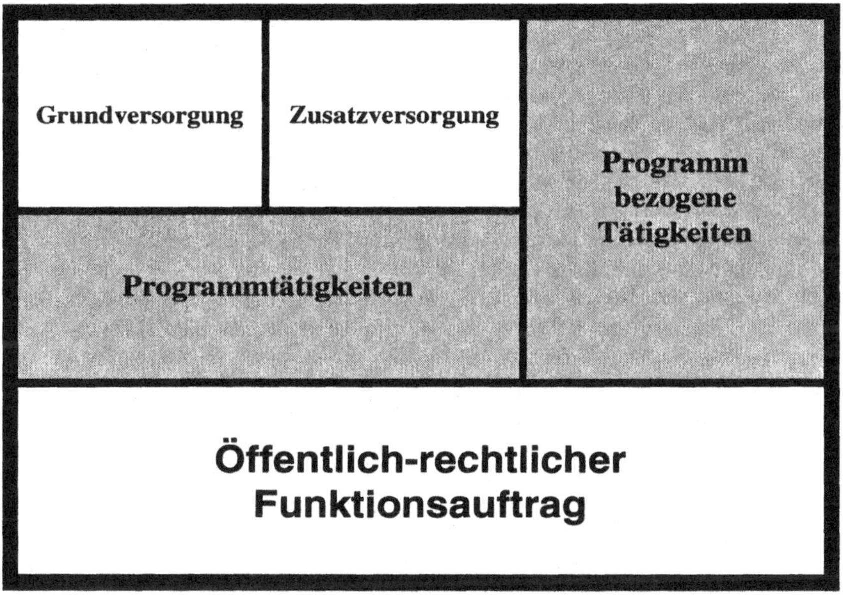

Abb. 16: Tätigkeitsbereich des öffentlich-rechtlichen Rundfunks
(Quelle: Anlehnung an Gersdorf, Rundfunkrecht, Rz. 305)

d) Verfassungsrechtliche Leitlinien der Aufgabenbestimmung

Der Umfang der staatlichen Finanzierungspflicht ist nach der Rechtsprechung des Bundesverfassungsgerichts an die Funktion des öffentlich-rechtlichen Rundfunks im dualen System gebunden.[468] Diese Funktion ist verfassungsrechtlich in ihren Grundzügen festgelegt. Konkrete Vorgaben im Verfassungsrecht können nicht zielführend sein,

466 BVerfGE 74, 297, 340 f.; *Scheble* ZUM 1995, 383, 389; *Gersdorf*, Rundfunkrecht, Rz. 316, 319.
467 *Hoffmann-Riem*, Regulierung, S. 209; *Gersdorf*, Rundfunkrecht, Rz. 304.
468 BVerfGE 87, 181, 200 f.

da sie zum einen den Grundsätzen der Gewaltenteilung zuwider laufen und zum anderen nur unzureichend flexibel sind: So konstatiert *Stürner* treffend, dass konkretisiertes Verfassungsrecht stets die Gefahr der Versteinerung in sich trägt, da sich Verfassungsrecht naturgemäß langsamer verändert als einfaches Recht.[469] Die detaillierte Beschreibung des Funktionsauftrages obliegt daher zum einen dem zur Ausgestaltung angehaltenen Rundfunkgesetzgeber, der durch eine positive Ordnung den öffentlich-rechtlichen Rundfunk in die Lage versetzen muss, seine Funktion wahrzunehmen. Auf der anderen Seite ist die Aufgabe der Anstalten funktional betrachtet publizistische Selbstverwaltung, so dass die wesentlichen Bereiche des Programms in den Autonomiebereich der Anstalten fallen.[470] In diesem Spannungsfeld muss ein angemessener Ausgleich zwischen der Bindung der Anstalten an den gesetzlichen Rahmen und ihrer Freiheit zur Selbstbestimmung im Rahmen der Programmautonomie gefunden werden.[471] Nach der Rechtsprechung des Bundesverfassungsgerichts ist die „Bestimmung dessen, was die verfassungsrechtlich vorgegebene und gesetzlich näher umschriebene Funktion [des öffentlich-rechtlichen Rundfunks für das duale System, *Anm. d. Verf.*] publizistisch erfordert, Sache der Anstalten".[472] Im Zentrum der Rundfunkfreiheit steht gerade die Programmautonomie der Anstalten, die sich vornehmlich auf Inhalt und Form der Rundfunksendungen bezieht. Richtig erkennt das Gericht, dass die „Frage nach Inhalt und Form nicht völlig von derjenigen nach Umfang und Anzahl der Programme zu trennen ist".[473] Soweit für letztere eine Verbindung zu Inhalt und Form des Programms besteht, ist deren Umfang *primär* Sache der Anstalten.[474] Betrachtet man diese Vorgaben des Gerichts losgelöst von weiteren Implikationen, so drängt sich der Eindruck auf, als läge die Bestimmung des Umfangs des verfassungsrechtlichen Funktionsauftrages im Wesentlichen in den Händen der einzelnen Anstalten. Diesen Eindruck hat das Gericht jedoch erheblich relativiert:

Notwendige Folge dieser Feststellungen ist es in der Intention des Gerichts nämlich gerade nicht, dass der Rundfunkgesetzgeber jede Programmentscheidung der Anstalten finanziell zu honorieren hat.[475] Die Heranziehung der Gebührenzahler zur Geldleistungspflicht sei eben nur in dem Maße geboten, in dem die Programmgestaltung zur Erfüllung der Funktion erforderlich ist. Es kann mithin nicht den Anstalten allein obliegen, das für die Funktionserfüllung erforderliche festzulegen, da sie dem Zwang des für jede Institution typischen Selbstbehauptungs- und Ausweitungsinteresses unterlie-

---

469 *Stürner* AfP 2002, 283, 291.

470 *Neun*, Grenzen des Wachstums, S. 364 f.; *Herrmann/Lausen*, Rundfunkrecht, Kap. 10 Rz. 144.

471 *Gounalakis* AfP 2003, 395, 396 f.; *Eifert* ZUM 1999, 595, 599; *Kresse* ZUM 1995, 178, 187, *Bethge* MP 1996, 66, 69, *ders.* ZUM 1996, 456, 471 f.; *Lerche*, in: FS Kübler, 239, 242; *Degenhart*, in: Bonner Kommentar, Art. 5 GG Rz. 780; *Bethge*, Verfassungsrechtliche Position, S. 71; *Eifert*, Programmauftrag, S. 88.

472 BVerfGE 83, 238, 299; 87, 181, 198 f.; 90, 60, 91; *Gounalakis* AfP 2003, 395, 396; *Mahrenholz*, in: FS Kübler, 251, 252 f.; *Holznagel*, Funktionsauftrag, S. 21.

473 BVerfGE 87, 181, 201; 90, 60, 91 f.; *Gounalakis* AfP 2003, 395, 396; *Eifert*, Programmauftrag, S. 87; *Holznagel/Vesting*, Sparten- und Zielgruppenprogramme, S. 47 f., 63 f.

474 BVerfGE 90, 60, 92; *Gounalakis* AfP 2003, 395, 396; *Holznagel*, Funktionsauftrag, S. 21 f.; *Bethge*, Verfassungsrechtliche Position, S. 71.

475 BVerfGE 87, 181, 201; 90, 60, 92; *Bethge*, Verfassungsrechtliche Position, S. 71.

gen, der Tendenzen zu nicht erforderlicher Erweiterung des Programmangebotes fördert.[476] Gerade im Kontext des vermehrten wirtschaftlichen Wettbewerbes mit dem privaten Rundfunk, werden sich diese Tendenzen verstärken. Unmissverständlich konstatiert das Gericht aber zugleich weiter, dass diese Freiheit der Anstalten nur „im Rahmen der verfassungsrechtlichen Zielsetzung und der gesetzlichen Aufgabenzuweisung" Geltung finden kann.[477] Mithin sei – trotz des Autonomiebereiches der Anstalten – nicht jede Programmbegrenzung durch den Rundfunkgesetzgeber verfassungsrechtlich unzulässig.[478] Vielmehr sind die Anstalten nur primär, nicht aber allein und umfassend für die Funktionsbestimmung verfassungsrechtlich berufen.

Nach der vom Bundesverfassungsgericht entwickelten Wesentlichkeitstheorie müssen all diejenigen Bereiche, die zur Verwirklichung der Grundrechte wesentlich sind, vom parlamentarischen Gesetzgeber selbst entschieden werden.[479] Wesentlich in diesem Sinne sind Regelungen, die die Ausübung des in Frage stehenden Grundrechtes betreffen und/oder Grundrechtskollisionen zum Ausgleich bringen.[480] Aufgrund der herausragenden Bedeutung dieser wesentlichen Bereiche für die Grundrechtsverwirklichung wird deren Effektivierung dem parlamentarischen Gesetzgeber als einzigem direkt demokratisch legitimierten Organ zugewiesen. Die Festlegung der Grundlinien der dualen Ordnung und hierbei insbesondere die Bestimmung des Aufgabenbereiches des öffentlich-rechtlichen Rundfunks ist nach der Rechtsprechung des Bundesverfassungsgerichts eine für die Verwirklichung der Rundfunkfreiheit wesentliche Frage und daher als Folge in den wesentlichen Grundzügen vom Rundfunkgesetzgeber selbst zu regeln.[481] Freilich entzieht sich die Funktionsbeschreibung des Tätigkeitsbereiches durch den Rundfunkgesetzgeber einer vollständigen Durchnormierung, da ansonsten die Programmfreiheit zu einer Freiheit nach Maßgabe des Rundfunkgesetzgebers degeneriert würde.[482] Insbesondere könnte sich durch eine vollständige Durchnormie-

---

476 BVerfGE 87, 181, 202; 90, 60, 92; *Degenhart* ZUM 2000, 356, 359 f.; *Kresse* ZUM 1995, 178, 187.

477 BVerfGE 87, 181, 200 f.; 90, 60, 91; *Degenhart* K&R 2005, 295, 298; *Lerche*, in: FS Kübler, 239, 243.

478 BVerfGE 90, 60, 92; *Degenhart* K&R 2005, 295, 298; *ders.* ZUM 2000, 356, 359 f.; *Bethge* MP 1996, 66, 68; *Eifert* ZUM 1999, 595, 600; *Lerche*, in: FS Kübler, 239, 244 f.; *Hartstein, u.a.*, Teil B5, § 11 RfStV Rz. 3; *Bethge*, Verfassungsrechtliche Position, S. 71; *Eifert*, Programmauftrag, S. 88.

479 BVerfGE 47, 46, 78-80; 49, 89, 126 f.; 61, 260, 275 f.; 98, 218, 251 (st. Rspr.); *Libertus* ZUM 1992, 225, 226; *Ladeur/Gostomzyk* JuS 2002, 1145, 1149; *Degenhart*, in: Bonner Kommentar, Art. 5 GG Rz. 789.

480 BVerfGE 49, 89, 126 f.; 57, 295, 320 f.; *Libertus* ZUM 1992, 225, 226; *Ladeur/Gostomzyk* JuS 2002, 1145, 1149.

481 BVerfGE 57, 295, 320 f.; 73, 118, 159; 87, 181, 198; 90, 60, 98 f.; *Libertus* ZUM 1992, 225, 226; *Degenhart* K&R 2001, 329, 331; *ders.* ZUM 2000, 356, 363; *Bethge*, in: Sachs, Art. 5 GG Rz. 98; *Degenhart*, in: Bonner Kommentar, Art. 5 GG Rz. 789; *Jarass*, in: Jarass/Pieroth, Art. 5 GG Rz. 78; *Schulze-Fielitz*, in: Dreier, Art. 5 I, II GG Rz. 233; *Hartstein, u.a.*, Teil B5, § 11 RfStV Rz. 3; *Neun*, Grenzen des Wachstums, S. 192; *A. Hesse*, Rundfunkrecht, Kap. 2 Rz. 53.

482 BVerfGE 90, 60, 95; *Lerche*, in: FS Kübler, 239, 241; *Bethge*, in: Sachs, Art. 5 GG Rz. 98; *Ossenbühl*, in: Isensee/Kirchhof, HbdStR, § 62 Rz. 66; *Isensee*, in: Isensee/Kirchhof, HbdStR, § 111

rung der Rundfunkgesetzgeber seiner ihm verfassungsrechtlich aus Art. 1 Abs. 3 GG auferlegten Bindungen entziehen.[483] Inhaltlich bindende, umfassende Vorgaben des Staates kollidierten zudem mit dem Grundsatz der Staatsfreiheit des Rundfunks.[484] Nach der Wesentlichkeitstheorie muss also die Funktionsbeschreibung in ihren Leitgrundsätzen durch den Rundfunkgesetzgeber präzisiert werden. Insoweit besteht ein Parlamentsvorbehalt.

Unbestritten unterfällt der Kernbereich der Programmfreiheit, also Auswahl, Inhalt, Gestaltung und benötigte Zeit der Programme typischerweise dem Regime der Anstalten.[485] Dennoch verfügt der Rundfunkgesetzgeber für die Wahrnehmung seiner verfassungsrechtlichen Verpflichtung im Rahmen seiner Bindung über Art. 1 Abs. 3 GG, soweit er sich an den Zielvorgaben des Art. 5 Abs. 1 S. 2 GG orientiert, auch im Bereich programmleitender Entscheidungen über einen breiten Gestaltungsspielraum.[486] Wie er Anforderungen an die einzelnen Programme formuliert, liegt in seinem Ermessen, solange der individuellen und öffentlichen Meinungsbildung ausreichend Rechnung getragen wird. Richtig interpretiert bedeutet der verfassungsgerichtliche Rahmen daher, dass die Anstalten allein im Rahmen des gesetzlich näher umschriebenen Funktionsauftrages sich selbst verwalten können; zuerst muss der Funktionsrahmen gesetzgeberisch festgelegt werden, erst danach entsteht der in diesen Grenzen zulässige Autonomiebereich. Eine Befugnis zur autonomen Aufgabenbestimmung über den gesetzlichen Funktionsrahmen hinaus ist den Anstalten verwehrt, denn die genuine Festlegung des Funktionsrahmens als Freiraum obliegt dem Rundfunkgesetzgeber.[487] Nach *Lerche* muss sich Programmfreiheit folglich „in normativen Bahnen bewegen".[488]

Dass der Rundfunkgesetzgeber insoweit die rundfunkspezifischen, verfassungsrechtlichen Vorgaben zu respektieren hat, kann nun aber nicht dazu führen, dass ihm jegliche definitorische Gestaltungsmacht zugunsten der Anstalten abhanden kommt. Würde der öffentlich-rechtliche Rundfunk weitestgehend selbst Umfang und Grenzen seines Funktionsauftrages bestimmen, so könnte er selbst über die Reichweite des ihm gewährten grundrechtlichen Schutzes bestimmen. Kein Grundrecht kann nach deren

---

Rz. 51; *Bethge*, Verfassungsrechtliche Position, S. 74 mwN; *Bullinger*, Aufgaben, S. 20; *A. Hesse*, Rundfunkrecht, Kap. 2 Rz. 55.

483 *Lerche*, in: Isensee/Kirchhof, HbdStR, § 121 Rz. 3.

484 BVerfGE 74, 297, 342; 90, 60, 89, 92; *Bethge* ZUM 1996, 456, 471; *Eifert* ZUM 1999, 595, 601.

485 BVerfGE 90, 60, 91; *Bethge*, Verfassungsrechtliche Position, S. 74 f.

486 BVerfGE 57, 295, 325 f.; 83, 238, 316; 90, 60, 94; *Degenhart* ZUM 2000, 356, 361; *Lerche*, in: FS Kübler, 239, 243; *Schulze-Fielitz*, in: Dreier, Art. 5 I, II GG Rz. 233; *Holznagel*, Funktionsauftrag, S. 21; *Bullinger*, Aufgaben, S. 18; restriktiver *Gounalakis* AfP 2003, 395, 396.

487 BVerfGE 83, 238, 303; *Ukrow* WiVerw 2003, 160, 166 f.; *Scherer* ZUM 1998, 8, 16; *Degenhart* ZUM 2000, 356, 363; *Bethge* ZUM 1996, 456, 471; *Degenhart* K&R 2005, 295, 298; *Lerche*, in: FS Kübler, 239, 240, 244; *Degenhart*, in: Bonner Kommentar, Art. 5 GG Rz. 779 f., 795; *Bullinger*, Aufgaben, S. 18; *Neun*, Grenzen des Wachstums, S. 365 f.; anders *A. Hesse* AfP 2005, 499, 504 f.; *Rossen-Stadtfeld* M&K 2002, 481, 488; *Wille/Schneider-Freyermuth* ZUM 1999, 713, 717; *Betz* MP 1997, 2, 6; *Gounalakis* AfP 2003, 395, 397; *Mahrenholz*, in: FS Kübler, 251, 259, *Holznagel/Vesting*, Sparten- und Zielgruppenprogramme, S. 58 f.; differenzierend *Eifert* ZUM 1999, 595, 599 f.; *ders.*, Programmauftrag, S. 89 ff.

488 *Lerche*, in: FS Kübler, 239, 239.

Grundkonzeption aber der exklusiven Definitionsmacht seines Grundrechtsträgers überantwortet sein.[489] Trotz der Vorgaben durch den Rundfunkgesetzgeber bleibt festzuhalten: Den Anstalten muss ein Autonomiebereich verbleiben, innerhalb dessen sie ihre Funktion eigenverantwortlich und entwicklungsoffen gestalten können.[490] Insbesondere müssen im Hinblick auf die Entwicklungsgarantie Vorkehrungen getroffen werden, da eine unflexible Präzisierung mit fortschreitender Zeit und voranschreitender Entwicklung schnell veraltet sein kann. Veränderte tatsächliche Begebenheiten können anderenfalls unter Umständen zu einer verfassungsrechtlichen Handlungspflicht des Rundfunkgesetzgebers zur Korrektur der Funktionsbeschreibung führen.[491]

e) Sektorale Inhaltsbestimmung

Trotz der erarbeiteten Grundlagen ist festzuhalten, dass eine präzise, abschließende Festlegung dessen, was funktionell erforderlich ist, schwer möglich ist; schon eine genauere Bestimmung bereitet – unter anderem auch dem Bundesverfassungsgerichts selbst[492] – erhebliche Schwierigkeiten.[493] Die Grenzziehung zwischen manipulativer Einmischung durch den Rundfunkgesetzgeber und der verfassungsrechtlich gebotenen Einflussnahme auf die Gestaltung der Rundfunkordnung gestaltet sich als schmaler Grat. Daher finden sich konkrete Leitlinien im Verfassungsrecht nur vereinzelt:

(i) Programmliche Zusatzversorgung

Zunächst einmal ist Bezugsgröße für die Bestimmung dessen, was für die Funktionserfüllung erforderlich ist, das Gesamtprogramm der einzelnen Anstalt. Der Grad der Funktionserfüllung muss also immer im Wege einer Gesamtbetrachtung der Angebote einer einzelnen Anstalt erfolgen.[494] Einzelne Programme können also durchaus gegenständliche Schwerpunkte setzen oder bestimmte Zielgruppen ins Auge fassen. Folgerichtig hat das Bundesverfassungsgericht festgestellt, dass lokale und regionale Programme zwar regelmäßig nicht der Grundversorgung zuzuordnen sind, unter Aspekten der Zusatzversorgung aber sehr wohl zulässig sein können.[495] Genauso steht es dem öffentlich-rechtlichen Rundfunk dem Grunde nach zu, thematisch begrenzte Spartenprogramme als Zusatz zur unerlässlichen Grundversorgung darzubieten.[496] Durch bei-

---

489 *Bethge* ZUM 1996, 456, 471; *Isensee* Der Staat 20 (1981), 161, 169; *Bethge*, Verfassungsrechtliche Position, S. 67; vgl. auch *Glotz/Groebel/Mestmäcker*, in: Hamm, Fernsehen auf dem Prüfstand, 87, 100; im Ansatz auch *Ladeur* M&K 2000, 93, 97 und *Vesting* M&K 2001, 287, 293.

490 *Bethge* ZUM 1996, 456, 471; *Gounalakis* AfP 2003, 395, 396 f.; *Lerche*, in: FS Kübler, 239, 245; *Degenhart*, in: Bonner Kommentar, Art. 5 GG Rz. 779 f.

491 *Scherer* ZUM 1998, 8, 16; *Degenhart*, in: Bonner Kommentar, Art. 5 GG Rz. 796.

492 BVerfGE 87, 181, 203.

493 *Lerche*, in: FS Kübler, 239, 242; *Bethge*, Verfassungsrechtliche Position, S. 70.

494 BVerfGE 87, 181, 203; *Hoffmann-Riem*, Regulierung, S. 221; *Gersdorf*, Rundfunkrecht, Rz. 311.

495 BVerfGE 74, 297, 327, 345; 87, 181, 204 (offen gelassen für lokale Inhalte); *Scheble* ZUM 1995, 383, 389; *Degenhart*, in: Bonner Kommentar, Art. 5 GG Rz. 797; *Gersdorf*, Rundfunkrecht, Rz. 320.

496 BVerfGE 74, 297, 345 f.; 87, 181, 203; *Scheble* ZUM 1995, 383, 389; *Bullinger*, in: Isensee/Kirchhof, HbdStR, §142 Rz. 131; *Degenhart*, in: Bonner Kommentar, Art. 5 GG Rz. 797; *Gersdorf*, Rundfunkrecht, Rz. 320.

de Bereiche kann – je nach Ausgestaltung der Angebote – durchaus zur Sicherung thematischer und gegenständlicher Vielfalt beigetragen werden. Im Rahmen eines Gesamtangebotes einer Anstalt kann daher je nach Umfang des bereits bestehenden Programmangebotes die Untersagung solcher Programme der Rundfunkfreiheit zuwider laufen.[497] Freilich können lokale und regionale Programme sowie Spartenprogramme nur dann Zusatzversorgung sein, wenn sie nicht ausnahmsweise sogar der Grundversorgung zuzuordnen sind. Selbstverständlich ist insgesamt die Zulässigkeit der Zusatzversorgung an die effiziente Erfüllung der Pflichtaufgabe Grundversorgung gekoppelt.

Trotz des Autonomiebereiches der Anstalten dürfen diese Zusatzversorgung allein dann anbieten, wenn sie die Programme jenseits der Grundversorgung nicht erkennbar gegen andere private Programme positionieren, wenn diese gleichen Inhalts sind, da solchermaßen keine Erweiterung des Programmspektrums stattfindet und Vielfalt nicht effektiviert wird.[498] Letztlich hängt jedoch der Umfang desjenigen, was zur Funktionserfüllung durch die öffentlich-rechtlichen Anstalten erforderlich ist, von dem Stand der Technik des Rundfunksystems und dem Verhalten der privaten Anbieter ab: Dabei muss Anhaltspunkt sein, dass der öffentlich-rechtliche Rundfunk unter diesen wechselnden Umständen gegenüber dem privaten Rundfunk im Interesse des dualen Systems konkurrenzfähig bleibt.[499] Der exakte Umfang des Erforderlichen kann nicht durch punktgenaue Vorgaben des Rundfunkgesetzgebers den Anstalten oktroyiert werden, da anderenfalls deren Autonomie nicht hinreichend respektiert würde.[500] Aufgrund der Unschärfen der Rundfunkfreiheit im materiellen Bereich versucht das Bundesverfassungsgericht, die materiellen Defizite durch prozedurale Vorkehrungen abzufedern und mittels des Gebührenfestsetzungsverfahrens ein vorgelagertes Verfahren der Inhaltsbestimmung des zur Erfüllung der Funktion erforderlichen zu installieren.[501]

(ii) Kompetenzen außerhalb der Programmtätigkeit

Neben der programmlichen Zusatzversorgung als Bestandteil der Hauptaufgabe der Rundfunkanstalten der Veranstaltung und Verbreitung von Programmen umfasst der Funktionsauftrag auch dieser vor-, neben- und nachgelagerte Sektoren. Anders als im programmlichen Bereich verfügt der Rundfunkgesetzgeber hier über einen weiteren Handlungsspielraum, weil diese Tätigkeiten nicht Bestandteil der eigentlichen Programmautonomie der Anstalten sind. Der Autonomiebereich der Anstalten ist so auf ein Mindestmaß reduziert.[502] Korrelat dieser Erkenntnis ist es dann, dass der Gesetzesvorbehalt im Rahmen der Kompetenzen der Anstalten außerhalb des Programmbereiches nahezu umfassende Geltung findet. Dementsprechend sind die weitergehenden Tätigkeiten der Anstalten jedenfalls dann zulässig, wenn einfachgesetzliche Ermächti-

---

[497] BVerfGE 74, 297, 346.

[498] BVerfGE 74, 297, 327, 346; *Lerche*, in: FS Kübler, 239, 250; *Eifert*, Programmauftrag, S. 72.

[499] BVerfGE 90, 60, 93; dort am Ende differenziert das Bundesverfassungsgericht selbst nicht exakt zwischen nur erforderlichen Programmen und Grundversorgungsprogrammen und trägt so zur dogmatischen Unschärfe bei.

[500] BVerfGE 90, 60, 95.

[501] BVerfGE 90, 60, 96.

[502] BVerfGE 74, 297, 342; 87, 181, 200; *Gounalakis* AfP 2003, 395, 398; *Degenhart* K&R 2005, 295, 300.

gungen in den Rundfunkgesetzen existieren.[503] Dennoch hat sich auch der zur Ausgestaltung berufene Rundfunkgesetzgeber an den Vorgaben der Verfassung zu orientieren, so dass nur in den vom Bundesverfassungsgericht nachgezeichneten Bahnen weitere Tätigkeiten zulässig sein können. Dabei sind im Wesentlichen zwei Hauptbereiche der Annextätigkeiten zu unterscheiden: Auf der einen Seite die Programm bezogenen Annextätigkeiten und andererseits so genannte wirtschaftliche oder fiskalische Randnutzungen.

(1) Programm bezogene Annextätigkeiten

Programm bezogene Annextätigkeiten sind Hilfstätigkeiten, die mittelbar – begleitend, unterstützend, dokumentierend oder ergänzend - der Kernaufgabe der Programmveranstaltung dienen.[504] Dabei ist der öffentlich-rechtliche Rundfunk keinesfalls befugt, jedwede auch nur entfernt mit dem Programm in Bezug zu bringende Tätigkeit auszuüben, sondern im Bereich der Hilfstätigkeiten ist begrenzendes Moment das Erfordernis eines direkten Programmbezugs.[505] Letztlich sollen so nur Tätigkeiten legitimiert werden, die zumindest mittelbar der Funktion des öffentlich-rechtlichen Rundfunks im dualen System dienen. Mit der Wahrnehmung der Tätigkeit darf der öffentlich-rechtliche Rundfunk folglich nicht primär eine wirtschaftliche Zielsetzung verfolgen.[506] Dies widerspräche dem dienenden Charakter des öffentlich-rechtlichen Rundfunks. Weiter darf die Tätigkeit keinen selbstständigen Charakter neben der eigentlichen Hauptaufgabe der Programmtätigkeit erlangen. Stets muss der Bezug zu dieser Kernaufgabe dadurch gesichert sein, dass die Tätigkeit in einem inneren, sachlichen Zusammenhang zum eigentlichen Programm steht und eine Beschränkung sich negativ auf die Effektivierung der Rundfunkfreiheit auswirken würde.[507] Im vor- und nachgelagerten Bereich sind es insbesondere die Herstellung und die weitere Verwertung der Programme, die vom Funktionsauftrag mit umfasst sind.[508] Diese müssen sogar verfassungsrechtlich verankert sein, da ansonsten der öffentlich-rechtliche Rundfunk nicht in die Lage versetzt wäre, seine Funktion effizient wahrzunehmen. Weiter gehören Programm begleitende Druckwerke und Telemedien zu den Aufgaben des öffentlich-rechtlichen Rundfunks, soweit sie Programmbezug aufweisen und nicht vornehmlich als weitere Finanzierungsquelle dienen.[509]

---

503 *Gounalakis* AfP 2003, 395, 398.

504 BVerfGE 83, 238, 312 f.; *Jarass* AfP 1998, 133, 135; *Starck*, in: vMangoldt/Klein/Starck, Art. 5 I, II GG Rz. 135 f.; *Ricker/Schiwy*, Rundfunkverfassungsrecht, Teil F Rz. 45 f.; *Degenhart*, Funktionsauftrag, S. 109; *Gersdorf*, Rundfunkrecht, Rz. 321; *Reese*, Funktionsauftrag, S. 92.

505 BVerfGE 83, 238, 313 f.; *Ricker/Schiwy*, Rundfunkverfassungsrecht, Teil F Rz. 48; *Gersdorf*, Rundfunkrecht, Rz. 321.

506 BVerfGE 83, 238, 314; *Rath-Glawatz* AfP 2003, 9, 9; *Degenhart*, in: Bonner Kommentar, Art. 5 GG Rz. 803; *A. Hesse*, Rundfunkrecht, Kap. 4 Rz. 39; *Gersdorf*, Rundfunkrecht, Rz. 321.

507 *Gounalakis* AfP 2003, 395, 402 f.; *Hoffmann-Riem*, Regulierung, S. 112; *A. Hesse*, Rundfunkrecht, Kap. 4 Rz. 38.

508 BVerfGE 83, 238, 303 f.; *Gounalakis* AfP 2003, 395, 398; *Ricker/Schiwy*, Rundfunkverfassungsrecht, Teil F Rz. 45; *Hoffmann-Riem*, Regulierung, S. 111; *Gersdorf*, Rundfunkrecht, Rz. 322; *A. Hesse*, Rundfunkrecht, Kap. 4 Rz. 39.

509 BVerfGE 83, 238, 313 f.; *Libertus* AfP 1992, 229, 232; *Rath-Glawatz* AfP 2003, 9, 9 f.; *Starck*, in: vMangoldt/Klein/Starck, Art. 5 I, II GG Rz. 135 f.; *Degenhart*, in: Bonner Kommentar, Art. 5

(2) Wirtschaftliche oder fiskalische Randnutzung

Eine wirtschaftliche oder fiskalische Randnutzung liegt dann vor, wenn bei Gelegenheit, nicht aber in Ausübung der Programmveranstaltung sachliche oder programmliche Ressourcen genutzt werden, die anderenfalls brach liegen würden und die aber dennoch einen Bezug zur Anstaltsaufgabe aufweisen.[510] Aufgrund des relativ weit vom Programm entfernten Bezuges können zusätzliche wirtschaftliche Nutzungen nur sehr restriktiv angenommen werden.[511] Entscheidend kommt es darauf an, dass die Anstaltsressourcen nur in dem Maße genutzt werden, wie sie nicht zur Verwirklichung der unerlässlichen Pflichtaufgabe benötigt werden. Die nachrangige Nutzung der aktuell nicht genutzten Ressourcen muss sich dann wirtschaftlich geradezu anbieten.[512] In jedem Fall gilt der Grundsatz, dass Randnutzung nicht primär nur zur Eröffnung einer weiteren Finanzierungsquelle vorgenommen werden darf. Die Zielsetzung der Randnutzung darf demnach nicht vornehmlich wirtschaftlich motiviert sein.[513] Umfasst sind danach deutlich nachrangige, am Rande bleibende wirtschaftliche Hilfsfunktionen.[514] Typische Beispiele zulässiger Randnutzungen sind die Vermietung nicht genutzter Studios, der Kartenverkauf für Konzerte des Rundfunkorchesters, etc.[515] Weitere Randnutzung kann in gewissen Grenzen das Merchandising sein.[516] Durch seine originär kommerzielle Ausrichtung würde eine zu extensive Zulässigkeit des Merchandisings unter Umständen negative Rückwirkungen zum eigentlichen Aufgabenbereich des öffentlich-rechtlichen Rundfunks mit sich bringen.

3. Kooperationen mit privatem Rundfunk

Im Pflichtbereich der Grundversorgung hat der öffentlich-rechtliche Rundfunk seine Aufgabe selbst wahrzunehmen. Kooperationen in diesem Bereich sind zunächst zwar grundsätzlich zulässig: Aus dem Grundgesetz folgt keine Verpflichtung zur Modell-

---

GG Rz. 802; *Ricker/Schiwy*, Rundfunkverfassungsrecht, Teil F Rz. 46; *A. Hesse*, Rundfunkrecht, Kap. 4 Rz. 40; *Gersdorf*, Rundfunkrecht, Rz. 323; *Herrmann/Lausen*, Rundfunkrecht, Kap. 10 Rz. 137 mwN; *Hoffmann-Riem*, Regulierung, S. 232; *Jarass*, Online-Dienste, S. 27; *Degenhart*, Funktionsauftrag, S. 86, 88 f.

510 *Stettner* ZUM 1995, 293, 303; *Libertus* AfP 1992, 229, 232; *Degenhart*, in: Bonner Kommentar, Art. 5 GG Rz. 803; *ders.*, Funktionsauftrag, S. 48 Fn. 186; *Ricker/Schiwy*, Rundfunkverfassungsrecht, Teil F Rz. 48; *A. Hesse*, Rundfunkrecht, Kap. 4 Rz. 42; *Gersdorf*, Rundfunkrecht, Rz. 326; *Herrmann/Lausen*, Rundfunkrecht, Kap. 10 Rz. 138; *Reese*, Funktionsauftrag, S. 93 f.

511 *Degenhart*, Funktionsauftrag, S. 98.

512 *Degenhart*, in: Bonner Kommentar, Art. 5 GG Rz. 803; *Libertus*, Grundversorgungsauftrag, S. 127 f.; *Herrmann/Lausen*, Rundfunkrecht, Kap. 10 Rz. 138.

513 BVerfGE 83, 238, 304; *Degenhart*, in: Bonner Kommentar, Art. 5 GG Rz. 805; *Ricker/Schiwy*, Rundfunkverfassungsrecht, Teil F Rz. 48; *Gersdorf*, Rundfunkrecht, Rz. 326.

514 *Degenhart* K&R 2005, 295, 300.

515 *Stettner* ZUM 1995, 293, 303; *Degenhart*, in: Bonner Kommentar, Art. 5 GG Rz. 803; *Libertus*, Grundversorgungsauftrag, S. 130; *A. Hesse*, Rundfunkrecht, Kap. 4 Rz. 42; *Gersdorf*, Rundfunkrecht, Rz. 326.

516 BVerfG ZUM 1999, 71, 71; *Degenhart*, in: Bonner Kommentar, Art. 5 GG Rz. 803 mwN; *Ricker/Schiwy*, Rundfunkverfassungsrecht, Teil F Rz. 46 f.; *Herrmann/Lausen*, Rundfunkrecht, Kap. 10 Rz. 140.

konsistenz.[517] Letztlich kommt es allein darauf an, dass die Funktion des Rundfunks effizient erfüllt werden kann. Allerdings stehen Kooperationen – gleich welcher Art – zwischen privaten und öffentlich-rechtlichen Anbietern unter Gesetzesvorbehalt. Entscheidet der Rundfunkgesetzgeber sich für eine Zulässigkeit der Kooperationen, so hat er sicherzustellen, dass die eigentliche Pflichtaufgabe des öffentlich-rechtlichen Rundfunks nicht „durch tendenziöse oder kommerzielle Einflüsse überlagert und schließlich ausgehöhlt wird".[518] Kooperationen können demnach nur insoweit zulässig sein, wie die Erbringung der unerlässlichen Grundversorgung nicht beeinträchtigt wird. Im Bereich jenseits der Grundversorgung mögen zwar tendenziell niedrigere Anforderungen zu stellen sein, dennoch darf der öffentlich-rechtliche Rundfunk auch hier durch Kooperationen nicht von seinen Kernaufgaben abgehalten werden.[519] Eine bestehende Kooperation hat sich an den Vorgaben des Bundesverfassungsgerichts zu orientieren: Im Bereich programmlicher Kooperationen muss eine klare Segmentierung der Bereiche erfolgen, so dass die jeweiligen Programmteile jeweils zurechenbar sind.[520] Nur bei klar abgrenzbaren, hinreichend transparenten Verantwortlichkeiten können Kooperationen zulässig sein. Auch darf der öffentlich-rechtliche Rundfunk nicht seine Kernkompetenzen auf private Veranstalter auslagern. Zumindest im Bereich der Pflichtaufgabe Grundversorgung, die er selbst wahrzunehmen hat, müssen beispielsweise die Hauptteile der Produktion von den Anstalten eigenverantwortlich gestaltet werden. Sinkt die Eigenproduktionsquote auf ein zu niedriges Niveau, so können solche Kooperationen im Interesse der Rundfunkfreiheit nur als unzulässig eingestuft werden, weil der öffentlich-rechtliche Rundfunk dann im programmlichen Bereich nicht mehr als Erfüllungsgehilfe der Produktionsfirmen ist und wirtschaftliche Abhängigkeiten entstehen können.[521] Eine Auslagerung muss dann dergestalt erfolgen, dass der öffentlich-rechtliche Anbieter sich den bestimmenden Einfluss sichert.[522]

III. Anstaltsform und Binnenpluralismus

Der verfassungsrechtliche Funktionsauftrag des öffentlich-rechtlichen Rundfunks legt abstrakt den Umfang dessen fest, was im Interesse der Zulässigkeit des dualen Systems und der Funktion des Rundfunks notwendig ist. Nach Maßgabe der verfassungsrechtlichen Vorgaben ist es der Rundfunkgesetzgeber, der den verfassungsrechtlichen Funktionsauftrag einfachgesetzlich ausgestaltet und damit letztlich überhaupt ausführbar macht. Zu dem Zweck errichtet der Rundfunkgesetzgeber die öffentlich-

---

517 BVerfGE 73, 118, 175; 83, 238, 305; *Degenhart*, in: Bonner Kommentar, Art. 5 GG Rz. 805a; *Herzog*, in: Maunz/Dürig, Art. 5 GG Rz. 238g; *Hoffmann-Riem*, Regulierung, S. 47; *A. Hesse*, Rundfunkrecht, Kap. 4 Rz. 41; *Gersdorf*, Rundfunkrecht, Rz. 324.

518 BVerfGE 83, 238, 306; *Ricker/Schiwy*, Rundfunkverfassungsrecht, Teil E Rz. 99, 101; *A. Hesse*, Rundfunkrecht, Kap. 4 Rz. 41; *Gersdorf*, Rundfunkrecht, Rz. 324.

519 *Degenhart*, in: Bonner Kommentar, Art. 5 GG Rz. 805a f.

520 BVerfGE 83, 238, 306 f.; *Degenhart*, in: Bonner Kommentar, Art. 5 GG Rz. 805a; *Herzog*, in: Maunz/Dürig, Art. 5 GG Rz. 238g; *Ricker/Schiwy*, Rundfunkverfassungsrecht, Teil E Rz. 101; *A. Hesse*, Rundfunkrecht, Kap. 4 Rz. 41; *Gersdorf*, Rundfunkrecht, Rz. 324.

521 *Ricker/Schiwy*, Rundfunkverfassungsrecht, Teil F Rz. 41; *A. Hesse*, Rundfunkrecht, Kap. 4 Rz. 39.

522 *Ricker/Schiwy*, Rundfunkverfassungsrecht, Teil F Rz. 41.

rechtlichen Rundfunkanstalten und überträgt diesen treuhänderisch die funktionell bedingten Aufgaben und das dafür notwendige organisatorische Gerüst:

1. Grundkonzept der Rundfunkanstalt

Die Gründung der Anstalten erfolgt dabei durch einen staatlichen Gründungsakt des Rundfunkgesetzgebers.[523] Ein solcher ist zwingend, weil durch den Organisationsakt der Gründung Rechte Dritter berührt werden. Die Anstaltserrichtung muss deswegen durch oder aufgrund eines Gesetzes erfolgen.[524] Im Zuge dieses Gründungsaktes ist der Rundfunkgesetzgeber aufgrund des organisationsrechtlichen Gesetzesvorbehalts weiter gehalten, den Aufgabenbereich der Anstalt festzulegen.[525] Ohne eine Umgrenzung obläge es ansonsten der dann umfassend zuständigen Anstalt, beliebige staatliche Aufgaben wahrzunehmen. Eine solche Allzuständigkeit widerspräche jedoch den Grundsätzen des Staatsorganisationsrechts.[526] Muttergemeinwesen der Anstalt ist jeweils die Gebietskörperschaft, die verfassungsrechtlich für die Errichtung berufen ist, in der Regel also die jeweilig zuständigen Bundesländer.[527] Rechtlich sind die Rundfunkanstalten vollrechtsfähige Anstalten des öffentlichen Rechts, die teils ausdrücklich, teils konkludent mit dem Recht zur autonomen Selbstverwaltung ausgestattet sind.[528] Ausnahme zu diesem Grundsatz ist das DLR, bei dem es sich um eine Körperschaft des öffentlichen Rechts handelt. Letztlich steht auch das nicht im Widerspruch zur Rechtsprechung des Bundesverfassungsgerichts, das vom Rundfunkgesetzgeber zur Veranstaltung von Rundfunk nur die Gründung von „juristischen Personen des öffentlichen Rechts“ fordert, ohne spezifische Vorgaben zu machen.[529] Die Anstalten fungieren im Rundfunksystem nach der Intention des Gerichts als Treuhänder für die Interessen der Allgemeinheit und tragen so der besonderen Rolle des öffentlich-rechtlichen Rundfunks als Bindeglied zwischen Staat und Gesellschaft Rechnung. In dem Spannungsfeld soll die Anstaltsform auf der einen Seite durch Binnenpluralismus den Willen der Allgemeinheit widerspiegeln und auf der anderen Seite die Freiheit des Rundfunks vom Staat sicherstellen.[530] Letztere bedingt, dass der Staat zwar die Anstalten gründen muss, deren Aufgabenerfüllung danach aber weitestgehend staatsfrei zu vollziehen ist. Die Errichtung der Anstalten ist damit staatliche Pflichthilfe zur Erfüllung fremder Angelegenheiten.[531] Anders als die typischen Anstalten im klassischen,

---

523 BVerfGE 12, 205, 261 f.; *Bethge*, Verfassungsrechtliche Position, S. 21; *Badura*, Verfassungsrechtliche Bindungen, S. 63; *Ricker/Schiwy*, Rundfunkverfassungsrecht, Teil D Rz. 9.

524 BVerfGE 57, 295, 320; *Hartstein, u.a.*, Teil B5, Vor § 11 RfStV Rz. 1; *Herrmann/Lausen*, Rundfunkrecht, Kap. 9 Rz. 7.

525 *Bullinger*, Aufgaben, S. 21; allgemein *Groß*, Kollegialprinzip, S. 239 f.

526 *Bullinger*, Aufgaben, S. 21.

527 *Herrmann/Lausen*, Rundfunkrecht, Kap. 9 Rz. 1, 8.

528 *A. Hesse*, Rundfunkrecht, Kap. 4 Rz. 43.

529 BVerfGE 12, 205, 261; *Degenhart*, in: Bonner Kommentar, Art. 5 GG Rz. 761; *Ricker/Schiwy*, Rundfunkverfassungsrecht, Teil D Rz. 9; *Gersdorf*, Rundfunkrecht, Rz. 300.

530 BVerfGE 12, 205, 261; 73, 118, 153; *Bethge*, in: Sachs, Art. 5 GG Rz. 100 f.; *Ossenbühl*, in: Gesellschaft für Rechtspolitik (Hrsg.), Rundfunkrecht, 1, 36.

531 *Ossenbühl*, in: Gesellschaft für Rechtspolitik (Hrsg.), Rundfunkrecht, 1, 37; *A. Hesse*, Rundfunkrecht, Kap. 4 Rz. 53.

verwaltungsrechtlichen Sinn sind die Rundfunkanstalten nicht in die mittelbare Staatsverwaltung integriert, um die verfassungsrechtlich geforderte Staatsfreiheit des Rundfunks zu ermöglichen. Unter den öffentlich-rechtlichen Anstalten nehmen sie daher eine Sonderstellung ein.[532]

Im Rahmen der Ausgestaltung der Rundfunkordnung hat der Rundfunkgesetzgeber ein Regulierungsregime zu schaffen, durch welches der öffentlich-rechtliche Rundfunk in die Lage versetzt wird, seiner dienenden Funktion gerecht zu werden. Auch bei Gründung der Anstalten muss der Staat als deren Muttergemeinwesen für eine funktionsgerechte Ausstattung sorgen: Die Anstalten müssen mit dem für die Funktionserfüllung notwendigen, organisatorischen Gerüst versehen werden und deren Finanzierung muss funktionsgerecht sichergestellt sein.[533] Da die einmal gegründeten Anstalten weitestgehend autonom und staatsfrei operieren, manifestiert sich die Verantwortlichkeit des Muttergemeinwesens währenddessen als Pflicht zur funktionsgerechten Ausstattung der Anstalt, durch welche diese ihre Aufgaben erst effizient erfüllen kann.[534] Genauso wie der Rundfunkgesetzgeber die Anstalten errichtet, so bestimmt er zugleich auch über ihr Ende.[535] Demgemäß ist die einzelne Anstalt nicht in ihrer Existenz geschützt. Sie steht vielmehr grundsätzlich zur Disposition des Rundfunkgesetzgebers.[536] Bestandsschutz genießt allein die Institution des öffentlich-rechtlichen Rundfunks. Auch nach der Auflösung einer einzelnen Anstalt muss dieser als Gesamtheit weiter im Stande sein, der individuellen und öffentlichen Meinungsbildung im verfassungsrechtlich geforderten Maße zu dienen. Durchaus kann also mit der Dispositionsbefugnis des Rundfunkgesetzgebers eine Pflicht desselben korrespondieren, adäquate Ersatzstrukturen zu schaffen.[537]

2. Autonomiebereich der Anstalten

Durch den Gründungsakt sind die Anstalten Träger der Rundfunkfreiheit und haben daher alles Erforderliche zu unternehmen, die essenziellen Funktionen des Rundfunks zu erfüllen. Die Anstaltsform ist der „organisatorische Ausdruck grundrechtlicher Freiheit".[538] Zur Wahrnehmung dieser Aufgabe wird den Anstalten qua Gesetz ein Autonomiebereich zugestanden, innerhalb welchem sie weitestgehend frei von staatlicher Einflussnahme operieren können. Allerdings hat bereits das Bundesverfassungsgericht festgestellt, dass sich die Freiheit der Anstalten nur „im Rahmen der verfassungsrecht-

---

532 BVerwGE 70, 310, 316; *Hartstein, u.a.*, Teil B5, Vor § 11 RfStV Rz. 7; *Bethge*, Verfassungsrechtliche Position, S. 53 f.; *Gersdorf*, Rundfunkrecht, Rz. 300; *A. Hesse*, Rundfunkrecht, Kap. 4 Rz. 53 mwN.

533 BVerfGE 12, 205, 261; 57, 295, 320; *Hartstein, u.a.*, Teil B5, Vor § 11 RfStV Rz. 11; *Bethge*, Verfassungsrechtliche Position, S. 74; *Herrmann/Lausen*, Rundfunkrecht, Kap. 9 Rz. 37, 41.

534 *Herrmann/Lausen*, Rundfunkrecht, Kap. 9 Rz. 37.

535 BVerfGE 89, 144, 153; *Mahrenholz*, in: FS Kübler, 251, 258; *Bethge*, Verfassungsrechtliche Position, S. 21 f.

536 BVerfGE 85, 360, 384 f.; 89, 144, 153; *Degenhart*, in: Bonner Kommentar, Art. 5 GG Rz. 785; *Bethge*, in: Sachs, Art. 5 GG Rz. 105; *Schulze-Fielitz*, in: Dreier, Art. 5 I, II GG Rz. 255; *Bethge*, Verfassungsrechtliche Position, S. 94; *Libertus*, Grundversorgungsauftrag, S. 104.

537 *Bethge* ZUM 1996, 457, 464.

538 *Hartstein, u.a.*, Teil B5, Vor § 11 RfStV Rz. 11.

lichen Zielsetzung und der gesetzlichen Aufgabenzuweisung" bewegen kann.[539] Anders gewendet kann das Selbstverwaltungsrecht nur in dem Rahmen bestehen, in dem der Anstalt vom Rundfunkgesetzgeber ein Autonomiebereich zugestanden wurde. Die Aufgabenzuweisungen determinieren, soweit sie die verfassungsrechtlichen Zielvorgaben genügend berücksichtigen, den Umfang des Freiraums der Anstalten.[540] Der Rundfunkgesetzgeber zeichnet so den Rahmen autonomer Selbstgestaltung vor. Diese können sich nur entlang der bestehenden Aufgabennormierungen mittels der qua Gesetz geschaffenen und geregelten Organe für das bezeichnete Gebiet und die intendierten Aufgaben eigenverantwortlich verwirklichen.[541] Jenseits dieser Grenzen endet der Bereich der Selbstverwaltung. Damit sind die Anstalten Konstruktionen des Rundfunkgesetzgebers, denen im Rahmen ihres vordefinierten Aufgabenfeldes und unter Berücksichtigung der verfassungsgerichtlichen Vorgaben rechtliche Autonomie gewährt wird.[542]

Ausfluss des eingeräumten Selbstverwaltungsrechts ist es dann, dass den Anstalten für die ihnen treuhänderisch übertragenen Aufgaben ein Freiraum verbleiben muss, innerhalb dessen sie nicht für den Staat tätig werden, sondern allein im eigenen Namen handeln. Die Anstalten sind losgelöst von ihrem staatlichen Muttergemeinwesen und letztlich in ihrem Betrieb vom Staat unabhängig.[543] Sie sind dort frei von staatlichen Weisungen. Nur durch die verfassungsrechtlich bedingte Ausgliederung aus dem eigentlichen staatlichen Aufbau können die Anstalten ihre Aufgabe systemgemäß und unabhängig wahrnehmen. Die Konsequenz kann der Rundfunkgesetzgeber auch nicht durch detailgenaue Vorgaben an die Anstalten umgehen: Stets muss ein Kernbereich der Selbstbestimmung existieren, welcher verfassungsrechtlich geschützt ist.[544] Zu beachten ist weiter: Die gesetzliche Aufgabenbestimmung ist für die Anstalten nicht nur Rahmen, sondern auch Pflicht.[545] Trotz des geschaffenen Autonomiebereiches sind die Anstalten verpflichtet, die Rahmenvorgaben des Rundfunkgesetzgebers zu beachten und zu verwirklichen. Der gesetzgeberische Gründungsakt macht die Rundfunkanstalten damit zugleich zu „Garanten eines pluralistischen und integrativen Rundfunks".[546]

3. Begrenzte staatliche Aufsicht

Die Autonomie der Anstalten soll insbesondere auch einer Einflussnahme des Staates auf die Rundfunkgestaltung entgegen wirken. Notwendige Folge dieser Intention ist es

---

539 BVerfGE 87, 181, 200 f.; 90, 60, 91; *Lerche*, in: FS Kübler, 239, 243.

540 BVerfGE 83, 238, 303; *Degenhart*, in: Bonner Kommentar, Art. 5 GG Rz. 779 f.; *Hoffmann-Riem*, in: Benda/Maihofer/Vogel, Verfassungsrecht, § 7 Rz. 33; *Herrmann/Lausen*, Rundfunkrecht, Kap. 9 Rz. 32 f.

541 *Herrmann/Lausen*, Rundfunkrecht, Kap. 9 Rz. 33.

542 *Hoffmann-Riem*, Regulierung, S. 273; *A. Hesse*, Rundfunkrecht, Kap. 4 Rz. 43.

543 *Hartstein, u.a.*, Teil B5, Vor § 11 RfStV Rz. 10; *Herrmann/Lausen*, Rundfunkrecht, Kap. 9 Rz. 21.

544 *Bethge* ZUM 1996, 456, 471; *Gounalakis* AfP 2003, 395, 396 f.; *Lerche*, in: FS Kübler, 239, 245; *Degenhart*, in: Bonner Kommentar, Art. 5 GG Rz. 779 f.

545 *Degenhart*, in: Bonner Kommentar, Art. 5 GG Rz. 779; *Herrmann/Lausen*, Rundfunkrecht, Kap. 10 Rz. 1, 3.

546 *Starck*, in: vMangoldt/Klein/Starck, Art. 5 I, II GG Rz. 125.

dann auch, dass die so ermöglichte Distanz vom Staat nicht durch staatsaufsichtliche Maßnahmen ausgehebelt werden kann: Die rechtlich verselbstständigten Rundfunkanstalten unterliegen nur einer begrenzten Staatsaufsicht.[547] Zwar erfordert die Staatsfreiheit des Rundfunks, dass die Anstalten frei von staatlichen Weisungen sind und dass eine Fachaufsicht durch den Staat nicht zulässig ist.[548] Dennoch muss zumindest eine – wenn auch beschränkte – Rechtsaufsicht durch den Staat bestehen bleiben. Da der öffentlich-rechtliche Rundfunk strukturell nicht vom Markt kontrolliert wird, würde sich dieser ohne jedwede staatliche Kontrolle im quasi-rechtsfreien Raum bewegen.[549] Allein die Auferlegung von bestimmten gesetzlichen Pflichten bietet aus sich heraus eben noch nicht die Gewähr für deren systemgerechte Einhaltung. Die Sonderposition der Anstalten als Treuhänder der Allgemeinheit, die Distanz zum Staat als verfassungsrechtliche Pflicht gebietet, bedingt dann aber, dass eine Rechtsaufsicht durch den Staat nur subsidiär zulässig sein kann, also insbesondere wenn die anstaltsinterne Kontrolle durch die Gremien rechtlich fehlerhaft oder überhaupt nicht ausgeübt wird.[550] Primär muss die Überwachung der Anstalten bei den anstaltsinternen Kontrollgremien verbleiben. Zusammengefasst kann eine Aufsicht des Staates nur dann stattfinden, wenn ein Verstoß gegen Rechtsnormen vorliegt und die anstaltsinterne Kontrolle versagt hat. Hinzugefügt sei nur, dass die zulässige Rechtsaufsicht im Rundfunkbereich aufgrund der Unbestimmtheit der Rechtsbegriffe durch Auslegung und Interpretation schnell in eine der Fachaufsicht ähnliche Kontrolle umschlagen kann. Konsequenterweise wird die zulässige Rechtsaufsicht auf evidente Verstöße beschränkt.[551] Hier gilt der Grundsatz: Je unbestimmter eine Norm ist und je mehr sie sich auf den originären Kernbereich der Programmveranstaltung bezieht, desto weniger ist sie staatlicher Kontrolle zugänglich.[552] Aufsichtsorgan für die Rechtsaufsicht ist

---

547 BVerfGE 12, 205, 261; 57, 295, 326; 73, 118, 153; BVerwGE 54, 29, 36; *Degenhart*, in: Bonner Kommentar, Art. 5 GG Rz. 825 f.; *Starck*, in: vMangoldt/Klein/Starck, Art. 5 I, II GG Rz. 146; *Schulze-Fielitz*, in: Dreier, Art. 5 I, II GG Rz. 259; *Hoffmann-Riem*, in: Benda/Maihofer/Vogel, Verfassungsrecht, § 7 Rz. 92.

548 *Wendt*, in: vMünch/Kunig, Art. 5 GG Rz. 55; *Degenhart*, in: Bonner Kommentar, Art. 5 GG Rz. 826; *Hartstein, u.a.*, Teil B5, Vor § 11 RfStV Rz. 31 mwN; *Ricker/Schiwy*, Rundfunkverfassungsrecht, Teil D Rz. 12 f.; *Herrmann/Lausen*, Rundfunkrecht, Kap. 14 Rz. 22.

549 BVerfGE 78, 331, 341; *Degenhart* ZUM 1997, 153, 154 f.; *Schulze-Fielitz*, in: Dreier, Art. 5 I, II GG Rz. 259; *Degenhart*, in: Bonner Kommentar, Art. 5 GG Rz. 825; andere Ansicht *A. Hesse*, Rundfunkrecht, Kap. 4 Rz. 112 mwN; auch *Groß*, Kollegialprinzip, S. 248 f., der eine Rechtsaufsicht als notwendiges Kontrollinstrumentarium generell ablehnt. Zwar mag es grundsätzlich ausreichen, dass die organisatorische Ausgestaltung insgesamt eine Verwirklichung des öffentlichen Interesses absichert. Jedenfalls hinsichtlich der öffentlich-rechtlichen Rundfunkanstalten im Rahmen der dualen Ordnung wäre dies bei einer Negierung der Rechtsaufsicht nicht gewährleistet, da dann nur allein die interne Kontrolle verbliebe. Ein solcher Zustand wäre nicht tragbar.

550 *Degenhart*, in: Bonner Kommentar, Art. 5 GG Rz. 828; *Wendt*, in: vMünch/Kunig, Art. 5 GG Rz. 55; *Hartstein, u.a.*, Teil B5, Vor § 11 RfStV Rz. 37; *Starck*, in: vMangoldt/Klein/Starck, Art. 5 I, II GG Rz. 146; *Herrmann/Lausen*, Rundfunkrecht, Kap. 14 Rz. 45; *A. Hesse*, Rundfunkrecht, Kap. 4 Rz. 118, 120.

551 *Hartstein, u.a.*, Teil B5, Vor § 11 RfStV Rz. 34 f.; *Degenhart*, in: Bonner Kommentar, Art. 5 GG Rz. 827; *Ossenbühl*, in: Gesellschaft für Rechtspolitik (Hrsg.), Rundfunkrecht, 1, 67; *Herrmann/Lausen*, Rundfunkrecht, Kap. 14 Rz. 22; *A. Hesse*, Rundfunkrecht, Kap. 4 Rz. 121.

552 *Jarass*, Staatsfreiheit, S. 55, 57; *Hoffmann-Riem*, Regulierung, S. 288.

die jeweilige Regierung des staatlichen Muttergemeinwesens, bei der regelmäßig die Staatskanzlei mit der Aufgabe betraut wird.[553] Der Katalog der zulässigen Aufsichtsmaßnahmen beschränkt sich im Kernbereich aufgrund der Staatsfreiheit des Rundfunks auf „weiche" Aufsichtsmaßnahmen: Sie können über Beobachtung, Information und Hinweise bis hin – unter Vorbehalt gesetzlicher Ermächtigung – zu konkreten Anweisungen reichen. Im Verwaltungsrecht üblicherweise zulässige weitergehende Maßnahmen wie Ersatzvornahme oder Einsetzung eines Staatskommissars sind zumindest im programmlichen Bereich nicht zulässig, da diese ansonsten mit dem Grundsatz der Staatsfreiheit des Rundfunks kollidierten.[554]

4. Organisatorische Struktur: Binnenpluralismus

Bereits der Sondertypus der Rundfunkanstalt versucht durch seine äußere Gestaltung den verfassungsgerichtlichen Zielvorgaben und hier insbesondere der Staatsfreiheit des Rundfunks zu genügen. Dementsprechend trägt auch die interne Struktur der Rundfunkanstalten den verfassungsrechtlichen Direktiven der Rundfunkfreiheit Rechnung: Durch die interne Organisation soll dem Pluralismusgebot zur Geltung verholfen und gewährleistet werden, dass im Interesse der Zielvorgaben richtige Entscheidungen getroffen werden.[555] Konsequenterweise sind die gesetzgeberischen Vorgaben in den einzelnen Gesetzen sehr detailreich und ausführlich. Die interne Ordnung ist damit als Ausgestaltung eine Verfahrensgarantie.[556] Die zentralen Elemente der internen Rundfunkverfassung sind im Wesentlichen der Binnenpluralismus und die Intendantenverantwortung.[557] Zwar obliegt die konkrete Ausgestaltung dem Rundfunkgesetzgeber; ihm ist gerade keine bestimmte Organisationsform vorgeschrieben, jedoch wurde das derzeitige System mehrfach vom Bundesverfassungsgericht als verfassungskonform und in hohem Maße der Rundfunkfreiheit zuträglich gewertet.[558] Die interne Struktur der Rundfunkanstalten ist zunächst durch ihre Organe geprägt: Dabei existieren in allen Rundfunkanstalten in unterschiedlicher Bezeichnung Intendant, Rundfunkrat und Verwaltungsrat. Der Intendant leitet die Rundfunkanstalt und trägt rechtlich die alleinige Verantwortung für deren Programm, wobei letztere sich zum Teil wegen faktischer Beschränkungen in einer Pflicht zur sachgemäßen, internen Organisation erschöpfen muss.[559] Hinsichtlich aller delegierten Bereiche obliegt ihm die Letztent-

---

[553] *Herrmann/Lausen*, Rundfunkrecht, Kap. 14 Rz. 13; *Hoffmann-Riem*, in: Benda/Maihofer/Vogel, Verfassungsrecht, § 7 Rz. 103; *Gersdorf*, Rundfunkrecht, Rz. 361; *A. Hesse*, Rundfunkrecht, Kap. 4 Rz. 114; bei Mehr-Länder-Anstalten findet sich regelmäßig eine alternierende Wahrnehmung durch eine Landesregierung, vgl. *Herrmann/Lausen*, Rundfunkrecht, Kap. 14 Rz. 15 ff.

[554] *Jarass*, Staatsfreiheit, S. 55; *Hoffmann-Riem*, Regulierung, S. 288; *A. Hesse*, Rundfunkrecht, Kap. 4 Rz. 124.

[555] *Herzog*, in: Maunz/Dürig, Art. 5 GG Rz. 233; *A. Hesse*, Rundfunkrecht, Kap. 4 Rz. 65.

[556] *Herzog*, in: Maunz/Dürig, Art. 5 GG Rz. 233; *Hoffmann-Riem*, Regulierung, S. 276; *A. Hesse*, Rundfunkrecht, Kap. 4 Rz. 107.

[557] *Hartstein, u.a.*, Teil B5, Vor § 11 RfStV Rz. 45; *Hoffmann-Riem*, Regulierung, S. 276 f.; *A. Hesse*, Rundfunkrecht, Kap. 4 Rz. 66.

[558] BVerfGE 12, 205, 261; 31, 314, 327; 73, 118, 170; 83, 238, 333; *Hartstein, u.a.*, Teil B5, Vor § 11 RfStV Rz. 45; *A. Hesse*, Rundfunkrecht, Kap. 4 Rz. 66.

[559] *Hartstein, u.a.*, Teil B5, Vor § 11 RfStV Rz. 47; *Hoffmann-Riem*, Regulierung, S. 276; *Gersdorf*, Rundfunkrecht, Rz. 345; *A. Hesse*, Rundfunkrecht, Kap. 4 Rz. 67, 73.

scheidungskompetenz und ein umfassendes Weisungsrecht. Seine extensiven, organisatorischen Befugnisse werden im programmlichen Bereich durch den Rundfunkrat und im wirtschaftlichen und technischen Bereich durch den Verwaltungsrat überwacht und kontrolliert. Der Verwaltungsrat hat das Recht, bei zentralen wirtschaftlichen Fragen seine Zustimmung zu verweigern. Er unterstützt und überwacht den Intendanten insbesondere in wirtschaftlichen Fragen und prüft den Haushaltsplan.[560]

Besonderes Augenmerk gilt es auf das Gremium des Rundfunkrats zu legen. Der Rundfunkrat vertritt die von den Anstalten treuhänderisch wahrgenommenen Interessen der Allgemeinheit. Durch seine binnenplurale Organisation soll organisatorisch dafür Sorge getragen werden, dass alle gesellschaftlich relevanten Kräfte im Programm ausgewogen zu Wort kommen können. Folglich liegt seine Hauptfunktion in der Repräsentation der Allgemeinheit im internen Anstaltsbereich.[561] Seine Zusammensetzung soll im internen Bereich ein Abbild der Interessenströmungen der Gesellschaft nachzeichnen. Dabei soll der dem Gremium „innewohnende Zwang zur Einigung und gegenseitigen Rücksichtnahme Garant für Programmausgewogenheit“ und Vielfalt sein.[562] Die Entscheidung darüber, welche Gruppen als gesellschaftlich relevant einzustufen sind, obliegt dem Rundfunkgesetzgeber.[563] Keinesfalls hat er zu gewährleisten, dass alle gesellschaftlich und weltanschaulich relevanten Gruppen in einem arithmetisch exakten Verhältnis Berücksichtigung finden, solange nicht eine grob einseitige Zusammensetzung vorliegt.[564] Da es dem Rundfunkrat obliegt, den Intendanten zu wählen, kann er letztlich als oberstes Organ der Anstalten bezeichnet werden.[565] Seine Befugnisse beziehen sich auf unterschiedliche Bereiche: Hauptschwerpunkt bildet die Beratung des Intendanten in Programmfragen und die nachträgliche Überwachung der Einhaltung der Programmgrundsätze.[566] Daneben ist der Rundfunkrat in Programmfragen insbesondere weiter befugt, Programmrichtlinien in Form von Satzungen oder Redakteursstatuten zu erlassen sowie eingehende Programmbeschwerden zu bearbeiten.[567] Weitere Aufgabenbereiche liegen auf dem Gebiet der Personal-

---

560 *Hartstein, u.a.*, Teil B5, Vor § 11 RfStV Rz. 65; *Hoffmann-Riem*, Regulierung, S. 276 f.; *A. Hesse*, Rundfunkrecht, Kap. 4 Rz. 97 f.; *Gersdorf*, Rundfunkrecht, Rz. 342; *Herrmann/Lausen*, Rundfunkrecht, Kap. 11 Rz. 55 ff.

561 BVerfGE 60, 53, 65 f.; 83, 238, 333 f.; *Hartstein, u.a.*, Teil B5, Vor § 11 RfStV Rz. 56; *Herzog*, in: Maunz/Dürig, Art. 5 GG Rz. 233; *Bethge*, Verfassungsrechtliche Position, S. 31; *Ricker/Schiwy*, Rundfunkverfassungsrecht, Teil F Rz. 51; *Gersdorf*, Rundfunkrecht, Rz. 331; *Herrmann/Lausen*, Rundfunkrecht, Kap. 11 Rz. 12, 30.

562 *Herzog*, in: Maunz/Dürig, Art. 5 GG Rz. 233.

563 BVerfGE 83, 238, 334; *Hartstein, u.a.*, Teil B5, Vor § 11 RfStV Rz. 59; *A. Hesse*, Rundfunkrecht, Kap. 4 Rz. 79; *Gersdorf*, Rundfunkrecht, Rz. 332.

564 BVerfGE 83, 238, 334; *Hartstein, u.a.*, Teil B5, Vor § 11 RfStV Rz. 59; *A. Hesse*, Rundfunkrecht, Kap. 4 Rz. 79; *Gersdorf*, Rundfunkrecht, Rz. 332.

565 *Hoffmann-Riem*, Regulierung, S. 276; *Herrmann/Lausen*, Rundfunkrecht, Kap. 11 Rz. 11.

566 BVerfGE 73, 118, 170 f.; 74, 297, 327; *Hoffmann-Riem*, Regulierung, S. 276; *Eifert*, Programmauftrag, S. 40; *A. Hesse*, Rundfunkrecht, Kap. 4 Rz. 86 f.; *Herrmann/Lausen*, Rundfunkrecht, Kap. 11 Rz. 43 f.; *Gersdorf*, Rundfunkrecht, Rz. 335.

567 *Hoffmann-Riem*, Regulierung, S. 276; *Herrmann/Lausen*, Rundfunkrecht, Kap. 11 Rz. 38, 46; *Gersdorf*, Rundfunkrecht, Rz. 335.

politik (Wahl des Verwaltungsrats und des Intendanten) und im Budgetrecht (jährliche Zustimmung zum Haushaltsplan).

Im Gegensatz zum Intendanten hat der Rundfunkrat damit keine direkte oder indirekte Eingriffsmöglichkeit auf die Programmgestaltung, für diese obliegt die Letztverantwortung allein den Intendanten. Der Rundfunkrat kann eine Ausstrahlung nicht verhindern, sondern sie nur per Beschluss missbilligen oder nachträglicher Kontrolle unterziehen.[568] Kurz gefasst obliegt dem Intendanten die Programmgestaltung und dem Rundfunkrat die Programmkontrolle.[569] Trotz seiner starken, exekutiv geprägten Stellung ist der Intendant letztlich darauf angewiesen, den Willen des Rundfunkrates zu berücksichtigen, da er bei seiner Wahl von diesem abhängig ist.[570] Auf Basis der internen anstaltlichen Strukturen ergibt sich dann für den programmlichen Bereich beim öffentlich-rechtlichen Rundfunk ein vierstufiges, internes Filtersystem:[571] Auf der ersten Stufe hat sich die Programmbeschaffung und –herstellung an den für den öffentlich-rechtlichen Rundfunk geltenden Bindungen und Programmgrundsätzen zu orientieren. Vor der Ausstrahlung des jeweiligen Programms wird das Programm aufgrund der Richtlinien des Intendanten überprüft, gegebenenfalls finden hier Ratschläge des Rundfunkrates Berücksichtigung. Nach Ausstrahlung kann das Programm der nachträglichen Kontrolle durch den Rundfunkrat unterzogen werden. Zuletzt können einzelne Zuschauer mittels einer Programmbeschwerde das Programm beanstanden, wodurch nochmals die anstaltsinterne Kontrolle ausgelöst wird.[572] Erst nach Versagen all dieser anstaltsinternen Kontrollinstanzen kann überhaupt eine begrenzte Rechtsaufsicht durch das Muttergemeinwesen stattfinden, denn die Programmaufsicht muss primär durch die anstaltsinternen Organen durchgeführt werden.

F. Zusammenfassung

Das Bundesverfassungsgericht interpretiert die Rundfunkfreiheit als vornehmlich objektiv geprägte Freiheit, die in erster Linie dem Prozess der freien individuellen und öffentlichen Meinungsbildung dient. Auch wenn objektiver Grundrechtsschutz im Rahmen der Rundfunkfreiheit zur Pluralismussicherung durchaus geboten ist, so lassen sich in neuerer Zeit Tendenzen hin zu einer Rückbesinnung auf den originären, subjektiven Grundrechtskern in der Rechtsprechung des Bundesverfassungsgerichts erkennen. Nichtsdestotrotz wird zukünftig eine Verstärkung der subjektiven Komponente der Rundfunkfreiheit notwendig sein, bei der sich die Gewichtung von objektiven und subjektiven Schutzdimensionen massiv zugunsten der letzteren verschiebt. Wie eine solche grundrechtliche Umschichtung in praxi aussehen könnte, wurde im Rahmen dieser Bearbeitung bereits aufgezeigt. Geltende Verfassungslage ist und bleibt aber die objektiv dienende Konzeption. Auf deren Basis ergibt sich dann das verfas-

---

568 *Hartstein, u.a.*, Teil B5, Vor § 11 RfStV Rz. 64; *Gersdorf*, Rundfunkrecht, Rz. 335; *A. Hesse*, Rundfunkrecht, Kap. 4 Rz. 93.

569 *Hartstein, u.a.*, Teil B5, Vor § 11 RfStV Rz. 63; *Gersdorf*, Rundfunkrecht, Rz. 336; *A. Hesse*, Rundfunkrecht, Kap. 4 Rz. 91.

570 *Hartstein, u.a.*, Teil B5, Vor § 11 RfStV Rz. 64; *A. Hesse*, Rundfunkrecht, Kap. 4 Rz. 95 f.

571 *Hamm*, Bericht zur Lage des Fernsehens, S. 156.

572 *Eifert*, Programmauftrag, S. 43 f.; *Herrmann/Lausen*, Rundfunkrecht, Kap. 23 Rz. 82 ff.

sungsrechtliche Gebot des Pluralismus, nach welchem der Rundfunk in seiner Gesamtheit die bestehende Vielfalt der Meinungen in möglichst umfassender Breite ausgewogen zum Ausdruck zu bringen hat. Das Gebot ist zugleich oberstes Ziel der Rundfunkfreiheit und damit Orientierungspunkt für jede Rundfunkgesetzgebung. Als Folge trifft den Rundfunkgesetzgeber die Pflicht, einen gesetzlichen Rahmen zu erlassen, welcher der Freiheitlichkeit des Rundfunks zur Geltung verhilft.

I. Ausgestaltungspflicht des Rundfunkgesetzgebers

Insoweit hat der Rundfunkgesetzgeber das Recht, den Rahmen für die Selbstverwaltung der öffentlich-rechtlichen Rundfunkanstalten vorzugeben, zugleich aber auch die Pflicht, resultierend aus der dienenden Konzeption des Gerichts und der Wesentlichkeitstheorie, das organisatorische Gerüst des öffentlich-rechtlichen Rundfunks in ausreichendem Maße festzulegen. Dabei ist die Grenzziehung zwischen manipulativer Einmischung durch den Rundfunkgesetzgeber und der verfassungsrechtlich gebotenen Einflussnahme auf die Gestaltung der Rundfunkordnung ein schmaler Grat. Vor diesem Hintergrund unterfällt der Kernbereich der Programmfreiheit, also Auswahl, Inhalt, Gestaltung und benötigte Zeit der Programme typischerweise dem Regime der Anstalten. Dennoch verfügt der Rundfunkgesetzgeber für die Wahrnehmung seiner verfassungsrechtlichen Verpflichtung im Rahmen seiner Bindung aus Art. 1 Abs. 3 GG, soweit er sich an den Zielvorgaben des Art. 5 Abs. 1 S. 2 GG orientiert, auch im Bereich programmleitender Entscheidungen über einen breiten Gestaltungsspielraum. Richtig interpretiert bedeutet der verfassungsgerichtliche Rahmen daher, dass die Anstalten allein im Rahmen des gesetzlich näher umschriebenen Funktionsauftrages sich selbst verwalten können; zuerst muss der Funktionsrahmen gesetzgeberisch festgelegt werden, erst danach entsteht der in diesen Grenzen zulässige Autonomiebereich. Die genuine Festlegung des Funktionsrahmens als Freiraum obliegt dem Rundfunkgesetzgeber. Der Ausgestaltungspflicht sind aus verfassungsrechtlicher Sicht in zweifacher Hinsicht Grenzen gesetzt: Zum einen sind es die umfassenden Konkretisierungen des Bundesverfassungsgerichts, die den Handlungsspielraum des Rundfunkgesetzgebers bereits von vorneherein einengen und den verfassungsrechtlichen Rahmen für Rundfunkgesetzgebung determinieren. Nur durch Berücksichtigung dieser Anforderungen kann der Rundfunkgesetzgeber überhaupt eine Rundfunkordnung entwerfen, die verfassungsrechtlich tolerabel sein kann. Zum anderen ist es das Gebot der Staatsfreiheit des Rundfunks, welches den Rundfunkgesetzgeber daran hindert, detaillierte Aufgabenbeschreibungen des verfassungsrechtlichen Funktionsauftrages vorzunehmen. Zwar trifft den Rundfunkgesetzgeber die verfassungsrechtliche Pflicht zur Ausgestaltung, jedoch hat er als Legislative und damit Bestandteil des Staates als notwendige Bedingung der effizienten Erfüllung der Funktion des Rundfunks für die Demokratie zu respektieren, dass der Rundfunk dem Grunde nach frei von jedweder staatlichen Beeinflussung, Beherrschung und Einflussnahme organisiert sein muss. Der Grundsatz der Staatsfreiheit gebietet daher, dass den Anstalten ein Autonomiebereich verbleibt, innerhalb dessen sie ihre Funktion eigenverantwortlich und entwicklungsoffen gestalten können.

II. Strukturvorgaben der Präzisierung

Das Bundesverfassungsgericht hat im Rahmen der objektiven Freiheit strukturelle Vorgaben festlegt, die den Spielraum des Rundfunkgesetzgebers von vorneherein begrenzen. Alles, was der Rundfunkgesetzgeber als Ausgestaltung der Rundfunkfreiheit unternimmt, ist faktisch an diese Strukturvorgaben des Gerichts gebunden:

1. Aufgabenverteilung im dualen System

Der Aufgabenbereich des öffentlich-rechtlichen Rundfunks im dualen System wird als verfassungsrechtlicher Funktionsauftrag bezeichnet, der durch gesetzgeberische Konkretisierung an die einzelnen Anstalten als einfachgesetzlicher Auftrag delegiert wird. Inhaltlich beschreibt der verfassungsrechtliche Funktionsauftrag den Bereich der für den öffentlich-rechtlichen Rundfunk zulässigen Tätigkeiten. Zutreffend hat das Bundesverfassungsgericht mehrfach betont, dass mit der Zuweisung der Grundversorgung an den öffentlich-rechtlichen Rundfunk noch keine „Grenzziehung oder Aufgabenteilung zwischen öffentlich-rechtlichen und privaten Veranstaltern" korrespondiert.[573] Die Grundversorgung umfasst allein die „essenziellen Funktionen des Rundfunks für die demokratische Ordnung ebenso wie für das kulturelle Leben in der Bundesrepublik".[574] Im dualen System muss grundsätzlich dafür Sorge getragen werden, dass „für die Gesamtheit der Bevölkerung Programme dargeboten werden, die umfassend und in der vollen Breite des klassischen Rundfunkauftrages informieren und dass Meinungsvielfalt in der verfassungsrechtlich gebotenen Weise gesichert ist".[575] Mit der Grundversorgung verankert das Gericht die Kernfunktionen des Rundfunks zulasten einer Pflichtenbindung des öffentlich-rechtlichen Rundfunks im dualen System. Im Interesse der Funktionsfähigkeit des dualen Systems müssen diese Kernfunktionen vom öffentlich-rechtlichen Rundfunk effizient wahrgenommen werden. Damit korrespondiert eine Bestands- und Entwicklungsgarantie im Sinne einer dynamischen, zukunftsoffenen Festschreibung der notwendigen Voraussetzungen der Grundversorgung, die auch unter veränderten Bedingungen die Absicherung eben dieser Kernfunktionen sicherstellt. Was genau inhaltlich zur Grundversorgung gehört, kann nicht isoliert, sondern muss stets im Gesamtkontext der Erreichung des Normziels der Rundfunkfreiheit betrachtet werden. Der öffentlich-rechtliche Rundfunk kann auch jenseits der Grundversorgung tätig werden. Der verfassungsrechtliche Funktionsauftrag des öffentlich-rechtlichen Rundfunks umfasst neben der Pflichtaufgabe Grundversorgung einen optionalen Zusatzbereich, innerhalb dem dieser all dasjenige, was nicht Grundversorgung, aber dennoch für die Funktion des öffentlich-rechtlichen Rundfunks erforderlich ist, wahrnehmen kann. In programmlicher Hinsicht umfasst das die Zusatzversorgung. Eine vollständige Umschreibung des verfassungsrechtlichen Funktionsauftrages beinhaltet aber neben der programmlichen Grund- und Zusatzversorgung auch deren zugehörige, auf diese bezogene Hilfstätigkeiten in vor-, neben- und nachgelagerten Bereichen. In dem über die Grundversorgung hinausgehenden Zusatzbereich trifft den Rundfunkgesetz-

---

573 BVerfGE 74, 297, 325 f.; 83, 238, 297 f.; 87, 181, 203; *Mahrenholz*, in: FS Kübler, 251, 266.

574 BVerfGE 73, 118, 157 f.

575 BVerfGE 73, 118, 157 f.; 74, 297, 324; *Herzog*, in: Maunz/Dürig, Art. 5 GG Rz. 238b; *Hoffmann-Riem*, Regulierung, S. 33 f.; *Brenner*, Funktionsauftrag, S. 62 f.

geber ebenso die Pflicht, das notwendige organisatorische Gerüst zu schaffen und grundsätzlich die freie Veranstaltung von Rundfunkprogrammen zuzulassen und zu finanzieren. Nichtsdestotrotz ist der Umfang der staatlichen Finanzierungspflicht nach der Rechtsprechung des Gerichts an die Funktion des öffentlich-rechtlichen Rundfunks im dualen System gebunden.[576]

2. Anstaltsform und Binnenpluralismus

Neben der Aufgabenverteilung hat das Bundesverfassungsgericht das organisatorische Gerüst für die öffentlich-rechtlichen Anstalten als ausführendes Element des verfassungsrechtlichen Funktionsauftrags in den Grundzügen vorgegeben: Da das duale System seine verfassungsrechtliche Daseinsberechtigung aus der erhöhten Pflichtenbindung des öffentlich-rechtlichen Rundfunks schöpft, haben sich aufgrund des dienenden Charakters der Rundfunkfreiheit alle regulativen Maßnahmen im rundfunkspezifischen Umfeld an dem obersten Ziel der Sicherung des Prozesses individueller und öffentlicher Meinungsbildung zu orientieren, um die verfassungsrechtliche Zulässigkeit des dualen Systems nicht zu gefährden. Unter Berücksichtigung dieser verfassungsrechtlichen Vorgaben muss der Rundfunkgesetzgeber den verfassungsrechtlichen Funktionsauftrag einfachgesetzlich ausgestalten. Zu diesem Zweck errichtet der Rundfunkgesetzgeber die öffentlich-rechtlichen Rundfunkanstalten und überträgt diesen treuhänderisch die sich aus dem verfassungsrechtlichen Funktionsauftrag ergebenden Aufgaben und das dafür notwendige organisatorische Gerüst. Im Rahmen der Ausgestaltung der Rundfunkordnung hat der Rundfunkgesetzgeber so ein Regulierungsregime zu schaffen, durch welches der öffentlich-rechtliche Rundfunk in die Lage versetzt wird, seiner dienenden Funktion gerecht zu werden. Auch bei Gründung der Anstalten muss der Staat als deren Muttergemeinwesen stets für eine funktionsgerechte Ausstattung derselben sorgen. Die Anstalten sind letztlich Konstruktionen des Rundfunkgesetzgebers, denen im Rahmen ihres vordefinierten Aufgabenfeldes und unter Berücksichtigung der verfassungsgerichtlichen Vorgaben rechtliche Autonomie gewährt wird. Ausfluss des eingeräumten Autonomiebereiches ist es dann, dass den Anstalten für die ihnen treuhänderisch übertragenen Aufgaben ein Freiraum verbleiben muss, innerhalb dessen sie nicht für den Staat, also für ihr Muttergemeinwesen tätig werden, sondern einzig und allein im eigenen Namen handeln. Der vom Rundfunkgesetzgeber gewährte gesetzliche Rahmen ist für die Anstalten dann aber nicht nur tätigkeitsbegrenzender Rahmen, sondern zugleich auch rechtliche Pflicht. Allein die Auferlegung bestimmter gesetzlicher Pflichten bietet aus sich heraus jedoch noch nicht die Gewähr für deren systemgerechte Einhaltung. Die Sonderposition der Anstalten als Treuhänder der Allgemeinheit, die Distanz zum Staat als verfassungsrechtliche Pflicht gebietet, bedingt daher, dass eine Rechtsaufsicht durch den Staat nur subsidiär zulässig sein kann, also insbesondere wenn die anstaltsinterne Kontrolle durch die anstaltsinternen Gremien rechtlich fehlerhaft oder überhaupt nicht ausgeübt wird. In diesem Zusammenhang wird von einer begrenzten Rechtsaufsicht durch den Staat über die Anstalten ausgegangen.

---

[576] BVerfGE 87, 181, 200 f.

Kapitel 4: Gemeinschaftsrechtliche Präzisierungsvorgaben

A. Zuständigkeit der Gemeinschaft

Da sich Rundfunk, bedingt durch technische Entwicklungen wie die Satellitenübertragung, nicht auf nationale Grenzen beschränken lässt, wird die Effizienz der national ausgerichteten Rundfunkordnung als Regulierungsregime zunehmend durch internationale Einflüsse in Frage gestellt. Eine zeitgemäße Rundfunkregulierung muss sich stets an den Anforderungen des höherrangigen Gemeinschaftsrechts orientieren und dessen Strukturvorgaben Rechnung tragen. Dabei muss im nationalen dualen System dafür Sorge getragen werden, dass die Strukturen des öffentlich-rechtlichen Rundfunks mit wettbewerblichen Grundsätzen des Gemeinschaftsrechts und den EU-Mechanismen eines grenzüberschreitenden, freien Binnenmarktes im Einklang stehen.[577] Die Präzisierung des verfassungsrechtlichen Funktionsauftrages des öffentlich-rechtlichen Rundfunks durch den nationalen Gesetzgeber kann daher nicht mehr unter Ausblendung des Gemeinschaftsrechts erfolgen, sondern muss vielmehr umgekehrt die gemeinschaftsrechtlichen Vorgaben vollumfänglich berücksichtigen:

I. Grundsätze der gemeinschaftsrechtlichen Kompetenzordnung

Die EU ist ein Staatenverbund, der zur Verwirklichung einer immer engeren Union begründet worden ist und der als solcher eine eigenständige Rechtsordnung konstituiert.[578] Dennoch existiert keine umfassende und uneingeschränkte Kompetenz der Gemeinschaftsorgane zur Rechtsetzung. Eine solche generelle Ermächtigung zur Gesetzgebung lässt sich den Gemeinschaftsverträgen nicht entnehmen. Diese enthalten vielmehr nur begrenzte Einzelermächtigungen für bestimmte Rechtsmaterien, nach denen die Gemeinschaftsorgane nur im Rahmen der dort ausdrücklich normierten Handlungskompetenzen gesetzgeberisch tätig werden dürfen.[579] Soweit die Verträge der Gemeinschaft keine solchen Handlungskompetenzen gewähren, ist jedwede Rechtsetzung durch die Gemeinschaft gemäß Art. 5 Abs. 1; Art. 7 Abs. 1 S. 2; 249 Abs. 1 EG; Art. 5 EU ausgeschlossen. Es bleibt bei der grundsätzlichen Allzuständigkeit der Mitgliedstaaten. Zur praktischen Effektivierung des Gemeinschaftsrechts hat der Europäische Gerichtshof die so genannte „implied powers" Lehre entworfen, nach der jede

---

[577] So schon Mitteilung der Kommission über die Grundsätze und Leitlinien für die audiovisuelle Politik der Gemeinschaft im digitalen Zeitalter, KOM (1999), 657 endg., S. 14.

[578] BVerfG NJW 1993, 3047, 3047; EuGH Slg. 1964, 1253, 1269 f.; *Pechstein*, in: Streinz, Art. 1 EU Rz. 11 f.

[579] *Schwarze* AfP 2003, 209, 213; *Hartstein, u.a.*, Teil B4, Rz. 4; *Schmidt*, in: von der Groeben/Schwarze, Art. 249 EG Rz. 19; *Streinz*, in: Streinz, Art. 5 EG Rz. 7; *Zuleeg*, in: von der Groeben/Schwarze, Art. 5 EG Rz. 2; *Krausnick*, Rundfunksystem, S. 209; *Gersdorf*, Rundfunkrecht, Rz. 532.

Ermächtigungsnorm über die ausdrückliche Ermächtigung hinaus all diejenigen ungeschriebenen Kompetenzen mit umfasst, die zu deren effizienten Verwirklichung erforderlich sind.[580] Dies bedingt allerdings ebenso zunächst eine originäre, ausdrückliche Kompetenz, aus der weitergehende Befugnisse überhaupt abgeleitet werden können. Im Ergebnis kann also nur gelten: Will die Gemeinschaft Regulierungsmaßnahmen im Bereich des Rundfunkrechts vornehmen, so müsste sich hierfür eine ausdrückliche Ermächtigung den Gemeinschaftsverträgen entnehmen lassen: Eine solche ausdrückliche Kompetenz für den Rundfunkbereich der Gemeinschaft besteht jedoch nicht.[581] Aufgrund der Vielschichtigkeit der Materie Rundfunk bestehen nichtsdestotrotz in vielerlei Hinsicht Anknüpfungspunkte an andere Regelungsmaterien, über die Rechtsetzungsbefugnisse der Gemeinschaft hergeleitet werden können. Rundfunk weist einerseits eine Beziehung zum kulturellen und gesellschaftlichen, andererseits eine Beziehung zum wirtschaftlichen Bereich aufgrund seines Dienstleistungscharakters auf:

II. Kulturelle Dimension des Rundfunks

Art. 151 EG enthält ein Bekenntnis zur kulturellen Vielfalt in Europa und damit zugleich ein Gegenwicht zu der primär wirtschaftlichen Ausrichtung der Gemeinschaft.[582] Zu dem europarechtlichen Kulturbegriff gehört letztlich auch der Rundfunk als audiovisuelles Medium, Art. 151 Abs. 2 EG. Im kulturellen Bereich ist die Gemeinschaft im Interesse der kulturellen Vielfalt auf unterstützende und ergänzende Fördermaßnahmen beschränkt, Art. 151 Abs. 2 und 5 EG. Die Kompetenzen hinsichtlich der kulturellen Dimension des Rundfunks sind daher streng limitiert; eine eigenständige, primäre Sachkompetenz für den Bereich der Kulturpolitik wird der Gemeinschaft hierüber gerade nicht eingeräumt.[583] Zudem erhält bereits Art. 151 Abs. 4 EG für weitergehende, andere Befugnisse das Gebot der Rücksichtnahme auf nationale, kulturelle und gesellschaftliche Belange der einzelnen Mitgliedstaaten.[584] Konsequenz einer alleinigen Zuordnung der Materie Rundfunk in den kulturellen Bereich wäre folglich, dass der Gemeinschaft nur sehr beschränkte Kompetenzen zustehen und der Rundfunkbereich im Wesentlichen der Regelungshoheit der Mitgliedstaaten unterfallen würde.

---

[580] EuGH Slg. 1987, 3203, Rz. 28; *Calliess*, in: Calliess/Ruffert, Art. 5 EG Rz. 13 ff. mwN; *Zuleeg*, in: von der Groeben/Schwarze, Art. 5 EG Rz. 3 mwN; *Krausnick*, Rundfunksystem, S. 212 f.

[581] *Hartstein, u.a.*, Teil B4, Rz. 4; *Streinz*, in: Streinz, Art. 5 EG Rz. 16 ff.; *Zuleeg*, in: von der Groeben/Schwarze, Art. 5 EG Rz. 7 ff.; *Krausnick*, Rundfunksystem, S. 211 f.; *Gersdorf*, Rundfunkrecht, Rz. 532.

[582] *Dörr* MP 2005, 333, 334; *Fechner*, in: von der Groeben/Schwarze, Art. 151 EG Rz. 1, 11; *Niedobitek*, in: Streinz, Art. 151 EG Rz. 23; *Dörr*, Rundfunk in Europa, S. 28; *Gersdorf*, Rundfunkrecht, Rz. 535.

[583] *Dörr* AfP 2003, 202, 205 f.; *Schwarze* ZUM 2000, 779, 795; *Eberle* AfP 1993, 422, 425; *Hamann* ZUM 2000, 290, 296; *Degenhart*, in: Bonner Kommentar, Art. 5 GG Rz. 660; *Fechner*, in: von der Groeben/Schwarze, Art. 151 EG Rz. 3; *Niedobitek*, in: Streinz, Art. 151 EG Rz. 40 f.; *Dörr*, Rundfunk in Europa, S. 30; *Krausnick*, Rundfunksystem, S. 211 f.; *Roider*, Europäische Rundfunkordnung, S. 61.

[584] *Schwarze* ZUM 2000, 779, 795; *Fechner*, in: von der Groeben/Schwarze, Art. 151 EG Rz. 34; *Niedobitek*, in: Streinz, Art. 151 EG Rz. 33 f.; *Krausnick*, Rundfunksystem, S. 230 f.; *A. Hesse*, Rundfunkrecht, Kap. 7 Rz. 42.

III. Wirtschaftliche Dimension des Rundfunks

Obwohl nach deutschem Verfassungsverständnis Rundfunk als Faktor und Medium des verfassungsrechtlich geschützten Meinungsbildungsprozesses vor allem kulturelle Bedeutung aufweist, wird Rundfunk auf europäischer Ebene als wirtschaftliche Dienstleistung begriffen mit der Konsequenz, dass der Gemeinschaft Rechtsetzungskompetenzen über die allgemeine Dienstleistungsfreiheit aus Art. 49 ff. EG und die Wettbewerbsregelungen der Art. 81 ff. EG zustehen. Eine darüber begründete Zuständigkeit der Gemeinschaft kann nicht mehr grundsätzlich in Frage gestellt werden, da der Europäische Gerichtshof in ständiger Rechtsprechung davon ausgeht, dass der Rundfunk eine wirtschaftliche Dienstleistung und so zumindest partiell der Regelungsbefugnis der Gemeinschaft unterstellt ist.[585] Trotz seiner anders gelagerten Grundkonzeption hat das Bundesverfassungsgericht eine Handlungskompetenz der Gemeinschaft im Rundfunkbereich anerkannt.[586] Rundfunk hat so zumindest auch eine wirtschaftliche Dimension. Verstünde man Rundfunk als rein wirtschaftliche Dienstleistung, so stünden der Gemeinschaft weit reichende Kompetenzen zu.

IV. Handlungskompetenzen der Gemeinschaft

Damit hat die Materie Rundfunk eine „publizistisch-ökonomische Doppelnatur".[587] Als Ausfluss dieser Doppelnatur verbietet sich eine pauschale Zuordnung des Rundfunks entweder als Kultur- oder als Wirtschaftsgut. Rundfunk ist sicherlich mehr als nur bloße Dienstleistung; genauso können kulturelle Fragen nicht per se der Regelungsbefugnis der Gemeinschaft entzogen sein.[588] Anders als im Grundgesetz erfolgt die Abgrenzung der Zuständigkeiten auf EG-Ebene nicht sachgebietsbezogen.[589] Dies hat zur Konsequenz, dass die Gemeinschaft auch dann ihre Kompetenzen hinsichtlich der wirtschaftlichen Fragen behält, wenn der Rundfunk auch eine kulturelle Dimension aufweist. Eine eindeutige Grenzziehung ist so anders als im Grundgesetz nicht möglich. Solche wirtschaftlichen Fragen sind unter anderem Bereiche des Urheberrechts, des Erwerbs und Verkaufs von Senderechten, der Werbung sowie des Wettbewerbsrechts und der Medienkonzentration.[590] Allerdings darf die generelle Anerkennt-

---

585 EuGH Slg. 1974, 409, Rz. 6; Slg. 1991, I-2925, Rz. 13 (st. Rspr.); *Schoch* JZ 2002, 798, 804; *Dörr* AfP 2003, 202, 204; *Storr* K&R 2002, 464, 466; *Degenhart* K&R 2000, 49, 53; *Bullinger*, in: FS 50 Jahre BVerfG II, 193, 217; *Hartstein, u.a.*, Teil B4, Rz. 9; *Schulze-Fielitz*, in: Dreier, Art. 5 I, II GG Rz. 30; *Degenhart*, in: Bonner Kommentar, Art. 5 GG Rz. 660 mwN; *Pernice/Wernicke*, in: Grabitz/Hilf, Art. 86 EG Rz. 18.

586 BVerfGE 92, 203, 241; *Bullinger*, in: FS 50 Jahre BVerfG II, 193, 217.

587 *Engel*, wiedergegeben in: *Oeter* AfP 2005, 6, 7.

588 „Rundfunk ist nicht nur Markt", *Herrmann/Lausen*, Rundfunkrecht, Kap. 8 Rz. 57; ähnlich *Engel*, zitiert in: *Oeter* AfP 2005, 6, 7; *Hartstein, u.a.*, Teil B4, Rz. 6, 9; *Niedobitek*, in: Streinz, Art. 151 EG Rz. 41.

589 *Schwarze* AfP 2003, 209, 213; *Hartstein, u.a.*, Teil B4, Rz. 6 mwN; *Streinz*, in: Streinz, Art. 5 EG Rz. 12 f.; *Zuleeg*, in: von der Groeben/Schwarze, Art. 5 EG Rz. 4; *Dörr*, Rundfunk in Europa, S. 25 f.; *Vedder*, in: Götz/Martinez Soria, Kompetenzverteilung, S. 13; *Gersdorf*, Rundfunkrecht, Rz. 533.

590 *Degenhart* ZUM 1992, 449, 453; *Eberle* AfP 1993, 422, 432 f.; *Kresse/Heinze* ZUM 1995, 394, 396 f.; *Dörr* MP 2005, 333, 334; *Degenhart*, in: Bonner Kommentar, Art. 5 GG Rz. 661.

nis einer nicht ausschließlichen Handlungskompetenz der Gemeinschaft hinsichtlich der wirtschaftlichen Dimension des Rundfunks nicht dazu führen, dass so alle Fragen des Rundfunkbereiches europarechtlich reguliert werden dürften. Dies käme im Ergebnis einer so nicht vorgesehenen, ausschließlichen Kompetenz der Gemeinschaft im audiovisuellen Bereich gleich und stünde im Widerspruch zu Art. 5 EG. Die Zuständigkeit der Gemeinschaft betrifft demnach allein die wirtschaftliche, nicht aber die kulturelle Seite des Rundfunks.[591] In Bezug auf die wirtschaftliche Dimension stehen der Gemeinschaft daher die Kompetenzen zur Regelung von Dienstleistungen nach Art. 55; 47 Abs. 2 EG sowie zur Regelung von wettbewerblichen Fragen nach Art. 83; 86 Abs. 3 EG zu.[592] In kultureller Hinsicht bleibt es bei der Handlungskompetenz der Gemeinschaft zu Fördermaßnahmen. Die kulturellen Grundelemente der Rundfunkfreiheit stehen damit letztlich nicht über Art. 49 ff. EG zur Disposition der Gemeinschaftsorgane.[593] Auch der Europäische Gerichtshof hat eine vorrangige Zuständigkeit der Mitgliedstaaten zur Aufrechterhaltung einer pluralistischen Medienordnung und eines Pluralismus sichernden, nicht-kommerziellen Rundfunkwesens anerkannt.[594] Dennoch zeigen aktuelle Tendenzen, dass die Gemeinschaftsorgane auf der Grundlage des wirtschaftlichen Verständnisses extensiv von ihren Kompetenzen Gebrauch machen und so den öffentlich-rechtlichen Rundfunk vermehrt unter erhöhten Rechtfertigungsdruck stellen.

V. Kulturell bedingtes Zuständigkeitsprivileg

Trotz dieser generellen Vorgaben verschiebt sich im Bereich der Funktionsbestimmung des öffentlich-rechtlichen Rundfunks die primäre Zuständigkeit mehr in Richtung der Mitgliedstaaten: In der Protokollerklärung Nr. 32 der Amsterdamer Regierungskonferenz (**„*Amsterdamer Protokoll*“**) wird ausdrücklich festgelegt, dass der „öffentlich-rechtliche Auftrag […] von den Mitgliedstaaten den Anstalten übertragen, festgelegt und ausgestaltet wird“.[595] Mit Inkrafttreten des Amsterdamer Vertrages zum 1. Mai 1999 erlangte das Protokoll rechtsverbindliche Wirkung. Es ist keine bloße Absichtserklärung, sondern hat klarstellenden Charakter und wird über Art. 311 EG in den Status des Primärrechts erhoben.[596] Das Protokoll erkennt die Bedeutung des öf-

---

591 *Degenhart* ZUM 1992, 449, 452; *Eberle* AfP 1993, 422, 425; *Degenhart*, in: Bonner Kommentar, Art. 5 GG Rz. 661; *Schulze-Fielitz*, in: Dreier, Art. 5 I, II GG Rz. 30; *Gersdorf*, Rundfunkrecht, Rz. 534.

592 *Krausnick*, Rundfunksystem, S. 218, 220.

593 *Hartstein, u.a.*, Teil B4, Rz. 6; *Schulze-Fielitz*, in: Dreier, Art. 5 I, II GG Rz. 30.

594 EuGH Slg. 1991, I-4007, Rz. 22 f.; Slg. 1991, I-4069, Rz. 29 f.; Slg. 1993, I-487, Rz. 9 f.; Mitteilung der Kommission über die Zukunft der europäischen Regulierungspolitik im audiovisuellen Bereich, KOM (2003), 784 endg., S. 9; *Dörr* NJW 1997, 1341, 1343; *Degenhart*, in: Bonner Kommentar, Art. 5 GG Rz. 657.

595 ABl. EG 1997, Nr. C 340/109; abgedruckt in *Hartstein, u.a.*, Teil B4, Rz. 19; *A. Hesse*, Rundfunkrecht, Kap. 7 Rz. 37; vgl. auch Mitteilung der Kommission über die Grundsätze und Leitlinien für die audiovisuelle Politik der Gemeinschaft im digitalen Zeitalter, KOM (1999), 657 endg., S. 14 f.

596 *Michel* MMR 2005, 284, 287; *Frey* ZUM 1999, 528, 530; *Schwarze* ZUM 2000, 779, 796 f.; *Becker*, in: von der Groeben/Schwarze, Art. 311 EG Rz. 2; *Bethge*, in: Sachs, Art. 5 GG Rz. 115c; *Degenhart*, in: Bonner Kommentar, Art. 5 GG Rz. 662; *Krausnick*, Rundfunksystem, S. 129 f.;

fentlich-rechtlichen Rundfunks für Kultur und Gesellschaft der jeweiligen Mitgliedstaaten an. Daraus resultierend räumt es den Mitgliedstaaten die ausschließliche Zuständigkeit zur Errichtung und Finanzierung des öffentlich-rechtlichen Rundfunks und im Besonderen zur Festlegung des einfachgesetzlichen Auftrags der Anstalten ein.[597] Letztlich ist diese protokollarische Feststellung Konsequenz der Vielschichtigkeit des Rundfunks und zugleich die Betonung der kulturellen Dimension der Materie Rundfunk, für die der Gemeinschaft eben keine Kompetenzen zustehen sollen. Das Privileg der Mitgliedstaaten wird aber im Protokoll an die Bedingungen geknüpft, dass sich die Aufgabenbestimmung und deren Finanzierung innerhalb des für die Funktion des Rundfunks Erforderlichen bewegt und durch diese keine europarechtlich nicht tolerierbaren Wettbewerbsverzerrungen entstehen.[598] Die Exklusivität der Ausgestaltung des öffentlich-rechtlichen Rundfunks ist also für die Mitgliedstaaten an die Erfüllung von Bedingungen geknüpft. Werden diese nicht erfüllt, so greift die subsidiäre Zuständigkeit der Gemeinschaft in wirtschaftlichen Fragen des Rundfunks. Letztlich kann die Funktion und Finanzierung des öffentlich-rechtlichen Rundfunks damit zwar primär und vorrangig durch die Mitgliedstaaten bestimmt werden, verlassen diese aber den Korridor der notwendigen Vorgaben, so obliegt der Gemeinschaft die Kompetenz, gestützt auf die wirtschaftliche Seite des Rundfunks, zu intervenieren und die Aufgabenbestimmung durch regulatorische Maßnahmen in zulässige Bahnen zu leiten.

B. Rangverhältnis der Normen

Unabhängig von den bereits dargestellten Kompetenzen der EU im Bereich des Rundfunkrechts, hat sich die Europäische Kommission bereits 1999 programmatisch dahingehend festgelegt, dass im audiovisuellen Bereich Regulierungsmaßnahmen durch die Gemeinschaft restriktiv angewandt und letztlich nur im für das Erreichen eines klar definierten Zieles erforderlichen Mindestmaß vorgegeben werden sollen.[599] Der sensible, audiovisuelle Bereich erfordere danach eine Regulierungstätigkeit der EU nur dort, wo diese zur Errichtung eines Gemeinsamen Marktes unbedingt notwendig ist. Die Grundkonzeption der Kommission ist dergestalt durch einen restriktiven Ansatz geprägt. Auf Grundlage dieses Fundaments fordert die Kommission insbesondere mit Blick auf den öffentlich-rechtlichen Rundfunk eine „ausgewogene Herangehensweise“.[600] Vor diesem Hintergrund greifen unter Zugrundelegung des wirtschaftlichen

---

Stulz-Herrnstadt, Rundfunkfinanzierung, S. 298 f.; *Gersdorf*, Rundfunkrecht, Rz. 568; *Herrmann/Lausen*, Rundfunkrecht, Kap. 8 Rz. 66b.

597 *Frey* ZUM 1999, 528, 529; *Degenhart*, in: Bonner Kommentar, Art. 5 GG Rz. 662; *Hartstein, u.a.*, Teil B4, Rz. 19; *Herrmann/Lausen*, Rundfunkrecht, Kap. 8 Rz. 66b.

598 *Hartstein, u.a.*, Teil B4, Rz. 19; *Degenhart*, in: Bonner Kommentar, Art. 5 GG Rz. 662; *Holznagel/Vesting*, Sparten- und Zielgruppenprogramme, S. 97 f.; *Gersdorf*, Rundfunkrecht, Rz. 568; *Herrmann/Lausen*, Rundfunkrecht, Kap. 8 Rz. 66b; *A. Hesse*, Rundfunkrecht, Kap. 7 Rz. 37.

599 Mitteilung der Kommission über die Grundsätze und Leitlinien für die audiovisuelle Politik der Gemeinschaft im digitalen Zeitalter, KOM (1999), 657 endg., S. 11; Mitteilung der Kommission über die Zukunft der europäischen Regulierungspolitik im audiovisuellen Bereich, KOM (2003), 784 endg., S. 6.

600 Mitteilung der Kommission über die Grundsätze und Leitlinien für die audiovisuelle Politik der Gemeinschaft im digitalen Zeitalter, KOM (1999), 657 endg., S. 14 f.

Verständnisses des Rundfunks als Dienstleistung zunächst primärrechtliche, europarechtliche Regelungen, die jeweils Einfluss auf das nationale Regulierungsregime haben können. Des Weiteren existiert sekundäres Gemeinschaftsrecht, welches auf Basis der oben bereits skizzierten Zuständigkeiten der Gemeinschaft im audiovisuellen Bereich ergangen ist. Beide Komplexe können nicht unerhebliche Rückwirkung auf das nationale Recht mit sich bringen. Bevor jedoch eine umfassende Analyse der einschlägigen Rechtsgrundlagen stattfinden kann, ist es zunächst notwendig, das Verhältnis zwischen Europarecht und nationalem Recht in ihren jeweiligen Ausprägungen zu analysieren. Erst auf Basis des dann gefundenen Ergebnisses können etwaige Konsequenzen einschlägiger Rechtsgrundlagen für die nationale Regulierung des Rundfunks sinnvoll erörtert werden.

Unmittelbar geltendes Gemeinschaftsrecht kann inhaltlich mit nationalen Normen in Widerspruch stehen. Für eine solche Normkollision existieren weder im nationalen noch im europäischen Recht gesetzliche Bestimmungen, die das Verhältnis der beiden Rechtsbereiche regelten. Das Bundesverfassungsgericht wie auch der Europäische Gerichtshof gehen zwar vom Gemeinschaftsrecht als eigenständiger Rechtsordnung aus; dennoch divergieren die Lösungsansätze der Gerichte: Während eine Kollision von einfachem, deutschen Gesetzesrecht mit gemeinschaftsrechtlichen Normen unstreitig zu einem Anwendungsvorrang des Gemeinschaftsrechts führt[601], sind sich die Gerichte hinsichtlich Kollisionen von nationalem Verfassungsrecht und Gemeinschaftsrecht uneinig. Der Europäische Gerichtshof geht im Interesse der Einheitlichkeit der europäischen Rechtsordnung in ständiger Rechtsprechung von einem absoluten Vorrang des Gemeinschaftsrechts vor jedwedem nationalen Recht aus.[602] Nach dessen Maßgabe gilt ein uneingeschränkter Anwendungsvorrang gegenüber mitgliedstaatlichem Recht, der das nationale Recht nicht nichtig werden lässt, sondern es bei Kollision mit einer europarechtlichen Norm lediglich für unanwendbar erklärt. Dem Grunde nach geht auch das Bundesverfassungsgericht von einem unmittelbaren Anwendungsvorrang des Europarechts aus. Dessen nationale verfassungsrechtliche Grundlage liegt in der Ermächtigung des Art. 23; 24 GG, Befugnisse im verfassungsrechtlichen Rahmen auf die Gemeinschaft übertragen zu können. Die so legitimierte Übertragung von Hoheitsrechten findet aber ihre verfassungsimmanente Grenze an der Ewigkeitsgarantie des Art. 79 Abs. 3 GG, was auch durch Art. 23 Abs. 1 S. 2 GG klargestellt wird.[603] Der Rechtsanwendungsbefehl in Form des Zustimmungsgesetzes zu den Gemeinschaftsverträgen kann demnach die unabänderlichen Verfassungsgrundsätze nicht umfassen, Art. 23 Abs. 1 S. 3; Art. 79 Abs. 3 S. 1; Art. 1; Art. 20 GG. Da das Europarecht seine Existenz aus einer Kompetenzübertragung nationaler Befugnisse auf die supranationale Ebene begründet, kann dessen Reichweite nach Auffassung des Bundesverfassungs-

---

601 EuGH Slg. 1970, 1125, Rz. 3; BVerfGE 31, 145, 173 f.; *Schmidt*, in: von der Groeben/Schwarze, Art. 249 EG Rz. 2.

602 EuGH Slg. 1964, 1253, 1269 f.; Slg. 1970, 1125, Rz. 3 (st. Rspr.); *Schwarze* AfP 2003, 209, 213; *Schmidt*, in: von der Groeben/Schwarze, Art. 249 EG Rz. 3; *Schroeder*, in: Streinz, Art. 249 EG Rz. 38.

603 *Gersdorf* DVBl. 1994, 674, 678; *Schroeder*, in: Streinz, Art. 249 EG Rz. 47; *Isensee*, in: Isensee/Kirchhof, HbdStR, § 115 Rz. 71 f.; *A. Hesse*, Rundfunkrecht, Kap. 7 Rz. 23.

gerichts eben nur so weit gehen, wie nationale Kompetenzen überhaupt übertragbar sind. Der Kernbereich der Verfassungsordnung muss daher weiter der Kontrolle des Bundesverfassungsgerichts unterstellt werden, da dieser niemals übertragen wurde und werden kann. Die Restriktion führte dazu, dass in Kernbereichen der Verfassung eine Überprüfbarkeit von sekundärem Gemeinschaftsrecht nach nationalen Verfassungsgrundsätzen möglich bliebe. Im Interesse der europäischen Rechtsordnung nimmt das Bundesverfassungsgericht nun aber die ihm verbleibende Restkompetenz solange nicht wahr, wie der Europäische Gerichtshof auf Gemeinschaftsebene ausreichenden Grundrechtsschutz gewährleistet.[604] Die Rechtsprechung von Europäischem Gerichtshof und Bundesverfassungsgericht erfolgt so in einem Kooperationsverhältnis, in welchem der Europäische Gerichtshof den Grundrechtsschutz gemeinschaftsweit im konkreten Einzelfall gewährleistet und das Bundesverfassungsgericht sich auf die generelle Gewährleistung bestimmter Grundrechtsstandards beschränkt.[605] Erst wenn hinreichend plausibel dargelegt werden kann, dass auf europäischer Ebene ein gleichwertiger Grundrechtsschutz nicht gewährleistet wird, lebt die subsidiäre Zuständigkeit des Bundesverfassungsgerichts wieder auf. Im Ergebnis bleibt es damit auch aus Sicht des Bundesverfassungsgerichts bei einem Vorrang des Gemeinschaftsrechts vor jedwedem nationalen Recht, da ein Absinken des Grundrechtstandards der Gemeinschaft nicht zu erwarten ist.[606] Europarechtliche Regelungen sind damit verbindlich und genießen Anwendungsvorrang gegenüber jedwedem nationalem Rundfunkrecht.

C. Gemeinschaftsrechtliches Regulierungsregime

Aufgrund des Anwendungsvorrangs des höherrangigen Gemeinschaftsrechts gegenüber jedweder Ausprägung nationalen Rechts sind im Folgenden die einschlägigen primär- und sekundärrechtlichen Rechtsgrundlagen des Europarechts zu erörtern.

I. Primärrecht

1. Europäische Rundfunkfreiheit

Nach der Rechtsprechung des Europäischen Gerichtshofs stehen Gemeinschaftsgrundrechte im Interesse eines effektiven Grundrechtsschutzes im Range des Primärrechts.[607] Etwaige Gemeinschaftsgrundrechte könnten daher maßgeblich Einfluss auf das nationale Rundfunkrecht entfalten. In Betracht kommt hier vor allem das Gemeinschaftsgrundrecht einer europäischen Rundfunkfreiheit:

---

[604] BVerfGE 73, 339, 375 f.; 75, 223, 242 f.; BVerfG NJW 1993, 3047. 3049; *Degenhart*, in: Bonner Kommentar, Art. 5 GG Rz. 666g; *Schmidt*, in: von der Groeben/Schwarze, Art. 249 EG Rz. 5; *Schroeder*, in: Streinz, Art. 249 EG Rz. 39, 47; *A. Hesse*, Rundfunkrecht, Kap. 7 Rz. 25.

[605] BVerfGE 89, 155, 174 f.; *Gersdorf* DVBl. 1994, 674, 678; *Schulze-Fielitz*, in: Dreier, Art. 5 I, II GG Rz. 113; *Schmidt*, in: von der Groeben/Schwarze, Art. 249 EG Rz. 5.

[606] *E. Klein* VVDStRL 50 (1991), 56, 66 f.; *Degenhart*, in: Bonner Kommentar, Art. 5 GG Rz. 666g; *Tomuschat*, in: Bonner Kommentar, Art. 24 GG Rz. 95; *Schulze-Fielitz*, in: Dreier, Art. 5 I, II GG Rz. 13; *Schmidt*, in: von der Groeben/Schwarze, Art. 249 EG Rz. 4 f.; *Schroeder*, in: Streinz, Art. 249 EG Rz. 47.

[607] EuGH Slg. 1989, 2609, Rz. 18; EuG Slg. 2001, II-943, Rz. 80; *Kingreen*, in: Calliess/Ruffert, Art. 6 EU Rz. 31; *Krausnick*, Rundfunksystem, S. 359.

a) Herleitung

Anders als auf nationaler Ebene existiert auf europäischer Ebene derzeit keine Verfassung, in welcher die Grundrechte der Gemeinschaft verbindlich niedergelegt sind. Trotz des Fehlens des eigenen, geschriebenen Grundrechtskataloges hat der Europäische Gerichtshof anerkannt, dass auch auf Gemeinschaftsebene Grundrechte existieren.[608] Der Gerichtshof ermittelt vornehmlich auf Basis der gemeinsamen Verfassungsüberlieferungen der Mitgliedstaaten in vergleichender Analyse die sich in das Gefüge des Gemeinschaftsrechts einpassenden und von diesem gestützten Gemeinschaftsgrundrechte. Als weitere Erkenntnisquelle zur Gewinnung von Gemeinschaftsgrundrechten dient insbesondere auch die Europäische Menschenrechtskonvention („***EMRK***“) sowie auf dieser basierende Rechtsprechung des Europäischen Gerichtshofs für Menschenrechte, Art. 6 Abs. 2 EU.[609] Als Leitlinie kann dabei die im Dezember 2000 proklamierte Charta der Grundrechte der Europäischen Union fungieren, in der der gemeinsam anerkannte Status Quo erstmals schriftlich festgehalten worden ist.[610] Zwar kommt der Charta keine Rechtsverbindlichkeit zu, dennoch wurde sie in neuerer Zeit als Indiz für das Vorliegen von Gemeinschaftsgrundrechten gewertet.[611]

(i) Gemeinsame Verfassungsüberlieferungen

Betrachtet man die Verfassungen der Mitgliedstaaten, so zeigt sich, dass die Unabhängigkeit des Rundfunks, vor allem in Programmfragen, gemeinsamer Konsens im europäischen Kontext ist.[612] Ein von staatlicher Einflussnahme freies Rundfunkwesen hat konstituierende Bedeutung für die Gemeinschaftsordnung.[613] Zumeist wird die Freiheit des Rundfunkwesens insgesamt durch eine Pflichtenbindung des öffentlich-rechtlichen Rundfunks im dualen System gesichert. Der Rundfunk- und Fernsehsektor hat nach Auffassung der Kommission „für das Funktionieren der heutigen demokratischen Gesellschaften zentrale Bedeutung“.[614] Damit ist der Schutz des pluralistischen Rundfunkwesens zugleich gemeinsame Tradition der Mitgliedstaaten. Zum Zweck des Schutzes versuchen die Rundfunkordnungen der Mitgliedstaaten, Vielfalt in der gebotenen Weise zu sichern. Deshalb sind auch die meisten Rundfunkordnungen an dem

---

608 EuGH Slg. 1969, 419, Rz. 7; Slg. 1970, 1125, Rz. 4; Slg. 1989, 2609, Rz. 17; Slg. 1994, I-4795, Rz. 24; *Roßnagel/Scheuer* MMR 2005, 271, 272; *Beutler*, in: von der Groeben/Schwarze, Art. 6 EU Rz. 39, 51; *Pechstein*, in: Streinz, Art. 6 EU Rz. 8.

609 EuGH Slg. 1974, 491, Rz. 13; Slg. 1989, 2609, Rz. 17; Slg. 1991, I-2925, Rz. 41; *Schulze-Fielitz*, in: Dreier, Art. 5 I, II GG Rz. 12; *Bethge*, in: Sachs, Art. 5 GG Rz. 7e; *Beutler*, in: von der Groeben/Schwarze, Art. 6 EU Rz. 57; *Krausnick*, Rundfunksystem, S. 355 ff.

610 Charta der Grundrechte der Europäischen Union, ABl. EG 2000, Nr. C 364/11.

611 *Roßnagel/Scheuer* MMR 2005, 271, 272; *Alber/Widmaier* EuGRZ 2000, 497, 510; *Schwarze* AfP 2003, 209, 210 mwN; *Schulze-Fielitz*, in: Dreier, Art. 5 I, II GG Rz. 15; *Degenhart*, in: Bonner Kommentar, Art. 5 GG Rz. 649; *Beutler*, in: von der Groeben/Schwarze, Art. 6 EU Rz. 39, 57 mwN; *Pechstein*, in: Streinz, Art. 6 EU Rz. 13 f.; *A. Hesse*, Rundfunkrecht, Kap. 7 Rz. 86.

612 *Schulze-Fielitz*, in: Dreier, Art. 5 I, II GG Rz. 36; *Streinz*, in: Streinz, Art. 11 GR-Charta Rz. 2; vgl. hierzu ausführlich *Krausnick*, Rundfunksystem, S. 381 ff.; *Neun*, Grenzen des Wachstums, S. 290 ff.

613 *Herrmann/Lausen*, Rundfunkrecht, Kap. 8 Rz. 40.

614 Mitteilung der Kommission zu Leistungen der Daseinsvorsorge in Europa, KOM (2000), 580 endg., S. 40.

Ziel ausgerichtet, Medienpluralismus zu gewährleisten.[615] Darüber hinaus ist das Pluralismusgebot gesamteuropäischer Konsens.[616]

(ii) Art. 10 EMRK als Leitlinie

Die EMRK ist kein Gemeinschaftsrecht, sondern völkerrechtlicher Vertrag. In der Konvention wurden länderübergreifend die Kerngehalte schutzwürdiger Grundrechte multinational festgeschrieben. Konsequenterweise greift der Europäische Gerichtshof zur Gewinnung von Gemeinschaftsgrundrechten auf die EMRK als Erkenntnisquelle zurück, obwohl die EMRK gerade kein unmittelbar geltendes Gemeinschaftsrecht ist.[617] Die EMRK stellt so quasi einen Mindeststandard grundrechtlichen Schutzes dar.[618] Die Essenz der EMRK wird so zwar nicht direkt in ein Gemeinschaftsgrundrecht transformiert, wohl aber hat eine europäische Rundfunkfreiheit die Kernelemente der EMRK zu berücksichtigen. So erlangen mittelbar auch die Urteile des Europäischen Gerichtshofs für Menschenrechte Bedeutung im gemeinschaftsrechtlichen Kontext. Art. 10 EMRK garantiert ausdrücklich die Freiheit der Meinungsäußerung und der Information und schützt umfassend den gegenseitigen Prozess der Kommunikation. Dementgegen wird die Rundfunkfreiheit in Art. 10 Abs. 1 EMRK nicht ausdrücklich als selbstständiges Recht, sondern allein als mitumfasster Unterfall der Meinungsfreiheit normiert.[619] Diese Rundfunkfreiheit der EMRK gewährt ein subjektives Recht auf Veranstaltung von Rundfunk. Einschränkungen der Rundfunkfreiheit des Art. 10 Abs. 1 EMRK bedürfen der Rechtfertigung gemäß Art. 10 Abs. 2 EMRK.[620] Dem Gesetzgeber ist es demgemäß erlaubt, dem Pluralismusgebot soweit Rechnung zu tragen, wie die Schranken des Art. 10 Abs. 2 EMRK ihm Handlungsspielraum gewähren. Gerade die Wahrung der Pluralität der Medienordnung ist ein legitimes Ziel, durch welches Beschränkungen des Art. 10 Abs. 1 EMRK gerechtfertigt sein können.[621] Das

---

615 *Kübler* AfP 2002, 277, 281; *Schulze-Fielitz*, in: Dreier, Art. 5 I, II GG Rz. 36; *Hoffmann-Riem*, Regulierung, S. 77, 98 f.; *Krausnick*, Rundfunksystem, S. 399.

616 *Schellenberg* AöR 119 (1994), 427, 448; *Schulze-Fielitz*, in: Dreier, Art. 5 I, II GG Rz. 24; *Streinz*, in: Streinz, Art. 11 GR-Charta Rz. 2.

617 EuGH Slg. 1974, 491, Rz 13; Slg. 1986, 1651, Rz. 18; Slg. 1989, 2609, Rz. 19; Slg. 1991, I-2925, Rz. 41; *Roßnagel/Scheuer* MMR 2005, 271, 272; *Astheimer/Moosmayer* ZUM 1994, 395, 402 f.; *Degenhart*, in: Bonner Kommentar, Art. 5 GG Rz. 648; *Schulze-Fielitz*, in: Dreier, Art. 5 I, II GG Rz. 12; *Ricker/Schiwy*, Rundfunkverfassungsrecht, Teil H Rz. 55; *Ress/Bröhmer*, Medienvielfalt, S. 72 f.; *Dörr*, Rundfunk in Europa, S. 50 f.

618 *Schulze-Fielitz*, in: Dreier, Art. 5 I, II GG Rz. 12; *Beutler*, in: von der Groeben/Schwarze, Art. 6 EU Rz. 63; *Streinz*, in: Streinz, Art. 52 GR-Charta Rz. 3; *Hoffmann-Riem*, in: Benda/Maihofer/Vogel, Verfassungsrecht, § 7 Rz. 111; vgl. Art. 52 Abs. 3 der EU-Grundrechtscharta.

619 EGMR EuGRZ 1990, 255, 256; NJW 1991, 620, 621; *Holoubek* AfP 2003, 193, 194; *Astheimer/Moosmayer* ZUM 1994, 395, 403; *Schulze-Fielitz*, in: Dreier, Art. 5 I, II GG Rz. 10, 22; *Krausnick*, Rundfunksystem, S. 369; *Petersen*, Rundfunkfreiheit und EG-Vertrag, S. 253.

620 *Degenhart* K&R 2000, 49, 53; *Astheimer/Moosmayer* ZUM 1994, 395, 403 f.; *Bullinger*, in: FS 50 Jahre BVerfG II, 193, 216; *Degenhart*, in: Bonner Kommentar, Art. 5 GG Rz. 651; *Bethge*, in: Sachs, Art. 5 GG Rz. 102a; *Neun*, Grenzen des Wachstums, S. 277.

621 EGMR EuGRZ 1994, 549, 549 ff.; EuGRZ 2003, 488, 488 ff.; *Schwarze* ZUM 2000, 779, 781 f.; *von Danwitz* AfP 2005, 417, 419 f.; *Degenhart*, in: Bonner Kommentar, Art. 5 GG Rz. 649; *Schulze-Fielitz*, in: Dreier, Art. 5 I, II GG Rz. 24 f.; *Neun*, Grenzen des Wachstums, S. 281 f.

subjektive Verständnis der Rundfunkfreiheit der EMRK führt dazu, dass jede Verweigerung einer Rundfunklizenz konsequenterweise als Beschränkung der Freiheit zu betrachten ist, die als solche rechtfertigungsbedürftig ist.[622] Daraus ergibt sich dann die Konsequenz, dass das generelle Nichtzulassen privaten Rundfunks als unzulässige Beschränkung des Art. 10 Abs. 1 EMRK einzustufen wäre.

(iii) Europäische Rundfunkfreiheit

Der Europäische Gerichtshof zieht nun diese Grundsätze als Leitlinie für die Gemeinschaftsgesetzgebung heran: Die Gemeinschaftsorgane müssen sich bei dem Erlass von Vorschriften im audiovisuellen Bereich an Art. 10 EMRK orientieren.[623] Das Handeln der Gemeinschaftsorgane ist danach allein dann im Einklang mit dem Gemeinschaftsrecht, wenn die durch diese vermittelte Beschränkung rundfunkrechtlicher Leitlinien europarechtlich zu rechtfertigen ist. Als legitimes Ziel der Gesetzgebung hat der Europäische Gerichtshof in ständiger Rechtsprechung die Aufrechterhaltung eines pluralistischen Medienwesens, dort insbesondere auch die Einrichtung eines nichtkommerziellen, pluralistischen Rundfunks, anerkannt.[624] Damit konstituiert das Gericht letztlich eine europäische Rundfunkfreiheit als Gemeinschaftsgrundrecht[625], die sich an den Vorgaben der EMRK nicht nur orientiert, sondern diese im Ergebnis vollständig in sich aufnimmt. Dogmatisch ist die europäische Rundfunkfreiheit damit – anders als die objektive Konzeption des Bundesverfassungsgerichts – als subjektives Abwehrrecht konzipiert.[626] Der europäische Gesetzgeber ist damit im Gegensatz zum nationalen Gesetzgeber wesentlich strengeren Einschränkungen unterworfen: Gesetzliche Regelungen sind damit rechtfertigungsbedürftige Beschränkungen und nicht Substanz gebende Ausgestaltungen der Freiheit. Eine hiervon abweichende Beurteilung kann sich auch nicht aus der Grundrechtscharta der EU ergeben: So zeigen bereits die Erläuterungen des Konvents zu dem für das Rundfunkrecht einschlägigen Art. 11 EU-

---

622 EGMR EuGRZ 1994, 549, 549 ff.; EuGRZ 2003, 488, 488 ff.; *Bullinger*, in: FS 50 Jahre BVerfG II, 193, 216; *Degenhart*, in: Bonner Kommentar, Art. 5 GG Rz. 651; *Schulze-Fielitz*, in: Dreier, Art. 5 I, II GG Rz. 13.

623 EuGH Slg. 1974, 491, Rz. 13; Slg. 1991, I-4007, Rz. 23 f.; Slg. 1994, I-4795, Rz. 24.

624 EuGH Slg. 1991, I-4007, Rz. 23 f.; Slg. 1993, I-487, Rz. 9 f.; *Dörr* NJW 1997, 1341, 1343; *Schwarze* ZUM 2000, 779, 783; *A. Hesse* JZ 1993, 545, 551; *Degenhart*, in: Bonner Kommentar, Art. 5 GG Rz. 657; *Schulze-Fielitz*, in: Dreier, Art. 5 I, II GG Rz. 24 f.

625 EuGH Slg. 1984, 19, Rz. 33 f.; Slg. 1991, I-2925, Rz. 43 f.; Slg. 1991, I-4007, Rz. 23 f.; Slg. 1994, I-4795, Rz. 23 f.; *Dörr* AfP 2003, 202, 209; *Degenhart* K&R 2000, 49, 54; *von Danwitz* AfP 2005, 417, 418; *Degenhart*, in: Bonner Kommentar, Art. 5 GG Rz. 658; *Ricker/Schiwy*, Rundfunkverfassungsrecht, Teil H Rz. 55; *Dörr*, Rundfunk in Europa, S. 51; *Krausnick*, Rundfunksystem, S. 366 ff., 398 f.

626 *Gersdorf* AöR 119 (1994), 400, 404; *Schoch* VVDStRL 57 (1998), 158, 193 f.; *Storr* K&R 2002, 464, 465 f.; *Degenhart*, in: Bonner Kommentar, Art. 5 GG Rz. 656; *Dörr*, Rundfunk in Europa, S. 54 f.; *Hartstein, u.a.*, Teil B4, Rz. 3; *Ress/Bröhmer*, Medienvielfalt, S. 74; *Neun*, Grenzen des Wachstums, S. 290; *Bullinger*, Aufgaben, S. 43; *Determann*, Kommunikationsfreiheit, S. 361 f.; anders *von Danwitz* AfP 2005, 417, 419, *Ricker/Schiwy*, Rundfunkverfassungsrecht, Teil H Rz. 64 ff., die versuchen, objektive Elemente herzuleiten. Hierfür bietet die bisherige Rechtsprechung keine Anhaltspunkte.

Grundrechtscharta, dass diese Norm inhaltlich Art. 10 EMRK entsprechen soll.[627] Des Weiteren soll dort an der Rechtsprechung des Europäischen Gerichtshofs hinsichtlich der Rundfunkfreiheit ausdrücklich festgehalten werden.[628] Insoweit hat die EU-Grundrechtscharta den bestehenden Status Quo ohne Rechtswirkung festgeschrieben.

b) Rückwirkung auf das nationale Recht

Obwohl Art. 10 EMRK im europäischen Kontext herausragende Bedeutung erlangt hat, kann dessen zentrale Stellung nicht unmittelbar auf den nationalen Kontext übertragen werden. Wegen Art. 59 Abs. 2 S. 1 GG steht die EMRK national nur im Range einfachen Bundesrechtes.[629] Damit sind die Vorgaben der Verfassung in ihrer Wirkung nicht direkt durch die EMRK beschränkbar. Dennoch gewinnt die EMRK auch im nationalen Kontext unmittelbare Bedeutung bereits dadurch, dass sie von den nationalen Gerichten und Verwaltungsbehörden zur Auslegung der Grundrechte herangezogen werden muss.[630] Diese Pflicht zur Berücksichtigung gilt allerdings nur in den Grenzen der nationalen, rechtsstaatlichen Kompetenzordnung sowie der Bindung an Recht und Gesetz nach Art. 20 Abs. 3 GG.[631] Nur solange die Berücksichtigung der Konventionsvorgaben in der Anwendung und Auslegung des Europäischen Gerichtshofs für Menschenrechte in diesem Sinne keinen materiellen Gesetzesverstoß nach nationalem Recht darstellen, sind die Verwaltungsbehörden und Gerichte zur Berücksichtigung verpflichtet. Anderenfalls gilt dennoch das Prinzip der möglichst völkerrechtskonformen Auslegung: Die Argumentationslinien des Europäischen Gerichtshofs für Menschenrechte sind verfassungsrechtlich erkennbar zu würdigen und eine Abweichung von den Vorgaben des Völkerrechts ist nachvollziehbar zu begründen.[632]

Gemeinschaftsgrundrechte binden in erster Linie Organe, Einrichtungen und sonstige Stellen der EU, jedoch können auch die Mitgliedstaaten durch diese dann verpflichtet werden, wenn sie Gemeinschaftsrecht durchführen.[633] Eine solche Durchführung von Gemeinschaftsrecht umfasst unter anderem die legislative Umsetzung von Richtlinien und den administrativen Vollzug von Verordnungen.[634] In den genannten Berei-

---

[627] Art. 11 Nr. 1, Text der Erläuterungen zum vollständigen Wortlaut der Charta; Dok. CHARTE 4487/00 CONVENT 50; abrufbar unter http://www.europarl.eu.int/charter/pdf/04473_de.pdf; *Streinz*, in: Streinz, Art. 11 GR-Charta Rz. 1; *Krausnick*, Rundfunksystem, S. 378 f.; *Neun*, Grenzen des Wachstums, S. 304 f.

[628] Art. 11 Nr. 2 der Erläuterungen zur Charta, wo auf EuGH Slg. 1991, I-4007, 4043 verwiesen wird; auch EuGH Slg. 1994, I-489, 518; *Schwarze* AfP 2003, 209, 211; *Schulze-Fielitz*, in: Dreier, Art. 5 I, II GG Rz. 15.

[629] BVerfG NJW 2004, 3407, 3409 f.; *Schulze-Fielitz*, in: Dreier, Art. 5 I, II GG Rz. 11; *Bethge*, in: Sachs, Art. 5 GG Rz. 6; *Hasse*, Finanzierung, S. 149.

[630] BVerfGE 74, 358, 379; 83, 119, 128; BVerfG NJW 2004, 3407, 3410; NJW 2005, 1105, 1107; *Schilling* EuGRZ 2000, 3, 13; *Alber/Widmaier* EuGRZ 2000, 497, 502 f.; *Schulze-Fielitz*, in: Dreier, Art. 5 I, II GG Rz. 11; *Degenhart*, in: Bonner Kommentar, Art. 5 GG Rz. 650.

[631] Grundlegend BVerfG NJW 2004, 3407, 3410; NJW 2005, 1105, 1107.

[632] BVerfG NJW 2004, 3407, 3410.

[633] *Roßnagel/Scheuer* MMR 2005, 271, 272; *Beutler*, in: von der Groeben/Schwarze, Art. 6 EU Rz. 67 f.; *Streinz*, in: Streinz, Art. 51 GR-Charta Rz. 7; *Krausnick*, Rundfunksystem, S. 359 f.

[634] EuGH Slg. 1989, 2609, Rz. 19; Slg. 1994, I-955, Rz. 16; Slg. 1994, I-3361, Rz. 17; Slg. 2000, I-2737, Rz. 37; *Streinz*, in: Streinz, Art. 51 GR-Charta Rz. 8.

chen müssen Gemeinschaftsgrundrechte daher durch die Mitgliedstaaten bei der Auslegung des Gemeinschaftsrechts berücksichtigt werden.[635] Vor diesem Hintergrund dürfen nationale Regelungen die an Art. 10 EMRK orientierte, europäische Rundfunkfreiheit als Gemeinschaftsgrundrecht im Interesse des Gemeinsamen Marktes dann beschränken, wenn diese tatsächlich dem Allgemeinwohl dienenden Zielen der Gemeinschaft entsprechen und nicht einen im Hinblick auf den verfolgten Zweck unverhältnismäßigen, nicht tragbaren Eingriff darstellen, der diese Rechte in ihrem Wesensgehalt antastet.[636] Als solches Ziel hat der Europäische Gerichtshof die Sicherung des Pluralismus in den Medien anerkannt, weshalb nationale Ausgestaltungen regelmäßig zur Sicherung dieses Interesses gerechtfertigt sind. Grenzen ergeben sich nur dort, wo Beeinträchtigungen durch das Ziel der Pluralismussicherung allein nicht mehr gerechtfertigt werden können und unverhältnismäßig sind.[637] Das Allgemeininteresse Pluralismussicherung eröffnet dem nationalen Gesetzgeber so einen weiten Handlungsspielraum. Insbesondere verweist das Amsterdamer Protokoll die ausgestaltende Aufgabenbestimmung für den öffentlich-rechtlichen Rundfunk ausdrücklich in den Bereich der Mitgliedstaaten.[638] Dennoch kann europarechtlich nicht jede Form nationaler Ausgestaltung hinzunehmen sein: So hat der Europäische Gerichtshof für Menschenrechte entschieden, dass öffentlich-rechtliche Rundfunkmonopole unter den aktuellen Normbedingungen nicht mehr zu rechtfertigen sind und gegen Art. 10 EMRK verstoßen.[639] Da die EMRK über Art. 6 Abs. 2 EU und Art. 52 Abs. 3 S. 1 EU-Grundrechtscharta einen europäischen Mindeststandard des Grundrechtsschutzes repräsentieren soll, müssen deren Vorgaben mittelbar auch in der nationalen Rundfunkgesetzgebung Berücksichtigung finden. Eine nationale Rückkehr zum öffentlich-rechtlichen Monopolrundfunk ist damit europarechtlich – entgegen der Auffassung des Bundesverfassungsgerichts[640] – ausgeschlossen.[641]

---

[635] EuGH Slg. 1989, 2609, Rz. 19; Slg. 1991, I-2925, Rz. 43 f.; Slg. 1997, I-3689, Rz. 24; *Beutler*, in: von der Groeben/Schwarze, Art. 6 EU Rz. 68; *Streinz*, in: Streinz, Art. 51 GR-Charta Rz. 9.

[636] EuGH Slg. 1974, 491, Rz. 13; Slg. 1979, 3727, Rz. 32; Slg. 1989, 2609, Rz. 18; Slg. 2000, I-2737, Rz. 45; *Bröcker/Neun* ZUM 1998, 766, 772; *Beutler*, in: von der Groeben/Schwarze, Art. 6 EU Rz. 73 f. mwN; *Streinz*, in: Streinz, Art. 52 GR-Charta Rz. 1; vgl. auch Art. 52 Abs. 1 S. 2 der EU-Grundrechtscharta.

[637] Die Grenzen zu weit fassend *Küll* AfP 2005, 518, 523 f., die nationale Rundfunkquoten im Hinblick auf die Europäische Rundfunkfreiheit für bedenklich erachtet, diese Annahme verkennt aber den gerichtlich zugebilligten, weiten Handlungsspielraum der Mitgliedstaaten in Bezug auf die Pluralismussicherung.

[638] Mitteilung der Kommission über die Zukunft der europäischen Regulierungspolitik im audiovisuellen Bereich, KOM (2003), 784 endg., S. 9; *Roßnagel/Scheuer* MMR 2005, 271, 277 f.; *Schwarze* AfP 2003, 209, 212; *Schulze-Fielitz*, in: Dreier, Art. 5 I, II GG Rz. 25; *Krausnick*, Rundfunksystem, S. 399; *Hasse*, Finanzierung, S. 150 f.

[639] EGMR EuGRZ 1994, 549, 550 f.; *Schoch* VVDStRL 57 (1998), 158, 195 f.; *Bullinger*, in: FS 50 Jahre BVerfG II, 193, 216; *Degenhart*, in: Bonner Kommentar, Art. 5 GG Rz. 652; ausführlich *Dörr*, Rundfunk in Europa, S. 51 ff.; anders noch EuGH Slg. 1991, I-2925, Rz. 12.

[640] BVerfGE 12, 205, 262; 57, 295, 321 f.; 83, 238, 324; 90, 60, 94 (st. Rspr.).

[641] *Lindner* AfP 2005, 429, 433; *Bullinger*, in: FS 50 Jahre BVerfG II, 193, 216 f.; *Degenhart*, in: Bonner Kommentar, Art. 5 GG Rz. 657; *Bullinger*, Aufgaben, S. 43; wohl auch *Schwarze* AfP

c) Perspektive: EU-Verfassung

Zukünftig wird das gefundene Ergebnis gefestigt und erweitert durch die geplante Verfassung der EU:[642] Auf Basis der Grundrechtscharta und der Arbeit eines Verfassungskonvents einigten sich am 18. Juni 2004 die Staats- und Regierungschefs der EU-Mitgliedsländer auf den endgültigen Verfassungsentwurf. Der Prozess wurde endgültig mit der Unterzeichnung dieser Verfassung am 29. Oktober 2004 in Rom abgeschlossen. Damit die Verfassung schließlich in Kraft treten kann, müssen alle 25 EU-Mitgliedsländer einzeln den Verfassungsvertrag gemäß den ihnen von Verfassungs wegen vorgegebenen Verfahren ratifizieren. Die Ratifizierung kann je nach Mitgliedstaat auf parlamentarischem Weg oder durch ein Referendum erfolgen. Das Ratifizierungsverfahren in allen 25 Mitgliedstaaten sollte ursprünglich bis Ende 2006 abgeschlossen sein. Die Staats- und Regierungschefs der 25 EU-Staaten haben sich jedoch wegen der negativen Volksabstimmungen in Frankreich und den Niederlanden darauf verständigt, den Ratifizierungsprozess auf unbestimmte Zeit auszusetzen. Aktuell haben 14 der 25 EU-Mitgliedsstaaten dem Verfassungsvertrag zugestimmt. Der Ausgang des Ratifizierungsprozesses wird daher bis zum Ende offen bleiben: Aufgrund der Ablehnung durch Frankreich und die Niederlande ist die Zukunft des Verfassungsvertrages ungewiss. Vertraglich vorgesehen ist im Falle einer Ablehnung des Vertrages, dass sich die EU-Staats- und Regierungschefs erneut mit dem Verfassungsvertrag befassen müssen. Mit welchem Ausgang dieses dann letztlich geschieht, ist derzeit nicht absehbar und vom dann aktuellen politischen und gesellschaftlichen Umfeld abhängig. Derzeit überwiegen die Stimmen, die den Verfassungsvertrag als gescheitert betrachten.

Vorausgesetzt, die EU-Verfassung könnte wie geplant in Kraft treten, so würde dies an dem gefundenen Ergebnis nur wenig ändern. Die europäische Rundfunkfreiheit würde solchermaßen quasi dreifach in den Rang des Primärrechts erhoben: Erstens statuiert Art. II-71 EU-Verfassung inhaltsgleich mit Art. 11 EU-Grundrechtscharta eine an Art. 10 EMRK angelehnte umfassende Medienfreiheit, die als solche auch die Rundfunkfreiheit umfasst.[643] In Verbindung mit Art. I-9 Abs. 1 EU-Verfassung wäre diese dann expressis verbis Gemeinschaftsgrundrecht. Zweitens tritt gemäß Art. I-9 Abs. 2 EU-Verfassung die EU als Ganzes der EMRK bei, so dass deren Regelungen unmittelbar geltendes Gemeinschaftsrecht werden. Darüber hinaus postuliert zuletzt Art. I-9 Abs. 3 EU-Verfassung, dass die Gemeinschaftsgrundrechte ausdrücklich in den Rang allgemeiner Grundsätze des Gemeinschaftsrechts erwachsen. Solchermaßen wäre das bereits gefundene Ergebnis bezüglich der europäischen Rundfunkfreiheit dreifach abgesichert. Hinsichtlich der Reichweite des grundrechtlichen Schutzes normiert Art. 111 Abs. 1 EU-Verfassung – im Einklang mit dem gefundenen Ergebnis –, dass die Gemeinschaftsgrundrechte für alle Organe, Einrichtungen und sonstige Stellen der Union unter Wahrung des Subsidiaritätsprinzips sowie für die Mitgliedstaaten ausschließlich bei Durchführung des Rechtes der Union gelten.[644]

2003, 209, 212; ähnlich *Schulze-Fielitz*, in: Dreier, Art. 5 I, II GG Rz. 13, 25; die Bedeutung als Gemeinschaftsgrundrecht verkennend *Bethge*, in: Sachs, Art. 5 GG Rz. 6b.

642 Vertrag über eine Verfassung für Europa, ABl. EG 2004, Nr. C 310/1.

643 *Roßnagel/Scheuer* MMR 2005, 271, 272.

644 *Roßnagel/Scheuer* MMR 2005, 271, 272.

2. Dienstleistungsfreiheit, Art. 49 ff. EG

Der Europäische Gerichtshof qualifiziert Rundfunk in ständiger Rechtsprechung als Dienstleistung im Sinne der Art. 49; 50 EG.[645] Rundfunk sei danach eine regelmäßig erbrachte, entgeltliche Leistung mit grenzüberschreitendem Charakter im Sinne des Art. 50 EG. Diese kaum mehr bestreitbare Qualifizierung hat zur Konsequenz, dass letztlich alle Beschränkungen des Dienstleistungsverkehrs im Rundfunkbereich an den Art. 49 ff. EG zu messen sind. Art. 49 ff. EG verlangt in materieller Hinsicht nach ständiger Rechtsprechung des Europäischen Gerichtshof die Beseitigung jeglicher Diskriminierung eines Erbringers von Dienstleistungen aufgrund seiner Staatsangehörigkeit oder des Umstandes, dass er in einem anderen Mitgliedsstaat ansässig ist, als derjenige, in dem die Dienstleistung erbracht werden soll.[646] Dabei ist der Schutz des Art. 49 ff. EG mit dem Europäischen Gerichtshof weit zu verstehen: Umfasst sind nicht nur direkt diskriminierende Regelungen, sondern auch solche nicht diskriminierenden Beschränkungen, die in irgendeiner Weise faktisch dazu geeignet sind, Dienstleistungen ausländischer Leistungserbringer zu unterbinden oder in irgendeiner Form zu erschweren, auch wenn sie gleichermaßen für In- und Ausländer Geltung beanspruchen.[647] Damit ist das nationale Rundfunkregulierungsregime an Art. 49 ff. EG zu messen, soweit durch dessen Regelungen der grenzüberschreitende Dienstleistungsverkehr – unmittelbar oder mittelbar – zulasten ausländischer Rundfunkveranstalter beeinträchtigt wird.[648]

Für die Zulässigkeit der Beschränkungen ist zu differenzieren: Direkt Ausländer diskriminierende Bestimmungen sind allein an den Anforderungen des Art. 55 iVm Art. 46 EG zu messen.[649] Sie sind europarechtlich nur dann zulässig, wenn sie aus Gründen der öffentlichen Ordnung, Sicherheit und Gesundheit zu rechtfertigen sind. Allerdings stellt der Europäische Gerichtshof an die Rechtfertigung nach Art. 46 EG strenge Anforderungen.[650] Selbst wenn man Pluralismussicherung unter die rechtfertigenden Gründe fassen wollte, so wird eine Zulässigkeit der in Frage stehenden Regelungen kaum je vorliegen. Im Ergebnis sind nationale Bestimmungen, die direkt ausländische Rundfunkveranstalter diskriminieren, im Hinblick auf Art. 49 EG europa-

---

645 EuGH Slg. 1974, 409, Rz. 6; Slg. 1988, 2085, Rz. 15 f.; Slg. 1994, I-4795, Rz. 13 (st. Rspr.); *Küll* AfP 2005, 518, 520; *Astheimer/Moosmayer* ZUM 1994, 395, 399; *Roßnagel/Scheuer* MMR 2005, 271, 272; *Michel* MMR 2005, 284, 284 mwN; *Dörr* MP 2005, 333, 333; *Degenhart*, in: Bonner Kommentar, Art. 5 GG Rz. 660 mwN; *Tiedje/Troberg*, in: von der Groeben/Schwarze, Art. 50 EG Rz. 43; *Krausnick*, Rundfunksystem, S. 166; *Neun*, Grenzen des Wachstums, S. 326 f.

646 EuGH Slg. 1991, I-659, Rz. 12; Slg. 1991, I-727, Rz. 16; Slg. 1991, I-4007, Rz. 10 (st. Rspr.); *Geiger*, Art. 50 EG Rz. 9, 11.

647 EuGH Slg. 1974, 1299, Rz. 10-12; Slg. 1991, I-4007, Rz. 12 f.; *Geiger*, Art. 50 EG Rz. 11; *Gersdorf*, Rundfunkrecht, Rz. 539.

648 Hierzu ausführlich *Krausnick*, Rundfunksystem, S. 166 ff.

649 EuGH Slg. 1988, 2085, Rz. 32 f.; Slg. 1991, I-2925, Rz. 12, 24; Slg. 1992, I-6757, Rz. 11 mwN; *Degenhart*, in: Bonner Kommentar, Art. 5 GG Rz. 663 f.; *Hartstein, u.a.*, Teil B4, Rz. 16; *Krausnick*, Rundfunksystem, S. 178; *Neun*, Grenzen des Wachstums, S. 331; *Gersdorf*, Rundfunkrecht, Rz. 541; *A. Hesse*, Rundfunkrecht, Kap. 7 Rz. 34.

650 EuGH Slg. 1988, 2085, Rz. 36 f.; Slg. 1991, I-2925, Rz. 24; Slg. 1992, I-6757, Rz. 10; *Krausnick*, Rundfunksystem, S. 179 ff.; *Gersdorf*, Rundfunkrecht, Rz. 541.

rechtswidrig.[651] Dagegen sind Beschränkungen der Dienstleistungsfreiheit durch nicht diskriminierende Regelungen des nationalen Rundfunkregimes an den Vorgaben des Europäischen Gerichtshofs zu messen: Solche Beschränkungen sind allein dann zulässig, wenn sie durch zwingende Gründe des Allgemeinwohls gerechtfertigt und verhältnismäßig sind und dem Schutzinteresse nicht bereits durch nationale Regelungen im Mitgliedstaat des Berechtigten Geltung verschafft wurde.[652] Der Europäische Gerichtshof und das Europäische Gericht erster Instanz erkennen in ständiger Rechtsprechung das nicht wirtschaftliche Ziel der Aufrechterhaltung einer pluralistischen Medienordnung als zwingenden Grund des Allgemeininteresses an.[653] Diesem Schutzinteresse kann national nicht durch Regelungen im Herkunftsland des Berechtigten Geltung verschafft werden. Im Ergebnis sind daher nicht diskriminierende, nationale Bestimmungen, die die Dienstleistungsfreiheit beschränken, am Kriterium der Verhältnismäßigkeit zu messen.[654] Insbesondere darf unter gleich geeigneten Maßnahmen keine andere in Betracht kommen, die die Dienstleistungsfreiheit weniger beeinträchtigt. Damit obliegt die Vereinbarkeit des nationalen Rundfunkregulierungsregimes mit den Vorgaben der Dienstleistungsfreiheit letztlich der letztverbindlichen Auslegung des Europäischen Gerichthofs: Aufgrund der Bedeutung der Pluralismussicherung werden nationale Bestimmungen dann aber regelmäßig im Interesse dieses hochrangigen Ziels zulässig sein. Umgekehrt überlässt die bisherige Rechtsprechung des Gerichtshofs den Mitgliedstaaten hinsichtlich der Pluralismussicherung einen weiten Spielraum.[655] Beschränkungen der Dienstleistungsfreiheit durch nationale, nicht diskriminierende Regelungen werden damit im Ergebnis nur in extremen Fällen als europarechtswidrig zu qualifizieren sein.[656] Dies ändert jedoch nichts an dem Umstand, dass nationale Bestimmungen dem Grunde nach im Hinblick auf Art. 49 ff. EG rechtfertigungsbedürftig bleiben.

3. Beihilferegime, Art. 86, 87 EG

Die für die öffentlich-rechtliche Säule wesensbestimmende Gebührenfinanzierung läuft im nationalen Regulierungsregime Gefahr, im Widerspruch zum EU-Beihilfe-

---

[651] EuGH Slg. 1980, 833, Rz. 12; *Gersdorf*, Rundfunkrecht, Rz. 541; *A. Hesse*, Rundfunkrecht, Kap. 7 Rz. 34; anders wohl *Herrmann/Lausen*, Rundfunkrecht, Kap. 8 Rz. 58.

[652] EuGH Slg. 1974, 1299, Rz. 10-12; Slg. 1991, I-709, Rz. 18; Slg. 1991, I-4007, Rz. 13, 15 mwN; *Geiger*, Art. 50 EG Rz. 13; *Schulze-Fielitz*, in: Dreier, Art. 5 I, II GG Rz. 31; *Krausnick*, Rundfunksystem, S. 147, 178; *Neun*, Grenzen des Wachstums, S. 331.

[653] EuGH Slg. 1991, I-331, Rz. 23; Slg. 1991, I-4007, Rz. 22 f.; Slg. 1991, I-4069, Rz. 29 f.; Slg. 1993, I-487, Rz. 9 f.; Slg. 1999, I-7599, Rz. 50 (st. Rspr.); EuG Slg. 1999, II-2329, Rz. 105; *Küll* AfP 2005, 518, 521; *Dörr* AfP 2003, 202, 203; *Degenhart*, in: Bonner Kommentar, Art. 5 GG Rz. 663 f.; *Hartstein, u.a.*, Teil B4, Rz. 16, 37; *Schulze-Fielitz*, in: Dreier, Art. 5 I, II GG Rz. 31; *Tiedje/Troberg*, in: von der Groeben/Schwarze, Art. 50 EG Rz. 64; *Krausnick*, Rundfunksystem, S. 182; *Gersdorf*, Rundfunkrecht, Rz. 542.

[654] EuGH Slg. 1991, I-4007, Rz. 15 mwN; *Küll* AfP 2005, 518, 521 f.; *A. Hesse*, Rundfunkrecht, Kap. 7 Rz. 35.

[655] EuGH Slg. 1994, I-4795, Rz. 24; *Küll* AfP 2005, 518, 521 f.; *Degenhart*, in: Bonner Kommentar, Art. 5 GG Rz. 663 f.; *A. Hesse*, Rundfunkrecht, Kap. 7 Rz. 67 f.

[656] Exemplarisch für gemeinschaftsrechtliche Zulässigkeit nationaler Rundfunkquoten *Küll* AfP 2005, 518, 518 ff.

recht zu stehen. Aufgrund der politischen Brisanz des Themas ist die Zulässigkeit der Gebührenfinanzierung nach Gemeinschaftsrecht immer noch im Unklaren.[657] Bis Ende Dezember 2006 hatte die Kommission intendiert, gegen die Bundesrepublik Deutschland ein offizielles Vertragsverletzungsverfahren im Hinblick auf die Finanzierungsbasis des öffentlich-rechtlichen Rundfunks in Deutschland anzustrengen. Innerhalb des Procederes kristallisierte sich zunächst eine klare Linie der Kommission heraus, die in einem formalen Abschluss des Verfahrens enden sollte. Ende Dezember 2006 haben sich nun aber die Länder und die EU-Kommission wohl aus politischen Gründen auf eine Beilegung der beihilferechtlichen Streitigkeiten geeinigt. Bedingung für die Beilegung waren zahlreiche Auflagen, die die Länder bei der Erarbeitung des 10. Rundfunkänderungsstaatsvertrages bis Ende 2008 berücksichtigen müssen.[658] So sehr die gütliche Beilegung des Beihilfestreits im Interesse des öffentlich-rechtlichen Rundfunks zu begrüßen ist, erweist sie sich letztlich jedoch als ineffizient, eine generelle Klärung der Rechtslage herbeizuführen, weil die zentrale Frage, inwieweit die deutsche Rundfunkfinanzierung als gemeinschaftsrechtliche Beihilfe zu qualifizieren ist, im Rahmen des Kompromisses bewusst ausgeklammert wurde. Da es somit an einer klärenden Entscheidung der Kommission und letztverbindlich des Europäischen Gerichtshofs im Hinblick auf die beihilferechtliche Bewertung der Rundfunkgebührenfinanzierung fehlt, wurde die abschließende Bewertung der Problematik letztlich nur vertagt. Entsprechend soll im Folgenden eine rechtliche Bewertung dieser Kernfrage vorgenommen werden. Dreh- und Angelpunkt der beihilferechtlichen Bewertung der Gebührenfinanzierung ist dabei die Norm des Art. 87 EG. Nach Art. 87 Abs. 1 EG sind staatliche oder aus staatlichen Mitteln gewährte Beihilfen gleich welcher Art, die durch die unternehmensspezifische Begünstigung den Wettbewerb verfälschen oder zu verfälschen drohen, mit dem Gemeinsamen Markt unvereinbar, soweit sie den Handel zwischen den Mitgliedstaaten beeinträchtigen.

a) Tatbestandliche Voraussetzungen des Art. 87 Abs. 1 EG

Die Unzulässigkeit einer staatlichen Beihilfe bedingt zunächst das Vorliegen der tatbestandlichen Voraussetzungen des Art. 87 Abs. 1 EG:[659]

(i) Verwendung staatlicher Mittel

Erste Voraussetzung für das Vorliegen einer unzulässigen, staatlichen Beihilfe ist, dass die Begünstigung – unmittelbar oder mittelbar – unter Verwendung staatlicher Mittel erfolgt.[660] Tatbestandlich umfasst sind nach ständiger Rechtsprechung des Europäischen Gerichtshofs auch solche Begünstigungen, die nicht direkt durch den Staat oder dessen Einrichtungen, sondern die mittelbar über staatlich benannte oder vom Staat

---

657 Hierzu *Eberle* AfP 2001, 477, 477 f.; *von Wallenberg*, in: Grabitz/Hilf, Art. 87 EG Rz. 81 f.

658 *Ridder* epd Medien Nr. 100/2006, 5, 5 ff.

659 Hierzu aus der Rechtsprechung: EuGH Slg. 2002, I-4397, Rz. 68; Slg. 2003, I-7747, Rz. 74; ausführlich *Stulz-Herrnstadt*, Rundfunkfinanzierung, S. 53 ff.

660 EuGH MMR 2004, 86, Rz. 26; *Koenig/Kühling* K&R 2004, 201, 202; *Storr* K&R 2002, 464, 467; *von Wallenberg*, in: Grabitz/Hilf, Art. 87 EG Rz. 35, 93; *Held/Schulz*, Online-Angebote, S. 40 f.

errichtete Einrichtungen gewährt werden.[661] Anderenfalls könnte der Staat die Unzulässigkeit der Beihilfen dadurch umgehen, dass er unabhängige Einrichtungen schafft, denen die Verteilung der Beihilfen übertragen wird.[662] Entscheidend ist damit eine Begünstigung in Form einer Übertragung öffentlicher Mittel, die in irgendeiner Weise dem Staat zuzurechnen und von diesem gelenkt ist.[663] Dies führt dazu, dass bereits das Ausüben regulatorischer Herrschaftsgewalt in Form der Lenkung des Mittelflusses durch gesetzliche Bestimmungen letztlich für eine Verwendung staatlicher Mittel ausreicht.[664] Hiergegen wird eingewandt, dass der Europäische Gerichtshof in seinem PreussenElektra-Urteil aus dem Jahre 2001 die staatliche Zurechenbarkeit der Mittel allein aufgrund gesetzlicher Bestimmungen zur Zahlung generell ausgeschlossen habe.[665] Vielmehr bedürfe es einer unmittelbaren Übertragung staatlicher Mittel, gekennzeichnet durch eine Belastung eines staatlichen Haushalts. Allein staatlich veranlasste Vermögensverschiebungen zwischen Privaten seien gerade keine „staatlichen Mittel" im Sinne des Beihilferechts. Allerdings ist dagegen einzuwenden, dass der Gerichtshof mit der dort zitierten Aussage nur unterstreichen wollte, dass im zugrunde liegenden Sachverhalt in jedem Fall keine Beihilfe im Sinne des Art. 87 Abs. 1 EG anzunehmen sein kann. Auch fordert der Europäische Gerichtshof nicht unbedingt eine Übertragung staatlicher Mittel, sondern hält bereits eine ständige staatliche Kontrolle und Zugriffmöglichkeit durch zuständige Behörden für ausreichend.[666] Mittel sind danach dann nicht unter Verwendung staatlicher Mittel gewährt, wenn sie zu keiner Zeit einer staatlichen Kontrolle und Zugriffsmöglichkeit unterliegen und somit niemals über ein Verhältnis unter Privaten hinausgehen.[667] Dementsprechend erschöpft sich die generelle Bedeutung der Argumentationslinie der PreussenElektra-Rechtsprechung allein auf rein privatrechtlich gestaltete Austauschverhältnisse; das Gericht bezieht seine Schlussfolgerungen nämlich expressis verbis nur auf das finanzielle Verhältnis zwischen privaten Unternehmen.[668]

---

661 EuGH Slg. 1999, I-3735, Rz. 35; Slg. 2001, I-2099, Rz. 58; Slg. 2002, I-4397, Rz. 24 (st. Rspr.); *Koenig/Kühling* K&R 2004, 201, 202; *Storr* K&R 2002, 464, 468; *Gersdorf*, Rundfunkrecht, Rz. 563.

662 EuGH Slg. 2002, I-4397, Rz. 23.

663 EuGH Slg. 1991, I-1433, Rz. 11; Slg. 2000, I-3271, Rz. 50; Slg. 2002, I-4397, Rz. 24; *von Wallenberg*, in: Grabitz/Hilf, Art. 87 EG Rz. 93; *Selmer/Gersdorf*, Finanzierung, S. 32 f.; *Gersdorf*, Rundfunkrecht, Rz. 563.

664 *Koenig/Kühling* ZUM 2001, 537, 541; *Mederer/Triantafyllou*, in: von der Groeben/Schwarze, Art. 87 EG Rz. 25; *Stulz-Herrnstadt*, Rundfunkfinanzierung, S. 108 ff.; *Selmer/Gersdorf*, Finanzierung, S. 31, 33 f.

665 EuGH Slg. 2001, I-2099, Rz. 61; *Dörr* MP 2005, 333, 338; *Michel* MMR 2005, 284, 286; *Koenig/Kühling* ZUM 2001, 537, 542; *Eberle* AfP 2001, 477, 480; *von Wallenberg*, in: Grabitz/Hilf, Art. 87 EG Rz. 94 mwN; *Krausnick*, Rundfunksystem, S. 310 f.; *Stulz-Herrnstadt*, Rundfunkfinanzierung, S. 131 f.; *Hasse*, Finanzierung, S. 129; *A. Hesse*, Rundfunkrecht, Kap. 7 Rz. 40.

666 EuGH Slg. 2000, I-3271, Rz. 50; Slg. 2002, I-4397, Rz. 36 f.; *Schipanski* ZUM 2006, 217, 218; *von Wallenberg*, in: Grabitz/Hilf, Art. 87 EG Rz. 95; *Mederer/Triantafyllou*, in: von der Groeben/Schwarze, Art. 87 EG Rz. 25.

667 *Selmayr/Kamann* K&R 2004, 49, 50 f.

668 EuGH Slg. 2001, I-2099, Rz. 60; Vorläufige Auffassung der Kommission hinsichtlich der deutschen Rundfunkfinanzierung vom 3. März 2005, epd Medien Nr. 21/2005, Rz. 118; *Storr* K&R

In der nationalen, dualen Ordnung erheben die einzelnen Rundfunkanstalten die Rundfunkgebühr, um mit deren Einnahmen die Gesamtveranstaltung Rundfunk zu finanzieren. Die Anstalten, die selbst bereits anerkanntermaßen öffentlich-rechtlich geprägt sind, werden qua Gesetz ermächtigt, die Rundfunkgebühren per Verwaltungsakt einzuziehen und notfalls mittels Zwangsvollstreckung beizutreiben. Die Höhe der Gebühr wird dabei letztlich von staatlicher Seite durch Ratifizierung durch die Landesparlamente festgesetzt. Ihr Erbringen liegt nicht im Ermessen der Gebührenzahler; vielmehr stellt die Rundfunkgebühr eine Zwangsabgabe dar, die faktisch staatlich gelenkt wird und so dem Staat zurechenbar bleibt.[669] Dabei wird die Gebühr nicht im Gegenzug für eine bestimmte Leistung, sondern zur Finanzierung der Gesamtveranstaltung Öffentlich-rechtlicher Rundfunk erbracht.[670] Durch die verfassungsrechtliche Finanzierungsgarantie des öffentlich-rechtlichen Rundfunks trifft den Rundfunkgesetzgeber und damit letztlich den Staat nämlich die Pflicht, für eine angemessene Finanzausstattung der Rundfunkanstalten zu sorgen und für etwaige Defizite notfalls einzustehen. Dieser Zuweisungspflicht genügt der Staat unter anderem dadurch, dass er den Rundfunkanstalten als staatlich benannte Stellen das Recht einräumt, Rundfunkgebühren als Zwangsabgaben einzutreiben und zur eigenen Auftragserbringung zu verwenden.[671] Für die tatbestandliche Qualifizierung als staatliche Mittel kann es gerade nicht darauf ankommen, ob der Staat die Mittel direkt an die Anstalten aus seinem Haushalt delegiert oder ob er seiner Finanzierungspflicht dadurch nachkommt, dass er den Anstalten das Recht gewährt, Zwangsabgaben einzutreiben und sich dann selbstständig durch diese zu finanzieren. Genauso ist nicht ergebnisrelevant, ob die ermächtigten Anstalten das Eintreiben der Zwangsabgabe Rundfunkgebühr letztlich einer gemeinsamen Institution, nämlich der Gebühreneinzugszentrale („*GEZ*"), einräumen: Die GEZ ist eine Gemeinschaftseinrichtung von ARD, ZDF und DLR, deren Aufgabe das Einziehen der Rundfunkgebühren ist. Rechtsgrundlage der Institution ist eine gemeinsame Verwaltungsvereinbarung der Anstalten. Damit ist die GEZ aber keine Behörde oder sonstige eigenständige Organisation, sondern sie ist letztlich Teil der öffentlich-rechtlichen Rundfunkanstalten. Konsequenterweise ist die GEZ ebenso wie die Anstalten selbst öffentlich-rechtlich geprägt.[672] Dies zeigt sich auch an der Tatsache, dass das Verfah-

---

2002, 464, 468; *Selmayr/Kamann* K&R 2004, 49, 50 f.; *von Wallenberg* ZUM 2004, 875, 879; *Degenhart*, in: Bonner Kommentar, Art. 5 GG Rz. 812.

669 Vorläufige Auffassung der Kommission hinsichtlich der deutschen Rundfunkfinanzierung vom 3. März 2005, epd Medien Nr. 21/2005, Rz. 115; *Degenhart* AfP 2005, 493, 496; *Pelny* ZUM 2005, 22, 26; *Storr* K&R 2002, 464, 468; *Selmayr/Kamann* K&R 2004, 49, 52; *Degenhart*, in: Bonner Kommentar, Art. 5 GG Rz. 812; *von Wallenberg*, in: Grabitz/Hilf, Art. 87 EG Rz. 96; *Neun*, Grenzen des Wachstums, S. 322; *Selmer/Gersdorf*, Finanzierung, S. 33; dies verkennen *Michel* MMR 2005, 284, 286; *Dörr* MP 2005, 333, 338.

670 BVerfGE 31, 314, 330; *Degenhart* AfP 2005, 493, 496; *Selmayr/Kamann* K&R 2004, 49, 52.

671 Vorläufige Auffassung der Kommission hinsichtlich der deutschen Rundfunkfinanzierung vom 3. März 2005, epd Medien Nr. 21/2005, Rz. 118; *Degenhart* AfP 2005, 493, 496; *Selmayr/Kamann* K&R 2004, 49, 52; *Storr* K&R 2002, 464, 468; *von Wallenberg*, in: Grabitz/Hilf, Art. 87 EG Rz. 96.

672 So auch *Selmayr/Kamann* K&R 2004, 49, 52 f.; anders *Held/Schulz*, Online-Angebote, S. 77. Als zusätzliche Unterstützung der Argumentation kann auch auf den noch nicht rechtskräftigen Beschluss der Vergabekammer Köln vom 13.02.2006, nach dem die GEZ öffentlich-rechtlich ge-

ren des Gebühreneinzugs verwaltungsrechtlich und eben nicht privatrechtlich ausgestaltet ist. In jedem Fall ist das Verfahren der zwangsweisen Gebührenfestsetzung nicht ein privates Austauschverhältnis im Sinne der PreussenElektra-Rechtsprechung. Indem die öffentlich-rechtlichen Institutionen der Anstalten und der GEZ involviert und vom Staat ermächtigt werden sowie die Höhe der Gebühren letztverbindlich staatlich festgesetzt wird, verlässt das Verfahren eben diese rein privatrechtlich geprägte Sphäre. Im Ergebnis muss daher die zwangsweise Festsetzung der Gebühren durch den Staat unter gleichzeitiger Schaffung öffentlich-rechtlicher Anstalten, denen das Aufkommen der Zwangsabgabe zugute kommen soll, als staatlich gelenkte, mittelbare Verwendung staatlicher Mittel gewertet werden.[673] Darüber hinaus stellen die steuerrechtliche Privilegierung der kommerziellen Einkünfte der Anstalten als möglicher Steuereinnahmeverlust sowie die durch die Finanzierungsgarantie bedingte Haftungsübernahme durch den Staat für die Anstalten eine Verwendung staatlicher Mittel im Sinne des Art. 87 Abs. 1 EG dar.[674]

(ii) Gewährung eines Vorteils

Für das Vorliegen einer Begünstigung im Sinne des Art. 87 Abs. 1 EG ist es notwendig, dass an das Unternehmen eine Leistung erfolgt, die als die Gewährung eines wie auch immer gearteten Vorteils zu verstehen ist.[675] Insgesamt ist dieses Merkmal weit auszulegen.[676] Die gesicherten Einnahmen aus der Rundfunkgebühr bringen den Rundfunkanstalten einen erheblichen Wettbewerbsvorteil. Im Gegensatz zu ihren privaten Konkurrenten sind sie nicht auf Werbeeinnahmen angewiesen, sondern können auf einer gesicherten Basis operieren. Dem Grunde nach werden die öffentlich-rechtlichen Rundfunkanstalten damit im Wettbewerb gegenüber den privaten Mitkonkurrenten

---

prägt und somit vergaberechtlich öffentlicher Auftraggeber im Sinne des § 98 Nr. 2 GWB ist; verwiesen werden; Vergabekammer Köln, NZBau 2006, 268, 268 f.; vgl. hierzu *Korthals* NZBau 2006, 215, 215 ff.

673 Ähnlich Entscheidung der Kommission („*TV2*"), ABl. EG 2004, Nr. C 59/2, Rz. 22 f., 26, 58 f., 62; E Staatliche Beihilfe Nr. N 37/2003 („*BBC Digital Curriculum*"), Rz. 21; Vorläufige Auffassung der Kommission hinsichtlich der deutschen Rundfunkfinanzierung vom 3. März 2005, epd Medien Nr. 21/2005, Rz. 118; Vergabekammer Köln, NZBau 2006, 268, 268 f.; *Degenhart* AfP 2005, 493, 496; *Selmayr/Kamann* K&R 2004, 49, 52; *Schipanski* ZUM 2006, 217, 218; *Storr* K&R 2002, 464, 468; *Degenhart*, in: Bonner Kommentar, Art. 5 GG Rz. 812; *von Wallenberg*, in: Grabitz/Hilf, Art. 87 EG Rz. 96; ablehnend *Eberle* AfP 2001, 477, 480; *Koenig/Kühling* ZUM 2001, 537, 546; *Bartosch* NVwZ 2001, 643, 644 f.; *Held/Schulz*, Online-Angebote, S. 77 f.; *Krausnick*, Rundfunksystem, S. 311 ff.; *Stulz-Herrnstadt*, Rundfunkfinanzierung, S. 131 f.; *Hasse*, Finanzierung, S. 130.

674 Ähnlich Entscheidung der Kommission („*TV2*"), ABl. EG 2004, Nr. C 59/2, Rz. 22 f., 26, 58 f., 62; E („*RAI*"), ABl. EG 2004, Nr. L 119/1, Rz. 64; E Staatliche Beihilfe Nr. N 37/2003 („*BBC Digital Curriculum*"), Rz. 21; *Pelny* ZUM 2005, 22, 26 f.; *Stulz-Herrnstadt*, Rundfunkfinanzierung, S. 177.

675 EuGH Slg. 1997, I-3547, Rz. 60; Slg. 1999, I-2459, Rz. 41; Slg. 2003, I-7747, Rz. 84; MMR 2004, 86, Rz. 30; *Koenig/Kühling* NJW 2000, 1065, 1066; *von Wallenberg*, in: Grabitz/Hilf, Art. 87 EG Rz. 12; *Krausnick*, Rundfunksystem, S. 287; *Held/Schulz*, Online-Angebote, S. 31; *Gersdorf*, Rundfunkrecht, Rz. 557.

676 EuGH Slg. 2003, I-7747, Rz. 84; *Koenig/Kühling* NJW 2000, 1065, 1066.

privilegiert.[677] Dennoch nimmt der Europäische Gerichtshof hinsichtlich bestimmter staatlicher Maßnahmen Einschränkungen vor: Danach fallen solche staatlichen Maßnahmen nicht unter Art. 87 Abs. 1 EG, die als Kompensation für Leistungen zur Erfüllung gemeinwirtschaftlicher Verpflichtungen der begünstigten Unternehmen anzusehen sind.[678] Im Ergebnis könne dadurch gerade keine Privilegierung im Wettbewerb angenommen werden. Der Ausschluss einer Begünstigung nach diesem Grundsatz und damit einer staatlichen Beihilfe wird aber nur dann angenommen, wenn bestimmte Kriterien kumulativ erfüllt sind. Zur Harmonisierung der Anwendung der Kriterien hat die Kommission Ende 2005 einen Gemeinschaftsrahmen für staatliche Beihilfen, die als Ausgleich für die Erbringung öffentlicher Dienstleistungen gewährt werden, erlassen, der die Anwendung der Altmark Trans-Rechtsprechung gemeinschaftsweit vereinheitlichen soll.[679] Dieser findet jedoch auf den Bereich des öffentlich-rechtlichen Rundfunks expressis verbis keine Anwendung.[680] Dennoch können dessen Interpretationshilfen zumindest teilweise unterstützend herangezogen werden.

(1) Hinreichend präzise Betrauung

Zunächst muss das begünstigte Unternehmen tatsächlich mit der Erfüllung von gemeinwirtschaftlichen Verpflichtungen, die hinreichend klar definiert sind, betraut worden sein.[681] Die besondere Pflicht muss sich also hinreichend präzise aus den national anwendbaren Rechtsvorschriften ableiten lassen. Gemeinwirtschaftliche Verpflichtungen sind in diesem Kontext als Dienstleistungen von allgemeinem wirtschaftlichen Interesse zu verstehen. Darunter sind in Abwesenheit einer gesetzlich festgelegten Definition im Einklang mit der Gemeinschaftspraxis alle marktbezogenen Tätigkeiten zu fassen, die im Interesse der Allgemeinheit erbracht werden und von den Mitgliedstaaten oder der Gemeinschaft mit besonderen Gemeinwohlverpflichtungen verbunden werden.[682] Die Erbringung von Rundfunktätigkeiten durch die Rundfunkanstalten ist nach ständiger Praxis des Gemeinschaftsrechts als dem Gemeinwohl verpflichtete und

---

677 Vorläufige Auffassung der Kommission hinsichtlich der deutschen Rundfunkfinanzierung vom 3. März 2005, epd Medien Nr. 21/2005, Rz. 122.

678 EuGH Slg. 2003, I-7747, Rz. 87; MMR 2004, 86, Rz. 26; *Koenig/Haratsch* ZUM 2003, 804, 805; *Kämmerer* NVwZ 2004, 28, 32; kritisch *von Wallenberg*, in: Grabitz/Hilf, Art. 87 EG Rz. 23 ff.

679 Gemeinschaftsrahmen für staatliche Beihilfen, die als Ausgleich für die Erbringung öffentlicher Dienstleistungen gewährt werden, ABl. EG 2005, Nr. C 297/4; flankiert durch die besondere Ausnahmen festlegende Entscheidung der Kommission, ABl. EG 2005, Nr. L 312/67.

680 Gemeinschaftsrahmen für staatliche Beihilfen, die als Ausgleich für die Erbringung öffentlicher Dienstleistungen gewährt werden, ABl. EG 2005, Nr. C 297/4, Rz. 3; Art. 2 der Entscheidung der Kommission, ABl. EG 2005, Nr. L 312/67.

681 EuGH Slg. 2003, I-7747, Rz. 89; Gemeinschaftsrahmen für staatliche Beihilfen, die als Ausgleich für die Erbringung öffentlicher Dienstleistungen gewährt werden, ABl. EG 2005, Nr. C 297/4, Rz. 9; *Kämmerer* NVwZ 2004, 28, 32; *von Wallenberg*, in: Grabitz/Hilf, Art. 87 EG Rz. 28; *Hasse*, Finanzierung, S. 125.

682 Grünbuch der Kommission zu Dienstleistungen von allgemeinem Interesse, KOM(2003), 279 endg., Rz. 17; *A. Hesse* AfP 2005, 499, 505; *Koenig/Haratsch* ZUM 2003, 804, 805 f.; *Kämmerer* NVwZ 2004, 28, 28 f.; *Jung*, in: Calliess/Ruffert, Art. 86 EG Rz. 37; *Koenig/Kühling*, in: Streinz, Art. 86 EG Rz. 45.

im allgemeinen Interesse liegende Dienstleistung in diesem Sinne zu verstehen.[683] Im Einklang mit dem Amsterdamer Protokoll fällt deren inhaltliche Bestimmung in die Zuständigkeit der Mitgliedstaaten. Dabei kann der Kommission zufolge eine „breit gefasste Definition" als legitim eingestuft werden.[684] Die nationalen Rundfunkanstalten werden durch förmliches Gesetz mit der Erbringung von Rundfunk als Dienstleistung von allgemeinem wirtschaftlichen Interesse betraut. Insbesondere in der Wahrnehmung des Grundversorgungsauftrages ist eine solche Dienstleistung von allgemeinem wirtschaftlichen Interesse zu sehen, mit deren Erbringung der öffentlich-rechtliche Rundfunk in organisatorischer Gestalt seiner Anstalten beauftragt ist.[685] Die durch die Besonderheiten des Rundfunks bedingte, materiell offene Aufgabenbestimmung ist im vorliegenden Kontext als hinreichend klar zu bezeichnen, so dass im Ergebnis die erste Voraussetzung der Altmark Trans-Kriterien erfüllt ist.

(2) Objektive und transparente Parameter

Zweitens müssen objektive und transparente Parameter zur Berechnung der Kompensation aufgestellt werden, um eine resultierende Privilegierung im Wettbewerb zu verhindern.[686] Erst auf Grundlage einer geeigneten Berechnungsgrundlage können Kompensationen überhaupt erfolgen. Fehlen solche Parameter, beherbergt jede Ausgleichszahlung die potenzielle Gefahr einer Überkompensation. Notwendig ist dabei vor allem, dass die Parameter genau festsetzen, worin die gemeinwirtschaftliche Dienstleistung besteht und welches Spektrum an Tätigkeiten ausschließlich umfasst ist.[687] Im nationalen Rundfunkregulierungsregime gibt für die Festsetzung der Höhe der Gebühr letztlich die Empfehlung der unabhängigen Kommission zur Ermittlung des Finanzbedarfs der Rundfunkanstalten („***KEF***") den entscheidenden Ausschlag. Diese Empfehlung basiert auf dem nach vorgegebenem Verfahren evaluierten, angemeldeten Finanzbedarf der Rundfunkanstalten. Die endgültige Entscheidung über die Höhe der Gebühr treffen dann aber die Landesparlamente durch Staatsvertrag. Selbst wenn also die Parameter der Bestimmung objektiv und transparent sein sollten, sind sie nur Grundlage des Vorschlags der KEF, von dem aber die Landesparlamente unter be-

---

[683] EuGH Slg. 1974, 409, Rz. 15; Slg. 1991, I-2925, Rz. 33; Mitteilung der Kommission über die Anwendung der Vorschriften über Staatliche Beihilfen auf den öffentlich-rechtlichen Rundfunk, ABl. EG 2001, Nr. C 320/4, Rz. 28, 33; *Koenig/Haratsch* ZUM 2003, 804, 806; *Koenig/Kühling*, in: Streinz, Art. 86 EG Rz. 48; *Pernice/Wernicke*, in: Grabitz/Hilf, Art. 86 EG Rz. 40 mwN; *Held/Schulz*, Online-Angebote, S.46.

[684] Erwägungsgrund Nr. 7 der Entscheidung der Kommission, ABl. EG 2005, Nr. L 312/67; Mitteilung der Kommission über die Anwendung der Vorschriften über Staatliche Beihilfen auf den öffentlich-rechtlichen Rundfunk, ABl. EG 2001, Nr. C 320/4, Rz. 33; *Koenig/Haratsch* ZUM 2003, 804, 806 f.; *Held/Schulz*, Online-Angebote, S. 35 f.; *Hasse*, Finanzierung, S. 125.

[685] *Storr* K&R 2002, 464, 469; *Hasse*, Finanzierung, S. 125; *Gersdorf*, Rundfunkrecht, Rz. 560; auch *Reese*, Funktionsauftrag, S. 266 f., die aber die weiteren Kriterien in nicht vertretbarer Weise vernachlässigt.

[686] EuGH Slg. 2003, I-7747, Rz. 90 f.; MMR 2004, 86, Rz. 35; *Kämmerer* NVwZ 2004, 28, 32; *von Wallenberg*, in: Grabitz/Hilf, Art. 87 EG Rz. 29; *Hasse*, Finanzierung, S. 126.

[687] EuGH MMR 2004, 86, Rz. 37; *Selmayr/Kamann* K&R 2004, 49, 57 f.; *von Wallenberg*, in: Grabitz/Hilf, Art. 87 EG Rz. 29.

stimmten Umständen auch abweichen können.[688] Ein objektiv und transparent ermittelter Vorschlag könnte so durch das abschließende Votum der Landesparlamente wieder überkompensatorisch wirken.[689] Darüber hinaus trifft den Staat die verfassungsrechtliche Finanzierungsgarantie auch dann, wenn das Gebührenaufkommen nicht ausreichend sein sollte. Das entstehende Defizit wäre letztlich im Zweifel vom Staat zu tragen, womit die eigentlichen Parameter wieder sinnentleert würden.[690] Weiter gegen eine Erfüllung dieses Kriteriums spricht, dass im Rahmen der Finanzierung durch die Anstalten keine Differenzierung zwischen den Kernaufgaben als Dienstleistungen von allgemeinem wirtschaftlichen Interesse und kommerziellen Tätigkeiten der Anstalten vorgenommen wird. Insbesondere ist so nicht sichergestellt, dass der öffentlich-rechtliche Rundfunk den Ausgleich nur für seine gemeinwirtschaftlichen Tätigkeiten erhält.[691] Dadurch beherbergen die Berechnungsgrundlagen der KEF stets die potenzielle Gefahr einer Überkompensation in sich und genügen so in mehrfacher Hinsicht nicht den Vorgaben des Europäischen Gerichtshofs.[692] Dies verkennen letztlich *Koenig/Haratsch* und *Dörr*, die zwar minutiös das Verfahren der KEF erläutern, jedoch nicht berücksichtigen, dass das Votum der KEF nicht mehr als eine Empfehlung ist, die einerseits keine absolute Bindungswirkung entfaltet, weil sie durch die Landesparlamente übergangen werden kann und andererseits selbst nach ordnungsgemäßer Festsetzung Überkompensationen durch nachträgliche Verlustübernahmen durch den Staat entstehen können.[693]

(3) Keine Überkompensation

Weiter darf die gezahlte Kompensation nicht über dasjenige hinausgehen, was die Verpflichtung zur Erbringung gemeinwirtschaftlicher Leistungen unter Berücksichtigung der dabei erzielten Einnahmen und eines angemessenen Gewinnes erfordert.[694]

---

688 BVerfGE 90, 60, 103 f.; *von Wallenberg* MMR 2004, 88, 91; dies verkennen *Held/Schulz*, Online-Angebote, S. 72 f.

689 Vorläufige Auffassung der Kommission hinsichtlich der deutschen Rundfunkfinanzierung vom 3. März 2005, epd Medien Nr. 21/2005, Rz. 130; *Selmayr/Kamann* K&R 2004, 49, 58.

690 Vorläufige Auffassung der Kommission hinsichtlich der deutschen Rundfunkfinanzierung vom 3. März 2005, epd Medien Nr. 21/2005, Rz. 130.

691 *Storr* K&R 2002, 464, 470; *von Wallenberg* MMR 2004, 88, 91; *Selmayr/Kamann* K&R 2004, 49, 57 f.; *Degenhart* K&R 2005, 295, 301; pauschal verneinend *A. Hesse*, Rundfunkrecht, Kap. 7 Rz. 40; allgemein *von Wallenberg*, in: Grabitz/Hilf, Art. 87 EG Rz. 29, 90; vgl. auch allgemein Gemeinschaftsrahmen für staatliche Beihilfen, die als Ausgleich für die Erbringung öffentlicher Dienstleistungen gewährt werden, ABl. EG 2005, Nr. C 297/4, Rz. 15.

692 Ähnlich Entscheidung der Kommission („*TV2*"), ABl. EG 2004, Nr. C 59/2, Rz. 70 f.; E („*RAI*"), ABl. EG 2004, Nr. L 119/1, Rz. 97; *Selmayr/Kamann* K&R 2004, 49, 57 f.; *Pelny* ZUM 2005, 22, 25; anders *Schipanski* ZUM 2006, 217, 220; *Hasse*, Finanzierung, S. 126.

693 *Koenig/Haratsch* ZUM 2003, 804, 808 f.; *Dörr* MP 2005, 333, 338; *Held/Schulz*, Online-Angebote, S. 73 f.

694 EuGH Slg. 2002, I-9067, Rz. 29; Slg. 2003, I-7747, Rz. 92; Gemeinschaftsrahmen für staatliche Beihilfen, die als Ausgleich für die Erbringung öffentlicher Dienstleistungen gewährt werden, ABl. EG 2005, Nr. C 297/4, Rz. 14 f.; Erwägungsgrund Nr. 12 der Entscheidung der Kommission, ABl. EG 2005, Nr. L 312/67; *Kämmerer* NVwZ 2004, 28, 32; *Bartosch* NVwZ 2002, 174, 175;

Eine Überkompensation würde zu einer nicht intendierten Verzerrung des Wettbewerbes führen. Wenn schon die der Berechnung zugrunde liegenden Parameter nicht geeignet sind, objektiv und transparent die erforderliche Kompensation zu errechnen, dann ist es nur logische Folge, dass die letztlich ermittelte Kompensation in sich stets das Risiko einer Überkompensation trägt. Insbesondere aufgrund der nicht existierenden Trennung zwischen Kernaufgaben und kommerziellen Tätigkeiten wird eine Überkompensation regelmäßig anzunehmen sein. Nicht vertretbar ist dabei die Annahme, öffentlich-rechtliche Rundfunkanstalten würden nur Dienstleistungen von allgemeinem wirtschaftlichen Interesse erbringen[695], denn zumindest teilweise erbringt der öffentlich-rechtliche Rundfunk auch kommerzielle Tätigkeiten in einem gleichrangigen Verhältnis zu privaten Anbietern. De facto wird dies sogar verfassungsgerichtlich anerkannt, da der verfassungsrechtliche Funktionsauftrag neben der Grundversorgung auch den Bereich der Zusatzversorgung umfasst. Im Rahmen der Zusatzversorgung sind kommerzielle Tätigkeiten für die öffentlich-rechtlichen Anstalten zwar zulässig, können aber nicht automatisch europarechtlich als Dienstleistungen von allgemeinem wirtschaftlichen Interesse qualifiziert werden.[696] Anders gewendet darf ein Ausgleich eben nur für die Dienstleistung von allgemeinem wirtschaftlichen Interesse, nicht aber für kommerzielle Tätigkeiten auf anderen Märkten gewährt werden.[697] Daneben wird die verfassungsrechtliche Finanzierungsgarantie selbst bei ordnungsgemäß ermittelter Kompensation dazu führen, dass, wenn die Anstalten Mehrausgaben als die errechneten verzeichnen, für diese trotz der dann vorliegenden Überkompensation der Staat einzustehen hat. Damit wäre auch die dritte Voraussetzung nicht erfüllt.

(4) Absicherung marktgerechter Kosten

Zuletzt soll das begünstigte Unternehmen im Rahmen eines öffentlichen Auftragsvergabeverfahrens gewählt worden sein, das die Auswahl desjenigen Bewerbers ermöglicht, der die Pflichtdienste mit den geringsten Kosten für die Allgemeinheit erbringen kann.[698] Liegt eine solche Verfahrensvergabe nicht vor, so ist die Höhe der Kompensation mittels Kostenanalyse zu bestimmen, die die Kosten eines durchschnittlichen, gut geführten Unternehmens zugrunde legt. Zunächst ist festzuhalten, dass die Anstalten nicht in einem öffentlichen Verfahren der Auftragvergabe ausgewählt und vergeben wurden.[699] Daher müsste das nationale Gebührenfestsetzungsverfahren eine objektive,

---

von Wallenberg, in: Grabitz/Hilf, Art. 87 EG Rz. 30; *Hasse*, Finanzierung, S. 126; *Oppermann*, Rundfunkgebühren, S. 36; *Held/Schulz*, Online-Angebote, S. 39 f.

695 *Schipanski* ZUM 2006, 217, 220; *Koenig/Haratsch* ZUM 2003, 804, 809 f.

696 *A. Hesse* AfP 2005, 499, 505; *Degenhart* K&R 2005, 295, 301; *Storr* K&R 2002, 464, 470; *von Wallenberg* MMR 2004, 88, 91 f.; *von Wallenberg*, in: Grabitz/Hilf, Art. 87 EG Rz. 90; diese Konsequenz verkennt *Schipanski* ZUM 2006, 217, 220.

697 Gemeinschaftsrahmen für staatliche Beihilfen, die als Ausgleich für die Erbringung öffentlicher Dienstleistungen gewährt werden, ABl. EG 2005, Nr. C 297/4, Rz. 14 f.; *A. Hesse* AfP 2005, 499, 505.

698 EuGH Slg. 2003, I-7747, Rz. 93; *Kämmerer* NVwZ 2004, 28, 32 f.; *von Wallenberg*, in: Grabitz/Hilf, Art. 87 EG Rz. 91; *Hasse*, Finanzierung, S. 126 f.

699 Entscheidung der Kommission („*France 2/3*"), ABl. EG 2004, Nr. L 361/21, Rz. 56; Vorläufige Auffassung der Kommission hinsichtlich der deutschen Rundfunkfinanzierung vom 3. März 2005,

an den Kosten eines gut geführten, durchschnittlichen Unternehmens orientierte Festsetzung der Kompensation gewährleisten. Die durchzuführende Kostenanalyse kann sich dabei entweder an den Kosten eines real existierenden, am Markt operierenden Vergleichsunternehmens orientieren oder aber fiktiv aufgrund einer Wettbewerbssimulation ermittelt werden. Die Möglichkeit eines realen Vergleichs erscheint nicht praktikabel, da keine vergleichsfähigen Konkurrenten existieren; insbesondere divergieren die Grundausrichtungen von privaten und öffentlich-rechtlichen Anbietern zu sehr, als dass diese als Vergleichsmaßstab eingesetzt werden könnten.[700] Die Kostenanalyse muss daher auf Grundlage einer fiktiven Wettbewerbssimulation ergehen: Aufgrund der fehlenden tatsächlichen Vergleichsmöglichkeit sind die normalen Marktbedingungen anhand der verfügbaren objektiven und nachprüfbaren Faktoren heranzuziehen.[701] Dem Grunde nach orientiert sich das Verfahren der KEF an den Grundsätzen der Wirtschaftlichkeit und Sparsamkeit.[702] Allerdings basiert die Feststellung des Finanzbedarfs auf historischen Daten und ergeht eben nicht mit direktem Bezug auf konkrete Programmtätigkeiten.[703] Damit können nachträglich andere Schwerpunkte gesetzt werden, als ursprünglich bei der Finanzbedarfsermittlung zugrunde gelegt. Die Anstalten entscheiden im Rahmen ihrer Programmautonomie über die Verwendung der zugeteilten Mittel. Hierdurch können sich nachträglich Veränderungen im Hinblick auf den Finanzbedarf ergeben, die dann aber keine Berücksichtigung mehr finden können. Weiterhin ist es zwar richtig, dass der Finanzbedarf der Anstalten von der KEF gesetzlich festgeschrieben im Einklang mit den Grundsätzen der Wirtschaftlichkeit und Sparsamkeit ermittelt wird.[704] Wirtschaftlichkeits- und Sparsamkeitsmaßnahmen werden dann finanzbedarfsmindernd angerechnet. Allein dadurch ist aber keineswegs sichergestellt, dass der dann ermittelte Bedarf tatsächlich den Kosten eines gut geführten, durchschnittlichen Unternehmens entspricht: Bereits die KEF kommt in ihrem 14. Bericht Ende 2003 zu dem Ergebnis, dass „noch nicht alle Möglichkeiten [der Finanzbedarfsminderung, *Anm. d. Verf.*] ausgeschöpft sind".[705] Auch in ihrem 15. Bericht erkennt die KEF zwar an, dass die Anstalten dargelegt haben, dass sie Maßnahmen zur Aktivierung des Wirtschaftlichkeits- und Sparpotenzials eingeleitet haben, nichtsdestotrotz wurden aber die vorhandenen Einsparmöglichkeiten nur teilweise ausgeschöpft.[706] Die demgemäß offenkundig bestehenden, weiteren Einspar- und Wirtschaftlichkeitsmöglichkeiten sind Indiz dafür, dass allein das Verfahren der KEF nicht

---

epd Medien Nr. 21/2005, Rz. 131; *von Wallenberg* MMR 2004, 88, 92; *von Wallenberg*, in: Grabitz/Hilf, Art. 87 EG Rz. 92.

700 *Koenig/Haratsch* ZUM 2003, 804, 811; *von Wallenberg* MMR 2004, 88, 92; *von Wallenberg*, in: Grabitz/Hilf, Art. 87 EG Rz. 92; *Held/Schulz*, Online-Angebote, S. 74.

701 EuGH Slg. 2003, I-6993, Rz. 37; *Koenig/Haratsch* ZUM 2003, 804, 811; diese Möglichkeit verkennt *von Wallenberg* MMR 2004, 88, 92.

702 15. Bericht der KEF, Band I, Dezember 2005, Tz. 206 ff.

703 Vorläufige Auffassung der Kommission hinsichtlich der deutschen Rundfunkfinanzierung vom 3. März 2005, epd Medien Nr. 21/2005, Rz. 131; *Pelny* ZUM 2005, 22, 26.

704 *Koenig/Haratsch* ZUM 2003, 804, 812; *Gersdorf*, Rundfunkrecht, Rz. 561.

705 14. Bericht der KEF, Dezember 2003, Tz. 12, 23; 15. Bericht der KEF, Band I, Dezember 2005, Tz. 208.

706 15. Bericht der KEF, Band I, Dezember 2005, Tz. 18, 210 ff., 217 ff.

sicherstellen kann, dass der Finanzbedarf der öffentlich-rechtlichen Anstalten demjenigen eines gut geführten, durchschnittlichen Unternehmens gleichsteht.[707] Zwar kann nicht gefordert werden, jede irgendwie bestehende Einspar- und Wirtschaftlichkeitsmöglichkeit zu nutzen, jedoch müsste ein gut geführtes, fiktives Vergleichsunternehmen zumindest den größten Teil dieser Optionen zu seinen Gunsten nutzen. Das muss umso mehr deshalb gelten, wenn die Ermittlungs- und Prüffunktion der KEF einerseits zukunftsgerichtet ist und andererseits aber eben nicht den Finanzbedarf der einzelnen Anstalten, sondern lediglich der Gesamtveranstaltung Öffentlich-rechtlicher Rundfunk prüft. Ob eine spezifische Anstalt sich an den Kosten eines gut geführten, durchschnittlichen Unternehmens messen lassen kann oder nicht, kann daher durch das Verfahren der KEF kaum je festgestellt werden. Im Ergebnis kann das Verfahren der KEF daher in mehrfacher Hinsicht nicht den Anforderungen des vierten Kriteriums der Altmark Trans-Rechtsprechung genügen.[708]

(5) Zwischenergebnis

Liegt nur eines der Altmark Trans-Kriterien objektiv nicht vor, so muss die staatliche Maßnahme als Begünstigung im Sinne des Art. 87 Abs. 1 EG qualifiziert werden.[709] Demnach sind die nationalen Rundfunkgebühren als beihilferelevante Begünstigung einzustufen.[710] Darüber hinaus müssen Steuererleichterungen dann als Begünstigung gewertet werden, wenn sie von Belastungen befreien, die ein Unternehmen normalerweise zu tragen hat.[711] Im nationalen dualen System wird hinsichtlich des öffentlich-rechtlichen Rundfunks nicht zwischen nicht-kommerziellen und kommerziellen Tätigkeiten differenziert. Die pauschale Steuererleichterung für die Anstalten gewährt diesen damit im Hinblick auf ihre nicht klar ausgegliederten, kommerziellen Tätigkeiten einen beihilferechtlichen Vorteil.[712] Gleiches gilt hinsichtlich der aus der verfassungs-

---

707 Vorläufige Auffassung der Kommission hinsichtlich der deutschen Rundfunkfinanzierung vom 3. März 2005, epd Medien Nr. 21/2005, Rz. 131; *Storr* K&R 2002, 464, 470; zu dem konkret bestehenden Einsparmöglichkeiten vgl. 15. Bericht der KEF, Band I, Dezember 2005, Tz. 234.

708 Ähnlich Entscheidung der Kommission („*TV2*"), ABl. EG 2004, Nr. C 59/2, Rz. 70 f.; E („*France 2/3*"), ABl. EG 2004, Nr. L 361/21, Rz. 56; E Staatliche Beihilfe Nr. N 37/2003 („*BBC Digital Curriculum*"), Rz. 23; *Pelny* ZUM 2005, 22, 25; *Selmayr/Kamann* K&R 2004, 49, 57 f.

709 EuGH Slg. 2003, I-7747, Rz. 94; Gemeinschaftsrahmen für staatliche Beihilfen, die als Ausgleich für die Erbringung öffentlicher Dienstleistungen gewährt werden, ABl. EG 2005, Nr. C 297/4, Rz. 1, 7; Erwägungsgrund Nr. 5 der Entscheidung der Kommission, ABl. EG 2005, Nr. L 312/67; *Kämmerer* NVwZ 2004, 28, 33.

710 Ähnlich Entscheidung der Kommission („*RAI*"), ABl. EG 2004, Nr. L 119/1, Rz. 97; E Staatliche Beihilfe Nr. N 37/2003 („*BBC Digital Curriculum*"), Rz. 23; Vorläufige Auffassung der Kommission hinsichtlich der deutschen Rundfunkfinanzierung vom 3. März 2005, epd Medien Nr. 21/2005, Rz. 132; *Selmayr/Kamann* K&R 2004, 49, 57; *Stulz-Herrnstadt*, Rundfunkfinanzierung, S. 158; ablehnend *Schipanski* ZUM 2006, 217, 222; *Hasse*, Finanzierung, S. 127.

711 EuGH Slg. 1994, I-877, Rz. 13 f.; Slg. 1999, I-3913, Rz. 19; Vorläufige Auffassung der Kommission hinsichtlich der deutschen Rundfunkfinanzierung vom 3. März 2005, epd Medien Nr. 21/2005, Rz. 134.

712 Vorläufige Auffassung der Kommission hinsichtlich der deutschen Rundfunkfinanzierung vom 3. März 2005, epd Medien Nr. 21/2005, Rz. 139.

rechtlichen Finanzierungsgarantie resultierenden Haftungsübernahme durch den Staat für kommerzielle Tätigkeiten der öffentlich-rechtlichen Rundfunkanstalten.[713]

(iii) Wettbewerbsverfälschung

Eine unzulässige staatliche Beihilfe bedingt weiter, dass durch diese der Wettbewerb verfälscht wird oder verfälscht zu werden droht.[714] Eine solche Wettbewerbsverfälschung liegt dann vor, wenn tatsächlich oder potenziell in ein bestehendes oder möglicherweise zur Entstehung kommendes Wettbewerbsverhältnis zwischen Unternehmen eingegriffen und damit der Ablauf des Wettbewerbs verändert wird.[715] Erforderlich ist also, dass Unternehmen einen wirtschaftlichen Vorteil erhalten, den sie unter marktkonformen Voraussetzungen nicht erhalten hätten und so der Ablauf des Wettbewerbs in eine andere Richtung gelenkt wird.[716] Die öffentlich-rechtlichen Rundfunkanstalten stehen in einem steten Wettbewerb mit nationalen privaten Rundfunkanbietern. Zudem bestehen Wettbewerbsverhältnisse auf vor- und nachgelagerten Märkten. Durch eine überkompensatorische Rundfunkfinanzierung werden den Anstalten Möglichkeiten der Quersubventionierung und der Preislenkung geschaffen, die ihnen verhelfen, im Wettbewerb eine Privilegierung zu erlangen und diesen insgesamt zu verfälschen.[717]

(iv) Beeinträchtigung des innergemeinschaftlichen Handels

Weiter muss eine unzulässige Beihilfe den innergemeinschaftlichen Handel beeinträchtigen.[718] Eine solche Beeinträchtigung liegt dann vor, wenn durch die Beihilfe die Stellung des begünstigten Unternehmens gegenüber anderen Wettbewerbern verstärkt wird.[719] Die Erheblichkeit der Beeinträchtigung ist dabei nicht allein vom Überschrei-

---

713 Vorläufige Auffassung der Kommission hinsichtlich der deutschen Rundfunkfinanzierung vom 3. März 2005, epd Medien Nr. 21/2005, Rz. 143.

714 EuGH MMR 2004, 86, Rz. 29; *Koenig/Kühling* K&R 2004, 201, 205; *von Wallenberg*, in: Grabitz/Hilf, Art. 87 EG Rz. 52; *Mederer*, in: von der Groeben/Schwarze, Art. 87 EG Rz. 41; *Held/Schulz*, Online-Angebote, S. 43; *Krausnick*, Rundfunksystem, S. 315 f.; *Neun*, Grenzen des Wachstums, S. 324 f.

715 EuGH Slg. 1980, 2671, Rz. 11 f.; Entscheidung der Kommission („*France 2/3*"), ABl. EG 2004, Nr. L 361/21, Rz. 58; *Koenig/Kühling* K&R 2004, 201, 205; *dies.* NJW 2000, 1065, 1069; *von Wallenberg*, in: Grabitz/Hilf, Art. 87 EG Rz. 54; *Mederer*, in: von der Groeben/Schwarze, Art. 87 EG Rz. 43.

716 *Koenig/Kühling* NJW 2000, 1065, 1069.

717 Ähnlich Entscheidung der Kommission („*TV2*"), ABl. EG 2004, Nr. C 59/2, Rz. 69; E Staatliche Beihilfe Nr. N 37/2003 („*BBC Digital Curriculum*"), Rz. 24; Vorläufige Auffassung der Kommission hinsichtlich der deutschen Rundfunkfinanzierung vom 3. März 2005, epd Medien Nr. 21/2005, Rz. 146 f.; *Pelny* ZUM 2005, 22, 24 f.; *Stulz-Herrnstadt*, Rundfunkfinanzierung, S. 158; dagegen *Krausnick*, Rundfunksystem, S. 317 ff.; differenzierend *Hasse*, Finanzierung, S. 133.

718 EuGH Slg. 1980, 2671, Rz. 11 f.; MMR 2004, 86, Rz. 27 f.; *Koenig/Kühling* K&R 2004, 201, 208; *von Wallenberg*, in: Grabitz/Hilf, Art. 87 EG Rz. 47; *Mederer/Strohschneider*, in: von der Groeben/Schwarze, Art. 87 EG Rz. 46; *Held/Schulz*, Online-Angebote, S. 43; *Krausnick*, Rundfunksystem, S. 320 f.

719 EuGH Slg. 1980, 2671, Rz. 11; Slg. 2000, I-6857, Rz. 33; Entscheidung der Kommission („*France 2/3*"), ABl. EG 2004, Nr. L 361/21, Rz. 59; *Koenig/Kühling* NJW 2000, 1065, 1069; *von Wallenberg*, in: Grabitz/Hilf, Art. 87 EG Rz. 47; *Neun*, Grenzen des Wachstums, S. 325.

ten einer bestimmten Schwelle oder eines Prozentsatzes abhängig.[720] Die gesicherte Gebührenbasis mit der Möglichkeit zur Quersubventionierung kommerzieller Tätigkeiten verstärkt die Position der öffentlich-rechtlichen Rundfunkanstalten im innergemeinschaftlichen Wettbewerb in erheblichem Maße. Eine Beeinträchtigung im Sinne des Art. 87 Abs. 1 EG liegt damit vor.[721]

(v) Ergebnis: Grundsätzlich unzulässige Beihilfe

Im Ergebnis liegen danach alle Voraussetzungen des Art. 87 Abs. 1 EG vor. Konsequenz hiervon ist, dass die Finanzierung des öffentlich-rechtlichen Rundfunks über Rundfunkgebühren in der derzeitigen Fassung des nationalen Regulierungsregimes tatbestandlich als unzulässige Beihilfe im Sinne des Art. 87 Abs. 1 EG einzustufen ist.[722] Daran anknüpfend ergibt sich – unabhängig von einer möglichen Rechtfertigung über einen Ausnahmetatbestand – eine Pflicht der öffentlich-rechtlichen Rundfunkanstalten, jegliche Maßnahmen, die die nationalen Gebühren direkt oder indirekt beeinflussen, gemäß Art. 88 EG der Kommission anzuzeigen und die Maßnahme von dieser genehmigen zu lassen; ebenso finden Art. 73 und 86 EG Anwendung.[723]

b) Rechtfertigung nach Art. 86 Abs. 2 EG

Unzulässige Beihilfen können europarechtlich dann als zulässig betrachtet werden, wenn sie über die Bereichsausnahme des Art. 86 Abs. 2 EG von den allgemeinen Wettbewerbsvorschriften ausgenommen werden können. Dann unterfällt zwar die Tätigkeit der privilegierten Unternehmen dem Grunde nach dem Regulierungsregime der Gemeinschaft. Im Interesse der den Unternehmen übertragenen, besonderen Aufgaben

---

[720] EuGH Slg. 2003, I-7747, Rz. 81; MMR 2004, 86, Rz. 28; *Koenig/Kühling* NJW 2000, 1065, 1070; *Mederer/Strohschneider*, in: von der Groeben/Schwarze, Art. 87 EG Rz. 49; *Krausnick*, Rundfunksystem, S. 320 f.; *Selmer/Gersdorf*, Finanzierung, S. 52.

[721] Ähnlich Entscheidung der Kommission („*TV2*"), ABl. EG 2004, Nr. C 59/2, Rz. 73 ff., 91; E Staatliche Beihilfe Nr. N 37/2003 („*BBC Digital Curriculum*"), Rz. 25; Mitteilung der Kommission über die Anwendung der Vorschriften über Staatliche Beihilfen auf den öffentlich-rechtlichen Rundfunk, ABl. EG 2001, Nr. C 320/4, Rz. 18; Vorläufige Auffassung der Kommission hinsichtlich der deutschen Rundfunkfinanzierung vom 3. März 2005, epd Medien Nr. 21/2005, Rz. 144, 147; *Pelny* ZUM 2005, 22, 24 f.; *Krausnick*, Rundfunksystem, S. 321 f.; *Stulz-Herrnstadt*, Rundfunkfinanzierung, S. 158; *Hasse*, Finanzierung, S. 134.

[722] EuG Slg. 2000, II-2125, Rz. 83 f.; Entscheidung der Kommission („*TV2*"), ABl. EG 2004, Nr. C 59/2, Rz. 77; E („*RAI*"), ABl. EG 2004, Nr. L 119/1, Rz. 98; E Staatliche Beihilfe Nr. N 37/2003 („*BBC Digital Curriculum*"), Rz. 26; *Degenhart* AfP 2005, 493, 496 f.; *Pelny* ZUM 2005, 22, 26 f.; *Hain* MMR 2001, 219, 221 f.; *Bethge*, in: Sachs, Art. 5 GG Rz. 115d; dagegen *Schipanski* ZUM 2006, 217, 222; *Thaenert* MMR 2005, 279, 283; *Michel* MMR 2005, 284, 285 f.; *Krausnick*, Rundfunksystem, S. 322; *Hasse*, Finanzierung, S. 134; *Held/Schulz*, Online-Angebote, S. 76; *Gersdorf*, Rundfunkrecht, Rz. 567; differenzierend *Stulz-Herrnstadt*, Rundfunkfinanzierung, S. 158, 177.

[723] Gemeinschaftsrahmen für staatliche Beihilfen, die als Ausgleich für die Erbringung öffentlicher Dienstleistungen gewährt werden, ABl. EG 2005, Nr. C 297/4, Rz. 2; Erwägungsgrund Nr. 5 der Entscheidung der Kommission, ABl. EG 2005, Nr. L 312/67; *Held/Schulz*, Online-Angebote, S. 48 f.; zu den Auswirkungen im Überblick *A. Hesse* AfP 2005, 499, 501.

werden aber über Art. 86 Abs. 2 EG begrenzte Ausnahmen gestattet.[724] Vorangestellt sei angemerkt, dass der Europäische Gerichtshof hinsichtlich der Auslegung und Anwendung von Ausnahmebestimmungen, die ursprünglich unzulässige Beihilfen ausnahmsweise billigen, einen restriktiven Ansatz verfolgt.[725] In der Rechtsprechung des Europäischen Gerichtshof ist daher ein Katalog von Voraussetzungen herausgearbeitet worden, der kumulativ erfüllt sein muss, wenn eine Beihilfe gemäß Art. 86 Abs. 2 EG ausnahmsweise als mit dem Gemeinsamen Markt vereinbar zu bewerten sein soll:

(i) Hinreichend präzise definierte Dienstleistung

Die begrenzte Bereichsausnahme findet nur Anwendung für Unternehmen, die mit Dienstleistungen von allgemeinem wirtschaftlichen Interesse betraut worden sind.[726] Die Erbringung von Rundfunktätigkeiten durch die Rundfunkanstalten ist nach ständiger Praxis des Gemeinschaftsrechts als dem Gemeinwohl verpflichtete und im allgemeinen Interesse liegende Dienstleistung in diesem Sinne zu verstehen.[727] Allerdings ist das Vorliegen einer solchen Dienstleistung alleine noch nicht ausreichend für Art. 86 Abs. 2 EG: Die Dienstleistung muss vielmehr von dem betreffenden Mitgliedstaat klar und präzise im Hinblick auf Art, Umfang und Dauer der auferlegten Gemeinwohlverpflichtung definiert sein.[728] Zunächst ist festzuhalten, dass nach dem Amsterdamer Protokoll die Definition des spezifischen Auftrages in die Kompetenz der jeweilig betroffenen Mitgliedstaaten fällt. Kommt der Mitgliedstaat dann dieser Verpflichtung nach, so muss im Interesse eines funktionierenden Rundfunksystems der

---

[724] Entscheidung der Kommission Staatliche Beihilfe Nr. N 37/2003 („*BBC Digital Curriculum*"), Rz. 38; *Hochbaum/Klotz*, in: von der Groeben/Schwarze, Art. 86 EG Rz. 53; *Geiger*, Art. 86 EG Rz. 12; *Held/Schulz*, Online-Angebote, S. 45 f.; *Stulz-Herrnstadt*, Rundfunkfinanzierung, S. 183 f.

[725] *Dörr* MP 2005, 333, 335.

[726] Entscheidung der Kommission („*TV2*"), ABl. EG 2004, Nr. C 59/2, Rz. 81 f.; E („*RAI*"), ABl. EG 2004, Nr. L 119/1, Rz. 100; Vorläufige Auffassung der Kommission hinsichtlich der deutschen Rundfunkfinanzierung vom 3. März 2005, epd Medien Nr. 21/2005, Rz. 172; *Pelny* ZUM 2005, 22, 27; *Storr* K&R 2002, 464, 469; *Hochbaum/Klotz*, in: von der Groeben/Schwarze, Art. 86 EG Rz. 60; *Koenig/Kühling*, in: Streinz, Art. 86 EG Rz. 52; *Geiger*, Art. 86 EG Rz. 9; *Pernice/Wernicke*, in: Grabitz/Hilf, Art. 86 EG Rz. 14.

[727] EuGH Slg. 1974, 409, Rz. 15; Entscheidung der Kommission („*RAI*"), ABl. EG 2004, Nr. L 119/1, Rz. 117; Mitteilung der Kommission über die Anwendung der Vorschriften über Staatliche Beihilfen auf den öffentlich-rechtlichen Rundfunk, ABl. EG 2001, Nr. C 320/4, Rz. 28, 33; *Koenig/Haratsch* ZUM 2003, 804, 806; *Storr* K&R 2002, 464, 469; *Koenig/Kühling*, in: Streinz, Art. 86 EG Rz. 48; *Pernice/Wernicke*, in: Grabitz/Hilf, Art. 86 EG Rz. 40 mwN; *Degenhart*, in: Bonner Kommentar, Art. 5 GG Rz. 812b; kritisch *Stulz-Herrnstadt*, Rundfunkfinanzierung, S. 218 ff.

[728] EuGH Slg. 1989, 803, Rz. 56; Gemeinschaftsrahmen für staatliche Beihilfen, die als Ausgleich für die Erbringung öffentlicher Dienstleistungen gewährt werden, ABl. EG 2005, Nr. C 297/4, Rz. 9; Erwägungsgrund Nr. 8 der Entscheidung der Kommission, ABl. EG 2005, Nr. L 312/67; Entscheidung der Kommission („*TV2*"), ABl. EG 2004, Nr. C 59/2, Rz. 81 f.; E („*RAI*"), ABl. EG 2004, Nr. L 119/1, Rz. 100; Mitteilung der Kommission über die Anwendung der Vorschriften über Staatliche Beihilfen auf den öffentlich-rechtlichen Rundfunk, ABl. EG 2001, Nr. C 320/4, Rz. 28, 33; Vorläufige Auffassung der Kommission hinsichtlich der deutschen Rundfunkfinanzierung vom 3. März 2005, epd Medien Nr. 21/2005, Rz. 172 f.; *Pelny* ZUM 2005, 22, 27; *Koenig/Haratsch* ZUM 2004, 122, 123; *Pernice/Wernicke*, in: Grabitz/Hilf, Art. 86 EG Rz. 41.

Tatsache Rechnung getragen werden, dass die Komplexität der Materie Rundfunk ein gewisses Maß an Ungenauigkeit der Definition erforderlich macht, um der Staatsfreiheit des Rundfunks und der korrespondierenden Programmautonomie der einzelnen Rundfunkanstalten überhaupt Geltung verschaffen zu können. Als legitim ist danach auch nach Auffassung der Kommission eine „breit gefasste Definition" zu betrachten, die dem Ziel der Pluralismussicherung entspräche.[729] Von dieser umfasst sind dem Grunde nach alle Tätigkeiten, die den demokratischen, sozialen und kulturellen Bedürfnissen der Gesellschaft dienen und Pluralismus wahren. Darüber hinaus gehende Dienstleistungen könnten nicht mehr als Dienstleistungen von allgemeinem wirtschaftlichen Interesse qualifiziert und damit nicht über Art. 86 Abs. 2 EG beihilferechtlich privilegiert werden.[730] Notwendig ist nach alledem, dass nur Tätigkeiten umfasst sind, die sich an dem Ziel der Pluralismussicherung orientieren und für die vom Mitgliedstaat klar und präzise festgelegt ist, ob sie vom öffentlichen Auftrag umfasst sein sollen oder nicht.

Das nationale Rundfunkrecht enthält hinsichtlich der Programmtätigkeit eine – wie von der Kommission gefordert – breit gefasste Definition, die den einzelnen Anstalten den ihnen zustehenden Freiraum zubilligt, ohne zugleich unpräzise zu sein.[731] Hinsichtlich der Kerntätigkeit der Anstalten ist die Voraussetzung des Art. 86 Abs. 2 EG damit erfüllt. Problematisch in diesem Zusammenhang ist allerdings, dass der verfassungsrechtliche Funktionsauftrag neben den Kernbereichstätigkeiten auch kommerzielle Tätigkeiten der nationalen Rundfunkanstalten umfasst, die gemeinschaftsrechtlich regelmäßig nicht als Dienstleistungen von allgemeinem wirtschaftlichen Interesse betrachtet werden.[732] Zwar obliegt es letztlich nach Amsterdamer Protokoll – im Einklang mit dem Subsidiaritätsprinzip – den Mitgliedstaaten, den Funktionsbereich der Anstalten und damit dasjenige, was Dienstleistung von allgemeinem wirtschaftlichen Interesse sein soll, festzulegen. Die zugebilligte Definitionshoheit entbindet die Mitgliedstaaten aber nicht von der korrespondierenden Verpflichtung, den zu privilegierenden Tätigkeitsbereich im Interesse des Wettbewerbs hinreichend klar zu präzisieren.[733] Sind nämlich die nationalen, einfachgesetzlichen Festlegungen nicht hinreichend präzise, so wird der Tätigkeitsbereich der nationalen Rundfunkanstalten letztlich durch den verfassungsrechtlichen Funktionsauftrag umgrenzt, der aber keine Unterscheidung zwischen Kerntätigkeiten und kommerziellen Tätigkeiten vorsieht. Um eine

---

729 Entscheidung der Kommission („*RAI*"), ABl. EG 2004, Nr. L 119/1, Rz. 117; Mitteilung der Kommission über die Anwendung der Vorschriften über Staatliche Beihilfen auf den öffentlich-rechtlichen Rundfunk, ABl. EG 2001, Nr. C 320/4, Rz. 33; Vorläufige Auffassung der Kommission hinsichtlich der deutschen Rundfunkfinanzierung vom 3. März 2005, epd Medien Nr. 21/2005, Rz. 174; *Storr* K&R 2002, 464, 469.

730 Mitteilung der Kommission über die Anwendung der Vorschriften über Staatliche Beihilfen auf den öffentlich-rechtlichen Rundfunk, ABl. EG 2001, Nr. C 320/4, Rz. 36 f.

731 *Oppermann*, Rundfunkgebühren, S. 55 f.; *Petersen*, Rundfunkfreiheit und EG-Vertrag, S. 86 f.; *Selmer/Gersdorf*, Finanzierung, S. 40; *Stulz-Herrnstadt*, Rundfunkfinanzierung, S. 199 f.

732 Vorläufige Auffassung der Kommission hinsichtlich der deutschen Rundfunkfinanzierung vom 3. März 2005, epd Medien Nr. 21/2005, Rz. 180; *Storr* K&R 2002, 464, 471.

733 Vorläufige Auffassung der Kommission hinsichtlich der deutschen Rundfunkfinanzierung vom 3. März 2005, epd Medien Nr. 21/2005, Rz. 190.

klare Grenzziehung zu erzielen, die gemeinschaftsrechtlich unbedenklich wäre, müssten kommerzielle Dienste im Sinne des Gemeinschaftsrechts im Wege der einfachgesetzlichen Präzisierung der Aufträge der Anstalten aus dem privilegierten Tätigkeitsbereich ausgeschlossen werden.

Daher sind pauschale Ermächtigungen unter Berufung auf die Entwicklungsgarantie zur Erbringung von Telemedien nicht zu einer hinreichend präzisen Grenzziehung geeignet. Durch den eröffneten weiten Spielraum für die öffentlich-rechtlichen Anstalten auf diesem Sektor besteht insbesondere die Gefahr, dass private Marktteilnehmer davon abgehalten werden, neue Telemedien anzubieten und zu entwickeln.[734] Solchermaßen würde ein wettbewerbliches Hemmnis für private Konkurrenten errichtet, das in dieser Form nicht hinnehmbar ist. Darüber hinaus ist zu berücksichtigen, dass die Orientierung am Ziel der Pluralismussicherung bei der Bestimmung dessen, was nach Ansicht des Mitgliedstaates unter den Begriff der Dienstleistung von allgemeinem wirtschaftlichen Interesse fallen soll, niemals verloren gehen darf. Fehlt der erforderliche Pluralismusbezug, so darf der in Frage stehende Dienst nicht von der Definition umfasst sein.[735] Typischerweise kommerzielle Dienste, die per definitionem nach nationalem Recht vom Begriff der Telemedien und damit vom verfassungsrechtlichen Funktionsauftrag umfasst wären, müssten daher gemeinschaftsrechtlich von der Privilegierung des Art. 86 Abs. 2 EG ausgenommen werden. Dies kann aber nur dann erfolgen, wenn sie qua Gesetz vom Auftrag ausgeschlossen werden würden. Die Kommission nennt hierfür als Beispiele E-Shops und mobile Online-Dienste, denen der erforderliche Pluralismusbezug offensichtlich fehlt.[736] An einer hinreichenden Präzisierung fehlt es weiter hinsichtlich der digitalen Kanäle des öffentlich-rechtlichen Rundfunks, bei denen gesetzlich keine programmliche Ausrichtung erfolgt und die damit den Anstalten einen zu weit gefassten Spielraum belassen.[737] Diese Bevorteilung ermöglicht es den öffentlich-rechtlichen Anstalten auf wettbewerblich veränderte Situationen durch Umfunktionierung der Kanäle zu reagieren, wohingegen die privaten Sender auf strikte Sendekonzepte festgelegt sind. Die derzeitige nationalen Ausgestaltungen des verfassungsrechtlichen Funktionsauftrages erfüllen daher nicht die Erfordernisse der ersten Voraussetzung des Art. 86 Abs. 2 EG.[738]

---

[734] Vorläufige Auffassung der Kommission hinsichtlich der deutschen Rundfunkfinanzierung vom 3. März 2005, epd Medien Nr. 21/2005, Rz. 183.

[735] Mitteilung der Kommission über die Anwendung der Vorschriften über Staatliche Beihilfen auf den öffentlich-rechtlichen Rundfunk, ABl. EG 2001, Nr. C 320/4, Rz. 34, 36; Vorläufige Auffassung der Kommission hinsichtlich der deutschen Rundfunkfinanzierung vom 3. März 2005, epd Medien Nr. 21/2005, Rz. 191-193; dies verkennen *Held/Schulz*, Online-Angebote, S. 66, 71.

[736] Vorläufige Auffassung der Kommission hinsichtlich der deutschen Rundfunkfinanzierung vom 3. März 2005, epd Medien Nr. 21/2005, Rz. 193.

[737] Vorläufige Auffassung der Kommission hinsichtlich der deutschen Rundfunkfinanzierung vom 3. März 2005, epd Medien Nr. 21/2005, Rz. 194 f.

[738] Anders *Reese*, Funktionsauftrag, S. 267 f., die pauschal und ohne tragfähige Begründung die Anforderungen des Art. 86 Abs. 2 EG als gegeben ansieht.

(ii) Formelle Beauftragung und hinreichende Kontrolle

Die Privilegierung des Art. 86 Abs. 2 EG erfordert weiter, dass der öffentliche Auftrag einem oder mehreren Unternehmen im Wege einer förmlichen Rechtshandlung übertragen wird.[739] Aus diesem formellen Akt muss zumindest die genaue Art, Umfang und Dauer der auferlegten Gemeinwohlverpflichtung, der Name des beauftragten Unternehmens sowie die von diesem zu tragenden Kosten zu entnehmen sein.[740] Das erfordert einen Hoheitsakt der öffentlichen Gewalt.[741] Mit dieser Pflicht zur förmlichen Betrauung korrespondiert die Pflicht des beauftragenden Mitgliedstaates zu überwachen, ob das beauftragte Unternehmen die ihm auferlegte Dienstleistung tatsächlich so erbracht hat, wie mit der förmlichen Betrauung beabsichtigt.[742] Dafür muss der Mitgliedstaat eine entsprechende Kontrollinstanz einrichten, die die effektive, auftragsgemäße Erbringung der betrauten Dienstleistung kontrolliert.

Die nationale Rundfunkordnung stellt eine solchermaßen förmliche Betrauung über § 11 RfStV und die einzelnen Beauftragungen der Länderanstalten bereit. Fraglich ist dabei schon, ob das Geflecht aus anstaltsinterner Kontrolle, Ermittlung des Finanzbedarfs durch die KEF sowie nachträglicher Kontrolle durch die Landesrechungshöfe dem Grunde nach geeignet ist, die auftragsgemäße Erbringung der Dienstleistung sicherzustellen. Zweifel ergeben sich hier bereits aus den Ausführungen der Kommission, nach denen eine effektive Kontrolle durch eine Aufsichtsinstanz nur als gesichert anzusehen sein dürfte, wenn diese Instanz vom beauftragten Unternehmen unabhängig ist.[743] Insbesondere die umfassende, interne Kontrolle durch die Rundfunkräte scheint in dieser Hinsicht als kritisch zu bewerten sein, da sich deren Kontrolltätigkeit niemals unabhängig von den Belangen der Anstalten selbst gestalten werden wird. Auch das Verfahren der KEF wirft mit Hinblick auf die historische Bestimmung des Finanzbedarfs die Frage auf, ob solchermaßen eine effiziente Kontrolle sichergestellt werden kann. Unabhängig von diesen grundsätzlichen Bedenken bedingt die defizitäre Tren-

---

739 Entscheidung der Kommission („*TV2*"), ABl. EG 2004, Nr. C 59/2, Rz. 81 f.; E („*RAI*"), ABl. EG 2004, Nr. L 119/1, Rz. 100; Mitteilung der Kommission über die Anwendung der Vorschriften über Staatliche Beihilfen auf den öffentlich-rechtlichen Rundfunk, ABl. EG 2001, Nr. C 320/4, Rz. 40; Vorläufige Auffassung der Kommission hinsichtlich der deutschen Rundfunkfinanzierung vom 3. März 2005, epd Medien Nr. 21/2005, Rz. 197; *Pelny* ZUM 2005, 22, 27; *Koenig/Haratsch* ZUM 2004, 122, 123; *Hochbaum/Klotz*, in: von der Groeben/Schwarze, Art. 86 EG Rz. 63; *Pernice/Wernicke*, in: Grabitz/Hilf, Art. 86 EG Rz. 41 f.

740 Gemeinschaftsrahmen für staatliche Beihilfen, die als Ausgleich für die Erbringung öffentlicher Dienstleistungen gewährt werden, ABl. EG 2005, Nr. C 297/4, Rz. 12.

741 EuGH Slg. 1974, 313, Rz. 19 f.; Slg. 1997, I-5815, Rz. 65 f.; *Stulz-Herrnstadt*, Rundfunkfinanzierung, S. 194 f.

742 Entscheidung der Kommission („*TV2*"), ABl. EG 2004, Nr. C 59/2, Rz. 81 f.; E („*RAI*"), ABl. EG 2004, Nr. L 119/1, Rz. 118; Mitteilung der Kommission über die Anwendung der Vorschriften über Staatliche Beihilfen auf den öffentlich-rechtlichen Rundfunk, ABl. EG 2001, Nr. C 320/4, Rz. 41; Vorläufige Auffassung der Kommission hinsichtlich der deutschen Rundfunkfinanzierung vom 3. März 2005, epd Medien Nr. 21/2005, Rz. 198.

743 Entscheidung der Kommission („*TV2*"), ABl. EG 2004, Nr. C 59/2, Rz. 94; E („*RAI*"), ABl. EG 2004, Nr. L 119/1, Rz. 118; Mitteilung der Kommission über die Anwendung der Vorschriften über Staatliche Beihilfen auf den öffentlich-rechtlichen Rundfunk, ABl. EG 2001, Nr. C 320/4, Rz. 42; *Pelny* ZUM 2005, 22, 27 f.; *Koenig/Haratsch* ZUM 2004, 122, 123.

nung von Kerndiensten und kommerziellen Aktivitäten im Rahmen der Definitionsfestlegung zusätzlich, dass eine effiziente Kontrolle nicht möglich ist. Insbesondere wird dies deutlich am Beispiel der Telemedien im Bereich der Online-Dienste: Chatrooms, Online-Spiele, Online-Rechner, Online-Kontaktbörsen und ähnliches können zwar nicht pauschal als Dienste ohne Pluralismusbezug eingestuft werden, diese können durchaus bei ausreichendem Programmbezug im Einzelfall eine solchen Bezug aufweisen. Eine sinnvolle Kategorisierung scheidet aber aufgrund der nicht kontrollfähigen Grenzen aus.[744] Auch das zweite Kriterium für eine Freistellung nach Art. 86 Abs. 2 EG ist daher nicht erfüllt.

(iii) Keine Überkompensation

Drittens darf eine Privilegierung nach Art. 86 Abs. 2 EG den Wettbewerb auf dem Gemeinsamen Markt nicht in unverhältnismäßig hohem Maße beeinträchtigen.[745] Diese Verhältnismäßigkeitsprüfung setzt aber zunächst voraus, dass eine hinreichend präzise Definition des Auftrages vorliegt und eine strikte Trennung zwischen gemeinwirtschaftlichen und anderen kommerziellen Tätigkeiten vorgenommen worden ist. Nur auf Grundlage einer ordnungsgemäßen Mittel- und Kostenzuweisung kann überhaupt eine Bestimmung der Nettokosten für die gemeinwirtschaftliche Verpflichtung durchgeführt werden.[746] Für die dann vorzunehmende Verhältnismäßigkeitsprüfung sind Orientierungspunkt die Nettokosten dessen, was zur Erbringung des öffentlichen Auftrags erforderlich ist; insbesondere sind durch Überkompensationen entstehende Marktverzerrungen nicht hinzunehmen.[747] Weder eine hinreichend bestimmte Beauftragung noch eine getrennte Buchführung gemäß der Transparenzrichtlinie existieren aber im nationalen Rundfunkregulierungsregime. Eine explizite Kostenbestimmung der Nettokosten der gemeinwirtschaftlichen Tätigkeiten ist danach nicht möglich. Das Geflecht aus kommerziellen und gemeinwirtschaftlichen Tätigkeiten im nationalen

---

744 Hierzu Entscheidung der Kommission („*TV2*"), ABl. EG 2004, Nr. C 59/2, Rz. 19, 91 f.; Vorläufige Auffassung der Kommission hinsichtlich der deutschen Rundfunkfinanzierung vom 3. März 2005, epd Medien Nr. 21/2005, Rz. 189.

745 Gemeinschaftsrahmen für staatliche Beihilfen, die als Ausgleich für die Erbringung öffentlicher Dienstleistungen gewährt werden, ABl. EG 2005, Nr. C 297/4, Rz. 20; Erwägungsgrund Nr. 12 f. der Entscheidung der Kommission, ABl. EG 2005, Nr. L 312/67; Entscheidung der Kommission („*TV2*"), ABl. EG 2004, Nr. C 59/2, Rz. 81 f.; E („*RAI*"), ABl. EG 2004, Nr. L 119/1, Rz. 120 ff.; Mitteilung der Kommission über die Anwendung der Vorschriften über Staatliche Beihilfen auf den öffentlich-rechtlichen Rundfunk, ABl. EG 2001, Nr. C 320/4, Rz. 47; *Pelny* ZUM 2005, 22, 27; *Koenig/Haratsch* ZUM 2004, 122, 123 f.; *Koenig/Kühling*, in: Streinz, Art. 86 EG Rz. 65 f.; *Pernice/Wernicke*, in: Grabitz/Hilf, Art. 86 EG Rz. 54 f.

746 Gemeinschaftsrahmen für staatliche Beihilfen, die als Ausgleich für die Erbringung öffentlicher Dienstleistungen gewährt werden, ABl. EG 2005, Nr. C 297/4, Rz. 20; Entscheidung der Kommission („*RAI*"), ABl. EG 2004, Nr. L 119/1, Rz. 121; Mitteilung der Kommission über die Anwendung der Vorschriften über Staatliche Beihilfen auf den öffentlich-rechtlichen Rundfunk, ABl. EG 2001, Nr. C 320/4, Rz. 49; dies verkennt *Stulz-Herrnstadt*, Rundfunkfinanzierung, S. 221 ff.

747 Mitteilung der Kommission über die Anwendung der Vorschriften über Staatliche Beihilfen auf den öffentlich-rechtlichen Rundfunk, ABl. EG 2001, Nr. C 320/4, Rz. 57 f., ähnlich Entscheidung der Kommission („*France 2/3*"), ABl. EG 2004, Nr. L 361/21, Rz. 87.

Regulierungsregime macht es unmöglich festzustellen, ob Überkompensationen vorliegen oder nicht.[748] Allein die Tatsache aber, dass keine Trennung erfolgt, beherbergt aber bereits die Gefahr einer Überkompensation in sich. Daher ist auch das letzte Kriterium für eine Privilegierung nach Art. 86 Abs. 2 EG nicht erfüllt.

(iv) Ergebnis: Keine ausnahmsweise Rechtfertigung

Damit liegt keine der Voraussetzungen für eine Privilegierung nach Art. 86 Abs. 2 EG vor. Die Bereichsausnahme kann daher nicht die dem Grunde nach unzulässige Beihilfe ausnahmsweise als gerechtfertigt bewerten.[749] Nach alledem ist in der nationalen Rundfunkfinanzierung in ihrer derzeitigen Ausprägung eine unzulässige Beihilfe im Sinne des Art. 87 Abs. 1 EG zu sehen, die nicht mit dem Gemeinsamen Markt vereinbar ist. Die Europarechtswidrigkeit zieht mit Blick auf das nationale Recht Konsequenzen nach sich, nach denen das bestehende Regime bestimmter Anpassungen bedarf, um das Ergebnis einer unzulässigen Beihilfe vermeiden zu können. Diese werden im Verlauf der weiteren Bearbeitung noch aufgezeigt werden.

II. Sekundärrecht

Gemäß Art. 249 EG obliegt es den Institutionen der Gemeinschaft zur Erfüllung der ihnen übertragenen Aufgaben nach Maßgabe des EG Rechtshandlungen vorzunehmen.[750] Im Rundfunkbereich sind die Institutionen der Gemeinschaft daher im Rahmen der bereits erarbeiteten Kompetenzen befugt, Rechtsakte als Sekundärrecht zu erlassen, die dann gegenüber dem nationalen Recht der Mitgliedstaaten aufgrund des umfassenden Anwendungsvorrangs des Europarechts Rückwirkungen entfalten können. Verbindliche Rechtsakte können dabei Verordnungen, Richtlinien und Entscheidungen der Organe der Gemeinschaft sein, Art. 249 EG. Für die Bestimmung des Aufgabenbereiches des öffentlichen Rundfunks existieren keine einschlägigen EG-Verordnungen. Relevanz erlangen aber zwei EG-Richtlinien: die Fernsehrichtlinie und die Transparenzrichtlinie:

1. Transparenzrichtlinie

Die auf Grundlage des Art. 86 Abs. 3 EG ergangene Transparenzrichtlinie („***TRL***")[751] verpflichtet die Mitgliedstaaten, Transparenz bei den finanziellen Beziehungen zwischen der öffentlichen Hand einerseits und öffentlichen Unternehmen andererseits herzustellen. Gemäß Art. 1 Abs. 2 iVm Art. 2 Abs. 1 lit. d) TRL werden solche Unternehmen zu einer getrennten Buchführung verpflichtet, denen besondere oder ausschließliche Rechte nach Art. 86 Abs. 1 EG von einem Mitgliedstaat verliehen oder die mit der Erbringung von Dienstleistungen von allgemeinem wirtschaftlichen Interesse im Sinne des Art. 86 Abs. 2 EG betraut wurden und gleichzeitig eine Vergütung

---

748 Vorläufige Auffassung der Kommission hinsichtlich der deutschen Rundfunkfinanzierung vom 3. März 2005, epd Medien Nr. 21/2005, Rz. 214.

749 Anders mit verkürzter und fragwürdiger Begründung *Held/Schulz*, Online-Angebote, S. 78 f.

750 *Schmidt*, in: von der Groeben/Schwarze, Art. 249 EG Rz. 19-21.

751 Richtlinie 80/723/EWG der Kommission vom 25. Juni 1980, zuletzt geändert durch RL 2005/81/EG der Kommission vom 28. November 2005, ABl. EG 2005, Nr. L 312/47; im Folgenden als Transparenzrichtlinie bezeichnet.

in unterschiedlicher Form für diese Dienstleistung erhalten.[752] Daneben ist für die Verpflichtung zur getrennten Buchführung konsequent Voraussetzung, dass die Unternehmen neben den Gemeinwohlverpflichtungen überhaupt andere, kommerzielle Tätigkeiten wahrnehmen.[753] Gemäß Art. 2 Abs. 1 lit. e) TRL sind solche kommerziellen Tätigkeiten alle von den Gemeinwohlverpflichtungen verschiedenen Dienstleistungen oder andere getrennte Produkte. Vor diesem Hintergrund ist fraglich, ob die Transparenzrichtlinie auch auf den öffentlich-rechtlichen Rundfunk Anwendung finden muss:

a) Anwendbarkeit

Betrachtet man die Voraussetzungen für eine Anwendbarkeit, so kann eine Verpflichtung aus der Transparenzrichtlinie für den öffentlich-rechtlichen Rundfunk zur getrennten Buchführung nach Art. 1 Abs. 2 iVm Art. 2 Abs. 1 lit. d) TRL kaum mehr bestritten werden: Wie bereits mehrfach festgestellt, sind die öffentlich-rechtlichen Anstalten mit Gemeinwohlverpflichtungen in Form von Dienstleistungen von allgemeinem wirtschaftlichen Interesse im Sinne des Art. 86 Abs. 2 EG betraut. Allein darin erschöpft sich aber nicht der Tätigkeitsbereich der Anstalten: Schon aus dem verfassungsrechtlichen Funktionsauftrag ergibt sich, dass die Anstalten auch befugt sind, kommerzielle Tätigkeiten im Sinne des Gemeinschaftsrechts in gewissem Umfang durchzuführen. Insbesondere Telemedien, digitale Fernsehkanäle sowie die Verwertung von Programmrechten sind nicht durchweg gemeinwohlverpflichtend geprägt, sondern können zumindest teilweise allein zu kommerziellen Zwecken vorgenommen werden. Außerhalb der Grundversorgung betätigt sich der öffentlich-rechtliche Rundfunk daher zumindest auch kommerziell.[754] Im Ergebnis erbringen die Anstalten daher neben Dienstleistungen von allgemeinem wirtschaftlichen Interesse auch kommerzielle Tätigkeiten im gemeinschaftsrechtlichen Sinn und fallen so grundsätzlich in den Anwendungsbereich der Transparenzrichtlinie.[755] Für die Erbringung der Gemeinwohlverpflichtungen erhalten die Rundfunkanstalten Rundfunkgebühren. Wie bereits ausführlich herausgearbeitet, sind diese als staatliche Beihilfen gemäß Art. 87 Abs. 1 EG zu qualifizieren. Eine solche ist auch als Vergütung im Sinne des Art. 2 Abs. 1 lit. d) TRL einzustufen. Da die Kommission aber durch die Novellierung der Transparenzrichtlinie beabsichtigte, Ausgleichszahlungen unabhängig von deren rechtlicher Qualität als Beihilfe dem Anwendungsbereich der Richtlinie zuzuordnen[756], änderte sich an

---

[752] Richtigerweise weisen *Held/Schulz* darauf hin, dass bereits der ursprüngliche Vorschlag der deutschen Fassung der RL 2005/81/EG der Kommission vom 28. November 2005, ABl. EG 2005, Nr. L 312/47 einen Übersetzungsfehler im Vergleich zur englischen Fassung enthält; *Held/Schulz*, Online-Angebote, S. 26 f.; dieser wurde hier berücksichtigt.

[753] *Hain* MMR 2001, 219, 219; *von Wallenberg* MMR 2004, 88, 92; *Hochbaum/Klotz*, in: von der Groeben/Schwarze, Art. 86 EG Rz. 118; *Krausnick*, Rundfunksystem, S. 346 f.

[754] *Hain* MMR 2001, 219, 223 f.; *von Wallenberg* MMR 2004, 88, 92; *Krausnick*, Rundfunksystem, S. 348 f.; anders *A. Hesse*, Rundfunkrecht, Kap. 7 Rz. 41, der meint, der öffentlich-rechtliche Rundfunk erbringe keine kommerziellen Tätigkeiten. Allerdings wird man den kommerziellen Charakter zumindest einiger Telemedien und Programmverwertungen – unabhängig von deren Zugehörigkeit zum verfassungsrechtlichen Funktionsauftrag – schwerlich verneinen können.

[755] Ablehnend auf Basis der alten Fassung der TRL *Hasse*, Finanzierung, S. 146 f.

[756] Vgl. Erwägungsgrund Nr. 4 der RL 2005/81/EG der Kommission vom 28. November 2005, ABl. EG 2005, Nr. L 312/47.

einer Qualifizierung der Rundfunkgebühren als Vergütung im Sinne des Art. 2 Abs. 1 lit. d) TRL auch dann nichts, wenn man die Rundfunkgebühren nicht als Beihilfe im Sinne des Art. 87 Abs. 1 EG bewerten wollte. Dem Grunde nach ist die Transparenzrichtlinie daher auf den öffentlich-rechtlichen Rundfunk anwendbar.

Die grundsätzliche Anwendbarkeit wird schließlich auch nicht über Art. 4 Abs. 2 lit. c) TRL wieder ausgeschlossen: Danach wäre eine Anwendbarkeit dann zu verneinen, wenn die staatliche Beihilfe in einem Verfahren festgesetzt würde, das offen, transparent und vor allem nicht diskriminierend ist und so Marktverzerrungen durch Überkompensation genügend entgegen wirkt. Wie bereits oben ausführlich dargelegt, ist das nationale Festsetzungsverfahren für die Rundfunkgebühr durch die KEF nicht geeignet, Überkompensationen und damit Diskriminierungen zu verhindern.[757] Insgesamt bleibt die Transparenzrichtlinie daher auf den öffentlich-rechtlichen Rundfunk anwendbar.[758] Dieses Ergebnis ist letztlich auf Grundlage der novellierten Fassung der Transparenzrichtlinie zwingend: Es war gerade Absicht des Richtliniengesetzgebers, die Pflicht zur Führung getrennter Bücher unabhängig von der rechtlichen Qualifizierung der gewährten Kompensation als staatliche Beihilfe entstehen zu lassen. Die vielfach propagierte Ablehnung[759] der Anwendung der Transparenzrichtlinie aufgrund des fehlenden Beihilfecharakters der Rundfunkgebühren ist auf Grundlage der novellierten Fassung der Transparenzrichtlinie nicht mehr haltbar.[760]

b) Resultierende Verpflichtungen

Aus der Anwendbarkeit der Richtlinie ergibt sich dann für die Mitgliedstaaten die Pflicht, für die öffentlich-rechtlichen Rundfunkanstalten eine getrennte Buchführung einzuführen. Gemäß Art. 1 Abs. 2 iVm Art. 2 Abs. 1 lit. d) TRL muss eine solche Buchführung getrennte Aufstellungen der Kosten und Erlöse für die verschiedenen Geschäftsbereiche aufweisen und genaue Angaben über die Methode der Zuordnung zu den einzelnen Bereichen enthalten.[761] Im Detail sind die zur getrennten Buchführung verpflichteten Unternehmen gemäß Art. 3a TRL gehalten, interne Konten für die einzelnen Geschäfte getrennt zu führen. Für die nationalen Rundfunkanstalten bedeutet dies, dass Konten für Grundversorgungstätigkeiten und für kommerzielle Tätigkeiten

---

[757] Vorläufige Auffassung der Kommission hinsichtlich der deutschen Rundfunkfinanzierung vom 3. März 2005, epd Medien Nr. 21/2005, Rz. 212; *Storr* K&R 2002, 464, 470 f.; *Hain* MMR 2001, 219, 224; pauschal bejahend *A. Hesse*, Rundfunkrecht, Kap. 7 Rz. 41; differenzierend *Krausnick*, Rundfunksystem, S. 350 f.; ablehnend *Hasse*, Finanzierung, S. 147 f.

[758] So schon Entscheidung der Kommission („*TV2*"), ABl. EG 2004, Nr. C 59/2, Rz. 20, 104 f.; Mitteilung der Kommission über die Anwendung der Vorschriften über Staatliche Beihilfen auf den öffentlich-rechtlichen Rundfunk, ABl. EG 2001, Nr. C 320/4, Rz. 52; Vorläufige Auffassung der Kommission hinsichtlich der deutschen Rundfunkfinanzierung vom 3. März 2005, epd Medien Nr. 21/2005, Rz. 212; *Pelny* ZUM 2005, 22, 24; *von Wallenberg* MMR 2004, 88, 92; *Hain* MMR 2001, 219, 224; *Neun*, Grenzen des Wachstums, S. 311, 313.

[759] So noch auf Grundlage der alten Fassung der Transparenzrichtlinie: *Eberle*, in: FS Brohm, 51, 65 f.; *Krausnick*, Rundfunksystem, S. 352; *A. Hesse*, Rundfunkrecht, Kap. 7 Rz. 41; *Gersdorf*, Rundfunkrecht, Rz. 572.

[760] *Pelny* ZUM 2005, 22, 24; *von Wallenberg* ZUM 2004, 875, 878 f.

[761] *Neun*, Grenzen des Wachstums, S. 310 f.

getrennt geführt werden müssen. Aktuell besteht im nationalen Recht keine solche getrennte Buchführung im Sinne der Transparenzrichtlinie, da bei der Buchführung durch die Rundfunkanstalten nicht zwischen Dienstleistungen von allgemeinem wirtschaftlichen Interesse und kommerziellen Aktivitäten unterschieden wird.[762] Weiter müssen einheitlich angewandte und objektiv gerechtfertigte Kostenrechnungsgrundsätze für Zuordnung und Zuweisung verwandt werden. Hier bestehen im nationalen Recht die gleichen Bedenken, die bereits im Rahmen der Altmark Trans-Kriterien erörtert wurden. Eine klare und transparente Kostenzuordnung zu den getrennten Bereichen erfolgt nicht.[763] Auch die letztlich geforderte Bestimmtheit der Kostenrechungsgrundsätze ist nicht erfüllt. Im Ergebnis werden in der nationalen dualen Rundfunkordnung die Anforderungen der Transparenzrichtlinie nicht erfüllt.[764] Die Bundesrepublik Deutschland hat es bis jetzt – jedenfalls auf Grundlage der aktuellen Fassung der Transparenzrichtlinie in nicht vertretbarer Weise – versäumt, die Vorgaben der Richtlinie adäquat für den Bereich des öffentlich-rechtlichen Rundfunks umzusetzen. An diesem schon nach der hier vertretenen Auffassung für die ursprüngliche Fassung der Transparenzrichtlinie geltenden Ergebnis, kann auch die novellierte Fassung der Transparenzrichtlinie nichts ändern: Im Gegenteil ist deren Anwendbarkeit auf den nationalen öffentlich-rechtlichen Rundfunk unabwendbar. Deren Anforderungen müssen vom Rundfunkgesetzgeber binnen zwölf Monaten ab Inkrafttreten der novellierten Fassung, also bis zum 19. Dezember 2006 in nationales Recht transformiert werden.[765] Im Rahmen der gütlichen Einigung der Beihilfestreitigkeiten haben sich die Länder und die Kommission geeinigt, dass die Länder die gemeinschaftsrechtliche Forderung nach transparenter Trennung von Dienstleistungen von allgemeinem wirtschaftlichen Interesse und kommerziellen Aktivitäten der Anstalten im 10. Rundfunkänderungsstaatsvertrag umsetzen werden.

2. Fernsehrichtlinie

Die auf Grundlage von Art. 47 Abs. 2 iVm Art. 55 EG ergangene Fernsehrichtlinie („***FRL***")[766] intendiert, die Ausübung der grenzüberschreitenden Dienstleistung der Fernsehtätigkeit gemeinschaftsweit zu harmonisieren. Gemäß Art. 1 lit. a) FRL finden die Vorschriften der Richtlinie aber nur auf den Fernsehbereich Anwendung, womit im Gegensatz zu Hörfunk und sonstigen rundfunkähnlichen Diensten gemeinschaftsrecht-

[762] Vorläufige Auffassung der Kommission hinsichtlich der deutschen Rundfunkfinanzierung vom 3. März 2005, epd Medien Nr. 21/2005, Rz. 211, 213.

[763] Vorläufige Auffassung der Kommission hinsichtlich der deutschen Rundfunkfinanzierung vom 3. März 2005, epd Medien Nr. 21/2005, Rz. 213.

[764] Vorläufige Auffassung der Kommission hinsichtlich der deutschen Rundfunkfinanzierung vom 3. März 2005, epd Medien Nr. 21/2005, Rz. 214; *Selmayr/Kamann* K&R 2004, 49, 58.

[765] Vgl. Art. 2 der RL 2005/81/EG der Kommission vom 28. November 2005, ABl. EG 2005, Nr. L 312/47.

[766] Richtlinie 89/552/EWG der Rates vom 3. Oktober 1989 zur Koordinierung bestimmter Rechts- und Verwaltungsvorschriften der Mitgliedstaaten über die Ausübung der Fernsehtätigkeit, ABl. EG 1989, Nr. L 331/51, zuletzt geändert durch RL 1997/36/EG des Parlamentes und des Rates vom 30. Juni 1997, ABl. EG 1997, Nr. L 202/60; im Folgenden als ***Fernsehrichtlinie*** bezeichnet.

liche Sondervorgaben für diesen Bereich festgeschrieben werden.[767] Insgesamt normiert die Fernsehrichtlinie einen europaweiten Mindeststandard, den die mitgliedstaatliche Regulierung der Inhalte von Fernsehsendungen gewährleisten muss.[768] Im Rahmen dieser Bearbeitung soll nur auf für die zu beantwortenden Fragestellungen relevanten Teilbereiche der Fernsehrichtlinie eingegangen werden:

a) Inhaltliche Vorgaben

Art. 22 FRL konstituiert einen nach der Intensität der Gefährdung gestuften Schutz Minderjähriger.[769] Gemäß Art. 22 Abs. 1 FRL sind durch die Mitgliedstaaten geeignete Maßnahmen zu treffen, dass Fernsehsendungen keine Inhalte enthalten, die die körperliche, geistige und sittliche Entwicklung von Minderjährigen ernsthaft beeinträchtigen können. Andere Programme, die diese Entwicklung nur beeinträchtigen können, sind dann zulässig, wenn diese durch die Wahl der Sendezeit oder technische Beschränkungen regelmäßig von Minderjährigen nicht gesehen werden können, Art. 22 Abs. 2 FRL. Darüber hinaus schreibt Art. 22a FRL das Gebot fest, dass Sendungen nicht zu Hass aufgrund von Rasse, Geschlecht, Religion oder Nationalität aufstacheln dürfen. Art. 4 Abs. 1 FRL verpflichtet die Mitgliedstaaten dazu, den Hauptanteil der Sendezeit der Veranstalter, die nicht aus Nachrichten, Sportberichterstattung, Spielshows oder Werbung besteht, europäischen Werken im Sinne des Art. 6 Abs. 1 FRL vorzubehalten.[770] Darüber hinaus verlangt Art. 5 FRL durch die Festschreibung einer Quote, dass die Veranstalter 10 Prozent dieser Sendezeit oder alternativ 10 Prozent ihrer Haushaltsmittel für Programmgestaltung europäischer Werke vorbehalten, die von unabhängigen Herstellern produziert wurden. Allerdings stehen beide Regelungen unter dem Vorbehalt des Möglichen und werden nur als politische Zielvorgabe bezeichnet.[771] Zum Teil wurde daraus abgeleitet, dass die Vorschriften daher insoweit national nicht verbindlich sind. Allerdings sind Richtlinien und damit deren Vorschriften verbindliche Rechtssetzungsakte der Gemeinschaft, Art. 249 Abs. 3 EG, deren Vorgaben stets von den Mitgliedstaaten beachtet werden müssen.[772] Zumindest Maß-

---

767 *Thaenert* MMR 2005, 279, 279; *Hartstein, u.a.*, Teil B4 Rz. 20; *Gersdorf*, Rundfunkrecht, Rz. 579; *A. Hesse*, Rundfunkrecht, Kap. 7 Rz. 51; der Entwurf der Kommission zur Novellierung der Fernsehrichtlinie sieht allerdings eine Erweiterung des Anwendungsbereichs der FRL vor: Danach sollen audiovisuelle Mediendienste unabhängig davon erfasst sein, ob sie nach Programmplan oder auf Abruf bereitgestellt werden; vgl. Erwägungsgrund Nr. 13 der Entwurfsfassung der FRL, KOM (2005), 646 endg.

768 Mitteilung der Kommission über die Zukunft der europäischen Regulierungspolitik im audiovisuellen Bereich, KOM (2003), 784 endg., S. 15.

769 *Thaenert* MMR 2005, 279, 280 f.; *Hartstein, u.a.*, Teil B4 Rz. 23; *A. Hesse*, Rundfunkrecht, Kap. 7 Rz. 54.

770 *A. Hesse*, Rundfunkrecht, Kap. 7 Rz. 52; *Hartstein, u.a.*, Teil B4 Rz. 24.

771 *Thaenert* MMR 2005, 279, 280; *Gundel* ZUM 1998, 1002, 1002; *Schmitt-Vockenhausen* ZUM 1998, 377, 378 f.; *Degenhart*, in: Bonner Kommentar, Art. 5 GG Rz. 666 f.; *Gersdorf*, Rundfunkrecht, Rz. 583; *A. Hesse*, Rundfunkrecht, Kap. 7 Rz. 52; vgl. auch Mitteilung der Kommission über die Zukunft der europäischen Regulierungspolitik im audiovisuellen Bereich, KOM (2003), 784 endg., S. 19 f.

772 BVerfGE 92, 203, 244 f.; *Gersdorf*, Rundfunkrecht, Rz. 583; *A. Hesse*, Rundfunkrecht, Kap. 7 Rz. 52.

nahmen zur schrittweisen Annäherung an die Erreichung der geforderten Quote werden daher von den Mitgliedstaaten zu fordern sein.

b) Resultierende Verpflichtungen

Die Fernsehrichtlinie konstituiert für den Fernsehbereich materielle Vorgaben, die die Mitgliedstaaten bei der Ausgestaltung der nationalen Rundfunkordnungen zu beachten haben. Die Verpflichtungen verlieren aber insoweit an Bedeutung, als dass sie bereits adäquat in nationales Recht transferiert wurden.[773] Für die nationale Rundfunkordnung Deutschlands bedeutet dies, dass das derzeitige nationale Rundfunkregulierungsregime im Einklang mit den Anforderungen der Fernsehrichtlinie steht.[774] Defizite könnten sich allenfalls dann ergeben, wenn man die Quotenregelungen der Richtlinie als rechtsverbindlich verstünde. Allerdings werden die Quotenregelungen durch die Gemeinschaft eher als Zielvorgaben interpretiert, für deren Umsetzung eine sukzessive Annäherung an die absolute Quote ausreichend sein soll. Die Strukturvorgaben der Richtlinie könnten aber wieder Relevanz gewinnen, wenn die für 2007 geplante Novellierung der Fernsehrichtlinie in Kraft treten sollte. Mit dieser soll der Anwendungsbereich der Fernsehrichtlinie auf audiovisuelle Mediendienste ausgeweitet werden. Gemäß Art. 1 lit. a) des Vorschlags der Kommission[775] sind darunter alle Dienstleistungen zu verstehen, deren Hauptzweck in dem Angebot bewegter Bilder mit oder ohne Ton zur Information, Unterhaltung oder Bildung der allgemeinen Öffentlichkeit über elektronische Kommunikationsnetze besteht. Ob sich aus der geplanten Richtlinie neue Präzisierungsvorgaben für den nationalen Rundfunkgesetzgeber ableiten lassen, bleibt abzuwarten.

D. Zusammenfassung

Insgesamt ergeben sich damit folgende Rückwirkungen auf das nationale Rundfunkregulierungsregime: Abgeleitet aus der Rechtsprechung des Europäischen Gerichtshofs sowie in neuerer Zeit auch der EU-Grundrechtscharta begründet sich das Gemeinschaftsgrundrecht einer europäischen Rundfunkfreiheit. Als Gemeinschaftsgrundrecht bindet es die Mitgliedstaaten nur, soweit sie Gemeinschaftsrecht durchführen. Konsequenterweise hat sich der nationale Gesetzgeber bei der Umsetzung von Richtlinien sowie beim administrativen Vollzug von Verordnungen an der europäischen Rundfunkfreiheit zu orientieren. Dennoch: Etwaige Beschränkungen können im Interesse von dem Gemeinwohl dienenden Zielen der Gemeinschaft gerechtfertigt sein. Wenn also nationale Regelungen zuweilen als Beschränkungen der europäischen Rundfunkfreiheit zu verstehen sind, so werden diese regelmäßig im Interesse der vom Europäischen Gerichtshof anerkannten Pluralismussicherung gerechtfertigt sein. Hier existiert für den nationalen Rundfunkgesetzgeber ein weiter Handlungsspielraum, da insbesondere die Pluralismussicherung im Sinne des Amsterdamer Protokolls zuvorderst Auf-

---

773 Mitteilung der Kommission über die Zukunft der europäischen Regulierungspolitik im audiovisuellen Bereich, KOM (2003), 784 endg., S. 6 f.

774 Zu den einzelnen Regelungsbereichen, vgl. *Thaenert* MMR 2005, 279, 280 f.

775 Vorschlag für eine Richtlinie über audiovisuelle Mediendienste, KOM (2005), 646 endg.

gabe der Mitgliedstaaten bleibt und bleiben soll.[776] Grenzen der Ausgestaltung ergeben sich nur dort, wo diese zu Beeinträchtigungen führen, die durch das Ziel der Pluralismussicherung nicht mehr gerechtfertigt werden können und unverhältnismäßig sind. Daher ist es dem nationalen Gesetzgeber – entgegen der Auffassung des Bundesverfassungsgerichts und in Anlehnung an die Rechtsprechung des Europäischen Gerichtshofs für Menschenrechte hinsichtlich Art. 10 EMRK – verwehrt, das duale System zugunsten eines öffentlich-rechtlichen Monopolrundfunks aufzulösen.

Anerkanntermaßen gilt Rundfunk europarechtlich als wirtschaftliche Dienstleistung, die stets an Art. 49 ff. EG zu messen ist.[777] Konsequenz ist, dass nationale Rundfunkregelungen, soweit sie wirtschaftliche Aspekte des Rundfunks betreffen, dem Grunde nach im Hinblick auf Art. 49 ff. EG rechtfertigungsbedürftig sind. Beschränkungen der Dienstleistungsfreiheit durch nationale Rundfunkregulierung sind europarechtlich allein dann zulässig, wenn diese durch zwingende Gründe des Allgemeinwohls gerechtfertigt und verhältnismäßig sind. Der Europäische Gerichtshof und das Europäische Gericht erster Instanz erkennen in ständiger Rechtsprechung das nicht wirtschaftliche Ziel der Aufrechterhaltung einer pluralistischen Medienordnung als zwingenden Grund des Allgemeininteresses an.[778] Die Feststellung der Verhältnismäßigkeit der Regelungen obliegt letztverbindlich der Auslegung des Europäischen Gerichthofs. Dennoch: Aufgrund der überragenden Bedeutung der Pluralismussicherung verbleibt dem nationalen Gesetzgeber ein weiter Handlungsspielraum, der kaum je zu einer gemeinschaftsrechtlichen Unzulässigkeit der Rundfunkregelungen führen wird.

I. Beihilferechtlich bedingte Strukturvorgaben

Wie dargelegt, steht die Gebührenfinanzierung des nationalen Regulierungsregimes im Widerspruch zum EU-Beihilferecht. Will der nationale Rundfunkgesetzgeber einer Europarechtswidrigkeit der dualen Rundfunkordnung entgegen wirken, so treffen ihnen eine Reihe von europarechtlichen Verpflichtungen, die bei der nationalen Ausgestaltung Berücksichtigung finden müssen. Die Konsequenz der Einstufung der Gebührenfinanzierung als unzulässige Beihilfe im Sinne des Art. 87 Abs. 1 EG lässt sich dann vermeiden, wenn der nationale Gesetzgeber eine Rundfunkordnung schafft, die die vier Kriterien der Altmark Trans-Rechtsprechung des Europäischen Gerichtshofs kumulativ zu erfüllen vermag.[779] Die nationalen Rundfunkanstalten werden durch förmliches Gesetz mit der Erbringung von Rundfunk als Dienstleistung von allgemeinem wirtschaftlichen Interesse hinreichend präzise im Sinne des ersten Kriteriums von Altmark Trans betraut. Allerdings erbringen die Anstalten neben den Gemeinwohlverpflichtungen als Kernaufgaben zusätzlich auch kommerzielle Tätigkeiten. Eine Ausnahme vom EU-Beihilferegime kann aber nur dann angenommen werden, wenn der

---

776 Mitteilung der Kommission über die Zukunft der europäischen Regulierungspolitik im audiovisuellen Bereich, KOM (2003), 784 endg., S. 9; *Roßnagel/Scheuer* MMR 2005, 271, 277 f.; *Schwarze* AfP 2003, 209, 212.

777 EuGH Slg. 1974, 409, Rz. 6; Slg. 1991, I-2925, Rz. 13 (st. Rspr.).

778 EuGH Slg. 1991, I-331, Rz. 23; Slg. 1991, I-4007, Rz. 22 f.; Slg. 1991, I-4069, Rz. 29 f.; Slg. 1993, I-487, Rz. 9 f.; Slg. 1999, I-7599, Rz. 50 (st. Rspr.); EuG Slg. 1999, II-2329, Rz. 105.

779 *Degenhart* K&R 2005, 295, 301.

öffentlich-rechtliche Rundfunk den Ausgleich nur für seine gemeinwirtschaftlichen Tätigkeiten erhält. Dabei gibt es keinen Automatismus dahingehend, dass all dasjenige, was nach nationaler Sichtweise verfassungsrechtlich zulässig sein kann, automatisch auch als gemeinwirtschaftliche Tätigkeit im Sinne des Gemeinschaftsrechts gelten muss.[780] Dies ist unter anderem in der gemeinschaftsrechtlichen Sichtweise des Rundfunkrechts begründet: Dort soll nämlich nicht darüber befunden werden, ob bestimmte kommerzielle Tätigkeiten im Rahmen des nationalen Auftrags des öffentlichen-rechtlichen Rundfunks überhaupt zulässig sein können oder nicht, sondern es werden konkrete Vorgaben an den nationalen Gesetzgeber darüber gemacht, in welcher Weise solche kommerziellen Aktivitäten der öffentlich-rechtlichen Anstalten zu behandeln sind, um nicht die Gebührenfinanzierung als Gesamtheit zu gefährden.

Hier ist der nationale Gesetzgeber gefordert, objektive und transparente Parameter aufzustellen, die gewährleisten, dass keine Überkompensation für kommerzielle Aktivitäten erbracht und der erforderliche Ausgleich für die Erbringung von Dienstleistungen von allgemeinem wirtschaftlichen Interesse entsprechend berechnet werden kann. Die dann ermittelte Kompensation darf gerade nicht das Risiko einer Überkompensation in sich tragen. Der nationale Gesetzgeber ist daher gehalten, durch eine Präzisierung im nationalen Recht kommerzielle Aktivitäten wie Telemedien und digitale Kanäle gesondert im Auftrag der Anstalten zu erfassen und präzise vorzugeben, wann diese über Gebühren zu finanzieren sind und wann nicht.[781] Kommerzielle Aktivitäten der Anstalten müssen immer dann unter marktmäßigen Bedingungen erfolgen und vom Privileg der Gebührenfinanzierung ausgeschlossen werden, wenn sie nicht dem Ziel der Pluralismussicherung zu dienen bestimmt sind. Fehlt dieser erforderliche Pluralismusbezug, so darf der in Frage stehende Dienst eben nicht von der Auftragsdefinition der Dienstleistung von allgemeinem wirtschaftlichen Interesse umfasst sein.

Das Geflecht aus kommerziellen und gemeinwirtschaftlichen Tätigkeiten im nationalen Regulierungsregime macht es unmöglich festzustellen, ob Überkompensationen hinsichtlich der Ausgleichszahlung für die Gemeinwohlverpflichtung des öffentlich-rechtlichen Rundfunks vorliegen oder nicht: Allein die Tatsache, dass keine Trennung der beiden Tätigkeitsbereiche erfolgt, die die Verwendung von und den Bedarf an Mitteln entsprechend transparent und nachvollziehbar macht, beherbergt bereits die Gefahr einer solchen Überkompensation in sich. Daher muss im Einklang mit den bis heute nicht umgesetzten Vorgaben der auf den öffentlich-rechtlichen Rundfunk anwendbaren Transparenzrichtlinie in der nationalen Rundfunkordnung eine getrennte Buchführung für Gemeinwohlverpflichtungen einerseits und kommerziellen Aktivitäten andererseits eingeführt werden.[782] Darüber hinaus müssen weitere Maßnahmen getroffen werden, durch die sichergestellt werden kann, dass sich die Anstalten hinsichtlich ihrer kommerziellen Aktivitäten an einer marktmäßigen Erbringung orientieren. Zudem sollte die Berechnungsmethode für die Kompensation Regelungen beinhalten, die die Anstalten verpflichten, bei der Mittelverwendung bestehende Einspar- und Wirtschaftlichkeitsmöglichkeiten so weit wie möglich zu nutzen. Auch müssen

---

780 So auch *Degenhart* K&R 2005, 295, 301; extensiver *Gounalakis*, Funktionsauftrag, S. 171 ff.

781 *Pelny* ZUM 2005, 22, 29; *Degenhart* K&R 2005, 295, 301.

782 *Pelny* ZUM 2005, 22, 29; *Degenhart* K&R 2005, 295, 301.

Regelungen konzipiert werden, die die finanziellen Beziehungen zwischen Anstalten und kommerziellen Tochterunternehmen offen legen und Transaktionen zwischen den Akteuren nach marktmäßigen Grundsätzen gestalten. Die Einhaltung dieser strikten Trennung zwischen Gemeinwohlverpflichtungen und kommerziellen Aktivitäten bedarf dann einer effizienten nachträglichen Kontrolle – vorzugsweise durch eine unabhängige Instanz –, die die tatsächliche Erfüllung des gesetzlichen Auftrags der Anstalten überwacht.[783]

Bei einer umfänglichen Berücksichtigung dieser Präzisierungsvorgaben des Gemeinschaftsrecht bestünde die Möglichkeit, die Gebührenfinanzierung über die Erfüllung der Altmark Trans-Kriterien tatbestandlich nicht unter den Begriff der Beihilfe fallen zu lassen, so dass die nationale Rundfunkordnung wieder im Einklang mit dem EU-Beihilfenregime stünde. Eine nicht eng umgrenzte Festlegung des gesetzlichen Auftrags birgt vor diesem Hintergrund dabei die Gefahr, dass die nationale Rundfunkordnung im Widerspruch zum EU-Beihilfenrecht steht. Je präziser der nationale Gesetzgeber die gemeinschaftsrechtlichen Vorgaben der Präzisierung umsetzt, desto wahrscheinlicher ist es, dass das nationale Rundfunkregulierungsregime einer Prüfung durch den Europäischen Gerichtshof standhalten kann. Zwar wurde das aktuelle Beihilfeverfahren der Kommission im Hinblick auf das bestehende, nationale Rundfunkfinanzierungsregime im Einvernehmen mit den Ländern gütlich gegen Auflagen, die seitens der Länder im 10. Rundfunkänderungsstaatsvertrag innerhalb von zwei Jahren umgesetzt werden müssen, beigelegt. Durch den Kompromiss wurde aber insbesondere gerade nicht die zentrale Kernfrage, ob die Gebührenfinanzierung als staatliche Beihilfe zu bewerten ist, letztverbindlich entschieden. Mit Blick auf eine etwaig bestehende Notifizierungspflicht oder eine dringend notwendige nationale Reform der Gebührenfinanzierung ist es nur eine Frage der Zeit, bis in einem neuerlichen Streit zwischen den Konfliktparteien eine rechtskräftige Entscheidung der Kommission herbeigeführt werden muss. Die Berücksichtigung der Strukturvorgaben durch den nationalen Rundfunkgesetzgeber wären dann unausweichlich.

II. Rückwirkungen auf nationales Verfassungsrecht

Neben den gemeinschaftsrechtlichen Strukturvorgaben der Präzisierung ist des Weiteren anzumerken, dass auch das nationale Verfassungsrecht Anpassungen im Hinblick auf entgegen stehendes Gemeinschaftsrecht bedarf: Wie dargelegt, genießt das höherrangige Gemeinschaftsrecht Anwendungsvorrang gegenüber jedwedem nationalem Rundfunkrecht, auch wenn dieses maßgeblich verfassungsrechtlich vorgeprägt ist. Das nationale Rundfunkverfassungsrecht ist geprägt von offenen Grundsätzen, die die Verantwortung der Ausgestaltung an den nationalen Rundfunkgesetzgeber delegieren. Trotz der tendenziellen Weite des Verfassungsrechts finden sich Teilbereiche, die im Widerspruch zum Gemeinschaftsrecht stehen: Soweit das Bundesverfassungsgericht in ständiger Rechtsprechung die Entscheidung hinsichtlich der Zulassung von privaten Anbietern und damit der Dualität der Rundfunkordnung in das Ermessen des nationalen Gesetzgebers stellt, verstößt dieses eingeräumte, gesetzgeberische Ermessen gegen das gemeinschaftsrechtliche, aus der europäischen Rundfunkfreiheit abgeleitete Verbot

---

[783] *Pelny* ZUM 2005, 22, 29.

eines öffentlich-rechtlichen Monopolrundfunks.[784] Dagegen gewährt der verfassungsrechtliche Funktionsauftrag genügend Spielraum für eine gemeinschaftsrechtskonforme Ausgestaltung der nationalen Rundfunkordnung hinsichtlich der Zulässigkeit kommerzieller Dienste. Letztverbindliche Detailentscheidungen delegiert das Bundesverfassungsgericht interessengerecht an den nationalen Rundfunkgesetzgeber. Auch hinsichtlich der Finanzierung des öffentlich-rechtlichen Rundfunks konstatiert das Gericht treffend, dass „der Umfang der finanziellen Gewährleistungspflicht des Staates für den öffentlich-rechtlichen Rundfunk von deren Funktion umgrenzt wird".[785] Zu finanzieren ist danach all dasjenige, was sich innerhalb des für die Wahrung der Funktion im dualen System erforderlichen bewegt.[786] Hinsichtlich der Sicherstellung, dass dieses Erfordernis gewahrt wird, obliegt dem nationalen Rundfunkgesetzgeber ein breiter Gestaltungsspielraum. Durch die materielle Offenheit des nationalen Verfassungsrechts ist dieses auch hier europarechtskonformen Lösungen zugänglich.

Gleiches gilt auch für die Bestands- und Entwicklungsgarantie des öffentlich-rechtlichen Rundfunks: Soweit die Bestands- und Entwicklungsgarantie mit der Funktion des öffentlich-rechtlichen Rundfunks korrespondiert und sich innerhalb dieses Bereiches bewegt, steht sie dem Grunde nach im Einklang mit dem Gemeinschaftsrecht.[787] Soweit allerdings versucht wird, aus der Entwicklungsgarantie unmittelbare Rechte der Anstalten zur Erbringung neuartiger Dienste ohne korrespondierende einfachgesetzliche Ausgestaltung abzuleiten, steht ein solches Vorgehen im Widerspruch zu gemeinschaftsrechtlichen Vorgaben. Daneben unterliegt auch die aus der Bestands- und Entwicklungsgarantie abgeleitete Finanzierungsgarantie keinen grundsätzlichen, gemeinschaftsrechtlichen Bedenken, solange sich deren Umfang auf das Maß der verfassungsrechtlich verankerten Bestands- und Entwicklungsgarantie beschränkt. Gemeinschaftsrechtliche Bedenken bestehen aber dann, wenn über die Insolvenzunfähigkeit der öffentlich-rechtlichen Rundfunkanstalten deren Haftungsrisiko für Verluste staatlich abgefedert wird.[788] Soweit das nationale Verfassungsrecht demnach fordert, dass nachträgliche Verluste der Anstalten durch die Länder zu kompensieren sind, verstößt eine solche Anforderung gegen das Gemeinschaftsrecht.[789]

---

784 BVerfGE 12, 205, 262; 57, 295, 321 f.; 83, 238, 324; 90, 60, 94 (st. Rspr.).

785 BVerfGE 87, 181, 200.

786 BVerfGE 87, 181, 201, 203; 90, 60, 92.

787 BVerfGE 83, 238, 299 f.; 87, 181, 200.

788 BVerfGE 89, 144, 153.

789 Ausführlich *Stulz-Herrnstadt* epd Medien Nr. 26/2005, 6, 6 ff.

Kapitel 5: Rechtsrahmen für präzisierende Regulierung

A. Primärer Handlungsadressat

Bevor man den Rechtsrahmen für präzisierende Regulierung ermitteln kann, muss zunächst bestimmt werden, wer in der dualen Rundfunkordnung primärer Adressat für präzisierende Regulierung im Bereich des Rundfunkrechts ist. Präzisierung kann zum einen durch den Rundfunkgesetzgeber vorgenommen werden, zum anderen kann diese Aufgabe aber auch primär den Anstalten oder anderen Akteuren zugewiesen sein:

I. Primat der Legislative

Wie bereits dargelegt, ist es Folge der objektiv ausgerichteten, dogmatischen Grundkonzeption des Bundesverfassungsgerichts hinsichtlich der Rundfunkfreiheit, dass der Rundfunkgesetzgeber eine positive Ordnung schaffen muss, die der Rundfunkfreiheit erst den Rahmen für eine Freiheitsbetätigung innerhalb ihres Anwendungsbereiches gibt. Die ausgestaltenden Gesetze füllen letztlich die Substanz der Rundfunkfreiheit mit dem für die Verwirklichung des Normzieles der Rundfunkfreiheit notwendigen Inhalt.[790] Auf der anderen Seite sind es die öffentlich-rechtlichen Anstalten, denen durch den Grundsatz der Staatsfreiheit des Rundfunks und der mit diesem korrespondierenden Programmfreiheit der Anstalten ebenfalls ein Spielraum zugebilligt wird, innerhalb welchem diese befugt sind, Art und Weise der Aufgabenerfüllung autonom selbst zu entscheiden. Es besteht also eine kompetenzielle Spannungslage zwischen Ausgestaltungskompetenz des Rundfunkgesetzgebers und der Befugnis zur autonomen Funktionsbestimmung durch die Anstalten.

1. Ausgestaltungspflicht des Rundfunkgesetzgebers

Das verfassungsrechtliche Gebot der Pluralismussicherung bedarf zu seiner Effektivierung einer einfachgesetzlichen Abstützung durch Normen des Rundfunkgesetzgebers. In der Auslegung und Anwendung der Rundfunkfreiheit durch das Bundesverfassungsgericht schreibt Art. 5 Abs. 1 S. 2 GG die Pflicht des Rundfunkgesetzgebers fest, ein die Pluralismussicherung effektivierendes Regulierungsregime zu errichten.[791] Die positive Ordnung verleiht der Rundfunkfreiheit daher formell und materiell Konturen, die ihrerseits geeignet sein müssen, die Sicherung der individuellen und öffentlichen Meinungsbildung im verfassungsrechtlich notwendigen Maß zu gewährleisten.[792] Was

---

790 *Bornemann/Hepach* K&R 2004, 317, 317; *Hoffmann-Riem*, Regulierung, S. 97.

791 BVerfGE 12, 205, 263; BVerfGE 57, 295, 323; *Ladeur/Gostomzyk* JuS 2002, 1145, 1149; *Degenhart*, in: Bonner Kommentar, Art. 5 GG Rz. 625; *Bethge*, in: Sachs, Art. 5 GG Rz. 154.

792 BVerfGE 57, 295, 320; 73, 118, 153; 83, 238, 296; 95, 220, 236; *Schulze-Fielitz*, in: Dreier, Art. 5 I, II GG Rz. 232; *Starck*, in: vMangoldt/Klein/Starck, Art. 5 I, II GG Rz. 117.

genau zur Erreichung des Zielwertes Pluralismus geeignet ist, obliegt dabei dem Rundfunkgesetzgeber. Das Bundesverfassungsgericht legt damit die Ausführung des Schutzes der essenziellen Funktionen des Rundfunks dem Grunde nach in die Kompetenz des Rundfunkgesetzgebers. Unterstützung erfährt dieses grundrechtsdogmatisch bedingte Ausgestaltungsprimat des Gesetzgebers gerade deshalb auch durch die Wesentlichkeitstheorie des Bundesverfassungsgerichts: Jene verlangt, dass all diejenigen Bereiche, die zur Verwirklichung der Grundrechte wesentlich sind, vom parlamentarischen Gesetzgeber selbst entschieden werden müssen und eben nicht an andere Instanzen delegiert werden.[793] Wesentlich in diesem Sinne sind Regelungen, die die Ausübung des in Frage stehenden Grundrechtes betreffen und/oder Grundrechtskollisionen zum Ausgleich bringen.[794] Das Bundesverfassungsgericht hat die Grundsätze auf den Rundfunkbereich übertragen: Resultierend aus der elementaren Bedeutung des Rundfunks für die Demokratie verlangt das Gericht, dass die Festlegung der Grundlinien der dualen Ordnung und hierbei insbesondere die Bestimmung des Aufgabenbereiches des öffentlich-rechtlichen Rundfunks in den wesentlichen Grundzügen vom Rundfunkgesetzgeber selbst zu regeln ist.[795] Konzeptionell fällt die einfachgesetzliche Ausgestaltung des verfassungsrechtlichen Funktionsauftrages damit dem Grunde nach in den Zuständigkeitsbereich des Rundfunkgesetzgebers. Nach der Wesentlichkeitstheorie und dem rundfunkrechtlichen Ausgestaltungsvorbehalt muss also die Funktionsbeschreibung des öffentlich-rechtlichen Rundfunks in ihren wesentlichen Leitgrundsätzen legislativ präzisiert werden. Insoweit besteht ein rundfunkspezifischer Parlamentsvorbehalt.

Das gefundene Ergebnis wird letztlich auch gestützt durch die Vorgaben des Gemeinschaftsrechts, nach denen auf Grundlage des Amsterdamer Protokolls den Mitgliedstaaten die ausschließliche Zuständigkeit zur Errichtung und Finanzierung des öffentlich-rechtlichen Rundfunks und im Besonderen zur Festlegung des Funktionsauftrages der Anstalten eingeräumt wird.[796] Umgekehrt lässt sich daraus schließen, dass die wesentlichen Festlegungen hinsichtlich des Funktionsauftrages gerade nicht von den Anstalten getroffen werden dürfen, sondern Pflichtaufgabe des nationalen Gesetzgebers sind. Dieser hat den gesetzlichen Rahmen ausreichend präzise zu determinieren, innerhalb dem sich die Anstalten im Rahmen ihres Selbstverwaltungsrechts

---

[793] BVerfGE 47, 46, 78-80; 49, 89, 126 f.; 61, 260, 275 f.; 95, 267, 307; 98, 218, 251 (st. Rspr.); *Libertus* ZUM 1992, 225, 226; *Ladeur/Gostomzyk* JuS 2002, 1145, 1149; *Degenhart*, in: Bonner Kommentar, Art. 5 GG Rz. 789.

[794] BVerfGE 49, 89, 126 f.; 57, 295, 320 f. *Libertus* ZUM 1992, 225, 226; *Ladeur/Gostomzyk* JuS 2002, 1145, 1149; *Neun*, Grenzen des Wachstums, S. 394.

[795] BVerfGE 57, 295, 320 f., 73, 118, 159; 87, 181, 198; 90, 60, 98 f.; *Degenhart* K&R 2001, 329, 331; *Dörr* MP 2005, 333, 338; *Libertus* ZUM 1992, 225, 226; *Degenhart*, in: Bonner Kommentar, Art. 5 GG Rz. 789; *Jarass*, in: Jarass/Pieroth, Art. 5 GG Rz. 78; *Bethge*, in: Sachs, Art. 5 GG Rz. 98; *Schulze-Fielitz*, in: Dreier, Art. 5 I, II GG Rz. 233; *Hartstein, u.a.*, Teil B5, § 11 RfStV Rz. 3; *Krausnick*, Rundfunksystem, S. 29 f.; *Neun*, Grenzen des Wachstums, S. 394.

[796] *Frey* ZUM 1999, 528, 529; *Hartstein, u.a.*, Teil B4, Rz. 19; *Degenhart*, in: Bonner Kommentar, Art. 5 GG Rz. 662; *Gersdorf*, Rundfunkrecht, Rz. 568; *A. Hesse*, Rundfunkrecht, Kap. 7 Rz. 37.

bewegen dürfen. Keinesfalls aber ist es gemeinschaftsrechtlich zulässig, dass die Anstalten weitestgehend autonom über den Umfang ihres Auftrags zu befinden haben.[797]

2. Grenzen der Ausgestaltungspflicht

Der Grundsatz der Präzisierung durch den Rundfunkgesetzgeber gilt aber keineswegs umfassend: Würde der Rundfunkgesetzgeber den gesamten Funktionsbereich detailliert qua Gesetz regulieren, so würde die vom Verfassungsrecht geforderte Programmautonomie der Anstalten ganz oder zumindest teilweise entwertet. Den Anstalten verbliebe nicht mehr zu tun, als die Vorgaben des Rundfunkgesetzgebers tatsächlich umzusetzen; ihre Freiheit wäre zu einer Freiheit nach Maßgabe des Gesetzes degeneriert.[798] Um den verfassungsrechtlichen Anforderungen zu genügen, sind dem Ausgestaltungsprimat des Rundfunkgesetzgebers von Verfassungs wegen Grenzen gesetzt:

a) Staatsfreiheit des Rundfunks

Einer der elementaren Grundsätze des Rundfunkverfassungsrechts ist es, dass der Rundfunk frei von jedweder staatlichen Beeinflussung, Beherrschung und Einflussnahme organisiert ist.[799] Staatsfreier Rundfunk ist allein in der Lage, seiner für die Demokratie essenziellen Funktion der Sicherung individueller und öffentlicher Meinungsbildung funktionsgerecht nachkommen zu können. Staatliche Kontrolle behinderte die Bedeutung des Rundfunks für den demokratischen Meinungsbildungsprozess. Materiell darf der Staat damit weder selbst Rundfunkveranstalter sein, noch in irgendeiner Weise bestimmenden Einfluss auf das Programm unabhängiger Veranstalter gewinnen.[800] Das Gebot der Staatsfreiheit resultiert in dem Schutz vor einer unmittelbaren oder mittelbaren Einflussnahme des Staates auf das Programm.[801] In jedem Fall muss sichergestellt sein, dass der Staat niemals einen bestimmenden Einfluss gleich welcher Art auf die Programmgestaltung der Anstalten erlangen kann, so dass de facto letztlich er es ist, der das Programm vorgibt und eben nicht wie konzeptionell vorgesehen die Anstalten. Der Rundfunkgesetzgeber in seiner präzisierenden Rolle ist als Legislative Teil des Staates. Solchermaßen treffen auch ihn die Verpflichtungen aus dem Gebot der Staatsfreiheit des Rundfunks.[802] Richtigerweise hat das Bundesver-

---

797 *Degenhart* K&R 2005, 295, 301.

798 BVerfGE 90, 60, 95; *Lerche*, in: FS Kübler, 239, 241; *Bethge*, in: Sachs, Art. 5 GG Rz. 98; *Lerche*, in: Isensee/Kirchhof, HbdStR, § 121 Rz. 3; *Bethge*, Verfassungsrechtliche Position, S. 74 mwN; *Bullinger*, Aufgaben, S. 20; *A. Hesse*, Rundfunkrecht, Kap. 2 Rz. 55.

799 BVerfGE 12, 205, 262; 31, 314, 329; 57, 295, 320; 83, 238, 308; 90, 60, 88; 97, 298, 310; *Bethge* DÖV 2002, 673, 674; *Holznagel*, Funktionsauftrag, S. 16 f.; *Hoffmann-Riem*, in: Benda/Maihofer/Vogel, Verfassungsrecht, § 7 Rz. 57; *Hoffmann-Riem* , Regulierung, S. 201.

800 BVerfGE 12, 205, 262 f.; 73, 118, 165; 83, 238, 330; *Gersdorf*, Rundfunkrecht, Rz. 143.

801 BVerfGE 73, 118, 183; 83, 238, 323; 90, 60, 88 f.; *Herzog*, in: Maunz/Dürig, Art. 5 GG Rz. 213a; *Hartstein, u.a.*, Teil B2, Rz. 54; *Hoffmann-Riem*, in: Benda/Maihofer/Vogel, Verfassungsrecht, § 7 Rz. 57; *Holznagel*, Funktionsauftrag, S. 17; *Eifert*, Programmauftrag, S. 85; *Gersdorf*, Rundfunkrecht, Rz. 134; *A. Hesse*, Rundfunkrecht, Kap. 2 Rz. 37; *Herrmann/Lausen*, Rundfunkrecht, Kap. 7 Rz. 83.

802 BVerfGE 83, 238, 323 f.; 90, 60, 89 f.; *Rossen* ZUM 1992, 408, 410; *Hoffmann-Riem* AfP 1991, 606, 608; *Ricker/Schiwy*, Rundfunkverfassungsrecht, Teil D Rz. 78; *Gersdorf*, Staatsfreiheit,

fassungsgericht konstatiert, dass der Rundfunkgesetzgeber einerseits in der Errichtung der positiven Ordnung ein Garant rundfunkspezifischer Freiheit ist, andererseits gleichzeitig aber stets auch eine Gefahrenquelle für die Rundfunkfreiheit, weil er dazu tendiert, Rundfunk – direkt oder indirekt – für seine Zwecke zu instrumentalisieren.[803]

Gestaltet der Rundfunkgesetzgeber den gesetzlichen Auftrag der Anstalten zu detailliert aus, so hat er zwar seine verfassungsrechtliche Ausgestaltungspflicht erfüllt. Zugleich zwängt die Durchnormierung des zulässigen Aufgabenbereiches der Anstalten diese in ein legislatorisches Korsett, welches faktisch in einer Bevormundung durch den Rundfunkgesetzgeber resultiert. Solchermaßen gewänne der Staat zumindest mittelbaren Einfluss auf die Programmgestaltung, indem er den Anstalten detaillierte, materielle Vorgaben oktroyierte, die diese zu vollziehen haben. Das stünde materiell im Widerspruch zum verfassungsrechtlichen Gebot der Staatsfreiheit des Rundfunks. Versuchte der Rundfunkgesetzgeber seinen staatlichen Einfluss auf ein Mindestmaß zurückzufahren, indem er generalklauselartige Funktionsbeschreibungen vornimmt und die letztverbindliche Präzisierung des gesetzlichen Auftrages in das Ermessen der Anstalten legt, so vernachlässigt er seine Pflicht zur Ausgestaltung, denn diese verlangt zumindest ein gewisses Maß konkreter Vorgaben.[804] Wie gezeigt, hat er die wesentlichen Leitlinien der dualen Ordnung selbst vorzugeben. Hier offenbart sich auch das legislatorische Dilemma: Dem Rundfunkgesetzgeber obliegt einerseits die verfassungsrechtliche Pflicht, die wesentlichen Entscheidungen im Rundfunkbereich selbst zu treffen, andererseits aber – bedingt durch das Gebot der Staatsfreiheit – die verfassungsrechtliche Pflicht, die Regulierung auf ein Mindestmaß zurückzufahren und den Anstalten weitest möglichen Freiraum zu gewähren.[805] Die Verfassungslage bedingt also eine Pflicht zu Handeln, um sichernd tätig zu werden, sowie gleichzeitig eine Pflicht zum Unterlassen extensiver Regulierung. Diesen Widerspruch gilt es im Folgenden aufzulösen:

b) Reichweite des Gebotes der Staatsfreiheit

Wie bereits eingehend erörtert, offenbart die Verfassungslage bei genauerer Betrachtung eine Grundtendenz zur Auflösung dieses Widerspruchs: Nach der Rechtsprechung des Bundesverfassungsgerichts ist die „Bestimmung dessen, was die verfassungsrechtlich vorgegebene und gesetzlich näher umschriebene Funktion [des öffentlich-rechtlichen Rundfunks für das duale System, *Anm. d. Verf.*] publizistisch erfordert, Sache der Anstalten".[806] Im Zentrum der Rundfunkfreiheit steht gerade die Programmautonomie der Anstalten, die sich vornehmlich auf Inhalt und Form der Rund-

S. 105; *Hoffmann-Riem*, in: Benda/Maihofer/Vogel, Verfassungsrecht, § 7 Rz. 57; *Gersdorf*, Rundfunkrecht, Rz. 145.

803 BVerfGE 90, 60, 89 f.; *Hartstein, u.a.*, Teil B2, Rz. 54; *Eifert*, Programmauftrag, S. 85; *Badura*, Verfassungsrechtliche Bindungen, S. 42; *A. Hesse*, Rundfunkrecht, Kap. 2 Rz. 41.

804 *Degenhart*, in: Bonner Kommentar, Art. 5 GG Rz. 789; *A. Hesse*, Rundfunkrecht, Kap. 2 Rz. 54.

805 BVerfGE 90, 60, 89 f.; *Hartstein, u.a.*, Teil B2, Rz. 54; *Hoffmann-Riem*, in: Benda/Maihofer/Vogel, Verfassungsrecht, § 7 Rz. 58; *Ricker/Schiwy*, Rundfunkverfassungsrecht, Teil D Rz. 6; *Gersdorf*, Staatsfreiheit, S. 130; *Schulz/Dreyer*, Reform des DW-Gesetzes, S. 35 f.

806 BVerfGE 83, 238, 299; 87, 181, 198 f.; 90, 60, 91; *Gounalakis* AfP 2003, 395, 396; *Mahrenholz*, in: FS Kübler, 251, 252 f.; *Holznagel*, Funktionsauftrag, S. 21.

funksendungen bezieht. Unbestritten unterfällt der Kernbereich der Programmfreiheit als Ausfluss des Gebotes der Staatsfreiheit des Rundfunks, also Auswahl, Inhalt, Gestaltung und benötigte Zeit der Programme typischerweise dem Regime der Anstalten.[807] Dennoch verfügt der Rundfunkgesetzgeber für die Wahrnehmung seiner verfassungsrechtlichen Verpflichtung im Rahmen seiner Bindung aus Art. 1 Abs. 3 GG, soweit er sich an den Zielvorgaben des Art. 5 Abs. 1 S. 2 GG orientiert, auch im Bereich programmleitender Entscheidungen über einen breiten Gestaltungsspielraum.[808] Wie er letztlich Anforderungen an die einzelnen Programme formuliert, liegt in seinem Ermessen, solange der individuellen und öffentlichen Meinungsbildung ausreichend Rechnung getragen wird. Richtig interpretiert bedeutet der verfassungsgerichtliche Rahmen daher, dass die Anstalten allein im Rahmen des gesetzlich näher umschriebenen Funktionsauftrages sich selbst verwalten können; zuerst muss der Funktionsrahmen gesetzgeberisch festgelegt werden, erst danach entsteht der in diesen Grenzen zulässige Autonomiebereich. Eine Befugnis zur autonomen Aufgabenbestimmung über den gesetzlichen Funktionsrahmen hinaus ist den Anstalten verwehrt, denn die genuine Festlegung des Funktionsrahmens als Freiraum obliegt dem Rundfunkgesetzgeber.[809] Solchermaßen konstituiert das Verfassungsrecht hinsichtlich der Funktionsbestimmung ein Primat der Legislative.

Wenn nun das Gebot der Staatsfreiheit des Rundfunks den Rundfunkgesetzgeber zur Zurückhaltung hinsichtlich der Konkretheit der Vorgaben und der resultierenden Regulierungsdichte anhält, kann daraus aber nicht gleichzeitig gefolgert werden, dass seine Normsetzungskompetenz von Verfassungs wegen auf ein Minimum reduziert sein muss. Anerkanntermaßen muss den Anstalten ein Autonomiebereich verbleiben, innerhalb dessen sie ihre Funktion eigenverantwortlich und entwicklungsoffen gestalten können.[810] Trotz dessen vermag das Gebot der Staatsfreiheit des Rundfunks aber das dem Grunde nach bestehende Primat der Legislative bei der originären Funktionsbestimmung nicht wesentlich zu beschränken. Zuzugeben ist, dass die Legislative als Teil des Staates keinen bestimmenden Einfluss auf den Rundfunk als Massenmedium allgemein wie auch auf die einzelnen Anstalten nehmen darf. Die Grenze der Staatsfreiheit muss allerdings dort liegen, wo das Handeln des Rundfunkgesetzgebers notwendige Prämisse der Rundfunkfreiheit ist. Dem Rundfunkgesetzgeber kann es als

---

807 BVerfGE 90, 60, 91; *Bethge*, Verfassungsrechtliche Position, S. 74 f.

808 BVerfGE 57, 295, 325 f.; 83, 238, 316; 90, 60, 94; *Degenhart* K&R 2005, 295, 298; *ders.* ZUM 2000, 356, 361; *Ukrow* WiVerw 2003, 160, 166 f.; *Lerche*, in: FS Kübler, 239, 243; *Schulze-Fielitz*, in: Dreier, Art. 5 I, II GG Rz. 233; *Holznagel*, Funktionsauftrag, S. 21; *Bullinger*, Aufgaben, S. 18; restriktiver *Gounalakis* AfP 2003, 395, 396.

809 BVerfGE 83, 238, 303; *Degenhart* K&R 2005, 295, 298; *Ukrow* WiVerw 2003, 160, 166 f.; *Bethge* ZUM 1996, 456, 471; *Scherer* ZUM 1998, 8, 16; *Lerche*, in: FS Kübler, 239, 240, 244; *Degenhart*, in: Bonner Kommentar, Art. 5 GG Rz. 779 f., 795; *Bullinger*, Aufgaben, S. 18; *Neun*, Grenzen des Wachstums, S. 365 f.; anders *Rossen-Stadtfeld* M&K 2002, 481, 488; *Wille/Schneider-Freyermuth* ZUM 1999, 713, 717; *Betz* MP 1997, 2, 6; *Gounalakis* AfP 2003, 395, 397; *Mahrenholz*, in: FS Kübler, 251, 259; *Holznagel/Vesting*, Sparten- und Zielgruppenprogramme, S. 58 f.; differenzierend *Eifert* ZUM 1999, 595, 599 f.; *ders.*, Programmauftrag, S. 89 ff.

810 *Bethge* ZUM 1996, 456, 471; *Gounalakis* AfP 2003, 395, 396 f.; *Lerche*, in: FS Kübler, 239, 245; *Degenhart*, in: Bonner Kommentar, Art. 5 GG Rz. 779 f.

einziges unmittelbar demokratisch legitimiertes Organ nicht verwehrt sein, die wesentlichen Grundzüge des Rundfunksystems festzulegen. Eine Interpretation der Staatsfreiheit des Rundfunks, die jedwede regulatorische Maßnahme des Rundfunkgesetzgebers (Programmzahlbeschränkungen, Spartenausrichtung, etc.) als mittelbare Einflussnahme des Staates auf den Rundfunk verstehen würde, stünde im Widerspruch zur Wesentlichkeitstheorie des Bundesverfassungsgerichts. Eine solche Überinterpretation – die zum Teil aufgrund der NS-Vergangenheit Deutschlands und der dortigen missbräuchlichen Instrumentalisierung des Rundfunks durch den Staat entstanden sein mag – verkennt, dass im demokratischen Staat die wesentlichen Grundentscheidungen auf dem Willen des Volkes, vermittelt über das Parlament, beruhen müssen. Demnach kann es dem Rundfunkgesetzgeber nicht verwehrt sein, Grundausrichtungen in Programmfragen legislatorisch vorzugeben.[811] Im Rahmen des dann bestehenden gesetzlichen Rahmens verbleibt den Anstalten ein beachtliches Freiheitspotenzial, innerhalb welchem sie frei operieren können.[812] Letztlich erkennt diese Konsequenz auch das Bundesverfassungsgericht an, wenn es konstatiert:

> „Damit ist nicht gesagt, dass dem Gesetzgeber medienpolitische oder programmleitende Entscheidungen verfassungsrechtlich überhaupt versagt wären. Der Gesetzgeber verfügt im Gegenteil, auch bei Beachtung der verfassungsrechtlichen Zielvorgaben aus Art. 5 Abs. 1 GG, über einen breiten Gestaltungsspielraum [...]. Das hat das Bundesverfassungsgericht stets hervorgehoben [...]. Ebenso kann er auch in dem Rahmen, den ihm Art. 5 Abs. 1 S. 2 GG vorgibt, unterschiedliche Anforderungen an die Programme der Rundfunkveranstalter formulieren [...].“[813]

Zwar schränkt das Bundesverfassungsgericht diesen im Rundfunkgebührenurteil ausgeführten Grundsatz insoweit ein, als dass es vorgibt, dass programmleitende Entscheidungen des Rundfunkgesetzgebers mittels der allgemeinen Rundfunkgesetzgebung und nicht mittelbar über die Gebührenfinanzierung festgelegt werden dürfen.[814] Letztlich bestätigt jedoch auch diese Beschränkung das bereits gefundene Ergebnis: Im nationalen Kontext ist es der Rundfunkgesetzgeber, dem es obliegt, die grundlegenden, wesentlichen Entscheidungen, seien sie auch programmleitend, ihm Rahmen seiner verfassungsrechtlichen Pflicht zur Ausgestaltung festzulegen. Freilich steht es ihm frei, durch geeignete regulatorische Maßnahmen programmliche Konkretisierungen an die einzelnen Anstalten zu delegieren. Das Gebot der Staatsfreiheit des Rundfunks ist trotz dessen nur dann verletzt, wenn die Regulierungsdichte der Rundfunkgesetzgebung ein Maß überschreitet, bei dem den einzelnen Anstalten faktisch nur ein erheblich eingeschränkter Autonomiebereich verbleiben würde. Ob dieses zulässige Maß letztlich überschritten ist, kann nicht allgemein gültig vorgegeben werden, sondern ist in jedem Einzelfall gesondert zu entscheiden.[815]

---

811 BVerfGE 57, 295, 325 f.; 83, 238, 316; 90, 60, 94; *Degenhart* ZUM 2000, 356, 361; *Lerche*, in: FS Kübler, 239, 243; *Schulze-Fielitz*, in: Dreier, Art. 5 I, II GG Rz. 233; *Holznagel*, Funktionsauftrag, S. 21; *Bullinger*, Aufgaben, S. 18; *Neun*, Grenzen des Wachstums, S. 366, 394; restriktiver *A. Hesse* AfP 2005, 499, 504 f.; *Gounalakis* AfP 2003, 395, 396.

812 *Bullinger*, Aufgaben, S. 18 f.; *Neun*, Grenzen des Wachstums, S. 371.

813 BVerfGE 90, 60, 94, mit Verweis auf BVerfGE 57, 295, 325 f.; 83, 238, 316.

814 BVerfGE 90, 60, 94.

815 So auch *Schulz/Dreyer*, Reform des DW-Gesetzes, S. 36.

c) Korrektur bestehender Fehlentwicklungen

Das gefundene Ergebnis bedarf im Hinblick auf das bestehende Rundfunkregulierungsregime zweier kritischer Anmerkungen: Das derzeitige Rundfunksystem ist letztlich Konsequenz eines durch legislatorische Unsicherheit bedingten Handlungsvakuums. So hat der Rundfunkgesetzgeber regelmäßig programmleitende Entscheidungen vermieden, um nicht in die Gefahr zu geraten, Verfassungsvorgaben wie das Gebot der Staatsfreiheit des Rundfunks zu verletzen. Dieses Verhalten des Rundfunkgesetzgebers ist insbesondere im Hinblick auf das Gewaltenteilungsprinzip der Verfassung bedenklich. Danach ist der Rundfunkgesetzgeber gehalten, seiner Aufgabe verantwortungsbewusst gerecht zu werden und eben nicht Verantwortlichkeiten der Judikative zuzuschieben.[816] Die resultierende, unpräzise Rechtslage hat dann dazu geführt, dass Streitigkeiten im Rundfunkbereich bis hin zum Bundesverfassungsgericht getragen wurden, welches dann seinerseits versucht hat – freilich stets unter Anerkennung des Primats der Legislative –, in den Grenzen der verfassungsrechtlichen Gewaltenteilung legislatorische Defizite zu kompensieren. Allerdings bedingten die verfassungsrechtlichen Grenzen der Judikative, dass die Kompensation ihrerseits nur defizitär sein konnte, da es dem Gericht funktionell verwehrt ist, gesetzgeberische Kompetenzen wahrzunehmen und diese gar zu substituieren. In diesem Kreislauf übernahm der Rundfunkgesetzgeber dann häufig die strukturell bedingt defizitären Vorgaben des Gerichts ohne inhaltliche Änderung in seine Rundfunkgesetzgebung. Das führt bis heute zu einer Handlungsspirale, bei der eine baldige, interessengerechte Lösung nicht zu erwarten ist. Würde allerdings der Rundfunkgesetzgeber seine ihm zustehende Kompetenz zu grundlegenden, programmleitenden Entscheidungen ausschöpfen und nicht untätig bleiben, so könnte diese Handlungsspirale aufgebrochen werden (vgl. dazu die weitere Bearbeitung).

Das Gebot der Staatsfreiheit des Rundfunks und die sich aus ihm ergebenden Problematiken sind letztlich Ausfluss der Grundkonzeption des Bundesverfassungsgerichts. Die objektive Grundrechtsdogmatik, aus der sich die gesetzgeberische Pflicht zur Ausgestaltung der Rundfunkordnung begründet, ermöglicht dem Rundfunkgesetzgeber einen breiteren Handlungsspielraum als die dogmatische Konzeption der Rundfunkfreiheit als Abwehrrecht. Zur Abfederung dieser extensiven Befugnisse hat das Gericht letztlich das Gebot der Staatsfreiheit instrumentalisiert. Wie bereits gezeigt, entsteht hierdurch aber eine kompetenzielle Spannungslage, deren Auflösung mit erheblichen Schwierigkeiten verbunden ist. Vor diesem Hintergrund offenbaren sich einmal mehr Schwächen der Konzeption des Bundesverfassungsgerichts betreffend der Rundfunkfreiheit. Ein liberales Verständnis der Rundfunkfreiheit würde ein verfassungsrechtliches Gebot der Staatsfreiheit obsolet werden lassen: Nach liberalem Grundrechtsverständnis sind die Grundrechte gerade Abwehrrechte des Einzelnen gegenüber dem Staat. Träger der Rundfunkfreiheit sind alle natürlichen und juristischen Personen sowie Personenvereinigungen, die eigenverantwortlich Rundfunk veranstalten und verbreiten.[817] Bei einem primär subjektiven Verständnis der Rundfunkfreiheit könnten

---

816 *Karpen*, Ersatzgesetzgeber, S. 19 f.

817 BVerfGE 97, 298, 310; *Jarass*, in: Jarass/Pieroth, Art. 5 Rz. 41; *Schulze-Fielitz*, in: Dreier, Art. 5 I, II GG Rz. 107.

sich private Anbieter wie auch öffentlich-rechtliche Rundfunkanstalten über Art. 19 Abs. 3 GG auf den Schutz der Rundfunkfreiheit berufen.[818] Staatliche Maßnahmen wären dann Beeinträchtigungen der Grundrechtsposition der Grundrechtsträger, die zu ihrer Zulässigkeit einer verfassungsrechtlichen Rechtfertigung bedürfen. Das Gebot der Staatsfreiheit des Rundfunks wäre so bereits Ausfluss des konzeptionellen, dogmatischen Verständnisses und damit dem Grundrecht der Rundfunkfreiheit immanent.[819] Die strukturellen Defizite der objektiven Konzeption des Bundesverfassungsgerichts hinsichtlich der Staatsfreiheit des Rundfunks ließen sich bei einem mehr subjektiven Verständnis der Rundfunkfreiheit zumindest erheblich abschwächen. Dies bestärkt nur die dargelegte Notwendigkeit einer Hinwendung zu einem subjektiv-objektiven Verständnis der Rundfunkfreiheit.

II. Kompetenzielle Zuständigkeit

Gemäß der Art. 30; 70 Abs. 1 GG steht das Recht der Gesetzgebung dem Grunde nach den Ländern zu, soweit das Grundgesetz keine andere Zuweisung vorsieht. Hiervon können sich im Rundfunkbereich in mehrerer Hinsicht Abweichungen ergeben:

1. Übertragungstechnik

Über Art. 73 Nr. 7 GG steht dem Bund die ausschließliche Gesetzgebungskompetenz für den Bereich der Telekommunikation zu. Letztlich bestimmt die Reichweite dieser Regelung über die kompetenzielle Zuständigkeit im Rundfunkbereich: Verstünde man den Begriff der Telekommunikation weit, so wäre der Bund für die Regulierung des Rundfunksektors allein zuständig, da Rundfunk zumindest teilweise auch Telekommunikation ist. Bei einem Verständnis, welches sich allein auf die technische Seite des Rundfunks beschränkte, verbliebe der Kernbereich der Rundfunkregulierung bei der Gesetzgebungshoheit der Länder. Vor diesem Hintergrund hat das Bundesverfassungsgericht im seinem ersten Rundfunkurteil die Zuständigkeiten im Rundfunkbereich vorgezeichnet: Danach umfasst die Bundeskompetenz für den Bereich der Telekommunikation allein „den sendetechnischen Bereich des Rundfunks unter Ausschluss der Studiotechnik, nicht aber den Rundfunk als Ganzes“.[820] Dagegen fällt „die von Art. 5 GG geforderte gesetzliche Normierung der in ihm zur Sicherung der Rundfunk-

---

[818] BVerfGE 31, 314, 322; 34, 160, 162; 95, 220, 234; 97, 298, 310; *Degenhart*, in: Bonner Kommentar, Art. 5 GG Rz. 709, 712; *Jarass*, in: Jarass/Pieroth, Art. 5 Rz. 41; *Schulze-Fielitz*, in: Dreier, Art. 5 I, II GG Rz. 107; *Gersdorf*, Rundfunkrecht, Rz. 303; andere Ansicht *O. Klein*, Fremdnützige Freiheitsgrundrechte, S. 118 f.; *Groß* DVBl. 2002, 1182, 1194, der davon ausgeht, dass der individuelle Grundrechtsschutz überdehnt würde, wenn durch Gesetz geschaffene, staatliche Institutionen als Instrument kollektiver Grundrechtsträgerschaft eingesetzt würden. Diese Auffassung übersieht aber die Notwendigkeit individuellen Grundrechtsschutzes solcher Institutionen: Durch die ihnen gewährte Unabhängigkeit vom Staat sind sie ebenso wie andere Grundrechtsträger darauf angewiesen, in ihrem Bereich die Grundrechte gegenüber Beeinträchtigungen verteidigen zu können. Im Interesse der Verwirklichung der Ziele der Rundfunkfreiheit müssen sie daher als vom Staat unabhängige Institutionen Träger der Rundfunkfreiheit sein, vgl. nur BVerfGE 31, 314, 322.

[819] So auch zutreffend *Gersdorf*, Rundfunkrecht, Rz. 131 Fn. 181.

[820] BVerfGE 12, 205, 225; *Degenhart*, in: Bonner Kommentar, Art. 5 GG Rz. 704; *Stettner*, in: Dreier, Art. 73 GG Rz. 31; *Ricker/Schiwy*, Rundfunkverfassungsrecht, Teil B Rz. 213; *A. Hesse*, Rundfunkrecht, Kap. 2 Rz. 7.

freiheit enthaltenen Leitgrundsätze, und zwar in materiell-rechtlicher als auch in organisatorischer Hinsicht [...], in die Gesetzgebungskompetenz der Länder".[821] Im Ergebnis besteht also eine ausschließliche Bundeskompetenz im Bereich der Telekommunikation nur hinsichtlich der Regulierung der Übertragungstechnik. Ansonsten verbleibt es beim Grundsatz der Länderzuständigkeit.[822]

2. Wirtschaftliche Dimension des Rundfunks

Wie bereits im Rahmen der Strukturvorgaben des Gemeinschaftsrechts erläutert, weist die Materie Rundfunk neben ihrer kulturellen Dimension mehr und mehr wirtschaftliche Bezüge auf. Dies gilt natürlich für das nationale Recht ebenso wie für das Gemeinschaftsrecht. Im wirtschaftlichen Bereich bestehen einige Gesetzgebungskompetenzen des Bundes, die Abweichungen vom Grundsatz der Länderzuständigkeit notwendig machen könnten: Neben der allgemeinen Kompetenz nach Art. 74 Abs. 1 Nr. 11 GG des Bundes, das Recht der Wirtschaft gesetzgeberisch auszugestalten, finden sich andere Berührungspunkte beispielsweise in Art. 73 Nr. 9 GG für urheberrechtliche Fragen oder Art. 74 Abs. 1 Nr. 16 für konzentrations- und kartellrechtliche Fragen.[823] Diese Randbereiche vermögen zwar in Einzelfällen die Befugnis des Bundes begründen, einzelne Teilbereiche der Materie Rundfunk regeln zu dürfen; keinesfalls lässt sich daraus – auch unter Zusammenfassung der Einzelkompetenzen – aber eine generelle Zuständigkeit des Bundes für die Materie Rundfunk herleiten.[824] Der inhaltlich-programmliche Bereich fällt damit im Interesse der Sicherung der Meinungsvielfalt in die Zuständigkeit der Länder. Aufgrund des programmlichen Bezuges gilt die Feststellung auch für die Konzentrationskontrolle, die interne Unternehmensorganisation privater Rundfunkveranstalter und die Regelung von Wirtschaftswerbung.[825]

3. Auslandsrundfunk

Eine bereichsspezifische Ausnahme vom Grundsatz der Länderzuständigkeit findet sich in Art. 73 Nr. 1 GG für den Auslandsrundfunk. Dem Bund ist es möglich, sich für die Ausgestaltung eines Auslandsrundfunks auf die Kompetenz für die Pflege der Be-

---

[821] BVerfGE 12, 205, 225; *Degenhart*, in: Bonner Kommentar, Art. 5 GG Rz. 704; *Stettner*, in: Dreier, Art. 73 GG Rz. 31; *Schulze-Fielitz*, in: Dreier, Art. 5 I, II GG Rz. 233; *Hartstein, u.a.*, Teil B2, Rz. 18; *A. Hesse*, Rundfunkrecht, Kap. 2 Rz. 7; *Herrmann/Lausen*, Rundfunkrecht, Kap. 6 Rz. 44; *Gersdorf*, Rundfunkrecht, Rz. 149.

[822] BVerfGE 12, 205, 229; *Hartstein, u.a.*, Teil B2, Rz. 14; *Herrmann/Lausen*, Rundfunkrecht, Kap. 6 Rz. 42.

[823] BVerfGE 12, 205, 240 f. mwN; *Hartstein, u.a.*, Teil B2, Rz. 9, 12; *Gersdorf*, Rundfunkrecht, Rz. 151.

[824] BVerfGE 12, 205, 241; 97, 228, 251 f.; *Stettner*, in: Dreier, Art. 73 GG Rz. 31; *Hartstein, u.a.*, Teil B2, Rz. 9 f.; *A. Hesse*, Rundfunkrecht, Kap. 2 Rz. 18; *Herrmann/Lausen*, Rundfunkrecht, Kap. 6 Rz. 40.

[825] BVerfGE 97, 228, 251 f.; *Degenhart*, in: Bonner Kommentar, Art. 5 GG Rz. 704; *Stettner*, in: Dreier, Art. 73 GG Rz. 31; *A. Hesse*, Rundfunkrecht, Kap. 2 Rz. 18; *Gersdorf*, Rundfunkrecht, Rz. 152 f.

ziehungen zu auswärtigen Staaten zu berufen.[826] Im nationalen Kontext hat der Bund von dieser Ausnahmekompetenz dergestalt Gebrauch gemacht, dass er auf deren Grundlage die Bundesrundfunkanstalt Deutsche Welle errichtet hat. Unter Beachtung der kompetenziellen Ordnung des Grundgesetzes ist es dem Bund aber verwehrt, über diesen Weg gleichzeitig Rundfunk für das Inland zu veranstalten: Die Sendungen der errichteten Bundesrundfunkanstalt dürfen zwar national empfangbar sein, ihre Sendungen müssen sich aber inhaltlich an Publikum im Ausland richten.[827]

B. Rechtliche Einordnung der Handlungsalternativen

Gewährt man dem Rundfunkgesetzgeber bei der Errichtung einer positiven Ordnung einen breiten Einschätzungs- und Gestaltungsspielraum im Rahmen seiner Bindung aus Art. 1 Abs. 3 GG, so schließt an diese extensive Befugnis denknotwendig die Frage an, in welcher Art und Weise der Rundfunkgesetzgeber dieser Aufgabe gerecht werden kann und welche Anforderungen an Regulierungen im Rundfunkbereich zu stellen sind. Im Einklang mit der modernen Grundrechtsdogmatik können Regelungen im Grundrechtsbereich generell entweder als Schutzbestimmungen vor Beeinträchtigungen Schrankenregelungen oder aber der Realisierung des jeweiligen Grundrechts dienen und damit als Ausgestaltungen zu qualifizieren sein:

I. Schrankengesetze

Beschränkungen von Grundrechten sind stets vor dem Hintergrund des liberalen Grundrechtsverständnisses zu betrachten: Dabei wird durch den Staat in den Schutzbereich eines Grundrechts eingegriffen und durch diesen Eingriff Rechte des Grundrechtsträgers verletzt.[828] Für den Rundfunkbereich bedeutet das, dass Beschränkungen dann vorliegen, wenn der Staat durch seine Handlungen Anstalten oder Rundfunkunternehmen in ihrem geschützten Tätigkeitsbereich ver- oder behindert.[829] Zum Teil können solche Beschränkungen aber im Interesse des Schutzes kollidierender Grundrechte oder anderer Rechtsgüter von Verfassungsrang vom Grundrechtsträger hinzunehmen sein.

1. Zielsetzung

Entscheidet sich der Rundfunkgesetzgeber Regelungen zu treffen, die Rechte von Trägern der Rundfunkfreiheit verkürzen und trifft er diese Entscheidung im Interesse des Schutzes von mit der Rundfunkfreiheit kollidierenden, anderen Grundrechten oder Rechtsgütern von Verfassungsrang, so ist eine solche Regulierung als Schrankengesetz zu bewerten.[830] Der Rundfunkgesetzgeber versucht durch Schrankengesetze, verfas-

---

826 *Libertus* AfP 2000, 1, 1 f.; *Degenhart*, in: Bonner Kommentar, Art. 5 GG Rz. 705; *Hartstein, u.a.*, Teil B2, Rz. 8; *Ricker/Schiwy*, Rundfunkverfassungsrecht, Teil B Rz. 217; *Schulz/Dreyer*, Reform des DW-Gesetzes, S. 19 f.; *Gersdorf*, Rundfunkrecht, Rz. 157 f.

827 BVerfGE 75, 79, 81; *Hartstein, u.a.*, Teil B2, Rz. 8.; *Dörr*, Deutsche Welle, S. 18 f.; *Ricker/Schiwy*, Rundfunkverfassungsrecht, Teil B Rz. 217 mwN.

828 *Jarass* AöR 120 (1995), 345, 362; *Sachs*, in: Sachs, Vor Art. 1 GG Rz. 96 f.

829 *Schulze-Fielitz*, in: Dreier, Art. 5 I, II GG Rz. 133; *Jarass*, in: Jarass/Pieroth, Art. 5 GG Rz. 42.

830 BVerfGE 7, 198, 209 f.; 50, 234, 240 f.; 62, 230, 243 f.; 95, 220, 235 f.; *Ladeur/Gostomzyk* JuS 2002, 1145, 1151; *Ruck* AöR 117 (1992), 543, 551 f.; *Bethge*, in: Sachs, Art. 5 GG Rz. 139; *Ei-*

sungsrechtlichen Rechtsgütern, die die Rechtsordnung allgemein unter Schutz gestellt hat, auch im Rundfunkbereich Geltung zu verschaffen.[831] Er beschneidet bewusst die Rechte der Träger der Rundfunkfreiheit mit der Zielsetzung, höherrangige Rechte im Interesse der Rechtsordnung zu schützen. Damit geht er bei der Rundfunkfreiheit von einem bereits gefestigten Kern von Grundrechtssubstanz aus, den er zur Effektivierung höherrangiger Rechte in seiner Reichweite begrenzt. Schrankenziehung ist somit zugleich Grenzziehung an Berührungspunkten zu anderweitigem Verfassungsrecht.

2. Materielle Anforderungen

Inhaltlich ermächtigen Schrankengesetze zu einer Abwehr des Fehlverhaltens desjenigen, von dem die Gefährdung für höherrangige Rechtsgüter ausgeht.[832] Wegen dieser beeinträchtigenden Wirkung für Grundrechte desjenigen, der die anderen Rechtsgüter gefährdet, müssen Schrankengesetze einer Reihe von Anforderungen entsprechen, um im Einklang mit der Verfassung stehen zu können. Für die Rundfunkfreiheit bedeutet dies, dass Schrankengesetze durch den Rundfunkgesetzgeber nur unter den Vorgaben des qualifizierten Gesetzesvorbehalts des Art. 5 Abs. 2 GG oder über verfassungsimmanente Schranken zulässig sein können:[833]

a) Spezifische Schrankenanforderungen

Art. 5 Abs. 2 GG schreibt fest, dass die aus der Rundfunkfreiheit erwachsenden Rechte in den Vorschriften der allgemeinen Gesetze, den gesetzlichen Bestimmungen zum Schutze der Jugend und in dem Recht der persönlichen Ehre ihre Schranken finden. Die im Rundfunkbereich wie auch allgemein bedeutsamste Schranke der Schrankentrias des Art. 5 Abs. 2 GG ist die der allgemeinen Gesetze. Nach der Rechtsprechung des Bundesverfassungsgerichts sind allgemeine Gesetze dann allgemein, wenn sie nicht eine Meinung als solche verbieten oder sich gegen eine Äußerung derartiger spezieller Meinungen richten und zugleich dem Schutz eines schlechthin ohne Rücksicht auf eine bestimmte Meinung zu schützenden Gemeinwertes dienen, der gegenüber der Meinungsfreiheit Vorrang genießt.[834] Liegt solchermaßen ein allgemeines Gesetz vor, so setzt die Verfassungsmäßigkeit von Schrankengesetzen voraus, dass das durch das Schrankengesetz zu schützende Rechtsgut der Rundfunkfreiheit nicht nur abstrakt, sondern auch für den spezifisch geregelten Fall vorgeht.[835] Gleiches gilt letztlich auch

---

fert, Programmauftrag, S. 82 f.; *Hoffmann-Riem*, Regulierung, S. 95 f.; *Herrmann/Lausen*, Rundfunkrecht, Kap. 7 Rz. 55 f.; allgemein *Jarass* AöR 110 (1985), 363, 393.

[831] BVerfGE 74, 297, 343; 95, 220, 235; *Bethge* DÖV 2002, 673, 680; *Ruck* AöR 117 (1992), 543, 552; *Hoffmann-Riem*, Regulierung, S. 96; *Herrmann/Lausen*, Rundfunkrecht, Kap. 7 Rz. 55; *Gersdorf*, Rundfunkrecht, Rz. 78, 85; allgemein *Jarass* AöR 120 (1995), 345, 370.

[832] *Bornemann/Hepach* K&R 2004, 317, 318; *Hoffmann-Riem*, Regulierung, S. 114.

[833] BVerfGE 57, 295, 312; 73, 118, 166; *Ladeur/Gostomzyk* JuS 2002, 1145, 1153; *Gersdorf*, Rundfunkrecht, Rz. 84; allgemein *Jarass* AöR 120 (1995), 345, 370 f.

[834] BVerfGE 7, 198, 209 f.; 97, 125, 146; *Ladeur/Gostomzyk* JuS 2002, 1145, 1153; *Herzog*, in: Maunz/Dürig, Art. 5 GG Rz. 257 f.; *Bethge*, in: Sachs, Art. 5 GG Rz. 143; *Jarass*, in: Jarass/Pieroth, Art. 5 GG Rz. 56; *Hoffmann-Riem*, Regulierung, S. 106.

[835] BVerfGE 7, 198, 210; *Ladeur/Gostomzyk* JuS 2002, 1145, 1153; *Ruck* AöR 117 (1992), 543, 553; *Herzog*, in: Maunz/Dürig, Art. 5 GG Rz. 257 f.; *Bethge*, in: Sachs, Art. 5 GG Rz. 147.

für Gesetze zum Schutz der Jugend und der persönlichen Ehre.[836] Neben dem qualifizierten Schrankenvorbehalt des Art. 5 Abs. 2 GG können sich Schranken der Rundfunkfreiheit auch aus anderen Rechten und Rechtsgütern der Verfassung ergeben.[837] Allerdings ist vorrangig Art. 5 Abs. 2 GG als Maßstab für Schrankengesetze anzuwenden; erst wenn dieser nicht anwendbar ist, können verfassungsimmanente Schranken der Rundfunkfreiheit den Rundfunkgesetzgeber legitimieren.[838] Sicherlich ist auch für die gesetzlichen Regelungen, die auf Grundlage einer verfassungsimmanenten Schranke ergehen, ein höheres Maß an Konkretisierung und Bestimmtheit erforderlich.[839]

b) Allgemeine Schrankenanforderungen

Der Rundfunkgesetzgeber kann auf Basis des qualifizierten Gesetzesvorbehaltes oder der verfassungsimmanenten Schranken der Rundfunkfreiheit diese nicht beliebig beschränken. Aufgrund der überragenden Bedeutung der Rundfunkfreiheit für den demokratischen Meinungsbildungsprozess muss jedes beschränkende Gesetz im Lichte dieser Bedeutung ausgelegt und so in seiner dieses Grundrecht beschränkenden Wirkung selbst wieder eingeschränkt werden.[840] Die vom Bundesverfassungsgericht entwickelte Wechselwirkungslehre ist eine besondere Ausprägung des allgemeinen Verhältnismäßigkeitsgrundsatzes. In Anlehnung an das Übermaßverbot muss das beschränkende Gesetz geeignet, erforderlich und angemessen, mithin verhältnismäßig sein.[841] Dabei ist die Intensität der Beeinträchtigung der Rundfunkfreiheit vor dem Hintergrund der überragenden Bedeutung des Massenmediums Rundfunk für die moderne Demokratie gegen die vom Rundfunkgesetzgeber verfolgten Schutzinteressen im Rahmen der Angemessenheit als Bestandteil des Übermaßverbotes abzuwägen.[842] Diese Abwägung fungiert somit als Korrektiv für die verfassungsrechtliche Tolerierbarkeit der beschränkenden Wirkung der Schrankengesetze. Darüber hinaus greift als weitere Grenze der Beschränkungsmöglichkeiten des Rundfunkgesetzgebers das Zensurverbot aus Art. 5 Abs. 1 S. 3 GG, nach welchem jegliche gesetzliche Vorzensur un-

---

836 *Jarass*, in: Jarass/Pieroth, Art. 5 GG Rz. 60 f.; 62; *Bethge*, in: Sachs, Art. 5 GG Rz. 161a, 170.

837 BVerfGE 57, 295, 321; 73, 118, 166.

838 BVerfGE 66, 116, 136; BVerwGE 87, 37, 45 f.; *Jarass*, in: Jarass/Pieroth, Art. 5 GG Rz. 65; *Lerche*, in: Isensee/Kirchhof, HbdStR, § 122 Rz. 47 f.; *Schmidt-Jortzig*, in: Isensee/Kirchhof, HbdStR, § 141 Rz. 46; anders *Bethge*, in: Sachs, Art. 5 GG Rz. 176; allgemein instruktiv *Sachs*, in: Sachs, Vor Art. 1 GG Rz. 120 ff.; offen gelassen *Ruck* AöR 117 (1992), 543, 552.

839 BVerfGE 52, 283, 298; 59, 231, 262; *Jarass*, in: Jarass/Pieroth, Art. 5 GG Rz. 65.

840 BVerfGE 7, 198, 208; 66, 116, 150; 71, 206, 214; *Ladeur/Gostomzyk* JuS 2002, 1145, 1153; *Jarass*, in: Jarass/Pieroth, Art. 5 GG Rz. 57; *Herzog*, in: Maunz/Dürig, Art. 5 GG Rz. 257 f.; *Bethge*, in: Sachs, Art. 5 GG Rz. 145; *Lerche*, in: Isensee/Kirchhof, HbdStR, § 122 Rz. 21; *Neun*, Grenzen des Wachstums, S. 192 f.; *Herrmann/Lausen*, Rundfunkrecht, Kap. 7 Rz. 64 mwN.

841 BVerfGE 59, 231, 265; 74, 297, 337 f.; 77, 65, 75; 90, 145, 172; *Bethge* DÖV 2002, 673, 680; *Ladeur/Gostomzyk* JuS 2002, 1145, 1153; *Ruck* AöR 117 (1992), 543, 553; *Jarass*, in: Jarass/Pieroth, Art. 5 GG Rz. 57; *Bethge*, in: Sachs, Art. 5 GG Rz. 146; *Hoffmann-Riem*, Regulierung, S. 106 f.; *Gersdorf*, Rundfunkrecht, Rz. 84; allgemein *Jarass* AöR 120 (1995), 345, 370; *Sachs*, in: Sachs, Vor Art. 1 GG Rz. 134 f.; *Neun*, Grenzen des Wachstums, S. 191.

842 BVerfGE 35, 202, 224; 86, 122, 129 f.; *Jarass*, in: Jarass/Pieroth, Art. 5 GG Rz. 57; *Herrmann/Lausen*, Rundfunkrecht, Kap. 7 Rz. 63.

tersagt ist.[843] Daneben darf der Wesensgehalt der Rundfunkfreiheit durch die Schrankengesetze gemäß Art. 19 Abs. 2 GG nicht beeinträchtigt werden.[844] Das Verbot des Einzelfallgesetzes und das Zitiergebot, Art. 19 Abs. 1 GG sowie der Bestimmtheitsgrundsatz müssen ebenso Berücksichtigung finden.

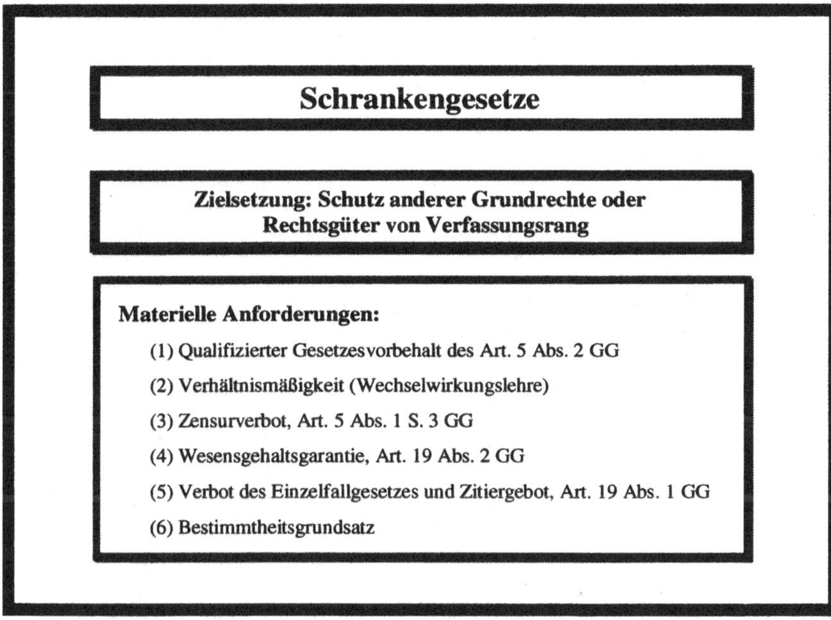

Abb. 17: Zielsetzung und materielle Anforderungen Schrankengesetze

II. Ausgestaltungen

Manche Grundrechte bedürfen in der Konzeption des Bundesverfassungsgerichts zu ihrer Effektivierung einer besonderen Ausgestaltung im grundrechtsrelevanten Bereich. Konsequenz dieses verfassungsgerichtlich anerkannten Bedürfnisses ist es dann, dass dem Gesetzgeber eine Aufgabe oder Befugnis zugewiesen wird, nach der er verfassungsrechtlich berufen und zugleich verpflichtet ist, dem in Frage stehenden Grundrecht durch seine Handlungen Substanz zu verleihen.[845] Zwar mögen die ausgestaltenden Handlungen des Gesetzgebers genauso wie Beschränkungen für den Grundrechts-

[843] BVerfGE 33, 52, 71 f.; *Ladeur/Gostomzyk* JuS 2002, 1145, 1153; *Jarass*, in: Jarass/Pieroth, Art. 5 GG Rz. 63; *Herzog*, in: Maunz/Dürig, Art. 5 GG Rz. 296 f.

[844] *Bethge*, in: Sachs, Art. 5 GG Rz. 151, der richtigerweise konstatiert, dass durch die Garantie „das Gebot der Verhältnismäßigkeit deklaratorisch positiviert wird“; auch *Herrmann/Lausen*, Rundfunkrecht, Kap. 7 Rz. 61; allgemein *Sachs*, in: Sachs, Vor Art. 1 GG Rz. 134; *Lerche*, in: Isensee/Kirchhof, HbdStR, § 122 Rz. 25 ff.

[845] *Jarass* AöR 120 (1995), 345, 367 f.; *Ruck* AöR 117 (1992), 543, 548.

träger belastend wirken, indes bedingt es die besondere Konzeption der auszugestaltenden Grundrechte, dass die daraus resultierenden Handlungen des verfassungsrechtlich verpflichteten Gesetzgebers gerade nicht als Grundrechtsbeeinträchtigungen zu qualifizieren sind. Ausgestaltungen sind also, auch wenn sie de facto belastend wirken, niemals Beeinträchtigungen.[846] Richtig konstatiert *Jarass* daher, dass letztlich „die Figur der Ausgestaltung [...] eine ähnliche Wirkung wie die Figuren des Gesetzesvorbehalts oder des kollidierenden Verfassungsrechts, die zur Rechtfertigung bestimmter Grundrechtsbeeinträchtigungen führen" in sich trägt.[847]

1. Zielsetzung

Anders als Schrankengesetze dienen Ausgestaltungen nicht dem Schutz externer Rechtsgüter von Verfassungsrang, sondern der Verwirklichung der Rundfunkfreiheit selbst.[848] Wie bereits dargelegt, ist oberstes Leitprinzip der dualen Rundfunkordnung die Sicherung der Meinungsvielfalt als Prämisse des Meinungsbildungsprozesses, also letztlich die Verwirklichung des verfassungsrechtlichen Pluralismusgebotes.[849] Daran orientiert, versucht der Gesetzgeber durch Ausgestaltungen die individuelle und öffentliche Meinungsbildung im verfassungsrechtlich notwendigen Maß zu effektivieren und abzusichern.[850] Ausgestaltende Gesetze müssen somit stets einerseits die Freiheit der individuellen Meinungsbildung verstärken, andererseits aber auch den Wert einer möglichst ungehinderten und unbeeinflussten Herausbildung der für die Demokratie lebensnotwendigen öffentlichen Meinung intensivieren.[851] Vor diesem Hintergrund wird durch den Gesetzgeber – gerade anders als bei den Schrankengesetzen – bei Ausgestaltungen keine externe Gefährdung abgewehrt, sondern rechtlich der Rahmen geschaffen, innerhalb welchem nach der Einschätzung des Gesetzgebers die Rundfunkfreiheit bestmöglich geschützt wird. Die legislatorische Handlung schafft also erst die Substanz, die zur Verwirklichung der Freiheit notwendig ist. Zwar können durch solche Gestalt gebenden Maßnahmen auch andere verfassungsrechtliche Rechtsgüter beeinträchtigt werden; im Interesse des höherrangigen Zieles der Rundfunkfreiheit und der Konstituierung deren Freiheitsbereichs müssen solche Belastungen aber zurücktre-

---

846 BVerfGE 73, 118, 166; *Bornemann/Hepach* K&R 2004, 317, 318; *Bethge* DÖV 2002, 673, 680; *Jarass* AöR 120 (1995), 345, 368; *ders.* AöR 110 (1985), 363, 391; *Ruck* AöR 117 (1992), 543, 548; *Schulze-Fielitz*, in: Dreier, Art. 5 I, II GG Rz. 215 f.; *Gersdorf*, Rundfunkrecht, Rz. 79.

847 *Jarass* AöR 120 (1995), 345, 368.

848 *Bornemann/Hepach* K&R 2004, 317, 318; *Hoffmann-Riem* M&K 2002, 175, 178; *ders.* M&K 2000, 7, 8; *Ruck* AöR 117 (1992), 543, 548; *Jarass* AöR 110 (1985), 363, 393; *Schulze-Fielitz*, in: Dreier, Art. 5 I, II GG Rz. 215; *Isensee*, in: Isensee/Kirchhof, HbdStR, § 115 Rz. 141 f.; *Eifert*, Programmauftrag, S. 82 f.; *Gersdorf*, Rundfunkrecht, Rz. 79.

849 BVerfGE 83, 238, 296; 87, 181, 198; 90, 60, 94; *Bethge* ZUM 1996, 456, 466; *ders.*, Verfassungsrechtliche Position, S. 44; *Herrmann/Lausen*, Rundfunkrecht, Kap. 7 Rz. 77.

850 BVerfGE 57, 295, 320; 73, 118, 153; 83, 238, 296; 95, 220, 236; *Ruck* AöR 117 (1992), 543, 545; *Schulze-Fielitz*, in: Dreier, Art. 5 I, II GG Rz. 232; *Jarass*, in: Jarass/Pieroth, Art. 5 GG Rz. 44; *Hartstein, u.a.*, Teil B2, Rz. 18; *Starck*, in: vMangoldt/Klein/Starck, Art. 5 I, II GG Rz. 117; *Degenhart*, in: Bonner Kommentar, Art. 5 GG Rz. 625; *A. Hesse*, Rundfunkrecht, Kap. 2 Rz. 42.

851 *Herzog*, in: Maunz/Dürig, Art. 5 GG Rz. 9; *Hoffmann-Riem*, Regulierung, S. 107; *Herrmann/Lausen*, Rundfunkrecht, Kap. 7 Rz. 2.

ten.[852] *Jarass* charakterisiert Ausgestaltungen treffend als „Regelungen, die wegen der Eigenart des betreffenden Grundrechtes erforderlich sind, die somit keine Grundrechtsbeschränkung sind, obwohl sie einzelne Aspekte der Grundrechtsausübung verkürzen können".[853]

2. Materielle Anforderungen

Aufgrund ihrer Sonderstellung sind Ausgestaltungen trotz etwaiger belastender Wirkungen gerade keine Beeinträchtigungen.[854] Konsequenterweise verschieben sich im Vergleich zu den Anforderungen an Schrankengesetze deshalb auch die Maßstäbe, die an ausgestaltende Gesetzgebung von Verfassungs wegen anzulegen sind:

a) Freistellung von spezifischen Schrankenanforderungen

Zum einen bedingt die Sonderstellung als Ausgestaltung, dass der speziell für Schrankengesetze konzipierte, qualifizierte Gesetzesvorbehalt des Art. 5 Abs. 2 GG nicht anwendbar ist. Ausgestaltende Maßnahmen des Rundfunkgesetzgebers sind daher nicht an den besonderen Vorgaben des Art. 5 Abs. 2 GG zu messen.[855] Daneben sind die Schranken kollidierenden Verfassungsrechts, die für Schrankengesetze Wirkung entfalten, ebenso nicht zu berücksichtigen.[856] Solange der Rundfunkgesetzgeber im Rahmen des ihm zustehenden Gestaltungsspielraumes verfassungsrechtlich entgegen stehende Positionen optimiert und sich im Rahmen seiner Bindung aus Art. 1 Abs. 3 GG bewegt, muss er spezifische Anforderungen kollidierenden Verfassungsrechts nicht berücksichtigen. Damit sind Ausgestaltungen von den spezifischen Schrankenanforderungen, die an Schrankengesetze gestellt werden, entbunden.

b) Eingeschränkte Verhältnismäßigkeit

Der im Gegensatz zu den Schrankengesetzen im Interesse der Grundrechtssicherung erweiterte Handlungsspielraum des Rundfunkgesetzgebers offenbart sich zugleich noch an anderer Stelle: Während Schrankengesetze dem Grundsatz der Verhältnismäßigkeit genügen müssen, sind an Ausgestaltungen geringere Anforderungen zu stellen. Ausgestaltungen müssen geeignet sein, das Ziel der Rundfunkfreiheit – die Sicherung

---

852 BVerfGE 57, 295, 321; *Ruck* AöR 117 (1992), 543, 548; *Jarass* AöR 110 (1985), 363, 394; *Schulze-Fielitz*, in: Dreier, Art. 5 I, II GG Rz. 216; *Hoffmann-Riem*, in: Benda/Maihofer/Vogel, Verfassungsrecht, § 7 Rz. 34; *ders.*, Regulierung, S. 98; *Gersdorf*, Rundfunkrecht, Rz. 79.

853 *Jarass* AöR 110 (1985), 363, 394.

854 BVerfGE 57, 295, 321; 73, 118, 166; *Bethge* DÖV 2002, 673, 680; *Gersdorf* AfP 1992, 338, 341; *Ruck* AöR 117 (1992), 543, 547 f.; *Jarass* AöR 110 (1985), 363, 391 f.; *Hasse*, Finanzierung, S. 82; *Neun*, Grenzen des Wachstums, S. 191; *Hoffmann-Riem*, Erosionen, S. 13 f.; *Gersdorf*, Rundfunkrecht, Rz. 79.

855 BVerfGE 57, 295, 321; 73, 118, 166; 83, 238, 326; 95, 220, 235; *Bornemann/Hepach* K&R 2004, 317, 318; *Ladeur/Gostomzyk* JuS 2002, 1145, 1152; *Ruck* AöR 117 (1992), 543, 547; *Jarass* AöR 110 (1985), 363, 391; *Bethge*, in: Sachs, Art. 5 GG Rz. 158; *A. Hesse*, Rundfunkrecht, Kap. 2 Rz. 56.

856 *Jarass* AöR 120 (1995), 345, 368.

individueller und öffentlicher Meinungsbildung – in irgendeiner Weise zu fördern.[857] Dagegen finden aber die weiteren Kriterien des Verhältnismäßigkeitsprinzips, die Erforderlichkeit und die Angemessenheit, auf Ausgestaltungen gerade keine Anwendung.[858] In welcher Weise der Rundfunkgesetzgeber versucht, das Ziel der Rundfunkfreiheit verfassungsgerecht zu optimieren, bleibt seiner Entscheidung überlassen. Solange die Regelung die Sicherung der Voraussetzungen des demokratischen Meinungsbildungsprozesses in irgendeiner, der Rundfunkfreiheit zuträglichen Weise fördert, ist der Rundfunkgesetzgeber in der Wahl seiner Mittel frei.[859] Allerdings kann die Gestaltungsfreiheit des Rundfunkgesetzgebers nicht unbegrenzt gelten. Ausgestaltungen müssen sich in den vom Bundesverfassungsgericht gezogenen konzeptionellen Grenzen der Rundfunkfreiheit bewegen und der Effektivierung der Rundfunkfreiheit in irgendeiner Weise dienlich sein. Daher verlangt das Kriterium der Geeignetheit, dass der demokratische Prozess freier Meinungsbildung weder in irgendeiner Weise behindert, noch sonst verkürzt oder beeinträchtigt wird.[860] Insbesondere für die bereits vom Rundfunkgesetzgeber konstituierte und vom Bundesverfassungsgericht gebilligte duale Rundfunkordnung gilt weiter, dass die Dualität der Rundfunkordnung stets in der Ausgestaltung Berücksichtigung finden muss: Privater Rundfunk als Widerpart des öffentlich-rechtlichen Rundfunks darf nicht Bedingungen unterworfen werden, die seine Veranstaltung in hohem Maße erschweren, wenn nicht ausschließen würden; auf der anderen Seite darf der öffentlich-rechtliche Rundfunk nicht an der Erfüllung der Pflichtaufgabe Grundversorgung gehindert werden.[861] Darüber hinaus müssen auch Ausgestaltungsgesetze den Anforderungen des Bestimmtheitsgebots genügen: Rundfunkveranstalter müssen erkennen können, welchen Anforderungen sie unterliegen und mit welchen Sanktionen sie im Falle einer Nichteinhaltung zu rechnen haben.[862] Genügen Ausgestaltungen nicht diesen Anforderungen, dienen sie also insbesondere nicht oder nur unzureichend dem Ziel der Rundfunkfreiheit, so sind die Ausgestaltungen verfassungswidrig. Die Ausgestaltung schlägt dann nicht in eine Beschränkung im klassischen Sinne um, jedoch wirkt sie faktisch wie ein Eingriff, der verfassungsrechtlich nicht mehr zu rechtfertigen ist.[863] Das bedeutet also, dass verfassungswidrige Aus-

---

857 BVerfGE 83, 238, 324; 97, 228, 267; *Bornemann/Hepach* K&R 2004, 317, 318; *Ladeur/Gostomzyk* JuS 2002, 1145, 1152; *Schulze-Fielitz*, in: Dreier, Art. 5 I, II GG Rz. 233; *Krausnick*, Rundfunksystem, S. 36 f.; *Gersdorf*, Rundfunkrecht, Rz. 80.

858 *Bornemann/Hepach* K&R 2004, 317, 318; *Bethge* DÖV 2002, 673, 681; *Ladeur/Gostomzyk* JuS 2002, 1145, 1152; *Neun*, Grenzen des Wachstums, S. 191; *Gersdorf*, Rundfunkrecht, Rz. 80; wohl auch *Ruck* AöR 117 (1992), 543, 549 f.; *Krausnick*, Rundfunksystem, S. 36 f. mwN; kritisch *Jarass* AöR 110 (1985), 363, 392; *Hasse*, Finanzierung, S. 83.

859 BVerfGE 57, 295, 321 f.; 74, 297, 334; 83, 238, 296; 90, 60, 94; *Bornemann/Hepach* K&R 2004, 317, 318; *Jarass*, in: Jarass/Pieroth, Art. 5 GG Rz. 44a; *Gersdorf*, Rundfunkrecht, Rz. 82.

860 BVerfGE 74, 297, 332; *Hasse*, Finanzierung, S. 82; *Gersdorf*, Rundfunkrecht, Rz. 83.

861 BVerfGE 73, 118, 157; 83, 238, 311; BVerwG NJW 1999, 2454, 2456; *Schulze-Fielitz*, in: Dreier, Art. 5 I, II GG Rz. 275; *Starck*, in: vMangoldt/Klein/Starck, Art. 5 I, II GG Rz. 157; *Gersdorf*, Rundfunkrecht, Rz. 83; *A. Hesse*, Rundfunkrecht, Kap. 2 Rz. 57.

862 BVerfGE 73, 118, 163 f.; 83, 238, 311, 322; *Bornemann/Hepach* K&R 2004, 317, 318; *Hoffmann-Riem*, Regulierung, S. 192 f.; *A. Hesse*, Rundfunkrecht, Kap. 2 Rz. 57.

863 *Ladeur/Gostomzyk* JuS 2002, 1145, 1152; *Ruck* AöR 117 (1992), 543, 549 f.; *Hoffmann-Riem*, Regulierung, S. 108 Fn. 78; *Bethge*, Verfassungsrechtliche Position, S. 38; *Neun*, Grenzen des

gestaltungen insbesondere dann vorliegen, wenn durch sie der demokratische Meinungsbildungsprozess behindert oder verkürzt oder in einer der Staatsfreiheit des Rundfunks widersprechenden Art und Weise durch den Staat Einfluss auf den Rundfunk genommen wird.

c) Untermaßverbot

Allerdings verlangt die verfassungsrechtliche Pflicht zur Ausgestaltung im Interesse der Effektivierung des Zieles der Rundfunkfreiheit, dass der Rundfunkgesetzgeber ein Mindestmaß an Maßnahmen zur Sicherung des demokratischen Meinungsbildungsprozesses trifft und solchermaßen ein ausreichendes Schutzniveau konstituiert.[864] Weil der Rundfunkgesetzgeber ein gewisses Maß an Regulierung nicht unterschreiten darf, bezeichnet man das Gebot ausreichender Regulierung verfassungsrechtlich als Untermaßverbot.[865] Auch muss der Rundfunkgesetzgeber nicht stets dasjenige Mittel wählen, was die Rundfunkfreiheit bestmöglich effektiviert. Vielmehr kann er im Rahmen seines Gestaltungsspielraums auch ein Mittel durchsetzen, welches die Rundfunkfreiheit nicht optimal fördert. Bei einer erstmaligen Ausgestaltung ist er vor diesem Hintergrund allein an das Ziel der Verwirklichung der Rundfunkfreiheit gebunden; die volle Breite des Gestaltungsspielraums kommt hier zum Tragen.[866] Mit jeder Substanz gebenden Maßnahme durch den Rundfunkgesetzgeber kann sich aber zugleich auch sein Handlungsspielraum verengen: Umgestaltungen der bestehenden Grundrechtsubstanz sind nur noch dann verfassungsmäßig, wenn sie im Vergleich zu den bestehenden Regelungen das Ziel der Rundfunkfreiheit besser oder doch zumindest gleichwertig zu sichern und fördern vermögen.[867] Damit bindet jede vorgenommene Ausgestaltungsmaßnahme des Rundfunkgesetzgebers diesen selbst wiederum in seiner Handlungsfreiheit. Soweit durch Umgestaltungen in durch Bestands- und Vertrauensschutz geschützte Rechte eingegriffen wird, sind die Umgestaltungen an den Anforderungen für Schrankengesetze zu messen.[868]

Wachstums, S. 191; unklar *Krausnick*, Rundfunksystem, S. 31, der bei allem, was über das zulässige Maß der Ausgestaltung hinausgeht, von einem rechtfertigungsbedürftigen Eingriff auszugehen scheint; dies wäre aber dogmatisch inkonsistent.

864 *Schulze-Fielitz*, in: Dreier, Art. 5 I, II GG Rz. 235; *Isensee*, in: Isensee/Kirchhof, HbdStR, § 115 Rz.145, 152; *Hoffmann-Riem*, Regulierung, S. 107 f.

865 BVerfGE 88, 203, 254; *Bethge*, in: Sachs, Art. 5 GG Rz. 151a; *Isensee*, in: Isensee/Kirchhof, HbdStR, § 115 Rz. 144, 152; *Hoffmann-Riem*, Regulierung, S. 107.

866 *Ladeur/Gostomzyk* JuS 2002, 1145, 1152; *Hoffmann-Riem*, Regulierung, S. 108.

867 BVerfGE 74, 297, 334; *Ladeur/Gostomzyk* JuS 2002, 1145, 1152; *Ruck* AöR 117 (1992), 543, 550; *Libertus* ZUM 1992, 225, 227; *Hoffmann-Riem*, Regulierung, S. 108; *A. Hesse*, Rundfunkrecht, Kap. 2 Rz. 49.

868 *Ruck* AöR 117 (1992), 543, 550 f.; *Hoffmann-Riem*, Rundfunk neben Wirtschaftsrecht, S. 73 f.; *ders.*, in: Benda/Maihofer/Vogel, Verfassungsrecht, § 7 Rz. 34, 39 f.; *Isensee*, in: Isensee/Kirchhof, HbdStR, § 115 Rz. 144, 152.

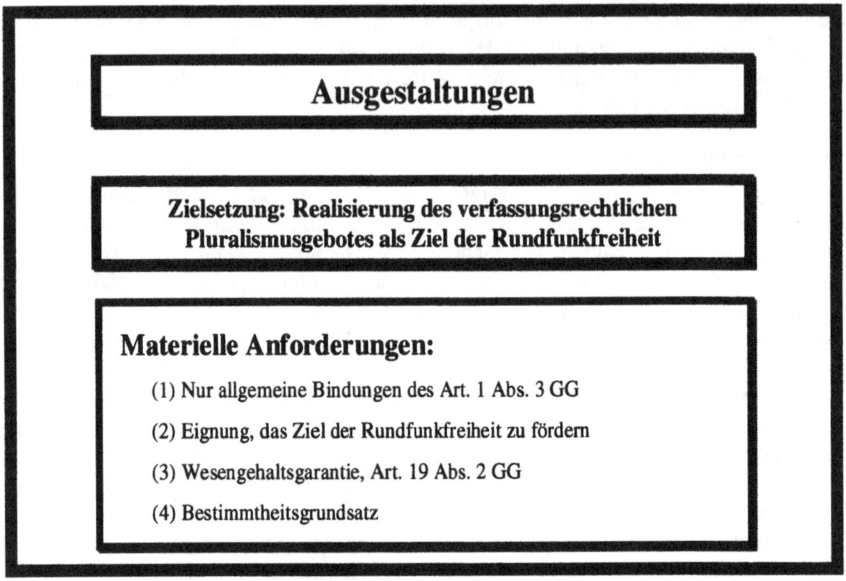

Abb. 18: Zielsetzung und materielle Anforderungen Ausgestaltungen

III. Kategorisierung präzisierender Regulierung

Betrachtet man die divergierenden Zielsetzungen und materiellen Anforderungen von Schrankengesetzen einerseits und Ausgestaltungen andererseits, so erfordert das unterschiedliche verfassungsrechtliche Legitimationsniveau im Hinblick auf präzisierende Regulierung eine Differenzierung.[869] Die Abgrenzung der beiden Normbereiche erweist sich in der Praxis aber als schwierig, da insbesondere Ausgestaltungen auch belastend wirken können. *Bethge* bezeichnet dies lakonisch als „Gemengelage".[870] Da Ausgestaltungen niemals in Beschränkungen umschlagen können, besteht zwischen beiden Normbereichen ein Exklusivitätsverhältnis: Regulierung kann also nur entwe-

---

869 BVerfGE 52, 283, 299; 95, 220, 235 f.; *Bethge* DÖV 2002, 673, 680 f.; *Ruck* AöR 117 (1992), 543, 544; *Bethge*, in: Sachs, Art. 5 GG Rz. 158; *Lerche*, in: Isensee/Kirchhof, HbdStR, § 121 Rz. 4; *Gersdorf*, Rundfunkrecht, Rz. 78; freilich besteht diese Notwendigkeit nur dann, wenn ein subjektiv-objektives Verständnis der Rundfunkfreiheit vertreten wird; verneint man die objektive Dimension vollständig, so entfällt das Bedürfnis einer Differenzierung, weil dann dogmatisch nur noch Schrankengesetze existieren können; vgl. dazu *Hoffmann-Riem*, Regulierung, S. 95 Fn. 22 mwN; die Notwendigkeit einer Differenzierung verneinend *Ricker/Schiwy*, Rundfunkverfassungsrecht, Teil B Rz. 185, die unzutreffend davon ausgehen, dass das Bundesverfassungsgericht auch Ausgestaltungen am Grundsatz der Verhältnismäßigkeit messe und eine Entscheidung daher entbehrlich sei.

870 *Bethge* DÖV 2002, 673, 680; ähnliche Formulierungen finden sich bei BVerfGE 95, 220, 235 f.; *Starck*, in: FS Stern, 779, 795; *Schulze-Fielitz*, in: Dreier, Art. 5 I, II GG Rz. 216; *Jarass*, in: Jarass/Pieroth, Art. 5 GG Rz. 44a.

der Ausgestaltung oder Schrankengesetz sein.[871] Für den Rundfunkbereich ist es daher notwendig, konkrete Regulierungsvorhaben in eine dieser beiden Kategorien einzuordnen, um die verfassungsmäßigen Anforderungen überhaupt erfüllen zu können:

1. Generelle Leitlinien der Kategorisierung

Als Orientierungspunkt einer Abgrenzung kann der Leitsatz dienen, dass Ausgestaltungen alle kommunikationsbezogenen Bestimmungen umfassen, die die Funktion des Rundfunks für die öffentliche Meinungsbildung sicherstellen und fördern und so dieser Funktion dienen oder zu dienen bestimmt sind.[872] Auszurichten hat sich eine Abgrenzung vor allem an den divergierenden Zielsetzungen für beide Normbereiche, da insbesondere hier erhebliche Unterschiede bestehen. Schrankengesetze dienen nicht vornehmlich der Effektivierung des Schutzes der Rundfunkfreiheit, sondern dem Schutz anderer Rechtsgüter, die durch die Veranstaltung von Rundfunk gefährdet werden.[873] Wenn also durch Regelungen andere Rechtsgüter wie beispielsweise der Ehr-, Daten- oder Jugendschutz, Persönlichkeitsrechte, Urheberrechte oder die Funktionsfähigkeit der Wettbewerbsordnung geschützt werden sollen, so sind diese Regelungen nicht Ausgestaltungen, sondern Schrankengesetze.[874] Sobald aber Gesetze die Voraussetzungen des demokratischen Meinungsbildungsprozesses zu sichern beabsichtigen, weisen sie einen Bezug zur Funktion des Rundfunks auf und regulieren deren notwendige Bedingungen. Insbesondere Gesetze, die meinungsbezogene und gegenständliche Vielfalt erreichen wollen, sind stets als Ausgestaltungen zu bewerten. Solche Gesetze bedürfen als Ausgestaltung eines niedrigeren, verfassungsrechtlichen Legitimationsniveaus.

2. Kategorisierung der Präzisierungen

In der Regel werden einfachgesetzlichen Präzisierungen des verfassungsrechtlichen Funktionsauftrages des öffentlich-rechtlichen Rundfunks vor diesem Hintergrund als Ausgestaltungen zu qualifizieren sein.[875] Allerdings kann aus dieser Erkenntnis kein pauschaler Automatismus dahingehend abgeleitet werden, dass jedwede Präzisierung stets als Ausgestaltung einzustufen sein muss.[876] Richtig ist zwar, dass die Funktionsbestimmung der öffentlich-rechtlichen Säule Struktur gebend für das duale System ist und so im Regelfall die Grundlinien des dualen Systems nachzeichnet. Durch die Konstituierung der Aufgabenbereiche im dualen System werden die Voraussetzungen der individuellen und öffentlichen Meinungsbildung gesichert, mithin also die Rundfunk-

---

871 BVerfGE 57, 295, 321, 73, 118, 166; *Ladeur/Gostomzyk* JuS 2002, 1145, 1147.

872 BVerfGE 73, 118, 166; 97, 228, 267; *Ladeur/Gostomzyk* JuS 2002, 1145, 1151; *Eifert*, Programmauftrag, S. 82 f.

873 BVerfGE 95, 220, 235; *Hoffmann-Riem*, in: Benda/Maihofer/Vogel, Verfassungsrecht, § 7 Rz. 34; *Gersdorf*, Rundfunkrecht, Rz. 85.

874 *Ladeur/Gostomzyk* JuS 2002, 1145, 1151; *Bethge* DÖV 2002, 673, 680, der als Beispiele das Kurzberichterstattungsrecht und das Gegendarstellungsrecht anführt; *Hoffmann-Riem*, Regulierung, S. 96 f.

875 *Degenhart* ZUM 2000, 356, 359 f.; *Eifert*, Programmauftrag, S. 82 f.; *Bullinger*, Aufgaben, S. 19 f.; pauschal bejahend *Reese*, Funktionsauftrag, S. 200 f.

876 So aber letztlich *Eifert*, Programmauftrag, S. 83; *Bullinger*, Aufgaben, S. 19 f.

freiheit selbst effektiviert. Dennoch verbietet sich eine pauschale Qualifizierung, anderenfalls würde pauschal die Rundfunkgesetzgebung in einem ihrer Kernbereiche einem niedrigeren, verfassungsrechtlichen Legitimationsniveau unterworfen, welches von Verfassungs wegen eigentlich so nicht vorgesehen war. Dass eine pauschale Kategorisierung ohne Berücksichtigung des Einzelfalls nicht praxisgerecht sein kann, hat letztlich auch das Bundesverfassungsgericht festgestellt: Die Kategorisierung soll nach Auffassung des Gerichts je nach Bezug der Regelungsmaterie erfolgen.[877] Finden sich primär Bezüge zur Verwirklichung der Ziele der Rundfunkfreiheit selbst, so handelt es sich um Ausgestaltungen. Steht aber der Schutz anderer Rechtsgüter von Verfassungsrang im Vordergrund, so sind Präzisierungen Schrankengesetze. Auf dieser Basis kommt man letztlich nicht umhin, eine einzelfallabhängige Qualifizierung der in Frage stehenden konkreten Regulierungsmechanismen vorzunehmen, um das erforderliche Legitimationsniveau feststellen zu können. Bestehen Zweifel[878], so wird man aufgrund der Transparenz und Stringenz der Anforderungen an Schrankengesetze die regulatorische Maßnahme des Rundfunkgesetzgebers an diesen erhöhten Anforderungen zu messen haben. Dennoch: Die Schwierigkeit einer Abgrenzung im Einzelfall zeigt sich aber selbst vor diesem Hintergrund an der bestehenden Rechtsprechung des Bundesverfassungsgerichts, die hinsichtlich der Kategorisierung zuweilen inkonsistent ist.[879]

3. Leitlinien zur Bewertung von Ausgestaltungen im Einzelfall

Wegen der weitestgehenden Freistellung von Ausgestaltungen von den detaillierten Anforderungen an Schrankengesetze und dem damit korrespondierenden legislatorischen Gestaltungsspielraum des Rundfunkgesetzgebers tragen Ausgestaltungen stets das Risiko in sich, die durch grundrechtliche Schranken gezogenen und verfassungsrechtlich intendierten Grenzen zu unterlaufen.[880] Zu beachten ist dabei, dass Ausgestaltungen dogmatisch aufgrund der konzeptionellen Vorgaben des Bundesverfassungsgerichts niemals in Beschränkungen umschlagen können.[881] Dennoch entfalten sie durchaus im Interesse der objektiv zu sichernden Voraussetzungen des demokratischen Meinungsbildungsprozesses auch für einzelne Grundrechtsträger belastende Wirkungen. Diese sind zwar letztlich im Interesse des objektiven Schutzes hinzunehmen, dennoch ist der Grad ihrer Beeinträchtigung zugleich auch Maßstab für Ausgestaltungen. Belastungen als Annex und notwendige Folge von Ausgestaltungen sind verfassungsrechtlich daher nur dann hinzunehmen, wenn sie im Vergleich zu dem objektiv zu schützenden Ziel der Rundfunkfreiheit von untergeordneter Natur sind.[882] Anerkennt man diese Prämisse, dann schließt sich die dogmatisch schwierige Frage an, an welcher Stelle die Anforderungen im Rahmen der verfassungsrechtlichen Prüfung zu ver-

---

[877] BVerfGE 95, 220, 235.

[878] Zum Doppelcharakter von Regelungen *Gersdorf*, Rundfunkrecht, Rz. 87.

[879] Vgl. nur einerseits BVerfGE 74, 297, 336 ff., und andererseits BVerfGE 87, 181, 197 ff.; sowie *Eifert*, Programmauftrag, S. 83; *Gersdorf*, Rundfunkrecht, Rz. 86.

[880] Allgemein *Jarass* AöR 120 (1995), 345, 368; *ders.* AöR 110 (1985), 363, 390 f.

[881] BVerfGE 57, 295, 321; 73, 118, 166; *Gersdorf* AfP 1992, 338, 341; *Ruck* AöR 117 (1992), 543, 550; *Jarass* AöR 110 (1985), 363, 391 f.; *Hoffmann-Riem*, Erosionen, S. 13 f.; *Gersdorf*, Rundfunkrecht, Rz. 79.

[882] *Jarass* AöR 110 (1985), 363, 392, wohl auch *Ruck* AöR 117 (1992), 543, 549 f.

orten sind. Integrierte man die Abwägungsentscheidung in das Kriterium der Geeignetheit, so würden dessen Grenzen überdehnt. Zudem mag eine Ausgestaltung, die unzulässig belastend wirkt, trotzdem geeignet sein, dem Ziel der Rundfunkfreiheit zu dienen. Eine sinnvolle Einordnung der Abwägungsentscheidung könnte nur im Rahmen der weiteren Kriterien des Verhältnismäßigkeitsprinzips vorgenommen werden. Deren Anwendbarkeit wird aber überwiegend für Ausgestaltungen wegen des dem Gesetzgeber eingeräumten breiten Handlungsspielraums abgelehnt. Die Konzeption des Bundesverfassungsgerichts vermag hier nicht den verfassungsrechtlich notwendigen Individualschutz zu vermitteln.[883]

Wenn nun teilweise versucht wird, das skizzierte Defizit abzufedern, indem Ausgestaltungen auch dem Grundsatz der Verhältnismäßigkeit zu entsprechen haben[884], so ist dies zwar verfassungsrechtlich wünschenswert, aber dogmatisch nicht vertretbar.[885] Das niedrigere Legitimationsniveau für Ausgestaltungen ist Ausfluss der objektiv-rechtlichen Konzeption des Bundesverfassungsgerichts. Im Rahmen dieses Grundrechtsverständnisses der Rundfunkfreiheit ist eine Anwendbarkeit der weiteren Kriterien des Übermaßverbotes nicht angezeigt. Wenn nun aber argumentiert wird, dass die Anwendbarkeit deshalb ausscheide, weil Erforderlichkeit und Angemessenheit als Kriterien jeweils gegenläufige Grundrechtspositionen voraussetzen, die zu einem Ausgleich gebracht werden müssen und der dienende Charakter der Rundfunkfreiheit und die damit verbundene Zielsetzung der Ausgestaltung solche gegenläufigen Positionen aber gerade nicht vorsieht, vermag dies nicht zu überzeugen.[886] Wie darlegt, bestehen gegenläufige Positionen in dem Ziel der objektiven Sicherung einerseits und den durch dieses belasteten Individualinteressen andererseits, die zu einem Ausgleich gebracht werden müssten.[887] Dennoch ist letztlich dem Ergebnis zuzustimmen, dass die weiteren Kriterien der Erforderlichkeit und Angemessenheit als Ausfluss der Konzeption des Bundesverfassungsgerichts nicht anwendbar sind, denn es wäre dogmatisch inkonsequent, konzeptionell für ein liberales Grundrechtsverständnis konzipierte Schrankenanforderungen auf die objektiv-rechtliche Grundrechtskonzeption der Rundfunkfreiheit des Gerichts übertragen zu wollen. Dies käme im Übrigen nicht mehr und nicht weniger als dem Eingeständnis einer Ineffizienz des gesamten dogmatischen Modells gleich. Dogmatisch konsistent kann das wünschenswerte Ergebnis klarer und strukturierter Anforderungen an Ausgestaltungen aber über die Versubjektivierung der Konzeption des Bundesverfassungsgerichts erzielt werden. Dadurch könnten die skizzierten Schwächen dogmatisch elegant überwunden werden, ohne eine konzeptionellen Bruch herbeiführen zu müssen.[888]

---

[883] So auch *Jarass* AöR 110 (1985), 363, 392; kritisch *Bethge* DÖV 2002, 673, 681.

[884] So *Ricker/Schiwy*, Rundfunkverfassungsrecht, Teil B Rz. 185; unklar *Jarass* AöR 110 (1985), 363, 392, der das Defizit zwar zutreffend erkennt, es aber einer dogmatisch unsauberen Lösung zuzuführen versucht.

[885] *Ruck* AöR 117 (1992), 543, 549 f.; *Bethge* DÖV 2002, 673, 681; *Gersdorf*, Rundfunkrecht, Rz. 81 Fn. 87 mwN.

[886] Ausführlich *Gersdorf*, Rundfunkrecht, Rz. 81.

[887] BVerfGE 57, 295, 320 f.; *Bethge* DÖV 2002, 673, 681.

[888] So andeutungsweise auch *Schulze-Fielitz*, in: Dreier, Art. 5 I, II GG Rz. 217.

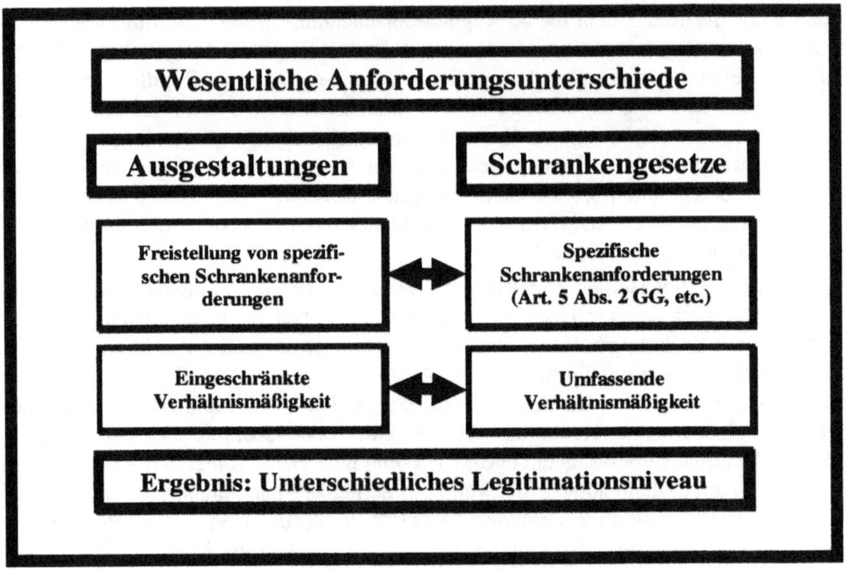

Abb. 19: Vergleich materieller Anforderungen

C. Inhaltliche Handlungsalternativen

Der Rundunkgesetzgeber muss sich bei der Ausgestaltung der dualen Rundfunkordnung in den kompetenziellen Bahnen des Grundgesetzes bewegen: Wie bereits gezeigt, ist die Errichtung der positiven Ordnung in aller Regel Sache der Länder und damit der Landesgesetzgeber. Mit dieser Kompetenz korrespondiert folgerichtig das Recht eines jeden Landesgesetzgebers, für das Bundesland, für das er zuständig ist, durch formelles Gesetz öffentlich-rechtlichen Rundfunk durch Gründung einer landesspezifischen Rundfunkanstalt und privaten Rundfunk durch ein Zulassungsregime für sein Hoheitsgebiet zu regulieren. Diese Vorgehensweise entspricht jedoch in vielen Fällen nicht den Bedürfnissen der Praxis: Vielfach wird es angezeigt sein, Regelungen nicht nur länderspezifisch, sondern vielmehr länderübergreifend zu treffen. Hierfür bietet sich dann das Instrument der Staatsverträge an, bei denen mehrere oder alle Länder gemeinsam, vertreten durch ihre Landesregierungen, eine Regelung entwerfen, die dann von den einzelnen Ländern durch Zustimmungsgesetz oder Zustimmungsbeschlüsse der Landesparlamente in für jedermann verbindliches Landesrecht transformiert werden.[889] Aufgrund der vorgegebenen kompetenziellen Ordnung des Grundgesetzes und der Eigenstaatlichkeit der Länder besteht keine Pflicht zum Abschluss eines solchen Staatsvertrages für die einzelnen Länder.[890] Diese können kooperieren, müs-

[889] BVerwGE 22, 299, 307; *Ricker/Schiwy*, Rundfunkverfassungsrecht, Teil A Rz. 71; *Herrmann/Lausen*, Rundfunkrecht, Kap. 3 Rz. 42; *A. Hesse*, Rundfunkrecht, Kap. 2 Rz. 27.

[890] *A. Hesse*, Rundfunkrecht, Kap. 2 Rz. 27.

sen es aber verfassungsrechtlich nicht. Vielfach wird sich aufgrund der technischen und wirtschaftlichen Strukturen des Rundfunks aber eine praktische Notwendigkeit der länderübergreifenden Koordinierung der Gesetzgebung ergeben. Die Zusammenarbeit kann beispielsweise in der Gründung einer Mehr-Länder-Anstalt für den öffentlich-rechtlichen Rundfunk resultieren und so Teilaspekte der Rundfunkkompetenzen länderübergreifend regulieren. Im Extremfall können die Länder (wie in der Praxis auch vielfach geschehen[891]) auch einen gesamtdeutschen Staatsvertrag aller Länder vereinbaren, der die Rahmenbedingungen für die Materie Rundfunk letztlich bundesweit koordiniert. Zusammengefasst verleiht die Kompetenz des Rundfunkgesetzgebers diesem das Recht, das verfassungsrechtlich notwendige, rundfunkspezifische Regulierungsregime entweder durch länderspezifisches, formelles Landesgesetz oder aber in Zusammenarbeit mit einem, mehreren oder allen anderen Ländern durch länderübergreifenden Staatsvertrag zu errichten. Anzumerken bleibt noch, dass im besonderen Fall des Auslandsrundfunks die Gesetzgebungskompetenz dem Bund zusteht, so dass für diese Ausnahme Rundfunkregulierung durch formelles Bundesgesetz stattzufinden hat.

I. Materielle Ausgestaltungsoptionen

Steht die Form des legislativen Handelns für den Gesetzgeber erst einmal fest, so stehen ihm eine Vielzahl von inhaltlichen Handlungsoptionen zur Auswahl, denen er sich zur Erfüllung seiner verfassungsrechtlichen Ausgestaltungspflicht bedienen kann. Primäres Steuerungsinstrument des Rundfunkgesetzgebers ist und bleibt dabei die hoheitlich-imperative Regulierung beispielsweise durch Verhaltensgebote und -verbote, Rahmen- und Strukturvorgaben oder ähnliches, durch welche die Akteure der dualen Ordnung unmittelbar staatlich gelenkt werden können.[892] Dabei kann die Intensität der Regulierung vom Rundfunkgesetzgeber variiert werden. Spezifisches Charakteristikum der hoheitlich-imperativen Steuerung ist es, dass das Verhalten der Akteure der dualen Rundfunkordnung durch die Regulierung des Rundfunkgesetzgebers direkt beeinflusst werden kann. Letztlich legt der Rundfunkgesetzgeber materiell den Zustand fest, den er für das Zusammenspiel der Kräfte im Rundfunksystems für notwendig und/oder wünschenswert hält. Dabei kann er entweder positiv die Anstalten mit bestimmten Aufgaben betrauen oder negativ diese von bestimmten Bereichen ausschließen.[893] Im Folgenden sollen daher die Möglichkeiten direkter, hoheitlicher Steuerung durch Festschreibung materieller Vorgaben analysiert werden:

1. Qualitative Vorgaben

Qualitative, legislative Vorgaben sind solche Vorgaben, die sich unmittelbar auf Form und Inhalt, also allgemein auf alle Modalitäten des Programms als Herzstück der Programmautonomie der Anstalten beziehen.[894] Durch eine qualitativ-steuernde, gesetz-

---

[891] Zu den wichtigsten Regelungsmaterien siehe die weitere Bearbeitung; kursorisch *A. Hesse*, Rundfunkrecht, Kap. 2 Rz. 27 Fn. 50.

[892] *Hoffmann-Riem*, Regulierung, S. 154, 157; *Bullinger*, Aufgaben, S. 96, der von „normativer Konkretisierung" spricht.

[893] *Schulz/Dreyer*, Reform des DW-Gesetzes, S. 45.

[894] *Eifert*, Programmauftrag, S. 44 f., 89.

geberische Regulierung wird direkt die Programmautonomie der Anstalten tangiert. Jene nimmt für die Funktion des Rundfunks eine zentrale Stellung ein: Durch die Einräumung des Selbstverwaltungsrechts der Anstalten verbleibt diesen ein verfassungsrechtlich notwendiger Freiraum, innerhalb dessen sie nicht für den Staat, sondern einzig und allein autonom im eigenen Namen handeln. Die Programmfreiheit als verfassungsrechtlicher Kern der Rundfunkfreiheit bedingt demnach, dass den Anstalten stets ein Kernbereich der Selbstbestimmung verbleiben muss.[895] Folgerichtig dürfen qualitative Funktionsbeschreibungen nicht dazu führen, dass die Programmfreiheit zu einer Freiheit nach Maßgabe des Gesetzgebers degeneriert würde und den Anstalten kein wesentlicher, autonomer Freiheitsbereich mehr zustünde.[896] Vor diesem Hintergrund sind qualitative Vorgaben nicht uneingeschränkt zulässig, sondern müssen vom Rundfunkgesetzgeber restriktiv verwandt werden. Zwar entzieht sich die Programmfreiheit einer umfänglichen Durchnormierung, dennoch kann dies nicht dazu führen, dass der Rundfunkgesetzgeber gänzlich auf qualitative, direkte Steuerungsvorgaben verzichten müsste. Diese stehen aber sehr wohl unter einem erhöhten Rechtfertigungsdruck.[897]

a) Inhaltliche Aufgabenpräzisierung

Das Gesetz zur Gründung einer öffentlich-rechtlichen Rundfunkanstalt enthält stets eine zentrale Aufgabennorm, die der Anstalt Art und Umfang ihres Aufgabenbereiches als spezifische Ausprägung des verfassungsrechtlichen Funktionsauftrags im dualen System zuweist. Dabei wird der Anstalt im Rahmen ihres Rechts zur Selbstverwaltung das Recht und die Aufgabe gewährt, Fernseh- und Hörfunkprogramme zu veranstalten. Bleibt es bei dieser allgemeinen Zuweisung, so muss die zentrale Aufgabennorm unter Zuhilfenahme der verfassungsrechtlichen Leitlinien konkretisiert werden. Allerdings verfügt der Rundfunkgesetzgeber, wenn auch eingeschränkt, über Möglichkeiten der Präzisierung der Aufgabennorm: Der klassische Programmauftrag umfasst die Veranstaltung von Programmen, deren Spektrum sich im Bereich Bildung, Kultur, Information und Unterhaltung bewegt. Eine formelartige Wiedergabe dieser Begriffe im Rahmen der Aufgabennorm vermag nicht mehr und nicht weniger Präzision bei der Aufgabenbestimmung zu vermitteln als ihre vollständige Vernachlässigung. Bei allgemeiner Aufgabenbestimmung wird die gleiche Wirkung erzielt über die Einbeziehung der relevanten Rechtsprechung des Bundesverfassungsgerichts.[898] Präzisierungen könnten allerdings dadurch erlangt werden, indem die einzelnen Begriffe qua Gesetz definiert würden.[899] Problematisch ist diese Vorgehensweise allerdings in zweierlei Hinsicht: Einerseits wäre eine abstrakte Definition der Begrifflichkeiten zu statisch, um dem dynamischen Wandel und Verständnis des Inhalts der Begriffe gerecht werden zu kön-

---

[895] *Bethge* ZUM 1996, 456, 471; *Gounalakis* AfP 2003, 395, 396 f.; *Lerche*, in: FS Kübler, 239, 245; *Degenhart*, in: Bonner Kommentar, Art. 5 GG Rz. 779 f.

[896] BVerfGE 90, 60, 95; *Lerche*, in: FS Kübler, 239, 241; *Bethge*, in: Sachs, Art. 5 GG Rz. 98; *Ossenbühl*, in: Isensee/Kirchhof, HbdStR, § 62 Rz. 66; *Isensee*, in: Isensee/Kirchhof, HbdStR, § 111 Rz. 51; *Bethge*, Verfassungsrechtliche Position, S. 74 mwN; *Bullinger*, Aufgaben, S. 20; *A. Hesse*, Rundfunkrecht, Kap. 2 Rz. 55.

[897] *Eifert*, Programmauftrag, S. 89.

[898] *Eifert*, Programmauftrag, S. 17, 20 ff.

[899] *Bullinger*, Aufgaben, S. 97.

nen.[900] Andererseits ist es zumeist den abstrakten Begriffen wie beispielsweise „Kultur“ und „Bildung“ immanent, dass sie, wenn überhaupt, ihrerseits nur vage und entwicklungsoffen definiert werden könnten, so dass durch eine Definition kein Gewinn hinsichtlich der Präzisierung erzielt werden kann. Das verkennt *Bullinger*, wenn er eine präzisere Definition der aufgabenbestimmenden Gesetzesbegriffe fordert.[901] Zu denken wäre bei einer Präzisierung der Begrifflichkeiten noch an eine Auflistung von Regelbeispielen, also dessen was eine Sparte regelmäßig zu umfassen hat bei gleichzeitiger Offenheit für neue Entwicklungen. Anders als durch abstrakte Definitionen könnte durch die Regelbeispieltechnik ein höherer Grad an Präzisierung erzielt werden. Den Anstalten verbliebe durch die Entwicklungsoffenheit ein angemessener Autonomiebereich, so dass sich der Rundfunkgesetzgeber innerhalb seines ihm vom Bundesverfassungsgericht gewährten, breiten Gestaltungsspielraums bewegen würde.

Im Gegensatz zur formelartigen Wiedergabe aller aufgabenbestimmenden Begriffe kann der Rundfunkgesetzgeber durch die Fokussierung auf nur einzelne dieser Begriffe in Form einer Spartenbegrenzung sehr wohl Einfluss auf den Präzisierungsgrad der Aufgabennorm nehmen. Beispielsweise kann er durch Begrenzung eines Programms auf die Sparten Information und Bildung einen deutlichen Schwerpunkt hinsichtlich der dann gewährten Programmgestaltung setzen. Wie bereits dargelegt, entsteht der Autonomiebereich der Anstalten erst in dem Rahmen, den der Rundfunkgesetzgeber bei Gründung der Anstalt vorsieht. Auch bei einer Spartenbegrenzung verbleibt den Anstalten ein ausreichender Autonomiebereich, innerhalb dessen sie ihrer Funktion im dualen System angemessen gerecht werden können. Zu beachten ist allerdings, dass der öffentlich-rechtliche Rundfunk gesamtbetrachtet mit der Vielzahl seiner Programme ausgewogene Vielfalt in möglichster gegenständlicher Breite gewährleisten muss. Ergo kann es nur legitim sein, einzelne Programme thematisch zu begrenzen. Eine abgeschwächte Variante der thematischen Begrenzung wäre eine Gewichtung der Sparten, um eine Schwerpunktsetzung erreichen zu können.[902] Dies könnte durch eine Rangverhältnis einzelner Sparten geschehen, nach dem vorrangig eine Sparte und erst nachrangig andere Sparten zu integrieren sind.[903] Solange hierbei ausreichend gegenständlicher Vielfalt durch angemessene Berücksichtigung der anderen Sparten (wenn auch nachrangig) Rechnung getragen wird, bestehen hiergegen keine verfassungsrechtlichen Bedenken.[904] Insgesamt sind thematische Begrenzungen vor dem Hintergrund der Digitalisierung des Rundfunks notwendig, da die Vervielfachung der Anzahl der Programme letztlich gegenständliche Vielfalt nicht in jedem einzelnen Programm notwendig machen wird.

---

900 *A. Hesse*, Rundfunkrecht, Kap. 4 Rz. 21.

901 *Bullinger*, Aufgaben, S. 97 Fn. 185; der beispielsweise für eine Definition der Kunst die Entscheidungen des Bundesverfassungsgerichts BVerfGE 30, 173, 188 f.; 67, 213, 225 ff. anführt, deren Definition aber gerade eine solche entwicklungsoffene Unbestimmtheit immanent ist; wie hier auch *Eifert*, Programmauftrag, S. 90 f.

902 *Degenhart* ZUM 2000, 356, 358 f.; *Scherer* ZUM 1998, 8, 17; *Bullinger*, Aufgaben, S. 98.

903 Vgl. hierzu bereits die offenen Punkte im Rahmen der Entstehungsgeschichte des 7. Rundfunkänderungsstaatsvertrages, *Hartstein, u. a.*, Teil B1, Rz. 260.

904 *Degenhart* ZUM 2000, 356, 358 f.; *Scherer* ZUM 1998, 8, 17; *Bullinger*, Aufgaben, S. 98; *Eifert*, Programmauftrag, S. 87; *Libertus*, Grundversorgungsauftrag, S. 101.

Auch denkbar wäre es, die Aufgabenbestimmung an bestimmten Zielgruppen auszurichten.[905] So könnten Aufgabennormen ausgestaltet werden, die der Anstalt die Pflicht auferlegen, ein für eine spezielle Zielgruppe (Jugendliche, Kinder, alte Menschen, etc.) durchgängig konzipiertes Programm zu veranstalten. Solche Ausdifferenzierungen würden zwar den Autonomiebereich einer Anstalt von vorneherein begrenzen. Hier gilt dann aber dasselbe wie bei Spartenbegrenzungen: Gegenständliche Vielfalt muss weiterhin durch die Gesamtveranstaltung Öffentlich-rechtlicher Rundfunk bundesweit und anstaltsspezifisch gewährleistet bleiben. Zuletzt könnte versucht werden, durch gesetzliche Festschreibung der spezifischen Funktionen des öffentlich-rechtlichen Rundfunks dessen Aufgabe zu präzisieren.[906] Hierbei stellt sich aber letztendlich das gleiche Problem wie bei den aufgabenbestimmenden Begrifflichkeiten: Abstrakte Definitionen sind aufgrund der Unbestimmtheit und der Dynamik der Begriffe schwerlich möglich. Wenn überhaupt, kann auch hier nur durch entwicklungsoffene Regelbeispiele eine Präzisierung erreicht werden.[907] So könnten beispielsweise bestimmte Funktionen des öffentlich-rechtlichen Rundfunks mit Bezug auf die spezifische Rundfunkanstalt als Zielkanon niedergelegt werden. Auch Gewichtungen der unterschiedlichen Funktionen könnten so zu einer Präzisierung beitragen. Sinnvoll sind dann aber nicht formelartige Wiederholungen der Vorgaben des Bundesverfassungsgerichts; solchermaßen kann ein höheres Maß an Präzision nicht erreicht werden.

b) Sachliche Aufgabenpräzisierung

Zentrum des Handelns der Rundfunkanstalten ist die Veranstaltung des Programms. Hier muss insbesondere all dasjenige Berücksichtigung finden, was zur Erfüllung der Pflichtaufgabe Grundversorgung notwendig ist. Darüber hinaus können öffentlich-rechtliche Rundfunkanstalten von Verfassungs wegen aber auch jenseits der Grundversorgung tätig werden: Neben dem programmlichen Zusatzbereich erfasst der verfassungsrechtliche Funktionsauftrag auch dem Programm vor-, nach- und nebengelagerte Bereiche, soweit diese einen gewissen Bezug zum Programm aufweisen und für die Funktion des Rundfunks erforderlich sind.[908] Vor diesem Hintergrund kann der Rundfunkgesetzgeber festlegen, welche Zusatztätigkeiten die Anstalten erbringen dürfen und wie sie diese zu finanzieren haben. Beispielsweise kann er festlegen, dass im Online-Bereich nur Telemedien mit Programmbezug erbracht werden dürfen. Zur weiteren Konkretisierung können dann wiederum Regelbeispiele dienen, die im besten Fall einen abschließenden Katalog der erlaubten Tätigkeiten gesetzgeberisch festschreiben.[909] Verfassungsrechtlich obliegt es dem Rundfunkgesetzgeber, die Grenzen des Zusatzbereiches, also desjenigen, was nicht unbedingt zur Erhaltung der Funktion des Rundfunks erforderlich ist, nachzuzeichnen. Im Rahmen des von ihm präzisierten

905 *Schulz/Dreyer*, Reform des DW-Gesetzes, S. 49 f.

906 *Schulz/Dreyer*, Reform des DW-Gesetzes, S. 47 f.; *Holznagel*, Funktionsauftrag, S. 130.

907 Ähnlich *Schulz/Dreyer*, Reform des DW-Gesetzes, S. 47; anders wohl *Bullinger*, Aufgaben, S. 97 f.

908 *A. Hesse*, Rundfunkrecht, Kap. 4 Rz. 19; *Hoffmann-Riem*, Regulierung, S. 209; *Gersdorf*, Rundfunkrecht, Rz. 304.

909 Ähnlich *Schulz/Dreyer*, Reform des DW-Gesetzes, S. 52; zur Kategorisierung vgl. *Rath-Glawatz* AfP 2003, 9, 10; *Degenhart*, Funktionsauftrag, S. 95 ff.

Handlungsspielraums kann der öffentlich-rechtliche Rundfunk dann mehr erbringen als nur Grundversorgung. Dabei kann der Rundfunkgesetzgeber auch vorgeben, welche Tätigkeiten gebührenfinanziert werden können und welche nach allgemeinen wirtschaftlichen Grundsätzen zu finanzieren sind. Durch diese sachliche Ausdifferenzierung kann ein erhöhter Präzisierungsgrad erreicht werden. Anknüpfungspunkt sachlicher Präzisierung kann es auch sein, die jeweilige Art der Übertragungstechnik des Gesamtprogramms oder einzelner Programme gesetzlich festzulegen. Beispielsweise kann der Rundfunkgesetzgeber determinieren, dass einzelne Programme in digitalem Format bereitgestellt werden müssen oder ähnliches. Hier gilt es aber stets die verfassungsrechtliche Entwicklungsgarantie des öffentlich-rechtlichen Rundfunks und die Vorgaben der Grundversorgung zu berücksichtigen. Zumindest von neuerer Technik kann der öffentlich-rechtliche Rundfunk nicht auf Dauer ausgeschlossen werden. Umgekehrt muss das Programm für die Mehrheit der Bevölkerung erreichbar sein. In diesem Spannungsfeld kann der Rundfunkgesetzgeber aber hinsichtlich einzelner Programme gesetzliche Vorgaben hinsichtlich der Übertragungstechnik vornehmen.[910]

c) Programmliche Qualitätsvorgaben

Der Rundfunkgesetzgeber könnte weiter versuchen, durch gesetzliche Regelungen ein qualitativ hochwertiges Niveau für das Programm legislativ zu determinieren. Formulierungen wie „die Veranstaltung eines qualitativ hochwertigen Programms" oder ähnliches könnten hierfür als Grundlage fungieren. Problematisch hierbei ist aber, dass sich Qualität im Programmbereich schwerlich messen lässt und deren Verwirklichung – beispielsweise durch Aufsichtsmechanismen – kaum je möglich sein wird.[911] Die Qualität der Sendungen hängt in hohem Maße von legislativ nicht beeinflussbaren Faktoren wie beispielsweise der persönlichen Fähigkeit und Qualität der einzelnen Rundfunkmitarbeiter ab.[912] Was letztlich subjektiv als qualitativ hochwertig bewertet wird, kann und darf nicht hoheitlich festlegt werden. Die subjektive Bestimmung der Qualität der Sendungen ist gerade Ausfluss der Programmfreiheit und Konsequenz des durch diese gewährten kreativen Freiraums für den Rundfunk. Daher ist es dem Rundfunkgesetzgeber verwehrt, Qualitätsvorgaben gesetzlich festzulegen. Es ist Sache der Anstalten, ihre Qualitätsstandards autonom zu bestimmen.[913]

2. Quantitative Vorgaben

Wird durch qualitative Vorgaben die Programmfreiheit relativ begrenzt beschnitten, so steht dem Rundfunkgesetzgeber in quantitativen Festlegungen ein einschneidenderes Mittel zur Verfügung. Quantitative Festlegungen in Mengen- oder Zeiteinheiten greifen fundamental in die Programmfreiheit der Anstalten ein, weil sie deren Autonomiebereich von vorneherein beschneiden. Sinnvollerweise intensiviert sich bei solchen

---

910 So auch *Schulz/Dreyer*, Reform des DW-Gesetzes, S. 51 f.

911 *Lerche*, in: FS Kriele, 357, 360, 362, der zurecht Qualitätsvorgaben, wenn überhaupt in den prozeduralen Bereich verlagert; *Hoffmann-Riem*, Regulierung, S. 163; zu praktischen Möglichkeiten vgl. *Schulz/Dreyer*, Reform des DW-Gesetzes, S. 57 ff.

912 BVerfGE 59, 231, 259; *Lerche*, in: FS Kriele, 357, 360; *Vesting*, Rundfunkrecht, S. 281; *Eifert*, Programmauftrag, S. 44.

913 So *Eifert*, Programmauftrag, S. 90 f.; unklar *Bullinger*, Aufgaben, S. 99 f.

Maßnahmen der verfassungsrechtliche Rechtfertigungsdruck. Folgerichtig bezeichnet *Bullinger* solche Vorgaben auch als „höchste Stufe der materiellen Präzisierung“[914]. Dennoch können quantitative Vorgaben im Interesse der kontrollfähigen Präzisierung durch den Rundfunkgesetzgeber ein legitimes Mittel sein:

a) Quotenvorgaben

Der Rundfunkgesetzgeber kann zum Zwecke der Schwerpunktsetzung und/oder der Qualitätssicherung legislativ bestimmte Quoten festlegen, nach denen die einzelnen Anstalten bestimmte Anteile ihres Programms nach den quotalen Vorgaben zu gestalten haben. Verfassungsrechtlich dürfen solche Quotenfestschreibungen nicht dazu führen, dass quasi der gesamte Bereich der Programmfreiheit gesetzgeberisch determiniert würde. Diese stände im Widerspruch zur Staatsfreiheit des Rundfunks und führte unweigerlich zu einer verfassungswidrigen Selbstbefreiung des Rundfunkgesetzgebers von seinen verfassungsrechtlichen Bindungen des Art. 1 Abs. 3 GG.[915] Dennoch können bestimmte Mindestquoten im Interesse der Funktion des Rundfunks verfassungsrechtlich zulässig sein. Das verfassungsrechtlich zulässige Maß der Höhe der Quote hängt dabei von dem jeweils in Frage stehenden quotierten Bereich und Sachgebiet ab. Eine sinnvolle Präzisierung des Auftrages der Anstalten können vor diesem Hintergrund beispielsweise Qualität sichernde Quoten herbeiführen. Beispielsweise könnte der Rundfunkgesetzgeber bestimmen, dass mindestens 10 Prozent eines Programms kulturelle Belange betreffen muss. Eine andere Möglichkeit bestünde darin eine Mindestquote für Filme festzulegen, die als besonders wertvoll eingestuft wurden.[916] Allerdings sind solche Qualität sichernden Mindestquoten restriktiv zu gebrauchen, da sie den kreativen Freiraum der Programmgewichtung der Anstalten erheblich einschränken und so in den Kernbereich der Rundfunkfreiheit hineinwirken. Zuzugeben ist weiter *Eifert*, dass solche Limitierungen der Programmfreiheit regelmäßig zu Ausweichmanövern führen werden, die dann ihrerseits wieder hoheitliche Gegenmaßnahmen provozieren könnten.[917] Qualität sichernde Quotenfestschreibungen sollten daher stets nur der letzte Ausweg des Rundfunkgesetzgebers sein.[918] Eine andere Form der Quotierung sind Herkunftsquoten. Diese sollen sicherstellen, dass das Programmmaterial eines bestimmten Ursprunges entstammt. Konkrete Beispiele wären die Festschreibung von Eigenproduktionsquoten zur Verhinderung des exzessiven Outsourcings von Eigenproduktionen hinzu Auftragsproduktionen sowie die Herkunftsquoten für Produktionen aus Ländern der EU.[919] Anders als die Qualität sichernden Quoten sind Herkunftsquoten in angemessenem Umfang verfassungsrechtlich unbedenklich. Sie engen den programmlichen Freiraum der Anstalten nur bedingt ein, da sie nur die Herkunft der Produktionen, nicht aber deren Inhalt determinieren. Darüber hinaus

---

914 *Bullinger*, Aufgaben, S. 100.

915 Vgl. auch *Holznagel*, Funktionsauftrag, S. 130.

916 *Bullinger*, Aufgaben, S. 99 f., 116.

917 *Eifert*, Programmauftrag, S. 90 f.

918 *Eifert*, Programmauftrag, S. 90 f.; *Holznagel*, Funktionsauftrag, S. 130; anders *Bullinger*, Aufgaben, S. 116.

919 *Bullinger*, Aufgaben, S. 88 f.; *A. Hesse*, Rundfunkrecht, Kap. 5 Rz. 52; vgl. für nationale Rundfunkquoten *Küll* AfP 2005, 518, 518 ff.

werden teilweise solche Quoten auch europarechtlich durch die Vorgaben der Fernsehrichtlinie gefordert.

b) Territoriale Begrenzungen

Als Ausfluss der kompetenziellen Aufgabenverteilung des Grundgesetzes ist Befugnis und Aufgabe zur Veranstaltung von Programmen der öffentlich-rechtlichen Rundfunkanstalten auf das Staatsgebiet des konstituierenden Landes als Muttergemeinwesen begrenzt.[920] Trotz dessen, dass sich Rundfunk aus sich heraus schwerlich auf Grenzen festlegen lässt, muss das Programm der jeweiligen Anstalt überwiegend durch sein primäres, gesetzgeberisch definiertes Sendegebiet geprägt werden.[921] Der Rundfunkgesetzgeber präzisiert die Aufgabe der einzelnen Anstalt daher durch die Beschränkung der Befugnis auf das Sendegebiet. Hier kann er als besondere Funktion der Anstalt die explizite Berücksichtigung der Interessen des Sendegebietes hervorheben und im Rahmen der Aufgabennorm gewichten. Teilweise wird erwogen, dass die Begrenzung auf das Sendegebiet nur die Kompetenzgrenzen der Länder widerspiegelt, keinesfalls aber programmlich-inhaltliche Konsequenzen haben kann.[922] Das Sendegebiet lässt aber sehr wohl inhaltliche Rückschlüsse zu: Den Besonderheiten des Landes muss durch die jeweilige Landesanstalt im Rahmen ihrer Programmgestaltung Rechnung getragen werden. Wäre dem nicht so, so verlöre die Anstalt ihre Existenzberechtigung, da sie dann ihrer speziellen Aufgabe der Repräsentation der Landesinteressen nicht gerecht wird.

c) Programmzahlbegrenzungen

Eine weitere quantitative Begrenzung, die der Rundfunkgesetzgeber verwenden kann, ist die Programmzahlbegrenzung. Durch sie wird die Maximalzahl an zulässigen eigenen Programmen der einzelnen Anstalt bestimmt. Programmzahlbegrenzungen sind jedoch aufgrund ihrer einschneidenden Funktion verfassungsrechtlich bedenklich. Unter Zugrundelegung der Rechtsprechung des Bundesverfassungsgerichts obliegt aber auch hier dem Rundfunkgesetzgeber ein breiter Handlungsspielraum. Er errichtet und löst die Anstalten auf und kann folglich auch von vorneherein die zulässige Höchstzahl an Programmen vorgeben.[923] Allerdings muss die Gesamtveranstaltung Öffentlichrechtlicher Rundfunk stets in der Lage sein, ihrer für das duale System konstituierenden Funktion gerecht werden zu können. Daher haben die Anstalten auf Programme, die für diese Funktion nicht erforderlich sind, von Verfassungs wegen keinen Anspruch.[924] Ein gewisses, funktionsnotwendiges Mindestmaß an Programmen muss den

---

[920] *Bullinger*, Aufgaben, S. 81.

[921] *Schulz/Dreyer*, Reform des DW-Gesetzes, S. 48 f.; *Bullinger*, Aufgaben, S. 82.

[922] *Eifert*, Programmauftrag, S. 19 f.

[923] BVerfGE 87, 181, 201; 90, 60, 92; *Degenhart* K&R 2005, 295, 298; *ders.* K&R 2000, 49, 56; *Dörr* MP 2005, 333, 339; *ders.*, in: FS Ress, 1151, 1156 ff.; *Mahrenholz*, in: FS Kübler, 251, 258; *Starck*, in: FS Stern, 777, 791; *Degenhart*, in: Bonner Kommentar, Art. 5 GG Rz. 794; *Reese*, Funktionsauftrag, S. 254; kritisch noch BVerwG LKV 1999, 405, 406; dagegen *Eifert*, Programmauftrag, S. 45 f.

[924] BVerfGE 90, 60, 92; *Scherer* ZUM 1998, 8, 16; *Degenhart*, in: Bonner Kommentar, Art. 5 GG Rz. 794.

einzelnen Anstalten aber dennoch zustehen.[925] Ebenso dürfen diesen nicht digitale Entwicklungsmöglichkeiten von vorneherein unzulässig durch Programmzahlbegrenzungen verwehrt werden. Bewegt sich aber der Rundfunkgesetzgeber innerhalb des funktionsnotwendigen Rahmens, so kann er sehr wohl die Programme der einzelnen Anstalten begrenzen. Stünde ihm dies nicht zu, so schüfe er mit Gründung der Anstalten einen nicht mehr kontrollierbaren, selbstständigen Organismus, der sich beliebig selbst reproduzieren könnte. Programmzahlbegrenzungen sind daher Voraussetzung und nicht Beeinträchtigung der Rundfunkfreiheit und im Rahmen des für die Funktion des Rundfunks erforderlichen zulässig.[926] Genauso wie die Auflösung einer gesamten Anstalt dann zulässig ist, wenn nach deren Auflösung die Erfüllung der Funktion des Rundfunks weiterhin gleich effizient gewährleistet ist, muss dies auch für Programmzahlbeschränkungen gelten: Solange das für die Funktion notwendige Maß an Programmen bereitgestellt wird, obliegt die Zahl der Programme dem Ermessen des Rundfunkgesetzgebers.[927] Innerhalb dieses Rahmens kollidieren Programmzahlbegrenzungen auch nicht mit der Bestands- und Entwicklungsgarantie, da sich diese gerade auf die Gesamtheit des öffentlich-rechtlichen Rundfunks und nicht auf die einzelne Anstalt bezieht.

d) Sendezeitvorgaben

Neben Quotenvorgaben kann der Rundfunkgesetzgeber durch tageszeitgenaue Auflagen festlegen, wann und zu welcher Zeit bestimmte Inhalte zu senden sind. Insbesondere kann der Rundfunkgesetzgeber festschreiben, dass die Anstalten bestimmte Teilaufgaben zu einem bestimmten Anteil zur besten Sendezeit zu erbringen haben.[928] Beispielsweise könnte einer Anstalt auferlegt werden, dass sie einen bestimmten Anteil der Sparte Information zur besten Sendezeit am frühen Abend zu senden hat. Darüber hinaus können Quotenvorgaben mit Sendezeitvorgaben kombiniert werden, indem beispielsweise eine Anstalt verpflichtet wird, die Eigenproduktionsquote im Vorabendprogramm bei über 50 Prozent zu halten. Rechtlich unterliegen die Sendezeitvorgaben den gleichen Bedenken wie Quotenvorgaben. Durch sie wird massiv in die Programmfreiheit der Anstalten eingegriffen, was sie nicht per se unzulässig macht, ihre Verwendung aber dadurch eher restriktiv zu erfolgen hat.[929]

3. Wirkintensität der Vorgaben

Qualitative und quantitative Vorgaben können durch den Rundfunkgesetzgeber in unterschiedlicher Wirkintensität erlassen werden: Das schärfste Schwert zur Präzisierung

---

925 *Degenhart* ZUM 2000, 356, 361 f.; *Degenhart*, in: Bonner Kommentar, Art. 5 GG Rz. 794.

926 *Degenhart* ZUM 2000, 356, 361 f.; *ders.* K&R 2005, 295, 298; *Kresse* ZUM 1995, 178, 187 f.; *Kuch* ZUM 1995, 161, 164; *Lerche*, in: FS Kübler, 239, 242 f.; *Mahrenholz*, in: FS Kübler, 251, 258; *Starck*, in: FS Stern, 777, 791; kritisch BVerwG LKV 1999, 405, 406; dagegen *Eifert*, Programmauftrag, S. 45 f., 102, 106; *Hoffmann-Riem*, Regulierung, S. 203 f.

927 Das verkennt *Eifert*, Programmauftrag, S. 45 f.; 106, wenn er Programmzahlbegrenzungen per se ablehnt und dem Bereich journalistischer Autonomie zuordnet. Dies steht im Übrigen im Widerspruch zur Rechtsprechung des Bundesverfassungsgerichts, BVerfGE 87, 181, 201; 90, 60, 92.

928 *Bullinger*, Aufgaben, S. 100; *Holznagel*, Funktionsauftrag, S. 130.

929 Restriktiver *Holznagel*, Funktionsauftrag, S. 130.

des einfachgesetzlichen Auftrages der Anstalten, welches ihm zur Verfügung steht, ist das Festschreiben einer gesetzlichen Pflicht. Die Norm ist dann zwingend und verpflichtet die Anstalten als Normadressaten auf den vom Gesetzgeber beabsichtigten Zustand. Etwas schwächer wirken sich Rundfunknormen als Soll-Vorschriften aus: Der Charakter als Soll-Vorschrift im Verwaltungsrecht hat zur Konsequenz, dass im Regelfall eine Bindung eintreten soll; in ihnen wird die für den Normalfall eintretende Rechtsfolge statuiert, die bei Vorliegen der gesetzlichen Voraussetzungen grundsätzlich gezogen werden muss.[930] Nur bei Vorliegen atypischer Fälle kann die Rechtsfolge ausnahmsweise verweigert werden. Atypisch sind insbesondere Sachverhalte, die zwar von der abstrakten Wirkung des Gesetzes, nicht aber von dessen Zweckbestimmung umfasst werden; die Besonderheiten des Einzelfalles müssen eine Abweichung nahe legen.[931] Letztlich ist der Bindungsumfang aber von der Auslegung der jeweiligen Bestimmung im spezifischen Kontext abhängig.[932] Trotz Berücksichtigung der atypischen Abweichungsmöglichkeiten bleibt es auch bei einer Soll-Vorschrift bei einer umfassenden Regelbindung. Zu guter Letzt kann der Rundfunkgesetzgeber bloße Zielwertbestimmungen niederlegen, die keine direkte Bindung entfalten, deren Erfüllung er aber für wünschenswert erachtet. Ausnahmsweise kann eine reine Zielwertbestimmung auch über eine Soll-Vorschrift des Gesetzgebers bestimmt werden.[933] Im Regelfall wird der Gesetzgeber sich aber für Zielwertbestimmungen anderer Regelungstechniken bedienen.

Reine Zielwertvorgaben mögen zwar die Ziele des Rundfunkgesetzgebers verdeutlichen, sind aber de facto von rein deklaratorischem Wert und für eine verbindliche Präzisierung regelmäßig untauglich. Der Durchsetzung der Ziele des Rundfunkgesetzgebers ist am besten dann gedient, wenn er obligatorische, zwingende Regelungen normiert, aus denen sich dann eine Verpflichtung der Anstalten als Normadressaten zur Verwirklichung dieser Ziele ergibt. Ausnahmsweise kann in sensibleren Bereichen die Bindungswirkung der Normen durch Soll-Vorschriften leicht entkräftet werden, dennoch wird eine Durchsetzung der legislativen Ziele zumindest im Regelfall auch durch solche Vorschriften sichergestellt. Vor diesem Hintergrund erscheint es fragwürdig, wenn *Eifert* feststellt, dass selbst Soll-Vorschriften eine zu weitreichende, staatliche Bindungswirkung entfalten.[934] Dies bedeutet dann im Umkehrschluss, dass materielle Präzisierungen durch den Rundfunkgesetzgeber nur durch deklaratorische, unverbindliche Zielwertvorgaben, also de facto überhaupt nicht stattfinden können. Eine solche Annahme verkennt aber das vom Bundesverfassungsgericht legitimierte und konzipierte Primat der Gesetzgebung im Rundfunkbereich. Die Vorgabe positiver Richtwerte im einfachgesetzlichen Bereich ist zudem unabdingbar für die Erfüllung der Aus-

---

930 BVerwGE 84, 220, 232 f.; 56, 220, 223; 49, 16, 23; BVerwG NJW 1984, 70, 71 (st. Rspr.); *Sachs*, in: Stelkens/Bonk/Sachs, § 40 Rz. 26; *Kopp/Ramsauer*, § 40 Rz. 44; *Eifert*, Programmauftrag, S. 93; vgl. zur Rechtsprechung in unterschiedlichen Verwaltungsbereichen *Sachs*, in: Stelkens/Bonk/Sachs, § 40 Rz. 26 f.

931 BVerwGE 91, 92, 99; *Sachs*, in: Stelkens/Bonk/Sachs, § 40 Rz. 27; *Kopp/Ramsauer*, § 40 Rz. 44.

932 BVerwG NJW 1986, 1629, 1630.

933 BGH NJW 1986, 1358, 1358; BFH NVwZ-RR 1990, 334, 334; *Kopp/Ramsauer*, § 40 Rz. 44.

934 *Eifert*, Programmauftrag, S. 93.

gestaltungspflicht durch den Rundfunkgesetzgeber.[935] Könnte der Rundfunkgesetzgeber keine materiellen Präzisierungen vornehmen, die für ihre Adressaten Bindungswirkung entfalten, so stünde ihm im Ergebnis keinerlei Befugnis zur Ausgestaltung zu. Es wären die Vorgaben des Bundesverfassungsgerichts, die dann allein den Aktionsbereich der Anstalten begrenzten. Dies widerspräche aber fundamental dem Gewaltenteilungsprinzip des Grundgesetzes im Allgemeinen und der Wesentlichkeitsdoktrin im Besonderen.

4. Notwendige Abstraktionshöhe

Der Grad verfassungsrechtlich notwendiger Abstraktionshöhe ist dabei von der jeweilig zu regelnden spezifischen Materie des verfassungsrechtlichen Funktionsauftrags abhängig: Generell lässt sich festhalten, dass je weiter in den Bereich der Programmautonomie der Anstalten eingegriffen wird, ein umso höheres Maß an Abstraktion der präzisierenden Gesetzgebung zu fordern ist.[936] So ist insbesondere bei inhaltlichen Aufgabenpräzisierungen wie auch bei programmlichen Qualitätsvorgaben eine Tendenz dahingehend zu erkennen, dass nur generelle, verbindliche Vorgaben aufgrund ihres hohen Maßes an Abstraktion verfassungsrechtlich zulässig sein sollen.[937] Nur so könne eben eine ausreichende Dynamisierung der Rundfunkgesetzgebung gewährleistet und der notwendige Freiraum der Anstalten sichergestellt werden. Zuzugeben ist dieser pauschalen Bewertung, dass gerade materiellen Vorgaben eine besondere Gefahr der Einschränkung der Programmfreiheit inne wohnt. Diese beeinflussen direkt die autonome Programmgestaltung durch staatliche Lenkung. Dennoch kann eine solche pauschale Bewertung nicht vorgenommen werden; geboten ist vielmehr eine differenzierte Betrachtung:

Der geforderten Dynamisierung der Rundfunkgesetzgebung kann genauso effizient durch andere Gestaltungsmöglichkeiten in Verbindung mit materiellen Vorgaben Rechnung getragen werden. Werden materielle Präzisierungen durch Regelbeispiele vorgenommen, wird zwar legislativ ein Kanon notwendiger Inhalte vorgegeben, dennoch können über eine Auffangklausel auch neuere Entwicklungen Berücksichtigung finden.[938] Eine andere Option stellte die Möglichkeit dar, die Gültigkeit einer Norm zeitlich zu begrenzen und diese im regelmäßigen Turnus zu evaluieren. Das materielle Vorgaben stets zu statisch für die Rundfunkgesetzgebung sind, lässt sich also nicht generalisierend behaupten. Auf der anderen Seite ist die Bewertung der notwendigen Abstraktionshöhe abhängig von der Einschnitttiefe der Regulierung in die Programmfreiheit: Beziehen sich konkrete, materielle Vorgaben auf das Gesamtangebot der einzelnen Anstalt, so führt dies zu einem erheblichen Einschnitt in deren Autonomiebereich. Hier dürften dann tatsächlich nur generelle Vorgaben zu machen sein. Anders

---

935 *Scherer* ZUM 1998, 8, 17; *Vesting*, Rundfunkrecht, S. 282.

936 *Schulz/Dreyer*, Reform des DW-Gesetzes, S. 46 f.

937 *Fechner* NJW 1997, 3211, 3213; *Holznagel*, Funktionsauftrag, S. 129 f.; *Eifert*, Programmauftrag, S. 90; *Schulz/Dreyer*, Reform des DW-Gesetzes, S. 52 f.; wohl auch *Herzog*, in: Maunz/Dürig, Art. 5 GG Rz. 215c f.

938 Als Beispiel soll hier § 243 StGB dienen, der eine Vielzahl an Regelbeispielen aufführt, bei dem aber auch anerkannt ist, dass unter Umständen andere nicht regelmäßige Fälle als besonders schwerer Fall des Diebstahls eingeordnet werden können.

aber, wenn sich die materiellen Vorgaben auf nur ein einzelnes Programm oder gar einzelne Arten von Sendungen oder spezifische Beiträge reduzieren. Dann wird der Einschnitt in den Autonomiebereich ungleich weniger schwer wiegen, weil den Anstalten so stets noch ein erheblicher Autonomiebereich verbleibt.[939] Solange ein funktionsnotwendiges Maß an Programmautonomie bei den Anstalten verbleibt, überschreitet die Regulierungsdichte der Rundfunkgesetzgebung gerade nicht das verfassungsrechtlich zulässige Maß. In jedem Fall verbietet sich also eine pauschale Kategorisierung von materiell präzisierenden Normen als verfassungsrechtlich unzulässige Einschränkung der Programmfreiheit. Das zulässige Maß an Abstraktionshöhe ist demnach einzelfallabhängig zu bestimmen. Unterscheitet der Rundfunkgesetzgeber das notwendige Maß an Abstraktionshöhe, so handelt es sich bei der in Frage stehenden Regelung um eine verfassungswidrige Ausgestaltung. In sensiblen Programmbereichen kann dies unter Umständen bedeuten, dass lediglich allgemein gehaltene, weitläufige Vorgaben die verfassungsrechtlich einzig tolerierbare Lösung sein können.

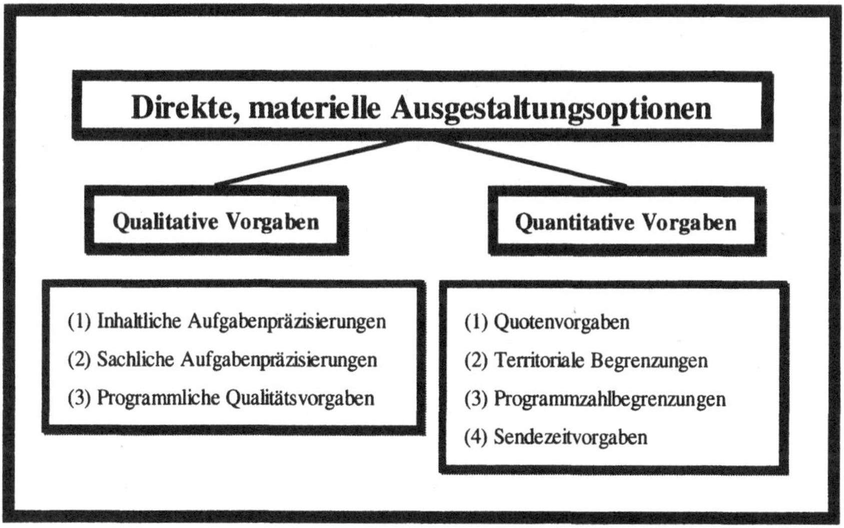

Abb. 20: Übersicht direkte, materielle Gestaltungsoptionen

II. Formelle Ausgestaltungsoptionen

Wie gezeigt, ist es dem Rundfunkgesetzgeber teilweise verwehrt, bestimmte Bereiche durch konkrete, materielle Vorgaben auszudefinieren. Vielmehr ist er verfassungsrechtlich gehalten, ein bestimmtes Maß an Abstraktionshöhe bei der Gesetzgebung einzuhalten. Daran knüpft dann aber die Frage an, wie der Rundfunkgesetzgeber das notwendige Maß an Präzisierung des verfassungsrechtlichen Funktionsauftrags auf

---

[939] So differenzieren auch *Schulz/Dreyer*, Reform des DW-Gesetzes, S. 45.

andere Weise sicherstellen kann. Ist ihm die Möglichkeit direkter, materieller Einwirkung auf den Präzisionsgrad verwehrt, so kann er durch mittelbare, formelle Gestaltungsoptionen maßgeblichen Einfluss auf die Art der Konkretisierung nehmen.[940]

1. Notwendigkeit prozeduralen Schutzes

Kollidieren materielle, konkrete Präzisierungen mit der Staatsfreiheit des Rundfunks und greifen demnach zu weit in die Programmautonomie der Anstalten ein, so steht der Rundfunkgesetzgeber vor einem Dilemma: Von Verfassungs wegen ist er gehalten, die duale Rundfunkordnung auszugestalten und damit auch den Autonomiebereich der Anstalten zu umgrenzen. Auf der anderen Seite ist es ihm zugleich verfassungsrechtlich verwehrt, durch konkrete Vorgaben staatlichen Einfluss auf den Kernbereich der Rundfunkfreiheit zu nehmen. Die kollidierenden Pflichten kann der Rundfunkgesetzgeber nur dadurch in Einklang bringen, indem er quasi als Kompensation des in der Auslegung und Anwendung der Rundfunkfreiheit durch das Bundesverfassungsgericht selbst angelegten, strukturellen Defizits einfachgesetzlich ein Verfahren zu regeln versucht, innerhalb welchem er zwar nicht selbst konkrete Präzisierungen vornehmen, er aber dennoch prozedural zumindest sicherstellen kann, dass letztlich durch die Anstalten das „richtige" Ergebnis zustande kommt.[941] Legislativ wird so nicht das gewünschte Endergebnis selbst determiniert, sondern der Prozess der Entscheidungsfindung, der die Rahmenbedingungen für das Finden des Endergebnisses festschreibt. Richtigerweise beschreibt das Bundesverfassungsgericht dies als Vorverlagerung des Grundrechtsschutzes vom Entscheidungsergebnis hin zu dem Prozess der Entscheidungsfindung.[942] So ist es möglich, die verfassungsrechtliche Spannungslage aufzulösen: Einerseits wird der Grundsatz der Staatsfreiheit des Rundfunks gewahrt, weil nicht der Staat, sondern der Adressat der verfahrensmäßigen Aufgabenbestimmung letztverbindlich präzisiert; andererseits ist es der Rundfunkgesetzgeber, der seiner verfassungsrechtlichen Ausgestaltungspflicht durch die Vorgabe des Verfahrens genügt.

2. Verfahrenstypen

Bei der Festlegung des spezifischen Verfahrens muss sich der Rundfunkgesetzgeber zunächst entscheiden, wer letztlich Adressat der von ihm intendierten verfahrensmäßigen Aufgabenbestimmung sein soll:

a) Selbstbestimmte, eigenverantwortliche Präzisierung

Der klassische Fall der verfahrensmäßigen Aufgabenbestimmung ist die hoheitlich regulierte Selbstregulierung.[943] Hier determiniert der Staat einen regulativen Rahmen, innerhalb dessen er den Anstalten einen gewissen Handlungsspielraum gewährt, nach dem sie autonom eine Präzisierung des einfachgesetzlichen Auftrags vornehmen kön-

---

[940] *Schulz/Dreyer*, Reform des DW-Gesetzes, S. 45; *A. Hesse*, Rundfunkrecht, Kap. 4 Rz. 107.

[941] *Hoffmann-Riem* RuF 1978, 111, 119; *Kuch* ZUM 1995, 161, 163; *Bullinger*, Aufgaben, S. 100; *Bethge*, Verfassungsrechtliche Position, S. 72 f.; *Eifert*, Programmauftrag, S. 111 f..

[942] BVerfGE 53, 30, 65 f.; 90, 60, 96.

[943] *Hoffmann-Riem*, Regulierung, S. 154 f.; *Bullinger*, Aufgaben, S. 101; *Schulz/Dreyer*, Reform des DW-Gesetzes, S. 65.

nen.[944] Die Autonomie geht jedoch nur so weit, wie der gesetzliche Rahmen den Anstalten Freiraum gewährt. Dennoch werden die Anstalten so selbst in die Lage versetzt, genauer festzulegen, was ihre Aufgabe konkret umfassen soll. Damit wird der Programmautonomie der Anstalten genauso Rechnung getragen wie dem Gebot der Staatsfreiheit des Rundfunks. Problematisch ist es dann allerdings, dass der Rundfunkgesetzgeber seine verfassungsrechtliche Ausgestaltungsaufgabe nur an die Anstalten delegiert. Dort, wo aber wie bereits gezeigt materielle Präzisierungen nicht in Frage kommen, ist diese Delegierung die einzig mögliche, verfassungsrechtlich zulässige Option des Rundfunkgesetzgebers. Dennoch bleibt kritisch anzumerken, dass es letztlich die Anstalten selbst sind, die festlegen, was sie dürfen und was nicht.[945]

b) Selbstbestimmte, kooperative Präzisierung

Zur Abschwächung dieser Kritik obliegt es dem Rundfunkgesetzgeber weiter, die verfahrensmäßige Aufgabenbestimmung durch ein kooperatives Verfahren durchführen zu lassen. Auch hier wird ein regulativer Rahmen vorgegeben, in dem aber dann die Anstalten und beteiligte Dritte (Interessenverbände, private Anbieter, etc.) bei der Aufgabenbestimmung kooperieren.[946] Beispielsweise kann der Rundfunkgesetzgeber die Letztentscheidung den Anstalten belassen, diese aber verpflichten, Dritte anzuhören und deren Belange zu berücksichtigen. In diesem Zusammenhang nahe liegend ist sicherlich eine Beteiligung der Öffentlichkeit.[947] Auch denkbar ist ein Verfahren ähnlich der Gebührenfinanzierung, bei dem die Anstalten einen Vorschlag zur Aufgabenbestimmung unterbreiten und eine unabhängige Kommission diesen Vorschlag evaluiert. Kooperative Elemente sind insofern zu befürworten, als dass sie das Aufgabenbestimmungsmonopol weg von den Anstalten hin zu den Kooperationspartnern verlagern. Dennoch erweist es sich in der Praxis als schwierig, ein adäquates Verfahren für die Einbindung Dritter in den Entscheidungsprozess zu finden.[948]

c) Fremdbestimmte Präzisierung

Ein saubere Trennung zwischen demjenigen, der die Aufgaben autonom zu erfüllen hat, und demjenigen, der den regulativen Rahmen für diese festlegt, kann letztlich aber nur erreicht werden, indem die verfahrensmäßige Aufgabenbestimmung letztverbindlich durch ein staatsfreies, unabhängiges Sachverständigengremium vorgenommen wird.[949] Beispielweise wäre denkbar, dass die Anstalten einen Vorschlag der Präzisierung unterbreiten, den die unabhängige Kommission dann zu dessen Gültigkeit genehmigen muss. Anlehnungspunkte aus der Praxis finden sich hierfür vor allem im Telekommunikationsrecht und dort spezifisch im Bereich der Entgeltregulierung, wo die Telekommunikationsanbieter bei der Bundesnetzagentur („***BNetzA***“) die Höhe ei-

[944] *Hoffmann-Riem*, Regulierung, S. 155.
[945] So zu den Selbstverpflichtungen auch *Degenhart* K&R 2005, 295, 295.
[946] *Bullinger*, Aufgaben, S. 101 f.; 111.
[947] Die konkrete Ausgestaltung könnte sich beispielsweise an dem detailliert geregelten Verfahren im Baurecht orientieren; vgl. auch *Bullinger*, Aufgaben, S. 102.
[948] *Bullinger*, Aufgaben, S. 119.
[949] Kursorisch *Bullinger*, Aufgaben, S. 102, 113.

nes Entgeltes beantragen, welches dann von der BNetzA letztverbindlich genehmigt werden muss. Verfassungsrechtlich unterliegt ein solches Gremium keinerlei Bedenken betreffend die Staatsfreiheit des Rundfunks, soweit es staatsfrei organisiert ist und keinen staatlichen Weisungen unterliegt. Problematisch ist allein, ob auf diese Weise in die Programmfreiheit der Anstalten zu weit eingegriffen wird. Das ist aber letztlich Sache des konkreten Verfahrens. Wenn dieses dem Gremium nur eingeschränkte Bestimmungs- und Kontrollrechte überlässt, verbleibt den Anstalten immer noch ein verfassungsrechtlich adäquates Maß an Autonomie. Im Ergebnis muss den Anstalten demnach ein ausreichendes Maß an Autonomie zugestanden werden.

3. Intensität der prozeduralen Vorgaben

Jedenfalls dort, wo materielle Präzisierungen des einfachgesetzlichen Auftrags verfassungsrechtlich unzulässig sind, muss der Rundfunkgesetzgeber seiner verfassungsrechtlichen Ausgestaltungspflicht durch prozedurale Ausgestaltungen nachkommen. Hinsichtlich des Detaillierungsgrades des regulativen Rahmens, innerhalb welchem sich die verfahrensmäßige Präzisierung des gesetzlichen Auftrags dann bewegt, kann der Rundfunkgesetzgeber variieren:

a) Festlegung des Zielwertes

Mindestvoraussetzung der Regelungsdichte ist dabei die adäquate Beschreibung des Zielwertes, den das geregelte Verfahren erreichen soll. Beispielsweise kann der Rundfunkgesetzgeber den Anstalten nur die Pflicht auferlegen, den gesetzlichen Auftrag ergänzend zu präzisieren, ohne detaillierte Vorgaben hinsichtlich der Art und Weise der Durchführung vorzugeben. So hat der Adressat der verfahrensmäßigen Aufgabenbestimmung einen breiten Ermessensspielraum, so dass im Ergebnis diese Form der prozeduralen Aufgabenbestimmung wenig zur Präzisierung beitragen kann. Darüber hinaus bleibt der Einfluss des Rundfunkgesetzgebers verschwindend gering, weil er seine Entscheidungsmöglichkeiten hinsichtlich der Festlegung des regulativen Rahmens nicht ausschöpft. Neben der allgemeinen Zielwertbestimmung kann der Rundfunkgesetzgeber selbstverständlich auch spezifische Bereiche des einfachgesetzlichen Auftrages vorgeben, die präzisiert werden sollen.

b) Festlegung der Verfahrensgrundsätze

Will der Rundfunkgesetzgeber die ihm zustehenden Gestaltungsmöglichkeiten ausschöpfen, so kann er das Verfahren der Aufgabenbestimmung punktgenau festlegen. Grenze ist auch hier dort, wo der verbleibende Autonomiebereich der Anstalten zu gering ist. Der Rundfunkgesetzgeber könnte einzelne Stufen des Verfahrens vorgeben, anstaltsinterne Abläufe festlegen sowie Zeitpunkt und Umfang der verfahrensmäßigen Präzisierung festschreiben.[950] Denkbar ist eine turnusmäßig vorgeschriebene Neudefinition der verfahrensmäßigen Präzisierungen. Weiter kann der Rundfunkgesetzgeber auch klassische Verfahrensvorgaben machen wie zum Beispiel Anhörungsrechte Dritter sowie die Art und Weise der Berücksichtigung derer Belange und ähnliches. Die

[950] Konkrete Modelle betreffend die Deutsche Welle, vgl. *Schulz/Dreyer*, Reform des DW-Gesetzes, S. 65 ff.

formellen Vorgaben können dann so verdichtet werden, dass nur noch ein konkretes Verfahren mit einem detaillierten Ablaufgerüst zulässig ist. Dadurch würde der Einfluss des Rundfunkgesetzgebers auf das letztlich gefundene Ergebnis im Vergleich zur reinen Festlegung des Zielwertes gesteigert.

4. Handlungsformen prozeduraler Aufgabenbestimmung

Hat der Rundfunkgesetzgeber den oder die Adressaten der verfahrensmäßigen Aufgabenbestimmung sowie die Grundlagen des Verfahrens mehr oder weniger intensiv festgeschrieben, so kann er sich noch entscheiden, in welcher Form die verfahrensmäßige Präzisierung stattzufinden hat. Bei selbstbestimmter, eigenverantwortlicher oder kooperativer Präzisierung bestehen unterschiedliche Möglichkeiten: Anstalten können dazu verpflichtet werden, anstaltsinterne Satzungen zu erlassen. Diese entfalten zwar keine Außenwirkung, könnten aber die Anstalt als Ganzes auf bestimmte Grundsätze rechtsverbindlich verpflichten.[951] Ebenso könnten die Anstalten angehalten werden, interne Programmrichtlinien zu erlassen, die präzisierende Elemente enthalten. Beiden Alternativen haftet aber das Manko an, dass sie als interne Regularien nicht dafür geeignet erscheinen, allzu detaillierte Präzisierungen des einfachgesetzlichen Auftrags zu leisten. Dennoch ist *Holznagel* zuzustimmen, dass zumindest eine gewisse Fixierung von Programmstandards und Sachbereichen in Programmrichtlinien der Präzisierung förderlich ist.[952] Eine weitere Option besteht in der Verpflichtung zur Selbstverpflichtung[953]: Die Anstalten können regulativ dazu angehalten werden, sich durch konkrete, überprüfungsfähige Vorgaben turnusmäßig selbst zu binden und so durch präzise Angaben den einfachgesetzlichen Auftrag ergänzend eigenverantwortlich zu präzisieren.[954] Eine solche Selbstverpflichtung ist eine autonom bestimmte Verpflichtung, deren Intensität je nach Durchsetzungskraft variieren kann. Durch dieses Instrumentarium haben die Anstalten letztlich die Detailschärfe der Präzisierung des einfachgesetzlichen Auftrags in der Hand; ihr Einfluss schwindet in dem Maße, indem der Rundfunkgesetzgeber die formellen, regulativen Vorgaben intensiviert. Zuletzt sei erwähnt, dass die Anstalten gesetzliche Ermächtigungen im Wege von Verwaltungsvereinbarungen zwischenanstaltlich präzisieren können. Ebenso können die Anstalten bei fremdbestimmter Präzisierung dazu angehalten werden, interne Regularien zu erlassen. Diese werden dann aber zumeist von einer Genehmigung der fremdbestimmenden Instanz abhängig sein. Selbstverpflichtungen der bereits skizzierten Form wären dann zwar ebenfalls möglich, werden aber auch an die Erteilung einer Genehmigung der übergeordneten Fremdinstanz gekoppelt sein. Alternativ könnten die Anstalten verpflichtet werden, Vereinbarungen mit der übergeordneten Instanz zu treffen.[955] Solche

---

[951] *Bullinger*, Aufgaben, S. 118.

[952] *Holznagel*, Funktionsauftrag, S. 130 f.; *A. Hesse*, Rundfunkrecht, Kap. 4 Rz. 23.

[953] Die Anstalten selbst gehen von Selbstbindungen aus, vgl. *Stock*, Rundfunksystem, S. 73.

[954] *Rath-Glawatz* AfP 2003, 9, 13; *Bullinger*, Aufgaben, S. 118; *A. Hesse*, Rundfunkrecht, Kap. 4 Rz. 24.

[955] Auch *Bullinger*, Aufgaben, S. 102, der diese aber in den Bereich autonomer Präzisierung einordnet. Wenn überhaupt, dann kann ein solche Maßnahme Instrument kooperativer Präzisierung sein. Da diese aber auch durch autonome Elemente geprägt ist, sind Vereinbarungen mit einem unabhängigen Gremium als fremdbestimmte (durch das Gremium) Präzisierungen zu qualifizieren.

quasi-vertraglichen Vereinbarungen hätten dann im Gegensatz zu den „normalen" Selbstverpflichtungen eine erhöhte Bindungswirkung. Die Wirksamkeit solcher Vereinbarungen hängt davon ab, bis zu welchem Grad das unabhängige Gremium durch sein Verhalten in den Autonomiebereich der Anstalten eingreifen kann.

5. Durchsetzbarkeit

Die Effizienz der verfahrensmäßigen Aufgabenbestimmung ist immer abhängig von der Qualität des regulativen Rahmens, in dessen Bahnen formelle Präzisierungen überhaupt stattfinden können.[956] Vernachlässigen die Adressaten der verfahrensmäßigen Präzisierung ihre Präzisierungspflicht oder kommen sie dieser nur unzureichend nach, so ist das normierte Procedere formeller Präzisierung aus sich heraus ineffizient. Für diese Fälle obliegt es wiederum dem Rundfunkgesetzgeber, regulative Absicherungen zu entwerfen. Beispielsweise kann er der Gefahr von Dysfunktionalitäten der prozeduralen Präzisierung präventiv durch die gleichzeitige Festschreibung von Auffanggesetzen begegnen. Diese können eine Auffangverantwortung des Staates normieren, die zu einer Reaktivierung dessen Verantwortung dann führt, wenn der regulative Rahmen formeller Präzisierung versagt und Dysfunktionalitäten eintreten.[957] Die Intensität staatlicher Kompensation kann dann vom Rundfunkgesetzgeber variiert werden: Beispielsweise kann der Rundfunkgesetzgeber festlegen, dass im Falle von Dysfunktionalitäten der Präzisierung diese alternativ durch regulative Maßnahmen des Staates vorgenommen werden kann.[958] Der Staat führt also anstelle der Adressaten der verfahrensmäßigen Präzisierung eine Ersatzvornahme durch. Auf der anderen Seite kann der Rundfunkgesetzgeber ebenso bestimmen, dass die existierende, wenn auch defizitäre, ergänzende Präzisierung weiter bestehen bleibt, allerdings die negativen Folgen der Defizite durch staatliche Ergänzungen ausgeglichen werden.[959] Beide Varianten – erstere mehr als letztere – kollidieren aber mit dem Grundsatz der Staatsfreiheit des Rundfunks. Ergänzt der Staat dasjenige, was eigentlich in den Autonomiebereich der Anstalten fällt, so greift er in diesen Autonomiebereich unzulässig ein. Die Nachjustierung ist damit nicht anders zu bewerten als die originäre, materielle Aufgabenpräzisierung und nur sehr restriktiv zulässig.[960] Eine andere Option bestünde darin, repressive Gegenmaßnahmen zu ergreifen und so die eigentlichen Adressaten dazu zu bewegen, die Dysfunktionalitäten abzustellen. Beispiele könnten hier negative Sanktionen bei Nichteinhaltung des Verfahrens oder Vernachlässigung der Präzisierungspflicht sein. Insbesondere bei den sonst nicht rechtsverbindlichen Selbstverpflichtungen der Anstalten könnte über ein Sanktionensystem eine gewisse Rechtsverbindlichkeit hergestellt werden. Welche repressiven Maßnahmen im Einzelnen sinnvoll sein können, ist letztlich aber abhängig vom gewählten Verfahrenstyp formeller Präzisierung.

---

[956] *Hoffmann-Riem*, in: Benda/Maihofer/Vogel, Verfassungsrecht, § 7 Rz. 96.

[957] *Ukrow* WiVerw 2003, 160, 172 f.; *Hoffmann-Riem*, Regulierung, S. 156; kursorisch *Bullinger*, Aufgaben, S. 111; *Stock*, Rundfunksystem, S. 77 f. Fn. 246.

[958] *Hoffmann-Riem*, Regulierung, S. 156.

[959] *Hoffmann-Riem*, Regulierung, S. 157.

[960] Ähnlich wohl *Stock*, Rundfunksystem, S. 77 f. Fn. 246.

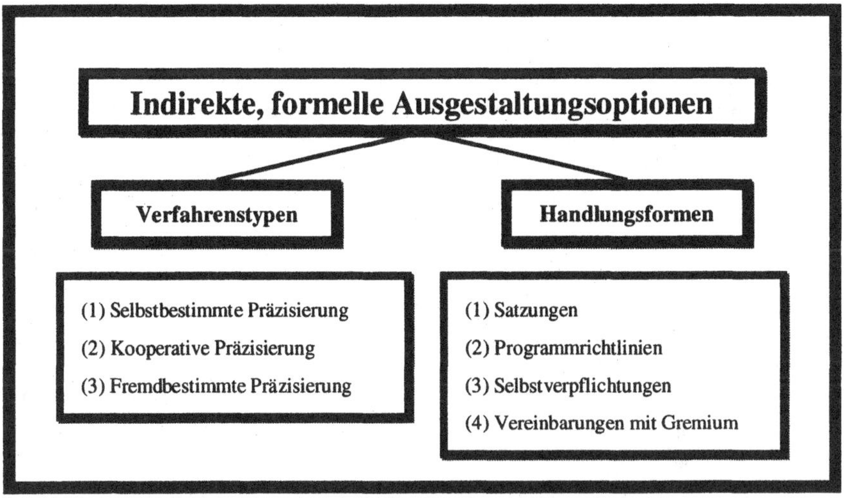

Abb. 21: Übersicht indirekte, formelle Ausgestaltungsoptionen

D. Zusammenfassung

Den Rundfunkgesetzgeber trifft von Verfassungs wegen die Pflicht, die nationale Rundfunkordnung auszugestalten. Unter Zugrundelegung der Wesentlichkeitstheorie des Bundesverfassungsgerichts hat der Rundfunkgesetzgeber die wesentlichen Grundlinien der Rundfunkordnung, seien sie auch programmleitender Natur, selbst direkt oder indirekt festzulegen. Die Regulierungsdichte der Rundfunkgesetzgebung überschreitet ein angemessenes Maß allein dann, wenn den einzelnen Anstalten faktisch nur noch ein erheblich eingeschränkter Autonomiebereich verbleiben würde. Umgekehrt steht dem Rundfunkgesetzgeber – selbstverständlich im Rahmen seiner Bindungen aus Art. 1 Abs. 3 GG – ein breiter Gestaltungsspielraum auch in programmleitenden Fragen der Rundfunkregulierung zu.[961] Insbesondere fällt die genuine Festlegung des Funktionsrahmens in den Handlungsspielraum des Rundfunkgesetzgebers.[962] So konstituiert das Verfassungsrecht hinsichtlich der Funktionsbestimmung ein Primat der Legislative. Zu dessen Ausführung obliegt die Gesetzgebungskompetenz im Rundfunkbereich regelmäßig den Ländern.[963] Ausschließliche Kompetenzen des Bundes bestehen nur hinsichtlich der Regulierung der technischen Seite des Rundfunks unter Ausschluss der Studiotechnik sowie hinsichtlich eines Auslandsrundfunks.

---

961 BVerfGE 57, 295, 321; 83, 238, 296; 90, 60, 94; 97, 228, 267 (st. Rspr.).

962 BVerfGE 83, 238, 303; *Ukrow* WiVerw 2003, 160, 166 f.; *Scherer* ZUM 1998, 8, 16; *Degenhart* K&R 2005, 295, 298; *Bethge* ZUM 1996, 456, 471; *Lerche*, in: FS Kübler, 239, 240, 244; *Bullinger*, Aufgaben, S. 18; anders *Rossen-Stadtfeld* M&K 2002, 481, 488; *Wille/Schneider-Freyermuth* ZUM 1999, 713, 717; *Betz* MP 1997, 2, 6; *Gounalakis* AfP 2003, 395, 397; *Mahrenholz*, in: FS Kübler, 251, 259, differenzierend *Eifert* ZUM 1999, 595, 599 f.; *ders.*, Programmauftrag, S. 89 ff.

963 BVerfGE 12, 205, 225; 90, 60, 105 (st. Rspr.); *Schulz/Dreyer*, Reform des DW-Gesetzes, S. 17.

Wird der grundgesetzlich zuständige Rundfunkgesetzgeber vor diesem Hintergrund im Rundfunkbereich präzisierend tätig, so ist er bei der Ausführung hinsichtlich der Verfassungsmäßigkeit legislatorischer Maßnahmen an verfassungsrechtliche Grundsätze gebunden: Im Einklang mit der modernen Grundrechtsdogmatik können Regelungen im Grundrechtsbereich generell entweder als Schrankenregelungen oder aber als Ausgestaltungen zu qualifizieren sein. Schrankengesetze unterliegen dabei strengeren Anforderungen als Ausgestaltungen in zweierlei Hinsicht: Zum einen sind sie an den Anforderungen des Art. 5 Abs. 2 GG zu messen, zum anderen müssen sie dem Grundsatz der Verhältnismäßigkeit als Regulativ genügen. Dem entgegengesetzt, müssen Ausgestaltungen lediglich bestimmt und geeignet sein, die Sicherung individueller und öffentlicher Meinungsbildung in irgendeiner Weise zu fördern. Solange eine Regelung die Sicherung der Voraussetzungen des demokratischen Meinungsbildungsprozesses in irgendeiner, der Rundfunkfreiheit zuträglichen Weise fördert, ist der Rundfunkgesetzgeber in der Wahl seiner Mittel frei.[964] Gestaltungsgrenzen des Rundfunkgesetzgebers ergeben sich allein dort, wo entweder privater Rundfunk Bedingungen, die seine Veranstaltung in hohem Maße erschweren, wenn nicht ausschließen würden, unterworfen oder der öffentlich-rechtliche Rundfunk an der Erfüllung der Pflichtaufgabe Grundversorgung gehindert wird.[965] Verfassungswidrig ist eine Ausgestaltung demnach insbesondere dann, wenn durch sie der demokratische Meinungsbildungsprozess behindert oder verkürzt oder in einer der Staatsfreiheit des Rundfunks widersprechenden Art und Weise durch den Staat Einfluss auf den Rundfunk genommen wird.

In praxi bedarf das divergierende, verfassungsrechtliche Legitimationsniveau im Hinblick auf präzisierende Regulierung einer Differenzierung: Als Orientierungspunkt einer Abgrenzung kann der Leitsatz dienen, dass Ausgestaltungen alle kommunikationsbezogenen Bestimmungen umfassen, die die Funktion des Rundfunks für die öffentliche Meinungsbildung sicherstellen und solchermaßen dieser Funktion dienen oder zu dienen bestimmt sind; Schrankengesetze versuchen dagegen, anderen verfassungsrechtlichen Rechtsgütern auch im Rundfunkbereich Geltung zu verschaffen. Vor diesem Hintergrund werden einfachgesetzliche Präzisierungen des verfassungsrechtlichen Funktionsauftrages des öffentlich-rechtlichen Rundfunks regelmäßig als Ausgestaltungen zu qualifizieren sein.[966] Jedoch verbietet sich eine pauschale Einordnung: Im Einklang mit der Rechtsprechung des Bundesverfassungsgerichts hat eine Kategorisierung je nach Bezug der Regelungsmaterie zu erfolgen.[967] Finden sich primär Bezüge zur Verwirklichung der Ziele der Rundfunkfreiheit selbst, so handelt es sich um Ausgestaltungen. Steht aber der Schutz anderer Rechtsgüter von Verfassungsrang im Vordergrund, so sind Präzisierungen Schrankengesetze. Bestehen Zweifel hinsichtlich einer adäquaten Einordnung, so ist die Maßnahme des Rundfunkgesetzgebers an den erhöhten Anforderungen der Schrankengesetze zu messen. Beabsichtigt der Rund-

---

964 BVerfGE 57, 295, 321 f.; 74, 297, 334; 83, 238, 296; 90, 60, 94; *Bornemann/Hepach* K&R 2004, 317, 318; *Jarass*, in: Jarass/Pieroth, Art. 5 GG Rz. 44a; *Gersdorf*, Rundfunkrecht, Rz. 82.

965 BVerfGE 73, 118, 157; 83, 238, 311; BVerwG NJW 1999, 2454, 2456; *Schulze-Fielitz*, in: Dreier, Art. 5 I, II GG Rz. 275; *Starck*, in: vMangoldt/Klein/Starck, Art. 5 I, II GG Rz. 157.

966 *Degenhart* ZUM 2000, 356, 359; *Eifert*, Programmauftrag, S. 82 f.; *Bullinger*, Aufgaben, S. 19 f.

967 BVerfGE 95, 220, 235.

funkgesetzgeber vor diesem Hintergrund nun, den ihm gewährten Gestaltungsspielraum unter Wahrung der verfassungsrechtlichen Anforderungen wahrzunehmen, so kann er als Handlungsoption zwischen einem länderspezifischen, formellen Landesgesetz oder aber, in Zusammenarbeit mit einem, mehreren oder allen anderen Ländern, einem länderübergreifenden Staatsvertrag wählen. Neben dieser Entscheidung für eine grundlegende Handlungsform für die Ausgestaltung der Rundfunkordnung ist der Rundfunkgesetzgeber frei, hinsichtlich der Art und Weise der Festschreibung des einfachgesetzlichen Auftrags der Rundfunkanstalten zwischen unterschiedlichen Möglichkeiten zu wählen:[968]

Die zunächst naheliegendste Option bleibt dabei die für einen Gesetzgeber übliche, direkte hoheitliche Steuerung durch die normative Festschreibung materieller Vorgaben. Durch diese kann der Rundfunkgesetzgeber den einfachgesetzlichen Auftrag der Rundfunkanstalten in qualitativer und quantitativer Hinsicht konkretisieren. Generell haben materielle Vorgaben allgemein tendenziell viele Berührungspunkte mit dem Bereich der Programmautonomie der Anstalten. Daher sind diese restriktiv anzuwenden, so dass den Anstalten stets das verfassungsrechtlich notwendige Maß autonomer Freiheit verbleibt. Nichtsdestotrotz sind materielle Vorgaben nicht per se ausgeschlossen.[969] Dort, wo materielle, kontrollfähig-konkrete Präzisierungen mit dem Grundsatz der Staatsfreiheit des Rundfunks kollidierten und damit unzulässig den Autonomiebereich der Anstalten beschneiden würden, ist der Rundfunkgesetzgeber nicht machtlos: Statt durch materielle Präzisierung kann er versuchen, durch indirekte, formelle Präzisierungen prozedural sicherzustellen, dass die Anstalten und andere Adressaten letztlich zu einem für den Rundfunkgesetzgeber „richtigen" Ergebnis gelangen.[970] Der Rundfunkgesetzgeber determiniert also die Rahmenbedingungen für den Prozess der Entscheidungsfindung und belässt diese aber im Autonomiebereich der Adressaten formeller Präzisierung. Insoweit obliegt es dem Rundfunkgesetzgeber, durch die Entscheidung über das zu verwendende Verfahren formeller Präzisierung und die Intensität der Vorgaben für das Verfahren selbst den Grad verbleibender Autonomie der Anstalten zu beeinflussen. Hier ist dann allerdings zu beachten, dass zu konkrete Verfahrensvorgaben ihrerseits wieder in verfassungsrechtlich bedenkliche, materielle Vorgaben umschlagen können.

Schon allein aufgrund der Tatsache, dass es Bereiche der Aufgabenbestimmung gibt, die einer direkten, materiellen Präzisierung durch den Rundfunkgesetzgeber zumindest teilweise entzogen sind, kann eine effiziente Präzisierung des einfachgesetzlichen Auftrags der Rundfunkanstalten nur in Form einer Mixtur der vielfältigen legislativen Gestaltungsoptionen stattfinden: Einerseits kann es nicht sein, dass materielle Präzisierungen wegen der Programmfreiheit des Rundfunks als Kehrseite der Staatsfreiheit des Rundfunks per se ausgeschlossen werden. Dem steht schon die bereits dargelegte Rechtsprechung des Bundesverfassungsgerichts entgegen.[971] Eine rein formel-

---

968 BVerfGE 57, 295, 321; 83, 238, 316; 87, 181, 198; 90, 60, 94.

969 So auch BVerfGE 87, 181, 201; 90, 60, 92.

970 BVerfGE 53, 30, 65 f.; 90, 60, 96; *Hoffmann-Riem* RuF 1978, 111, 119; *Bullinger*, Aufgaben, S. 100; *Bethge*, Verfassungsrechtliche Position, S. 72 f.; *Eifert*, Programmauftrag, S. 111 f.

971 So auch BVerfGE 87, 181, 201; 90, 60, 92.

le Präzisierung käme einer Handlungsunfähigkeit des Rundfunkgesetzgebers und damit rechtlich einer Vernachlässigung seiner verfassungsmäßigen Pflicht zur Ausgestaltung der dualen Rundfunkordnung gleich, weil er die verfassungsrechtlich ihm zugewiesene Aufgabe im Wege der legislativen Verpflichtung letztlich auf die Anstalten abwälzen würde. Der Rundfunkgesetzgeber kommt so nicht umhin, die Präzisierung des einfachgesetzlichen Auftrags der Anstalten durch materielle und formelle Präzisierungen gleichzeitig vorzunehmen.

Wenn materielle Präzisierungen des Auftrags nun insbesondere von *Eifert* und allgemein der „Hamburger Schule" als „Systembruch"[972] gewertet werden, so vermag dies nicht zu überzeugen: Die Verlagerung der Präzisierungsverantwortung in den journalistischen Autonomiebereich der Anstalten mag zwar wünschenswert sein, dennoch steht sie im Widerspruch zur Wesentlichkeitstheorie allgemein sowie zur Rechtsprechung des Bundesverfassungsgerichts im Rundfunkbereich im speziellen. Zwar ist es richtig, dass das Gericht materiell unbestimmte Programmaufträge bis heute nicht als verfassungswidrig angesehen hat.[973] Dies heißt aber umgekehrt nicht, dass es dies für präzisierte Aufgabenbestimmungen in Anerkenntnis des Gestaltungsspielraums des Rundfunkgesetzgebers und der Gewaltenteilung des Grundgesetzes nicht ebenso annehmen würde. Des Weiteren geht *Eifert* davon aus, dass materielle Präzisierungen des einfachgesetzlichen Auftrags „ungeeignet zur Zweckerreichung" sein und letztlich sogar das Präzisionsniveau vermindern sollen.[974] Ebenso befindet *Ladeur* in diesem Zusammenhang einen eng definierten Funktionsauftrag für nicht angemessen.[975] Wie gezeigt, muss nicht notwendigerweise durch präzisierte Aufgabenbestimmung das Maß an programmlicher Flexibilität beeinträchtigt werden: Insbesondere durch die Regelbeispieltechnik und Gewichtungen zur Schwerpunktsetzung kann selbst in sensiblen Programmbereichen zumindest ein höheres Maß an Präzisierung erreicht werden. Darüber hinaus ist nicht ersichtlich, dass materielle Präzisierungen letztlich sogar zu einer Verminderung des Präzisionsniveaus führen würden. Insbesondere die von *Eifert* skizzierte „Präzisierungsspirale"[976] kann zu diesem Befund nicht führen: Zwar ist zuzugeben, dass regulative Maßnahmen der Präzisierung vereinzelt dazu führen können, durch Ausweichreaktionen umgangen zu werden. Dies ist dann aber letztlich Folge zu konkreter, materieller Regulierung. Bei Beachtung des verfassungsnotwendigen Maßes an Abstraktionshöhe und effizienter Regulierungsmaßnahmen stellte sich diese Problematik in der Praxis nicht. Zudem hält es der Rundfunkgesetzgeber in der Hand, die Auffangverantwortung des Staates und die Sanktionsmöglichkeiten betreffend der Ausweichreaktionen funktionskonform zu regulieren. Vor dem Hintergrund der Vorgaben des Bundesverfassungsgerichts erscheint daher die Annahme der Unzulässigkeit konkreter, materieller Präzisierungen und die nahezu vollumfängliche Delegierung der Aufgabenpräzisierung in den Autonomiebereich der Anstalten, quasi als

---

972 *Eifert*, Programmauftrag, S. 45 f.; ähnlich auch *Rossen-Stadtfeld* M&K 2002, 481, 488 f.; *Ladeur* M&K 2000, 93, 100 f.; *Holznagel*, Funktionsauftrag, S. 129 f.

973 *Eifert*, Programmauftrag, S. 32 f.

974 *Eifert*, Programmauftrag, S. 46, 90.

975 *Ladeur* M&K 2000, 93, 100.

976 *Eifert*, Programmauftrag, S. 91.

„Auftrag zur Selbstorganisation“[977], als wirklichkeitsfremd. Im Übrigen sei an dieser Stelle bereits der Verweis auf die neuen Rundfunkgesetze gemacht, im Rahmen derer der Rundfunkgesetzgeber, motiviert vornehmlich durch den gemeinschaftsrechtlichen Anpassungsdruck, erstmals den ihm zustehenden breiten Gestaltungsspielraum auszuschöpfen beginnt. Eine effiziente Aufgabenbestimmung kann und muss daher durch eine Kombination aus materieller und formeller Präzisierung erfolgen.[978] Die Gewichtung der beiden grundlegenden Ausgestaltungsoptionen sowie die legislative Akzentuierung einzelner Schwerpunkte innerhalb der beiden Modelle obliegt dann dem Gestaltungsermessen des Rundfunkgesetzgebers.

---

[977] *Ladeur* M&K 2000, 93, 95; *Holznagel/Vesting*, Sparten- und Zielgruppenprogramme, S. 63.

[978] So auch *Ukrow* WiVerw 2003, 160, 172 f.; *Bullinger*, Aufgaben, S. 108 ff.; *Schulz/Dreyer*, Reform des DW-Gesetzes, S. 44 ff.; 65 ff.; kritisch *Stock*, Rundfunksystem, S. 77 f. Fn. 246; dagegen *Ladeur* M&K 2000, 93, 100 f.; *Eifert*, Programmauftrag, S. 32 f., 44, 90 f.; wohl auch *Holznagel*, Funktionsauftrag, S. 129 f., der nur eine formelle Präzisierung zulassen will.

Angebote durch regelmäßige Überprüfung und Aktualisierung der Inhalte zu gewährleisten (Nr. IX Ziff. 5 PRL ZDF); die Inhalte haben den allgemeinen journalistischen Standards des öffentlich-rechtlichen Rundfunks zu genügen (Nr. VIII Ziff. 1 PRL ZDF). Weiter muss bei der Angabe externer Links redaktionelle Sorgfalt angewandt und dem Nutzer kenntlich gemacht werden, dass er das Angebot des ZDF verlässt (Nr. IX Ziff. 4 PRL ZDF). Veranstaltete Chatrooms müssen stets redaktionell begleitet werden und mit Teilnahmeregelungen und –begrenzungen versehen sein; Foren und Gästebücher müssen auf unzulässige Inhalte überprüft werden (Nr. IX Ziff. 6 PRL ZDF). Bei all diesen Diensten muss das ZDF deutlich machen, dass es sich nicht um eigene Äußerungen, sondern um diejenigen Dritter handelt (Nr. IX Ziff. 6 PRL ZDF). Ähnlich wie bei den Programmrichtlinien der ARD wird die Ermächtigung im ZDF-Staatsvertrag zur Erbringung von Online-Diensten durch materiell präzisierende Vorgaben näher bestimmt. Darüber hinaus enthalten die weiteren Passagen im Wesentlichen nur formelartige Beschreibungen verfassungsrechtlicher Vorgaben oder einfachgesetzlicher Verpflichtungen des ZDF.

(3) DLR

Die DLR-Programmrichtlinien finden sich in den Programmrichtlinien für die Sendungen der Körperschaft DeutschlandRadio vom 18. Mai 2004 („***PRL DLR***"). Ermächtigungsnorm ist § 11 Abs. 4 S. 1 RfStV. Die Richtlinien sind in sieben themenbezogene Abschnitte untergliedert. Während die ersten sechs Abschnitte den Auftrag des DLR materiell vertiefen, widmet sich der siebte Abschnitt formellen Präzisierungen:

(a) Materielle Präzisierungen

Der erste Abschnitt der Programmrichtlinien beschreibt die Funktion des DLR im dualen System und verpflichtet deklaratorisch das DLR, wie auch seine Mitarbeiter auf die Erfüllung dieser spezifischen Funktion, vgl. nur Nr. I Ziff. 1 und 3 PRL DLR. Dabei kann der Abschnitt aber keine Vertiefung der einfachgesetzlichen Präzisierungen des Auftrags des DLR mit sich bringen; in ihm werden nur formelartig verfassungsrechtliche Grundsätze wiedergegeben. Der zweite Abschnitt enthält die Grundsätze für die Gestaltung der Sendungen. Auch hier werden keine weitergehenden Präzisierungen erreicht, sondern allein die Aufgabennorm des § 6 DLR-StV vertiefend beschrieben, ohne jedoch konkrete Vorgaben festzulegen. Der dritte Abschnitt schreibt die Richtlinien für die Berichterstattung fest und umschreibt so die Vorgaben für die journalistische Herangehensweise des DLR an die Berichterstattung. Hier finden sich Wiedergaben einer Reihe von medienspezifischen Grundsätzen im Bereich des öffentlich-rechtlichen Rundfunks. Die Abschnitte Vier und Fünf widmen sich Werbung und Sponsoring sowie dem Jugendschutz. Anders als bei ARD und ZDF hat das DLR die Werbe- und Jugendschutzrichtlinien in die generelle Programmrichtlinie integriert. Dennoch sollen die Themenbereiche für die weitere Bearbeitung außen vor bleiben.

Der wichtige Abschnitt Sechs enthält nähere Erläuterungen zu der Gestaltung der Online-Angebote des DLR: Anders als die näheren Bestimmungen in den Programmrichtlinien von ARD und ZDF enthalten die Programmrichtlinien des DLR keine Umschreibung des Programmbezugs und des programmbegleitenden Charakters der gesetzlichen Ermächtigung zur Erbringung von Mediendiensten. In Nr. VI Ziff. 1 und 2

PRL DLR wird lediglich auf die Ermächtigungsnorm des § 4 Abs. 3 DLR-StV verwiesen, ohne freilich sinnvolle Präzisierungen zur Reichweite der Norm anzuführen. Auch generelle inhaltliche Präzisierungen beschränken sich im Wesentlichen auf Verweise hin zu den einfachgesetzlichen Grundlagen des DLR-Staatsvertrages (vgl. Nr. VI Ziff. 2 PRL DLR). Daneben ist die inhaltliche Richtigkeit der Online-Angebote zu gewährleisten und den allgemeinen, journalistischen Standards des öffentlich-rechtlichen Rundfunks zu genügen (Nr. VI Ziff. 6 PRL DLR). Weiter muss bei der Angabe externer Links redaktionelle Sorgfalt angewandt und dem Nutzer stets kenntlich gemacht werden, dass er das Angebot des DLR verlässt (Nr. VI Ziff. 4.1, 4.2 PRL DLR). Veranstaltete Chatrooms müssen redaktionell begleitet und mit Teilnahmeregelungen und –begrenzungen versehen werden; Foren und Gästebücher müssen auf unzulässige Inhalte überprüft werden (Nr. VI Ziff. 5.1, 5.2 PRL DLR). Bei all diesen Diensten muss das DLR stets deutlich machen, dass es sich nicht um eigene Äußerungen, sondern um die Dritter handelt (Nr. VI Ziff. 5.3 PRL DLR). Zudem wird gemäß Nr. VI Ziff. 8 PRL DLR die kommerzielle Internetnutzung für das DLR ausgeschlossen, soweit entgeltpflichtige Dienste keinen Programmbezug aufweisen. Aufgrund der fehlenden materiellen Präzisierungen der Kriterien des Programmbezugs und des programmbegleitenden Charakters vermitteln die Programmrichtlinien ein geringeres Präzisierungsniveau für den Online-Bereich als diejenigen von ARD und ZDF.

(b) Formelle Präzisierungen

Abschnitt Sieben der Programmrichtlinien vertieft das Procedere der Selbstverpflichtungen: Dabei enthält Nr. VII Ziff. 1 PRL DLR im Wesentlichen die gleichen defizitären Vorgaben wie Nr. II.1 PRL ARD; insoweit sei auf die dortigen Erläuterungen verwiesen. Weitergehend ist nur die Vorgabe, dass der Bericht spezifische Qualitätsanforderungen sowie deren Einhaltung dokumentieren muss. Diesbezüglich wird also eine gewisse Pflicht zur Rechenschaft auch inhaltlich ausgestaltet. Nr. VII Ziff. 2 PRL DLR legt dann das interne Verfahren für die Berichterstellung fest. Formell präzisierend wirkt Nr. VII Ziff. 3 PRL DLR: Dort wird statuiert, dass der für die Erstellung des Berichts maßgeblich zuständige Intendant des DLR in dem Bericht die Realisierung der Selbstverpflichtungen überprüfen und darlegen muss. Anschließend muss der Hörfunkrat (Rundfunkrat des DLR) mit Beschluss feststellen, ob die eingegangenen Selbstverpflichtungen zur Zufriedenheit erfüllt wurden. Dergestalt wird zwar die Art und Weise der Rechenschaftspflicht determiniert, dennoch fehlt es auch hier an einer Beschreibung der Vorgehensweise bei Verfehlungen und an Sanktionsmöglichkeiten.

(ii) Präzisierungspflicht aus § 5 Abs. 3 S. 1 NDR-StV

In Ausführung von § 5 Abs. 3 S. 1 NDR-StV hat der NDR als Programmrichtlinien die Programmrichtlinien des Norddeutschen Rundfunks vom 15. Mai 2004 („***PRL NDR***") erlassen und publiziert. Sie gliedern sich in zwei Hauptteile: Teil A PRL NDR gibt in identischer Form die Programmrichtlinien der ARD wieder; dieser Teil bedarf daher keiner weiteren Erläuterung. Teil B PRL NDR bezieht sich dann auf die spezifischen Angebote des NDR. Der Teil B PRL NDR ist in drei Unterpunkte gegliedert, von denen die ersten beiden materielle, der letzte Teil formelle Präzisierungen festschreibt.

(1) Materielle Präzisierungen

Nr. I Teil B PRL NDR enthält nur die rein deklaratorische Bindung, dass sich die Programme und Angebote des NDR an den Grundsätzen des Teil A, de facto also an den Programmrichtlinien der ARD zu orientieren haben. Nr. II Teil B PRL NDR befasst sich mit den regionalen Besonderheiten des NDR. Die Regelungen erschöpfen sich zumeist in allgemeinen Beschreibungen der Aufgabe des NDR: So wird in Nr. II.1 Teil B PRL NDR festgehalten, dass der NDR seine Aufgaben für die Regionen durch umfassende Programme hoher Qualität zu erfüllen hat. Daneben hat der NDR gemäß Nr. II.2 Teil B PRL NDR mit seinen Programmen und Angeboten die Kompetenz der ARD für Norddeutschland und den Norden Europas zu sichern. Damit wird aber letztlich kaum mehr als der legislativ präzisierte Auftrag des NDR nochmals umschrieben. Interessant ist einerseits die Zielsetzung, für die Nachbarn im Nord- und Ostseeraum eine bedeutsame Brückenfunktion wahrzunehmen (Nr. II.2 Teil B PRL NDR) sowie andererseits, aufgrund der Zusammensetzung des NDR einen besonderen Beitrag zum Zusammenwachsen Deutschlands zu leisten (Nr. II.3 Teil B PRL NDR). Insoweit werden zumindest ansatzweise Schwerpunkte für die inhaltliche Ausgestaltung der Programme und Angebote gesetzt; sie sind aber nicht zu konkreten Aussagen verdichtet.

(2) Formelle Präzisierungen

Nr. III Teil B PRL NDR beschreibt das Procedere der Selbstverpflichtungen: Dabei ist Nr. III.1 Teil B PRL NDR, der die inhaltlichen Vorgaben zu dem erstellenden Bericht liefern soll, Nr. II.1 PRL ARD nachgebildet und gleichermaßen defizitär. Insoweit sei auf die dortigen Erläuterungen verwiesen. Nr. III.2 Teil B PRL NDR legt dann das interne Verfahren der Erstellung des Berichts innerhalb des NDR fest.

(iii) Präzisierungspflicht aus § 23 Abs. 4 S. 1 SMG

In Ausführung von § 23 Abs. 4 S. 1 SMG hat der SR als Programmrichtlinien die Programmrichtlinien des Saarländischen Rundfunks vom 10. Mai 2004 („***PRL SR***“) erlassen und publiziert. Die Programmrichtlinien des SR gliedern sich dabei in eine Präambel und fünf Unterpunkte. Dabei widmen sich die Präambel und der erste Unterpunkt vornehmlich materiellen Präzisierungen, währen die restlichen Gliederungspunkte Konkretisierungen durch Ausgestaltung von spezifischen Verfahren enthalten:

(1) Materielle Präzisierungen

Während die Präambel der Programmrichtlinien des SR allein die Rolle des SR im Verfassungsgefüge wiederholt, finden sich im ersten Gliederungspunkt materielle Präzisierungen: Nr. I Ziff. 1 PRL SR versucht, den einfachgesetzlichen Auftrag des SR näher zu umschreiben. Allerdings wird dort im Wesentlichen die „Medium und Faktor“-Rechtsprechung des Bundesverfassungsgerichts wiedergegeben und der Inhalt der Auftragsnorm des § 23 SMG rezitiert. Dergestalt kann eine weitergehende Präzisierung aber nicht erreicht werden. Nr. I Ziff. 2 lit. a) PRL SR beschäftigt sich dann mit den allgemeinen Programmgrundsätzen, wobei aber ebenfalls nur bereits bestehende, deklaratorische und allgemein medienspezifische, legislative Bindungen aufgezählt werden. Auch in Nr. I Ziff. 2 lit. b) PRL SR werden lediglich medienspezifische Grundsätze in Bezug auf Informationssendungen weiter umschrieben, ohne dadurch eine konkrete Präzisierung des einfachgesetzlichen Auftrags zu erwirken. Besonders negativ sticht dann Nr. I Ziff. 2 lit. c) PRL SR hervor, der sich auf die Konkretisierung des Online-Angebotes des SR bezieht. Dort werden weder online-spezifische Herangehensweisen und Sonderregelungen festgeschrieben, noch das Kriterium des Programmbezugs näher definiert. Vielmehr gehen die Programmrichtlinien – im Gegensatz zur geltenden Rechtslage – noch von einem vorwiegendem Programmbezug der Mediendienste aus, obwohl diese mittlerweile stets Programmbezug aufweisen müssen, um zulässig zu sein. Zudem wird zur Begründung extensiver Kompetenzen pauschal auf die Entwicklungsgarantie des öffentlich-rechtlichen Rundfunks verwiesen.

(2) Formelle Präzisierungen

Nr. II PRL SR enthält dann die gesetzlich geforderte, nähere Beschreibung des Verfahrens der Selbstverpflichtungen aus § 23 Abs. 4 S. 3, 4 SMG. Positiv ist dabei anzumerken, dass die Programmrichtlinien des SR konkrete Angaben über den Inhalt des zu erstellenden Berichts vorgeben: So hat sich der Bericht in zwei Teile, einen rückwärts gewandten, beschreibenden und einen in die Zukunft gewandten hinsichtlich der zu erbringenden programmlichen Leistungen, zu gliedern. Im Bericht sollen weiter die Profile der einzelnen Hörfunk- und Fernsehprogramme und sonstigen Angebote jeweils einzeln beschrieben und programmliche Ziele für die Zukunft formuliert werden. Durch die präzisere Beschreibung des Inhalts des Berichts wird die gesetzlich geforderte Ausgestaltung des Selbstverpflichtungsverfahrens durchgeführt.

b) Satzungen

Inhaltlich beschreiben Satzungen regelmäßig den internen, organisatorischen Ablauf einer Anstalt. Deshalb liegt es in der Natur der Sache, dass Satzungen in der Regel keine den einfachgesetzlichen Auftrag der Anstalten inhaltlich präzisierende, materielle oder formelle Bestimmungen enthalten. Eine Ausnahme zu diesem Grundsatz bildet die Satzung des ZDF, in der sich formelle Präzisierungen des Auftrags finden lassen:

(i) ZDF

Anders als alle anderen Rundfunkanstalten hat das ZDF die in § 11 Abs. 4 RfStV näher geforderte Ausgestaltung des Selbstverpflichtungsverfahrens nicht in Programmrichtlinien vorgenommen, sondern hat diese in die ZDF-Satzung vom 20. Mai 2005 integriert: In § 3 Abs. 4 ZDF-Satzung wird das Procedere der Selbstverpflichtungen weiter beschrieben. Inhaltlich sind die Erläuterungen deckungsgleich mit den ARD-Programmrichtlinien. Insoweit kann auf die Bestimmungen der Programmrichtlinien der ARD verwiesen werden. Allein das interne Verfahren für das ZDF ist in § 3 Abs. 4 ZDF-Satzung mit leichten Abweichungen zu dem der ARD dargelegt. Konsequenterweise ergeben sich für die Bestimmung der ZDF-Satzung die gleichen Bedenken hinsichtlich der gesetzlichen Vorgaben des § 11 Abs. 4 RfStV wie bereits bei den Programmrichtlinien der ARD erläutert. Daneben ist es durchaus fraglich, warum das ZDF die formellen Präzisierungen innerhalb der Satzung und nicht innerhalb der erlassenen Programmrichtlinien vornimmt. Zwar stellt es § 11 Abs. 4 S. 1, 2 RfStV dem ZDF frei, ob es die nähere Ausgestaltung des Auftrags durch Satzung oder Programmrichtlinien erfüllen will. Unabhängig davon, ob man bereits die Regelung des § 11

Abs. 4 S. 1 RfStV selbst als der Einheitlichkeit im Rundfunksystem für abträglich erachtet, ist das Vorgehen aber schon deshalb fraglich, weil das ZDF zugleich auch Programmrichtlinien erlassen hat. § 11 Abs. 4 S. 1 RfStV ermöglicht aber nur die Wahl zwischen Satzung *oder* Programmrichtlinien, nicht aber beidem zugleich.

(ii) Andere

In den Satzungen der anderen Rundfunkanstalten wird zwar der Auftrag der jeweiligen Anstalt erwähnt, dabei wird dieser aber inhaltlich entweder mittels eines Verweises auf die legislativen Bestimmungen der Rundfunkgesetze und die internen Programmrichtlinien[1137], mittels formelartiger Wiedergabe der Auftrag bestimmenden Normen der Rundfunkgesetze[1138] oder mittels einer Kombination aus den beiden ersten Alternativen[1139] näher beschrieben. Die Satzungen führen daher regelmäßig nicht zu einer Präzisierung des einfachgesetzlichen Auftrags und werden daher im weiteren Gang der Untersuchung nicht erörtert. Zu erwähnen ist aber noch die neuartige Koordinierungsstelle der ARD, die in der Neufassung der ARD-Satzung[1140] Ende 2005 erstmals eingeführt worden ist: Danach wird gemäß § 5a ARD-Satzung eine Konferenz der Gremienvorsitzenden als Koordinierungsstelle für die Gremienkontrolle der ARD durch die Rundfunk- und Verwaltungsräte der Anstalten gegründet, die neben der Koordination der Gremien in bestimmten Bereichen auch Gegenstände der Hauptversammlung berät. Im Kontext der Bearbeitung sind insbesondere die Koordinierungsaufgaben der Beratung betreffend der Satzungen, Richtlinien und Berichte gemäß § 11 Abs. 4 RfStV, betreffend der Strukturvorgaben der von der ARD veranstalteten Programme sowie betreffend rundfunkpolitischer Grundsatzfragen von Bedeutung, § 5a Abs. 2 lit. b) – c) ARD-Satzung. Die zentrale Weichenstellung in diesen Bereichen wird daher mit Inkrafttreten der Neufassung der ARD-Satzung von der Koordinierungsstelle vorgegeben. Erstmals wird damit für die ARD eine zentrale Institution der internen Kontrolle bereitgestellt.[1141]

3. Selbstverpflichtungen

Die letzte Variante anstaltsautonomer Präzisierungen sind Selbstverpflichtungen der Anstalten. Dieses in Anlehnung an das britische Drei-Stufen-Präzisierungsmodell der BBC eingeführte Instrument ermöglicht es den Anstalten, ihren Auftrag selbstbestimmt und eigenverantwortlich näher auszugestalten. Inhaltlich beschreiben die Selbstbindungen insbesondere die programmlichen Aktivitäten der einzelnen Anstal-

---

[1137] So § 1 Abs. 2 NDR-Satzung vom 20. März 1981; Art. 3 Abs. 1 BR-Satzung vom 20. Dezember 1988; § 3 Abs. 1 RB-Satzung vom 28. Februar 2000; Art. 2 SR-Satzung vom 10. November 2003; § 2 Abs. 1 SWR-Satzung vom 20. April 1998; § 1 WDR-Satzung vom 12. Mai 2005; § 1 Abs. 3 RBB-Satzung vom 30. Juni 2003; § 1 Abs. 2 MDR-Satzung vom 6. Dezember 2004; § 1 HR-Satzung vom 17. Dezember 1982.

[1138] So § 2 ARD-Satzung vom 28./29. November 2005.

[1139] So §§ 2 Abs. 1 und 2 DW-Satzung vom 28. September 2001; § 3 DLR-Satzung vom 1. Juni 1994; § 3 Abs. 1–3, Abs. 5 ZDF-Satzung vom 20. Mai 2005.

[1140] ARD-Satzung vom 28./29. November 2005; vgl. epd Medien Nr. 95/2005, S. 20 f.

[1141] Vgl. epd Medien Nr. 95/2005, S. 11 f.

ten und versuchen in ihrer Gesamtheit, das Profil des jeweilig in Frage stehenden Senders nachzuzeichnen. Dabei entstehen im Wesentlichen folgende Problemkreise:

Zum einen ist die generelle Bindungswirkung des Präzisierungsinstrumentes bereits insgesamt in Frage zu stellen: So konzediert *Degenhart* zutreffend, dass die Selbstverpflichtungen nur von „begrenzter normativer Qualität“[1142] sein können. Bereits die anstaltsinterne Normsetzung, obgleich diese noch normativen Charakter aufweist, unterlag erheblichen Bedenken hinsichtlich ihrer Durchsetzungskraft. Die Feststellung muss dann aber umso mehr für die Selbstverpflichtungen der Anstalten gelten. Für diese existiert kein stringentes Normsetzungsverfahren und vor allem kein festes Schema hinsichtlich des geforderten Inhalts. Die Umsetzung der gesetzlichen Pauschalermächtigen bleibt damit in der Regel der Willkür und dem Grad des Umsetzungswillens der ermächtigten Anstalt überlassen. Die Anstalt kann nach eigenem Gutdünken über das Maß an Konkretheit und damit letztlich auch über das Maß tatsächlicher Bindungswirkung entscheiden. Diese Schwachstellen des Systems der Selbstverpflichtungen werden nicht durch ein regulatives „Auffangnetz“ flankiert, durch welches zumindest ein gewisses Maß an Bindungswirkung hergestellt werden könnte: In den legislativen und anstaltsautonomen Präzisierungen finden sich keine normativ festgelegten Sanktions- und Durchsetzungsmöglichkeiten, die bei Verfehlungen der Anstalten greifen könnten. Beschreiben Anstalten beispielsweise nur unzureichend ihren einfachgesetzlichen Auftrag, so existiert weder eine Institution noch ein Regelwerk, durch welches die defizitäre Aufgabenbeschreibung durch regulative Steuerung intensiviert werden könnte.

Offen bleibt weiter, was in dem Fall geschehen soll, dass sich eine Anstalt zwar ausreichend konkret bindet, das Ziel ihrer Selbstbindung aber bewusst oder unbewusst verfehlt. Zwar sollen die Anstalten in einem turnusmäßigen Bericht Rechenschaft über die Einhaltung ihrer Selbstverpflichtungen gegenüber der Öffentlichkeit ablegen, jedoch finden sich außer einer offenen Formulierung im Rundfunkfinanzierungsstaatsvertrag keine Anhaltspunkte über das Procedere nach einer festgestellten Verfehlung. Diese müsste obligatorisch an Sanktionen oder an kompensatorische, für den nächsten Turnus überobligationsmäßige Verpflichtungen gekoppelt werden, damit eine gewisse Effizienz der Selbstbindungen gewährleistet würde. Allein die Rechenschaft vor der Öffentlichkeit durch Bericht vermag dafür nicht auszureichen. Vor dem Hintergrund der in dem Verfahren der Selbstbindung angelegten, strukturellen Schwächen muss abschließend konzediert werden, dass die derzeitigen Selbstverpflichtungen bereits dem Grunde nach nur ein defizitäres Maß an rechtlicher Bindungswirkung entfalten. Durch verantwortliche Arbeit der Anstalten kann ein großer Teil der Schwachstellen zumindest abgefedert werden. Inwieweit die existierenden Selbstverpflichtungen ausreichend konkret selbst auferlegte Bindungen der Anstalten erzeugen können, soll im Weiteren Gegenstand der Untersuchung sein. Aufgrund des erheblichen Umfangs der Selbstverpflichtungen wird auf eine umfassende Darstellung aller Bindungen aus Platzgründen verzichtet:

[1142] *Degenhart* K&R 2005, 295, 298.

a) Präzisierungspflicht aus § 11 Abs. 4 S. 3 RfStV

Die Selbstverpflichtungen der Rundfunkanstalten beruhen zum Teil auf der allgemeinen Verpflichtung aus § 11 Abs. 4 S. 3 RfStV, zum Teil auf spezifischen Rechtsgrundlagen der jeweils einschlägigen Rundfunkgesetze:

(i) ARD

(1) Leitlinien 2005/2006

Die ARD hat in Ausführung der Vorgaben des § 11 Abs. 4 S. 3 RfStV am 14. September 2004 die Leitlinien für die Programmgestaltung der ARD 2005/2006[1143] („***ARD-Bericht 2005/2006***") verabschiedet.[1144] Die Leitlinien beginnen mit einer Präambel und untergliedern sich dann in zehn Bereiche, die die einzelnen Tätigkeitsfelder der in der ARD zusammengeschlossenen Rundfunkanstalten näher beschreiben: Die Präambel gibt zunächst die spezifische Rolle der ARD als öffentlich-rechtliche Rundfunkanstalt im Verfassungsgefüge unter Bezugnahme auf die Rechtsprechung des Bundesverfassungsgerichts wieder. Die bewusst allgemein gehaltenen Formulierungen bieten kaum einen Anhaltspunkt für konkrete Angaben, an denen sich die ARD nach Ablauf der Evaluierungsfrist von zwei Jahren messen lassen muss. Vielmehr beabsichtigt die ARD, „in Abstimmung mit den Bedürfnissen der Zuschauer den eigenen Qualitätsanspruch regelmäßig zu überprüfen und das öffentlich-rechtliche Profil ihrer Programme weiter zu entwickeln".

Sodann wird in Nr. 1 ARD-Bericht 2005/2006 die Sparte Information als stärkste Säule des Programms näher spezifiziert: Nach eigenen Angaben spielt Information im Programm der ARD eine herausragende Rolle. In diesem Kontext verpflichtet sich dann die ARD im Gemeinschaftsprogramm einen Informationsanteil von mindestens 40 Prozent sowie separat einen Anteil an Sportinformationen von 10 Prozent zu gewährleisten. Damit wird erstmals eine konkrete, verifizierbare Zielvorgabe festgeschrieben. Allerdings ist diese in Anbetracht der bereits existierenden Zahlen wenig ambitioniert. Gleiches gilt für die Festlegungen, „täglich mehr als sechs Stunden tagesaktuelle Informationen zu liefern" und im Zeitraum 2005/2006 „mehr als 600 Dokumentarfilme, Dokumentationen, Features und Reportagen" einzusetzen. Darüber hinaus finden sich dann aber keine konkreten, verifizierbaren Vorgaben mehr. Der ARD-Bericht 2005/2006 erschöpft sich in abstrakten Zielbeschreibungen wie die Tagesschau als Flaggschiff „weiter zu festigen und auszubauen", „kritischen Journalismus zu pflegen" oder „weiter vielfältige Informationsangebote auszustrahlen".

Gleiches gilt für Nr. 2 ARD-Bericht 2005/2006, der die Sparte Kultur als Kernaufgabe des öffentlich-rechtlichen Fernsehens näher umschreibt. Erste konkrete Angaben finden sich hinsichtlich der Sendeplätze der Kulturmagazine; diesen werden spätere Sendetermine als 23 Uhr nicht zugeordnet. So soll verhindert werden, dass kulturelle, wenige massenattraktive Inhalte auf unattraktive Sendeplätze verlegt werden. Dann verpflichtet sich die ARD und die Degeto[1145], rund 70 Prozent der ARD-Fernsehfilm-

---

[1143] Abgedruckt in epd Medien Nr. 79/2004, 3 ff.

[1144] Kursorisch zum Inhalt *Reese*, Funktionsauftrag, S. 247 f.

[1145] Gemeinsame Gesellschaft für Filmbeschaffung und Filmproduktion der ARD.

Produktionen durch Fremdfirmen in Auftrag zu geben. Erfreulich ist sicherlich die konkrete Festlegung, problematisch ist nur, dass es vornehmliche Aufgabe des öffentlich-rechtlichen Rundfunks sein muss, durch Eigenproduktionen, die unabhängig von Dritten gestaltet werden können, seine Aufgabe im dualen System wahrzunehmen. Dies in Verbindung mit der Feststellung, dass die ARD „den redaktionell betreuten Fernsehfilm als eine ihrer Kernaufgaben betrachtet", läuft konträr zur eigentlichen Funktion des öffentlich-rechtlichen Rundfunks im dualen System. Eine weitere konkrete Vorgabe legt fest, dass von den 600 2005/2006 auszustrahlenden Dokumentationen rund die Hälfte von den Kulturredaktionen zugeliefert wird. Neben den versprengten Ausnahmen bleibt es in der Regel bei äußerst vagen Zielvorgaben. Als Beispiele seien angeführt: „die Doppelfunktion als Kulturmedium und Kulturfaktor zu pflegen und auszubauen", „aktuelle Kulturberichterstattung weiter stärken und ausbauen" oder „in Reportagen und Dokumentationen auf festen Sendeplätzen über Positionen und Entwicklungen in Ethik, Religion, Kirchen und Glaubensgemeinschaften informieren".

Während sich in den ersten beiden Unterbereichen der Selbstverpflichtungen wenigstens vereinzelt konkrete Zielvorgaben finden lassen, existieren solche in Nr. 3 und 4 ARD-Bericht 2005/2006, die die Sparten Bildung und Beratung respektive Unterhaltung näher determinieren sollen, so gut wie nicht: Mehr und mehr wird der Bericht zu einer Beschreibung der bestehenden Sendungen im ARD-Programm, ohne freilich daraus konkrete Bindungen entnehmen zu können. Einzig für den Bereich der Unterhaltung beschränkt sich die ARD zumindest negativ, indem sie sich darauf festlegt, den Unterhaltungsanteil am Gesamtprogramm nicht ausweiten zu wollen. Ansonsten erschöpfen sich die „Selbstverpflichtungen" in nicht verifizierbaren Angaben: So zum Beispiel „Die ARD bietet für alle Zuschauer anspruchsvolle und dennoch verständliche Wissensprogramme an.", „Die ARD verpflichtet sich, an der Produktion vielfältiger und kultivierter Unterhaltung als Teil ihres Programmauftrags festzuhalten." oder „ARD-Talkshows bieten keine Plattform für Zynismus, Voyeurismus und Selbstentblößung.". Auch die Teilbereiche Nr. 5 und 6 ARD-Bericht 2005/2006, die sich spezifischen Angeboten für Kinder und Jugend respektive Menschen mit Seh- und Hörbehinderung widmen, sind nahezu durchweg nicht ausreichend konkret. Allein die Vorgabe, die technische Empfangbarkeit des Kinderkanals flächendeckend auszuweiten und die Sendezeit bis 21 Uhr zu beschränken, ist als verifizierbar einzustufen. Danach verpflichtet sich die ARD, von ca. 80 Fernsehfilmen und 20 Spielfilmen Hörfilmfassungen nach dem Verfahren der Audiodeskription herzustellen. Darüber hinaus bleibt es aber auch hier bei vagen Beschreibungen wie „das Programm der ARD für die junge Zielgruppe enthält nahezu alle Formen und Inhalte des Erwachsenenangebots", „Interaktive Elemente werden in den kommenden Jahren intensiviert." oder „Die ARD wird deutsche Stoffe in Abgrenzung zu amerikanischen und japanischen Animationsserien der kommerziellen Sender umsetzen.".

Nr. 7 ARD-Bericht 2005/2006 betrifft den Bereich der regionalen Kompetenz; hier finden sich keine konkreten Verpflichtungen. Vage Umschreibungen wie „Die ARD wird das politische Leitbild vom Europa der Regionen aktiv befördern." verfehlen die beabsichtigte Präzisierung des Auftrags. Nr. 8 ARD-Bericht 2005/2006 bezieht sich dann auf die Trennung von Werbung und Programm. Hier findet sich eine formelle

Präzisierung, nach der sich die ARD verpflichtet, einheitliche Kriterien zur Abgrenzung von Sponsorenhinweisen und Werbespots verbindlich zu machen. Des Weiteren will die ARD keine eigenen Gewinnspiele durchführen und auf Telefonmehrwertdienste verzichten. Hier werden größtenteils Vorgaben der Rundfunkgesetze wiedergegeben, die sowieso bereits bindend sind. Negativ fällt insbesondere Nr. 9 ARD-Bericht 2005/2006 auf: Dieser versucht, das Digitalangebot der ARD näher zu beschreiben. Zwar finden sich dort Absichtserklärungen wie „Die ARD ist bestrebt, die Konzeption digitaler Angebote im Hinblick auf die Interessen der Zuschauer zu optimieren.“ und „Ein kostenspieliger Ausbau der Angebote zu eigenständigen Programmleistungen ist nicht vorgesehen.“ Allerdings vermögen diese nicht das digitale Angebot näher zu präzisieren. In Anbetracht der pauschalen Ermächtigungen im Rundfunkstaatsvertrag und auch des Fehlens sonstiger detaillierter Beschreibungen beispielsweise in den Programmrichtlinien der ARD oder anderen legislativen Präzisierungen bestand aber gerade hier ein erhebliches Präzisierungsbedürfnis, dem die ARD mit der abstrakten Umschreibung im ARD-Bericht 2005/2006 nicht genügen kann.

Nr. 10 ARD-Bericht 2005/2006 widmet sich dann den Online-Angeboten der ARD. Hier lassen sich aber keine Präzisierungen finden; im Gegensatz zu den digitalen Angeboten existieren aber zumindest Präzisierungen in den Programmrichtlinien. Die Darstellung beschreibt nur die Funktion und den Aufbau des bestehenden Angebotes, womit allerdings keine verifizierbaren Zielvorgaben verbunden werden. Interessant ist insoweit die Feststellung, dass auf das jeweilige Online-Angebot der in der ARD zusammengeschlossenen Anstalten aufgrund des hohen Vernetzungsgrads des gemeinschaftlich veranstalteten Online-Angebotes die Grundsätze der Selbstverpflichtungen anzuwenden sind. Damit scheint die ARD selbst dem Grunde nach davon auszugehen, dass die Pflicht des § 11 Abs. 4 S. 3 RfStV nicht für das Programm der einzelnen Landesrundfunkanstalten Geltung finden soll. Eine solche Interpretation verkennt aber Sinn und Zweck der Regelung (vgl. insoweit die Erörterungen zu § 11 Abs. 4 S. 3 RfStV). Auch das Kriterium des Programmbezugs wird zumindest ansatzweise weiter bestimmt, indem das Online-Angebot nur Angebote umfasst, die sie sich an der Schwerpunktberichterstattung der ARD in Hörfunk und Fernsehen orientieren. Auch wird festgeschrieben, dass die ARD Videos und Audios on demand oder live abrufbar machen darf. Darüber hinaus bleibt es aber bei pauschalen Feststellungen wie z. B. „Informationen sollen in neuen Formaten oder über verbesserte Suchfunktionen angeboten werden.“, „Die ARD verpflichtet sich, in den Online-Angeboten weiter Barrieren abzubauen.“ oder „ARD-Online ist an der gemeinsamen digitalen Entwicklung von Hörfunk, Fernsehen und Online beteiligt.“. Dass die ARD die ihr auferlegte Rechenschaftspflicht nach zwei Jahren noch nicht ganz verinnerlicht hat, zeigt die Passage Perspektiven in dem ARD-Bericht 2005/2006. Dort wird niedergelegt, dass die Grundsätze des Berichts der ARD als Orientierungspunkt bei der Aufgabe fungieren sollen, das Programmprofil zu schärfen und die ARD als modernen Sendeverbund immer wieder neu zu positionieren. Der Terminus Orientierungspunkt deutet bereits darauf hin, dass die ARD den Bericht nicht als bindende Verpflichtungen begreift, sondern mehr als hilfreiche Leitlinien, von denen im Bedarfsfall wieder abgewichen werden kann. Ein solches Verständnis bringt dann aber keine weitere Präzisierung des einfachgesetzlichen Auftrags der Anstalt mit sich. Im Gegenteil führt es vielmehr das Regulierungsinstrument der Selbstverpflichtungen ad absurdum.

(2) Bericht 2005/2006 und Leitlinien 2007/2008

Die ARD hat in Ausführung der Vorgaben des § 11 Abs. 4 S. 3 RfStV am 15. September 2006 die Leitlinien für die Programmgestaltung der ARD 2007/2008[1146] („***ARD-Bericht 2007/2008***") verabschiedet. Erstmals seit Einführung von § 11 Abs. 4 RfStV unterteilt sich der Bericht historisch in einen rückgewandten Teil, der die Erfüllung der Leitlinien 2005/2006 bewertet, und einen zukünftigen Teil, der die Leitlinien für die Jahre 2007 und 2008 nachzeichnet. Eine Analyse des Berichts über die Erfüllung der Aufgaben durch die ARD in 2005/2006 bestätigt letztlich den Befund, den die Untersuchung der Leitlinien 2005/2006 befürchten ließ: Aufgrund der wenig ambitionierten Auflistung der Selbstverpflichtungen für den Berichtszeitraum bereits in den Leitlinien der ARD für 2005/2006 evaluiert der ARD-Bericht 2007/2008 nur unzureichend und oberflächlich die tatsächliche Erfüllung der an sich selbst gestellten Ziele der ARD. Weiter wird über die Erfüllung von Nr. 10 ARD-Bericht 2005/2006 nicht berichtet. Insgesamt wird es versäumt, jede konkrete Zielstellung transparent und nachvollziehbar auf ihre Erreichung während des Berichtszeitraums zu untersuchen. Letztlich ist das freilich Konsequenz der mangelnden Selbstbindungen in den Leitlinien 2007/2008. Da sich diese selbst nur in allgemeinen Zielvorgaben erschöpften und gerade keine konkreten Zielstellungen formuliert wurden, kann deren Erfüllung auch nicht sinnvoll nachträglich evaluiert werden. Im Wechselspiel zwischen Leitlinien 2005/2006 und dem zugehörigen Bericht 2005/2006 offenbaren sich die Schwächen des Instruments der Selbstverpflichtungen. Deren Effizienz ist in Abwesenheit legislativer Auffangnetze abhängig vom Willen der Rundfunkanstalten.

Die Leitlinien und Programmschwerpunkte 2007/2008 im ARD-Bericht 2007/2008 verfestigen ebenso den ermittelten Befund: Auch 2007/2008 hat die ARD an dem im ARD-Bericht 2005/2006 skizzierten Aufbau festgehalten. Allein Nr. 10 ARD-Bericht 2005/2006, die Perspektiven für das Online-Angebot der ARD, findet keine Entsprechung im ARD-Bericht 2007/2008. Das ist umso mehr deshalb kritisch zu bewerten, weil gerade die Online-Angebote in neuerer Zeit von der Kommission gerügt wurden. Innerhalb der einzelnen Gliederungspunkte im Rahmen der Leitlinien und Programmschwerpunkte 2007/2008 im ARD-Bericht 2007/2008 offenbaren sich die gleichen Kritikpunkte, die bereits im ARD-Bericht 2005/2006 festgestellt wurden. Insbesondere wird es versäumt, konkret evaluierbare Zielstellungen zu formulieren, an deren Erfüllung sich die ARD nach Ablauf des Berichtszeitraums messen lassen muss. Alarmierend muss weiter sein, dass sich im Vergleich zu dem ARD-Bericht 2005/2006 noch weniger solcher Zielstellungen finden lassen. Vielmehr beschränkt sich die ARD weitestgehend darauf, dass bestehende Programm für die Zukunft oberflächlich zu beschreiben. Im Vergleich zum dem ARD-Bericht 2005/2006 ist die Bindungswirkung des ARD-Berichts 2007/2008 wegen den nur rudimentär vorhandenen konkreten Zielstellungen als noch geringer zu bewerten.

[1146] Abgedruckt in epd Medien Nr. 86/2006, 3 ff.

(ii) ZDF

(1) Programmperspektiven 2005/2006

Das ZDF hat in Ausführung der Vorgaben des § 11 Abs. 4 S. 3 RfStV am 10. September 2004 die Programm-Perspektiven des ZDF 2004-2006[1147] („***ZDF-Bericht 2005/2006***") verabschiedet.[1148] Der ZDF-Bericht 2005/2006 stellt nach eigenen Angaben die programmatisch-bilanzierende Beschreibung des aktuellen ZDF-Programms in Verbindung mit den Selbstverpflichtungen für 2004-2006 dar. Er beginnt ebenso wie derjenige der ARD mit einer Präambel und untergliedert sich dann in zehn Teilbereiche, die die einzelnen Tätigkeitsfelder des ZDF näher beschreiben: Konzeptionell unterscheidet sich die Präambel des ZDF-Berichts 2005/2006 von derjenigen der ARD-Berichte. Zwar wird zunächst auch die spezifische Rolle des ZDF im Verfassungsgefüge nachgezeichnet, jedoch werden die Beschreibungen flankiert durch zumindest teilweise hinreichend konkrete Zielstellungen des ZDF. So ist es Ziel des ZDF, sich dauerhaft als eines der von den Zuschauern am meisten genutzten Vollprogramme zu positionieren. Daneben will das ZDF die Akzeptanz in der Gruppe der 14-59-Jährigen verbessern. Andere Zielstellungen sind zwar ambitioniert, doch leider nicht hinreichend evaluierbar: So beabsichtigt das ZDF z.B. „die Qualität seiner Programme dauerhaft zu überprüfen und zu verbessern", „jüngere Publikumsgruppen durch gezielte Programminnovationen an sich zu binden" oder „seine Eigenproduktionsfähigkeit in den zentralen Fernsehgenres zu erhalten".

Nr. 1 ZDF-Bericht 2005/2006 widmet sich der Vielfalt und Mischung des Programms. Dabei verpflichtet sich das ZDF dazu, dass die Sparte Information den größten Anteil am Programm ausmacht. Allerdings soll deren Anteil nicht weiter erhöht werden; allein die Platzierungen der Sendungen sollen vornehmlich in der Hauptsendezeit von 19 bis 23 Uhr erfolgen. Neben diesen konkreten, messbaren Vorgaben finden sich im ersten Teil des Berichts auch nur vermeintliche Bindungen wie z. B. „Vielfalt der Programmmischung und Kultur als Leitprinzip der Programmarbeit bleiben Grundorientierung des ZDF.". Nr. 2 ZDF-Bericht 2005/2006 befasst sich dann mit der aktuellen Berichterstattung über Zeitgeschehen. An dieser Stelle enthält der ZDF-Bericht jedoch keine hinreichend konkreten Zielsetzungen, sondern allenfalls allgemeine Zielwertbestimmungen. Beispielsweise will das ZDF die kompetente und umfassende Berichterstattung über Hintergründe und Gesamtzusammenhänge virulenter gesellschaftspolitischer und wirtschaftlicher Entwicklungen verstärken und die Gesamtdarstellung wichtiger politischer und gesellschaftlicher Ereignisse für ein breites Publikum sicherstellen. Solche Vorgaben sind zwar durchaus wünschenswert, aber kaum je messbar, so dass sich wirkliche Verpflichtungen und damit Bindungen aus ihnen kaum je ergeben werden.

Ebenso offenbart sich die Situation in den Selbstverpflichtungen des ZDF zu Nr. 3 ZDF-Bericht 2005/2006, dem Bereich der Kultur und zu Nr. 4 ZDF-Bericht 2005/2006, Bildung und Beratung. Hier bindet sich das ZDF beispielsweise dahingehend, den Kulturverbund aus ZDF, 3Sat, ARTE und Theaterkanal weiter auszubauen

[1147] Abgedruckt in epd Medien Nr. 79/2004, 15 ff.

[1148] Kursorisch zum Inhalt *Reese*, Funktionsauftrag, S. 248 f.

und die Literaturprogramme des ZDF weiterzuentwickeln. Für den Bereich der Bildung und Beratung will das ZDF die anhaltend hohe Bedeutung von Bildung, Wissen und Service durch neue Akzente untermauern und die Bedeutung von Natur und Umwelt besonders betonen. Ansonsten ähneln die Verpflichtungen mehr einer Beschreibung des aktuellen Programmschemas des ZDF. Weitergehende Bindungen werden in diesen Bereichen nicht konstituiert. Fast das gleiche Bild stellt sich bei Nr. 5 ZDF-Bericht 2005/2006, in dem fiktionale Erzählprogramme näher beschrieben werden. Dort findet sich aber erstmals wieder eine reale Selbstverpflichtung: Danach will das ZDF seine führende Position als Anbieter von Hörfilmen untermauern, indem es die Summe an Mitteln für Audiodeskription erhöhen und mehr Hörfilme anbieten will. Darüber hinaus erschöpfen sich die vermeintlichen Bindungen in Programmbeschreibungen. Auch die Erörterungen zu Nr. 6 ZDF-Bericht 2005/2006, dem Bereich der Sparte Unterhaltung, bleiben nur allgemeine Zielwertbeschreibungen wie „Das ZDF wird seine Shows weiter in den Dienst sozialer Anliegen stellen." oder „Das ZDF wird im Internet und im digitalen Fernsehen neue interaktive Unterhaltungsformen entwickeln und erproben.". Schließlich reiht sich auch Nr. 7 ZDF-Bericht 2005/2006, nach dem das Kinder- und Jugendprogramm näher determiniert werden soll, in den bisherigen Befund nahtlos ein. Das zeigt sich an vermeintlichen Bindungen wie „Das ZDF-Kinderprogramm wird als fester Bestandteil des Hauptprogramms einen markanten Platz im Wochenend- und Feiertagsprogramm einnehmen." oder „Besonderes Augenmerk wird das ZDF seinem Programmangebot für junge Kinder widmen.".

Besonders negativ fallen dann aber Nr. 8 und 9 ZDF-Bericht 2005/2006 ins Gewicht, da sich diese mit den auch europarechtlich kritisch zu bewertenden Bereichen der digitalen Kanäle und des Online-Angebotes des ZDF befassen. Hinsichtlich der digitalen Kanäle verpflichtet sich das ZDF zwar, deren Anzahl einzufrieren und sie nur unter Beachtung des Primats der Wirtschaftlichkeit weiterzuentwickeln. Dennoch wäre hier mehr erforderlich gewesen, da die Ermächtigen zur Veranstaltung digitaler Kanäle pauschal sind und keine weitergehenden anderen Präzisierungen existieren. Auch die Selbstbindungen zu dem Online-Angebot des ZDF bleiben rudimentär: So verzichtet das ZDF konkret allein auf lokale und regionale Informationsangebote, was aber wenig ambitioniert ist, weil das letztlich Ausfluss aus Sinn und Zweck der Rundfunkanstalt ZDF ist. Die anderen „Bindungen" bleiben oberflächlich und abstrakt: „Das ZDF wird in seinem Online-Angebot gezielt die Qualität und Tiefe ausbauen, die Breite der Themen aber reduzieren." oder „Das ZDF wird die Suchfunktionen auf den Seiten verbessern.". Hier wären insbesondere hinsichtlich der Themenreduzierung und eines erforderlichen Programmbezugs weitere Selbstbindungen wünschenswert.

Nr. 10 ZDF-Bericht 2005/2006 als letzter Teil des Berichts beschäftigt sich mit Kooperationen des ZDF: Dort werden die Angaben dann etwas konkreter. Danach strebt das ZDF eine Reduzierung von Kooperationen und Gewinnspielen im Programm und im Online-Angebot an. Daneben löst das ZDF seine Zusammenarbeit mit T-Online zum 31. Dezember 2004 auf.[1149] Auch soll mehr Transparenz hinsichtlich der Koope-

---

[1149] Dieser Schritt war insbesondere deshalb notwendig, weil eine objektive, unabhängige Berichterstattung seitens des ZDF durch das Magazin „heute" bei einer Einblendung der Internetadresse http://www.heute.t-online.de nicht zu erwarten war.

rationen durch Nennung der Kooperationspartner in den Programmabspännen gesichert und die Erträge aus Kooperationen künftig im Haushaltsplan ausgewiesen werden. Abgeschlossen wird der ZDF-Bericht 2005/2006 dann durch einen letzten Teil, der mit Ausblick betitelt ist: Dort verpflichtet sich das ZDF, die niedergelegten Leitlinien als Gesamtheit umzusetzen und Anregungen aus dem Publikum konstruktiv aufzunehmen, was gegebenenfalls zwingende Veränderungen des Berichts bei der nächsten Evaluierung nach sich ziehen kann. Insoweit wird zumindest eine gewisse Offenheit gegenüber den Wünschen des Publikums festgeschrieben. Das kann aber nicht darüber hinwegtäuschen, dass im Vergleich zum ARD-Bericht 2005/2006 derjenige des ZDF aufgrund seiner abstrakten Zielsetzungen noch weniger konkrete Bindungen entfalten kann. Besonders in den zentralen Programmbereichen finden sich kaum verifizierbare, evaluierungsfähige Vorgaben. Insgesamt ist dem ZDF-Bericht 2005/2006 daher ein geringes Präzisierungsniveau zu attestieren.

(2) Programmperspektiven 2007/2008

Das ZDF hat in Ausführung der Vorgaben des § 11 Abs. 4 S. 3 RfStV am 12. Oktober 2006 die Programm-Perspektiven des ZDF 2007-2008[1150] („***ZDF-Bericht 2007/2008***“) verabschiedet. Anders als die ARD hat sich das ZDF daneben entschieden, die Evaluierung des ZDF-Berichts 2005/2006 in einer separaten Bilanz der ZDF-Programm-Perspektiven 2004-2006 vom 15.05.2006, die aber nicht öffentlich zugänglich gemacht worden ist, vorzunehmen und diese nicht in den ZDF-Bericht 2007/2008 zu integrieren. Nach Angaben des Intendanten *Markus Schächter* zieht das ZDF dort aber eine positive Bilanz der Selbstverpflichtungserklärungen. Wie bei der ARD fehlt es aber an einer punktgenauen Evaluierung der konkret gestellten Ziele, was größtenteils auf die Abwesenheit solcher konkreten Zielstellungen bereits im ZDF-Bericht 2005/2006 zurückzuführen ist. Eine defizitäre Evaluation führt dann dazu, dass Sinn und Zweck der Selbstverpflichtungen ad absurdum geführt wird. Insoweit verstärkt sich der bereits für den ZDF-Bericht 2005/2006 ermittelte Befund eines geringen Präzisierungsniveaus. Es mutet deshalb befremdlich an, wenn das ZDF vor diesem Hintergrund eine positive Bilanz des ZDF-Berichts 2005/2006 ziehen will.

Der ZDF-Bericht 2007/2008 beginnt mit einer Präambel und untergliedert sich dann in nur noch acht Teilbereiche, die die einzelnen Tätigkeitsfelder des ZDF näher beschreiben. Nr. 1 und Nr. 10 des ZDF-Berichts 2005/2006 entfallen. Hinsichtlich des Aufbaus fällt allgemein negativ auf, dass das ZDF die noch im ZDF-Bericht 2005/2006 existente klare Trennung zwischen allgemeiner Beschreibung der Teilbereiche und aufgeführten Selbstverpflichtungen aufgegeben und beide zum Nachteil der Übersichtlichkeit vermischt hat. Die eigentlichen Selbstverpflichtungen bleiben durchgehend genauso vage und unbestimmt wie bereits im ZDF-Bericht 2005/2006 dargelegt. Insoweit kann der dort ermittelte Präzisierungsgrad durch den ZDF-Bericht 2007/2008 nicht intensiviert werden. Im Gegenteil zeichnet sich wohl eher ein Trend ab, bei dem es das ZDF nahezu vollständig vermeidet, sich selbst konkret evaluierbare Zielstellungen aufzuerlegen. Der eigentliche Bericht erschöpft sich allein in nicht ü-

[1150] Abgedruckt in epd Medien Nr. 86/2006, 25 ff.

berprüfbaren Beschreibungen des geplanten Programms, die als Selbstbindungen als nicht geeignet erscheinen.

(iii) DLR

(1) Bericht 2005/2006

Das DLR hat in Ausführung der Vorgaben des § 11 Abs. 4 S. 3 RfStV den Bericht über programmliche Leistungen und Perspektiven des DLR 2004-2006[1151] (**„DLR-Bericht 2005/2006"**) verabschiedet.[1152] Der DLR-Bericht 2005/2006 gliedert sich in eine Präambel und zwanzig themenbezogene Unterpunkte. In der Präambel wird die Rolle des DLR im Verfassungsgefüge beschrieben und der sich aus dem DLR-Staatsvertrag ergebende Auftrag nochmals wiederholt. Positiv fällt auf, dass das DLR bewusst das Publikum dazu einlädt, sich durch kritische Reflexion des Berichts mit Anregungen und Beiträgen zu beteiligen. Innerhalb der einzelnen Unterpunkte wird – ähnlich dem ZDF-Bericht – zunächst der Ist-Zustand beschrieben und dann resultierende Selbstverpflichtungen niedergelegt.

Nr. 1 DLR-Bericht 2005/2006 unterstreicht, dass Information und Kultur als Kernelemente der Grundversorgung Schwerpunkte des DLR-Programms sind, wobei Information im Deutschlandfunk und Kultur im DeutschlandRadio Berlin die tragende Rolle spielt. Die dann folgenden Selbstverpflichtungen bleiben vage: So will das DLR beispielsweise das Kultur- und Informationsprofil seiner Programme weiter schärfen. Wenn sich in Nr. 2 DLR-Bericht 2005/2006 das DLR zum Ziel setzt, die Hörerakzeptanz seiner Programme zu festigen, so ist das zwar eine wenig ambitionierte, aber doch zumindest verifizierbare Vorgabe. In den Teilbereichen Nr. 3 bis 6 DLR-Bericht 2005/2006 finden sich keine weiteren Bindungen: Allein verpflichtet sich das DLR dort, zum einen „den bestehenden Umfang und das hohe publizistische Niveau seiner Berichterstattung" und zum anderen „den Umfang und das hohe Niveau seines Informationsangebotes" aufrechtzuerhalten. Zumindest hinsichtlich des Umfangs ergeben sich daraus Festschreibungen auf den Status Quo. Darüber hinaus erschöpfen sich die Angaben in abstrakten Beschreibungen wie beispielsweise „Das DLR wird die Einbindung der neuen Mitgliedstaaten in die EU in seinen Programmen intensiv begleiten.".

Keine Selbstbindungen finden sich in den Teilbereichen Nr. 7 bis 12 DLR-Bericht 2005/2006: Die dort gewählten Formulierungen der Selbstverpflichtungen sind lediglich abstrakte Zielwertbeschreibungen ohne bindungsfähigen Inhalt: So z. B. „Der Bildungsauftrag wird weiterhin hohe Beachtung finden.", „Künstlerische Wort- und Musikproduktionen werden auch künftig ein wichtiges Element der Programme des DLR bilden." oder „Das DLR wird auch künftig die regionale und stilistische Vielfalt des Musiklebens in Deutschland in seinen Programmen präsentieren.". Nr. 13 DLR-Bericht 2005/2006 lässt sich dann zumindest eine Schwerpunktsetzung entnehmen: Danach soll das Profil des DLR entscheidend durch Eigenproduktionen und Erstsendungen geprägt werden. Insoweit verpflichtet sich das DLR, den wesentlichen Teil des Programms diesen Bestandteilen bereitzustellen. Leider finden sich dann in den Nr. 14

[1151] Abgedruckt in epd Medien Nr. 79/2004, 26 ff.

[1152] Kursorisch zum Inhalt *Reese*, Funktionsauftrag, S. 249 f.

bis 20 DLR-Bericht 2005/2006 ebenso wenig effizient präzisierende Verpflichtungen: In Nr. 16 DLR-Bericht 2005/2006 verpflichtet sich das DLR, sein Audio on demand Angebot weiter auszubauen. Nr. 18 DLR-Bericht 2005/2006 statuiert zumindest die sinnvolle Absicht des DLR, die Zusammenarbeit mit ARD und ZDF zu intensivieren. Allerdings steht dies unter dem Vorbehalt der programmlichen und wirtschaftlichen Nützlichkeit. In Nr. 20 DLR-Bericht 2005/2006 schließlich bindet sich das DLR dahingehend, bis Ende 2006 ein internes Controllingsystem einzuführen. Bemerkenswert ist darüber hinaus noch die Verpflichtung, bestehende Rationalisierungspotenziale zu überprüfen und auszuschöpfen. Weitere vermeintliche Selbstverpflichtungen erschöpfen sich dann in Beschreibungen ohne Bindungswert: So z. B. setzt sich das DLR zum Ziel, „eine generationsübergreifende Hörerschaft anzusprechen" oder „sein Online-Angebot als programmbegleitendes und –ergänzendes Medium weiter zu qualifizieren". Im Vergleich zwischen ARD, ZDF und DLR ergibt sich in dieser Reihenfolge ein Gefälle hinsichtlich des Präzisierungsgrades, an dessen Ende die Selbstverpflichtungen des DLR stehen. Zwar ist es richtig und sinnvoll, die bestehenden programmlichen Leistungen zu beschreiben; allerdings sollten Selbstverpflichtungen insgesamt auch klare, verifizierbare Zielsetzungen enthalten, durch welche positiv das Programmprofil der Sender geschärft würde. Solche überprüfbaren Zielvorgaben, an deren Einhaltung sich das DLR messen lassen müsste, existieren jedoch im DLR-Bericht 2005/2006 so gut wie nicht. In der bestehenden Form ist der DLR-Bericht 2005/2006 damit kaum mehr als ein programmlicher Jahresbericht, nicht jedoch eine Selbstverpflichtung des Senders.

(2) Bericht 2007/2008

Das DLR hat in Ausführung der Vorgaben des § 11 Abs. 4 S. 3 RfStV den Bericht über programmliche Leistungen und Perspektiven des DLR 2006-2008[1153] („***DLR-Bericht 2007/2008***") verabschiedet. Der DLR-Bericht 2007/2008 ist ebenso strukturiert wie der DLR-Bericht 2005/2006. Sinnvoll stellt der DLR-Bericht 2007/2008 jeweils die im alten Bericht auferlegten Selbstverpflichtungen dem erreichten Status Quo gegenüber und formuliert zu jedem Teilbereich sogleich jeweils neue Zielstellungen. Trotz dieses strukturell lobenswerten Aufbaus kranken auch die vermeintlichen Selbstverpflichtungen des DLR an der mangelnden Überprüfbarkeit, weil keine hinreichend konkreten Zielstellungen formuliert wurden. Zwar ist das DLR bei der Evaluation sichtlich bemüht, die Erfüllung der selbst auferlegten Zielstellungen zu dokumentieren. Die engagierte Dokumentation ändert aber nichts daran, dass bereits die Zielstellungen an sich so allgemein gehalten und wenig ambitioniert formuliert wurden, dass eine sinnvolle Evaluation im Nachhinein nicht möglich ist. Deswegen bestätigt der DLR-Bericht 2007/2008 letztlich nur den Befund, der für den DLR-Bericht 2005/2006 herausgearbeitet worden ist.

Vor diesem Hintergrund ist auch keine Besserung mit Blick auf die zukünftigen Selbstverpflichtungen ersichtlich. Bei diesen geht das DLR genauso vor, wie bereits im alten DLR-Bericht 2005/2006 hinreichend dokumentiert. Die Zielstellungen bleiben insgesamt allgemein gehalten, ohne zugleich durch konkrete Vorgaben ambitio-

---

[1153] Abrufbar unter http://www.dradio.de/download/29599/.

nierte Selbstbindungen für das DLR vorzugeben. Daraus lässt sich bereits jetzt voraussagen, dass der zukünftige Bericht und die dort vorgenommene Evaluation kein anderes Ergebnis als die bis jetzt gefundenen erwarten lässt. Mangels konkret evaluierbarer Zielstellungen ist somit auch der DLR-Bericht 2007/2008 nicht tauglich, den Auftrag des DLR durch Selbstbindungen näher zu präzisieren.

b) Präzisierungspflicht aus § 4 Abs. 6 RBB-StV

Der RBB hat in Ausführung der Vorgaben des § 4 Abs. 6 RBB-StV am 14. Februar 2005 die Zielvorgaben des RBB zur Erfüllung seiner programmlichen Aufgaben[1154] („***RBB-Vorgaben***") verabschiedet. Die Vorgaben des RBB stehen in engem Zusammenhang mit den Selbstverpflichtungen der ARD; teilweise können dort getroffene Feststellungen daher auch auf die Zielvorgaben des RBB übertragen werden. Inhaltlich sind die Vorgaben des RBB in eine Präambel, in die Grundsätze der Zusammenarbeit sowie die Bereiche Hörfunk und Fernsehen gegliedert. Präambel und die Grundsätze der Zusammenarbeit beschreiben die Stellung des RBB im Verfassungsgefüge respektive die grundlegenden, bereits vom Bundesverfassungsgericht vorgegebenen Besonderheiten der Arbeitsweise im öffentlich-rechtlichen Rundfunk. Ein Mehrwert an Präzisierung kann ihnen jedoch nicht entnommen werden.

Der Unterbereich Hörfunk gliedert sich in eine allgemeine Erörterung zum Hörfunksegment und in die spezifischen Zielstellungen für die einzelnen Hörfunkangebote des RBB. Hier sei zunächst positiv erwähnt, dass die RBB-Vorgaben im Gegensatz zu den Selbstverpflichtungen, die auf dem Rundfunkstaatsvertrag basieren, zwischen den einzelnen Angeboten gezielt unterscheiden und Zielstellungen für jeden einzelnen Hörfunk- oder Radiosender formulieren. Zum größten Teil erschöpfen sich aber auch die Beschreibungen der einzelnen Hörfunksender in allgemeinen Zielwertfestschreibungen, denen kaum ein Präzisierungsgehalt zu entnehmen ist. Dennoch finden sich auch einige konkrete Passagen: So soll beispielsweise Antenne Brandenburg den Schwerpunkt der Berichterstattung auf regionale Inhalte setzen. Daneben soll das Ratgeber-Angebot dieses Senders auf das Wochenende erweitert werden. Auch will der RBB den Sender dauerhaft als meistgehörtes Programm in Berlin und Brandenburg etablieren. Für Radio EINS will der RBB die Hörerzahlen steigern und die Akzeptanz in bestimmten Alterssegmenten ausweiten. Für Radio FRITZ soll die Zusammenarbeit mit Schulen intensiviert und der Sender in seiner Marktführerschaft in der Kernzielgruppe stabilisiert werden. Übergreifend fällt weiter positiv auf, dass der RBB für jeden Radiosender die Quote für Musik vorgibt, um ein ausgewogenes Verhältnis zwischen Wort- und Musikbeiträgen zu erreichen. Die festgeschriebene Quote liegt zumeist bei 60 Prozent, geht aber vereinzelt bis 70 Prozent. Neben diesen Ausnahmen sind die Hörfunkbeschreibungen regelmäßig aber sehr allgemein gehalten: So z. B. Formulierungen wie „als unverzichtbare Informationsquelle weiter profilieren", „als verlässlichen Partner der Berliner Hörerschaft weiter stärken" oder „das Programm stabil verankern".

Dem Unterbereich Fernsehen in den RBB-Vorgaben vorangestellt sind zunächst die übergeordneten Ziele des RBB in Bezug auf Fernsehen. Dabei finden sich Erläuterun-

[1154] Online: http://www.rbb-online.de/unternehmen/pdf/zielvorgaben/zielvorgaben_rbb_2005.pdf.

gen der spezifischen Rolle des RBB als Ausprägung der verfassungsgerichtlichen Grundsätze sowie Beiträge zum Selbstverständnis des RBB. Konkrete Vorgaben finden sich nicht, vgl. „Das RBB Fernsehen trägt mit seinen politischen Magazinen und Informationssendungen zur Meinungsbildung bei." oder „Das programmbegleitende Angebot wird weitergeführt.". Die spezifischen Angaben zum RBB erschöpfen sich dann in Beschreibungen des aktuellen Programms, ohne dass an dieses weitere Verbesserungsmaßnahmen angeknüpft würden. Vereinzelt finden sich konkrete Zielvorgaben: Der RBB verpflichtet sich, in seinem Programm einen Anteil von 40 Prozent an Informationen für die Region zu gewährleisten. Daneben soll insbesondere die Kulturberichterstattung wesentlicher Bestandteil des Programms bleiben; dafür stellt der RBB mindestens zwei feste Termine für Sendungen zu Kulturthemen im Hauptabendprogramm bereit. Eine solche konkrete Verpflichtung ist verifizierbar und so besser geeignet als die sonst praktizierten, formelartigen Beschreibungen des Programms. Ähnlich auch die Verpflichtung des RBB, den Themen Umwelt und Wissenschaft im Hauptabendprogramm mindestens einen festen Sendeplatz einzuräumen. Rudimentär fällt die Beschreibung der Internetangebote des RBB aus: Zwar werden einige Zielstellungen des Online-Angebots dargelegt, diese verdeutlichen aber nicht den erforderlichen Programmbezug der Inhalte und erläutern nur unzureichend den Umfang des Online-Angebotes. Insgesamt reihen sich die RBB-Vorgaben daher in die bisherigen Befunde existierender Selbstverpflichtungen ein. Größtenteils wird nur das momentane Programm näher beschrieben, ohne eine weitere Präzisierung vorzunehmen. Positiv fällt auf, dass der RBB an einigen Stellen zumindest partiell ausreichend konkret wird und dass eine Unterteilung in Hörfunk und Fernsehen sowie die jeweiligen einzelnen Angebote erfolgt.

c) Präzisierungspflicht aus § 4a Abs. 1 S. 1 WDR-G

Der WDR hat in Ausführung der Vorgaben des § 4a Abs. 1 S. 1 WDR-G im Januar 2006 die WDR-Programmleitlinien[1155] („***WDR-Bericht***") verabschiedet. Der WDR-Bericht ist in eine Präambel und zehn Teilbereiche untergliedert, die die verschiedenen Aufgabenbereiche des WDR abdecken. Positiv fällt auf, dass sich die Erörterungen der Gliederungspunkte jeweils in einen rückwärtsgewandten und einen zukünftigen Teil unterteilen. Die Präambel beschreibt Funktion und Aufgabe des WDR. Dabei lassen sich den Ausführungen kaum konkrete Vorgaben entnehmen, da sich diese in einer Beschreibung des Status Quo des WDR erschöpfen („Der WDR gewährleistet die Unabhängigkeit seiner Programme und Angebote." oder „Die hohe Qualität seiner Programme und Leistungen ist oberstes Ziel."). Nr. 1 WDR-Bericht widmet sich der Qualität des Programms des WDR: Dabei wird zunächst nur die aktuelle Vorgehensweise des WDR mit Rücksicht auf journalistische Professionalität nachgezeichnet. Die spezifischen Zielstellungen für die Zukunft erschöpfen sich dann regelmäßig nur in abstrakten Zielwertbeschreibungen ohne Präzisierungsgehalt („Die Sicherung und der Ausbau qualitativer Standards haben im WDR eine große Bedeutung."). Immerhin erlegt der WDR sich die Pflicht auf, im Bereich des Online-Angebotes zukünftig verstärkt auf Weblogs zu setzen und die inhaltlichen Bezüge von Videotext und Online-Angebot

---

[1155] Abrufbar unter http://www.wdr.de/unternehmen/basis_struktur/gesetz.jhtml.

auszubauen. Auch beschränkt sich der WDR selbst im Bereich des Sponsorings. Dadurch kann ein gewisses Maß an Präzisierung des Auftrags des WDR erzielt werden.

Nr. 2 WDR-Bericht beschäftigt sich mit der Unabhängigkeit des WDR. Dort wird insbesondere vorgegeben, dass im Online-Bereich der WDR auf externe Inhalte hinweisen muss und diese redaktionell auszuwählen hat. Daneben verzichtet der WDR im Interesse der Unabhängigkeit auf Produktionshilfen in Form von Geldleistungen und nutzt verstärkt die vertraglichen Instrumentarien mit Kooperationspartnern zur Absicherung gegen unzulässige Einflussnahmen Dritter. Durch solche konkreten Angaben gelingt es dem WDR, seinen Auftrag näher zu spezifizieren. Nr. 3 WDR-Bericht bearbeitet den Publikumskontakt des WDR. Die dort getroffenen Vorgaben bleiben leider relativ abstrakt („Interessen von Jugendlichen und jüngeren Erwachsenen müssen verstärkt berücksichtigt werden." oder „Der WDR wird an Schulen verstärkt Präsenz zeigen."). Im Internetbereich will der WDR mehr Inhalte zur zeitsouveränen Nutzung beispielsweise durch On-Demand-Streaming, WebTV oder Podcasts bereitstellen. Diese Zielstellung ist insofern kritisch zu bewerten, weil durch sie die Gefahr des Online-Bereichs als dritter Säule entsteht. Hier zeigt sich, warum Beschränkungen bereits auf legislativer Ebene sinnvoll wären. Nr. 4 WDR-Bericht orientiert sich dann an der regionalen Ausrichtung des WDR. Hier werden zwar einige wünschenswerte Zielwerte beschrieben, ohne dass freilich messbare Größen vorgegeben werden. So beabsichtigt der WDR beispielsweise, regionale Formate weiterzuentwickeln und regionale Inhalte stärker auf den Internetseiten des WDR zu integrieren. Solche vermeintlichen Richtwerte beschreiben aber wenig ambitioniert nur wünschenswerte Zustände. Besser wären hier quantitative Vorgaben.

Nr. 5 WDR-Bericht beschreibt die zukünftige Herangehensweise des WDR im Hinblick auf die Sparte Information. Auch hier bleiben die Vorgaben vergleichsweise wenig ambitioniert. Beispielsweise vermögen Zielstellungen wie „Künftig sollen im Fernsehen komplexe Themen kreativer und unkonventioneller umgesetzt werden." oder „Die Akzeptanz von Informationsleistungen bei jungen Hörerinnen und Hörern soll gesteigert werden." den Auftrag des WDR nicht zu präzisieren. Positiv ist die Intention des WDR zu bewerten, die Wissenschaftskompetenz stärker in das Programm einfließen zu lassen; auch hier hätte es konkreter, messbarer Vorgaben bedurft. Nr. 6 WDR-Bericht widmet sich dem Thema Bildung. Allgemein verfolgt der WDR die Strategie, Bildungsangebote weiter auszubauen. Dabei wird es aber versäumt, evaluierbare Verpflichtungen vorzugeben. Nr. 7 WDR-Bericht erörtert dann Angebote im Kulturbereich. Hier findet sich erstmals eine idealtypische Selbstverpflichtung des WDR: So intendiert der WDR im Fernsehen die Sendung westART ab 1.1.2006 von 30 auf 45 Minuten verlängern. Darüber hinaus erschöpfen sich die Vorgaben aber nur in nicht präzisierungsfähigen Zielwertbeschreibungen wie „In der Kulturberichterstattung sollen die Interessen des jüngeren Publikums stärker berücksichtigt werden.".

Nr. 8 WDR-Bericht erörtert „Selbstverpflichtungen" des WDR im Bereich von Service und Beratung. Diesem Gliederungspunkt lassen sich aber keine konkreten Vorgaben entnehmen („Die Orientierungsfunktion soll auch im Internet weiter ausgebaut werden."). Nr. 9 WDR-Bericht bezieht sich auf die Sparte Unterhaltung im Angebot des WDR. Die Zielstellungen für die Zukunft erschöpfen sich aber in abstrakten Zielwertbeschreibungen ohne Präzisierungscharakter wie z.B. „Auch in der Unterhaltung ist eine verstärkte Ansprache des jüngeren Publikums beabsichtigt." oder „Die Zusammenarbeit von Fernsehen, Hörfunk und Internet soll im Bereich Unterhaltung intensiviert werden.". In Nr. 10 WDR-Bericht erörtert der WDR seine Angebote für Kinder. Teilweise finden sich dort hinsichtlich einzelner Sendungen präzisierende Darstellungen wie „Liliput wird künftig einmal die Woche aus einer Schule in Nordrhein-Westfalen senden.", teilweise finden sich aber auch nur abstrakte Zielwertbeschreibungen und geplante Sendungen, ohne dass diese präzisierend für den Auftrag des WDR wirken könnten. Insgesamt fällt bei den Programmleitlinien des WDR positiv auf, dass sie bei den einzelnen Unterpunkten zwischen der Beschreibung des Status Quo einerseits und zukünftigen Zielstellungen andererseits unterscheiden. Daneben finden sich an einigen Stellen sinnvolle Präzisierungen, die die WDR-Programmleitlinien zu einer der besseren existierenden Selbstverpflichtungen der Anstalten werden lassen. Dennoch ist der vermittelte Präzisierungsgrad relativ gering.

d) Präzisierungspflicht aus § 23 Abs. 4 S. 3, 4 SMG

Der SR hat in Ausführung der Vorgaben des § 23 Abs. 4 S. 3, 4 SMG im Oktober 2004 den Ersten Bericht gegenüber der Öffentlichkeit[1156] („***SR-Bericht***") verabschiedet. Der SR-Bericht ist in drei Hauptteile untergliedert: Der erste Teil beschreibt allgemein die bestehende Senderlandschaft und das wirtschaftliche Umfeld des SR. Der zweite Teil geht spezifisch auf die einzelnen Programme des SR ein und stellt das aktuelle Programm sowie Zielsetzungen für die Zukunft dar. Schließlich werden im dritten Hauptteil des SR-Berichts die Grundsätze für die Programme und Angebote des SR in den Jahren 2005/2006 niedergelegt. Beginnt man die Analyse des SR-Berichts mit dem ersten Hauptteil, so ist festzuhalten, dass sich diesem keinerlei präzisierende Verpflichtungen, ja nichtmals allgemeine Zielwertfestschreibungen entnehmen lassen.

Im zweiten Hauptteil des SR-Berichts fällt zunächst positiv auf, dass sich neben einer allgemeinen Beschreibung des SR auch spezifische Erläuterungen zu den einzelnen Programmen, untergliedert in Hörfunk, Fernsehen und Online, finden. Leider sind die Erläuterungen wenig hilfreich für eine Präzisierung des Auftrags des SR: Fast ausnahmslos wird der Ist-Zustand der einzelnen Programme und Angebote beschrieben, ohne dass sich aus diesen Beschreibungen konkrete Selbstverpflichtungen begründen lassen könnten. Exemplarisch seien hier Formulierungen wie „Der SR verpflichtet sich, weiterhin ein hochwertiges Programmangebot zu gewährleisten.", „Durch bewusstes Setzen von Schwerpunkten (z. B. vor Wahlen) wird der Mehrwert für die Hörer von SR 1 Europawelle erhöht.", „SR 3 Saarlandwelle ist das Programm, in dem das Saarland und die Region im Mittelpunkt stehen." oder „Information zählt zu den Kernkompetenzen des SR.". Auch der dritte Hauptteil des SR-Berichts vermag nicht konkrete Vorgaben zu präsentieren. Zwar werden insbesondere im Hinblick auf die Trennung von Werbung und Programm konkretere Angaben gemacht: Beispielsweise verpflichtet sich der SR, keine eigenständigen Gewinnspiele durchzuführen oder sich über Telefonmehrwertdienste zu finanzieren. Formell will der SR mit den anderen in der ARD zusammengeschlossenen Anstalten einheitliche Kriterien für die Abgrenzung

---

[1156] Abrufbar unter http://www.sr-online.de/statisch/pdf/sr-bericht-2005.pdf.

von Sponsorenhinweisen und Werbespots verabschieden. Dennoch finden sich darüber hinaus keine wesentlichen konkreten Selbstbindungen, die evaluierungsfähig wären, im dritten Hauptteil des SR-Berichts. Insgesamt kann der SR-Bericht die ihm von Gesetzes wegen angetragene präzisierende Funktion in keiner Weise gewährleisten.

e) Präzisierungspflicht aus § 5 Abs. 3 S. 2 NDR-StV

Der NDR hat in Ausführung der Vorgaben des § 5 Abs. 3 S. 2 NDR-StV am 17. September 2004 die Leitlinien für die Programmgestaltung des NDR 2005/2006 („***NDR-Bericht***") verabschiedet. Strukturell gliedert sich der NDR-Bericht in eine Präambel und drei Hauptteile, die sich thematisch mit den Programmen und Angeboten des NDR aus Hörfunk, Fernsehen und Online-Präsenz auseinander setzen. Die Präambel beschreibt generell Struktur und Leitlinien des NDR als Rundfunkanstalt. Dabei lassen sich den Beschreibungen aber kaum konkrete Vorgaben zur Präzisierung des einfachgesetzlichen Auftrags des NDR entnehmen. Vielfach wird nur die verfassungsrechtliche Funktion des öffentlich-rechtlichen Rundfunks und staatsvertragliche Bindungen wiedergegeben. Daneben wird auf Formulierungen aus den Programmrichtlinien des NDR zurückgegriffen. Die eigentlichen „Bindungen" erschöpfen sich dann in abstrakten Zielwerten wie „Die Programme des NDR bilden ein vielfältiges und qualitativ attraktives Gesamtangebot.", „Der NDR und seine Mitarbeiter verpflichten sich, eine hochwertige Qualität der Programmangebote zu gewährleisten." oder „Der NDR sichert mit seinen Programmen die Kompetenz der ARD in Norddeutschland.". Allerdings ist der Präambel eine formelle Präzisierung zu entnehmen, nach der der NDR gemeinsam mit den anderen ARD-Anstalten einheitliche Kriterien zur Abgrenzung von Sponsorenhinweisen und Werbespots entwickeln und verbindlich machen will. Daneben finden sich Bindungen, nach denen der NDR eigenständige Gewinnspiele in Programmtrailern nicht durchführt und auf Telefonmehrwertdienste verzichtet.

Nr. I NDR-Bericht beschreibt den Hörfunkbereich des NDR. Dabei wird zunächst allgemein Art und Umfang des Hörfunksegments erörtert. Sodann wird unterteilt in zwei Unterbereiche: Nr. I.1 NDR-Bericht widmet sich der Erfüllung des Programmauftrags, Nr. I.2 NDR-Bericht den spezifischen Angaben zu einzelnen Landesprogrammen. Nr. I.1 NDR-Bericht stellt die einzelnen relevanten Sparten des Programms allgemein dar. Es finden sich aber so gut wie keine inhaltlich konkreten Zielvorgaben. Die Zielwertbeschreibungen sind zumeist nicht evaluierbar und abstrakter Natur: So z. B. „In den Nachrichten und aktuellen Informationssendungen des NDR Hörfunks wird verlässlich und umfassend über zentrale, kulturelle Ereignisse berichtet." Teilweise präzisierend können inhaltliche Schwerpunktsetzungen verstanden werden: So z. B. „Im Angebot der Hörfunkprogramme des NDR spielt die Information eine zentrale Rolle." oder „Eine wichtige Bedeutung hat auch der regionale Sport.". Darüber hinaus bringt Nr. I.1 NDR-Bericht gegenüber den gesetzlichen Präzisierungen des Staatsvertrages und den Programmrichtlinien des NDR keinen weitergehenden Erkenntnisgewinn. Nr. I.2 NDR-Bericht beschreibt die einzelnen Hörfunkprogramme des NDR. Positiv ist sicherlich, dass die einzelnen Sender separat aufgeführt werden. Zusätzlich führt der Bericht die jeweilige Hauptzielgruppe der einzelnen Programme aus. Leider wird es versäumt, konkrete Zielstellungen für die einzelnen Sender herauszuarbeiten.

Nr. II NDR-Bericht beschreibt den Fernsehbereich des NDR: Dort wird zunächst festgehalten, dass der Anteil der Sparte Information am NDR Fernsehen bei rund 60 Prozent liegen soll. Damit vermeidet der NDR aber bereits hier ambitionierte, konkrete Zielstellungen. Nr. II.1 NDR-Bericht beschreibt dann Grundlagen und Ziele sowie die Arbeitsweise der Landesprogramme des NDR. Die Erörterungen erschöpfen sich in allgemeinen Beschreibungen der Funktionsweise und der Inhaltsbildung für die Landesprogramme des NDR. Nr. II.2 – 6 NDR-Bericht widmen sich den einzelnen Inhalten, die über das NDR-Fernsehen ausgestrahlt werden. Auch hier ergibt sich jedoch der selbe Befund: In den wenigsten Fällen finden sich evaluierbare Vorgaben. Zwar finden sich Schwerpunktsetzungen wie z. B. „Informationssendungen bilden den Schwerpunkt der Angebote im NDR-Fernsehen; daran soll auch in den kommenden Jahren festgehalten werden." oder „Dabei verstärkt der NDR seine praktischen Beratungsangebote insbesondere mit Sendungen, die sich etwa den Themen Wohnen, Garten, Kochen oder Hobbys widmen.". Allerdings beziehen sich die Beschreibungen zu sehr auf das bestehende Programm, nicht aber auf die zukünftige Aufgabenerfüllung.

Schließlich befasst sich Nr. III NDR-Bericht mit dem Umfang des Online-Angebotes des NDR. Dabei wird das Online-Portal des NDR als begleitendes Medium für die Angebote von Hörfunk und Fernsehen des NDR zur zeitsouveränen Nutzung präsentiert, das zielgruppengerecht Inhalte aus den Programmen aufbereitet und diese um Möglichkeiten der Interaktion ergänzt. Trotz dieser Beschreibung wird z. B. der Programmbezug als Kriterium nicht ausreichend herausgearbeitet. Weiter finden sich Schwerpunktsetzungen hinsichtlich regionaler Themen Norddeutschlands und des Regionalsports. Ebenso verpflichtet sich der NDR, keine E-Commerce-Plattformen für kommerzielle Waren oder Dienstleistungen Dritter zu betreiben. Darüber hinaus werden aber weder die einzelnen Dienste noch konkrete Zielvorgaben für den Berichtszeitraum weiter ausgeführt. Damit reiht sich Nr. III NDR-Bericht in den Gesamtbefund des NDR-Berichts ein: Dieser ist zwar hinsichtlich der Beschreibungen des aktuellen Programms sehr ausführlich; leider werden aber keine bzw. so gut wie keine konkreten, evaluierbaren Zielvorgaben festgelegt. So trägt der NDR-Bericht nur minimal zu einer über die legislative Präzisierung im Staatsvertrag und Präzisierungen in den Programmrichtlinien hinausgehenden Präzisierung bei.

f) Präzisierungspflicht aus § 4a Abs. 1 S. 1, 2 DW-G

(i) Aufgabenplanung 2006-2009

Die DW hat in Ausführung der Vorgaben des § 4a Abs. 1 S. 1, 2 DW-G am 11. März 2005 die Aufgabenplanung der Deutschen Welle 2006-2009[1157] („***DW-Planung 2006-2009***") verabschiedet. Die DW-Planung 2006-2009 besteht aus neun Gliederungspunkten, in denen vielfach aufgrund der Komplexität des neuen Beteiligungsverfahrens der DW über die Zielstellung dieser Arbeit hinausgehende Bereiche erörtert werden. Nr. 1 und 2 DW-Planung 2006-2009 beschreiben allgemein das neue Verfahren und geben den legislativ vorgezeichneten Auftrag der DW wieder. Daneben findet sich

---

[1157] Abrufbar unter http://www.dw-world.de/dwelle/cda/detail/dwelle.cda.detail.download/0,3830, 1526207_119916,00.pdf.

insbesondere in Nr. 2 DW-Planung 2006-2009 eine detaillierte Beschreibung der bestehenden Programme und sonstigen Angebote.

Nr. 3 und 4 DW-Planung 2006-2009 konkretisieren die Zielgruppen der DW und resultierende spezifische Verbreitungswege zur Erreichung der jeweiligen Zielgruppe. Solchermaßen werden nicht nur materiell-inhaltliche Konkretisierungen vorgenommen, sondern vielmehr technische Präzisierungen der verwendeten Verbreitungsarten genauso wie zielgruppenspezifische Vorprägungen für das spätere Programm. Die DW leitet dabei die präferierten Zielgruppen aus den strategischen Zielen des legal präzisierten Auftrags ab. Die fünf zentralen Zielgruppen sind nach Aufgabenplanung der DW: Meinungsmacher, Entscheidungsträger und Eliten; potenzielle und zukünftige Meinungsmacher; Bevölkerungen ohne Medienzugang / restriktive Medienmärkte; Bevölkerungen in Krisengebieten und Deutsche im Ausland / Deutschsprachige Bevölkerung / Deutschlernende. Im Einklang mit diesen präferierten Zielgruppen hat die DW in Nr. 4 DW-Planung 2006-2009 dann die Distributionswege auf die Zielgruppen und die Mediensituation in den Zielmärkten abgestimmt. Durch eine Mixtur aus traditionellen und modernen Verbreitungswegen wird in der Aufgabenplanung detailliert aufgeführt, welche Verbreitung für welche Zielgruppe und für diese bestimmte Inhalte maßgeblich ist.

Auf Basis der detaillierten Definition der Zielgruppen und der aus diesen hervorgehenden Verbreitungswege, um diese zu erreichen, wird in Nr. 5 DW-Planung 2006-2009 im Wege der Selbstregulierung durch Schwerpunktsetzungen der einfachgesetzliche Auftrag gemäß § 4a Abs. 2 DW-G inhaltlich näher bestimmt. Dabei werden von der DW acht Schwerpunkte für den Zeitraum bis 2009 gesetzt (von Stärkung der Präsenz in Asien bis hin zur IT-Strategie). Diese werden dann spezifisch für jedes einzelne Programm oder Angebot ausgearbeitet und im jeweilig spezifischen Kontext bestimmte Zielstellungen formuliert. Zusammengefasst sind diese Ziele nach eigenen Angaben[1158]:

Für den Bereich Fernsehen:

- Fortsetzung des täglich dreistündigen Programms in arabischer Sprache über das Jahr 2006 hinaus;
- Qualitative Verbesserung und ggf. Ausweitung des spanischen Programms von bisher einer Stunde, die zeitlich versetzt wiederholt wird, auf vier Stunden;
- Eröffnung chinesischer und russischer Programmfenster 2008 bzw. 2009;
- Sicherstellung einer aktuellen Versorgung mit Informationen in allen Empfangsgebieten zur Primetime und Reduzierung des Wiederholungsanteils;
- Weiterführung von GERMAN TV ab 2008 als gemeinschaftliches "Best-of"-Programm von DW, ARD-Landesrundfunkanstalten und ZDF.

Für den Bereich Hörfunk:

- Ausbau der Programme in Arabisch, Farsi, Dari, Paschtu, Hausa und Indonesisch;

[1158] Abrufbar unter http://www.dw-world.de/dw/article/0,1564,1526207,00.html.

- Eröffnung neuer Programmfenster in Osteuropa, insbesondere Auf- und Ausbau eines russischsprachigen Fensters für Zentralasien;
- Digitale Kurzwelle (DRM) als neuer Verbreitungsweg sowie Entwicklung spezieller DRM-Programmangebote;
- Ausbau des UKW-Metropolenradios.

Für den Online-Bereich:

- Stärkung und Regionalisierung der bestehenden Schwerpunktsprachen, insbesondere Arabisch, Chinesisch, Englisch und Russisch;
- Ausbau von Farsi und Hindi zur Schwerpunktsprache, Einführung von Koreanisch als Schwerpunktsprache;
- Stärkung und Ausbau des Mobilen Internets;
- Ausbau des Sprachkursangebots zur Förderung der deutschen Sprache.

Mit diesem konkreten Maßnahmenkatalog, der durch seine klaren Formulierungen und Zielstellungen hinreichend bestimmt und damit auch evaluierungsfähig ist, gelingt es der DW ihren von Gesetzes wegen unbestimmten Auftrag weiter zu präzisieren. Ebenso sind die Vorgaben geeignet, durch Überprüfung verifiziert zu werden, so dass sich die DW an der Erfüllung dieser Kriterien messen lassen muss. Positiv ist weiter, dass die DW ihre Schwerpunkte vor dem Hintergrund präzisierter Zielgruppen und Verbreitungswege programm- und angebotsspezifisch näher erläutert. Dennoch ist anzumerken, dass durchaus auch im Rahmen der DW-Planung 2006-2009 weiter präzisierende Angaben möglich und wünschenswert sind. Nichtsdestotrotz ist die DW-Planung 2006-2009 unter den neuartigen Selbstverpflichtungen der Rundfunkanstalten der mit Abstand am weitesten präzisierende und damit schließlich auch fortschrittlichste Katalog an Selbstbindungen.

Dieser Eindruck wird zusätzlich zementiert durch die Regelungen in §§ 4a Abs. 4; 4c Abs. 1 DW-G, nach denen eine Evaluation der Selbstverpflichtungen auf Basis vordefinierter Kriterien zu erfolgen hat. Diese Kriterien hat die DW in Nr. 7 DW-Planung 2006-2009 festgeschrieben. Dabei soll bei der Evaluation dargelegt werden, welche der geplanten Vorhaben von der DW umgesetzt wurden, danach wie die konkrete Umsetzung de facto zu bewerten ist. Unter anderem werden in der DW-Planung 2006-2009 Methoden zur quantitativen und qualitativen Marktforschung vorgegeben, anhand derer die DW die Resonanz auf ihre Umsetzungen zu messen hat. Nach § 4c DW-G sind die Ergebnisse einer durchgeführten Evaluation in einem dem Bundestag, der Bundesregierung und dem Bundesrechnungshof vorzulegenden Bericht zusammenzufassen. Positiv fällt auf, dass die DW für den Fall, dass einzelne Aufgaben durch sie nicht wie geplant erfüllt wurden, Gründe und Lösungsansätze darzulegen hat. Insbesondere müssen resultierende Konsequenzen näher erläutert werden. Dadurch wird gewährleistet, dass die Zielvorgaben eine gewisse Bindungswirkung entfalten, da eine zukünftige Genehmigung der weiteren Aufgabenplanung von der Einarbeitung der Konsequenzen in die neue Aufgabenplanung abhängt.

(ii) Aufgabenplanung 2007-2010

Die DW hat in Ausführung der Vorgaben des § 4a Abs. 1 S. 1, 2 DW-G am 7. März 2006 die Aufgabenplanung der Deutschen Welle 2007-2010[1159] („***DW-Planung 2007-2010***") verabschiedet. Der Aufbau der DW-Planung 2007-2010 divergiert vollständig zu dem der DW-Planung 2006-2009, was allerdings bedingt ist durch die jährliche Fortschreibung, dennoch wäre es sinnvoll, hier einen strukturell gleich gestalteten Aufbau zu wählen, um die Transparenz und Übersichtlichkeit zu verbessern. Inhaltlich bestätigt die DW-Planung 2007-2010 den für die alte Fassung ermittelten Befund, dass im Vergleich zu den Berichten der anderen Rundfunkanstalten die Selbstverpflichtungen der DW am weitesten fortgeschritten sind. Die DW erlegt sich zu weiten Teilen hinreichend konkret formulierte Zielstellungen auf, die so evaluierungsfähig bleiben und als Selbstverpflichtungen tauglich sind. Auch hat die DW festgehalten an der Erarbeitung von Schwerpunkten der Programmgestaltung für den Planungszeitraum, die vor dem Hintergrund präzisierter Zielgruppen und Verbreitungswege programm- und angebotsspezifisch näher spezifiziert werden. Trotz der positiven Bewertung sei auch für die neue DW-Planung 2007-2010 darauf hingewiesen, dass nicht durchgehend mit hinreichend konkreten Zielstellungen gearbeitet wird, sondern sehr oft allgemeine Beschreibungen verwendet werden. Im Gesamtkontext der untersuchten nationalen Selbstverpflichtungen ist die DW-Planung 2007-2010 die modernste und fortschrittlichste Selbstbindung einer Rundfunkanstalt. Insoweit hat sich das Ergebnis hinsichtlich der DW-Planung 2006-2009 bestätigt.

B. Bewertung des nationalen Regulierungsregimes

Nach der ausführlichen Darstellung der bestehenden legislativen und anstaltsautonomen Präzisierungen des einfachgesetzlichen Auftrags der Rundfunkanstalten sticht ein Befund evident hervor: Aufgrund der föderalen Struktur der Bundesrepublik Deutschland und der damit verbundenen Zuständigkeit der Landesgesetzgeber für die Rundfunkgesetzgebung stellt sich das nationale Rundfunkregulierungsregime als komplexes, multidimensionales Gebilde dar, innerhalb welchem bisweilen zwar Parallelitäten erkennbar sind, dennoch aber unterschiedliche Ansätze und Qualität hinsichtlich der landes- und senderspezifischen Ausgestaltung der dualen Rundfunkordnung existieren. Die Vielschichtigkeit nationaler Präzisierungen macht schließlich eine transparente, einheitliche Aufgabenausgestaltung jeder einzelnen Rundfunkanstalt unmöglich; vielmehr tendiert jede eigene Anstalt dazu, sich durch mehr oder minder effiziente eigene Methoden der Präzisierung profilieren zu wollen. Die Unübersichtlichkeit des nationalen Rundfunkregulierungsregimes führt weiter dazu, dass die eigentlichen Adressaten des öffentlich-rechtlichen Rundfunks, die Zuschauer und Nutzer der Programme und Angebote, genau das nicht überschauen können, was sie für die Entrichtung der Rundfunkgebühr von den öffentlich-rechtlichen Rundfunkanstalten als Gegenwert erhalten und vor allem, wie effizient der öffentlich-rechtliche Rundfunk die ihm zur Verfügung gestellten Mittel zur Erfüllung seiner Funktion im Verfassungsgefüge nutzt.

Als zweiter Befund ist evident, dass sich aus den neuartigen Regulierungsinstrumenten und novellierten Rundfunkgesetzen unmissverständlich ablesen lässt, dass sich

---

[1159] Abrufbar unter http://www.dw-world.de/popups/popup_pdf/0,,1578266,00.pdf.

– sicherlich bedingt durch den Druck von Seiten des Gemeinschaftsrechts – eine Tendenz in Richtung verstärkter Präzisierung entwickelt hat. Daneben ist zuzugeben, dass sich der Präzisierungsgrad durch fortschreitende Präzisierung auch schrittweise erhöht hat.[1160] Vermehrt brechen dabei althergebrachte Dogmen der Rundfunkregulierung weg: So war es beispielsweise noch vor einiger Zeit undenkbar, dass durch Programmzahlbegrenzungen der Handlungsspielraum der Rundfunkanstalten rechtlich zulässig eingeengt würde. Hier zeichnet sich ein Paradigmenwechsel in der Rundfunkregulierung ab: Bedingt durch die gemeinschaftsrechtlichen Vorgaben wird insbesondere öffentlich-rechtlicher Rundfunk mehr und mehr als wirtschaftliches Gut begriffen, während dessen Existenz früher als Leistung von allgemeinem wirtschaftlichen Interesse und damit Leistung der Daseinsvorsorge als selbstverständlich angesehen wurde. Die zunehmende „Ökonomisierung des Rundfunks"[1161] führt nun aber dazu, dass die öffentlich-rechtlichen Rundfunkanstalten aufgrund ihrer Sonderstellung einem erhöhten Legitimierungsdruck ausgesetzt sind, dem sie im Zusammenwirken mit dem Rundfunkgesetzgeber begegnen müssen. Daraus resultiert dann letztlich ein Anpassungsdruck in Richtung Präzisierung des Auftrags des öffentlich-rechtlichen Rundfunks allgemein und der einzelnen Anstalten im Besonderen. Im weiteren Fortgang der Untersuchung soll daher nun abschließend der durch diese Entwicklungen verantwortete Präzisierungsgrad der einzelnen Regulierungsinstrumente ermittelt und bewertet werden:

I. Legislative Präzisierungen

Das legislative Mindestpräzisierungsniveau wird determiniert durch die Rechtsprechung des Bundesverfassungsgerichts, wonach jeder einfachgesetzliche Auftrag einer Anstalt von der Funktion des Rundfunks als Medium und Faktor des Prozesses individueller und öffentlicher Meinungsbildung ausgehen muss.[1162] Konstitutive Voraussetzung dieses demokratischen Kommunikationsprozesses ist die Existenz und Aufrechterhaltung eines Pluralismus der Medien und Meinungen.[1163] Ausfluss der verfassungsrechtlichen Vorgaben sind dann die Gebote gleichgewichtiger Vielfalt und der Ausgewogenheit als verfassungsrechtliche Direktiven, die grundlegende Programmanforderungen an die Programme des öffentlich-rechtlichen Rundfunks stellen. Hinsichtlich der Gebote ist es der Rundfunkgesetzgeber, den die verfassungsrechtliche Pflicht trifft, „Leitgrundsätze verbindlich zu machen, die ein Mindestmaß an inhaltlicher Ausgewogenheit, Sachlichkeit und gegenseitiger Achtung gewährleisten".[1164] Ausgehend von diesem verfassungsrechtlichen Mindestniveau lässt sich dann auch der Präzisierungsgrad der legislativen Präzisierungen bestimmen: Ineffizient sind insbesondere solche Rundfunkgesetze, die nicht einmal oder gerade so das vorgeschriebene, verfassungs-

---

1160 *Degenhart* K&R 2005, 295, 301; *Selmayr/Kamann* K&R 2004, 49, 58.

1161 *Kiefer* MP 2004, 558, 561.

1162 *Eifert*, Programmauftrag, S. 17 f.

1163 BVerfGE 5, 85, 205; 7, 198, 208; *Schellenberg* AöR 119 (1994), 427, 441 ff.; *Schulze-Fielitz*, in: Dreier, Art. 5 I, II GG Rz. 46; *Herzog*, in: Maunz/Dürig, Art. 5 GG Rz. 10a.

1164 BVerfGE 12, 205, 263; 31, 314, 326; 57, 295, 325 f.; *Degenhart*, in: Bonner Kommentar, Art. 5 GG Rz. 817; *Schulze-Fielitz*, in: Dreier, Art. 5 I, II GG Rz. 235; *Herzog*, in: Maunz/Dürig, Art. 5 GG Rz. 215c; *Eifert*, Programmauftrag, S. 27.

rechtliche Mindestpräzisierungsniveau legislativ determinieren. Selbst wenn man dabei davon ausgeht, dass sich solche offenen Regelungen im Einklang mit dem Verfassungsrecht befinden, so kann diese Form legislativer Präzisierung den Anforderungen des Gemeinschaftsrechts regelmäßig nicht genügen (hierzu im nächsten Kapitel). Ausgehend von diesem Grundpräzisierungsniveau ergibt sich dann folgende Bewertung:

1. Gesamtdeutsche Staatsverträge

Als gesamtübergreifendes Regelwerk genießt der Rundfunkstaatsvertrag in der Fassung des 9. Rundfunkänderungsstaatsvertrages eine zentrale Stellung im nationalen Regulierungsregime. Betrachtet man die Entwicklung der letzten drei Rundfunkänderungsstaatsverträge, so lässt sich die Tendenz fortschreitender Präzisierung an den Normen des Rundfunkstaatsvertrages ablesen. Diese lässt sich auch bei den vielfach gleichlaufenden Regelungen des ARD-, ZDF- und DLR-Staatsvertrages erkennen:

a) Rundfunkstaatsvertrag

(i) Materielle Präzisierungen

Der Aufgabenbereich des öffentlich-rechtlichen Rundfunks wird durch den Rundfunkstaatsvertrag durch materielle und formelle Präzisierungen umgrenzt: Materielle Präzisierung wird in diesem Kontext vor allem durch das Regelungstandem aus §§ 11; 19 RfStV vermittelt, das erstmals qualitative respektive quantitative Aufgabenpräzisierungen für die Gesamtveranstaltung Öffentlich-rechtlicher Rundfunk festschreibt. Flankierend wirken auch Teilbereiche der §§ 6; 13; 14; 18; 52a RfStV rudimentär materiell präzisierend. Vor dem Hintergrund des Gesamtbefundes materieller Präzisierung bleibt aber festzuhalten, dass die zentrale Norm des § 11 Abs. 1 – 3 RfStV inhaltlich kaum über das verfassungsrechtlich geforderte Mindestpräzisierungsniveau hinauszugehen vermag.[1165] Insgesamt hat sich der Rundfunkgesetzgeber bei den materiell-inhaltlichen Präzisierungen zurückgehalten und den ihm zustehenden Gestaltungsspielraum nicht genutzt. Hier wäre eine detailfreudigere Beschreibung des eigentlichen Auftrags wünschenswert. Extensiver und zielführender sind dann aber die materiell-quantitativen Festlegungen: Dabei ist insbesondere die Beschränkung auf die bestehende Anzahl der Programme in § 19 Abs. 1 und 7 RfStV bemerkenswert. Erstmals werden den öffentlich-rechtlichen Anstalten damit auch zahlenmäßig Grenzen gesetzt, was noch vor zehn Jahren undenkbar gewesen wäre. Hierdurch wird eine sinnvolle Umgrenzung der Gesamtveranstaltung Öffentlich-rechtlicher Rundfunk erzielt.

Eine wesentliche materiell-sachliche Präzisierung des Rundfunkstaatsvertrages ist § 11 Abs. 1 S. 2 RfStV nF, der den Umfang der Zulässigkeit hinsichtlich der Erbringung von Druckwerken und Telemedien sinnvoll eingrenzt. Zulässig sind nur noch programmbegleitende Druckwerke und Telemedien, die durchgehenden Programmbezug aufweisen. Dennoch nutzt der Rundfunkgesetzgeber seinen Gestaltungsspielraum auch hier nur rudimentär: Zum einen werden die Begrifflichkeiten „programmbegleitend" und „Programmbezug" nicht legislativ determiniert, zum anderen wäre es sinn-

[1165] So auch *Reese*, Funktionsauftrag, S. 256, 278, die dieses Defizit allerdings für begrüßenswert hält.

voll gewesen, durch Regelbeispiele den zulässigen Umfang weiter zu präzisieren.[1166] Gleiches gilt für die Pauschalermächtigungen in § 19 Abs. 2 und 4 RfStV, die weitere analoge und digitale Programme der Anstalten ermöglichen. Dort wird aber insbesondere mit Hinblick auf die digitalen Kanäle nichts über deren Umfang niedergelegt. Letztlich sind die Ermächtigungen damit genau der Natur, dass sie die originäre Bestimmung dessen, was der Sender veranstalten darf, allein in den Zuständigkeitsbereich der jeweiligen Anstalt verlagern. Trotz positiver Tendenzen besteht nach alledem weiterhin ein tatsächliches Präzisierungsbedürfnis: Zwar schreibt der Rundfunkstaatsvertrag materiell im Ergebnis mehr als das verfassungsrechtlich determinierte Mindestpräzisierungsniveau fest, dennoch bleibt der Grad materieller Präzisierung des Gesamtgefüges relativ gering.

(ii) Formelle Präzisierungen

Wesentliche formelle Präzisierung des Rundfunkstaatsvertrags ist das neuartige Präzisierungsinstrument der Selbstverpflichtungen in § 11 Abs. 4 und 5 RfStV. Dieses wird flankiert durch weitere formelle Präzisierungen in §§ 14; 16a RfStV. Zwar gelingt es dem Rundfunkgesetzgeber durch die formellen Präzisierungen in § 11 Abs. 4 und 5 RfStV das materielle, geringe Präzisierungsniveau teilweise zu kompensieren, dennoch wird auch hier der Gestaltungsspielraum des Rundfunkgesetzgebers nicht ausgeschöpft: Kritisch zu bewerten sind so vor allem die neuartigen Präzisierungsinstrumente in § 11 Abs. 4 und 5 RfStV. Zum einen fällt negativ auf, dass die turnusmäßige Berichtspflicht nicht verfahrensmäßig bereits im Rundfunkstaatsvertrag näher präzisiert wird, um Einheitlichkeit und Überschaubarkeit zu gewährleisten. Daneben ist es die mangelnde Bindungswirkung der Selbstverpflichtungen, die ein eigentlich sinnvolles Regulierungsinstrument „zahnlos“ werden lässt. Der Grad der Bindungswirkung ist so in gewisser Weise abhängig von dem Willen der einzelnen Anstalt, sich konkret zu binden und an konkreten Vorgaben messen zu lassen. Zwar finden sich in §§ 14 Abs. 1 RfStV iVm 1 Abs. 2 S. 2; 3 Abs. 1 S. 4 RfFinStV flankierend Bestimmungen, die die Selbstverpflichtungen zum Prüfungsgegenstand des Verfahrens bei der KEF machen und diesen so zumindest ein gewisses Maß an Bindung zubilligen. Dennoch: Sinnvollerweise müsste zur Sicherung der Effizienz der Selbstverpflichtungen ein gesetzlich determiniertes Auffangnetz eingeführt werden, welches die Durchsetzbarkeit und Konsequenzen oder Sanktionen bei Verfehlungen sicherzustellen vermag. Dieses strukturelle Defizit der bestehenden Selbstverpflichtungen hat der Rundfunkgesetzgeber bereits selbst erkannt: Indem er in § 11 Abs. 5 RfStV eine Überprüfung der Effizienz der prozeduralen Präzisierung alle drei Jahre durch die Länder anordnet, war ihm die Gefahr der „weichen“ Regulierung des § 11 Abs. 4 RfStV durchaus bewusst. Die Bedenken des Rundfunkgesetzgebers lassen sich auch den Protokollerklärungen zum 7. Rundfunkänderungsstaatsvertrag entnehmen, die zwar nicht rechtsverbindlich sind, aber dennoch ernst zu nehmende politische Absichtserklärungen formulieren:[1167] Dort verlangen einige Länder messbare Verpflichtungen und behalten sich eine Prüfung vor, ob die Praxis der Selbstverpflichtungen die Erwartungen an eine quantitative und

[1166] Deutungen der Begrifflichkeiten finden sich bei *Reese*, Funktionsauftrag, S. 220 f.. 225.
[1167] *Hartstein, u.a.*, Teil B3, Rz. 3.

qualitative Präzisierung des gesetzlichen Auftrags erfüllen kann.[1168] Auch bei der formellen Präzisierung besteht demnach ein tatsächliches Präzisierungsbedürfnis.[1169]

b) ARD-, ZDF- und DLR-Staatsvertrag

(i) Zentrale Aufgabennormen

Die zentralen Aufgabennormen der drei Anstalten weisen unterschiedliche Ausprägungen auf: Währendessen die Aufgabennormen von ARD und ZDF materiell bewusst offen festgeschrieben werden, ohne dass sich diesen in qualitativer Hinsicht Präzisierungen entnehmen ließen, wird in § 2 DLR-StV für die zu erbringenden Programme eine Schwerpunktsetzung auf die Sparten Information und Kultur vorgenommen. Alle Aufgabennormen in gesamtdeutschen Staatsverträgen sind quantitativ präzisiert. Dennoch bestünde in materieller Hinsicht weiterer Präzisierungsbedarf.

(ii) Materielle Präzisierungen

Die materiellen Präzisierungen in den anderen gesamtdeutschen Staatsverträgen bleiben ebenfalls auf einem geringen Präzisierungsniveau: Materiell-inhaltlich finden sich im ARD-Staatsvertrag aufgrund der besonderen Rechtsnatur der ARD keine Präzisierungen. Für ZDF und DLR sind die wesentlichen materiell-inhaltlichen Präzisierungen, wenn überhaupt, dann in §§ 5 ZDF-StV; 6 DLR-StV festgeschrieben. Die inhaltsgleichen Bestimmungen vermögen aber nur geringfügig ein Mehr an Präzisierung im Vergleich zum verfassungsrechtlichen Mindestpräzisierungsniveau zu bewirken. Insbesondere wäre hier eine Intensivierung mit Hilfe der Regelbeispieltechnik möglich gewesen. Hingewiesen sei noch auf die Bestimmung des § 2 Abs. 1 S. 2 DLR-StV, der eine sinnvolle Begrenzung des Aufgabenbereichs des DLR durch thematische Fokussierung auf die Sparten Information und Kultur erreicht. Dennoch bleibt der Grad materiell-inhaltlicher Präzisierung insgesamt gering. Besser gelingen die materiell sachlichen Eingrenzungen: Insbesondere werden die Ermächtigungen zur Erbringung von Zusatzversorgung beschränkt, §§ 4 ARD-StV; 4 ZDF-StV; 4 DLR-StV. Diese unterliegen jedoch den gleichen Bedenken wie bereits für § 11 Abs. 1 S. 2 RfStV nF dargelegt. Daneben finden sich materiell-sachliche Präzisierungen zur Kooperation mit Dritten in §§ 3 ZDF-StV; § 4 Abs. 1 DLR-StV. Eine umfangreiche Kooperationspflicht des DLR in § 5 DLR-StV mit den ARD-Anstalten und dem ZDF begrenzt dann ebenso in sachlicher Hinsicht dessen Auftrag wie § 3 Abs. 1 S. 1 DLR-StV, der Vorgaben für die Verbreitungswege des DLR macht. Eigene materiell-quantitative Präzisierungen finden sich nicht; allerdings wirken die Beschränkungen des § 19 RfStV auch auf ARD, ZDF und DLR zurück. In materieller Hinsicht besteht damit ein tatsächliches Bedürfnis nach weitergehender Präzisierung.

(iii) Formelle Präzisierungen

Der Grad eigener formeller Präzisierung in den anderen gesamtdeutschen Rundfunkverträgen bleibt gering: Neben gegenseitigen Rücksichtspflichten (§§ 2 Abs. 2 ZDF-

---

[1168] *Hartstein, u.a.*, Teil B5, § 11 RfStV, S. 1 f.; *Stock*, Rundfunksystem, S. 83.

[1169] Ähnlich *Reese*, Funktionsauftrag, S. 284.

StV; 3 ARD-StV) beschränken sich die formellen Präzisierungen auf dem spezifischen Auftrag nebengelagerte Teilsegmente mit marginaler Bedeutung. Allerdings greifen die formellen Präzisierungspflichten aus § 11 Abs. 4 und 5 RfStV für ARD, ZDF und DLR. Insgesamt bleibt der vermittelte Präzisierungsgrad der anderen gesamtdeutschen Staatsverträge in materieller wie formeller Hinsicht gering. Dabei existiert eine Abstufung hinsichtlich des Präzisierungsniveaus von DLR-Staatsvertrag über den ZDF-Staatsvertrag bis hin zum ARD-Staatsvertrag, der den niedrigsten Grad an Präzisierung aufweist.

2. Bundesgesetz: DW-Gesetz

a) Zentrale Aufgabennorm

Hinsichtlich des DW-Gesetzes sei zunächst angemerkt, dass das DW-Gesetz aufgrund seiner Besonderheit im Rundfunksystem durch die Aufgabennorm in § 3 Abs. 1 DW-G gleichrangig verpflichtet wird, Hörfunk und Fernsehen genauso wie Telemedien zu erbringen. Dies liegt begründet in der Programmausrichtung der DW für das Ausland und den dort oftmals vorliegenden, beschränkten Rezeptionsmöglichkeiten für Rundfunknutzer. Eine Beschränkung in quantitativer Hinsicht ist der Auftragsnorm dann aber nicht zu entnehmen. Hier bestünde weiterer Präzisierungsbedarf.

b) Materielle Präzisierungen

Materiell-inhaltlich findet eine Auftragspräzisierung vor allem durch § 4 DW-G statt, der die fundamentalen Zielsetzungen der DW sinnvoll nachzeichnet. Teilweise lassen sich dann materiell-inhaltliche Präzisierungen § 5 DW-G entnehmen. Besonders gut gelungen sind die materiell-sachlichen Präzisierungen des DW-Gesetzes. So gelingt es dem Rundfunkgesetzgeber mit § 8 DW-G die DW zu ermächtigen, Kooperationen mit Dritten einzugehen, auf der anderen Seite aber gleichzeitig durch sachliche Präzisierungen wie § 8 Abs. 2 und 3 DW-G die Unabhängigkeit der DW abzusichern. Flankiert werden diese Bestimmungen durch § 59 DW-G, der die legislativen Grenzen für Beteiligungen statuiert. §§ 8; 59 DW-G sichern so beinahe mustergültig die redaktionelle Unabhängigkeit der DW. Hinsichtlich programmbegleitender Druckwerke wirkt § 14 DW-G in sachlicher Hinsicht präzisierend; hier sei auf § 11 Abs. 1 S. 2 RfStV nF verwiesen. Daneben finden sich materiell-sachliche Präzisierungen in §§ 2 Abs. 2; 13; 15 DW-G. Positiv sind auch die materiell-quantitativen Präzisierungen in 9 DW-G. Hier finden sich teilweise sinnvolle quotale Vorgaben, die die Absicherung der redaktionellen Unabhängigkeit intendieren. Insgesamt vermittelt das DW-Gesetz damit in materieller Hinsicht einen hohen Grad an Präzisierung. Dennoch besteht durchaus an einigen Stellen weiterer Präzisierungsbedarf.

c) Formelle Präzisierungen

Der Präzisierungsbedarf in materieller Hinsicht wird jedoch durch sinnvoll delegierte, formelle Präzisierungen im DW-Gesetz nahezu kompensiert. Das innovative Beteiligungsverfahren der DW findet sich in §§ 4a – 4c DW-G.[1170] Anders als bei den for-

[1170] Siehe *Schulz/Dreyer*, Reform des DW-Gesetzes, S. 66 ff.; auch *Niepalla* ZUM 2005, 532, 537 f.

mellen Präzisierungspflichten des Rundfunkstaatsvertrages versäumt es der Rundfunkgesetzgeber im Rahmen des DW-Gesetzes nicht, das konkrete Verfahren wie auch die nachfolgende Evaluation der Ausführung durch die DW gesetzlich vorzugeben. Insbesondere enthält das DW-Gesetz auch inhaltliche Vorgaben, § 4a Abs. 2 – 4 DW-G: So sind beispielsweise Programmziele, Schwerpunktvorhaben und deren Gewichtung für die Erfüllung der Aufgaben nach §§ 3; 4 DW-G aufgeschlüsselt nach Zielgebieten, Zielgruppen, Verbreitungswegen und Angebotsformen darzulegen, § 4a Abs. 2 DW-G. Damit wird der DW zwar ein Freiraum hinsichtlich der Art und Weise der Ausführung ihrer Programmtätigkeiten belassen, solange sie diese im Rahmen der Aufgabenplanung den Akteuren des kooperativen Verfahrens plausibel begründen kann.[1171] Weiter positiv ist herauszustellen, dass das Verfahren – anders als das Verfahren nach Rundfunkstaatsvertrag – kooperativ ausgestaltet ist: Neben der DW sind der Bundestag, die Bundesregierung sowie der Bundesrechnungshof als Akteure beteiligt. Ebenso vorbildlich ist die in § 4b Abs. 2 DW-G festgeschriebene Möglichkeit der Stellungnahme zum Entwurf der Aufgabenplanung für die Öffentlichkeit im In- und Ausland. Alle Stellungnahmen der kooperativ Beteiligten erlangen dann Einfluss auf die Aufgabenplanung der DW durch die ihr auferlegte Pflicht, gegenläufige Positionen der anderen Akteure des selbstbestimmten, kooperativen Präzisierungsverfahrens inhaltlich zu berücksichtigen, verbunden mit der Pflicht, Abweichungen von Stellungnahmen zu begründen, § 4b Abs. 5 S. 3 DW-G. Aufgrund dieser vielzähligen kooperativ bedingten Kontrollmöglichkeiten ist die DW gefordert, konkrete und realisierbare Zielvorgaben zu präzisieren. So gelingt es dem Rundfunkgesetzgeber mit dem DW-Gesetz, die eigentliche Präzisierung hin zur DW zu verlagern und deren Selbstverpflichtungen zumindest ein gewisses Maß an Bindungswirkung zuzubilligen. Diese wird noch verstärkt durch die in § 4c DW-G konstituierte Pflicht zur ständigen Evaluierung der Aufgabenplanung durch die DW.

Was auch dem Verfahren der Aufgabenplanung als selbstbestimmtes, kooperatives Präzisierungsverfahren anhaftet, sind die grundsätzlichen Bedenken hinsichtlich der normativen Wirkkraft von Selbstverpflichtungen als rundfunkrechtliches Regulierungsinstrument. Die Bedenken vermag auch die aktuell fortschrittlichste Ausgestaltung der formellen Präzisierungspflicht nicht gänzlich zu beseitigen. Auch im Verfahren der Aufgabenplanung fehlt das gesetzlich determinierte Auffangnetz zur Effektivierung. Das Defizit hat der Rundfunkgesetzgeber – im Bewusstsein zulässiger weiterer Präzisierung und Effektivierung – wegen der Gefahr der Überregulierung in Kauf genommen.[1172] Hier besteht durchaus ein tatsächliches, weiteres Präzisierungsbedürfnis. Dennoch: Zumindest Teilkomponenten des Gesamtverfahrens und damit auch des DW-Gesetzes weisen Modellcharakter für eine formelle Präzisierung der gesetzlichen Aufträge anderer Anstalten auf.[1173] In jedem Fall werden im Verfahren der Aufgabenplanung der DW einige der bei § 11 Abs. 4 RfStV bestehenden Defizite kompensiert und das dortige Verfahren sinnvoll erweitert. Insgesamt weist das DW-Gesetz damit einen sehr hohen Grad an materieller wie formeller Präzisierung auf.

[1171] Begründung zum DW-Gesetz, BT-Drucks. 15/3278, S. 13; *Stock*, Rundfunksystem, S. 95.

[1172] Begründung zum DW-Gesetz, BT-Drucks. 15/3278, S. 12.

[1173] *Niepalla* ZUM 2005, 532, 537 f.; *Stock*, Rundfunksystem, S. 96 f.

3. Mehr-Länder-Staatsverträge und Landesgesetze

a) Zentrale Aufgabennormen

Ausgangspunkt für die materielle Auftragspräzisierung in den Landesrundfunkgesetzen sind die zentralen Aufgabennormen, deren Ausgestaltung in den spezifischen Gesetzen und Staatsverträgen variiert. Während teilweise quantitative Programmzahlbegrenzungen in die Auftragszuweisung integriert werden (SWR, NDR, MDR), wird die Mehrzahl der Zuweisungsnormen bewusst offen formuliert, was aber einer sinnvollen Präzisierung abträglich ist (RBB, WDR, BR, SR, RB). Zudem wird es in fast allen Rundfunkgesetzen versäumt, bereits in der Aufgabennorm materiell Schwerpunkte und Gewichtungen hinsichtlich der einzelnen Sparten für die zu erbringenden Programme zu setzen. Positive Ausnahme hierzu ist § 3 Abs. 1 SWR-StV, in welchem Schwerpunktsetzungen im Hinblick auf einzelne Sparten existieren.

b) Materielle Präzisierungen

Materiell-inhaltlich weisen alle Rundfunkgesetze einen sehr geringen Präzisierungsgrad auf: Die Inhaltsnormen orientieren sich regelmäßig an den Vorgaben des Bundesverfassungsgerichts und vermögen kaum mehr als das dort festgeschriebene Mindestpräzisierungsniveau zu vermitteln. Weiter findet stets eine Fokussierung auf Inhalte des jeweiligen anstaltsspezifischen Sendegebietes statt. Insgesamt bleibt zu resümieren, dass alle Rundfunkgesetze in materiell-inhaltlicher Sicht eine sehr geringen Präzisierungsgrad vermitteln. Sinnvoll wäre beispielsweise die Festlegung eines Zielkanons der mit dem jeweiligen Sender angestrebten Funktionen und der Leitlinien für die Programmgestaltung. Besser gelingen die materiell-sachlichen Präzisierungen der Aufträge der Anstalten: Zunächst finden sich in nahezu allen Rundfunkgesetzen Bestimmungen, die im Interesse der Unabhängigkeit der einzelnen Rundfunkanstalt Kooperationsmöglichkeiten mit Dritten reglementieren. Flankiert werden diese Bestimmungen regelmäßig durch legislative Vorgaben, unter welchen Voraussetzungen sich eine Anstalt an anderen Unternehmen im Rahmen einer zulässigen Kooperation wirtschaftlich beteiligen kann. Ausnahmen sind das Saarländische Mediengesetz, bei dem nur Beteiligungsvoraussetzungen normiert werden, das BR-Gesetz, bei dem diese nur unzureichend niedergeschrieben sind, sowie das HR-Gesetz, dass keine solche Bestimmungen enthält. Insgesamt gelingt es aber allen Rundfunkgesetzen nicht, die redaktionelle Unabhängigkeit der jeweiligen Anstalt ausreichend zu schützen. Als idealtypische Regelung könnte hier das bereits skizzierte Regelungstandem in §§ 8; 59 DW-G fungieren.

Daneben finden sich oftmals Bestimmungen, die den Umfang der zulässigen Zusatzversorgung normieren: Im Einklang mit dem Rundfunkstaatsvertrag sind die Anstalten befugt, programmbegleitende Druckwerke und Mediendienste mit Programmbezug zu erbringen (NDR, WDR, SMG). Gute Ansätze zeigen sich in § 6 NDR-StV, nach dem auch Datendienste umfasst sein sollen. Hier zeigt sich erstmals eine Tendenz in Richtung einer Präzisierung der jeweiligen Zusatzdienste; leider ist die Erbringung von Datendiensten gemeinschaftsrechtlich problematisch. Die gleiche Ermächtigung ergibt sich für diejenigen Gesetze, die keine solche Bestimmung enthalten (SWR, MDR, HR), direkt aus dem Rundfunkstaatsvertrag. Negativ fällt auf, dass der RBB-Staatsvertrag wie auch BR- und RB-Gesetz zwar Ermächtigungen enthalten, diese aber in Widerspruch zu den Vorgaben des Rundfunkstaatsvertrages stehen und damit überholt sind. Insgesamt ist der Präzisierungsgrad hinsichtlich der konkreten Festlegung zulässiger Zusatzversorgung bei allen Anstalten gering. Sinnvoll wären hier beispielsweise Vorgaben mittels der Regelbeispieltechnik. Daneben finden sich teilweise noch sachliche Präzisierungen betreffend die jeweilige Art zulässiger Übertragung oder als Ermächtigung zur Beteiligung an Filmförderungsprojekten (NDR, WDR, SMG). In materiell-quantitativer Hinsicht finden sich neben den bereits dargelegten Programmzahlbegrenzungen in den Aufgabennormen wenig Präzisierungen. Andere quantitative Festlegungen sind zwar vorhanden, zumeist aber nicht in den zentralen, das Programm betreffenden Bereichen. Ganz fehlen Qualität sichernde Quoten oder Herkunftsquoten; vereinzelt wird zwar versucht, sich auf solche Quoten festzulegen, jedoch vermeidet der Rundfunkgesetzgeber dabei stets, dass er sich konkret auf bestimmte Zahlen bindet. Damit wird natürlich die Wirkung der quotalen Festschreibungen ad absurdum geführt. Insgesamt finden sich in materieller Hinsicht damit nur wenig innovative, den jeweiligen Auftrag präzisierende Ansätze in den Landesrundfunkgesetzen.

c) Formelle Präzisierungen

Formelle Präzisierungen hinsichtlich des einfachgesetzlichen Auftrags finden sich dann insbesondere in den neueren Rundfunkgesetzen vermehrt: Dabei ist Anknüpfungspunkt stets das Verfahren nach § 11 RfStV; eine innovativere, darüber hinausgehende Variante wie beispielsweise das Verfahren der DW wird in keinem der neuen Rundfunkgesetze verwendet. Hier zeigen sich dann auch die Schwierigkeiten im Verständnis des § 11 RfStV: Würde man § 11 RfStV umfassende Geltung zumessen, bedürfte es keiner zusätzlichen Ausgestaltung in den einzelnen Rundfunkgesetzen. Verfügen nun einige Rundfunkgesetze über keine an § 11 RfStV angelehnte, formelle Präzisierung (SWR, MDR, BR, HR, RB), so müssten diese keine formellen Präzisierungen vornehmen. Das hier präferierte, extensive Verständnis des § 11 RfStV führt dann zu einer formellen Präzisierungspflicht auch dieser Anstalten. Einige Landesgesetze haben aber eigene Bestimmungen integriert, die die jeweilige Anstalt zu präzisierenden Maßnahmen verpflichten: Teilweise sind diese deckungsgleich mit den Vorgaben des § 11 RfStV (NDR, SR), teilweise werden etwas abgewandelte formelle Präzisierungen gewählt (WDR, RBB). Trotz der begrüßenswerten Tendenz zur Einführung des neuartigen Regulierungsinstruments des Verfahrens der Selbstverpflichtungen nutzt der Rundfunkgesetzgeber hinsichtlich der formellen Präzisierungen den ihm zustehenden Gestaltungsspielraum nicht: So wäre es beispielsweise wünschenswert, wenn hinsichtlich des neuen Verfahrens einheitliche legislative Verfahrensvorgaben festgelegt würden. In diesem Zusammenhang positiv hervorzuheben ist § 4a WDR-G, der im Gegensatz zu § 11 RfStV konkretere Anforderungen an den Verfahrensgang hinsichtlich der Berichtspflicht stellt; aber auch dort besteht weitergehender Gestaltungsspielraum. Daneben ist das gewählte eigenverantwortliche, selbstbestimmte Präzisierungsverfahren der Anstalten nur eine Option möglicher Verfahren. Wünschenswert wäre eine Tendenz hin zu kooperativen, selbstbestimmten oder fremdbestimmten Präzisierungsverfahren. In Abwesenheit solcher Verfahren bedarf es zwecks eingehender Bindungswirkung der formellen Präzisierungen dann zumindest eines legislativen Auffangnetzes. Ein solches sieht aber auch keines der Landesrundfunkgesetze vor. Insgesamt besteht damit auch in formeller Hinsicht Präzisierungsbedarf.

4. Ergebnis

Betrachtet man die existierenden, legislativen Präzisierungen in ihrer Gesamtheit, so ergibt sich nach alledem folgender Befund: Hinsichtlich der Möglichkeiten materieller Präzisierungen wird der dem Rundfunkgesetzgeber von Verfassungs wegen zustehende Gestaltungsspielraum von diesem nur sehr restriktiv wahrgenommen. Vielfach erschöpfen sich die gesetzlichen Regelungen in formelartigen Wiedergaben der verfassungsgerichtlichen Leitformeln.[1174] Gravierende Präzisierungsdefizite ergeben sich dort insbesondere im Bereich der programmbegleitenden Zusatzdienste und –angebote wie beispielsweise Telemedien der Anstalten sowie im Bereich der digitalen Kanäle und weitergehenden Programmermächtigungen; hier wird es insbesondere versäumt, durch inhaltliche und sachliche Präzisierungen, gegebenenfalls mit Hilfe der oben bereits skizzierten Regelbeispieltechnik, den Handlungsspielraum der Anstalten zu begrenzen. In diesen Bereichen besteht so ein besonderes tatsächliches Präzisierungsbedürfnis.[1175] Hinsichtlich der formellen Präzisierungen zeigt sich zwar anhand der Entwicklung der neueren Rundfunkgesetze eine Tendenz der Rundfunkgesetzgeber hin zu legislativ determinierter, formeller Präzisierung des einfachgesetzlichen Auftrags der Anstalten. Dennoch wird in der Regel der dem Rundfunkgesetzgeber zugebilligte Gestaltungsspielraum nur relativ begrenzt wahrgenommen. Einerseits wird es versäumt, formelle Präzisierungspflichten in den Rundfunkgesetzen in Gestalt von genauen Vorgaben für das formelle Verfahren zu integrieren. Das beschränkt die Effizienz der Selbstverpflichtungen und sorgt aufgrund des weiten Gestaltungsspielraums der Anstalten für Intransparenz und uneinheitliche Ausführung. Positiv hiervon auszunehmen ist das im DW-Gesetz festgeschriebene Beteiligungsverfahren der DW, bei welchem der Rundfunkgesetzgeber erstmals die ihm zustehenden Gestaltungsmöglichkeiten in erheblichem Maße ausschöpft. Daneben fehlt es bei allen existierenden formellen Präzisierungspflichten an einem legislativen Auffangnetz, welches letzten Endes die Bindungswirkung der formell veranlassten Präzisierungen intensivieren würde.

Insgesamt weist das nationale System legislativer Präzisierungen für sich genommen einen relativ geringen Grad an materieller und formeller Präzisierung des einfachgesetzlichen Auftrags der Anstalten auf.[1176] Umgekehrt bedeutet dies, dass der Rundfunkgesetzgeber den ihm von Verfassungs wegen eingeräumten, weiten Handlungsspielraum nur äußerst restriktiv wahrnimmt. Die zögerliche Herangehensweise resultiert aus einer jahrzehntelangen Überbewertung der Staatsfreiheit des Rundfunks und damit korrespondierend der Programmautonomie der Rundfunkanstalten, obschon die verfassungsgerichtliche Rechtsprechung ein Primat der Legislative im Bereich der Präzisierung des einfachgesetzlichen Auftrags der Anstalten konstituiert. Aktuell fin-

---

[1174] Ähnlich, obschon mittlerweile veraltet, *Bullinger*, Aufgaben, S. 85.

[1175] Vorläufige Auffassung der Kommission hinsichtlich der deutschen Rundfunkfinanzierung vom 3. März 2005, epd Medien Nr. 21/2005, Rz. 181, 182 ff., 194 f.; *Degenhart* K&R 2005, 295, 302; *Pelny* ZUM 2005, 22, 29.

[1176] Ähnlich, obschon mittlerweile veraltet, *Bullinger*, Aufgaben, S. 78 f.

det sich aber eine Entwicklung hinsichtlich der Rundfunkgesetzgebung, die einen Paradigmenwechsel in Richtung verstärkter Wahrnehmung des gesetzgeberischen Gestaltungsspielraums erkennen lässt. Schlussendlich bleibt festzuhalten, dass sich hinsichtlich materieller und formeller legislativer Präzisierungen dem Rundfunkgesetzgeber weiterhin ein breiter Handlungsspielraum zur Intensivierung der Regulierung eröffnet, dessen Wahrnehmung ihm von Verfassungs wegen zustünde. Auch besteht in vielen Bereichen ein tatsächliches Bedürfnis nach weitergehender Präzisierung.

Vor diesem Hintergrund ergibt sich in einer materiellen und formellen Gesamtbewertung der nationalen Rundfunkgesetze folgender Befund: Den höchsten Grad an materieller wie formeller Präzisierung vermittelt das DW-Gesetz. Dieses kann in einigen Bereichen Modellcharakter für andere Rundfunkgesetze aufweisen. Danach schaffen es der NDR-Staatsvertrag, das WDR-Gesetz und das Saarländische Mediengesetz einen relativ hohen Grad an Präzisierung aufzuweisen. Positiv ist dort zum einen, dass ein formelles Auftragspräzisierungsverfahren existiert, zum anderen, dass die Gesetze eine klare Struktur und zumindest ansatzweise materielle Präzisierungen in allen Ausprägungen integriert haben. Daneben befinden sich die Regelwerke auf der Höhe der Zeit und haben Vorgaben des Rundfunkstaatsvertrags umgesetzt. Dies kann aber nicht darüber hinwegtäuschen, dass insgesamt hinsichtlich dieser Rundfunkgesetze weiterer Präzisierungsbedarf besteht. Im Mittelfeld bewegen sich die Regelwerke des ZDF-, DLR-, SWR- und MDR-Staatsvertrags, die insgesamt aber ein geringes Präzisierungsniveau zu vermitteln vermögen. Positiv zeigen sich dort eine Reihe quantitativer Präzisierungen, insbesondere Programmzahlbegrenzungen, die materiell stark Auftrag verdichtend wirken. Leider existiert keine gesetzlich festgelegte, formelle Präzisierungspflicht und es lassen sich auch ansonsten wenig ambitionierte und innovative Ansätze der Aufgabenpräzisierung erkennen. Teilweise positiv, teilweise negativ ist der RBB-Staatsvertrag zu bewerten, der zwar ein Verfahren der Selbstverpflichtung enthält, das aber hinter dem Verfahren nach § 11 RfStV vom Umfang her zurück bleibt. Des Weiteren findet sich ein relativ geringer Grad an materieller Präzisierung; auch wurde es bisher – trotz Widersprüchen mit dem höherrangigen Rundfunkrecht – versäumt, das Regelwerk zu novellieren. Deutlich am geringsten ist der durch die Landesgesetzes des BR, HR und RB vermittelte Präzisierungsgrad: Alle diese Landesgesetze geben im großen und ganzen kaum mehr als das verfassungsrechtlich determinierte Mindestpräzisierungsniveau wieder und sind daher als wenig ambitioniert einzustufen. Neben viel zu geringer materieller Verdichtung fehlen aber auch formelle Präzisierungspflichten hinsichtlich des einfachgesetzlichen Auftrags der Anstalten. Zudem weisen das RB-Gesetz und das BR-Gesetz eklatante Widersprüche zu höherrangigen rundfunkrechtlichen Bestimmungen auf und sind daher novellierungsbedürftig.

II. Anstaltsautonome Präzisierungen

Nimmt der Rundfunkgesetzgeber den ihm zugebilligten weiten Gestaltungsspielraum nur in geringem Maße wahr, so korrespondiert mit dieser legislativen Zurückhaltung eine verstärkte Kompetenz der Rundfunkanstalten zur autonomen Präzisierung ihres einfachgesetzlichen Auftrags. Durch legislative Enthaltung delegiert der Rundfunkgesetzgeber ihm zustehende Handlungsoptionen in den Verantwortungsbereich der Rundfunkanstalten. Anstaltsautonome Präzisierungen können in unterschiedlichen

Ausprägungen auftreten. Untersucht wurden zwischenanstaltliche Verwaltungsvereinbarungen, anstaltsinterne Normsetzung und die neuartigen Selbstverpflichtungen:

1. Zwischenanstaltliche Verwaltungsvereinbarungen

Generell ist zunächst anzumerken, dass Verwaltungsvereinbarungen nicht das typische Instrument weitergehender Auftragspräzisierung sind. Sie dienen vielmehr vornehmlich der Konkretisierung und Koordinierung von programmlichen oder außerprogrammlichen Gemeinschaftsaktivitäten unterschiedlicher Anstalten. Daher finden sich insbesondere zahlreiche Verwaltungsvereinbarungen, die die Zusammenarbeit der in der ARD zusammengeschlossenen Landesrundfunkanstalten koordinieren und ausgestalten, ohne freilich materiell oder formell den einfachgesetzlichen Auftrag der Anstalten weiter beschreiben zu können. Interessant im untersuchten Kontext sind daher allein die Verwaltungsvereinbarungen, die die Gemeinschaftsprogramme ARTE, 3Sat, PHOENIX und Kinderkanal betreffen. Diese sind letztlich alle anstaltsautonome Ausführungen zu den legislativen Pauschalermächtigungen in § 19 Abs. 2 RfStV. In den Verwaltungsvereinbarungen vereinbaren die Anstalten Auftrag und Umfang des jeweils zu sendenden Programms. Jedoch wird es dort insbesondere vernachlässigt, den einfachgesetzlichen Auftrag der Gemeinschaftskanäle weiter zu determinieren. Vielfach wird auf die generellen Ausführungen im übergreifend geltenden Rundfunkstaatsvertrag verwiesen, ohne dass ein weitergehender Präzisierungsgrad vermittelt werden könnte. Neben materiell-inhaltlichen Präzisierungsdefiziten zeigen sich auch materiell-sachliche Schwächen: Problematisch sind dabei vor allem die unter den Anstalten vereinbarten Pauschalermächtigungen zur Erbringung von Telemedien (vgl. nur diejenigen von PHOENIX und Kinderkanal). Zum einen ist die Reichweite der Ermächtigung des § 19 Abs. 2 RfStV diesbezüglich schon überhaupt problematisch; zum anderen hätten hier weitergehende Präzisierungen hinsichtlich des sachlichen Umfangs stattfinden müssen. An dieser Stelle offenbart sich ein grundsätzliches Problem anstaltsautonomer Auftragspräzisierung: Nimmt der Rundfunkgesetzgeber den ihm gebührenden Gestaltungsspielraum restriktiv wahr und delegiert die Auftragspräzisierung pauschal in den anstaltlichen Bereich, so ist die Effizienz der Präzisierung letztverbindlich vom Willen der Anstalten abhängig, soweit kein gesetzlich determinierter formeller Rahmen mit Sanktions- und Durchsetzungsmöglichkeiten besteht. Dies führt zu den skizzierten Präzisierungsdefiziten. Die Verwaltungsvereinbarungen betreffend der Gemeinschaftsprogramme vermitteln daher nur ein sehr geringes Präzisierungsniveau. Im Ergebnis besteht also auch hinsichtlich der zwischenanstaltlichen Verwaltungsvereinbarungen ein tatsächliches Präzisierungsbedürfnis. Der Rundfunkgesetzgeber müsste hier entweder ex ante durch stringente legislative Vorgaben oder ex post durch effiziente nachträgliche Kontrolle ein höheres Präzisierungsniveau hinsichtlich der Verwaltungsvereinbarungen betreffend die Gemeinschaftskanäle gewährleisten.

2. Anstaltsinterne Normsetzung

Mit der bereits dargelegten Tendenz zur formellen Präzisierung des einfachgesetzlichen Auftrags der Anstalten einhergehend wurde das dreistufige Präzisierungsverfahren des § 11 Abs. 4 und 5 RfStV in Anlehnung an das britische Modell der BBC mit dem 7. Rundfunkänderungsstaatsvertrag eingeführt. Ausfluss des Drei-Stufen-Modells ist es, dass sich weitergehende Präzisierungen als Annex zu den legislativen Präzisierungen in Programmrichtlinien oder Satzungen als anstaltsinterne Normsetzung finden sollen. Außer für einen Teilbereich – nämlich die Präzisierung der Berichtspflicht aus § 11 Abs. 4 S. 3 RfStV in der Satzung des ZDF – haben sich die Anstalten dazu entschieden, die gesetzlichen Präzisierungspflichten mittels Programmrichtlinien umzusetzen. Die Ausnahme ist insbesondere deshalb bedenklich, weil § 11 Abs. 4 S. 1 RfStV eine Pflicht zur Präzisierung entweder in einer Satzung *oder* in Programmrichtlinien, nicht aber in beiden Regularien, begründet. Darüber hinaus wäre es zur Sicherung der Einheitlichkeit der Normsetzung im Rundfunksystem an dieser Stelle sinnvoll gewesen, wenn sich alle Rundfunkanstalten hinsichtlich der Vorgaben des § 11 Abs. 4 S. 1 RfStV auf eine Umsetzung durch eine der beiden Regularien beschränkt hätten. In den neueren Rundfunkgesetzen finden sich konsequent zahlreiche formelle Präzisierungspflichten.[1177] In ihnen soll der Auftrag der Anstalten durch autonom festgelegte Grundsätze weiter präzisiert werden. Eine Analyse der bestehenden Ausführungen zu den formellen Pflichten ergibt dann folgenden Befund:

Generell kritisch zu bewerten ist zunächst die fehlende Bindungswirkung der Richtlinien der Anstalten. Diese haben zwar anstaltsintern einen verbindlichen Charakter, dennoch obliegen sie letztlich der Willkür der Anstalten.[1178] Das muss umso mehr gelten, als dass der Rundfunkgesetzgeber es versäumt hat, legislativ eine Auffangnetz festzuschreiben, das die Durchsetzbarkeit der Bestimmungen gewährleistet. Betrachtet man die konkreten Umsetzungen, so finden sich dort keine Vorgaben, wie im Falle fortschreitender Missachtung der in den Richtlinien festgelegten Grundsätze zu verfahren ist. Auch existieren keine Maßnahmenkataloge mit Sanktionen bei Verfehlungen. Gerade diese Versäumnisse ließen sich vermeiden, wenn zur Absicherung ein legislativ determiniertes Auffangnetz bereits in den Rundfunkgesetzen eingefasst würde. Im Ergebnis haben Richtlinien im Allgemeinen wie auch die konkreten Ausführungen der Anstalten Defizite in der Bindungswirkung.[1179] Problematisch ist weiter, dass der Rundfunkgesetzgeber die Art und Weise der Ausführung durch die Anstalten nicht weiter konkretisiert, sondern diese in das Ermessen der Anstalten stellt. Damit entsteht ein erheblicher Gestaltungsfreiraum, bei dem der Willen der einzelnen Anstalt über die Effizienz der Präzisierung entscheidet. Sinnvoller wäre es hier, konkrete Vorgaben zu machen. In die richtige Richtung weist hier § 4a Abs. 1 S. 1 WDR-G, der weitergehende Anforderungen an den Inhalt der Programmrichtlinien stellt.

In materieller Hinsicht enthalten die Programmrichtlinien aller Anstalten regelmäßig nur Wiederholungen entweder der verfassungsgerichtlichen Leitlinien oder der gesetzlich determinierten Auftragsnormen, ohne durch konkrete Angaben den Umfang des einfachgesetzlichen Auftrags weiter präzisieren zu können. Hier wären konkretere Vorgaben notwendig, um die Bedeutung der Programmrichtlinien und damit letztlich das Vertrauen des Rundfunkgesetzgebers zu erfüllen. Positiv hervorzuheben sind die Vorgaben zu den Online-Angeboten der Anstalten: Zumindest bis zu einem gewissen

---

[1177] Vgl. nur die Erörterungen zu § 11 Abs. 4 RfStV, § 5 Abs. 3 S. 1 NDR-StV; § 4a Abs. 1 S. 1 WDR-G.

[1178] Auch *Reese*, Funktionsauftrag, S. 243.

[1179] *Degenhart* K&R 2005, 295, 298.

Grad können die Programmrichtlinien von ARD, ZDF und NDR dazu beitragen, den Umfang ihres Online-Angebotes weiter zu konkretisieren. Allerdings sind die bereitgestellten Erläuterungen zu den Kriterien des Programmbezugs und der Programmbegleitung auch in der gültigen Fassung noch nicht umfassend genug.[1180] Im Vergleich zu den Vorgaben bei ARD, ZDF und NDR fallen diejenigen des DLR ab, weil es dort gänzlich versäumt wird, den sachlichen Umfang näher zu umschreiben. Defizitär sind die Richtlinien des SR, die nicht mehr der geltenden Rechtslage entsprechen. Insgesamt können die Bestimmungen der Programmrichtlinien die an sie gestellten Erwartungen einer weitergehenden materiellen Präzisierung der jeweiligen Aufträge der Anstalten nur rudimentär erfüllen. Hier besteht ein tatsächliches Präzisierungsbedürfnis.

In formeller Hinsicht enthalten die Programmrichtlinien (bzw. die ZDF-Satzung) vor allem Regelungen hinsichtlich der Ausgestaltung der Berichtspflicht aus § 11 Abs. 4 S. 3 RfStV. Zu deren weiterer Ausgestaltung sind die Rundfunkanstalten gesetzlich angehalten.[1181] Bis auf die Richtlinien des SR versäumen es alle untersuchten Programmrichtlinien, das weitere Verfahren konkret auszugestalten. Zumeist erschöpfen sich die formellen Präzisierungen in einer deckungsgleichen Wiedergabe der gesetzlichen Vorgaben des § 11 Abs. 4 S. 3 RfStV.[1182] Konkretere Vorgaben finden sich eigentlich nur in den Programmrichtlinien des SR, jedoch reichen die dortigen Angaben auch nicht zu einer sinnvollen Beschreibung des Berichtsverfahrens. Wünschenswert und notwendig wären hier inhaltliche Vorgaben zur Gewährleistung der Einheitlichkeit wie auch eine detaillierte Beschreibung hinsichtlich Art und Umfang der Rechenschaftspflicht. Insbesondere sollten Vorgehensweise und Sanktionen bei Verfehlungen gesetzlich determiniert werden. Hier besteht also ein erhebliches, tatsächliches Präzisierungsbedürfnis. Darüber hinaus vernachlässigen die Rundfunkanstalten die vom Rundfunkgesetzgeber intendierte formelle Ausgestaltung des Selbstverpflichtungsverfahrens, wenn sie in ihren Richtlinien und Satzungen keine Bestimmungen zu Form, Verfahren und Inhalt der Selbstverpflichtungen integrieren.[1183] Dies gilt umso mehr, wenn man berücksichtigt, dass erst die Einsetzung „weicher" Regulierung durch den Rundfunkgesetzgeber durch Konstituierung einer offenen, formellen Präzisierungspflicht den Anstalten den Weg zur autonomen Präzisierung eröffnet. Dadurch werden originäre Kompetenzen des Rundfunkgesetzgebers unnötigerweise in den anstaltsinternen Bereich verlagert. Die so entstehenden Defizite ließen sich vermeiden, indem der Rundfunkgesetzgeber von dem ihm zugebilligten Gestaltungsspielraum extensiv Gebrauch machte. Als positives Beispiel hierfür kann wieder auf das DW-Gesetz verwiesen werden, das aufgrund detailfreudiger Regelungen ohne die Zwischenstufe der Programmrichtlinien auskommt. Darüber hinaus wäre es sinnvoll, beispielsweise den sachlichen Umfang von Online-Angeboten übergreifend zu regulieren. Insgesamt ist

---

[1180] So im Übrigen auch Vorläufige Auffassung der Kommission hinsichtlich der deutschen Rundfunkfinanzierung vom 3. März 2005, epd Medien Nr. 21/2005, Rz. 186.

[1181] Vgl. Begründung zum 7. RfÄStV, in: *Hartstein, u.a.*, Teil A2.5, S. 6: „Bestandteil der Satzungen und Richtlinien sollen auch Bestimmungen zu Form, Verfahren und Inhalt von Selbstverpflichtungen sein.".

[1182] Dies verkennt *Reese*, Funktionsauftrag, S. 243 f., die auf das dortige Defizit nicht eingeht.

[1183] Begründung zum 7. RfÄStV, in: *Hartstein, u.a.*, Teil A2.5, S. 6.

damit festzuhalten, dass die existierenden Programmrichtlinien in materieller und formeller Hinsicht nur unzureichend den Auftrag der Anstalten konkretisieren und so tatsächlich präzisierungsbedürftig sind.

3. Selbstverpflichtungen

Dritte Stufe des neuartigen formellen Präzisierungsverfahrens des § 11 Abs. 4 RfStV ist die turnusmäßige Berichtspflicht der Rundfunkanstalten hinsichtlich der Schwerpunkte des Programms, die dazu beitragen soll, den einfachgesetzlichen Auftrag weiter zu präzisieren. Inhaltlich sollen die Selbstbindungen von Gesetzes wegen insbesondere die programmlichen Aktivitäten der einzelnen Anstalten beschreiben und versuchen in ihrer Gesamtheit, das Profil des jeweilig in Frage stehenden Senders nachzuzeichnen. Der erste sich aus der Untersuchung der konkreten Ausführungen der einzelnen Sender hinsichtlich des neuartigen Regulierungsinstrumentes ergebende Befund ist eng verknüpft mit den festgestellten Defiziten im Bereich der legislativen, formellen Präzisierungen und der Programmrichtlinien als anstaltsinterner Normsetzung: Im Vergleich zu Programmrichtlinien ergibt sich für die in den Berichten ausgeführten Selbstbindungen der Anstalten eine noch geringere Bindungswirkung; zutreffend wird in der Literatur daher von einer „begrenzten normativen Qualität“[1184] der Selbstverpflichtungen ausgegangen. Anders als für Programmrichtlinien existiert für Selbstverpflichtungen der Anstalten kein stringentes Normsetzungsverfahren und vor allem in der Regel kein festes Schema hinsichtlich des geforderten Inhalts. Das ist zum einen Ausfluss der zögerlichen Wahrnehmung der Gestaltungskompetenz durch den Rundfunkgesetzgeber, zum anderen aber auch Konsequenz der defizitären Ausgestaltung des Berichtsverfahrens durch die Anstalten in ihren Programmrichtlinien. Zudem finden sich weder in den legislativen, noch in den anstaltsautonomen Präzisierungen normativ festgelegte Sanktions- und Durchsetzungsmöglichkeiten, die bei Verfehlungen der Anstalten greifen könnten. Unzureichende Selbstbindungen müssten zur Sicherung ihrer Effizienz obligatorisch an Sanktionen oder an kompensatorische, für den nächsten Turnus überobligationsmäßige Verpflichtungen gekoppelt werden. Im Ergebnis steht und fällt daher die Effizienz des autonomen Regulierungsverfahrens mit dem Willen der Anstalten, sich selbst konkrete Bindungen aufzuerlegen und diesen gerecht zu werden.[1185]

Die konkreten Selbstverpflichtungen der Anstalten bestätigen dann regelmäßig die gerade skizzierten generellen Bedenken: Generell kritisch zu bewerten ist zunächst die Uneinheitlichkeit der Berichte. Während das britische Drei-Stufen-Modell, das dem deutschen System Pate gestanden hat, aufgrund der Struktur des öffentlich-rechtlichen Rundfunks in Großbritannien einheitlich auf alle Sender in gleicher Weise Anwendung findet, existieren aufgrund der zersplitterten nationalen Rundfunklandschaft eine Vielzahl unterschiedlicher Ausführungen. Dies ist aber letztlich Konsequenz der defizitären Ausgestaltung des Berichtsverfahrens durch den Rundfunkgesetzgeber wie auch durch die Anstalten selbst. Hier wäre eine Vereinheitlichung wünschenswert. Daneben ist aufbautechnisch anzumerken, dass oftmals keine Aufschlüsselung der einzelnen Zielstellungen für die einzelnen Programme erfolgt; gerade dies ist aber für spezifische

---

[1184] *Degenhart* K&R 2005, 295, 298; *Reese*, Funktionsauftrag, S. 283 f.

[1185] Im Ergebnis ähnlich *Reese*, Funktionsauftrag, S. 283.

Zielstellungen sinnvoll, da sich im Gesamtkontext einer Rundfunkanstalt kaum konkrete Vorgaben für alle Programme und Angebote formulieren lassen.

Inhaltlich fällt auf, dass durchweg die Selbstverpflichtungen keinen bzw. einen sehr geringen Grad an Präzisierung vermitteln können: Das liegt zum einen an der Art und Weise, in der die Zielstellungen formuliert werden. Regelmäßig werden ausführlich das verfassungsrechtliche Mindestpräzisierungsniveau wie auch gesetzliche Regelungen aus den Rundfunkgesetzen gebetsmühlenartig wiedergegeben.[1186] Sodann wird die Struktur der Anstalt ausführlich beschrieben. Allerdings wird es vermieden, konkrete, evaluierbare Zielstellungen zu formulieren; vielmehr erschöpfen sich die vermeintlichen Selbstverpflichtungen in allgemeinen Zielwertbeschreibungen, die in praxi aber, wenn überhaupt, dann nur sehr schwer überprüfbar sind. Die programmatischen „Selbstbindungen" geben zwar wünschenswerte Zielstellungen vor, diese sind aber nur unzureichend geeignet, den einfachgesetzlichen Auftrag der jeweiligen Anstalten hinreichend zu präzisieren. Beispielsweise könnten stundenweise oder prozentuale Vorgaben, gegliedert in allgemeine und spezifische Ziele, gemacht werden, an denen sich die Anstalt dann am Ende des turnusmäßigen Zeitraums selbst messen kann. Stattdessen herrscht aber eine wenig ambitionierte Berichtsausführung vor, die eine ausreichende Bindungswirkung nicht vermitteln kann. Insoweit sind die Berichte zwar hilfreich, vermögen aber nicht die mit ihnen intendierte, weitergehende Präzisierungswirkung zu vermitteln. Wünschenswert wären klare Strukturen, innerhalb derer sich die Sender programm- und angebotsspezifisch in allgemeinen und besonderen Zielstellungen selbst quantifizierbare und damit letztlich kontrollfähige Verpflichtungen auferlegen, an denen sie sich am Ende des Überprüfungszeitraumes messen lassen müssen.

Bei Einführung der Berichtspflicht knüpfte der Rundfunkgesetzgeber an die Selbstverpflichtungen die Erwartung, dass diese qualitativ und quantitativ konkrete Aussagen zu den Aktivitäten der Anstalten enthalten.[1187] Daneben forderte der Rundfunkgesetzgeber, dass diese Zielstellungen so abgegeben und formuliert werden sollen, dass sie nachvollziehbar sind und im Nachhinein eine Prüfung zulassen, ob die Zielstellung in der praktischen Arbeit der Sendung auch umgesetzt wurde.[1188] Soweit nun die Rundfunkanstalten sich vornehmlich in abstrakten, nicht überprüfbaren Zielwertbeschreibungen binden wollen, missachten sie die gesetzlichen Anforderungen, die der Rundfunkgesetzgeber bei Einführung des Selbstverpflichtungsverfahrens an die Ausführung des Verfahrens gestellt hat. Insoweit besteht ein tatsächliches Präzisierungsbedürfnis, denn in der jetzigen Fassung vermag das neuartige Regulierungsinstrument der Selbstverpflichtungen die durch sie erstrebte Präzisierung des einfachgesetzlichen Auftrags der Anstalten nur unzureichend zu erreichen. Darüber hinaus missachten die Berichtserklärungen in der derzeitigen Fassung die gesetzlichen Vorgaben.

Hinsichtlich der senderspezifischen Ausführung der Berichtspflicht existieren Selbstverpflichtungen unterschiedlicher Qualität: Beinahe idealtypisch ist das Verfahren der DW im DW-Gesetz, nach dessen klaren Vorgaben die DW eine Aufgabenplanung erstellen muss. In dieser stellt sie sich konkreten Vorgaben und erreicht dadurch

---

1186 *Reese*, Funktionsauftrag, S. 285, die zutreffend von einer „Absicherung des Status Quo" ausgeht.

1187 Begründung zum 7. RfÄStV, in: *Hartstein, u.a.*, Teil A2.5, S. 6.

1188 Begründung zum 7. RfÄStV, in: *Hartstein, u.a.*, Teil A2.5, S. 6.

eine gewisse Bindungswirkung und damit letztlich eine Präzisierung ihres Auftrags. Effektiviert wird die Aufgabenpräzisierung der DW weiter dadurch, dass sich die DW im Rahmen ihrer Aufgabenplanung feste Kriterien für die nachträgliche Evaluation der selbst gesetzten Zielstellungen auferlegt, womit der Grad der Bindungswirkung gesteigert wird. Auch hier bleibt anzumerken, dass auch in dem fortschrittlichen und innovativen Verfahren für die DW ein höherer Präzisierungsgrad möglich wäre. Daneben sind auch die Programmleitlinien des WDR zumindest im Ansatz geeignet, materielle Auftragspräzisierungen zu bewirken. Vor allem versucht der WDR, bereits strukturell zwischen Beschreibung des Status Quo einerseits und zukünftigen Zielen andererseits zu unterscheiden. Die zukünftigen Ziele werden dann aber nur vereinzelt hinreichend konkret und evaluierbar festgelegt; in der Regel erschöpfen sie sich in abstrakten Zielwertbeschreibungen. Dennoch: Die Programmleitlinien des WDR zeigen sinnvolle Ansätze einer effizienten Erfüllung der Berichtspflicht. Hinsichtlich der verbleibenden anderen Selbstverpflichtungen (ARD, ZDF, DLR, RBB, SR, NDR) bleibt es bei dem bereits erörterten Befund: Sie sind zwar durchaus hilfreich hinsichtlich Transparenz und Überschaubarkeit der Programme und Angebote der Anstalten; sie verfehlen in ihrer jetzigen Form und innerhalb des geltenden rechtlichen Rahmens aber durchweg die Zielstellung einer weitergehenden Präzisierung des einfachgesetzlichen Auftrags der jeweiligen Anstalten.[1189] Letztlich hat dieses Defizit der Rundfunkgesetzgeber bereits bei Einführung des neuartigen Regulierungsinstrumentes selbst vorhergesehen: Schon die zu dieser Zeit vorgelegten Selbstverpflichtungen (ARD, ZDF, DLR) ließen weitergehenden Präzisierungsbedarf erkennen.[1190] Innerhalb eines angepassten rechtlichen Rahmens wäre die Erreichung der Zielstellung aber durchaus möglich.

4. Ergebnis

In einer Zusammenschau ergibt sich für die existierenden, anstaltsautonomen Präzisierungen im nationalen Rundfunkregulierungsregime folgender Befund: Zwar spielen zwischenanstaltliche Verwaltungsvereinbarungen für die selbstbestimmte, eigenverantwortliche Präzisierung der Anstalten regelmäßig nur eine untergeordnete Rolle, jedoch sind insbesondere die Ausführungen zu den Zusatzprogrammen nach den Ermächtigungen des § 19 Abs. 2 RfStV von erhöhter Relevanz, die ihrerseits aber erhebliche Defizite betreffend den Grad der Präzisierung aufweisen. Die Verwaltungsvereinbarungen sind nicht geeignet, die Pauschalermächtigungen des Rundfunkstaatsvertrages näher präzisierend zu ergänzen. Für die anstaltsinterne Normsetzung ergibt sich dann ein ähnliches Bild: Während Satzungen – außer einzelnen Regelungen in der ZDF-Satzung – für die nähere Präzisierung des einfachgesetzlichen Auftrags keine Rolle spielen, enthalten die im Rahmen des neuartigen Drei-Stufen-Modells formeller Präzisierung erlassenen Programmrichtlinien teilweise präzisierende Bestimmungen. Jene Form der anstaltsinternen Normsetzung ist zwar dem Grunde nach geeignet, Bindungswirkung innerhalb der Anstalt zu entfalten, dennoch sind die Programmrichtlinien bereits generell der Kritik ausgesetzt, eine zu schwache Bindungswirkung zu ent-

[1189] Vorläufige Auffassung der Kommission hinsichtlich der deutschen Rundfunkfinanzierung vom 3. März 2005, epd Medien Nr. 21/2005, Rz. 186.

[1190] Begründung zum 7. RfÄStV, in: *Hartstein, u.a.*, Teil A2.5, S. 6.

falten, da die Regulierungshoheit aufgrund der restriktiven legislativen Präzisierungen de facto bei den Anstalten liegt. Im Ergebnis haben Richtlinien im Allgemeinen wie auch die konkreten Ausführungen der Anstalten im Besonderen Defizite in der Bindungswirkung.[1191] Innerhalb der bestehenden Richtlinien der unterschiedlichen Anstalten finden sich nur in geringem Maße materielle Präzisierungen. Positive Ausnahmen sind regelmäßig die Bestimmungen der Richtlinien zu Online-Angeboten. Allerdings besteht selbst dort die Möglichkeit weitergehender Präzisierung. In formeller Hinsicht wird vor allem das Verfahren betreffend des turnusmäßigen Berichts aus § 11 Abs. 4 S. 3 RfStV näher beschrieben. Leider erschöpfen sich die formellen Präzisierungen an dieser Stelle fast ausnahmslos in einer deckungsgleichen Wiedergabe der gesetzlichen Vorgaben des § 11 Abs. 4 S. 3 RfStV. Damit vernachlässigen die Rundfunkanstalten die vom Rundfunkgesetzgeber intendierte, formelle Ausgestaltung des Selbstverpflichtungsverfahrens, wenn sie in ihren Richtlinien und Satzungen keine Bestimmungen zu Form, Verfahren und Inhalt der Selbstverpflichtungen integrieren.[1192]

Nahtlos reiht sich das Ergebnis der Untersuchung der bestehenden Selbstverpflichtungen der Anstalten in die bisherigen Befunde ein: In noch höherem Maße als die Programmrichtlinien entfalten die Selbstverpflichtungen eine defizitäre Bindungswirkung und sind von „begrenzter normativer Qualität"[1193]. De facto steht und fällt die Effizienz des autonomen Regulierungsverfahrens der Anstalten mit dem Willen der Anstalten, sich selbst konkrete Bindungen aufzuerlegen und diesen gerecht zu werden. Generell weisen die Berichte der Anstalten ein sehr uneinheitliches Erscheinungsbild auf, was letztlich Konsequenz der defizitären Ausgestaltung in den Rundfunkgesetzen und im Rahmen der anstaltsinternen Normsetzung ist. Ziel des Rundfunkgesetzgebers bei Einführung der Berichtspflicht war die Erwartung, dass die Selbstverpflichtungen qualitative und quantitative, konkrete Aussagen zu den Aktivitäten der Anstalten enthalten.[1194] Zur Erreichung dieses Zieles verlangt der Rundfunkgesetzgeber daher, dass die Zielstellungen so abgegeben und formuliert werden sollen, dass sie nachvollziehbar sind und im Nachhinein eine Prüfung zulassen, ob die Zielstellung in der praktischen Arbeit der Sendung auch umgesetzt wurde.[1195] Im Rahmen der konkreten Ausführungen der Berichtspflicht durch die Anstalten vermeiden es diese tunlichst – entgegen der Anforderungen des Rundfunkgesetzgebers – konkrete, evaluierbare Zielstellungen zu formulieren; vielmehr erschöpfen sich die vermeintlichen Selbstverpflichtungen in allgemeinen Zielwertbeschreibungen, die in praxi aber, wenn überhaupt, dann nur sehr schwer überprüfbar sind. Teilweise auszunehmen von diesen Feststellungen ist die Aufgabenplanung der DW, der größtenteils evaluierungsfähige Kriterien der Selbstbindung zu entnehmen sind und in der sich die DW selbst feste, formelle Kriterien für die nachträgliche Evaluation der gesetzten Zielstellungen auferlegt. Ebenso zeigen sich im Rahmen der WDR-Programmleitlinien sinnvolle Ansätze weitergehender Präzisierung. Dennoch bleibt es in einer Zusammenschau bei dem Gesamt-

---

[1191] *Degenhart* K&R 2005, 295, 298.
[1192] Begründung zum 7. RfÄStV, in: *Hartstein, u.a.*, Teil A2.5, S. 6.
[1193] *Degenhart* K&R 2005, 295, 298.
[1194] Begründung zum 7. RfÄStV, in: *Hartstein, u.a.*, Teil A2.5, S. 6.
[1195] Begründung zum 7. RfÄStV, in: *Hartstein, u.a.*, Teil A2.5, S. 6.

befund, dass die Selbstverpflichtungen der Anstalten in ihrer derzeitigen Fassung zwar hilfreich sind, sie aber innerhalb des aktuell geltenden rechtlichen Rahmens durchweg die Zielstellung einer weitergehenden Präzisierung des einfachgesetzlichen Auftrags der jeweiligen Anstalten verfehlen. Innerhalb veränderter Rahmenbedingungen und in ambitionierterer Form könnte diese Zielstellung mithilfe der Selbstverpflichtungen aber durchaus erreicht werden.

III. Interne Programmkontrolle

Ein Nebenergebnis der Untersuchung der legislativen Präzisierungen ist der Befund, dass die interne Programmkontrolle – letztlich als Ausfluss der föderalen Struktur – uneinheitlich und intransparent gesetzlich geregelt ist. Zwar hat konsequent jedes Rundfunkgesetz für die konstituierte Rundfunkanstalt eine eigene Regelung betreffend der Möglichkeiten von Programmbeschwerden und Eingaben. In den unterschiedlichen Gesetzen werden aber auch unterschiedliche Abläufe des Beschwerdeverfahrens nachgezeichnet: So divergieren die gesetzlichen Vorgaben zum einen in ihrer Detailschärfe und verlagern die Gestaltung des weiteren Verfahrens in Satzungen. Zum anderen unterscheiden sich teilweise Entscheidungsfristen und Berufungsmöglichkeiten. Um das Maß an Uneinheitlichkeit noch zu potenzieren, findet sich im HR-Gesetz keine gesetzliche Regelung hinsichtlich des Rechts zur Programmbeschwerde. Diese unnötige Vielschichtigkeit verursacht eine Intransparenz, die es dem Zuschauer als Adressaten des Programms erschwert, seine Bedenken gegenüber gesendeten Beiträgen äußern zu können. Hier wäre ein innovatives, modernes und einheitlich fixiertes Regelungsverfahren wünschenswert. Erste Ansätze in diese Richtung zeigen sich beim WDR: In § 10 Abs. 3 WDR-G wird eine Publikumsstelle eingerichtet, an die sich die Zuschauer mit Anregungen, Eingaben und Beschwerden wenden können. Durch die unabhängige Publikumsstelle werden die Möglichkeiten der Beteiligung der Öffentlichkeit erweitert und das Beschwerdeverfahren transparenter gestaltet. Die Möglichkeiten einer solchen formellen Präzisierung werden aber nicht voll ausgeschöpft. Insbesondere wäre es konsequenter, der Stelle weitere Kompetenzen einzuräumen.

IV. Rechtsaufsicht

Zweites Nebenergebnis der Untersuchung ist die Erkenntnis, dass die Rechtsaufsicht über die öffentlich-rechtlichen Rundfunkanstalten zersplittert ist. Konsens besteht dahingehend, dass die rechtlich verselbstständigten Anstalten nur einer begrenzten Staatsaufsicht unterliegen.[1196] Ausfluss des Grundsatzes der Staatsfreiheit des Rundfunks ist es dann, dass die Anstalten frei von staatlichen Weisungen sind und eine Fachaufsicht durch den Staat nicht zulässig ist.[1197] Eine zulässige Rechtsaufsicht über Maßnahmen der Anstalten ist dann aber gekoppelt an ein Versagen der anstaltsinternen Kontrolle durch die Gremien. Maßnahmen der Rechtsaufsicht sind demnach allein

---

[1196] BVerfGE 12, 205, 261; 57, 295, 326; 73, 118, 153; BVerwGE 54, 29, 36; *Degenhart*, in: Bonner Kommentar, Art. 5 GG Rz. 825 f.; *Starck*, in: vMangoldt/Klein/Starck, Art. 5 I, II GG Rz. 146.

[1197] *Wendt*, in: vMünch/Kunig, Art. 5 GG Rz. 55; *Degenhart*, in: Bonner Kommentar, Art. 5 GG Rz. 826; *Hartstein, u.a.*, Teil B5, Vor § 11 RfStV Rz. 31 mwN; *Ricker/Schiwy*, Rundfunkverfassungsrecht, Teil D Rz. 12 f.; *Herrmann/Lausen*, Rundfunkrecht, Kap. 14 Rz. 22.

möglich, wenn die interne Kontrolle rechtlich fehlerhaft oder überhaupt nicht ausgeübt wird.[1198] Aufsichtsorgan für die Rechtsaufsicht ist die im jeweiligen Kontext zuständige Landesregierung, bei der regelmäßig die Staatskanzlei mit der Aufgabe betraut wird.[1199] Die konkreten, gesetzlichen Regelungen beinhalten das skizzierte Grundgerüst und schreiben dieses einfachgesetzlich verbindlich fest. Allein das Landesgesetz für den HR enthält keine Regelung bezüglich der Rechtsaufsicht und schließt eine solche Aufsicht gemäß § 1 Abs. 1 S. 2 HR-G sogar aus. Diese Ausnahmeregelung ist verfassungsrechtlich bedenklich, weil sie den HR damit in einem quasi-rechtsfreien Raum agieren lässt. Dementsprechend ist der Landesrundfunkgesetzgeber Hessens hier von Verfassungs wegen gehalten, eine Regelung hinsichtlich der Rechtsaufsicht über den HR einzuführen und § 1 Abs. 1 S. 2 HR-G aus dem Gesetz zu streichen.[1200]

Leider wird es größtenteils versäumt, den genauen Ablauf der Rechtsaufsicht gesetzlich zu determinieren. Idealerweise sind die zulässigen Aufsichtsmaßnahmen gesetzlich festzulegen. Regelmäßig kann die Rechtsaufsicht durch formellen Hinweis auf eine Rechtsverletzung in Verbindung mit einer Aufforderung an das handelnde Organ, die Rechtsverletzung zu beseitigen, erfolgen. Wird die Rechtsverletzung nicht fristgemäß behoben, so kann der Verletzung im Wege der Ersatzvornahme auf Kosten der Anstalt Rechnung getragen werden. Weitergehende Maßnahmen wie die ansonsten zulässige Einsetzung eines Staatskommissars sind zumindest im programmlichen Bereich nicht zulässig, da diese ansonsten mit dem Grundsatz der Staatsfreiheit des Rundfunks kollidierten.[1201] Bestimmungen, die Modellcharakter haben könnten, finden sich beispielsweise in § 61 DW-G und § 37 NDR-StV. Dennoch: Das nationale Rundfunkregulierungsregime ist hinsichtlich der Rechtsaufsicht als Konsequenz des föderalen Systems zersplittert. Sinnvoll wäre eine Bündelung der Rechtsaufsicht und eine Vereinheitlichung der Bestimmungen zur Schaffung von Transparenz.

V. Ergebnis: Tatsächliches Präzisierungsbedürfnis

Wie bereits dargelegt, weist das nationale Rundfunkregulierungsregime im Bereich der legislativen Präzisierungen einen relativ geringen Grad an materieller und formeller Präzisierung des einfachgesetzlichen Auftrags der Anstalten auf.[1202] Umgekehrt bedeu-

---

[1198] *Degenhart*, in: Bonner Kommentar, Art. 5 GG Rz. 828; *Starck*, in: vMangoldt/Klein/Starck, Art. 5 I, II GG Rz. 146; *Wendt*, in: vMünch/Kunig, Art. 5 GG Rz. 55; *Hartstein, u.a.*, Teil B5, Vor § 11 RfStV Rz. 37; *Herrmann/Lausen*, Rundfunkrecht, Kap. 14 Rz. 45; *A. Hesse*, Rundfunkrecht, Kap. 4 Rz. 118, 120.

[1199] *Hoffmann-Riem*, in: Benda/Maihofer/Vogel, Verfassungsrecht, § 7 Rz. 103; *Gersdorf*, Rundfunkrecht, Rz. 361; *A. Hesse*, Rundfunkrecht, Kap. 4 Rz. 114; *Herrmann/Lausen*, Rundfunkrecht, Kap. 14 Rz. 13; bei Mehr-Länder-Anstalten findet sich regelmäßig eine qua Gesetz alternierende Wahrnehmung durch eine Landesregierung, vgl. *Herrmann/Lausen*, Rundfunkrecht, Kap. 14 Rz. 15 ff.

[1200] Anders *Groß*, Kollegialprinzip, S. 248 f., der die Notwendigkeit einer Rechtsaufsicht in diesem Kontext verneint. Für die öffentlich-rechtlichen Rundfunkanstalten ist eine solche Ansicht aber nicht vertretbar, da sich die Anstalten ansonsten im quasi-rechtsfreien Raum bewegten.

[1201] *Jarass*, Staatsfreiheit, S. 55; *Hoffmann-Riem*, Regulierung, S. 288; *A. Hesse*, Rundfunkrecht, Kap. 4 Rz. 124; *Herrmann/Lausen*, Rundfunkrecht, Kap. 14 Rz. 32 ff., 40.

[1202] Ähnlich, obschon mittlerweile veraltet, *Bullinger*, Aufgaben, S. 78 f.; *Neun*, Grenzen des Wachstums, S. 249 f., 382; der gleiche Befund findet sich ebenso auch bei den vehementesten Befürwortet dies, dass der Rundfunkgesetzgeber den ihm von Verfassungs wegen eingeräumten, weiten Handlungsspielraum nur äußerst restriktiv wahrnimmt. Aktuell zeichnet sich aber eine Entwicklung der Rundfunkgesetzgebung ab, die einen Paradigmenwechsel in Richtung verstärkter Wahrnehmung des gesetzgeberischen Gestaltungsspielraums erkennen lässt. Trotz dieser Tendenzen hat der Rundfunkgesetzgeber hinsichtlich materieller Vorgaben den ihm gebührenden Freiraum weiterhin nur äußerst restriktiv wahrgenommen. Gravierende tatsächliche Präzisierungsdefizite ergeben sich dort insbesondere im Bereich der programmbegleitenden Zusatzdienste und –angebote wie beispielsweise Telemedien der Anstalten sowie im Bereich der digitalen Kanäle und weitergehenden Programmermächtigungen.[1203] Dabei wurde die restriktive Wahrnehmung des Gestaltungsspielraumes gekoppelt an eine intensivierte Festschreibung formeller Verfahren zur Auftragspräzisierung: Hier hat der Rundfunkgesetzgeber einen Teil seines originär ihm zustehenden Handlungsspielraums über formelle Präzisierungspflichten an die Anstalten delegiert. In diesem Zusammenhang sei insbesondere auf § 11 Abs. 4 und 5 RfStV hingewiesen, nach dem die Anstalten dazu angehalten werden, durch Programmrichtlinien und turnusmäßige Selbstverpflichtungen ihren Auftrag weiter zu präzisieren. Damit hat der Rundfunkgesetzgeber bewusst die notwendigen Maßnahmen zur Präzisierung des einfachgesetzlichen Auftrags in den Kompetenzbereich der Anstalten verwiesen. Dies gilt umso mehr, als dass für die formelle Präzisierung ein selbstbestimmtes, eigenverantwortliches Verfahren gewählt wurde, innerhalb welchem bewusst keine genauen Vorgaben hinsichtlich Form, Verfahren und Inhalt der anstaltsautonomen Präzisierungen determiniert sind.[1204]

Betrachtet man nun aber vor diesem Hintergrund die anstaltsautonomen Präzisierungen, die in Reaktion auf das Zugeständnis des Rundfunkgesetzgebers faktisch erlassen wurden, so vermögen diese in ihrer Gesamtheit das notwendige Maß an materieller und formeller Präzisierung des einfachgesetzlichen Auftrags nicht zu erreichen. So finden sich in den ausführenden Programmrichtlinien nur in verschwindend geringem Maße materielle Präzisierungen; allein betreffend der Online-Angebote existieren zumindest teilweise sinnvolle Präzisierungen. Hinsichtlich der formellen Ausgestaltungspflicht des § 11 Abs. 4 S. 3 RfStV vernachlässigen die Rundfunkanstalten regelmäßig die vom Rundfunkgesetzgeber intendierte, formelle Ausgestaltung des Selbstverpflichtungsverfahrens, wenn sie in ihren Richtlinien und Satzungen keine Bestimmungen zu Form, Verfahren und Inhalt der Selbstverpflichtungen integrieren.[1205] Bei den Selbstverpflichtungen war Ziel des Rundfunkgesetzgebers bei Einführung der Berichtspflicht, dass die Selbstverpflichtungen qualitative und quantitative, konkrete

---

tern eines extensiv ausgestalteten Auftragsbereichs der öffentlich-rechtlichen Rundfunkanstalten, vgl. nur *Hoffmann-Riem*, Regulierung, S. 187, der von „zum Teil mit generalklauselartiger Offenheit umschriebenen Programmaufträgen ausgeht“; pauschal ein Präzisierungsbedürfnis bejahend, *Reese*, Funktionsauftrag, S. 151, 153 f.

1203 Vorläufige Auffassung der Kommission hinsichtlich der deutschen Rundfunkfinanzierung vom 3. März 2005, epd Medien Nr. 21/2005, Rz. 181, 182 ff., 194 f.; *Degenhart* K&R 2005, 295, 302; *Pelny* ZUM 2005, 22, 29.

1204 Begründung zum 7. RfÄStV, in: *Hartstein, u.a.*, Teil A2.5, S. 6.

1205 Begründung zum 7. RfÄStV, in: *Hartstein, u.a.*, Teil A2.5, S. 6.

Aussagen zu den Aktivitäten der Anstalten enthalten.[1206] Zur Erreichung dieses Zieles verlangt der Rundfunkgesetzgeber daher, dass diese Zielstellungen so abgegeben und formuliert werden sollen, dass sie nachvollziehbar sind und im Nachhinein eine Prüfung zulassen, ob die Zielstellung in der praktischen Arbeit der Sendung auch umgesetzt wurde.[1207] Im Rahmen der konkreten Ausführungen der Berichtspflicht durch die Anstalten vermeiden es diese tunlichst – entgegen der Anforderungen des Rundfunkgesetzgebers – konkrete, evaluierbare Zielstellungen zu formulieren; vielmehr erschöpfen sich die vermeintlichen Selbstverpflichtungen in allgemeinen Zielwertbeschreibungen, die in praxi aber, wenn überhaupt, dann nur schwer überprüfbar sind. Im Ergebnis können damit die anstaltsautonomen Präzisierungen die an sie vom Rundfunkgesetzgeber gestellten Anforderungen und Erwartungen nicht erfüllen. Hier besteht ein tatsächliches Präzisierungsbedürfnis.[1208] Entsprechend sind die legislativen Präzisierungen nicht nur im materiellen Bereich defizitär, sondern sie weisen auch im Rahmen der formellen Delegierung an die Anstalten durch den Rundfunkgesetzgeber einen mangelnden Präzisierungsgrad auf. Dies beruht zum großen Teil darauf, dass der Rundfunkgesetzgeber den ihm zugebilligten Gestaltungsspielraum auch hinsichtlich der formellen Präzisierungen nur relativ begrenzt wahrgenommen hat. Es wurden im Rahmen der formellen Präzisierungspflichten in den Rundfunkgesetzen keine klaren Vorgaben für das formelle Verfahren gesetzlich determiniert; die originär legislative Aufgabe wurde vielmehr freimütig und pauschal in den Bereich der Anstalten delegiert. Wenn diese die ihnen zugebilligte Gestaltungskompetenz nun aber ineffizient wahrnehmen, dann schlägt sich das in einem mangelnden Präzisierungsgrad des einfachgesetzlichen Auftrags der jeweiligen Anstalt nieder. Daneben hat es der Rundfunkgesetzgeber versäumt, ein legislatives Auffangnetz festzuschreiben, welches letzen Endes die Bindungswirkung der formell veranlassten Präzisierungen in hohem Maße intensivieren würde. Insgesamt besteht daher in einer Zusammenschau legislativer und anstaltsautonomer Präzisierungen ein tatsächliches Bedürfnis nach weitergehender, materieller und formeller Präzisierung in vielen Einzelbereichen des einfachgesetzlichen Auftrags.[1209]

Letztlich hat der Rundfunkgesetzgeber selbst die Möglichkeit des Versagens der anstaltsautonomen Präzisierung und damit einer notwendigen Verschärfung der Regulierung erkannt: So ordnet § 11 Abs. 5 RfStV eine Überprüfung der neuartigen Regulierungsinstrumente bereits nach drei Jahren an. Die geltende Rechtslage ist damit eine Offerte an den öffentlich-rechtlichen Rundfunk, sich in ausreichendem Maße selbst zu binden; bei deren Versagen behält sich der Rundfunkgesetzgeber eine Verschärfung der Regulierung vor.[1210] Daneben konstatiert der Rundfunkgesetzgeber selbst in Proto-

---

1206 Begründung zum 7. RfÄStV, in: *Hartstein, u.a.*, Teil A2.5, S. 6.

1207 Begründung zum 7. RfÄStV, in: *Hartstein, u.a.*, Teil A2.5, S. 6.

1208 Im Ergebnis ebenso *Degenhart* AfP 2005, 493, 493.

1209 *Dörr* MP 2005, 333, 341; *von Wallenberg* MMR 2005, 88, 92; *dies.* ZUM 2004, 875, 883 f.; *Degenhart* K&R 2005, 295, 302; *Pelny* ZUM 2005, 22, 29; ähnlich, obschon mittlerweile veraltet, *Bullinger*, Aufgaben, S. 78 f.; andeutungsweise *Thaenert* MMR 2005, 279, 283.

1210 *von Wallenberg* ZUM 2004, 875, 884; *Hartstein, u.a.*, Teil B5, § 11 RfStV Rz. 1; vgl auch Begründung zum 7. RfÄStV, in: *Hartstein, u.a.*, Teil A2.5, S. 6.

kollerklärung Nr. 2 zum 8. Rundfunkänderungsstaatsvertrag[1211], dass eine weitergehende Konkretisierung des einfachgesetzlichen Auftrags der Anstalten notwendig werden kann. Damit anerkennt der Rundfunkgesetzgeber das Bestehen eines weitergehenden tatsächlichen Präzisierungsbedürfnisses.[1212] Existiert nun aber bei materiellen und formellen Präzisierungen in vielen Bereichen des einfachgesetzlichen Auftrags der Anstalten ein tatsächliches Präzisierungsbedürfnis und hat der Rundfunkgesetzgeber gleichzeitig den ihm zustehenden Gestaltungsspielraum nur restriktiv wahrgenommen, so obliegt es potenziell dem Handlungsspielraum des Rundfunkgesetzgebers, die bestehenden Defizite durch Intensivierung der Regulierung zu kompensieren. Ob sich diese Handlungsmöglichkeit letztlich zu einer rechtlichen Pflicht verdichten kann, die weitergehende Präzisierung durch legislative Präzisierungen voranzutreiben und defizitäre Ausgestaltungen nachzubessern, wird im weiteren Fortgang der Bearbeitung zu untersuchen sein.

1211 Abgedruckt in epd Medien Nr. 84/2004, S. 12.

1212 *von Wallenberg* ZUM 2004, 875, 884.

Kapitel 7: Rechtliche Präzisierungspflicht

A. Präzisierung als verfassungsrechtliches Gebot

Die herausgearbeiteten, tatsächlichen Defizite hinsichtlich der einfachgesetzlichen Aufträge der Rundfunkanstalten können für sich genommen nicht mehr vermitteln als ein tatsächliches Bedürfnis nach vertiefender Präzisierung. Insoweit sind die Ergebnisse rechtspolitisch geleitet; der Rundfunkgesetzgeber besitzt hier einen weiten Gestaltungsspielraum. Im Rahmen dieses Handlungsspielraums obliegt es allein seiner Entscheidung, wie er eine Präzisierung der einfachgesetzlichen Aufträge vornehmen will. Verharrte nun eine Analyse der bestehenden Rechtslage hinsichtlich der einfachgesetzlichen Präzisierung des Auftrags der Rundfunkanstalten auf dem ermittelten Status Quo, so beschränkte sich die Erarbeitung auf eine Zusammenfassung wünschenswerter Verbesserungen der dualen Rundfunkordnung, ohne dass an die gewonnenen Erkenntnisse rechtliche Konsequenzen geknüpft werden könnten: Insoweit ist *Hoffmann-Riem* zuzustimmen, der darüber hinaus fordert, dass es eines rechtlichen Präzisierungsgebotes gerade für den Rundfunkgesetzgeber bedarf, um das tatsächlich ermittelte Bedürfnis in eine rechtliche Handlungspflicht übergehen zu lassen.[1213] Im weiteren Fortgang dieser Bearbeitung soll daher versucht werden, aus dem geltenden Verfassungsrecht eine rechtliche Handlungspflicht zur Präzisierung des einfachgesetzlichen Auftrags der Rundfunkanstalten gerade durch den Rundfunkgesetzgeber herzuleiten.

I. Konzeption des Bundesverfassungsgerichts

Wie bereits ausführlich dargelegt, schützt die Rundfunkfreiheit in der Dogmatik des Bundesverfassungsgerichts als dienende Freiheit vornehmlich die Voraussetzungen und Bedingungen der freien individuellen und öffentlichen Meinungsbildung und gerade nicht den Einzelnen vor staatlichen Interventionen.[1214] Zwar steht nach wie vor die objektiv-rechtliche Dimension grundrechtlichen Schutzes zentral im Vordergrund; nichtsdestotrotz ist in neuerer Zeit eine „Öffnung [der Auslegung und Anwendung des Bundesverfassungsgerichts, *Anm. des Verf.*] für die allgemeine Grundrechtsdogmatik" erkennbar.[1215] Konsequent hat das Gericht als Folge der gesetzgeberischen Ordnungsentscheidung hin zu einer dualen Ordnung 1998 erstmals einen grundrechtlichen Zulassungsanspruch eines privaten Anbieters angenommen.[1216] Der konkret zugespro-

---

[1213] *Hoffmann-Riem*, Regulierung, S. 187, 190 f., der zurecht genau diese rechtliche Handlungspflicht in den grundlegenden Bearbeitungen *Bullingers* nicht erkennen kann.

[1214] *Vesting*, Rundfunkrecht, S. 228; *Ricker/Schiwy*, Rundfunkverfassungsrecht, Teil B Rz. 38.

[1215] *Bethge* DÖV 2002, 673, 673; *Bullinger*, in: FS 50 Jahre BVerfG II, 193, 207; *Degenhart*, in: Bonner Kommentar, Art. 5 GG Rz. 636; *Bullinger*, in: Isensee/Kirchhof, HbdStR, § 142 Rz. 120.

[1216] BVerfGE 97, 298, 310; andeutungsweise auch bereits BVerfGE 95, 220, 234.

chene Anspruch verliert jedoch insofern an Wert, als er abhängig ist von legislativ festgelegten Strukturen.[1217] Damit sind die verfassungsgerichtlichen Strukturen letztlich vorherrschender Maßstab und zugleich auch Korrektiv im nationalen Verfassungsgefüge. Sie determinieren den Ausgangspunkt der weiteren Untersuchung.

1. Beeinträchtigungen anderer Grundrechtsträger

Schützt nun die Rundfunkfreiheit im Sinne des Bundesverfassungsgerichts als dienende Freiheit vornehmlich die Voraussetzungen und Bedingungen der freien individuellen und öffentlichen Meinungsbildung, so sind – wie bereits dargelegt – regulative Maßnahmen des Rundfunkgesetzgebers dem Grunde nach Ausgestaltungen der Rundfunkfreiheit, die im Interesse der Verwirklichung der Rundfunkfreiheit geringeren materiellen Anforderungen unterworfen werden.[1218] Ziel der Ausgestaltungen ist es dabei, die individuelle und öffentliche Meinungsbildung im verfassungsrechtlich notwendigen Maß zu effektivieren und abzusichern.[1219] Ausgestaltende Gesetze müssen somit stets einerseits die Freiheit der individuellen Meinungsbildung verstärken, andererseits aber auch den Wert einer möglichst ungehinderten und unbeeinflussten Herausbildung der für die Demokratie lebensnotwendigen öffentlichen Meinung intensivieren.[1220] Diese Zielstellung ist letztlich auch legislativen Präzisierungen des einfachgesetzlichen Auftrags der Rundfunkanstalten immanent. Das hat dann zur Folge, dass solche einfachgesetzlichen Präzisierungen regelmäßig als Ausgestaltungen zu qualifizieren sind.[1221] Mit den Ausgestaltungen der dualen Rundfunkordnung schafft der Rundfunkgesetzgeber letztlich die Substanz der Rundfunkfreiheit verfassungsgerichtlicher Prägung. Allerdings können diese Gestalt gebenden Maßnahmen auch andere verfassungsrechtliche Rechtsgüter beeinträchtigen. Dies kann dann zur Konsequenz haben, dass einzelnen Grundrechtsträgern im Interesse der objektiv zu sichernden Voraussetzungen des demokratischen Meinungsbildungsprozesses Belastungen auferlegt werden. Regelmäßig sind diese zur Intensivierung des objektiven Schutzes der individuellen und öffentlichen Meinungsbildung von den Grundrechtsträgern hinzunehmen.[1222] Dennoch ist der Grad der Beeinträchtigung anderer Grundrechtsträger durchaus maßgeblich für die Verfassungsmäßigkeit von Ausgestaltungen: Nur dann, wenn Belastungen als notwendige Folge von Ausgestaltungen im Vergleich zu dem objektiv zu

---

[1217] *Schulze-Fielitz*, in: Dreier, Art. 5 I, II GG Rz. 107; *Jarass*, in: Jarass/Pieroth, Art. 5 GG Rz. 40.

[1218] *Bornemann/Hepach* K&R 2004, 317, 318; *Ruck* AöR 117 (1992), 543, 548; *Jarass* AöR 110 (1985), 363, 393; *Schulze-Fielitz*, in: Dreier, Art. 5 I, II GG Rz. 215; *Hoffmann-Riem*, in: Benda/Maihofer/Vogel, Verfassungsrecht, § 7 Rz. 34; *Eifert*, Programmauftrag, S. 82 f.; *Isensee*, in: Isensee/Kirchhof, HbdStR, § 115 Rz. 141 f.; *Gersdorf*, Rundfunkrecht, Rz. 79.

[1219] BVerfGE 57, 295, 320; 73, 118, 153; 83, 238, 296; 95, 220, 236; *Ruck* AöR 117 (1992), 543, 545; *Schulze-Fielitz*, in: Dreier, Art. 5 I, II GG Rz. 232; *Jarass*, in: Jarass/Pieroth, Art. 5 GG Rz. 44; *Degenhart*, in: Bonner Kommentar, Art. 5 GG Rz. 625; *Hartstein, u.a.*, Teil B2, Rz. 18; *Starck*, in: vMangoldt/Klein/Starck, Art. 5 I, II GG Rz. 117; *A. Hesse*, Rundfunkrecht, Kap. 2 Rz. 42.

[1220] *Herzog*, in: Maunz/Dürig, Art. 5 GG Rz. 9; *Hoffmann-Riem*, Regulierung, S. 107.

[1221] *Degenhart* ZUM 2000, 356, 359 f.; *Eifert*, Programmauftrag, S. 82 f.; *Bullinger*, Aufgaben, S. 19 f.

[1222] BVerfGE 57, 295, 321; *Ruck* AöR 117 (1992), 543, 548; *Jarass* AöR 110 (1985), 363, 394; *Schulze-Fielitz*, in: Dreier, Art. 5 I, II GG Rz. 216; *Hoffmann-Riem*, in: Benda/Maihofer/Vogel, Verfassungsrecht, § 7 Rz. 34; *ders.*, Regulierung, S. 98; *Gersdorf*, Rundfunkrecht, Rz. 79.

schützenden Ziel der Rundfunkfreiheit von untergeordneter Natur sind, sind sie überhaupt verfassungsrechtlich zulässig.[1223] Solche anderen Grundrechtsträger, für die Ausgestaltungen hinsichtlich der Bestimmung des einfachgesetzlichen Auftrags der Anstalten belastende Wirkungen entfalten, sind auf der einen Seite die privaten Rundfunkanbieter, auf der anderen Seite die Gebührenzahler. Für diese gilt es weiter zu prüfen, ob die bestehenden legislativen Präzisierungen des einfachgesetzlichen Auftrags deren Rechte hinreichend berücksichtigen. Angemerkt sei hier noch, dass aufgrund der Vielzahl bestehender Normen nicht jede einzelne Bestimmung auf ihre spezifische Verfassungsmäßigkeit geprüft werden kann; erörtert werden können lediglich generelle Erwägungen sowie einzelne exemplarische Normen.

a) Übermaßverbot

In materieller Hinsicht müssen Ausgestaltungen geeignet sein, die Sicherung individueller und öffentlicher Meinungsbildung in irgendeiner Weise zu fördern.[1224] Wie der Rundfunkgesetzgeber versucht, das Ziel der Rundfunkfreiheit adäquat zu optimieren, bleibt seiner Entscheidung überlassen. Solange die Regelung die Sicherung der Voraussetzungen des demokratischen Meinungsbildungsprozesses in einer der Rundfunkfreiheit zuträglichen Weise fördert, ist der Rundfunkgesetzgeber in der Wahl seiner Mittel frei.[1225] Sein Entscheidungsspielraum ist verfassungsrechtlich geschützt.

(i) Beeinträchtigungen privater Anbieter

Zunächst kommt eine Beeinträchtigung privater Anbieter durch die legislativen Präzisierungen des einfachgesetzlichen Auftrags als Ausgestaltungen der dualen Rundfunkordnung im Hinblick auf deren Rundfunkfreiheit, Art. 5 Abs. 1 S. 2 GG in Betracht: Konzeptionell hat das Bundesverfassungsgericht bereits mehrfach festgestellt, dass das Grundrecht auf Rundfunkfreiheit allen natürlichen und juristischen Personen zusteht, die Rundfunkprogramme veranstalten, ohne Rücksicht auf deren Rechtsform.[1226] Die bisherigen Entscheidungen sind aber hinsichtlich der Reichweite subjektiven Schutzes unklar. Bisher anerkannt ist allenfalls ein Anspruch der privaten Anbieter auf Beachtung ihrer Rechtsposition als Träger der Rundfunkfreiheit, der über die Rechtsposition, die aus dem Willkürverbot vermittelt wird, hinausreicht.[1227] Zudem ging es in der Sache bei der maßgeblichen Entscheidung allein um die Frage der grundrechtlichen Absicherung eines Zulassungsanspruchs privater Anbieter. In persönlicher Hinsicht können sich die privaten Anbieter damit auf das Grundrecht der Rundfunkfreiheit berufen; allerdings ist es ihnen sachlich verwehrt, sich gegenüber gesetzlichen Ausgestaltungs-

---

1223 *Jarass* AöR 110 (1985), 363, 392, *Hoffmann-Riem*, Regulierung, S. 107; *Ruck* AöR 117 (1992), 543, 549 f.

1224 BVerfGE 83, 238, 324; 97, 228, 267; *Bornemann/Hepach* K&R 2004, 317, 318; *Ladeur/Gostomzyk* JuS 2002, 1145, 1152; *Schulze-Fielitz*, in: Dreier, Art. 5 I, II GG Rz. 233; *Kraus-nick*, Rundfunksystem, S. 36 f.; *Gersdorf*, Rundfunkrecht, Rz. 80; *A. Hesse*, Rundfunkrecht, Kap. 2 Rz. 57.

1225 BVerfGE 57, 295, 321 f.; 74, 297, 334; 83, 238, 296; 90, 60, 94; *Bornemann/Hepach* K&R 2004, 317, 318; *Jarass*, in: Jarass/Pieroth, Art. 5 GG Rz. 44a; *Gersdorf*, Rundfunkrecht, Rz. 82.

1226 BVerfGE 95, 220, 234; 97, 298, 310.

1227 BVerfGE 97, 298, 314.

maßnahmen direkt auf das Grundrecht der Rundfunkfreiheit zu stützen. Die Rundfunkfreiheit verfassungsgerichtlicher Prägung ist eine gesetzesakzessorische, subjektive Freiheit.[1228]

Im Kontext der Präzisierung des einfachgesetzlichen Auftrags der Anstalten können sich die privaten Anbieter nach geltender Verfassungsrechtslage damit nicht auf ihr Grundrecht auf Rundfunkfreiheit gegenüber dem Rundfunkgesetzgeber berufen und sind damit abhängig von der legislativen Ausgestaltung durch den Rundfunkgesetzgeber. Dabei wird kaum je zu bezweifeln sein, dass eine Bestimmung des Auftrags der Rundfunkanstalten – sei sie auch noch so pauschal gefasst – dem Ziel der Rundfunkfreiheit in irgendeiner Weise förderlich ist. Danach wäre grundsätzlich eine grundrechtliche Beeinträchtigung der Rechte privater Anbieter im Interesse der objektiv zu sichernden Voraussetzungen des demokratischen Meinungsbildungsprozesses hinzunehmen. Dennoch kann vor diesem Hintergrund die Gestaltungsfreiheit des Rundfunkgesetzgebers nicht unbegrenzt gelten. Privater Rundfunk als Widerpart des öffentlich-rechtlichen Rundfunks darf nämlich nicht Bedingungen unterworfen werden, die seine Veranstaltung in hohem Maße erschweren, wenn nicht ausschließen würden; auf der anderen Seite darf der öffentlich-rechtliche Rundfunk nicht an der Erfüllung der Pflichtaufgabe Grundversorgung gehindert werden.[1229]

Kernfrage für die Zulässigkeit der derzeitigen einfachgesetzlichen Auftragsnormen der jeweiligen Rundfunkanstalten ist also, ob durch ihre konkrete Fassung privaten Anbietern die Veranstaltung von Rundfunkprogrammen in hohem Maße erschwert, wenn nicht gar unmöglich gemacht wird. Ein Charakteristikum privater Rundfunkanbieter ist, dass sie im Gegensatz zu den öffentlich-rechtlichen Rundfunkanstalten wirtschaftlich geprägt sind und wirtschaftliche Eigeninteressen verfolgen.[1230] Der Schutz der Rundfunkfreiheit umfasst daher mit Blick auf private Anbieter neben dem Schutz der Programmgestaltung auch objektiv den Schutz der Wirtschaftswerbung als einziges, maßgebliches Finanzierungsinstrument privaten Rundfunks.[1231] Die Effizienz der Werbefinanzierung sichert die Existenzgrundlage für die privaten Anbieter und ist als solche notwendige Bedingung für deren Bestehen im Wettbewerb und damit letzten Endes der Funktionsfähigkeit der dualen Rundfunkordnung in ihrer Gesamtheit. Ausgehend von der Grundkonzeption des Bundesverfassungsgerichts werden diese ökonomischen Grundlagen des privaten Rundfunks letztlich aber nur „um der publizistischen Beiträge Willen geschützt“[1232], weil das Bundesverfassungsgericht davon ausgeht, dass zwischen den beiden Säulen allein ein publizistischer, nicht aber ein öko-

---

[1228] *Bethge* DÖV 2002, 673, 674 f.; *Schulze-Fielitz*, in: Dreier, Art. 5 I, II GG Rz. 107; *Jarass*, in: Jarass/Pieroth, Art. 5 GG Rz. 40.

[1229] BVerfGE 73, 118, 157; 83, 238, 311; BVerwG NJW 1999, 2454, 2456; *Schulze-Fielitz*, in: Dreier, Art. 5 I, II GG Rz. 275; *Starck*, in: vMangoldt/Klein/Starck, Art. 5 I, II GG Rz. 157; *Gersdorf*, Rundfunkrecht, Rz. 83; *A. Hesse*, Rundfunkrecht, Kap. 2 Rz. 57.

[1230] BVerfGE 97, 228, 253; *Bethge* DÖV 2002, 673, 675; *Schoch* VVDStRL 57 (1998), 158, 194, Fn. 170; *Bullinger*, in: Isensee/Kirchhof, HbdStR, § 142 Rz. 164.

[1231] *Bethge* DÖV 2002, 673, 675 f.; *Neun*, Grenzen des Wachstums, S. 207.

[1232] BVerfGE 74, 397, 334 f.; 83, 238, 311; *Ladeur* AfP 1998, 141, 147; *Eifert*, Programmauftrag, S. 66; *Hoffmann-Riem*, Regulierung, S. 199.

nomischer Wettbewerb besteht.[1233] Art. 5 Abs. 1 S. 2 GG vermittelt daher keinen Schutz vor Programmkonkurrenz anderer Veranstalter gleich welcher Organisationsform.[1234] Die wirtschaftliche Dimension des Rundfunks kann allein dann wieder aufleben, wenn private Rundfunkanbieter Bedingungen unterworfen werden, die ihre Tätigkeit erheblich erschweren oder praktisch unmöglich machen würden.[1235] Intendiert war vom Bundesverfassungsgericht damit eine Grenzziehung dort, wo der private Rundfunk von vorneherein vom Rundfunkgesetzgeber nicht oder nur unzureichend in die Lage versetzt wird, die ihm in der dualen Ordnung zugewiesene Rolle im publizistischen Wettbewerb wahrnehmen zu können. Nur insoweit sind im Rahmen der verfassungsgerichtlichen Dogmatik die wirtschaftlichen Grundlagen des privaten Rundfunks über die Rundfunkfreiheit geschützt. Eine umfassende Rundfunkunternehmerfreiheit privater Rundfunkveranstalter lässt sich der bestehenden Dogmatik zur Rundunkfreiheit indes nicht entnehmen.[1236]

Aufgrund der vom Bundesverfassungsgericht gebilligten Mischfinanzierung für den öffentlich-rechtlichen Rundfunk konkurrieren private und öffentlich-rechtliche Anbieter jedenfalls auf dem Markt für Werbeakquirierungen um Werbeeinnahmen.[1237] Daneben findet auch Wettbewerb mit anderen Rundfunkveranstaltern um die Aufmerksamkeit der Rezipienten, also unmittelbar um Zuschaueranteile statt, bei dem um potenzielle Rezipienten geworben wird. Zudem unterliegt generell alles, was über den Kernbereich der Grundversorgung hinausgeht, also der gesamte Bereich der Zusatzversorgung, den Grundsätzen des wirtschaftlichen Wettbewerbes, da sich private und öffentlich-rechtliche Anbieter hier gleichrangig gegenüber stehen.[1238] In all diesen Bereichen besteht jedenfalls ein wirtschaftlich geprägtes Wettbewerbsverhältnis.[1239] In diesen für den privaten Rundfunk wirtschaftlich relevanten Bereichen müsste der private Rundfunk nun solchermaßen beeinträchtigt werden, dass er in seiner wirtschaftlichen Substanz solche Einbußen erleidet, dass er im publizistischen Wettbewerb mit dem öffentlich-rechtlichen Rundfunk erhebliche Nachteile in Kauf nehmen müsste. Die Beeinträchtigung müsste also die unternehmerischen Entfaltungsmöglichkeiten der privaten Anbieter in unerträglicher Weise einschränken.[1240] Betrachtet man nun

---

[1233] Nur BVerfGE 74, 297, 332; *Neun*, Grenzen des Wachstums, S. 207.

[1234] BVerfGE 74, 297, 332; 97, 228, 268; *Neun*, Grenzen des Wachstums, S. 207.

[1235] BVerfGE 83, 238, 311; *Eifert*, Programmauftrag, S. 66; *Stock*, Rundfunksystem, S. 77, Fn. 245; *Hoffmann-Riem*, Regulierung, S. 199; *Neun*, Grenzen des Wachstums, S. 207.

[1236] *Ladeur* AfP 1998, 141, 147; *Eifert*, Programmauftrag, S. 66; *Hoffmann-Riem*, Regulierung, S. 199; *Neun*, Grenzen des Wachstums, S. 208, 387 f.

[1237] BGHZ 110, 371, 386; *Neun*, Grenzen des Wachstums, S. 222; *O. Klein*, Fremdnützige Freiheitsgrundrechte, S. 118; *Hain*, Rundfunkfreiheit, S. 135; im Verhältnis privater Rundfunkveranstalter untereinander bereits BVerfG NJW 1991, 1943, 1943.

[1238] BVerfGE 74, 297, 332.

[1239] *Degenhart* AfP 2005, 493, 497 (499); *von Wallenberg* ZUM 2005, 88, 90; *dies.* ZUM 2004, 875, 877 f.; *Kresse* ZUM 1995, 179, 187; *Degenhart*, in: Bonner Kommentar, Art. 5 GG Rz. 874a; *Bullinger*, Aufgaben, S. 15 f.; *Neun*, Grenzen des Wachstums, S. 222, 223 f.; *O. Klein*, Fremdnützige Freiheitsgrundrechte, S. 118; *Hain*, Rundfunkfreiheit, S. 135; im Verhältnis privater Anbieter untereinander bereits BVerfG NJW 1991, 1943, 1943.

[1240] BVerwGE 17, 306, 311; 39, 329, 336; BVerwG DVBl. 1996, 152, 153; *Neun*, Grenzen des Wachstums, S. 388.

aber die voranschreitende Konsolidierung der wirtschaftlichen Basis der größeren privaten Anbieter und die doch erheblichen Einnahmen auf dem Werbemarkt durch den privaten Rundfunk, so kann von einer solchen Belastung für den privaten Rundfunk nicht ausgegangen werden. Die Vielzahl der bestehenden privaten Konkurrenzangebote setzen durch ihre publizistischen Erfolge vermehrt die öffentlich-rechtlichen Rundfunkanstalten unter erheblichen Konkurrenzdruck. Auch die Zuschaueranteile der großen privaten Anbieter schwanken nur marginal und bleiben konstant auf hohem Niveau. Eine erhebliche Beeinträchtigung der wirtschaftlichen Konkurrenzfähigkeit der privaten Anbieter durch die bestehenden, weit gefassten legislativen Präzisierungen der einfachgesetzlichen Aufträge der öffentlich-rechtlichen Rundfunkanstalten kann vor diesem Hintergrund nicht angenommen werden. Unterhalb der Schwelle ist die Privilegierung des öffentlich-rechtlichen Rundfunks im wirtschaftlichen Wettbewerb aufgrund der besonderen Funktion des öffentlich-rechtlichen Rundfunks im dualen System gerechtfertigt und rechtlich zulässig.[1241] Die konkrete Ausgestaltung der bestehenden einfachgesetzlichen Aufträge obliegt damit dem Gestaltungsspielraum des Rundfunkgesetzgebers; dieser kann im Rahmen des ihm zugebilligten Handlungsspielraums auch Maßnahmen legislativ festschreiben, die das Ziel der Rundfunkfreiheit nicht optimal fördern.[1242]

Daneben kommt eine Beeinträchtigung privater Anbieter durch die legislativen Präzisierungen des einfachgesetzlichen Auftrags als Ausgestaltungen der Rundfunkordnung im Hinblick auf deren Berufsfreiheit aus Art. 12 Abs. 1 GG in Betracht: Unabhängig vom Vorliegen der spezifischen Voraussetzungen der Berufsfreiheit kann Art. 12 Abs. 1 GG bezüglich der besonderen Voraussetzungen der Rundfunkfreiheit keinen weitergehenden Schutz vermitteln als derjenige des Art. 5 Abs. 1 S. 2 GG: Die Unternehmerfreiheit der privaten Anbieter hat sich daher stets an den verfassungsrechtlichen Bindungen des dualen Systems und damit an den strukturellen Besonderheiten der Rundfunkfreiheit zu orientieren und diese zu berücksichtigen. Die Berufsfreiheit wird von den spezifischen Erfordernissen des Art. 5 Abs. 1 S. 2 GG überlagert; anders gewendet sind die privaten Anbieter als Unternehmer über Art. 12 Abs. 1 GG nur im dogmatischen Korsett der Rundfunkfreiheit geschützt.[1243] Dementsprechend kann sich aus Art. 12 Abs. 1 GG nichts anderes ergeben als bereits festgestellt.

(ii) Beeinträchtigungen der Gebührenzahler

Hinsichtlich der Gebührenzahler kann das bestehende Finanzierungsgerüst für den öffentlichen Rundfunk als Nebeneffekt der Ausgestaltung in die Schutzbereiche von Art. 14 Abs. 1 S. 1 GG; Art. 5 Abs. 1 S. 1 GG und Art. 2 Abs. 1 GG eingreifen. Solche

---

1241 *Ladeur* AfP 1998, 141, 147; *Degenhart* ZUM 1988, 47, 55; *Eifert*, Programmauftrag, S. 66; *Neun*, Grenzen des Wachstums, S. 387 f.; *Reese*, Funktionsauftrag, S. 195; *Gersdorf*, Rundfunkrecht, Rz. 83; zurecht spricht in diesem Kontext *Neun,* Grenzen des Wachstums, S. 388, von einer Schutzlücke für private Anbieter, die auf lange Sicht verfassungsrechtlich kaum haltbar sein wird.

1242 *Ladeur/Gostomzyk* JuS 2002, 1145, 1152; *Hoffmann-Riem*, Regulierung, S. 108.

1243 BVerfGE 97, 298, 316; *Bethge* DÖV 2002, 673, 677; *Degenhart*, in: Bonner Kommentar, Art. 5 GG Rz. 942; *Hartstein, u.a.*, Teil B2, Rz. 65; *Neun*, Grenzen des Wachstums, S. 387 f., 391; *Reese*, Funktionsauftrag, S. 191 f.; anders noch mit fragwürdiger Argumentation *Scholz*, in: Maunz/Dürig, Art. 12 GG Rz. 166 f.

Belastungen sind aber regelmäßig im Zuge der Ausgestaltung der dualen Rundfunkordnung als notwendige Folge hinzunehmen, es sei denn, die Belastungen sind im Vergleich zu dem objektiv zu schützenden Ziel der Rundfunkfreiheit nicht bloß untergeordneter Natur, sondern entfalten eigenständige Bedeutung. Hinsichtlich der Eigentumsfreiheit ist jedoch nicht der Schutzbereich betroffen: Eigentumsfähige Positionen sind jedenfalls alle vom Gesetzgeber gewährten, konkreten vermögenswerten Rechte, die als Äquivalent eigener Leistung erreicht wurden.[1244] Dabei schützt die Eigentumsfreiheit nicht das Vermögen als solches.[1245] Konsequenterweise wird durch die staatliche Auferlegung von Geldleistungspflichten der Schutzbereich des Art. 14 GG grundsätzlich nicht beeinträchtigt.[1246] Eine Ausnahme ist allein dann anzunehmen, wenn es sich bei den Geldleistungspflichten um erdrosselnde Abgaben handelt.[1247] Betrachtet man vor diesem Hintergrund die gesetzliche Pflicht des einzelnen Rundfunkteilnehmers auf Zahlung der Rundfunkgebühr bei Bereithaltung eines Rundfunkempfangsgeräts, so ist diese Auferlegung der Gebührenzahlungspflicht nicht vom Schutz des Art. 14 GG erfasst.[1248] Etwas anderes könnte sich nur dann ergeben, wenn die Höhe der Gebühren völlig außer Verhältnis stehen würde. Selbst bei kritischer Betrachtung wird man aber die jetzige Höhe der Rundfunkgebühr nicht als erdrosselnd für den einzelnen Gebührenzahler werten können. Auch ein Eingriff in die Informationsfreiheit, Art. 5 Abs. 1 S. 1 GG muss ausscheiden, da nach einhelliger Meinung diese gerade keine Garantie kostenloser Information enthält.[1249] Die Grenze der Vereinbarkeit mit Art. 5 Abs. 1 S. 1 GG wäre allenfalls dann erreicht, wenn durch die Höhe der Gebühr der objektiven Mehrzahl der Rundfunkempfänger der Zugang zu Informationen vorenthalten würde. Davon kann im bestehenden Gebührensystem nicht ausgegangen werden.

In Betracht kommt damit allenfalls die Verletzung des Art. 2 Abs. 1 GG, weil dem einzelnen Gebührenzahler ohne Rücksicht auf die tatsächliche Nutzung seines Empfangsgerätes bereits bei der Bereithaltung eines Rundfunkempfangsgerätes eine Gebührenleistungspflicht auferlegt wird. Im Vergleich zu dem Ziel der Rundfunkfreiheit, die objektiven Voraussetzungen der individuellen und öffentlichen Meinungsbildung zu effektivieren, ist aber eine Belastung des Einzelnen zur Zahlung einer Gebühr von relativ geringer Höhe eine untergeordnete Belastung.[1250] Dies muss umso mehr gelten,

---

1244 BVerfGE 24, 367, 396; 51, 193, 218; 53, 257, 290; 58, 300, 336; *Jarass*, in: Jarass/Pieroth, Art. 14 GG Rz. 7; *Papier*, in: Maunz/Dürig, Art. 14 GG Rz. 55.

1245 BVerfGE 78, 232, 243; 95, 267, 300; *Jarass*, in: Jarass/Pieroth, Art. 14 GG Rz. 15; *Papier*, in: Maunz/Dürig, Art. 14 GG Rz. 42; *Bryde*, in: vMünch/Kunig, Art. 14 GG Rz. 23.

1246 BVerfGE 81, 108, 122; 91, 207, 220; *Jarass*, in: Jarass/Pieroth, Art. 14 GG Rz. 16 mwN; *Wieland*, in: Dreier, Art. 14 GG Rz. 48; *Neun*, Grenzen des Wachstums, S. 232; kritisch *Wendt*, in: Sachs, Art. 14 GG Rz. 143.

1247 BVerfGE 63, 312, 327; 95, 267, 301; *Jarass*, in: Jarass/Pieroth, Art. 14 GG Rz. 17; *Papier*, in: Maunz/Dürig, Art. 14 GG Rz. 170; *Bryde*, in: vMünch/Kunig, Art. 14 GG Rz. 23.

1248 *von Münch* NJW 2000, 634, 634; *Neun*, Grenzen des Wachstums, S. 232; *Reese*, Funktionsauftrag, S. 187.

1249 *von Münch* NJW 2000, 634, 634; *Neun*, Grenzen des Wachstums, S. 231; *Reese*, Funktionsauftrag, S. 187.

1250 BVerfGE 87, 181, 201; 90, 60, 90 f.; BVerwG NJW 1999, 2454, 2456; *Neun*, Grenzen des Wachstums, S. 232 f.; *Reese*, Funktionsauftrag, S. 187-189.

da die Zulässigkeit des dualen Systems an sich von der Funktionsfähigkeit und Effizienz des öffentlich-rechtlichen Rundfunks und damit mittelbar von dessen gesicherter Finanzierungsbasis abhängig ist.[1251] Selbst wenn man von einer überhöhten Rundfunkgebühr ausginge, kann diese allein noch keine eigenständige Belastung als Konsequenz der Ausgestaltung durch den Rundfunkgesetzgeber begründen, die dann letztlich den Rundfunkgesetzgeber zu präzisierenden Maßnahmen zwingen könnte. Dabei wäre insbesondere auch zu berücksichtigen, dass das Verfahren zur Bestimmung der Höhe der Rundfunkgebühr auf den strukturellen Vorgaben des Bundesverfassungsgerichts beruht.[1252]

b) Untermassverbot

Da die Grundkonzeption der Rundfunkfreiheit als dienender Freiheit den Staat objektiv dazu verpflichtet, eine positive Ordnung zu schaffen, die die Rundfunkfreiheit materiell und organisatorisch ausgestaltet und solchermaßen geeignet ist, die Sicherung der individuellen und öffentlichen Meinungsbildung im verfassungsrechtlich notwendigen Maß abzusichern[1253], wird vom Rundfunkgesetzgeber verlangt, dass er ein Mindestmaß an Vorkehrungen zur Sicherung des demokratischen Meinungsbildungsprozesses trifft.[1254] Auf der anderen Seite ist der Rundfunkgesetzgeber gefordert, dafür Sorge zu tragen, dass auch andere in ihrer Freiheitsverwirklichung Gefährdete ausreichende Entfaltungsmöglichkeiten weiterhin in angemessener Weise für sich in Anspruch nehmen können.[1255] Das verfassungsrechtliche Untermassverbot markiert damit die Unterschwelle zulässiger Ausgestaltungen des Rundfunkgesetzgebers. Zwar ist dieser nicht gehalten, stets dasjenige Mittel zu wählen, welches die Ziele der Rundfunkfreiheit bestmöglich effektiviert, dennoch darf er nicht das verfassungsrechtlich vorgegebene Mindestmaß unterschreiten. Richtig konstatiert daher *Hoffmann-Riem*, dass sich der dem Rundfunkgesetzgeber zustehende Gestaltungsspielraum zulässiger Ausgestaltung zwischen eben dieser unteren Schwelle und der Grenze zu übermäßigen Beschränkungen bewegt.[1256]

Fraglich ist also nun, ob die bestehenden legislativen Präzisierungen des einfachgesetzlichen Auftrags der Rundfunkanstalten als Ausgestaltungen das verfassungsrechtlich gebotene Mindestniveau der Präzisierung erreichen. Die Vorkehrungen des Rundfunkgesetzgebers müssen unter Berücksichtigung entgegen stehender Rechte und

---

[1251] BVerfGE 90, 60, 91; BVerwG NJW 1999, 2454, 2456 f.; *von Münch* NJW 2000, 634, 634; *Neun*, Grenzen des Wachstums, S. 232 f.

[1252] BVerfGE 90, 60, 90 f.; *von Münch*, in: FS Selmer, 821, 828.

[1253] BVerfGE 57, 295, 320; 73, 118, 153; 83, 238, 296; 95, 220, 236; *Schulze-Fielitz*, in: Dreier, Art. 5 I, II GG Rz. 232; *Jarass*, in: Jarass/Pieroth, Art. 5 GG Rz. 44; *Hartstein, u.a.*, Teil B2, Rz. 18; *Starck*, in: vMangoldt/Klein/Starck, Art. 5 I, II GG Rz. 113; *Degenhart*, in: Bonner Kommentar, Art. 5 GG Rz. 625; *A. Hesse*, Rundfunkrecht, Kap. 2 Rz. 42.

[1254] BVerfGE 88, 203, 254; *Schulze-Fielitz*, in: Dreier, Art. 5 I, II GG Rz. 235; *Isensee*, in: Isensee/Kirchhof, HbdStR, § 115 Rz. 145, 152; *Bethge*, in: Sachs, Art. 5 GG Rz. 151a.; *Isensee*, in: Isensee/Kirchhof, HbdStR, § 111 Rz. 165; *Hoffmann-Riem*, Regulierung, S. 107 f.

[1255] BVerfGE 88, 203, 254; *Hoffmann-Riem*, Regulierung, S. 107 f.; *Isensee*, in: Isensee/Kirchhof, HbdStR, § 115 Rz. 145.

[1256] *Hoffmann-Riem*, Regulierung, S. 107.

Rechtsgüter einen angemessenen Schutz sichern und zudem auf sorgfältigen Tatsachenermittlungen und vertretbaren Einschätzungen beruhen.[1257] Orientierungspunkt hierfür müssen die Vorgaben des Bundesverfassungsgericht sein, die bereits für sich genommen einen Katalog notwendiger Präzisierungen nachzeichnen. Das wurde bereits im Rahmen dieser Bearbeitung erörtert. Selbst die extrem weit gefassten Rundfunkgesetze normieren jedoch jedenfalls das verfassungsrechtlich gebotene Mindestmaß, dessen weitere Präzisierung zwar wünschenswert, aber jedenfalls im Hinblick auf das verfassungsrechtliche Untermassverbot rechtlich nicht geboten ist. Auch wird den in ihrer Freiheitsverwirklichung gefährdeten privaten Anbietern eine ausreichende Entfaltungsmöglichkeit zugebilligt. Sie konnten und können sich, obwohl sie nicht nur im publizistischen, sondern auch im ökonomischen Wettbewerb mit den öffentlich-rechtlichen Rundfunkanstalten stehen, wirtschaftlich prosperierend betätigen und ihre Aufgabe im publizistischen Bereich im dualen System in verfassungsrechtlich gebotener Weise wahrnehmen. Daher kann nicht davon ausgegangen werden, dass die legislativen Präzisierungen des einfachgesetzlichen Auftrags der Anstalten hinter dem verfassungsrechtlich gebotenen Mindestmaß zurückbleiben. Eine Handlungspflicht kann sich an dieser Stelle nicht aus einer Verletzung des Untermaßverbotes ergeben. Damit sind die bestehenden Ausgestaltungen des einfachgesetzlichen Auftrags der öffentlich-rechtlichen Rundfunkanstalten im Rahmen der Konzeption des Bundesverfassungsgerichts als Ausgestaltungen geeignet, das Ziel der Rundfunkfreiheit zu fördern und sie überschreiten weder die vom Bundesverfassungsgericht gesteckten Grenzen einer übermäßigen Beschränkung, noch unterschreiten sie das verfassungsrechtlich gebotene Mindestmaß an Präzisierung.[1258]

2. Wesentlichkeitstheorie

Wie bereits mehrfach an anderer Stelle erläutert, ist die Festlegung der Grundlinien der dualen Ordnung und hierbei insbesondere die Bestimmung des Aufgabenbereiches des öffentlich-rechtlichen Rundfunks als eine für die Verwirklichung der Rundfunkfreiheit wesentliche Frage vom Rundfunkgesetzgeber selbst zu regeln.[1259] Nach der Wesentlichkeitstheorie muss die Funktionsbeschreibung der öffentlich-rechtlichen Rundfunkanstalten in ihren Leitgrundsätzen durch den Rundfunkgesetzgeber präzisiert werden. Wesentlich in diesem Sinne sind Regelungen, die wesentlich für die Verwirklichung der Grundrechte sind, die also insbesondere die Ausübung des in Frage stehenden Grundrechtes betreffen und/oder Grundrechtskollisionen zum Ausgleich bringen.[1260] Unter Anerkennung der Programmautonomie der Anstalten wie auch des Gebotes der

---

[1257] BVerfGE 88, 203, 254.

[1258] Diese Konsequenz verkennt Bullinger in gemeinschaftsrechtlich motivierter Negierung der verfassungsgerichtlichen Dogmatik, vgl. *Bullinger*, Aufgaben, S. 51 f.

[1259] BVerfGE 57, 295, 320 f., 73, 118, 159; 87, 181, 198; 90, 60, 98 f.; *Degenhart* K&R 2001, 329, 331; *Libertus* ZUM 1992, 225, 226; *Degenhart* ZUM 2000, 356, 363; *ders.*, in: Bonner Kommentar, Art. 5 GG Rz. 789; *Jarass*, in: Jarass/Pieroth, Art. 5 GG Rz. 78; *Bethge*, in: Sachs, Art. 5 GG Rz. 98; *Schulze-Fielitz*, in: Dreier, Art. 5 I, II GG Rz. 233; *Hartstein, u.a.*, Teil B5, § 11 RfStV Rz. 3; *Neun*, Grenzen des Wachstums, S. 192.

[1260] BVerfGE 47, 46, 79; 49, 89, 126 f.; 57, 295, 320 f.; 83, 130, 140; 98, 218, 251; *Libertus* ZUM 1992, 225, 226; *Ladeur/Gostomzyk* JuS 2002, 1145, 1149.

Staatsfreiheit des Rundfunks ist es demnach der Rundfunkgesetzgeber, der selbst – direkt oder indirekt – den Auftrag der Anstalten festlegen kann. Insoweit verfügt der Rundfunkgesetzgeber – selbstverständlich im Rahmen seiner Bindungen aus Art. 1 Abs. 3 GG[1261] - über einen breiten Gestaltungsspielraum auch in programmleitenden Fragen der Rundfunkregulierung.[1262] Wenn nun aber die Aufgabenbestimmung für die öffentlich-rechtlichen Rundfunkanstalten als für die Rundfunkfreiheit wesentliche Frage vom Rundfunkgesetzgeber selbst zu regeln ist, so kann das jedenfalls nicht bedeuten, dass der Rundfunkgesetzgeber diesen allumfassend legislativ zu beschreiben hat. Die bestehenden einfachgesetzlichen Aufträge der Rundfunkanstalten im nationalen Rundfunkregulierungsregime sind regelmäßig bewusst materiell weit gefasst. Vielfach hat sich der Rundfunkgesetzgeber im Rahmen seines Gestaltungsspielraumes entschieden, die ihm obliegende Gestaltungskompetenz hinsichtlich der einfachgesetzlichen Aufträge nur mittelbar wahrzunehmen, indem er formelle Präzisierungen wie § 11 Abs. 4 RfStV geschaffen hat, die die Anstalten ermächtigen, ihren Auftrag selbst genauer zu präzisieren. Ob das bewusste Unterlassen direkter materieller Präzisierung durch den Rundfunkgesetzgeber im Hinblick auf die Wesentlichkeitstheorie des Bundesverfassungsgerichts zu beanstanden sein kann, gilt es im Weiteren zu untersuchen:

Dem Grunde nach ist der Rundfunkgesetzgeber zu einer hinreichend präzisen Ausgestaltung des einfachgesetzlichen Auftrags verpflichtet. Wird nun aber diese eigene Handlungspflicht im Wege formeller Ermächtigungen zu untergesetzlichen Normen an Dritte delegiert, so kann die Frage, ob das bewusste Unterlassen des Gesetzgebers verfassungsrechtlich zu beanstanden ist oder nicht, nur unter Zugrundelegung der ausführenden untergesetzlichen Normen beurteilt werden.[1263] Hier ist zunächst festzuhalten, dass es grundsätzlich dem Gestaltungsspielraum des Gesetzgebers unterfällt, mittels welcher konkreten Regelung er die von ihm geforderten legislativen Maßnahmen umsetzen will; dabei kann der Gesetzgeber durchaus unter hinreichend bestimmten Vorgaben untergesetzlichen Normgebern die nähere Ausgestaltung übertragen.[1264] Wenn nun aber der Rundfunkgesetzgeber – wie in § 11 Abs. 4 S. 1, 3 RfStV und dessen landesgesetzlichen Ausformungen geschehen – sich selbst zurücknimmt und eine formelle Präzisierungspflicht, die keine oder nur rudimentär inhaltliche Vorgaben hinsichtlich der Art und Weise der Präzisierung beinhaltet, einführt, die den Anstalten selbst das Recht zur Ausgestaltung ihres Auftrags zuträgt, so ist das eine Vernachlässigung der verfassungsrechtlichen Pflicht für den Rundfunkgesetzgeber, die wesentlichen Fragen hinsichtlich der Bestimmung des Auftrags selbst zu regeln. Das, was letztlich wesentlich für die Grundrechtsausübung ist, darf eben nicht anderen Normgebern überlassen werden.[1265] Eine Delegierung an untergesetzliche Normgeber wäre im Einklang mit den Vorgaben des Bundesverfassungsgerichts nur dann zulässig, wenn diese

---

1261 BVerfGE 74, 297, 334; instruktiv *Lerche*, in: Isensee/Kirchhof, HbdStR, § 121 Rz. 3.

1262 BVerfGE 57, 295, 321; 83, 238, 296; 90, 60, 94; 97, 228, 267 (st. Rspr.).

1263 BVerfGE 61, 260, 275 f.

1264 BVerfGE 35, 79, 135; 61, 260, 276; BVerwGE 116, 347, 349; *Schulze-Fielitz*, in: Dreier, Art. 20 GG (Rechtsstaat) Rz. 111; *Jarass*, in: Jarass/Pieroth, Art. 20 GG Rz. 58.

1265 BVerfGE 58, 257, 274; 62, 169, 182; 95, 267, 307; 98, 218, 251; BVerwGE 116, 347, 349; *Jarass*, in: Jarass/Pieroth, Art. 20 GG Rz. 55.

unter hinreichend bestimmten Vorgaben erfolgte. Im Rahmen des § 11 Abs. 4 RfStV ist das aber gerade nicht der Fall, vielmehr wird den Anstalten pauschal übertragen, ihren Auftrag näher zu bestimmen, ohne dass dafür weitere Kriterien vorgegeben werden. Bestätigung für diesen Befund ist letztlich auch das im Bereich der anstaltsautonomen Präzisierung festgestellte, tatsächliche Präzisierungsbedürfnis, welches Ausfluss der defizitären Ausgestaltung durch den Rundfunkgesetzgeber ist. Weiter verfassungsrechtlich bedenklich ist die Tatsache, dass der Rundfunkgesetzgeber für die Selbstverpflichtungen keine Ermächtigungen für untergesetzliche Normen erlassen hat, sondern auf eine Präzisierung mittels Selbstverpflichtungen setzt, die von fragwürdigem normativem Charakter sind. Zumindest an dieser Stelle hätte der Rundfunkgesetzgeber die normativen Defizite der Selbstverpflichtungen durch besonders genaue Vorgaben kompensieren müssen, um nicht die ihm obliegende Pflicht zur Ausgestaltung des Auftrags zu vernachlässigen.

Bestärkt wird der bis jetzt ermittelte Befund noch von anderer Seite: So hält das Bundesverfassungsgericht eine Delegierung an untergesetzliche Normgeber auch dann für verfassungsrechtlich bedenklich, wenn der Gesetzgeber von vorneherein damit rechnen musste, dass bei der untergesetzlichen Ausgestaltung seines vorgegebenen Rahmens das in Frage stehende Grundrecht missachtet würde.[1266] Schon bei Erlass der Ermächtigungen zu weitergehender Präzisierung hat der Rundfunkgesetzgeber den defizitären Zustand erkannt und diesen bewusst, in der Erwartung überkompensatorischer Erfüllung durch die Rundfunkanstalten, hingenommen. So hat er in § 11 Abs. 5 RfStV eine Überprüfung der Effizienz der prozeduralen Präzisierung alle drei Jahre durch die Länder angeordnet, woraus sich erkennen lässt, dass dem Rundfunkgesetzgeber die Gefahr der „weichen" Regulierung des § 11 Abs. 4 RfStV durchaus bewusst war. Die Bedenken des Rundfunkgesetzgebers lassen sich auch den Protokollerklärungen zum 7. Rundfunkänderungsstaatsvertrag entnehmen:[1267] Dort verlangen einige Länder messbare Verpflichtungen und behalten sich eine Prüfung vor, ob die Praxis der Selbstverpflichtungen die Erwartungen an eine quantitative und qualitative Präzisierung des gesetzlichen Auftrags erfüllen kann.[1268] Daneben konstatiert der Rundfunkgesetzgeber in Protokollerklärung Nr. 2 zum 8. Rundfunkänderungsstaatsvertrag[1269], dass eine weitere Konkretisierung des einfachgesetzlichen Auftrags der Anstalten notwendig werden kann. Damit anerkennt der Rundfunkgesetzgeber ein weitergehendes tatsächliches Präzisierungsbedürfnis.[1270] Fügt man diese Aspekte zu einem Gesamtkontext zusammen, so wird deutlich, dass der Rundfunkgesetzgeber bewusst offene formelle Präzisierungspflichten konstituiert hat, obwohl die eigentliche Grenzziehung zwischen unterschiedlichen Ausübungsbereichen von Grundrechten, also das Setzen von Markierungspunkten Aufgabe des Gesetzgebers ist.[1271] Ihm war bereits bei Erlass der Normen bewusst, dass der von ihm präferierten, formellen Präzisierung die

---

1266 BVerfGE 61, 260, 276.

1267 *Hartstein, u.a.*, Teil B3, Rz. 3.

1268 *Hartstein, u.a.*, Teil B5, § 11 RfStV, S. 1 f.; *Stock*, Rundfunksystem, S. 83.

1269 Abgedruckt in epd Medien Nr. 84/2004, S. 12.

1270 *von Wallenberg* ZUM 2004, 875, 884.

1271 BVerfGE 47, 46, 80.

Gefahr der Ineffizienz innewohnt. In diesem Bewusstsein hätte er nicht eine offene Delegierung ohne Vorgaben wählen dürfen, sondern hätte den Anstalten konkrete Vorgaben für die anstaltsautonome Präzisierung machen müssen.

Zusammenfassend ergibt sich somit folgender Befund: Die Festlegung der Grundlinien der dualen Ordnung und hierbei insbesondere die Bestimmung des Aufgabenbereiches des öffentlich-rechtlichen Rundfunks ist wesentlich für die Verwirklichung des Grundrechts der Rundfunkfreiheit und damit originäre Aufgabe des Rundfunkgesetzgebers.[1272] Wenn nun der Rundfunkgesetzgeber – wie in § 11 Abs. 4 S. 1, 3 RfStV und dessen landesgesetzlichen Ausformungen geschehen – durch eine Delegierung mittels einer Ermächtigung zur formellen Präzisierung durch die Anstalten selbst seine Pflicht zur Ausgestaltung restriktiv wahrnimmt, so kann dies verfassungsrechtlich nur dann zulässig sein, wenn dem ausführenden Adressaten der Ermächtigung durch konkrete Vorgaben ein legislativer Rahmen zur Ausführung gesetzt wird. Da der Rundfunkgesetzgeber aber auf bestimmte Vorgaben hinsichtlich des Wie der Präzisierung im Rahmen der Delegierung verzichtet hat, entzieht er sich der ihm aufgetragenen, verfassungsrechtlichen Pflicht zur Regelung der für die Verwirklichung der Rundfunkfreiheit wesentlichen Bereiche. Dies muss umso mehr deshalb gelten, als dass der Rundfunkgesetzgeber sich bereits bei Erlass der formellen Ermächtigungen der Gefahr eines Versagens der pauschalen Delegierung bewusst war und in Erwartung defizitärer Präzisierungen durch die Rundfunkanstalten auf detaillierte Vorgaben für deren anstaltsautonome Präzisierung verzichtet hat. Tatsächlich wird der Befund ebenso gestützt durch die Tatsache, dass die untergesetzlichen Regelungen, die anstelle der Präzisierungen des Rundfunkgesetzgebers treten sollten, als solche bereits tatsächlich defizitär sind. Dass Delegierungen nicht pauschal unzulässig sein müssen, belegt das Beteiligungsverfahren im DW-Gesetz: Dort hat sich der Rundfunkgesetzgeber zwar auch bewusst mit materiellen, präzisierenden Bestimmungen zurückgehalten; nichtsdestotrotz ist das dortige formelle Präzisierungsverfahren, die die Auftragspräzisierung der DW zuweist, detailliert und konkret beschrieben, so dass im Ergebnis dort dem Parlamentsvorbehalt genügt werden kann.

3. Bestimmtheitsgebot

Eine weitere rechtliche Anforderung an Auftrag präzisierende Normen ergibt sich dann aus dem verfassungsrechtlichen Bestimmtheitsgebot als Ausfluss der Wesentlichkeitstheorie: Der durch die Wesentlichkeitstheorie begründete Parlamentsvorbehalt im Rundfunkbereich allgemein und dort bei der Bestimmung des einfachgesetzlichen Auftrags der Rundfunkanstalten im Besonderen erschöpft sich letztlich nicht in der Vorgabe, dass alle für die Verwirklichung der Rundfunkfreiheit wesentlichen Fragen vom Rundfunkgesetzgeber selbst geregelt werden müssen. Das förmliche Gesetz muss in Ausführung dieser Vorgabe zugleich ausreichend bestimmt und genau sein.[1273] Der

1272 Allgemeine Bedenken hinsichtlich der Vereinbarkeit unbestimmter einfachgesetzlicher Auftragsnormen mit der Wesentlichkeitsdoktrin des Bundesverfassungsgerichts finden sich bei *Neun*, Grenzen des Wachstums, S. 394.

1273 BVerfGE 57, 295, 320 f.; 80, 137, 161; BVerwGE 116, 347, 349; *Jarass*, in: Jarass/Pieroth, Art. 20 GG Rz. 54; *Sachs*, in: Sachs, Art. 20 GG Rz. 127; *Hoffmann-Riem*, Regulierung, S. 192.

Grad der Bestimmtheit und Genauigkeit hängt dabei von der Intensität der in Frage stehenden Regelungen im grundrechtssensiblen Bereich ab: Je schwerwiegender die Auswirkungen einer Regelung sind, desto genauer müssen die Vorgaben des Gesetzgebers sein.[1274] Dabei muss die Rechtslage wie auch die resultierenden Konsequenzen für den oder die Betroffenen erkennbar sein, um jenen zu ermöglichen, ihr Verhalten in ausreichendem Maße auf die Rechtslage einzustellen.[1275] Die geforderte Bestimmtheit erstreckt sich nicht nur auf das förmliche Gesetz als solches, sondern auch auf Ermächtigungen zum Erlass von Rechtsvorschriften.[1276] Anderenfalls könnte sich der Gesetzgeber durch die Ermächtigung zum Erlass untergesetzlicher Normen den Anforderungen des Bestimmtheitsgebotes entziehen. Generell muss im Rahmen des Bestimmtheitsgebotes dafür Sorge getragen werden, dass die äußeren Grenzen des Handlungsspielraums abgesteckt werden, so dass eine hinreichende Kontrollmöglichkeit durch richterliche Überprüfung besteht.[1277] Zu diesem Zweck können durchaus unbestimmte, auslegungsbedürftige Rechtsbegriffe verwendet werden, solange sie durch herkömmliche Auslegungsmethoden konkretisierbar sind.[1278] Auch Generalklauseln können im Einzelfall hinreichend bestimmt sein.[1279]

Vor diesem Hintergrund gilt es nun die bestehenden einfachgesetzlichen Präzisierungen des Auftrags der öffentlich-rechtlichen Rundfunkanstalten eingehend zu analysieren: Als Adressat der Auftragsnormen sind es zunächst die Anstalten selbst, die aus den legislativen Präzisierungen des Rundfunkgesetzgebers entnehmen können müssen, in welchem gesetzlichen Rahmen sie die ihnen zugewiesene Funktion im dualen System wahrnehmen sollen. Umgekehrt sind mittelbar die Gebührenzahler und privaten Anbieter durch die Ausgestaltungen des Rundfunkgesetzgebers betroffen; insbesondere letztere müssen erkennen können, was der öffentlich-rechtliche Rundfunk darf und was nicht.[1280] Rundfunkanstalten als Normadressaten wie auch private Anbieter als Betroffene müssten demnach den legislativen Präzisierungen des einfachgesetzlichen Auftrags der Rundfunkanstalten entnehmen können, wie weit der Aktionsradius der Anstalten reicht und in welchem Bereich und in welcher Weise der private Rundfunk mit wirtschaftlicher Konkurrenz zu rechnen hat. Dabei ist zwischen den unterschiedlichen Tätigkeitsbereichen des öffentlich-rechtlichen Rundfunks zu differenzieren:

Hinsichtlich des Kernbereiches der Programmversorgung fehlt es zwar zumeist an detaillierten Vorgaben; dies ist aber letztlich Ausfluss der Programmautonomie der

---

[1274] BVerfGE 49, 168, 181; 59, 104, 114; 86, 288, 311; 93, 213, 238; BVerwGE 116, 347, 350; *Jarass*, in: Jarass/Pieroth, Art. 20 GG Rz. 54; *Sachs*, in: Sachs, Art. 20 GG Rz. 128.

[1275] BVerfGE 21, 73, 79; 52, 1, 41; 62, 169, 183; 64, 261, 286; BVerwGE 116, 347, 349; *Jarass*, in: Jarass/Pieroth, Art. 20 GG Rz. 54; *Sachs*, in: Sachs, Art. 20 GG Rz. 129; *Hoffmann-Riem*, Regulierung, S. 192.

[1276] BVerfGE 58, 257, 274; 62, 169, 182; 95, 267, 307; 98, 218, 251; BVerwGE 116, 347, 349; *Jarass*, in: Jarass/Pieroth, Art. 20 GG Rz. 55.

[1277] *Starck* NJW 1992, 3257, 3260; *Jarass*, in: Jarass/Pieroth, Art. 20 GG Rz. 61 mwN; *Hoffmann-Riem*, Regulierung, S. 192.

[1278] BVerfGE 78, 205, 212; 87, 234, 263 f.; 103, 21, 33; *Sachs*, in: Sachs, Art. 20 GG Rz. 127.

[1279] BVerfGE 13, 153, 161; 56, 1, 12; *Jarass*, in: Jarass/Pieroth, Art. 20 GG Rz. 61.

[1280] BVerfGE 73, 118, 163 f.; 83, 238, 322; *Degenhart* ZUM 2000, 356, 360; *Hoffmann-Riem*, Regulierung, S. 193; *Bullinger*, Aufgaben, S. 14 ff.; *Gersdorf*, Rundfunkrecht, Rz. 80.

Anstalten. Der programmliche Kernbereich entzieht sich einer vollständigen Durchnormierung, da ansonsten die Programmfreiheit der Anstalten zu einer bloßen Freiheit nach Maßgabe des Rundfunkgesetzgebers degeneriert würde.[1281] Insbesondere könnte sich durch eine vollständige Durchnormierung der Rundfunkgesetzgeber seiner ihm verfassungsrechtlich aus Art. 1 Abs. 3 GG auferlegten Bindungen entziehen.[1282] Inhaltlich bindende, umfassende Vorgaben des Staates kollidierten zudem mit dem Grundsatz der Staatsfreiheit des Rundfunks.[1283] Wenn also die bestehenden einfachgesetzlichen Präzisierungen im programmlichen Bereich materiell relativ unbestimmt sind, so ist dies Ausfluss der verfassungsrechtlichen Besonderheiten der Rundfunkfreiheit und verstößt jedenfalls nicht gegen das Bestimmtheitsgebot.[1284] Insoweit ist der öffentlich-rechtliche Rundfunk im Interesse seiner besonderen Funktion privilegiert. Anders aber dann, wenn in diesem Bereich für einzelne Programme pauschale Ermächtigungen ohne jede inhaltliche Begrenzung erteilt werden: Betrachtet man beispielsweise die programmlichen Ermächtigungen in § 19 Abs. 2 und 4 RfStV, so besteht hier trotz der zu berücksichtigenden Programmautonomie der Anstalten ein zu hohes Maß an Unbestimmtheit, weil weder für die digitalen Kanäle noch für die weitergehenden Zusatzprogramme zumindest Programmprofile legislativ beschrieben werden. Insoweit genügen die bestehenden Regelungen nicht den Anforderungen des verfassungsrechtlichen Bestimmtheitsgebotes, da hier weder die Anstalten selbst, noch die konkurrierenden privaten Anbieter die Grenzen des Aktionsradius der Anstalten in ausreichendem Maße erkennen können.[1285]

Das verkennt *Hoffmann-Riem*, wenn er annimmt, die unbestimmten Vorgaben seien – vor allem mittels der Entwicklungsgarantie des öffentlich-rechtlichen Rundfunks – ausreichend bestimmbar. Dabei geht er davon aus, dass einerseits die Anstalten erkennen könnten, dass sie einen weiten Aktionsbereich haben, andererseits die privaten Anbieter damit leben müssten, dass dem öffentlich-rechtlichen Rundfunk innerhalb dieser Teilbereiche legislativ keine Grenzen gesetzt sind.[1286] Letztlich beruhen die Annahmen *Hoffmann-Riems* auf einer Fehleinschätzung der Reichweite des Gestaltungsspielraums des Rundfunkgesetzgebers: Dieser kann und muss sehr wohl in Programmfragen legislativ – wenn auch zurückhaltender – tätig werden, denn auch dort besteht das Primat der Legislative. Dabei entzieht sich der programmliche Bereich zwar einer Durchnormierung, nichtsdestotrotz muss der Rundfunkgesetzgeber eine klare Aufgabenbegrenzung, soweit ihm diese möglich ist, durchführen. Das Aktionsfeld der Anstalten muss durch legislative Markierungen erkennbar werden. Im Übrigen widersprechen die Feststellungen *Hoffmann-Riems* den von ihm eigens aufgestellten, recht-

[1281] BVerfGE 90, 60, 95; *Lerche*, in: FS Kübler, 239, 241; *Bethge*, in: Sachs, Art. 5 GG Rz. 98; *Ossenbühl*, in: Isensee/Kirchhof, HbdStR, § 62 Rz. 66; *Isensee*, in: Isensee/Kirchhof, HbdStR, § 111 Rz. 51; *Bethge*, Verfassungsrechtliche Position, S. 74 mwN; *Bullinger*, Aufgaben, S. 20; *A. Hesse*, Rundfunkrecht, Kap. 2 Rz. 55.

[1282] *Lerche*, in: Isensee/Kirchhof, HbdStR, § 121 Rz. 3.

[1283] BVerfGE 74, 297, 342; 90, 60, 89, 92; *Bethge* ZUM 1996, 456, 471; *Eifert* ZUM 1999, 595, 601.

[1284] BVerfGE 83, 238, 300 f.; *Eifert*, Programmauftrag, S. 32.

[1285] Ähnlich § 19 Abs. 2 RfStV aF bereits *Neun*, Grenzen des Wachstums, S. 396, 416 f.

[1286] *Hoffmann-Riem*, Regulierung, S. 193 f.

lichen Anforderungen an die Bestimmtheit von Ausgestaltungen:[1287] Wenn bei weit gefassten Aufgabenbestimmungen der öffentlich-rechtliche Rundfunk alles darf, weil ihm ein Autonomiebereich zusteht, werden weder die Anstalten noch die privaten Anbieter einen klaren Aktionsbereich erkennen können. Der Hinweis, diese Ungewissheit fördere gerade Kreativität und belebe das duale System,[1288] vernachlässigt die rechtlichen Anforderungen des Bestimmtheitsgebots und vermag eine Verletzung desselben in keiner Weise zu rechtfertigen. Im Übrigen verneint *Hoffmann-Riem* die Notwendigkeit einer Präzisierung des einfachgesetzlichen Auftrags der Anstalten pauschal mit dem Verweis, dass vom eigentlichen Auftrag nicht umfasste Tätigkeiten als Fehlverhalten allein durch Aufsichtsmaßnahmen oder gerichtliche Kontrolle zu korrigieren seien.[1289] Wenn nun aber nur weit gefasste, unbestimmte Kriterien der Aufgabenbegrenzung bestehen, so sind gerade die äußeren Grenzen des Handlungsspielraums nicht abgesteckt und eine hinreichende Kontrollmöglichkeit durch richterliche Überprüfung oder Aufsichtsmaßnahmen aufgrund eines defizitären Maßstabs nicht möglich.

Im Bereich der Zusatzversorgung, der den Grundsätzen des wirtschaftlichen Wettbewerbes unterliegt, da sich private und öffentlich-rechtliche Anbieter hier als gleichrangige Widerparte gegenüber stehen[1290], ist der öffentlich-rechtliche Rundfunk nicht mehr in dem Maße privilegiert wie im Kernbereich. Dementsprechend werden die privaten Anbieter durch die Ausgestaltungen dort stärker beeinträchtigt, was insgesamt ein höheres Maß an Bestimmtheit der spezifischen Regelungen erfordert. Exemplarisch seien hier die Ermächtigungen zur Erbringung von Telemedien genannt. In diesen wird das Kriterium des Programmbezugs verwendet, welches sich durch Auslegung zwar näher bestimmen lässt, dennoch wären genauere Vorgaben notwendig, um den privaten Anbietern erkennbar zu machen, inwieweit ihnen in diesen Bereichen Konkurrenz von öffentlich-rechtlicher Seite droht. Darüber hinaus sind auch die Pauschalermächtigungen der § 19 Abs. 2 und 4 RfStV zu unbestimmt, da in ihnen keine spezifischen Angaben zu Telemedien enthalten sind. Des Weiteren kollidiert die pauschale Delegierung der Aufgabenpräzisierung an die Anstalten als Norm setzende Instanz, ohne dass diese mit genauen inhaltlichen Vorgaben ausgestattet ist, mit dem Bestimmtheitsgebot. Durch die Pauschaldelegierung entzieht sich der Rundfunkgesetzgeber den Anforderungen des Bestimmtheitsgebotes. Im Ergebnis verstoßen daher die Ermächtigungen in § 19 Abs. 2 und 4 RfStV wie auch § 11 Abs. 4 S. 1, 3 RfStV und die zugehörigen landesgesetzlichen Ausprägungen gegen das Bestimmtheitsgebot. Ebenso verletzen die Ermächtigung zur Erbringung von Telemedien aus § 11 Abs. 1 S. 2 RfStV nF und deren landesgesetzliche Ausformungen das Bestimmtheitsgebot.

[1287] Vgl. *Hoffmann-Riem*, Regulierung, S. 192.

[1288] *Hoffmann-Riem*, Regulierung, S. 194.

[1289] *Hoffmann-Riem*, Regulierung, S. 187.

[1290] BVerfGE 74, 297, 332; *von Wallenberg* ZUM 2005, 88, 90; *dies.* ZUM 2004, 875, 877 f.; *Kresse* ZUM 1995, 179, 187; *Degenhart*, in: Bonner Kommentar, Art. 5 GG Rz. 874a.

4. Gewaltenteilungsprinzip

Wie gezeigt, obliegt es primär dem Rundfunkgesetzgeber, den Aufgabenbereich der öffentlich-rechtlichen Rundfunkanstalten hinreichend genau zu bestimmen, um insbesondere Beeinträchtigungen privater Anbieter im Wettbewerb für diese und die Anstalten selbst erkennbar und so insgesamt die Grenzen des Aufgabenbereichs sichtbar zu machen. Vernachlässigt der Rundfunkgesetzgeber die ihm aufgegebene Pflicht, so wirft das auch Bedenken hinsichtlich der verfassungsrechtlich determinierten Gewaltenteilung auf: Art. 20 Abs. 2 S. 2 GG statuiert das Gewaltenteilungsprinzip als tragendes Organisationsprinzip der Verfassung. Danach sollen staatliche Entscheidungen stets von den Organen getroffen werden, die für die Entscheidung nach ihrer Organisation, Zusammensetzung, Funktion und Verfahrensweise über die besten Voraussetzungen verfügen.[1291] Freilich führt dieser Grundsatz nicht zu einer strikten, nicht durchlässigen Trennung der Gewalten und damit zur Monopolisierung jeder einzelnen Entscheidung bei genau einem bestimmten Organ.[1292] Daher können Verstöße gegen das Gewaltenteilungsprinzip generell nur in engen Grenzen angenommen werden; geschützt ist nur der unabänderliche Kernbereich einer jeden Gewalt.[1293] Im Bereich der Rundfunkregulierung ist insbesondere das Verhältnis zwischen dem Rundfunkgesetzgeber als Legislative und der Judikative problematisch. In diesem Verhältnis ist das Gewaltenteilungsprinzip dann verletzt, wenn ein Gericht Befugnisse beansprucht, die von Verfassungs wegen originär dem Gesetzgeber zugewiesen sind.[1294] Anderenfalls könnten sich die Gerichte ihrer verfassungsrechtlichen Bindung an Recht und Gesetz aus Art. 20 Abs. 3 GG entziehen, indem sie aus der Rolle des Normanwenders in die Rolle einer normsetzenden Instanz überwechseln würden.[1295]

Versäumt es der Rundfunkgesetzgeber durch legislative Vorgaben den Aufgabenbereich der Rundfunkanstalten hinreichend bestimmt festzulegen, so obliegt es letzten Endes den Gerichten und im Bereich des Rundfunkrechts insbesondere dem Bundesverfassungsgericht, den Aufgabenbereich der Anstalten durch verfassungskonforme Auslegung und richterliche Rechtsfortbildung zu umgrenzen. Sind nämlich legislative Vorgaben offen formuliert, müssen die Gerichte diese für den jeweiligen Einzelfall mittels juristischer Methodik ausführbar machen. Damit ersetzt die konkrete Anwendung und Auslegung der jeweiligen Aufgaben bestimmenden Norm durch die Judikative die fehlende Festlegung des Auftrags durch den Rundfunkgesetzgeber. Bei der in diesem Kontext notwendigen Gesetzesauslegung haben die Gerichte in Anerkennung der Prärogative des Gesetzgebers bestehende Gesetze stets im Einklang mit der Verfassung auszulegen, soweit ein Gesetz mehrere Auslegungen zulässt und sich unter

---

[1291] BVerfGE 95, 1, 15; 98, 218, 251 f. (st. Rspr.); *Jarass*, in: Jarass/Pieroth, Art. 20 GG Rz. 23; *Sachs*, in: Sachs, Art. 20 GG Rz. 81.

[1292] BVerfGE 9, 268, 279 f.; 96, 375, 394 (st. Rspr.); *Jarass*, in: Jarass/Pieroth, Art. 20 GG Rz. 24.

[1293] BVerfGE 9, 268, 279 f.; 67, 100, 139; 68, 1, 87; 95, 1, 15 f.; *Sachs*, in: Sachs, Art. 20 GG Rz. 93.

[1294] BVerfGE 4, 219, 234; 87, 273, 280; 96, 375, 394 (st. Rspr.); *Sachs*, in: Sachs, Art. 20 GG Rz. 93; *Jarass*, in: Jarass/Pieroth, Art. 20 GG Rz. 25.

[1295] BVerfGE 87, 273, 280; 96, 375, 394; *Sachs*, in: Sachs, Art. 20 GG Rz. 119.

diesen mindestens eine Variante findet, die verfassungsgemäß ist.[1296] Dabei ist Grenze der verfassungskonformen Auslegung der eindeutige gesetzgeberische Wille; gegen diesen ist eine verfassungskonforme Interpretation nicht zulässig.[1297] Betrachtet man nun die bewusst weit gefassten Aufgabennormen der Anstalten, so schließt sich die Frage an, inwieweit diesen mittels verfassungskonformer Auslegung Kontur verliehen werden kann. Dabei ist zunächst festzuhalten, dass im Bereich der Aufgabenbestimmung der Anstalten dem Rundfunkgesetzgeber die Ausgestaltungspflicht obliegt. Dafür steht ihm ein weiter Gestaltungsspielraum zu, den letztlich auch die Gerichte zu respektieren haben. Wenn der Rundfunkgesetzgeber bewusst materiell offene Normen wählt und die weitergehende Präzisierung in den Autonomiebereich der Anstalten verlegt, so können die Gerichte mittels verfassungskonformer Auslegung allein unter Zuhilfenahme der in diesem Kontext ergangenen, anstaltsautonomen Präzisierung den Gehalt der Aufgabennormen und damit letztlich den Aufgabenbereich bestimmen. Wenn die anstaltsautonomen Präzisierungen ihrerseits nun aber ebenfalls keine klare Grenzziehung ermöglichen, so ist die Grenze zulässiger, verfassungskonformer Auslegung überdehnt, da sich ansonsten das Gericht gegen den gesetzgeberischen Willen stellen würde. Das gilt umso mehr vor dem Hintergrund des weiten Gestaltungsspielraums des Rundfunkgesetzgebers: Die kontrollierenden Gerichte dürfen nicht ihre eigene Einschätzung und Gestaltungswillen gegen diesen durchsetzen, sondern sind nur in beschränktem Maße zur Überprüfung der gesetzgeberischen Maßnahmen befugt.[1298]

Sind die Grenzen zulässiger Auslegung erreicht, so setzt jenseits der Auslegung die richterliche Rechtsfortbildung an: Das Gewaltenteilungsprinzip verbietet dem Richter nicht, das bestehende Recht fortzuentwickeln.[1299] Allerdings kann eine Rechtsfortbildung nur in Grenzen stattfinden, nämlich dann, wenn das in Frage stehende Gesetz eine der Ausfüllung durch Richterrecht zugängliche Regelungslücke aufweist.[1300] Dabei gehört es insbesondere zu den Aufgaben der Judikative, „angesichts des beschleunigten Wandels der gesellschaftlichen Verhältnisse und der begrenzten Reaktionsmöglichkeiten des Gesetzgebers sowie der offenen Formulierung zahlreicher Normen das geltende Recht an veränderte Verhältnisse anzupassen".[1301] Das Gericht darf sich aber nicht dem vom Gesetzgeber festgelegten Sinn und Zweck des in Frage stehenden Gesetzes entziehen, sondern muss diesen gerade im Umfeld gewandelter Verhältnisse bestmöglich zur Geltung bringen.[1302] Auch im Bereich der Aufgabennormen stünde den Gerichten dem Grunde nach die Möglichkeit einer richterlichen Rechtsfortbildung zur Seite. Da die Aufgabennormen der Anstalten im Rahmen des Primats der Legislative vom Rundfunkgesetzgeber bewusst weit gefasst wurden, ist es den Gerichten ver-

---

[1296] BVerfGE 2, 266, 282; *Bornemann/Hepach* K&R 2004, 317, 318; *Karpen*, Ersatzgesetzgeber, S. 15, 24 f.

[1297] BVerfGE 8, 28, 30; *Bornemann/Hepach* K&R 2004, 317, 318 f.

[1298] *Bornemann/Hepach* K&R 2004, 317, 320; *Neun*, Grenzen des Wachstums, S. 394; an dieser Stelle zutreffend auch *Hoffmann-Riem*, Kommunikationsfreiheiten, S. 191.

[1299] BVerfGE 96, 375, 394; *Bornemann/Hepach* K&R 2004, 317, 319; *Sachs*, in: Sachs, Art. 20 GG Rz.120; *Jarass*, in: Jarass/Pieroth, Art. 20 GG Rz. 25; *Karpen*, Ersatzgesetzgeber, S. 22 f.

[1300] BVerwG NJW 1997, 2966, 2967; *Sachs*, in: Sachs, Art. 20 GG Rz. 120.

[1301] BVerfGE 96, 375, 394; *Karpen*, Ersatzgesetzgeber, S. 22.

[1302] BVerfGE 78, 20, 24; 96, 375, 394; *Bornemann/Hepach* K&R 2004, 317, 320.

wehrt, sich über dieses Votum des Rundfunkgesetzgebers hinwegzusetzen. Insoweit muss das Primat der Legislative auch von den Gerichten anerkannt werden. Richterrecht kann daher nicht weit gefasste Aufgabennormen der Anstalten ergänzen, da ansonsten der Gestaltungswillen des Rundfunkgesetzgebers missachtet würde.[1303] Verstärkt wird das gefundene Ergebnis durch die Konsequenzen der Grundkonzeption des Bundesverfassungsgerichts zur Rundfunkfreiheit: Würde eine richterliche Rechtsfortbildung an die Stelle des gesetzgeberischen Willens treten, so würde letztlich das Bundesverfassungsgericht über den Umfang subjektiven Grundrechtsschutzes entscheiden. Die Zuständigkeit des Gerichts muss aber dort enden, wo der Bereich der Gesetzgebung beginnt.[1304] Das Bundesverfassungsgericht mutierte anderenfalls zu einem Ersatzgesetzgeber, der die defizitäre Ausgestaltung durch den Rundfunkgesetzgeber zu substituieren versuchte.[1305]

Wenn nun diejenigen, die eine rechtliche Notwendigkeit weitergehender Präzisierung des einfachgesetzlichen Auftrags der Anstalten bestreiten, eine rechtliche Pflicht mit der Begründung ablehnen wollen, dass trotz weit gefassten einfachgesetzlichen Auftrags und damit trotz fehlender, hinreichend bestimmter Aufgabenumgrenzung für die Anstalten jede Überschreitung des Aufgabenbereiches als Fehlverhalten zu werten sei, welches über Aufsicht oder gerichtliche Maßnahmen zu korrigieren wäre, so kann dieses Argument vor dem Hintergrund der verfassungsrechtlichen Bedenken hinsichtlich der Gewaltenteilung nicht durchgreifen.[1306] Wie bereits dargelegt, fehlt es für effiziente Korrekturmaßnahmen bereits an hinreichend bestimmten und damit kontrollfähigen Maßstäben, so dass direkte Aufsichtsmaßnahmen Kriterien des Rundfunkgesetzgebers nur unzureichend berücksichtigen können. Im Übrigen dürften sich die Anstalten selbst wie auch externe Aufsichtsinstanzen nicht durch eigenmächtige Entscheidungen über die Vorgaben des Rundfunkgesetzgebers hinwegsetzen oder diese sogar weiterführen.[1307] Genauso kann eine sinnvolle Korrektur – wie gezeigt – nicht durch die Gerichte vorgenommen werden. Da diese die Prärogative des Rundfunkgesetzgebers und dessen breiten Gestaltungsspielraum zu respektieren haben, ist es ihnen verwehrt, durch verfassungskonforme Auslegung und richterliche Rechtsfortbildung den Aufgabenbereich der Anstalten weiter zu präzisieren. Damit kann eine effiziente Korrektur materiell weit gefasster Normen im Rundfunkbereich auch nicht durch die Gerichte wahrgenommen werden.[1308] Das Ergebnis bestärkt nur den bis jetzt erzielten Befund, dass der Rundfunkgesetzgeber den einfachgesetzlichen Auftrag der Rundfunkanstalten im Rahmen seiner verfassungsrechtlichen Pflicht zur Regelung der wesentlichen Bereiche der Rundfunkregulierung selbst hinreichend bestimmt festlegen

---

[1303] *Bornemann* ZUM 1998, 915, 918 f.; *Bornemann/Hepach* K&R 2004, 317, 320 f.; *Schulze-Fielitz*, in: Dreier, Art. 19 IV GG Rz. 33, 70; *Neun*, Grenzen des Wachstums, S. 394.

[1304] *Karpen*, Ersatzgesetzgeber, S. 23.

[1305] *Starck* NJW 1992, 3257, 3260; *von Münch*, in: FS Selmer, 821, 829; *Starck*, in: vMangoldt/Klein/Starck, Art. 5 I, II GG Rz. 9 f.; zu den praktischen Schwierigkeiten einer Rechtsfortbildung durch das Bundesverfassungsgericht anschaulich *Ricker* ZUM 1989, 331, 332 f.

[1306] *Hoffmann-Riem*, Regulierung, S. 187 f.

[1307] *Ladeur* AfP 1998, 141, 147.

[1308] So auch *Ladeur* AfP 1998, 141, 147; *Starck* NJW 1992, 3257, 3259; *Eifert*, Programmauftrag, S. 71; *Bethge*, Verfassungsrechtliche Position, S. 71.

muss. Dabei kommt es im Übrigen auch nicht auf den drittschützenden Charakter der Auftragsnormen an[1309]; die Pflicht zur Ausgestaltung trifft den Rundfunkgesetzgeber von Verfassungs wegen, unabhängig davon, in welchem Interesse die Ausgestaltungen weiter präzisiert werden müssen.

5. Staatliche Schutzpflicht gegenüber Dritten

Weiter könnte sich eine verfassungsrechtliche Pflicht zu weitergehender Präzisierung des einfachgesetzlichen Auftrags der Rundfunkanstalten aus einer grundrechtlichen Schutzpflicht des Staates gegenüber den privaten Anbietern vor wettbewerblichen Übergriffen durch wettbewerbswidrigen Maßnahmen der Anstalten ableiten.

a) Dogmatische Grundlagen

Konzeptionell sind die Grundrechte zwar weiterhin subjektive Abwehrrechte des Individuums gegenüber dem Staat, jedoch wurden aufgrund der Komplexität der gesellschaftlichen Strukturen, die zum Zeitpunkt der Verfassungsgebung für den Verfassungsgesetzgeber nicht vorhersehbar war, funktionale Erweiterungen der Grundrechte vorgenommen.[1310] Die Schutzpflicht als objektive Dimension der Grundrechte wurde in der Rechtsprechung des Bundesverfassungsgerichts erstmals entfaltet und beständig weitergeführt.[1311] Sinn und Zweck der Schutzpflichtlehre ist es, dass der Staat sich schützend vor den einzelnen Bürger dann zu stellen hat, wenn diesem Übergriffe in dessen Rechtssphäre durch private Dritte drohen.[1312] In einem solchen Fall hat der Staat Maßnahmen zugunsten des Bürgers und zulasten des störenden Dritten zu ergreifen. Die Kasuistik der Judikatur umfasst dabei ein breites Spektrum an Anwendungsfällen, das vom Schutz des ungeborenen Lebens über die innere Sicherheit bis hin zum Umweltschutz reicht.[1313] Generell ist damit eine funktionale Erweiterung des Grundrechtsschutzes durch grundrechtlich abgeleitete Schutzpflichten des Staates anerkannt[1314]; problematisch ist nur jeweils ihre spezifische Geltung im Einzelfall. Dort

---

[1309] *Hoffmann-Riem*, Regulierung, S. 187; die Drittwirkung hat im Übrigen bereits *Ladeur* überzeugend hergeleitet, vgl. *Ladeur* AfP 1998, 141, 147; *Neun*, Grenzen des Wachstums, S. 399 f.

[1310] *Alexy* Der Staat 29 (1990), 49, 49; *Jarass*, AöR 120 (1995), 345, 347; *Dreier* Jura 1994, 505, 513; *von Münch*, in: vMünch/Kunig, Vorb. Art. 1-19 GG Rz. 17; *Sachs*, in: Sachs, Vor Art. 1 GG Rz. 31 ff.; *Isensee*, in: Isensee/Kirchhof, HbdStR, § 115 Rz. 136 ff.; *Dietlein*, Schutzpflichten, S. 51.

[1311] Grundlegend BVerfGE 39, 1, 36 ff.; im Anschluss BVerfGE 49, 89, 141 f.; 53, 30, 57; 77, 170, 214; 79, 174, 201 f.; 96, 56, 64; *Steinberg* NJW 1996, 1985, 1990; *E. Klein* NJW 1989, 1633, 1633 f.; *Pietzcker*, in: FS Dürig, 345, 358 f.; *Starck*, in: vMangoldt/Klein/Starck, Art. 1 III GG Rz. 194; *Sachs*, in: Sachs, Vor Art. 1 GG Rz.35 Fn. 69 mwN; *Isensee*, in: Isensee/Kirchhof, HbdStR, § 111 Rz. 19, 77; *Dreier*, Dimensionen, S. 47 f.

[1312] *Preu* JZ 1991, 265, 265; *Jarass* AöR 110 (1985), 363, 379 f.; *Böckenförde* Der Staat 29 (1990), 1, 12; *E. Klein* NJW 1989, 1633, 1633 f.; *H. H. Klein* DVBl. 1994, 489, 490; *Sachs*, in: Sachs, Vor Art. 1 GG Rz. 37; *Isensee*, in: Isensee/Kirchhof, HbdStR, § 111 Rz. 3; *Stern*, Staatsrecht, 69 IV 1, S. 931 f.; *Dreier*, Dimensionen, S. 47.

[1313] *E. Klein* NJW 1989, 1633, 1634 f.; *Isensee*, in: Isensee/Kirchhof, HbdStR, § 111 Rz. 19, 77 ff.; *Dreier*, Dimensionen, S. 48; Nachweise bei *Sachs*, in: Sachs, Vor Art. 1 GG Rz. 35 Fn. 69.

[1314] Zutreffend spricht in diesem Kontext *Starck* von einer „Fortbildung der Verfassung", *Starck*, in: vMangoldt/Klein/Starck, Art. 1 III GG Rz. 194; auch *Jarass* AöR 110 (1985), 363, 380 f.; *Bö-*

muss eine Schutzpflicht stets aus dem in Frage stehenden Grundrecht hergeleitet werden.

b) Tatbestand der Schutzpflicht

Erste Voraussetzung einer bestehenden Schutzpflicht ist ein rechtswidriger Eingriff eines Privaten auf ein grundrechtliches Schutzgut oder die Gefahr eines solchen Eingriffs.[1315] Wie bereits dargelegt, besteht bei privaten Anbietern dem Grunde nach die Möglichkeit einer Verletzung ihrer grundrechtlichen Positionen aus Art. 5 Abs. 1 S. 2 GG und Art. 12 Abs. 1 GG. Fraglich ist daher zunächst, ob die durch die Rundfunkfreiheit und die Berufsfreiheit geschützten Rechtsgüter als Schutzgut Objekt einer grundrechtlichen Schutzpflicht sein können. Die verfassungsgerichtlichen Leitentscheidungen konzentrieren sich beinahe ausnahmslos, mit vereinzelten Abweichungen auf die Grundrechte des Rechts auf Leben und körperliche Unversehrtheit.[1316] Nichtsdestotrotz können Schutzpflichten als allgemeine, funktionale Erweiterung der Grundrechte zumindest dem Grunde nach Geltung für alle Freiheitsrechte beanspruchen.[1317] Das resultiert aus der Tatsache, dass Schutzpflichten an den Bestand verfassungsrechtlicher Schutzgüter so anknüpfen, wie diese von der Verfassung und nach deren Maßgabe vom einfachen Recht bereitgestellt werden und de facto dem einzelnen Grundrechtsträger als Freiheitsrecht zustehen.[1318] Inhaltlich ergeben sich daher dem Grunde nach keine Beschränkungen einer Schutzpflicht. Sie kann als objektive Erweiterung eines jeden Freiheitsrechts hergeleitet werden. Dementsprechend gilt dieser Befund grundsätzlich auch für die Freiheitsrechte der Rundfunk- und Berufsfreiheit.[1319]

Vor dem Hintergrund der dogmatischen Konzeption der Rundfunkfreiheit des Bundesverfassungsgerichts bestehen nun aber Bedenken hinsichtlich der Möglichkeit der Herleitung einer grundrechtlichen Schutzpflicht: Subjektive Freiheit im Sinne eines liberalen Freiheitsrechts vermittelt die Rundfunkfreiheit nur eingeschränkt. In den bisherigen Entscheidungen des Bundesverfassungsgerichts wurde nur eine abgeleitete, rechtserzeugte Freiheit im Sinne eines Anspruchs der privaten Anbieter auf Beachtung ihrer Rechtsposition als Träger der Rundfunkfreiheit, der über die aus dem Willkür-

---

ckenförde Der Staat 29 (1990), 1, 12; *H. H. Klein* DVBl. 1994, 489, 490 f.; *Pietzcker*, in: FS Dürig, 345, 358; *Sachs*, in: Sachs, Vor Art. 1 GG Rz. 35; *Stern*, Staatsrecht, 69 IV 5, S. 943.

1315 *Jarass* AöR 110 (1985), 363, 379; *Isensee*, in: Isensee/Kirchhof, HbdStR, § 111 Rz. 89.

1316 *Jarass* AöR 110 (1985), 363, 380; *Böckenförde* Der Staat 29 (1990), 1, 12; *H. H. Klein* DVBl. 1994, 489, 491; *Isensee*, in: Isensee/Kirchhof, HbdStR, § 111 Rz. 86.

1317 *H. H. Klein* DVBl. 1994, 489, 491; *Isensee*, in: Isensee/Kirchhof, HbdStR, § 111 Rz. 86, 93; *Sachs*, in: Sachs, Vor Art. 1 GG Rz. 35; *Stern*, Staatsrecht, 69 IV 5, S. 945 mwN; *Isensee*, Grundrecht auf Sicherheit, S. 33; *Robbers*, Sicherheit als Menschenrecht, S. 187; *Dietlein*, Schutzpflichten, S. 81 ff.; andeutungsweise BVerfGE 49, 89, 142; *Jarass* AöR 110 (1985), 363, 380 f.; *di Fabio*, in: Maunz/Dürig, Art. 2 Abs. 1 GG Rz. 125.

1318 *H. H. Klein* DVBl. 1994, 489, 491; *Isensee*, in: Isensee/Kirchhof, HbdStR, § 111 Rz. 94; *Stern*, Staatsrecht, 69 IV 5, S. 945 mwN.

1319 Berufsfreiheit: BVerfGE 81, 242, 255; 92, 26, 46; *Wieland*, in: Dreier, Art. 12 GG Rz. 151; *Isensee*, in: Isensee/ Kirchhof, HbdStR, § 111 Rz. 93; Wettbewerbsfreiheit: *di Fabio*, in: Maunz/Dürig, Art. 2 Abs. 1 GG Rz. 125.

verbot vermittelte Rechtsposition hinausreicht, anerkannt.[1320] In sachlicher Hinsicht betraf dieser Grundrechtsbeachtungsanspruch allein die Frage der grundrechtlichen Absicherung eines Zulassungsanspruchs eines privaten Anbieters. Die Rundfunkfreiheit verfassungsgerichtlicher Prägung ist damit eine derivative, subjektive Freiheit.[1321]

Eine grundrechtliche Schutzpflicht kann aber nur an ein bestehendes Schutzniveau anknüpfen: Nur soweit dem einzelnen Grundrechtsträger ein Freiheitspotenzial überhaupt zukommt, kann dieser gegenüber Dritten mittels einer grundrechtlichen Schutzpflicht geschützt werden.[1322] Die hier in Frage stehende Präzisierung des einfachgesetzlichen Auftrags der Rundfunkanstalten betrifft aber allein den Bereich der Ausgestaltung der Rundfunkfreiheit, durch die dem subjektiven Recht der Rundfunkfreiheit erst Gestalt verliehen werden kann. Der grundrechtliche Schutz wird eben erst durch die Ausgestaltung geschaffen. Die Bestimmung des einfachgesetzlichen Auftrags ist so als Prozess einem bestehenden Schutz vorgelagert. Erst nach dem legislativen Handeln kann, wenn überhaupt, eine grundrechtliche Schutzpflicht anknüpfen.[1323] Eine solche könnte also aktuell bestenfalls hinsichtlich der rechtlichen Absicherung eines Anspruchs auf Zulassung als privater Anbieter bestehen; dies soll im Kontext der Bearbeitung aber nicht weitergehend erörtert werden. Im Übrigen kann über Art. 12 Abs. 1 GG auch keine Schutzpflicht hergeleitet werden: Diese ist zwar aus sich heraus originäre, subjektive Freiheit, jedoch wird deren spezifischer Schutz von den Erfordernissen des Art. 5 Abs. 1 S. 2 GG überlagert; anders gewendet sind die privaten Anbieter als Unternehmer über Art. 12 Abs. 1 GG nur im dogmatischen Korsett der Rundfunkfreiheit geschützt.[1324] Im Ergebnis besteht daher keine grundrechtliche Schutzpflicht des Staates zu weitergehender Präzisierung des Auftrags der Anstalten.

6. Ergebnis

In einer Zusammenschau der verfassungsrechtlichen Vorgaben der Wesentlichkeitsdoktrin des Bundesverfassungsgerichts, des Bestimmtheitsgebots als Konsequenz des Vorbehalts des Gesetzes und der strukturellen Vorgaben des Gewaltenteilungsprinzips leitet sich aus diesen verfassungsrechtlichen Prinzipien zumindest partiell eine verfassungsrechtliche Pflicht des Rundfunkgesetzgebers ab, den einfachgesetzlichen Auftrag der Rundfunkanstalten weiter zu präzisieren. In Vernachlässigung der verfassungsrechtlichen Pflicht sind insbesondere die formellen Präzisierungspflichten aus § 11 Abs. 4 S. 1, 3 RfStV[1325] und den zugehörigen landesgesetzlichen Ausformungen, die Pauschalermächtigungen aus § 19 Abs. 2 und 4 RfStV und die Ermächtigungen für die Erbringung von Telemedien im Bereich der Zusatzversorgung aus § 11 Abs. 1 S. 2

1320 BVerfGE 97, 298, 314.

1321 *Bethge* DÖV 2002, 673, 674 f.; *Schulze-Fielitz*, in: Dreier, Art. 5 I, II GG Rz. 107; *Jarass*, in: Jarass/Pieroth, Art. 5 GG Rz. 40.

1322 *Isensee*, in: Isensee/Kirchhof, HbdStR, § 111 Rz. 94; *Dietlein*, Schutzpflichten, S. 80 f.

1323 *Isensee*, in: Isensee/Kirchhof, HbdStR, § 111 Rz. 94; *Dietlein*, Schutzpflichten, S. 80 f.

1324 BVerfGE 97, 298, 316; *Bethge* DÖV 2002, 673, 677; *Degenhart*, in: Bonner Kommentar, Art. 5 GG Rz. 942; anders *Scholz*, in: Maunz/Dürig, Art. 12 GG Rz. 166 f.

1325 Anders *Reese*, Funktionsauftrag, S. 261 ff., die aber wesentliche verfassungsrechtliche Anforderungen bei ihrer Bewertung nicht berücksichtigt.

RfStV nF[1326] sowie deren landesgesetzliche Ausprägungen in ihrer derzeitigen Fassung verfassungswidrig.

II. Subjektiv-objektiver Ansatz

Etwas anders hat die Prüfung zu verlaufen, wenn man dem im Rahmen dieser Arbeit präferierten subjektiv-objektiven Ansatz folgt: Jener erkennt zwar den dienenden Charakter der Rundfunkfreiheit dahingehend an, dass er an der Notwendigkeit objektiver Sicherung festhält, allerdings beschränkt der Ansatz objektive Sicherungen allein auf den Kernbereich öffentlich-rechtlichen Rundfunks, den Bereich der Grundversorgung, die im dualen System der öffentlich-rechtliche Rundfunk zu gewährleisten hat. Jenseits der Grundversorgung begegnen sich private wie öffentlich-rechtliche Anbieter aber in einem Gleichrangigkeitsverhältnis als gleichwertige Wettbewerber.[1327] Im Interesse der einzelnen Rundfunkveranstalter wird dann die objektive Dimension der Rundfunkfreiheit restriktiv gehandhabt, so dass jenseits des Kernbereichs, also jenseits der Grundversorgung der originäre, subjektive Charakter des Grundrechts in den Vordergrund rückt.

Ein Eingriff in ein Grundrecht als subjektives Abwehrrecht liegt jedenfalls immer dann vor, wenn dessen Schutzbereich durch finales staatliches Handeln durch Rechtsakt, welches mit Befehl und Zwang durchsetzbar ist, berührt und unmittelbar das grundrechtlich geschützte Verhalten eingeschränkt wird. Wenn nun „Ausgestaltungen" jenseits des Kernbereichs die Rundfunkunternehmerfreiheit privater Anbieter berühren und diese einschränken, sind die legislativen Maßnahmen nach diesem Maßstab als Eingriffe in die Rundfunkfreiheit zu qualifizieren. Genauso wären legislative Maßnahmen, die den Tätigkeitsbereich der öffentlich-rechtlichen Anstalten zu restriktiv umgrenzen, als Eingriffe in die Rundfunkfreiheit der Anstalten zu bewerten. Solche Beschränkungen der Rundfunkfreiheit bedürfen als Eingriff in den Schutzbereich eines Grundrechts der verfassungsrechtlichen Rechtfertigung. Anders als im Rahmen der Konzeption des Bundesverfassungsgerichts können sich damit insbesondere private Rundfunkveranstalter gegenüber Beeinträchtigungen des Staates mithilfe originären Grundrechtsschutzes zur Wehr setzen, soweit sich der betroffene Wirkkreis außerhalb der elementaren Kernfunktionen des Rundfunks bewegt. Rundfunkspezifische Gefahren durch gesetzliche Regelungen außerhalb der Grundversorgung sind somit an Art. 5 Abs. 2 GG zu messen. Das hat zur Folge, dass strukturelle Vorgaben des Rundfunkgesetzgebers in diesem Bereich nicht höher geschraubt werden dürfen als mit dem Übermaßverbot vereinbar.[1328]

1. Staatliche Schutzpflicht gegenüber Dritten

Auf Grundlage dieser dogmatischen Konzeption könnte sich eine verfassungsrechtliche Pflicht zu weitergehender Präzisierung des einfachgesetzlichen Auftrags der

---

[1326] Anders *Reese*, Funktionsauftrag, S.260, die von einer Verfassungsmäßigkeit der Norm ausgeht, dabei aber wesentliche verfassungsrechtliche Vorgaben nicht berücksichtigt.

[1327] BVerfGE 74, 297, 332.

[1328] *Ruck* AöR 117 (1992), 543, 556; *Starck*, in: FS Stern, 779, 795; *Wendt*, in: vMünch/Kunig, Art. 5 GG Rz. 50; *Brugger*, Verfassungsinterpretation, S. 29 f.

Rundfunkanstalten in Gestalt einer grundrechtlichen Schutzpflicht des Staates gegenüber den privaten Anbietern vor wettbewerblichen Übergriffen durch wettbewerbswidrigen Maßnahmen der öffentlich-rechtlichen Rundfunkanstalten ableiten.

a) Tatbestand der Schutzpflicht

Erste Voraussetzung einer bestehenden Schutzpflicht ist ein rechtswidriger Eingriff eines Privaten auf ein grundrechtliches Schutzgut oder die Gefahr eines solchen Eingriffs.[1329] Wie bereits dargelegt, können dem Grunde nach Schutzpflichten aus den Freiheitsrechten der Rundfunk- und Berufsfreiheit hergeleitet werden.[1330] Während im Rahmen der Dogmatik des Bundesverfassungsgerichts zur Rundfunkfreiheit aufgrund der starken objektiven Ausrichtung die Begründung einer Schutzpflicht – wenn überhaupt – nur in Ausnahmekonstellationen überhaupt zulässig wären, können im Falle des subjektiv-objektiven Ansatzes, bei dem im Bereich jenseits des Kernbereiches, also außerhalb der Grundversorgung, den öffentlich-rechtlichen Anstalten wie auch den privaten Anbietern ein direkt aus der Verfassung entspringendes, subjektives Freiheitsrecht zusteht, durchaus Schutzpflichten bestehen. Soweit Maßnahmen Dritter außerhalb des Kernbereiches der Grundversorgung stattfinden, kann das grundrechtliche Schutzgut der Rundfunkfreiheit als originäres Freiheitsrecht betroffen sein. In Frage kommt hier allein die Konstellation, nach der öffentlich-rechtliche Rundfunkanstalten jenseits des Kernbereiches rechtswidrig zulasten der privaten Anbieter in den Wettbewerb eingreifen:

(i) Störer und Opfer

Zentrales Wesenselement der Schutzpflichtenlehre ist zunächst, dass es sich um einen Übergriff eines Privaten auf einen anderen Privaten handeln muss. Auszuschließen sind danach Übergriffe, die von staatlicher Seite ausgehen. Urheber der Gefahr für grundrechtliche Schutzgüter eines Privaten muss also eine Person sein, die einerseits der Staatsgewalt unterworfen ist und ihr andererseits in der Regel Grundrechte entgegensetzen kann; der Eingriff muss also von einem Privaten ausgehen, der seinerseits grundrechtsfähig ist.[1331] Das ist im vorliegenden Kontext insoweit problematisch, als dass die öffentlich-rechtlichen Rundfunkanstalten juristische Personen des öffentlichen Rechts und als solche eigentlich Teil des Staates sind. Für inländische, juristische Personen gelten die Grundrechte gemäß Art. 19 Abs. 3 GG, sofern diese ihrem Wesen nach auf sie anwendbar sind. Für juristische Personen des öffentlichen Rechts trifft das allein dann zu, wenn die betreffende juristische Person ausnahmsweise dem durch die Grundrechte geschützten Lebensbereich zuzuordnen ist.[1332] Das Grundrecht des Art. 5 Abs. 1 S. 2 GG ist auf öffentlich-rechtliche Rundfunkanstalten anwendbar, da diese zur Verwirklichung der Rundfunkfreiheit einen grundrechtlich zu schützenden Bereich

---

[1329] *Isensee*, in: Isensee/Kirchhof, HbdStR, § 111 Rz. 89; *Sachs*, in: Sachs, Vor Art. 1 GG Rz. 36 f.

[1330] BVerfGE 81, 242, 255 f.; 92, 26, 46; *Wieland*, in: Dreier, Art. 12 GG Rz. 151; *Isensee*, in: Isensee/Kirchhof, HbdStR, § 111 Rz. 93; für die Wettbewerbsfreiheit *di Fabio*, in: Maunz/Dürig, Art. 2 Abs. 1 GG Rz. 125.

[1331] *Dietlein*, Schutzpflichten, S. 87 ff.; *Isensee*, in: Isensee/Kirchhof, HbdStR, § 111 Rz. 116.

[1332] BVerfGE 21, 362, 373; 31, 314, 322; 45, 63, 79.

verteidigen, innerhalb dessen sie vom Staat unabhängig sind.[1333] Im Hinblick auf die Rundfunkfreiheit können sich die Anstalten also wie Private auf die Rundfunkfreiheit berufen; sie sind damit tauglicher Störer im Rahmen der Voraussetzungen einer grundrechtlichen Schutzpflicht. Ebenso ist Art. 5 Abs. 1 S. 2 GG wesensmäßig auf private Rundfunkanbieter anwendbar[1334]; diese sind daher als Private Maßnahmen der Anstalten ausgesetzt.

(ii) Grundrechtliches Schutzgut

Objekt eines Eingriffs kann jedes Schutzgut eines Freiheitsrechts sein. Im Bereich der Rundfunkfreiheit muss also im Weiteren vor dem Hintergrund des subjektiv-objektiven Ansatzes geprüft werden, ob überhaupt der Bereich jenseits des Kernbereiches der Grundversorgung in irgendeiner Weise betroffen sein kann. Denn nur in diesem Fall eröffnet die Rundfunkfreiheit subjektive Rechte, die als grundrechtliches Schutzgut einer Schutzpflicht fungieren könnten.

(1) Maßnahmen jenseits des Kernbereiches

Betrachtet man die bestehenden legislativen Präzisierungen des einfachgesetzlichen Auftrags, so sind diese in vielen Bereichen weit gefasst, ohne hinreichend bestimmt festzulegen, wo der Kernbereich der Tätigkeit der öffentlich-rechtlichen Rundfunkanstalten endet. Dadurch ist es den Anstalten möglich, als Zusatzversorgung auch solche Tätigkeiten wahrzunehmen, bei denen ein direktes Wettbewerbsverhältnis mit den privaten Anbietern besteht. Wirtschaftlich geprägte Wettbewerbsverhältnisse bestehen jedenfalls auf dem Markt für Werbeakquirierungen um Werbeeinnahmen.[1335] Daneben findet auch Wettbewerb um die Aufmerksamkeit der Rezipienten, also unmittelbar um Zuschaueranteile statt, bei dem um potenzielle Rezipienten geworben wird. Zudem unterliegt generell alles, was über den Kernbereich der Grundversorgung hinausgeht, also der gesamte Bereich der Zusatzversorgung, den Grundsätzen des wirtschaftlichen Wettbewerbes, da sich private und öffentlich-rechtliche Anbieter hier gleichrangig gegenüber stehen.[1336] In all diesen Bereichen besteht jedenfalls ein wirtschaftlich geprägtes Wettbewerbsverhältnis.[1337] Verhaftet in der Konzeption des Bundesverfassungsgerichts, würden die wirtschaftlichen Grundlagen privater Anbieter nur dann grundrechtlichen Schutz genießen, wenn private Anbieter Bedingungen unterworfen werden, die ihre Tätigkeit erheblich erschwerten oder praktisch unmöglich machen würden.

[1333] BVerfGE 31, 314, 322; 34, 160, 162; 95, 220, 234; 97, 298, 310; *Jarass*, in: Jarass/Pieroth, Art. 5 Rz. 41; *Schulze-Fielitz*, in: Dreier, Art. 5 I, II GG Rz. 107; anders *Groß* DVBl. 2002, 1182, 1194.

[1334] BVerfGE 97, 298, 310; *Degenhart*, in: Bonner Kommentar, Art. 5 GG Rz. 709, 712.

[1335] BGHZ 110, 371, 386; *Neun*, Grenzen des Wachstums, S. 222; *O. Klein*, Fremdnützige Freiheitsgrundrechte, S. 118; im Verhältnis privater Rundfunkveranstalter untereinander bereits BVerfG NJW 1991, 1943, 1943.

[1336] BVerfGE 74, 297, 332.

[1337] *Degenhart* AfP 2005, 493, 497 (499); *von Wallenberg* ZUM 2005, 88, 90; *dies.* ZUM 2004, 875, 877 f.; *Kresse* ZUM 1995, 179, 187; *Degenhart*, in: Bonner Kommentar, Art. 5 GG Rz. 874a; *Bullinger*, Aufgaben, S. 15 f., 50 f.; *Neun*, Grenzen des Wachstums, S. 222, 223 f.; *O. Klein*, Fremdnützige Freiheitsgrundrechte, S. 118; im Verhältnis privater Rundfunkveranstalter untereinander bereits BVerfG NJW 1991, 1943, 1943.

Anders im Rahmen des hier befürworteten Ansatzes: Wirtschaftlicher Wettbewerb genießt zur Sicherung der Funktion des öffentlich-rechtlichen Rundfunks im Kernbereich der Grundversorgung für die privaten Anbieter keinen Schutz. Insoweit ist und bleibt der öffentlich-rechtliche Rundfunk um seiner Funktion willen im Wettbewerb privilegiert. Werden jedoch die Bereiche der Zusatzversorgung betroffen, bei denen ein direktes Wettbewerbsverhältnis besteht, verliert die Privilegierung den ihr angedachten Zweck und muss entfallen, wenn nicht der Rundfunkgesetzgeber ausdrücklich die Erbringung der Dienste durch den öffentlich-rechtlichen Rundfunk legitimiert. Anderenfalls bestünde die Gefahr der Verwendung staatlicher Mittel in Bereichen, für welchen diese Mittel nicht vorgesehen sind und in denen eben besagtes, wirtschaftlich geprägtes Wettbewerbsverhältnis mit privaten Anbietern besteht. Der öffentlich-rechtliche Rundfunk könnte so die Mittel zweckentfremden und im Interesse des Wettbewerbs unzulässig quersubventionieren.[1338] Die Grenze der Privilegierung des öffentlich-rechtlichen Rundfunks im wirtschaftlichen Wettbewerb um seiner Funktion willen ist dort erreicht, wo er in einem wettbewerblich fassbaren Markt mit privaten Anbietern konkurriert und keine Leistungen erbringt, die sich im Kernbereich der Grundversorgung bewegen und für die eine gesetzliche Ermächtigung besteht.[1339] Erbringen die Anstalten daher Programme und andere Dienste, die über den Kernbereich der Grundversorgung hinausgehen, ohne dafür explizit vom Rundfunkgesetzgeber ermächtigt worden zu sein, so könnte dies unzulässig in den Wettbewerb eingreifen und die privaten Anbieter in ihrem Grundrecht der Rundfunkfreiheit verletzen.

(2) Rundfunkunternehmerfreiheit

Voraussetzung für eine Verletzung der Rundfunkfreiheit durch Wettbewerb schädigende Maßnahmen der öffentlich-rechtlichen Anstalten gegenüber privaten Anbietern ist aber, dass solche Maßnahmen überhaupt vom Schutz der Rundfunkfreiheit erfasst sein können. Wesentlicher Bestandteil der Rundfunkfreiheit ist die Freiheit, ein Rundfunkunternehmen zu gründen und zu betreiben.[1340] Diese Rundfunkunternehmerfreiheit des Art. 5 Abs. 1 S. 2 GG regelt für den Rundfunkbereich die gleiche Materie wie die allgemeine Unternehmerfreiheit im Rahmen der Berufsfreiheit, Art. 12 Abs. 1 GG. Daher kann sich hinsichtlich eines Eingriffs in den Wettbewerb an den bereits zu Art. 12 Abs. 1 GG entwickelten Grundlagen orientiert werden.[1341] Insbesondere kann für die speziellere Rundfunkunternehmerfreiheit auch auf die bereits zur allgemeinen Unternehmerfreiheit ergangene, höchstrichterliche Rechtsprechung zurückgegriffen werden:

[1338] *von Wallenberg* ZUM 2004, 875, 877 f.; *dies.* ZUM 2005, 88, 90; *Bullinger*, Aufgaben, S. 15.

[1339] *Bullinger*, Aufgaben, S. 15 f.; *Neun*, Grenzen des Wachstums, S. 390; ähnlich, allerdings im Kontext des Gemeinschaftsrechts *Frey* ZUM 1999, 528, 539 f.; *Degenhart*, in: Bonner Kommentar, Art. 5 GG Rz. 884.

[1340] BVerfGE 97, 298, 310; *Bethge* DÖV 2002, 673, 675; *ders.* AfP 1999, 309, 312; *Badura*, in: FS Knöpfle, 1, 8 Fn. 22; *Isensee/Axer*, Jugendschutz, S. 66 Fn. 169; *Neun*, Grenzen des Wachstums, S. 389 f.; *Herrmann/Lausen*, Rundfunkrecht, Kap. 7 Rz. 39; zur Unternehmerfreiheit allgemein BVerfGE 50, 290, 363; *Manssen*, in: vMangoldt/Klein/Starck, Art. 12 Abs. 1 GG Rz. 68; *di Fabio*, in: Maunz/Dürig, Art. 2 Abs. 1 GG Rz. 126.

[1341] Ähnlich *Neun*, Grenzen des Wachstums, S. 209 f., 388 f.

(a) Wettbewerbsfreiheit nach Art. 12 Abs. 1 GG

Die Unternehmerfreiheit umfasst neben der Freiheit, ein Unternehmen zu gründen und zu führen, ebenso die Freiheit zum Wettbewerb als unternehmerische Entfaltungsmöglichkeit, mithin also die Freiheit zur Teilnahme am Wettbewerb im Rahmen der bestehenden wettbewerblichen Ordnung.[1342] Über Art. 12 Abs. 1 GG ist die Unternehmerfreiheit in Gestalt der Wettbewerbsfreiheit jedenfalls immer dann geschützt, wenn die Beschränkungen des Wettbewerbs berufsregelnde Tendenz haben.[1343] Anerkanntermaßen sind private Rundfunkanbieter berufsmäßig im Sinne des Art. 12 Abs. 1 GG tätig, weil deren Veranstaltung von Rundfunk auf die Schaffung und Aufrechterhaltung einer Erwerbsgrundlage ausgerichtet ist und kommerzielle Zwecke verfolgt.[1344] Soweit wettbewerbliche Beschränkungen gegenüber den privaten Anbietern diese wirtschaftlich schädigen und in der Ausübung ihrer kommerziell motivierten Erwerbsgrundlage beeinträchtigen können, haben solche wettbewerblichen Beschränkungen berufsregelnde Tendenz. Die Zweckentfremdung des Gebührenaufkommens zur Erbringung von Zusatzversorgung, für die keine direkte gesetzliche Ermächtigung vorliegt, betrifft die privaten Anbieter in Bereichen der Ausübung ihres Berufs. Insofern wird für solche Maßnahmen die Wettbewerbsfreiheit über Art. 12 Abs. 1 GG und nicht über Art. 2 Abs. 1 GG geschützt. Art. 12 Abs. 1 GG ist hier spezieller.[1345]

Wettbewerbsfreiheit bedeutet die Freiheit, am Wettbewerb teilzunehmen und sich unter legitimen Wettbewerbsbedingungen mit anderen zu messen.[1346] Der durch die Wettbewerbsfreiheit vermittelte Schutz kann jedoch nicht zu einem Schutz vor Wettbewerb umgedeutet werden: Die Unternehmerfreiheit in Gestalt der Wettbewerbsfreiheit schützt gerade nicht vor Konkurrenz, unabhängig davon, ob diese privater oder öffentlich-rechtlicher Natur ist.[1347] Insbesondere wird durch sie kein Recht auf die Erhaltung eines bestimmten Geschäftsumfangs und die Sicherung weiterer Erwerbsmög-

---

[1342] *di Fabio*, in: Maunz/Dürig, Art. 2 Abs. 1 GG Rz. 126; *Huber*, Konkurrenzschutz, S. 320.

[1343] BVerfGE 32, 311, 317; 46, 120, 137 f.; 50, 290, 363; 82, 209, 223 f.; 105, 252, 265; *Lindner* DÖV 2003, 185, 187 f., 191; *Manssen*, in: vMangoldt/Klein/Starck, Art. 12 Abs. 1 GG Rz. 68, 70; *Scholz*, in: Maunz/Dürig, Art. 12 GG Rz. 80.; *Wieland*, in: Dreier, Art. 12 GG Rz. 67; *di Fabio*, in: Maunz/Dürig, Art. 2 Abs. 1 GG Rz. 116 mwN; *Huber*, Konkurrenzschutz, S. 319 f.; es bestünde auch die Möglichkeit, die Wettbewerbsfreiheit der allgemeinen Handlungsfreiheit zuzuordnen, was aber zumindest bei Vorliegen einer berufsregelnden Tendenz nicht mehr angenommen wird; hierzu *di Fabio*, in: Maunz/Dürig, Art. 2 Abs. 1 GG Rz. 116 mwN.

[1344] BVerfGE 97, 228, 253.

[1345] BVerfGE 32, 311, 317; 46, 120, 137 f.; 50, 290, 363; 105, 252, 265; *Lindner* DÖV 2003, 185, 191; *di Fabio* JZ 1993, 689, 694; *Manssen*, in: vMangoldt/Klein/Starck, Art. 12 Abs. 1 GG Rz. 70 mwN; *Scholz*, in: Maunz/Dürig, Art. 12 GG Rz. 80; *Dreier*, in: Dreier, Art. 2 I GG Rz. 38; *di Fabio*, in: Maunz/Dürig, Art. 2 Abs. 1 GG Rz. 116 mwN; *Neun*, Grenzen des Wachstums, S. 209; *Huber*, Konkurrenzschutz, S. 319 f.

[1346] *di Fabio*, in: Maunz/Dürig, Art. 2 Abs. 1 GG Rz. 117.

[1347] BVerfGE 34, 252, 256; 55, 261, 269; 105, 252, 265; BVerwGE 39, 329, 336; *Lindner* DÖV 2003, 185, 186 f.; *Wieland* Die Verwaltung 36 (2003), 225, 228; *Manssen*, in: vMangoldt/Klein/Starck, Art. 12 Abs. 1 GG Rz. 70, 82; *Jarass*, in: Jarass/Pieroth, Art. 12 GG Rz. 2, 15; *Scholz*, in: Maunz/Dürig, Art. 12 GG Rz. 41; *di Fabio*, in: Maunz/Dürig, Art. 2 Abs. 1 GG Rz. 118; *Huber*, Konkurrenzschutz, S. 317.

lichkeiten konstituiert.[1348] Funktionierender Wettbewerb ist als solcher abhängig von Konkurrenz. Würde die Verfassung einerseits eine wettbewerbliche Grundordnung verlangen, andererseits aber deren Funktionieren durch Schutz vor Wettbewerb behindern, so führte das zu einem unauflösbaren Widerspruch und zur Ineffizienz des verfassungsrechtlichen Schutzes. Auch wenn grundsätzlich kein Schutz vor Konkurrenz gewährt werden kann, muss von dem Grundsatz dann abgewichen werden, wenn der Wettbewerb durch staatliche Maßnahmen zulasten bestimmter Konkurrenten willkürlich verändert oder beeinflusst wird.[1349] Beeinflusst der Staat den Wettbewerb privater Konkurrenten durch die Gewährung von Begünstigungen an einen Konkurrenten, so sind die nicht-begünstigten Konkurrenten in ihrer Wettbewerbsfreiheit betroffen, wenn durch die Begünstigung die Wettbewerbsfreiheit in unerträglichem Maße eingeschränkt wird.[1350] Wird der Staat selbst wirtschaftlich tätig, so liegt ein Eingriff in die Wettbewerbsfreiheit dann vor, wenn sich die staatliche Konkurrenz zulasten der privaten Konkurrenz nicht marktkonform verhält.[1351] Dabei ist die Konkurrenz von öffentlich-rechtlicher Seite gegenüber Privaten insbesondere nicht marktkonform, wenn der Wettbewerb in unerträglichem Maße eingeschränkt wird oder private Konkurrenten unzumutbar geschädigt werden.[1352] Das ist jedenfalls dann der Fall, wenn die öffentlich-rechtliche Konkurrenz ihre strukturellen Privilegien im Wettbewerb zum eigenen wirtschaftlichen Vorteil ausnutzt.[1353]

(b) Übertragung der Grundsätze auf die Rundfunkunternehmerfreiheit

Wie bereits dargelegt, ist wesentlicher Bestandteil der Rundfunkfreiheit die Freiheit, ein Rundfunkunternehmen zu gründen und zu betreiben.[1354] Privater Rundfunk weist

---

[1348] BVerfGE 34, 252, 256; 105, 252, 265; BVerwGE 71, 183, 193; *Jarass*, in: Jarass/Pieroth, Art. 12 GG Rz. 15; *Manssen*, in: vMangoldt/Klein/Starck, Art. 12 Abs. 1 GG Rz. 82; *Huber*, Konkurrenzschutz, S. 317.

[1349] BVerfGE 32, 311, 317; 46, 120, 137 f.; BVerwGE 30, 191, 196 f.; *Lindner* DÖV 2003, 185, 186; *Scholz*, in: Maunz/Dürig, Art. 12 GG Rz. 137; *Jarass*, in: Jarass/Pieroth, Art. 12 GG Rz. 15; *Manssen*, in: vMangoldt/Klein/Starck, Art. 12 Abs. 1 GG Rz. 82; *di Fabio*, in: Maunz/Dürig, Art. 2 Abs. 1 GG Rz. 119, 121; *Bullinger*, Aufgaben, S. 15 f. Fn. 27.

[1350] BVerwGE 17, 306, 311; 30, 191, 198; 39, 329, 336; BVerwG DVBl. 1996, 153, 153; *Lindner* DÖV 2003, 185, 186; *Manssen*, in: vMangoldt/Klein/Starck, Art. 12 Abs. 1 GG Rz. 83; *di Fabio*, in: Maunz/Dürig, Art. 2 Abs. 1 GG Rz. 118; *Neun*, Grenzen des Wachstums, S. 387 f.

[1351] BVerwGE 71, 183, 190; *di Fabio*, in: Maunz/Dürig, Art. 2 Abs. 1 GG Rz. 121; *Huber*, Konkurrenzschutz, S. 321.

[1352] BVerwGE 17, 306, 311; 30, 191, 198; 39, 329, 336; BVerwG DVBl. 1996, 153, 153; *Lindner* DÖV 2003, 185, 186; *Manssen*, in: vMangoldt/Klein/Starck, Art. 12 Abs. 1 GG Rz. 83; *di Fabio*, in: Maunz/Dürig, Art. 2 Abs. 1 GG Rz. 121 f.; der sogar weiter geht und eine Beeinträchtigung dann annehmen will, wenn die faktischen Auswirkungen der wirtschaftlichen Betätigung des Staates fühlbar die Marktbedingungen für die privaten Konkurrenten verändern; *Neun*, Grenzen des Wachstums, S. 387 f.

[1353] *Lindner* DÖV 2003, 185, 187, 192; *Wieland* Die Verwaltung 36 (2003), 225, 237; *Manssen*, in: vMangoldt/Klein/Starck, Art. 12 Abs. 1 GG Rz. 83; *di Fabio*, in: Maunz/Dürig, Art. 2 Abs. 1 GG Rz. 121; *Huber*, Konkurrenzschutz, S. 318, 322.

[1354] BVerfGE 97, 298, 310; *Bethge* DÖV 2002, 673, 675; *ders.* AfP 1999, 309, 312; *Badura*, in: FS Knöpfle, 1, 8 Fn. 22; *Isensee/Axer*, Jugendschutz, S. 66 Fn. 169; *Neun*, Grenzen des Wachstums, eben nicht allein publizistische Relevanz auf, sondern bezieht sich im Kern auch auf wirtschaftliche Betätigungsfelder. Private Anbieter sind damit wirtschaftliche Teilnehmer am Wettbewerb um Rundfunkdienstleistungen und audiovisuelle Güter, deren ökonomische Grundlagen zumindest teilweise über die Rundfunkfreiheit geschützt sind.[1355] Will man nun die für die Berufsfreiheit geltenden Grundsätze der Unternehmerfreiheit im Wettbewerb auf die Rundfunkunternehmerfreiheit übertragen, so ist zunächst herauszuarbeiten, an welchen Grundsätzen die Beeinflussung des Wettbewerbs unter Zweckentfremdung staatlich gewährter Mittel durch die öffentlich-rechtlichen Rundfunkanstalten zu bewerten sein kann. Einerseits könnte die Gewährung des Gebührenaufkommens ohne eingehende Begrenzung des Aufgabenbereiches im Bereich der Zusatzversorgung der unzulässigen Begünstigung des Staates an einen privaten Konkurrenten gleichgestellt werden. Andererseits sind die Anstalten zwar nicht direkt Teil des Staates, dennoch ähnelt ihr Handeln der wirtschaftlichen Betätigung des Staates.

Gegenüber der wirtschaftlichen Betätigung des Staates differiert die Ausgangslage bezüglich der Rundfunkanstalten insoweit, als dass es den Anstalten wegen der durch die Besonderheiten des Rundfunks begründeten Unabhängigkeit vom Staat möglich ist, sich anders als staatliche Akteure zur Verteidigung ihres Freiraums auf ein Grundrecht zu berufen. Damit sind sie grundsätzlich eher dem nicht-staatlichen Bereich zuzuordnen als dem staatlichen Bereich. Zu beachten ist aber ein anderer Aspekt: Trotz der Autonomie sind die Anstalten staatlich gegründet und letzten Endes - wenn auch mittelbar - durch den Staat finanziert. Sie operieren weitgehend eigenverantwortlich, aber dennoch zur Erfüllung der ihnen zugewiesenen öffentlichen Aufgabe und nur durch die organisationsrechtliche Ausgestaltung von staatlicher Seite. Aus Sicht der privaten Anbieter handeln die Anstalten, vor allem begründet durch ihre staatliche Finanzierung, trotz ihrer Grundrechtsfähigkeit ebenso wie staatliche Konkurrenz. Insoweit besteht kein Unterschied zur Konkurrenzsituation bei wirtschaftlicher Betätigung des Staates: Hier wie dort operieren wirtschaftliche Einheiten, die nicht nach den Grundsätzen des Marktwettbewerbs finanziert werden, in direkter Konkurrenz zu privaten Anbietern. Zudem sei angemerkt: Wenn schon private Unternehmen vor direkter, wirtschaftlicher Betätigung des Staates geschützt werden sollen, dann doch erst recht auch vor durch den Staat finanzierter, mittelbar staatlicher Konkurrenz, die sich zudem auch noch auf den Schutz der Grundrechte berufen kann. Trotz der Sonderstellung der Anstalten ähnelt die Ausgangslage insgesamt daher derjenigen bei wirtschaftlicher Betätigung des Staates. Dementsprechend liegt es nahe, für einen Eingriff in die Wettbewerbsfreiheit im Rundfunkbereich, die Grundsätze der Zulässigkeit staatlicher Konkurrenz zu übertragen.

Private Anbieter können im Wettbewerb um Rundfunkdienstleistungen mit den öffentlich-rechtlichen Anstalten überhaupt nur dann geschützt sein, wenn beide sich auf einem wettbewerblich fassbaren Markt als Konkurrenten gegenüber stehen und gleich-

---

S. 389 f.; *Herrmann/Lausen*, Rundfunkrecht, Kap. 7 Rz. 39; zur Unternehmerfreiheit allgemein BVerfGE 50, 290, 363; *Manssen*, in: vMangoldt/Klein/Starck, Art. 12 Abs. 1 GG Rz. 68.

1355 *Bethge* DÖV 2002, 673, 675 f.; *Bullinger*, Aufgaben, S. 50 f.; *Neun*, Grenzen des Wachstums, S. 387 f., 389 f.

zeitig die Anstalten Programme und andere Dienste erbringen, die über den Kernbereich der Grundversorgung hinausgehen und für die keine hinreichend bestimmte gesetzliche Ermächtigung existiert. Ein solcher wettbewerblich fassbarer Markt besteht insbesondere im Bereich der Zusatzversorgung, wo beispielsweise Telemedien kommerziell erbracht werden. Diese Zusatzversorgung betrifft auch nicht den Kernbereich der Grundversorgung, so dass die Anstalten insoweit nicht um ihrer Funktion willen im Wettbewerb mit den privaten Anbietern privilegiert sein können. Wie gezeigt, existiert auch keine hinreichend bestimmte gesetzliche Ermächtigung. Um der Privilegierung im Wettbewerb willen wird dem öffentlich-rechtlichen Rundfunk vom Staat das Gebührenaufkommen zugewiesen. Verwenden nun öffentlich-rechtliche Anstalten diese Gebührenmittel als vom Staat mittelbar gewährte oder zumindest gebilligte Begünstigungen außerhalb des privilegierten Kernbereiches der Grundversorgung in einem wettbewerblich fassbaren Markt, so beeinflussen diese zweckentfremdenden Maßnahmen die wettbewerbliche Stellung der privaten Anbieter jedenfalls dann, wenn für sie keine hinreichend bestimmte Ermächtigung des Rundfunkgesetzgebers vorliegt.[1356] Diese werden so in ihren wettbewerblichen Entfaltungsmöglichkeiten eingeschränkt, ohne dass es für die Privilegierung der öffentlich-rechtlichen Konkurrenz im Wettbewerb jenseits des Kernbereiches eine Rechtfertigung gibt und die privaten Anbieter aus eigener Kraft der zwangsweisen Benachteiligung im Wettbewerb entgegenwirken könnten. Die öffentliche Hand in Gestalt der öffentlich-rechtlichen Rundfunkanstalten benutzt solchermaßen bewusst die ihr gewährten strukturellen Privilegien, um eigene wirtschaftliche Vorteile zu erzielen. Die Quersubventionierung nicht privilegierter Bereiche durch Mittel, die nur für den privilegierten Bereich gewährt wurden, stellt damit eine unangemessene, unzumutbare Benachteiligung der privaten Anbieter im Wettbewerb und damit letztlich eine unerträgliche Verzerrung des Wettbewerbs dar.[1357] Insoweit ist die Rundfunkfreiheit in Gestalt der Wettbewerbsfreiheit der privaten Anbieter betroffen. Deren grundrechtliches Schutzgut kann als solches Objekt einer grundrechtlichen Schutzpflicht sein.

(iii) Rechtswidriger Eingriff

Tatbestandliche Handlung einer Schutzpflicht ist ein gegenwärtiger oder drohender, rechtswidriger Eingriff, der eine nicht unerhebliche Einwirkung auf ein grundrechtliches Schutzgut gegen den Willen des Grundrechtsträgers zur Folge hat.[1358] Die Benachteiligung privater Anbieter im Wettbewerb durch die Erbringung von Programmen und anderen Diensten jenseits des Kernbereichs ohne hinreichend bestimmte gesetzliche Ermächtigung greift grundsätzlich gegen den Willen der privaten Anbieter in die durch die Rundfunkfreiheit mitgeschützte Unternehmerfreiheit in Gestalt der Wettbewerbsfreiheit der privaten Anbieter als grundrechtliches Schutzgut ein. Nun ist aber mittels einer Schutzpflicht nicht jeder Eingriff von Verfassungs wegen abzuweh-

---

[1356] *von Wallenberg* ZUM 2004, 875, 877; *Bullinger*, Aufgaben, S. 15 f., 50 f.

[1357] *Bullinger*, Aufgaben, S. 15 f.; 50 f.; *Neun*, Grenzen des Wachstums, S. 390; im Ergebnis im gemeinschaftsrechtlichen Kontext auch *Degenhart* AfP 2005, 493, 497 (499); *von Wallenberg* ZUM 2004, 875, 877; ähnlich *Ladeur* AfP 1998, 141, 147.

[1358] *E. Klein* NJW 1989, 1633, 1637; *Isensee*, in: Isensee/Kirchhof, HbdStR, § 111 Rz. 89.

ren, sondern nur derjenige, der auch von Verfassungs wegen missbilligt wird.[1359] Zwar besteht im Rahmen des Wettbewerbs im Interesse der wirtschaftlichen Grundordnung grundsätzlich ein Neutralitätsgebot des Staates, aus welchem sich keine Schutzpflicht ableiten lässt.[1360] Dennoch muss der Staat sich zumindest dann schützend vor Wettbewerber stellen, sofern diese durch Maßnahmen von Konkurrenten in ihrer unternehmerischen Freiheit beeinflusst werden, deren finanzielle Grundlage in der Verwendung staatlicher oder mittelbar dem Staat zurechenbarer Mittel zu suchen ist. Solche willkürlichen Beeinträchtigungen des funktionierenden Wettbewerbs mittels Begünstigungen, die von staatlicher Seite direkt oder indirekt gewährt wurden, sind im Interesse einer funktionierenden wettbewerblichen, marktmäßigen Wirtschaftsordnung nicht hinzunehmen.[1361] Insoweit gilt es für den Staat, die verfassungsrechtlich geschützte Wirtschaftsordnung aufrechtzuerhalten. Soweit also die öffentlich-rechtlichen Rundfunkanstalten jenseits des Kernbereichs ohne hinreichend bestimmte gesetzliche Ermächtigung Programme und andere Dienste erbringen, für die das Gebührenaufkommen dem Grunde nach von staatlicher Seite nicht intendiert war, greifen die Anstalten durch ihre wettbewerblich relevanten Maßnahmen massiv zulasten der privaten Anbieter als Konkurrenten in den Wettbewerb ein. Die Zweckentfremdung der Mittel zu Maßnahmen jenseits des Kernbereichs ist somit von Verfassungs wegen zu missbilligen.[1362]

Ein rechtswidriger Eingriff liegt unabhängig davon, ob eine aktuelle Rechtsverletzung tatsächlich vorliegt oder nicht, vor. Eine Schutzpflicht kann auch durch die objektiv und rational prognostizierbare Möglichkeit einer Rechtsverletzung ausgelöst werden; dabei genügt jede objektive Möglichkeit eines Schadenseintritts, soweit sie auch nur theoretisch vorhersehbar ist.[1363] Die bestehenden legislativen Präzisierungen des einfachgesetzlichen Auftrags der Rundfunkanstalten lassen diesen einen weiten Handlungsspielraum hinsichtlich der Zusatzversorgung (z. B. bei Telemedien und digitalen Programmen). Insoweit ist nicht hinreichend deutlich, welche Programme und Dienste in welchem Umfang zum Kernbereich der Anstalten gehören und welche kommerziellen Zusatzdienste jenseits der Grundversorgung sind. Durch die offene Auftragsbestimmung besteht objektiv kontinuierlich die Gefahr, dass die Anstalten jenseits des Kernbereichs nicht zu tolerierende Programme und Dienste erbringen und so unter zweckwidriger Verwendung des Gebührenaufkommens rechtswidrig zulasten der privaten Anbieter in den Wettbewerb eingreifen. Eine Rechtsverletzung ist damit in jedem Fall hinreichend wahrscheinlich. Ob eine tatsächliche Rechtsverletzung hinsichtlich des Umfangs der Programme und Dienste der Anstalten aktuell besteht, kann daher dahingestellt bleiben. Damit liegt eine die Schutzpflicht auslösende, tatbestandliche Handlung vor.

1359 *E. Klein* NJW 1989, 1633, 1638; *Isensee*, in: Isensee/Kirchhof, HbdStR, § 111 Rz. 99.

1360 *Isensee*, in: Isensee/Kirchhof, HbdStR, § 111 Rz. 98 f.

1361 BVerwGE 30, 191, 196 f.; *Bullinger*, Aufgaben, S. 15 f.; *Neun*, Grenzen des Wachstums, S. 390.

1362 *Bullinger*, Aufgaben, S. 15 f.; *Neun*, Grenzen des Wachstums, S. 390 f.; *von Wallenberg* ZUM 2004, 875, 877.

1363 *E. Klein* NJW 1989, 1633, 1637; *Isensee*, in: Isensee/Kirchhof, HbdStR, § 111 Rz. 106.

b) Rechtsfolge: Staatliche Schutzpflicht

Allgemein Rechtsfolge des Tatbestands einer Schutzpflicht ist die objektiv-rechtliche Pflicht des Staates, den rechtswidrigen Eingriff abzuwehren.[1364] Im Kontext der Rundfunkfreiheit besteht danach generell eine Pflicht des Staates, das Funktionieren des Wettbewerbs auf dem Markt von Rundfunkdienstleistungen jenseits der Privilegierung des öffentlich-rechtlichen Rundfunks um seiner Funktion willen mit allen ihm zur Verfügung stehenden Mitteln bestmöglich zu gewährleisten, sofern aktuell ein Schutzbedarf besteht. Private Anbieter müssen dem Grunde nach vor rechtswidrigen wettbewerblichen Beeinträchtigungen der Anstalten, die auf der Verwendung des Gebührenaufkommens jenseits des wettbewerblich privilegierten Bereiches beruhen, geschützt werden.

(i) Objektiver Schutzbedarf

Das tatbestandliche Vorliegen einer Schutzpflicht alleine sagt noch nichts über das Maß des konkret vorliegenden objektiven Schutzbedarfs hinsichtlich des betroffenen Schutzguts aus. Erst wenn das notwendige Maß objektiven Schutzes feststeht, kann auf dessen Basis das notwendige Handeln des Gesetzgebers bestimmt werden. Das notwendige, objektive Schutzniveau ist abhängig zum einen von der Sicherheitsempfindlichkeit des betroffenen Schutzguts, zum anderen von Art, Reichweite und Intensität des Übergriffs auf das Schutzgut.[1365] Während die bestehende Rechtsprechung zu Schutzpflichten zumeist Schutzpflichten hinsichtlich der Schutzgüter des Art. 2 Abs. 2 GG hergeleitet hat, können – wie bereits dargelegt – auch andere Schutzgüter Gegenstand einer Schutzpflicht sein. Konkret steht hier das Schutzgut funktionierenden Wettbewerbs im Rahmen der Rundfunkunternehmerfreiheit in Frage. Funktionierender Wettbewerb vermittelt objektiv ein niedrigeres Level an Schutzbedarf als die physischen Rechtsgüter Leben und Gesundheit, da ein solcher dem Wesen nach durch Konkurrenz überhaupt erst funktionieren kann. Auf der anderen Seite wird durch die Tätigkeiten der Anstalten jenseits des privilegierten Bereiches massiv zulasten des Wettbewerbs in die Rundfunkunternehmerfreiheit der privaten Anbieter eingegriffen. Diese werden in ihrer wirtschaftlichen Entwicklung unter zweckwidriger Verwendung vom Staat gewährter Mittel gehemmt und negativ beeinflusst. Zwar ist der Eingriff von relativ geringer Intensität; nichtsdestotrotz ist der Staat gehalten, zumindest ein Mindestniveau an Schutz vor unangemessener Benachteiligung zu gewährleisten. Denn auch eine niedrige Intensität des Eingriffs kann nicht dazu führen, dass der Staat sich nicht schützend vor die von Verfassungs wegen zu missbilligenden Übergriffe der Anstalten auf die privaten Anbieter stellen müsste. Dies muss umso mehr vor dem Hintergrund gelten, dass die Wettbewerbsfreiheit eine grundlegende Funktion für die gesamte wirtschaftliche Grundordnung für sich in Anspruch nehmen kann.[1366]

1364 *Isensee*, in: Isensee/Kirchhof, HbdStR, § 111 Rz. 90; *Dietlein*, Schutzpflichten, S. 70 ff.

1365 *E. Klein* NJW 1989, 1633, 1637 f.; *Isensee*, in: Isensee/Kirchhof, HbdStR, § 111 Rz. 141; *Stern*, Staatsrecht, 69 IV 6, S. 952; *Dietlein*, Schutzpflichten, S. 87.

1366 *di Fabio*, in: Maunz/Dürig, Art. 2 Abs. 1 GG Rz. 125.

(ii) Subjektives Schutzbedürfnis

Daneben muss auch ein subjektives Schutzbedürfnis des betroffenen Grundrechtsträgers bestehen. Voraussetzung hierfür ist, dass der betroffene Private nicht in eigener Verantwortung durch legitime und zumutbare Mittel seine Rechte effektiv verteidigen kann.[1367] Im Kontext der Rundfunkunternehmerfreiheit könnte den privaten Anbietern zugedacht werden, dass sie sich durch gerichtliche Maßnahmen behelfen können. Tendenziell bestehen hier aber bereits Bedenken hinsichtlich der Möglichkeit der gerichtlichen Geltendmachung durch die privaten Anbieter. Da dem Verwaltungsrecht der Grundgedanke des subjektiven öffentlichen Rechts innewohnt, muss ein potenzieller Kläger gemäß § 42 Abs. 2 VwGO stets die Möglichkeit einer eigenen Rechtsverletzung geltend machen.[1368] Die legalen Präzisierungen des einfachgesetzlichen Auftrags der Rundfunkanstalten als solche sind aber an die Anstalten gerichtet, so dass sich private Anbieter nicht direkt auf diese berufen können. Es kommt also für die Möglichkeit der gerichtlichen Geltendmachung entscheidend darauf an, ob die in Frage stehenden Aufgabenpräzisierungen lediglich die Interessen der Allgemeinheit schützen sollen oder ob sie zumindest auch den Individualinteressen der privaten Anbieter dienen. Inwieweit eine solche Drittwirkung der Aufgabenpräzisierungen überhaupt vorliegt, ist umstritten.[1369] Selbst wenn man aber von einer Drittwirkung ausginge und die privaten Anbieter solchermaßen gerichtlichen Schutz in Anspruch nehmen könnten, kann eine sinnvolle Aufgabenbestimmung durch die Gerichte nicht erzielt werden: Wie dargelegt, haben die Gerichte die Prärogative des Rundfunkgesetzgebers und dessen breiten Gestaltungsspielraum zu respektieren. Daher ist ihnen verwehrt, durch verfassungskonforme Auslegung und richterliche Rechtsfortbildung den Aufgabenbereich der Anstalten weiter zu präzisieren. Eine genauere Bestimmung des Auftrags kann so effizient aufgrund des verfassungsrechtlichen Gewaltenteilungsprinzips nicht durchgeführt werden. Damit bestehen eigene Schutzmöglichkeiten durch die privaten Anbieter nicht oder nur unzureichend, mithin liegt ein subjektives Schutzbedürfnis vor.

(iii) Umfang der Schutzpflicht

Die Schutzpflicht bindet die Legislative dahingehend, dass diese stets die dem Schutzbedarf genügenden Regelungen zu erlassen hat.[1370] Der Schutzpflicht ist allerdings immanent, dass sie auf eine staatliche Maßnahme gerichtet ist, deren konkreter Inhalt nicht von vorneherein feststeht. Vielmehr besteht ein breiter Gestaltungsspielraum des Gesetzgebers, durch welche konkreten Maßnahmen er seiner Schutzpflicht zu genügen beabsichtigt. Ihm obliegt ein gesetzgeberisches Ermessen hinsichtlich des Wie der Erfüllung der Schutzpflicht, solange er nur ein hinreichendes Schutzniveau konstitu-

---

[1367] *E. Klein* NJW 1989, 1633, 1638; *Isensee*, in: Isensee/Kirchhof, HbdStR, § 111 Rz. 142.

[1368] Statt vieler nur *Wahl*, in: Schoch/Schmidt-Aßmann/Pietzner, Vorb. § 42 VwGO Rz. 42 f.

[1369] *Hoffmann-Riem*, Regulierung, S. 187; eine solche Drittwirkung hat bereits *Ladeur* überzeugend hergeleitet, vgl. *Ladeur* AfP 1998, 141, 147; *Neun*, Grenzen des Wachstums, S. 399 f.

[1370] BVerfGE 39, 1, 47; 46, 160, 164; 77, 170, 215; *H. H. Klein* DVBl. 1994, 489, 495; *E. Klein* NJW 1989, 1633, 1637; *Isensee*, in: Isensee/Kirchhof, HbdStR, § 111 Rz. 90; *Dietlein*, Schutzpflichten, S. 111 ff.

iert.[1371] Dabei ist die Schutzpflicht als Optimierungsgebot zu verstehen, nach welchem der Staat die ihm rechtlich und tatsächlich zur Verfügung stehenden Mittel so effektiv wie möglich einsetzen muss.[1372] Keinesfalls ist aber jede gesetzgeberische Maßnahme, die der Schutzpflicht genüge tun kann, zugleich auch rechtlich geboten.[1373] In Anerkennung des breiten Gestaltungsspielraums des Gesetzgebers enthält die Schutzpflicht die Versagung effektiven Schutzes als Untermaßverbot und stellt allein diese daher unter grundrechtlichen Rechtfertigungszwang.[1374] Eine staatliche Schutzpflicht begründet inhaltlich stets eine Pflicht, für einen Mindeststandard ausreichender Schutznormen Sorge zu tragen sowie bei Änderung der tatsächlichen Verhältnisse das existierende Regulierungsregime an die veränderten Begebenheiten anzupassen und durch diese verursachte Schutzdefizite auszugleichen.[1375] Die staatlichen Vorkehrungen zum Schutz des Grundrechts sind insbesondere dann nicht ausreichend, wenn Schutzvorkehrungen entweder überhaupt nicht getroffen wurden oder diese offensichtlich gänzlich ungeeignet oder völlig unzulänglich sind, das Schutzziel zu erreichen.[1376]

Konkret muss der Rundfunkgesetzgeber als Adressat der Schutzpflicht ein Regelwerk bereitstellen, welches die Rundfunkunternehmerfreiheit in Gestalt der Wettbewerbsfreiheit der privaten Anbieter gegen unangemessene Übergriffe der Anstalten hinreichend geeignet absichert. Dabei steht ihm von Verfassungs wegen ein breiter Gestaltungsspielraum zu; dennoch muss er stets dafür Sorge tragen, dass der Schutz der privaten Anbieter vor unangemessener Wettbewerbsbenachteiligung durch die Anstalten so effektiv wie möglich gesichert ist. Im Rahmen des bestehenden Rundfunkregulierungsregimes wurden durch die Aufgabenbestimmungen der Anstalten zwar gesetzliche Schutzvorkehrungen festgeschrieben, diese sind aber regelmäßig unzulänglich dahingehend, als dass sie eine Grenzziehung zwischen dem privaten und öffentlich-rechtlichen Bereich nicht beziehungsweise nicht effizient ermöglichen und die privaten Anbieter damit nur unzulänglich vor wettbewerblichen Übergriffen in ihren Aufgabenbereich zu schützen vermögen. Der Grad grundrechtlich gebotenen Schutzes ist erst dann erreicht, wenn der durch die Gebührenfinanzierung wettbewerblich privilegierte Bereich öffentlich-rechtlichen Rundfunks hinreichend genau festgelegt ist, um damit den Umfang der Privilegierung für die privaten Anbieter erkennbar zu machen. Daneben ist insbesondere eine umfangreiche Beschreibung des Bereiches der Zusatz-

---

1371 BVerfGE 56, 54, 80 f.; 77, 170, 214 f.; 77, 381, 405; 79, 174, 201 f.; 92, 26, 46; *Böckenförde* Der Staat 29 (1990), 1, 13; *Isensee*, in: Isensee/Kirchhof, HbdStR, § 111 Rz. 162; *Sachs*, in: Sachs, Vor Art. 1 GG Rz. 36.

1372 *H. H. Klein* DVBl. 1994, 489, 495; *Isensee*, in: Isensee/Kirchhof, HbdStR, § 111 Rz. 138.

1373 *Isensee*, in: Isensee/Kirchhof, HbdStR, § 111 Rz. 152; *Lübbe-Wolff*, Grundrechte als Eingriffsabwehrrechte, S. 40, 314.

1374 BVerfGE 77, 170, 215; 88, 203, 254; 92, 26, 46; 109, 190, 247; *H. H. Klein* DVBl. 1994, 489, 495; *Gostomzyk* JuS 2004, 949, 952; *Isensee*, in: Isensee/Kirchhof, HbdStR, § 111 Rz. 165; *Starck*, in: vMangoldt/Klein/Starck, Art. 1 III GG Rz. 195; *Sachs*, in: Sachs, Vor Art. 1 GG Rz. 36.

1375 BVerfGE 77, 170, 215; *Isensee*, in: Isensee/Kirchhof, HbdStR, § 111 Rz. 90; *Stern*, Staatsrecht, 69 IV 6, S. 952.

1376 BVerfGE 77, 170, 215; 88, 203, 254; 92, 26, 46; 109, 190, 247; *H. H. Klein* DVBl. 1994, 489, 495.

versorgung erforderlich, so dass deren Grenzen der Zulässigkeit gesetzlich festgelegt sind. Das verfassungsrechtliche Mindestpräzisierungsniveau verlangt daher vom Rundfunkgesetzgeber, dass dieser zumindest den Kernbereich der Grundversorgung als Grundlage fairen Wettbewerbs in anderen Bereichen hinreichend genau beschreibt oder zumindest dafür Sorge trägt, dass der Kernbereich durch konkrete, prozedurale Vorkehrungen anstaltsautonom ausdefiniert wird.[1377] Da Präzisierung durch weitergehende direkte, materielle Bestimmungen durch den Rundfunkgesetzgeber wegen der verfassungsrechtlich gesicherten Programmautonomie der Anstalten und der Staatsfreiheit nur bedingt möglich ist, kann vom Rundfunkgesetzgeber eine solche Verdichtung des einfachgesetzlichen Auftrags der Anstalten zur Festlegung der Grenzen des Kernbereichs nicht erwartet werden.

Dies befreit ihn umgekehrt aber nicht von der Pflicht, auf andere Weise eine Festlegung des Auftrags möglichst effizient sicherzustellen. So kann der Rundfunkgesetzgeber durch eine formelle Delegierung an die Anstalten seiner Schutzpflicht dem Grunde nach genüge tun. Dafür ist er aber gehalten, durch konkrete, prozedurale Vorgaben das zu erzielende Ergebnis der Aufgabenpräzisierung hinreichend genau zu umschreiben. Unterlässt er eine solche formell-konkrete Präzisierung des Auftrags, so unterschreitet er das verfassungsrechtlich gebotene Mindestniveau des Schutzes gegenüber den privaten Anbietern. Insoweit obliegt dem Rundfunkgesetzgeber die objektive Pflicht, eine weitergehende Präzisierung – insbesondere des § 11 Abs. 4 S. 1, 3 RfStV und dessen landesgesetzlicher Ausprägungen – sicherzustellen. Auf der anderen Seite kann vom Rundfunkgesetzgeber erwartet werden, den Umfang der zulässigen Zusatzversorgung, die mit von der Privilegierung um der Funktion willen umfasst sein soll, genau festzulegen. Dies kann beispielsweise durch die skizzierte Regelbeispieltechnik oder aber durch konkrete Vorgaben hinsichtlich des Programmbezugs geschehen. In diesem Bereich bestehen erhebliche Schutzdefizite gegenüber den privaten Anbietern, die hinter dem verfassungsrechtlich gebotenen Mindestschutz zurückbleiben. Vor diesem Hintergrund besteht ebenso eine objektive Pflicht, den Bereich jenseits des Kernbereiches der Grundversorgung genau zu umschreiben. In diesem Kontext bedürfen vor allem Normen wie § 19 Abs. 2 und 4 RfStV oder die Ermächtigungen hinsichtlich der Erbringung von Telemedien aus § 11 Abs. 1 S. 2 RfStV nF sowie dessen landesgesetzlicher Ausprägungen einer weitergehender Präzisierung, um nicht das verfassungsrechtlich gebotene Schutzniveau zu unterschreiten. Im Ergebnis besteht daher eine staatliche Schutzpflicht gegenüber den privaten Anbietern vor wettbewerblichen Übergriffen durch wettbewerbswidrige Maßnahmen in Form der zweckwidrigen Verwendung des Gebührenaufkommens der Anstalten in deren grundrechtlich geschützten Bereich der Rundfunkunternehmerfreiheit in Gestalt der Wettbewerbsfreiheit, aufgrund derer den Rundfunkgesetzgeber eine partielle Präzisierungspflicht trifft.

[1377] Ähnlich, allerdings in der geltenden Dogmatik verhaftet und daher fragwürdig, *Bullinger*, Aufgaben, S. 15 f., 51.

2. Beeinträchtigungen privater Anbieter

Mit der objektiven Schutzpflicht des Rundfunkgesetzgebers korrespondieren dann subjektive Rechte der privaten Anbieter auf Sicherung eines Mindestschutzes.[1378] Auf der Grundlage des eigenen dogmatischen Ansatzes steht außerhalb des objektiv abgesicherten Kernbereiches der Grundversorgung den privaten Anbietern ein direkt aus der Verfassung entspringendes, subjektives Freiheitsrecht zu, durch welches sie sich grundrechtlicher Eingriffe erwehren können. Der objektiven Schutzpflicht des Staates ist die Versagung effektiven Schutzes als Untermaßverbot immanent, welches den Adressaten der Schutzpflicht unter grundrechtlichen Rechtsfertigungszwang stellt.[1379] Das Opfer des verfassungsrechtlich inadäquaten Schutzes kann daher subjektiv einfordern, was der Störer als Verpflichteter objektiv schuldet.[1380] Wie bereits ausführlich dargelegt, beeinträchtigen die Anstalten durch wettbewerblich relevante Maßnahmen massiv private Anbieter als Konkurrenten im Wettbewerb und greifen damit in den Schutzbereich der Rundfunkunternehmerfreiheit in Gestalt der Wettbewerbsfreiheit der privaten Anbieter ein, soweit diese jenseits des Kernbereichs Programme und andere Dienste erbringen, für die das Gebührenaufkommen dem Grunde nach von staatlicher Seite nicht intendiert war, da für sie keine hinreichend bestimmte gesetzliche Ermächtigung besteht. Dieser Eingriff erfolgt aber nicht von staatlicher Seite, sondern von Seiten der Anstalten als private Störer. Insoweit besteht – wie dargelegt – auch eine staatliche Schutzpflicht des Rundfunkgesetzgebers gegenüber den privaten Anbietern. Diese sind jedenfalls dann in ihrem subjektiven Grundrecht der Rundfunkfreiheit verletzt, wenn der Staat, obwohl er objektiv dazu angehalten ist, sich in ausreichendem Maße schützend vor die privaten Anbieter zu stellen, durch die von ihm bereitgestellten Regelungen das verfassungsrechtlich gebotene Mindestmaß der Präzisierung des einfachgesetzlichen Auftrags der Anstalten zur Festlegung des Aufgabenbereiches nicht erreicht. Da der Rundfunkgesetzgeber das verfassungsrechtlich gebotene Maß der Präzisierung zumindest partiell – wie dargelegt – unterschreitet, ist dieses gesetzgeberische Unterlassen einer verfassungsrechtlich gebotenen Pflicht als grundrechtlich relevante Beeinträchtigung der Rundfunkfreiheit der privaten Anbieter zu qualifizieren, da die Anstalten durch die mangelnde Präzisierung insbesondere im Bereich der Zusatzversorgung tangiert werden. Gerade für diesen Bereich kann die Privilegierung des öffentlich-rechtlichen Rundfunks im Wettbewerb um seiner Funktion willen kein Rechtfertigungsgrund sein. Damit steht den privaten Anbietern ein subjektives Recht aus dem Grundrecht der Rundfunkfreiheit als Ausfluss der Verletzung des Untermassverbotes hinsichtlich der objektiven Schutzpflicht durch den Rundfunkgesetzgeber zu. Zwar ist die allgemeine Unternehmerfreiheit in Gestalt der Wettbewerbsfreiheit als Bestandteil

---

[1378] BVerfGE 48, 127, 161; 69, 1, 22; 77, 170, 214 f.; 84, 212, 223; 97, 298, 313; *Schmidt-Aßmann* AöR 106 (1981), 205, 217; *Ossenbühl* DÖV 1981, 1, 4; *H. H. Klein* DVBl. 1994, 489, 493, 496; *Isensee*, in: Isensee/Kirchhof, HbdStR, § 111 Rz. 183 mwN; *Dietlein*, Schutzpflichten, S. 173 f.; *Neun*, Grenzen des Wachstums, S. 401.

[1379] *H. H. Klein* DVBl. 1994, 489, 495 f.; *Isensee*, in: Isensee/Kirchhof, HbdStR, § 111 Rz. 165.

[1380] *H. H. Klein* DVBl. 1994, 489, 495.

der Berufsfreiheit hier auch einschlägig; Art. 5 Abs. 1 S. 2 GG ist aber hinsichtlich der privaten Anbieter als Rundfunkunternehmer spezieller.[1381]

3. Sonstige verfassungsrechtliche Pflichten

Hinsichtlich der im Rahmen der Dogmatik des Bundesverfassungsgerichts dargelegten Erörterungen betreffend der Wesentlichkeitsdoktrin des Bundesverfassungsgerichts, des verfassungsrechtlichen Bestimmtheitsgebots sowie des Gewaltenteilungsprinzips kann auf die dort gefundenen Ergebnisse verwiesen werden: Aus diesen leitet sich auch im Rahmen des subjektiv-objektiven Ansatzes zumindest partiell eine verfassungsrechtliche Pflicht des Rundfunkgesetzgebers ab, den einfachgesetzlichen Auftrag der Rundfunkanstalten – im Rahmen seiner verfassungsrechtlichen Pflicht, die wesentlichen Bereiche der Rundfunkregulierung selbst hinreichend bestimmt festzulegen – weiter zu präzisieren. In Vernachlässigung dieser verfassungsrechtlichen Pflicht sind insbesondere die formellen Präzisierungspflichten aus § 11 Abs. 4 S. 1, 3 RfStV und den zugehörigen landesgesetzlichen Ausformungen, die Pauschalermächtigungen aus § 19 Abs. 2 und 4 RfStV und die Ermächtigungen für die Erbringung von Telemedien im Bereich der Zusatzversorgung aus § 11 Abs. 1 S. 2 RfStV nF sowie dessen landesgesetzlicher Ausprägungen in ihrer derzeitigen Fassung verfassungswidrig. Wesentlichkeitstheorie und Bestimmtheitsgebot wirken solchermaßen auch auf die staatliche Schutzpflicht zurück: Während allgemein Adressat der Schutzpflicht der Staat ist, wird durch das dargelegte Primat der Legislative und mit diesem einhergehend durch das Bestimmtheitsgebot der Rundfunkgesetzgeber als einzig zulässiger Adressat der Schutzpflicht verfestigt. Die Verfassungsprinzipien führen so dazu, dass allein der Gesetzgeber festlegen kann, mit welchen Mitteln die Schutzpflicht erfüllt werden soll.[1382]

4. Ergebnis

Im Ergebnis besteht eine staatliche Schutzpflicht gegenüber den privaten Anbietern vor wettbewerblichen Übergriffen durch wettbewerbswidrige Maßnahmen der Anstalten auf deren grundrechtlich geschützten Bereich der Rundfunkunternehmerfreiheit in Gestalt der Wettbewerbsfreiheit. In Verbindung mit der Wesentlichkeitstheorie und als deren Ausfluss dem Bestimmtheitsgebot ist Adressat der Schutzpflicht der Rundfunkgesetzgeber. Dieser muss im Rahmen des ihm gebührenden, weiten Gestaltungsspielraums hinsichtlich der Erfüllung der Schutzpflicht sicherstellen, dass für das Schutzgut des funktionierenden Wettbewerbs gegenüber den privaten Anbietern ein angemessenes, hinreichenden Schutz gewährendes Regelwerk besteht. Das vom Rundfunkgesetzgeber geforderte Mindestschutzniveau unterschreitet dieser zwar nicht dahingehend, dass er im Interesse der Sicherung funktionierenden Wettbewerbs den Kernbereich der Anstalten materiell genau ausdefinieren müsste. Dennoch ist der Rundfunkgesetzgeber gehalten, zumindest formell-konkrete Delegierungen zu anstaltsautonomer Präzisierung bereitzustellen. Hier besteht dann auch insbesondere mit Blick auf § 11

[1381] BVerfGE 97, 298, 316; *Bethge* DÖV 2002, 673, 677; *Degenhart*, in: Bonner Kommentar, Art. 5 GG Rz. 942; *Hartstein, u.a.*, Teil B2, Rz. 65; *Neun*, Grenzen des Wachstums, S. 389 f.; anders noch mit fragwürdiger Argumentation *Scholz*, in: Maunz/Dürig, Art. 12 GG Rz. 166 f.

[1382] *Isensee*, in: Isensee/Kirchhof, HbdStR, § 111 Rz. 152.

Abs. 4 S. 1, 3 RfStV und dessen landesgesetzlicher Ausprägungen eine objektive Pflicht des Rundfunkgesetzgebers zu weitergehender Präzisierung des einfachgesetzlichen Auftrags der Anstalten. Daneben muss vom Rundfunkgesetzgeber verlangt werden, dass er gerade den wettbewerbsrelevanten Bereich der Zusatzversorgung legislativ hinreichend genau festschreibt. In diesem Kontext besteht dann teilweise für Normen wie § 19 Abs. 2 und 4 RfStV oder die Ermächtigungen hinsichtlich der Erbringung von Telemedien aus § 11 Abs. 1 S. 2 RfStV nF sowie deren landesgesetzliche Ausprägungen eine objektive Pflicht zu weitergehender Präzisierung.

Abgestützt wird die verfassungsrechtliche Pflicht des Rundfunkgesetzgebers durch ein subjektives Recht des einzelnen privaten Anbieters auf Errichtung eines Rundfunkregulierungsregimes, welches die rechtlichen Anforderungen an das Mindestmaß objektiven Schutzes zu gewährleisten vermag. Den privaten Anbietern steht aus dem Grundrecht der Rundfunkfreiheit als Ausfluss der Verletzung des Untermassverbotes ein subjektives Recht hinsichtlich der Vernachlässigung der objektiven Schutzpflicht durch den Rundfunkgesetzgeber zu. Daneben begründet sich eine partielle Präzisierungspflicht des Rundfunkgesetzgebers – analog den Ausführungen im Rahmen der Dogmatik des Bundesverfassungsgerichts – in einer Zusammenschau aus Wesentlichkeitsdoktrin, Bestimmtheitsgebot und Gewaltenteilungsprinzip. In Vernachlässigung der verfassungsrechtlichen Pflicht sind insbesondere die formellen Präzisierungspflichten aus § 11 Abs. 4 S. 1, 3 RfStV und den zugehörigen landesgesetzlichen Ausformungen, die Pauschalermächtigungen aus § 19 Abs. 2 und 4 RfStV und die Ermächtigungen für die Erbringung von Telemedien im Bereich der Zusatzversorgung aus § 11 Abs. 1 S. 2 RfStV nF sowie deren landesgesetzliche Ausprägungen in ihrer derzeitigen Fassung verfassungswidrig.

B. Präzisierung als gemeinschaftsrechtliches Gebot

Wie gezeigt, leitet sich aus nationalem Verfassungsrecht zumindest ein partielles Gebot der Präzisierung ab. Neben dem Verfassungsrecht kann sich eine rechtliche Handlungspflicht aber auch aus den Strukturvorgaben des Gemeinschaftsrechts ergeben.

I. Beihilferegime

Rechtlich begründet sich eine gemeinschaftsrechtliche Präzisierungspflicht jedenfalls aus dem Umstand, dass das bestehende nationale Rundfunkregulierungsregime in seiner derzeitigen Fassung im Widerspruch zum EU-Beihilferegime und damit zu geltendem Primärrecht der Gemeinschaft steht: Art. 10 Abs. 1 S. 1 EG verpflichtet nämlich die Mitgliedstaaten, aktiv alle geeigneten Maßnahmen zu treffen, um die Verpflichtungen zu erfüllen, die sich aus dem Vertrag oder aus Handlungen der Organe der Gemeinschaft ergeben.[1383] Die Unzulässigkeit der Gebührenfinanzierung nach EU-Beihilferecht begründet für sich genommen noch keine aktive Handlungspflicht des Rundfunkgesetzgebers. Allerdings ist dieser dann aber in Verbindung mit Art. 10 Abs. 1 S. 1 EG gehalten, die erforderlichen Ergänzungen im nationalen Recht vorzu-

[1383] EuGH Slg. 1973, 161, Rz. 11; Slg. 1190, I-2433, Rz. 19; *Zuleeg*, in: von der Groeben/Schwarze, Art. 10 EG Rz. 4; *Streinz*, in: Streinz, Art. 10 EG Rz. 19 mwN; *von Bogdandy*, in: Grabitz/Hilf, Art. 10 EG Rz. 25.

nehmen, um den Widerspruch nationaler Gesetzgebung zum Gemeinschaftsrecht im Interesse des letzteren auflösen zu können und dem Gemeinschaftsrecht bestmöglich Geltung zu verschaffen.[1384] Art. 10 Abs. 1 S. 1 EG statuiert nämlich letztlich eine Vertragserfüllungspflicht, an die die Legislative der einzelnen Mitgliedstaaten gebunden ist.[1385] Für den nationalen Rundfunkgesetzgeber erwächst daher aus Art. 10 Abs. 1 S. 1 EG iVm Art. 86; 87 EG eine rechtliche Pflicht, die nationale Rundfunkordnung gemeinschaftsrechtskonform auszugestalten und die Vorgaben des Gemeinschaftsrechts national zu integrieren. Will der nationale Rundfunkgesetzgeber vor diesem Hintergrund die Unzulässigkeit der Gebührenfinanzierung nach Gemeinschaftsrecht vermeiden, so muss er dafür Sorge tragen, dass die Grundstruktur der nationalen dualen Rundfunkordnung kumulativ die vier Kriterien der Altmark-Trans-Rechtsprechung des Europäischen Gerichtshofs erfüllt.[1386]

Wie gezeigt, erfüllen die bestehenden nationalen Präzisierungen bereits das erste Kriterium der Altmark-Trans-Rechtsprechung. Nach dem zweiten Kriterium hat der nationale Rundfunkgesetzgeber dann aber sicherzustellen, dass die Höhe der Gebührenfinanzierung als Ausgleich für die Erbringung gemeinwirtschaftlicher Verpflichtungen durch den öffentlich-rechtlichen Rundfunk auf der Grundlage von objektiven und transparenten Parametern erfolgen kann, die gewährleisten, dass das Gebührenaufkommen als Kompensation nur für die Erbringung der Kernaufgaben des öffentlich-rechtlichen Rundfunks bereit steht. Insbesondere ist dabei zu beachten, dass es keinen Automatismus dahingehend gibt, dass all das, was verfassungsrechtlich für den öffentlich-rechtlichen Rundfunk zulässig ist, zugleich auch als gemeinwirtschaftliche Verpflichtung im Sinne des Gemeinschaftsrechts bewertet werden kann.[1387] Der Bereich der Zusatzversorgung umfasst nämlich auch kommerzielle Tätigkeiten im Sinne des Gemeinschaftsrechts. Das dritte Kriterium der Altmark-Trans-Rechtsprechung verlangt dann weiter, dass der tatsächlich gewährte Ausgleich, also das Gebührenaufkommen, nicht über dasjenige hinausgehen darf, was erforderlich ist, um die Kosten der Erfüllung der gemeinwirtschaftlichen Verpflichtungen des öffentlich-rechtlichen Rundfunks zuzüglich eines angemessenen Gewinns zu kompensieren. Kommerzielle Aktivitäten des öffentlich-rechtlichen Rundfunks dürfen demnach nicht von staatlichen Zuwendungen in irgendeiner Weise profitieren.[1388] Schließlich hat sich die Höhe des tatsächlich erforderlichen Ausgleichs auf der Grundlage einer Analyse der Kosten zu bestimmen, die ein durchschnittliches, gut geführtes Unternehmen zugrunde legt. Dabei muss der nationale Rundfunkgesetzgeber Vorkehrungen treffen, die die öffentlich-rechtlichen Rundfunkanstalten dazu anhalten, wirtschaftlich zu operieren und ihrer Funktion nachzugehen.

[1384] EuGH Slg. 1981, 2393, Rz. 8 f.; *Zuleeg*, in: von der Groeben/Schwarze, Art. 10 EG Rz. 5; *Streinz*, in: Streinz, Art. 10 EG Rz. 15, 19; *von Bogdandy*, in: Grabitz/Hilf, Art. 10 EG Rz. 38, 41.

[1385] *von Bogdandy*, in: Grabitz/Hilf, Art. 10 EG Rz. 25; *Geiger*, Art. 10 EG Rz. 4.

[1386] *Degenhart* K&R 2005, 295, 301.

[1387] *Degenhart* K&R 2005, 295, 301; extensiver *Gounalakis*, Funktionsauftrag, S. 171 ff.

[1388] Vorläufige Auffassung der Kommission hinsichtlich der deutschen Rundfunkfinanzierung vom 3. März 2005, epd Medien Nr. 21/2005, Rz. 244.

Resultierend aus diesen abstrakten Vorgaben ist der nationale Rundfunkgesetzgeber gehalten, durch eine Präzisierung im nationalen Recht kommerzielle Aktivitäten wie Telemedien und digitale Kanäle gesondert im Auftrag der Anstalten zu erfassen und präzise vorzugeben, wann diese über Gebühren zu finanzieren sind und wann nicht.[1389] Kommerzielle Aktivitäten der Anstalten müssen immer dann unter marktmäßigen Bedingungen erfolgen und damit letztlich vom Privileg der Gebührenfinanzierung ausgeschlossen sein, wenn sie nicht dem Ziel der Pluralismussicherung zu dienen bestimmt sind. Fehlt dieser erforderliche Pluralismusbezug, so darf der in Frage stehende Dienst eben nicht von der Auftragsdefinition der Dienstleistung von allgemeinem wirtschaftlichen Interesse, also im nationalen Kontext der einfachgesetzlichen Auftragsdefinition der Anstalten, umfasst sein. Auf Basis dieser präzisen Trennung von Gebühren privilegierten Dienstleistungen von allgemeinem wirtschaftlichen Interesse und kommerziellen Tätigkeiten der Anstalten muss sodann legislativ verhindert werden, dass kommerzielle Tätigkeiten über Gebühren finanziert werden. Ebenso muss sichergestellt werden, dass die Finanzierungsgarantie des öffentlich-rechtlichen Rundfunks sich allein auf Dienstleistungen von allgemeinem wirtschaftlichen Interesse, also im nationalen Kontext den Kernbereich der Grundversorgung erstreckt. Gleiches gilt im Übrigen für steuerliche Privilegierungen. Darüber hinaus müssen weitere Maßnahmen getroffen werden, durch die sichergestellt werden kann, dass sich die Anstalten hinsichtlich ihrer kommerziellen Aktivitäten allein an einer marktmäßigen Erbringung orientieren. Zudem sollte die Berechnungsmethode für die Höhe der Gebührenfinanzierung Regelungen beinhalten, die die Anstalten verpflichten, bei der Mittelverwendung des Gebührenaufkommens bestehende Einspar- und Wirtschaftlichkeitsmöglichkeiten so weit wie möglich zu nutzen.

II. Transparenzrichtlinie

Ebenso begründet sich eine gemeinschaftsrechtliche Präzisierungspflicht aus der Anwendbarkeit der novellierten Transparenzrichtlinie auf das Finanzierungssystem des nationalen öffentlich-rechtlichen Rundfunks: Allgemein sind Richtlinien im Sinne des Art. 249 Abs. 3 EG gemeinschaftsrechtliche Rechtsakte, die nach Maßgabe der inhaltlichen Vorgaben der jeweiligen Richtlinie in das nationale Recht durch die Mitgliedstaaten transformiert werden müssen. Die konkrete Umsetzungspflicht für eine Richtlinie begründet sich rechtlich aus den jeweilig einschlägigen, sekundärrechtlichen Bestimmungen in Verbindung mit Art. 249 Abs. 3 EG: Danach haben die Mitgliedstaaten einen Rechtszustand herbeizuführen, der den verbindlichen Grundsätzen der Richtlinie entspricht.[1390] Die Mitgliedstaaten müssen im Rahmen ihrer Rechtsordnung alle erforderlichen Maßnahmen ergreifen, um die vollständige Wirksamkeit der Richtlinie ent-

[1389] Vorläufige Auffassung der Kommission hinsichtlich der deutschen Rundfunkfinanzierung vom 3. März 2005, epd Medien Nr. 21/2005, Rz. 244; *Pelny* ZUM 2005, 22, 29; *Degenhart* K&R 2005, 295, 301.

[1390] EuGH Slg. 1984, 1891, Rz. 15 ff.; Slg. 1987, 3969, Rz. 7 ff.; *von Bogdandy*, in: Grabitz/Hilf, Art. 10 EG Rz. 40; *Schroeder*, in: Streinz, Art. 249 EG Rz. 77; *Ruffert*, in: Calliess/Ruffert, Art. 249 EG Rz. 43.

sprechend ihrer Zielsetzung zu gewährleisten.[1391] Die geforderte Umsetzung in nationales Recht muss dabei in der in der Richtlinie vorgegebenen Frist erfolgen.[1392] Da die Transparenzrichtlinie, wie bereits gezeigt, auf das Finanzierungssystem des öffentlich-rechtlichen Rundfunks Anwendung finden muss, begründet sich aus der Transparenzrichtlinie die gemeinschaftsrechtliche Pflicht des Rundfunkgesetzgebers, deren Zielstellung, finanzielle Transparenz in öffentlichen Unternehmen zu sichern, auch im Bereich des öffentlich-rechtlichen Rundfunks bestmöglich Geltung zu verschaffen und deren Vorgaben in nationales Recht umzusetzen. Die Umsetzungsfrist für die Transparenzrichtlinie beträgt dabei zwölf Monate ab Inkrafttreten der novellierten Fassung, also bis zum 19. Dezember 2006. Es sei angemerkt, dass es den Mitgliedstaaten bereits vor Umsetzung einer Richtlinie verwehrt ist, durch andere legislative Maßnahmen die Zielsetzung der Richtlinie in Frage zu stellen.[1393]

Aus der Anwendbarkeit der Transparenzrichtlinie ergibt sich dann für die Bundesrepublik Deutschland als Mitgliedstaat die Pflicht, für die nationalen öffentlich-rechtlichen Rundfunkanstalten eine getrennte Buchführung für gemeinwirtschaftliche und andere, kommerzielle Tätigkeiten einzuführen. Gemäß Art. 1 Abs. 2 iVm Art. 2 Abs. 1 lit. d) TRL muss eine solche Buchführung getrennte Aufstellungen der Kosten und Erlöse für die verschiedenen Geschäftsbereiche aufweisen und genaue Angaben über die Methode der Zuordnung zu den einzelnen Bereichen enthalten.[1394] Für die nationalen Rundfunkanstalten bedeutet dies, dass Konten für Grundversorgungstätigkeiten und für kommerzielle Tätigkeiten getrennt geführt werden müssen.[1395] Im aktuellen Rundfunkregulierungsregime wird nicht in ausreichendem Maße zwischen Dienstleistungen von allgemeinem wirtschaftlichen Interesse und anderen kommerziellen Tätigkeiten der Anstalten unterschieden. Das Geflecht aus kommerziellen und gemeinwirtschaftlichen Tätigkeiten im nationalen Regulierungsregime macht es aber unmöglich festzustellen, ob Überkompensationen hinsichtlich der Ausgleichszahlung in Form des Gebührenaufkommens für die Gemeinwohlverpflichtung des öffentlich-rechtlichen Rundfunks vorliegen oder nicht. Daneben resultiert aus den Anforderungen der Transparenzrichtlinie die Pflicht, Regelungen zu konzipieren, die die finanziellen Beziehungen zwischen Anstalten und kommerziellen Tochterunternehmen offen legen und Transaktionen zwischen den Akteuren nach marktmäßigen Grundsätzen gestalten. Die Einhaltung dieser strikten Trennung zwischen Gemeinwohlverpflichtungen einerseits und kommerziellen Aktivitäten andererseits bedarf dann einer effizienten nach-

---

1391 EuGH Slg. 1984, 1891, Leitsatz 1; Slg. 1984, 1921, Leitsatz 1; *Schmidt*, in: von der Groeben/Schwarze, Art. 249 EG Rz. 39.

1392 *Geiger*, Art. 249 EG Rz. 9; *Schroeder*, in: Streinz, Art. 249 EG Rz. 78; *Schmidt*, in: von der Groeben/Schwarze, Art. 249 EG Rz. 39.

1393 EuGH Slg. 1997, I-7411, Rz. 45; *Schroeder*, in: Streinz, Art. 249 EG Rz. 83; *Schmidt*, in: von der Groeben/Schwarze, Art. 249 EG Rz. 39; *von Bogdandy*, in: Grabitz/Hilf, Art. 10 EG Rz. 40.

1394 *Neun*, Grenzen des Wachstums, S. 310 f.

1395 Vorläufige Auffassung der Kommission hinsichtlich der deutschen Rundfunkfinanzierung vom 3. März 2005, epd Medien Nr. 21/2005, Rz. 244; *Pelny* ZUM 2005, 22, 29; *Degenhart* K&R 2005, 295, 301.

träglichen Kontrolle – vorzugsweise durch eine unabhängige Instanz –, die die tatsächliche Erfüllung des gesetzlichen Auftrags der Anstalten überwacht.[1396]

III. Ergebnis

Im Ergebnis besteht eine gemeinschaftsrechtliche Präzisierungspflicht für den nationalen Rundfunkgesetzgeber in zweierlei Hinsicht: Erstens ist der Rundfunkgesetzgeber gemäß Art. 86; 87 EG iVm Art. 10 Abs. 1 S. 1 EG gehalten, dass nationale Rundfunkregulierungsregime so zu gestalten, dass es nicht im Widerspruch zum EU-Beihilferegime steht. Dafür muss der Rundfunkgesetzgeber die Vorgaben der Altmark-Trans-Rechtsprechung in nationales Recht transferieren. Zweitens ergibt sich eine gemeinschaftsrechtliche Präzisierungspflicht im Hinblick auf die Vorgaben der Transparenzrichtlinie: Die Bundesrepublik Deutschland ist gemäß Art. 249 Abs. 3 EG iVm mit den Bestimmungen der Transparenzrichtlinie verpflichtet, für die nationalen öffentlich-rechtlichen Rundfunkanstalten eine getrennte Buchführung für gemeinwirtschaftliche und andere, kommerzielle Tätigkeiten einzuführen. Der Rundfunkgesetzgeber hat daher dafür Sorge zu tragen, dass die nationalen Rundfunkanstalten Konten für Grundversorgungstätigkeiten und für kommerzielle Tätigkeiten getrennt führen müssen. Hierzu haben sich konsequent die Länder bereits Ende 2006 im Rahmen der gütlichen Beilegung des Beihilfeverfahrens hinsichtlich der Gebührenfinanzierung mit der Kommission verpflichtet. Eine Umsetzung soll innerhalb von zwei Jahren durch den 10. Rundfunkänderungsstaatsvertrag erfolgen. Es bleibt abzuwarten, inwieweit die Länder den Forderungen der Kommission dann genügen können.

C. Zusammenfassung

Als Resümee der Erörterungen im Rahmen dieses Kapitels bleibt festzuhalten: Im nationalen Rundfunkregulierungsregime besteht nicht allein ein tatsächliches Bedürfnis nach weitergehender Präzisierung des einfachgesetzlichen Auftrags der Rundfunkanstalten, sondern vielmehr trifft den Rundfunkgesetzgeber zugleich auch die rechtliche Pflicht, den Auftrag der Anstalten näher zu umschreiben. Dieses Gebot weitergehender Präzisierung leitet sich einerseits aus dem nationalen Verfassungsrecht, andererseits auch aus dem Gemeinschaftsrecht ab.

I. Verfassungsrechtliche Präzisierungspflicht

Im Rahmen des geltenden Verfassungsrechts und auf Basis der dogmatischen Konzeption des Bundesverfassungsgerichts besteht nach alledem eine partielle, verfassungsrechtliche Pflicht des Rundfunkgesetzgebers, in bestimmten Bereichen die Präzisierung des einfachgesetzlichen Auftrags der Rundfunkanstalten zu intensivieren.[1397] Diese Pflicht fußt verfassungsrechtlich hauptsächlich auf der Wesentlichkeitstheorie des

[1396] *Pelny* ZUM 2005, 22, 29.

[1397] Im Ergebnis auch *Bullinger*, Aufgaben, S. 14, 16, 50 f., der allerdings von einer umfassenden Präzisierungspflicht ausgeht, ohne diese in irgendeiner Weise dogmatisch im Verfassungsrecht zu fundieren; andeutungsweise auch *Ukrow* WiVerw 2003, 160, 172 f.; *Degenhart* AfP 2005, 493, 498 f.; *ders.* K&R 2000, 49, 57; *Neun*, Grenzen des Wachstums, S. 394; *Reese*, Funktionsauftrag, S. 195 f.; dagegen *Vesting* M&K 2001, 287, 304 f.; *Hoffmann-Riem*, Regulierung, S. 183 ff., 196; differenzierend *Ladeur* M&K 2000, 93, 100.

Bundesverfassungsgerichts, nach der im Rundfunkbereich und dort insbesondere bei der Bestimmung des Auftrags der Anstalten ein Primat der Legislative besteht. Dieser ihm originär zugewiesenen Aufgabe kann sich der Rundfunkgesetzgeber insbesondere auch nicht dadurch entziehen, indem er dem ihm zustehenden Gestaltungsspielraum nur unzureichend ausschöpft und durch unbestimmte Gesetze die ihm übertragene Aufgabe faktisch an Dritte delegiert. Insoweit wird die Wesentlichkeitsdoktrin vom verfassungsrechtlichen Bestimmtheitsgebot flankiert und in ihrer Wirkung verstärkt. Erhöhte Anforderungen an die Bestimmtheit des einfachgesetzlichen Auftrags ergeben sich zudem deswegen, weil im Einklang mit dem Gewaltenteilungsprinzip und in Anerkennung des dem Rundfunkgesetzgeber zustehenden Gestaltungsspielraums die kontrollierenden, letztlich unbestimmte Normen konkretisierenden Gerichte nicht befugt sind, die Entscheidung des Rundfunkgesetzgebers durch ihre eigene Einschätzung und ihren eigenen Gestaltungswillen zu substituieren; die Judikative ist aufgrund der objektiven Konzeption der Rundfunkfreiheit nur in beschränktem Maße zur Überprüfung der Maßnahmen des Rundfunkgesetzgebers befugt.[1398] In einer Zusammenschau dieser Vorgaben hat der Rundfunkgesetzgeber die verfassungsrechtliche Pflicht, die wesentlichen Bereiche der Auftragsbestimmung hinreichend bestimmt auszugestalten. Von der verfassungsrechtlichen Pflicht sind insbesondere folgende Teilbereiche betroffen:

§ 11 Abs. 4 S. 1, 3 RfStV und die zugehörigen landesgesetzlichen Ausformungen sind insoweit verfassungsrechtlich bedenklich, als diese die Rundfunkanstalten als Normgeber zu einer weitergehenden Präzisierung des einfachgesetzlichen Auftrags ermächtigen, ohne dabei im Rahmen der Delegierung ausreichend konkrete Vorgaben hinsichtlich der Durchführung der weiteren Präzisierung festzulegen. Zwar entziehen sich insbesondere detaillierte Festlegungen im Kernbereich der Anstalten einer vollständigen Durchnormierung; eine solche muss regelmäßig aus Gründen der Programmautonomie der Anstalten und des Gebotes der Staatsfreiheit des Rundfunks ausscheiden. Nichtsdestotrotz ist der Rundfunkgesetzgeber dann aber wenigstens gehalten, durch formelle Auftragspräzisierungen eine hinreichende Bestimmung des Aufgabenbereichs der Anstalten sicherzustellen. Dabei reicht es nicht aus, pauschal und ohne konkrete, prozedurale Vorgaben zu delegieren. Im Rahmen der partiellen Präzisierungspflicht des Rundfunkgesetzgebers darf dieser seine Verantwortung nicht über pauschale Delegierungen verlagern. Insoweit trifft ihn die verfassungsrechtliche Pflicht, die pauschalen Delegierungen in § 11 Abs. 4 S. 1, 3 RfStV und die zugehörigen landesgesetzlichen Ausformungen mit konkreten Verfahrensvorgaben anzureichern. Das neu eingeführte System der Selbstverpflichtungen ist damit nicht per se als verfassungswidrig zu beurteilen. Die verfassungsrechtliche Pflicht hat lediglich zur Konsequenz, dass der Rundfunkgesetzgeber im Rahmen dieses Systems genauere Vorgaben zur anstaltsautonomen Präzisierung des Auftrags der Anstalten festschreiben muss. Im Zuge einer solchen Nachbesserung wäre das System der Selbstverpflichtungen verfassungsgemäß. Als prototypisches Positivbeispiel eines verfassungsrechtlich hinreichend bestimmten Präzisierungsverfahrens sei auf das neuartige Beteiligungsverfahren im DW-Gesetz verwiesen.

[1398] *Bornemann/Hepach* K&R 2004, 317, 320; zutreffend auch *Hoffmann-Riem*, Kommunikationsfreiheiten, S. 191.

Daneben werfen die Pauschalermächtigungen aus § 19 Abs. 2 und 4 RfStV und die Ermächtigungen für die Erbringung von Telemedien im Bereich der Zusatzversorgung aus § 11 Abs. 1 S. 2 RfStV nF sowie deren landesgesetzliche Ausprägungen erhebliche verfassungsrechtliche Bedenken auf. So betreffen die pauschalen Ermächtigungen der § 19 Abs. 2 und 4 RfStV zwar den programmlichen Kernbereich der Anstalten, der einer Durchnormierung und damit allzu konkreten Vorgaben entzogen ist. Dennoch hat der Rundfunkgesetzgeber im Rahmen des verfassungsrechtlichen Bestimmtheitsgebotes hinreichend sicherzustellen, dass die Akteure der dualen Rundfunkordnung die Grenzen des Aktionsradius der Anstalten in ausreichendem Maße erkennen können. Vor diesem Hintergrund sind § 19 Abs. 2 und 4 RfStV verfassungsrechtlich zu unbestimmt, da sie Ermächtigungen ohne jede inhaltliche Ausdifferenzierung enthalten; insbesondere werden eben auch keine Aussagen hinsichtlich des Umfangs der im Rahmen dieser Programme zu erbringenden Zusatzversorgung getroffen. Die Ermächtigungen für die Erbringung von Telemedien im Bereich der Zusatzversorgung aus § 11 Abs. 1 S. 2 RfStV nF sowie deren landesgesetzliche Ausprägungen sind dagegen zwar bestimmter, enthalten aber nur unzureichende Vorgaben hinsichtlich des zulässigen Umfangs der Telemedien. In einer Zusammenschau der verfassungsrechtlichen Vorgaben der Wesentlichkeitsdoktrin des Bundesverfassungsgerichts, des Bestimmtheitsgebots als Konsequenz des Vorbehalts des Gesetzes und der strukturellen Vorgaben des Gewaltenteilungsprinzips leitet sich aus diesen Prinzipien eine verfassungsrechtliche Pflicht des Rundfunkgesetzgebers ab, den einfachgesetzlichen Auftrag der Rundfunkanstalten partiell weiter zu präzisieren. In Vernachlässigung dieser verfassungsrechtlichen Pflicht sind insbesondere die formellen Präzisierungspflichten aus § 11 Abs. 4 S. 1, 3 RfStV und den zugehörigen, landesgesetzlichen Ausformungen, die Pauschalermächtigungen aus § 19 Abs. 2 und 4 RfStV und die Ermächtigungen für die Erbringung von Telemedien im Bereich der Zusatzversorgung aus § 11 Abs. 1 S. 2 RfStV nF sowie deren landesgesetzliche Ausprägungen in ihrer derzeitigen Fassung verfassungswidrig.

Befürwortet man dagegen einen subjektiv-objektiven Ansatz hinsichtlich der Dogmatik der Rundfunkfreiheit, so träfen die gefundenen Ergebnisse in gleichem Maße zu. Darüber hinaus würde aber aufgrund der subjektiven Komponente der Rundfunkfreiheit aus dieser eine staatliche Schutzpflicht, die den Rundfunkgesetzgeber als ihren Adressat hätte, erwachsen. Die Schutzpflicht wäre gerichtet auf die staatliche Pflicht, das Funktionieren des Wettbewerbs auf dem Markt von Rundfunkdienstleistungen jenseits der Privilegierung des öffentlich-rechtlichen Rundfunks um seiner Funktion willen mit allen ihm zur Verfügung stehenden Mitteln bestmöglich zu gewährleisten und so die privaten Anbieter vor wettbewerblich nachteiligen Übergriffen der Anstalten in den grundrechtlich geschützten Bereich der Rundfunkunternehmerfreiheit in Gestalt der Wettbewerbsfreiheit zu schützen, sofern sich die Anstalten jenseits des Kernbereichs bewegen und ohne hinreichend bestimmte gesetzliche Ermächtigung Programme und Dienste mit Mitteln finanzieren, die vom Staat nur für den privilegierten Bereich bereitgestellt wurden. Die Anforderungen der Schutzpflicht führten aber zu denselben Konsequenzen wie bereits für das geltende Verfassungsrecht aufgezeigt, allerdings mit einem Unterschied: Die Nichtgewährung des Mindestschutzniveaus und eine Vernachlässigung der verfassungsrechtlich gebotenen Präzisierung verletzten das Untermaßverbot und begründeten ein originäres subjektives Recht der privaten Anbieter aus Art. 5 Abs. 1 S. 2 GG auf Gewährung des verfassungsrechtlich gebotenen Mindestschutzes.

II. Gemeinschaftsrechtliche Präzisierungspflicht

Auch besteht eine gemeinschaftsrechtliche Präzisierungspflicht für den nationalen Rundfunkgesetzgeber in zweierlei Hinsicht:[1399] Erstens ist der Rundfunkgesetzgeber gemäß Art. 86; 87 EG iVm Art. 10 Abs. 1 S. 1 EG gehalten, dass nationale Rundfunkregulierungsregime solchermaßen zu gestalten, dass es nicht im Widerspruch zum EU-Beihilferegime steht. Dafür muss der Rundfunkgesetzgeber die Vorgaben der Altmark-Trans-Rechtsprechung in nationales Recht transferieren. Die gemeinschaftsrechtliche Präzisierungspflicht aus Art. 86; 87 EG iVm Art. 10 Abs. 1 S. 1 EG verlangt daher, erstens, dass der Rundfunkgesetzgeber im Einklang mit den Vorgaben der Transparenzrichtlinie eine hinreichend klare Präzisierung der kommerziellen Aktivitäten wie Telemedien und digitale Kanäle im Rahmen des einfachgesetzlichen Auftrags der Anstalten in Abgrenzung zu deren Gemeinwohlverpflichtungen vornimmt. Sodann muss zweitens materiell und formell verhindert werden, dass kommerzielle Tätigkeiten über Gebühren finanziert werden und sich die Finanzierungsgarantie und steuerrechtliche Privilegien des öffentlich-rechtlichen Rundfunks nicht allein auf den Kernbereich der Grundversorgung erstrecken. Drittens muss durch weitere Maßnahmen sichergestellt werden, dass die Anstalten verpflichtet werden, bei der Mittelverwendung des Gebührenaufkommens bestehende Einspar- und Wirtschaftlichkeitsmöglichkeiten so weit wie möglich zu nutzen. Ebenso ergibt sich eine gemeinschaftsrechtliche Präzisierungspflicht im Hinblick auf die Vorgaben der Transparenzrichtlinie: Die Bundesrepublik Deutschland ist nach dieser gemäß Art. 249 Abs. 3 EG iVm mit den Bestimmungen der Transparenzrichtlinie verpflichtet, für die nationalen öffentlich-rechtlichen Rundfunkanstalten eine getrennte Buchführung für gemeinwirtschaftliche und andere, kommerzielle Tätigkeiten einzuführen. Der Rundfunkgesetzgeber hat daher dafür Sorge zu tragen, dass die nationalen Rundfunkanstalten Konten für Grundversorgungstätigkeiten und für kommerzielle Tätigkeiten getrennt führen müssen. Hierzu haben sich konsequent die Länder bereits Ende 2006 im Rahmen der gütlichen Beilegung des Beihilfeverfahrens hinsichtlich der Gebührenfinanzierung mit der Kommission verpflichtet. Eine Umsetzung soll innerhalb von zwei Jahren durch den 10. Rundfunkänderungsstaatsvertrag erfolgen.

Gerade im Hinblick auf die gemeinschaftsrechtliche Präzisierungspflicht ist es an dem Rundfunkgesetzgeber, dieser möglichst optimal nachzukommen. Je präziser der nationale Rundfunkgesetzgeber die gemeinschaftsrechtlichen Vorgaben der Präzisierung umsetzt, desto wahrscheinlicher ist es, dass das nationale Rundfunkregulierungsregime auch einer letztverbindlichen Prüfung durch den Europäischen Gerichtshof

---

[1399] Im Ergebnis ähnlich, freilich ohne gezielte Herleitung *Degenhart* AfP 2005, 493, 497; *ders.* K&R 2005, 295, 297, 301 f.; *Selmayr/Kamann* K&R 2004, 49, 58; *Storr* K&R 2002, 464, 470; *von Wallenberg* ZUM 2004, 875, 878 f.; *Ukrow* WiVerw 2003, 160, 161 f.; *Degenhart*, in: Bonner Kommentar, Art. 5 GG Rz. 780; *Bullinger*, Aufgaben, S. 24, 28; *Reese*, Funktionsauftrag, S. 183 f.; offen gelassen bei *Bethge*, in: Sachs, Art. 5 GG Rz. 115e.

standhalten kann. Daher sollte der nationale Rundfunkgesetzgeber folgendes berücksichtigen: Zwar wurde das aktuelle Beihilfeverfahren der Kommission im Hinblick auf das bestehende, nationale Rundfunkfinanzierungsregime im Einvernehmen mit den Ländern gütlich gegen Auflagen, die seitens der Länder im 10. Rundfunkänderungsstaatsvertrag innerhalb von zwei Jahren umgesetzt werden müssen, beigelegt. Durch den Kompromiss wurde aber insbesondere gerade nicht die zentrale Kernfrage, ob die Gebührenfinanzierung als staatliche Beihilfe zu bewerten ist, letztverbindlich entschieden. Mit Blick auf eine etwaig bestehende Notifizierungspflicht oder eine dringend notwendige nationale Reform der Gebührenfinanzierung ist es nur eine Frage der Zeit, bis in einem neuerlichen Streit zwischen den Konfliktparteien eine rechtskräftige Entscheidung der Kommission herbeigeführt werden muss. Die Berücksichtigung der Strukturvorgaben durch den nationalen Rundfunkgesetzgeber wären dann sowieso unausweichlich. Eine vorausschauende, umfängliche Berücksichtigung der Präzisierungsvorgaben des Gemeinschaftsrechts durch den Rundfunkgesetzgeber würde einem drohenden, erneuten Konflikt zumindest die Schärfe und Brisanz nehmen, im besten Fall seine Entstehung von Vorneherein verhindern.

Kapitel 8: **Maßnahmenkatalog**

A. Konkreter Adressat der Präzisierungspflichten

Nach der abstrakten Herleitung einer rechtlichen Pflicht zu weitergehender Präzisierung für den Rundfunkgesetzgeber ist nun herauszuarbeiten, welcher konkrete Rundfunkgesetzgeber durch welches Gesetz die geforderte Präzisierung vorzunehmen hat. Dabei ist zunächst festzuhalten, dass kompetenziell von Verfassungs wegen regelmäßig die Länder für die Präzisierung der einfachgesetzlichen Aufträge der Anstalten zuständig sind: Für die bestehenden Rundfunkanstalten sind damit je nach Art des Rundfunkgesetzes der oder die jeweiligen Landesgesetzgeber berufen, die Präzisierung zu intensivieren. Ein Ausnahme besteht hinsichtlich der Deutschen Welle, deren Auftrag per Bundesgesetz zu präzisieren ist. Ausgehend vom Regelfall der kompetenziellen Regelung durch die Länder steht es diesen grundsätzlich frei, entweder spezifische Regelungen für das Hoheitsgebiet des jeweiligen Landesgesetzgebers zu treffen oder im Einvernehmen mit einem, mehreren oder allen Ländern per Staatsvertrag eine gemeinsame Umsetzung anzustreben. Dennoch: Die konkrete Art und Weise der Umsetzung hat sich nach dem jeweilig betroffenen Sachbereich, für den für den Rundfunkgesetzgeber eine Präzisierungspflicht besteht, zu richten. Für die Umsetzung der erarbeiteten Präzisierungspflichten bedeutet das folgendes:

Die gemeinschaftsrechtliche Präzisierungspflicht aus Art. 10 Abs. 1 S. 1 EG iVm Art. 86, 87 EG und der Transparenzrichtlinie richtet sich per se an die Gesamtveranstaltung Öffentlich-rechtlicher Rundfunk innerhalb der Bundesrepublik Deutschland als Mitgliedstaat der EG, weswegen auch in legislativer Hinsicht der Rundfunkgesetzgeber als Gesamtheit betroffen sein muss. Für das DW-Gesetz hat daher der Bund die gemeinschaftsrechtlichen Vorgaben zu integrieren, für die verbleibenden Landesrundfunkanstalten müssen die Länder als Gesamtheit für deren Umsetzung Sorge tragen. Das hat zur Konsequenz, dass es bezüglich der gemeinschaftsrechtlich geforderten Veränderungen zumindest nicht möglich sein kann, die Vorgaben in unterschiedlicher Intensität in spezifischen Landesgesetzen und –staatsverträgen festzuschreiben, sofern einzelne spezifische Regelungen den Präzisierungsanforderungen des Gemeinschaftsrechts nicht gerecht werden. Vielmehr bedingen die Besonderheiten des Gemeinschaftsrechts und die Praktikabilität der Umsetzung eine einheitliche Lösung, die nach nationalem Recht nur durch gesamtnationale Staatsverträge wie den Rundfunkstaatsvertrag realisiert werden kann. Freilich hindert das die einzelnen Landesrundfunkgesetzgeber nicht, über das dann in den gesamtnationalen Staatsverträgen festgeschriebene Mindestpräzisierungsniveau hinausgehende Ergänzungen in den Landesrundfunkgesetzen und -staatsverträgen vorzunehmen. Allein die Annahme einer solchen überschießenden Kompetenz entspricht den kompetenziellen Leitlinien des Grundgesetzes.

Hinsichtlich der verfassungsrechtlichen Präzisierungspflichten gelten ähnliche Grundsätze: Sofern bereits einzelne Ermächtigungen innerhalb des Rundfunkstaatsvertrages als verfassungswidrig eingestuft wurden, die sich konkret auf gesamtnationale Einrichtungen beziehen, so können diese denknotwendig nur im Rahmen einer gesamtnationalen Lösung innerhalb des Rundfunkstaatsvertrages geregelt werden. So machte es beispielsweise keinen Sinn, Ermächtigungen bezüglich der digitalen Kanäle von ARD und ZDF oder der erlaubten Zusatzprogramme des öffentlich-rechtlichen Rundfunks als Ganzes landesspezifisch auszugestalten. Soweit allerdings allgemeine Bestimmungen, die sich an den öffentlich-rechtlichen Rundfunk als Ganzes richten, mit Verfassungsrecht kollidieren, sind Adressat der daraus erwachsenden Pflicht zur Präzisierung dem Grunde nach von Verfassungs wegen die Landesrundfunkgesetzgeber. Die im Rahmen des Rundfunkstaatsvertrages bestehenden Defizite der Präzisierung könnten so durch die Landesrundfunkgesetzgeber landesspezifisch korrigiert werden.

Gegen eine solche rein landesspezifische Umsetzung der Präzisierungspflicht sprechen aber folgende Erwägungen: Insbesondere die hier gerügten §§ 11 Abs. 4 S. 1, 3 und 11 Abs. 1 S. 2 RfStV nF und die mit ihnen gesetzgeberisch beabsichtigte Konkretisierung des Aufgabenfeldes des öffentlich-rechtlichen Rundfunks allgemein waren im Wesentlichen bereits Reaktion auf die gemeinschaftsrechtlichen Anforderungen hin zu weitergehender Präzisierung der einfachgesetzlichen Aufträge der Anstalten.[1400] Insoweit sind sie Umsetzung gemeinschaftsrechtlicher Vorgaben und bedürfen damit per se auch einer einheitlichen nationalen Lösung. Daneben gilt allgemein das bereits zu den gemeinschaftsrechtlichen Präzisierungspflichten Erläuterte: Die Rahmenbedingungen für den öffentlich-rechtlichen Rundfunk müssen aus Praktikabilitätsgründen im Rundfunkstaatsvertrag geregelt werden, da ansonsten ein einheitliches Grundgerüst für den öffentlich-rechtlichen Rundfunk nicht gewährleistet werden kann. Aus diesen Gründen hat die geforderte Präzisierung in den untersuchten Bereichen im Rahmen des Rundfunkstaatsvertrags als gesamtnationalem Staatsvertrag zu erfolgen.

B. Legislative Auftragspräzisierungen

Im weiteren Fortgang der Untersuchung ist nun zu erarbeiten, durch welche Maßnahmen der Rundfunkgesetzgeber die rechtlichen Präzisierungspflichten in der Praxis konkret erfüllen kann. Dabei sei auf das bereits herausgearbeitete, abstrakte Handlungsportfolio des Rundfunkgesetzgebers hinsichtlich präzisierender Regulierung verwiesen. Darauf aufbauend gilt es notwendige und wünschenswerte, materielle und formelle Präzisierungen der einfachgesetzlichen Aufträge der Rundfunkanstalten herauszuarbeiten: In Anerkenntnis des breiten Gestaltungsspielraums des Rundfunkgesetzgebers können die darzulegenden Lösungswege jedoch nur als Anregungen dienen. Eine Umsetzungspflicht genau dieser Maßnahmen besteht indes nicht.

I. Materielle Präzisierungen

Eine sinnvolle und partiell auch notwendige Reaktion des Rundfunkgesetzgebers auf die ihm auferlegte, verfassungsrechtliche Pflicht ist die genauere materielle Beschreibung des Aufgabenbereichs der Rundfunkanstalten, durch welche der Rundfunkge-

[1400] Begründung zum 7. RfÄStV, in: *Hartstein, u.a.*, Teil A2.5, S. 3.

setzgeber den einfachgesetzlichen Auftrag der Anstalten in qualitativer und quantitativer Hinsicht weiter präzisieren könnte. Hier bestehen aber Berührungspunkte zur Programmautonomie der Anstalten und damit letztlich auch zum Gebot der Staatsfreiheit des Rundfunks. Von Verfassungs wegen wird den Anstalten ein Autonomiebereich zugestanden, innerhalb welchem diesen das Recht der Selbstverwaltung zusteht. Materielle Präzisierungen des einfachgesetzlichen Auftrags können daher nur insoweit zulässig sein, wie den Anstalten ein Kernbereich der Selbstbestimmung verbleibt.[1401] Materielle Präzisierungen sind daher vom Rundfunkgesetzgeber restriktiv anzuwenden; nichtsdestotrotz sind diese auch im programmlichen Bereich nicht per se unzulässig.[1402] Vor diesem verfassungsrechtlichen Hintergrund muss der Rundfunkgesetzgeber nun auf die ihm auferlegte, partielle Pflicht zur weitergehenden Präzisierung reagieren:

1. Notwendige Präzisierungen

Wie gezeigt, sind die bestehenden materiellen Festlegungen des einfachgesetzlichen Auftrags hinsichtlich des Kernbereiches zwar zumindest in Teilen tatsächlich präzisierungsbedürftig, daraus lässt sich aber eine rechtliche Präzisierungspflicht nicht begründen. Soweit also inhaltlich relativ unbestimmte Auftragsnormen existieren, unterfällt deren Reichweite dem Gestaltungsspielraum des Rundfunkgesetzgebers.[1403] Anders zu beurteilen sind nur die pauschalen Programmermächtigungen in § 19 Abs. 2 und 4 RfStV. Bei § 19 Abs. 2 RfStV ist der Rundfunkgesetzgeber von Verfassungs wegen gehalten, die Programmermächtigungen näher zu präziseren. Insbesondere sollte dort der Umfang des für die jeweiligen Programme zulässigen Zusatzangebots genauer bestimmt werden. Dessen Umfang wird im geltenden Recht den Verwaltungsvereinbarungen überlassen. Hier sind aber genauere Vorgaben des Rundfunkgesetzgebers gefordert. Auch sollten die Ermächtigungsnormen zumindest kursorisch das Profil und die Ziele der Programme weiter darlegen. § 19 Abs. 4 RfStV krankt an den gleichen Defiziten: Auch hier ist es notwendig, den Umfang der im Rahmen der digitalen Programme zulässigen Zusatzangebote legislativ zu determinieren sowie die Programmprofile der digitalen Kanäle genauer zu umreißen. Während der Kernbereich in großen Teilen relativ unbestimmt bleiben kann, ist im Bereich der Zusatzversorgung weitere Präzisierung notwendig: Exemplarisch sei § 11 Abs. 1 S. 2 RfStV nF genannt. Bei diesem ist es erforderlich, dass die Kriterien des Programmbezugs und der Programmbegleitung legislativ festgelegt werden. Dabei sollte der Programmbezug eng gefasst werden, um einen extensiven Gebrauch durch die Anstalten zu vermeiden. Programmbezug weisen demnach nur solche Druckwerke und Telemedien auf, die in direkter Verbindung mit dem laufenden Programm dahingehend stehen, dass sie dieses begleiten, vertiefen oder durch besondere Hinweise ergänzen. Gleiches gilt im Übrigen

---

[1401] BVerfGE 90, 60, 95; *Lerche*, in: FS Kübler, 239, 241; *Bethge*, Verfassungsrechtliche Position, S. 74 mwN; *Bullinger*, Aufgaben, S. 20; *Bethge*, in: Sachs, Art. 5 GG Rz. 98; *Ossenbühl*, in: Isensee/Kirchhof, HbdStR, § 62 Rz. 66; *Isensee*, in: Isensee/Kirchhof, HbdStR, § 111 Rz. 51; *A. Hesse*, Rundfunkrecht, Kap. 2 Rz. 55.

[1402] So auch BVerfGE 87, 181, 201; 90, 60, 92.

[1403] BVerfGE 83, 238, 300 f.; *Eifert*, Programmauftrag, S. 32.

für die gesamte Palette gleichlaufender Ermächtigungen in den anderen Rundfunkgesetzen.

2. Optionale Verbesserungsmöglichkeiten

Auch wenn materielle Präzisierungen nur restriktiv Gebrauch finden sollen, würden sich weitere Maßnahmen anbieten. Diese sind aber rechtlich nicht geboten: Nachdem die Tendenz in der neueren Rundfunkregulierung in diese Richtung weist, böte es sich an, alle bestehenden zentralen Auftragsnormen durch konkrete Programmzahlbegrenzungen quantitativ zu begrenzen und das Betreiben jedes weiteren Programms damit der gesetzgeberischen Entscheidung zu überantworten. Dabei könnte durch Spartenvorgaben bereits eine inhaltliche Präzisierung einhergehen. Darüber hinaus wäre es wünschenswert, wenn hinsichtlich der einzelnen Programme zumindest eine sachliche Gewichtung der Sparten vorgenommen würde, die dann den Rahmen für die Programmautonomie der Anstalten setzen könnte. Ferner könnte der Bereich der Zusatzdienste weiter präzisiert werden, indem zulässige Dienste im Wege der Regelbeispieltechnik beschrieben würden. Diese lässt genügend Spielraum für eine Entwicklungsgarantie des öffentlich-rechtlichen Rundfunks, soweit sie auch Ausnahmen von den Regelbeispielen zulässt. Solche Ausnahmen könnten unter den Genehmigungsvorbehalt einer Drittinstanz gestellt werden. Im Übrigen böte sich die Regelbeispieltechnik auch für die konkretere Beschreibung der Ziele und Aufgaben der Anstalten an.

II. Formelle Präzisierungen

Dort, wo materielle Präzisierungen nicht möglich sind, kann der Rundfunkgesetzgeber im Wege der indirekten, formellen Präzisierung prozedural sicherstellen, dass die Anstalten und andere Adressaten letztlich zu einem für den Rundfunkgesetzgeber „richtigen" Ergebnis gelangen.[1404] Der Rundfunkgesetzgeber determiniert die Rahmenbedingungen für den Prozess der Entscheidungsfindung und belässt diese aber im Autonomiebereich der Adressaten formeller Präzisierung. Insoweit obliegt es dem Rundfunkgesetzgeber, durch die Entscheidung über das zu verwendende Verfahren formeller Präzisierung und die Intensität der Vorgaben für das Verfahren selbst den Grad verbleibender Autonomie der Anstalten zu beeinflussen. Die Grenze liegt an der Stelle dort, wo der verbleibende Autonomiebereich der Anstalten zu gering ist. In diesen Bahnen kann der Rundfunkgesetzgeber durch formelle Ermächtigungen auf die ihm auferlegte, verfassungsrechtliche Pflicht zur Aufgabenpräzisierung reagieren:

1. Notwendige Präzisierungen

Wie dargelegt, ist die offene Delegierung der Aufgabenbestimmung an die einzelnen Anstalten als solche verfassungswidrig. Will der Rundfunkgesetzgeber also an dem dreigliedrigen System der Aufgabenbestimmung (Gesetz, Richtlinie, Selbstverpflichtung) festhalten, so muss er die formelle Ermächtigung in verfassungsrechtlich adäquater Weise weiter bestimmen. Betrachtet man die von den Anstalten zu erlassenden

---

[1404] BVerfGE 53, 30, 65 f.; 90, 60, 96; *Hoffmann-Riem* RuF 1978, 111, 119; *Kuch* ZUM 1995, 161, 163; *Bullinger*, Aufgaben, S. 100; *Bethge*, Verfassungsrechtliche Position, S. 72 f.; *Eifert*, Programmauftrag, S. 111 f.

Programmrichtlinien, so muss der Rundfunkgesetzgeber diesbezüglich für weitere Ergänzungen sorgen. Gesetzlich integriert werden müsste zuerst die konkrete Zielstellung der Programmrichtlinien, also die mit dem Regulierungsinstrument verfolgte Absicht. Dabei reicht es nicht aus festzulegen, dass die Richtlinien allein der näheren Ausgestaltung des Auftrags der Anstalten dienen sollen. Ziel der Programmrichtlinien sollte es sein, die als Ausfluss der besonderen Rolle des öffentlich-rechtlichen Rundfunks bestehenden, anspruchsvollen Anforderungen an die programmliche Arbeit prägnant festzuschreiben. Dabei müssen – durchaus unter Wiedergabe gesetzlicher Vorgaben – die Richtlinien eine stringente, zusammenfassende Darstellung der öffentlich-rechtlichen Arbeitsweise liefern. Hier ist es dann notwendig, durch abstrakte Inhaltsvorgaben die Inhalte der Programmrichtlinien rasterartig vorzugeben:

- Abstrakte Zusammenfassung des Auftrags;
- Allgemeine Zielvorgaben für die Arbeitsweise öffentlich-rechtlichen Rundfunks;
- Inhaltliche Programmstandards;
  - Inhaltliche Sorgfaltspflichten;
  - Selbstauferlegte Eigenproduktionsquoten und Quoten für europäische Werke;
- Grundsätze der journalistischen Arbeit;
  - Allgemeine Grundsätze;
  - Kernbereichsrelevante Programmgestaltung;
  - Grundsätze des Online-Journalismus;
- Programmkontrolle (Programmbeschwerdeverfahren).

Zur Klarstellung und Vereinheitlichung des dualen Rundfunksystems sollte die formelle Präzisierung im Zuge dessen auf der zweiten Ebene auf das Instrument der Programmrichtlinien begrenzt werden. Je präziser die inhaltlichen, formellen Vorgaben an die Anstalten sind, desto wahrscheinlicher ist es, dass eine Entschlackung der materiellen, legislativen Vorgaben möglich werden könnte. Weiter muss das formelle Verfahren für die Selbstverpflichtungen auf dritter Ebene legislativ präzisiert werden, indem der tatsächliche Ablauf der Erstellung der Selbstverpflichtungen wie auch des darauf folgenden Evaluationsberichts aus den Programmrichtlinien ausgelagert und genauer gesetzlich bestimmt wird.[1405] Dabei sollte der Entwurf der Selbstverpflichtungen durch den Intendanten präsentiert und an den Rundfunkrat und den Verwaltungsrat weitergeleitet werden; diese können dann innerhalb einer bestimmten Frist Änderungen vorschlagen. Bei Bedarf kann innerhalb der gleichen Frist auch der Öffentlichkeit die Möglichkeit anheim gestellt werden, Anmerkungen einzubringen. Die vorgeschlagenen Änderungen müssen dann vom Intendanten ernsthaft geprüft und beachtet werden. Will der Intendant von den Änderungsvorschlägen abweichen, so muss er das sachlich

[1405] Vgl. auch die Selbstverpflichtungen der BBC, *Woldt* MP 2002, 202, 204 ff.

begründen. Die vom Intendanten festgeschriebene Abschlussfassung der Selbstverpflichtungen wird dann durch den Rundfunkrat der Öffentlichkeit präsentiert. Durch ein solches Verfahren wäre ein klarer, einheitlicher Ablauf gesichert; es böte sich folgerichtig auch eine Umsetzung im Rundfunkstaatsvertrag an. Dabei sollten unmissverständlich alle bestehenden öffentlich-rechtlichen Rundfunkanstalten verpflichtet werden, damit nicht durch Insellösungen die Einheitlichkeit des Konzepts torpediert werden kann. Des Weiteren sollte zur Klarstellung anstatt von Bericht besser von einer „turnusmäßigen Programmstrategie“ ausgegangen werden. Inhaltlich muss insbesondere legislativ festgelegt werden, welche Zielstellung die Programmstrategien verfolgen sollen. In ihnen soll turnusmäßig niedergelegt werden, in welcher Weise jedes einzelne Programm und jeder andere erbrachte Dienst der Erreichung des durch die Aufgabenbestimmung determinierten Zieles der Anstalt dient. Daher ist es erforderlich, dass Programmstrategien konkrete Zielstellungen hinsichtlich jedes Programms oder Dienstes jeder einzelnen Anstalt enthalten. Dies muss legislativ verbindlich gemacht werden. Daneben muss in Programmstrategien genauso wie in Programmrichtlinien ein Raster der notwendigen Inhalte vorgegeben werden:

- Allgemeine anstaltsspezifische Zielstellungen;
  - Bedeutung, Empfangbarkeit, etc.;
  - Auflistung zu erfüllender gesetzlicher Bindungen;
  - Beabsichtigte Konsultationen und Studien;
- Programm- und dienstübergreifende Zielstellungen;
  - Gesetzliche Bindungen: Eigenproduktionsquoten, Europäische Werke, Unabhängige Produktionen;
- Programm- und dienstspezifische Zielstellungen;
  - Gegliedert nach Genre Information, Bildung, Unterhaltung, Kultur.

Sodann ist es notwendig, dass Verfahren der Evaluierung der Programmstrategien festzuschreiben. Nach Ablauf des vorgegebenen Zwei-Jahres-Turnus muss der Intendant einen Bericht veröffentlichen, der die Einhaltung der konkreten Programmstrategien überprüft. Dabei muss der Intendant jede einzelne in den Strategien niedergelegte Zielstellung auf ihre Erfüllung überprüfen und diese Punkt für Punkt abarbeiten. Konnte an einzelnen Stellen ein Ziel nicht erreicht werden, so muss die Nichterreichung durch den Intendanten begründet werden. Ebenso muss die Einhaltung der journalistischen Grundsätze der Programmrichtlinien dokumentiert werden. Daraus ergibt sich folgender, legislativ zu präzisierender, notwendiger Inhalt des Berichts:

- Gesamtbewertung der turnusmäßigen Arbeit;
- Evaluierung der allgemeinen anstaltsspezifischen Zielstellungen;

- Evaluierung der Programm- und dienstübergreifenden Zielstellungen;
- Evaluierung der Programm- und dienstspezifischen Zielstellungen;
- Einhaltung der inhaltlichen und journalistischen Standards;
- Programmbeschwerden (unterschieden nach Haupt- und Nebensendezeit).

Des Weiteren muss der Intendant den Bericht in angemessener Form veröffentlichen. Zur Erhöhung der Transparenz sollte der Intendant eine Kurzfassung des Berichts bereitstellen, aus der grafisch aufbereitet ersichtlich ist, welche Zielstellungen erfüllt und welche verfehlt wurden. Im Rahmen dieser Anpassung böte es sich weiter an, den Turnus von zwei Jahren auf ein Jahr zu reduzieren.

2. Optionale Verbesserungsmöglichkeiten

Werden die hier aufgezeigten, notwendigen Präzisierungen in der vorgeschlagenen Form umgesetzt, so kann der Rundfunkgesetzgeber zwar eine verfassungskonforme Ausgestaltung der Rundfunkordnung präsentieren, dennoch führt dies nicht notwendig zu einem zukunftsfähigen dualen System. Hierfür bedürfte es weiterer Änderungen, die allerdings im Ermessen des Rundfunkgesetzgebers stehen:

a) Intensivierung der Bindungswirkung

Wie bereits dargelegt, steht und fällt die Effizienz der verfahrensmäßigen Aufgabenbestimmung mit der Qualität des sie begleitenden, regulativen Rahmens, in dessen Bahnen formelle Präzisierungen überhaupt stattfinden können.[1406] Je mehr Autonomie den Anstalten gewährt wird, desto höher ist gleichzeitig auch die Gefahr, dass die Anstalten den ihnen gewährten Freiraum nur unzureichend ausschöpfen und so die Erwartungen des Rundfunkgesetzgebers nicht erfüllen können. Dieser Gefahr kann der Rundfunkgesetzgeber dadurch entgegen treten, dass er die Bindungswirkung der anstaltsautonomen Präzisierungen intensiviert. Es böte sich daher an, einen Sanktionskatalog in die Rundfunkgesetze aufzunehmen, der das Verfehlen der selbst auferlegten Zielstellung sanktioniert.[1407] Hilfreich wären in diesem Zusammenhang neben der Pflicht, eine Verfehlung öffentlich zu begründen, insbesondere eine Pflicht, für den nächsten Turnus die nicht erreichte Zielstellung überkompensatorisch zu berücksichtigen. Daneben könnten bei besonders schweren Verfehlungen oder wiederholter Begehung Ordnungsgelder auferlegt werden, die die Anstalten dann dazu anhalten würden, die von ihnen selbst auferlegten Verpflichtungen auch ernst zu nehmen. Die Auferlegung eines Ordnungsgeldes könnte auch mit der Verpflichtung verbunden werden, deren Hintergründe zur Hauptsendezeit auszustrahlen und der Öffentlichkeit zu begründen. Nicht hilfreich in diesem Zusammenhang kann die konkrete Ersatzvornahme durch den Staat sein, weil diese regelmäßig gegen den Grundsatz der Staatsfreiheit des Rundfunks verstoßen wird. Eine staatliche Nachjustierung ist nämlich nicht anders zu

---

[1406] *Ukrow* WiVerw 2003, 160, 172 f.; *Hoffmann-Riem*, in: Benda/Maihofer/Vogel, Verfassungsrecht, § 7 Rz. 96; *Bullinger*, Aufgaben, S. 110 f.

[1407] Ähnlich *Bullinger*, Aufgaben, S. 111.

bewerten als die originäre, materielle Aufgabenpräzisierung und damit nur sehr restriktiv zulässig.[1408] Dennoch könnte bereits über das skizzierte Sanktionensystem eine erhöhte Rechtsverbindlichkeit hergestellt werden. Insbesondere durch Bußgelder auch für den öffentlich-rechtlichen Rundfunk bei Verfehlungen könnte die bereits von *Degenhart* monierte „verfassungsrechtliche Schieflage" zulasten der privaten Anbieter entzerrt werden.[1409]

b) Einführung einer externen Aufsichtsinstanz

Wie gezeigt, ist die bestehende Aufsichtsstruktur hinsichtlich des öffentlich-rechtlichen Rundfunks unübersichtlich und teilweise defizitär. Generell sollen die Anstalten von Verfassungs wegen nur einer begrenzten Staatsaufsicht unterliegen.[1410] Ausfluss des Grundsatzes der Staatsfreiheit des Rundfunks ist es dann, dass die Anstalten frei von staatlichen Weisungen sind und eine Fachaufsicht durch den Staat nicht zulässig ist.[1411] Die damit allein zulässige Rechtsaufsicht über Maßnahmen der Anstalten ist dann aber gekoppelt an ein Versagen der anstaltsinternen Kontrolle durch die Gremien. Maßnahmen der Rechtsaufsicht sind demnach allein möglich, wenn die interne Kontrolle rechtlich fehlerhaft oder überhaupt nicht ausgeübt wird.[1412] Vor diesem Hintergrund erscheint es verfassungsrechtlich möglich, innerhalb dieses Rahmens eine externe Aufsichtsinstanz einzuführen, die anstelle der einzelnen Regierungen die Rechtsaufsicht für diese als Institution ausüben und bei Versagen der anstaltsinternen Kontrolle die Verbindlichkeit der Programmstrategien sicherstellen könnte.[1413]

(i) Leitbild Medienanstalt Berlin-Brandenburg

Die Struktur der zentralen Aufsichtsinstanz kann sich dabei an derjenigen der Medienanstalt Berlin-Brandenburg („***MABB***") orientieren, deren Rechtsgrundlage der Staatsvertrag über die Zusammenarbeit zwischen Berlin und Brandenburg im Bereich des Rundfunks vom 29. Februar 1992, in der Fassung vom 13./26. Februar 2001 („***MStV***") ist.[1414] Gemäß § 7 Abs. 1 MStV ist die MABB eine Anstalt des öffentlichen Rechts,

---

[1408] Ähnlich wohl *Stock*, Rundfunksystem, S. 77 f. Fn. 246.

[1409] *Degenhart* ZUM 2000, 48, 58; *Isensee/Axer*, Jugendschutz, S. 66 ff.

[1410] BVerfGE 12, 205, 261; 57, 295, 326; 73, 118, 153; BVerwGE 54, 29, 36; *Degenhart*, in: Bonner Kommentar, Art. 5 GG Rz. 825 f.; *Starck*, in: vMangoldt/Klein/Starck, Art. 5 I, II GG Rz. 146; *Schulze-Fielitz*, in: Dreier, Art. 5 I, II GG Rz. 259; *Hoffmann-Riem*, in: Benda/Maihofer/Vogel, Verfassungsrecht, § 7 Rz. 92.

[1411] *Wendt*, in: vMünch/Kunig, Art. 5 GG Rz. 55; *Degenhart*, in: Bonner Kommentar, Art. 5 GG Rz. 826; *Hartstein, u.a.*, Teil B5, Vor § 11 RfStV Rz. 31 mwN; *Ricker/Schiwy*, Rundfunkverfassungsrecht, Teil D Rz. 12 f.; *Herrmann/Lausen*, Rundfunkrecht, Kap. 14 Rz. 22.

[1412] *Degenhart*, in: Bonner Kommentar, Art. 5 GG Rz. 828; *Wendt*, in: vMünch/Kunig, Art. 5 GG Rz. 55; *Hartstein, u.a.*, Teil B5, Vor § 11 RfStV Rz. 37; *Starck*, in: vMangoldt/Klein/Starck, Art. 5 I, II GG Rz. 146; *A. Hesse*, Rundfunkrecht, Kap. 4 Rz. 118, 120; *Herrmann/Lausen*, Rundfunkrecht, Kap. 14 Rz. 45.

[1413] *Bullinger*, Aufgaben, S. 113; kritisch *Bethge*, Verfassungsrechtliche Position, S. 78; *Stock*, Rundfunksystem, S. 100 Fn. 327.

[1414] Staatsvertrag über die Zusammenarbeit zwischen Berlin und Brandenburg im Bereich des Rundfunks vom 29. Februar 1992 (Berlin GVBl. 1992, S. 150 ff.), in der Fassung vom 13./26. Februar 2001 (Berlin GVBl. 2001, S. 185 ff.) („***MStV***").

die nach Maßgabe des MStV das Recht der Selbstverwaltung hat. Nach § 7 Abs. 2 MStV sind Organe der MABB der Medienrat und der Direktor und nach §§ 35 bis 37 des Rundfunkstaatsvertrages die Kommission zur Ermittlung der Konzentration im Medienbereich („***KEK***") und die Konferenz der Direktoren der Landesmedienanstalten („***KDLM***"). Der Medienrat besteht aus sieben unabhängigen, von den Länderparlamenten Berlin und Brandenburg bestimmten Mitgliedern, die aufgrund ihrer Erfahrung und ihrer Sachkunde in besonderer Weise befähigt sein sollen, die Aufgaben nach dem Staatsvertrag wahrzunehmen, § 9 Abs. 1 MStV. Anders als die Rundfunkräte der öffentlich-rechtlichen Rundfunkanstalten, die von gesellschaftlich relevanten Gruppen entsandt werden, müssen die Medienräte dabei eine hohe parlamentarische Hürde nehmen: Sie brauchen eine Mehrheit von zwei Dritteln der gesetzlichen Mitgliederzahl eines Parlaments, § 10 Abs. 1 MStV. Drei Mitglieder werden vom Berliner Abgeordnetenhaus und drei vom Brandenburger Landtag gewählt. Darüber hinaus braucht der Vorsitzende die Zustimmung beider Parlamente. Die für fünf Jahre gewählten Mitglieder des Medienrates sind an Weisungen nicht gebunden, § 9 Abs. 2 MStV. Der Medienrat vergibt die Sendelizenzen, teilt die Frequenzen zu und überwacht die Einhaltung der gesetzlichen Bestimmungen, § 8 MStV. Daneben wählt der Medienrat nach § 13 Abs. 1 MStV den Direktor der Medienanstalt. Dieser muss die Befähigung zum Richteramt sowie Erfahrungen im Medienbereich haben und darf nicht zugleich Mitglied des Medienrates sein, § 13 Abs. 2 MStV. Seine Amtszeit beträgt ebenfalls 5 Jahre. Er führt die laufenden Geschäfte der Anstalt, bereitet die Beschlüsse des Medienrates vor und setzt sie um. In dringenden Fällen kann er auch im Eilverfahren zusammen mit dem Vorsitzenden des Medienrates unaufschiebbare Entscheidungen treffen.

(ii) Bundesmedienanstalt

Die Errichtung einer solchen Anstalt könnte in den bestehenden Rundfunkstaatsvertrag integriert werden. Zentrale Aufgabe der Bundesmedienanstalt wäre dann die Einhaltung der Vorgaben des Rundfunkstaatsvertrages durch den öffentlich-rechtlichen Rundfunk bei Versagen der internen Kontrolle sicherzustellen, mithin also die, wenn auch begrenzte, Rechtsaufsicht über den öffentlich-rechtlichen Rundfunk wahrzunehmen. Dabei könnte gleichzeitig oben bereits skizzierter Sanktionenkatalog integriert werden, der neben möglichen Anweisungen und in begrenztem Maße Ersatzvornahmen auch zur Effektivierung der Anweisungen Bußgelder und eine Sendepflicht zur Verbreitung von Verfehlungen beinhalten kann. Diese Bündelung der Rechtsaufsicht würde der festgestellten Zersplitterung der Aufsichtsstrukturen entgegen wirken. Rechtsform der Bundesmedienanstalt wäre in Anlehnung an die MABB die der Anstalt des öffentlichen Rechts mit dem Recht zur Selbstverwaltung. Deren zentrales Entscheidungsorgan könnte der Bundesmedienrat sein. Dieser müsste aus je einem Mitglied eines jeden Bundeslandes bestehen, welches vom dortigen Landesparlament mit einer Zwei-Drittel-Mehrheit der gesetzlichen Mitglieder gewählt werden müsste. Der Vorsitzende des Bundesmedienrates bedarf der Zustimmung der Mehrheit der Landesparlamente. Der Direktor, der die laufenden Geschäft führt, wird aus der Mitte des Bundesmedienrates gewählt. Finanziert werden sollte die Anstalt aus dem Gebührenaufkommen für den öffentlich-rechtlichen Rundfunk. Darüber hinaus sollte die KEF der Bundesmedienanstalt als unabhängige Kommission zugeordnet werden. In rechtlicher Hinsicht wirft eine Bundesmedienanstalt zwar Bedenken im Hinblick auf Art. 20 Abs. 1 GG, dem Bundesstaatsprinzip, auf, weil die Eigenstaatlichkeit der Länder zumindest in einem gewissen Rahmen in Frage gestellt wird. Da diese Preisgabe aber zur Effektivierung der staatlichen Aufsicht erfolgt und damit letztlich auch den Anforderungen des Bundesverfassungsgerichts an eine funktionierende, duale Rundfunkordnung Rechnung trägt, wäre im Interesse dieses verfassungsrechtlichen Bedürfnisses eine Bundesmedienanstalt nicht zu beanstanden.[1415] Die Bündelung der Rechtsaufsicht in einer externen Instanz findet jedoch dort ihre Grenze, wo durch sie Bundes- und Landeskompetenzen vermischt und damit die Eigenstaatlichkeit der Länder gänzlich preisgegeben würde.[1416] Insoweit bezeichnet *Schoch* zutreffend die bundesstaatliche Ordnung als „irreversibles Reformhemmnis"[1417]. Dementsprechend wird die Rechtsaufsicht über die Deutsche Welle weiter von der Bundesregierung selbst ausgeübt werden müssen. Zur Harmonisierung der Aufsichtsmittel wäre dann das DW-Gesetz entsprechend anzupassen.

c) Intensivierung kooperativer Präzisierung

Das im Rahmen der notwendigen Präzisierungen des Rundfunkgesetzgebers vorgeschlagene, kooperative Modell schloss allein Rundfunk- und Verwaltungsrat sowie die Öffentlichkeit als Beteiligte ein. Günstig wäre es aber eine unabhängige, externe Bewertung der Programmrichtlinien und -strategien vornehmen und deren Erfüllbarkeit und Effizienz so analysieren zu können. Da es sich bei der Bestimmung des konkreten Programms um den absoluten Kernbereich der Rundfunkveranstaltung handelt, kommt insoweit allein ein nicht-staatliches, unabhängiges Gremium als Kontrollinstanz in Frage. Dass ein solches Gremium auch in auftragssensiblen Bereichen zulässig ist, hat das Bundesverfassungsgerichts bereits hinsichtlich des Gebührenfestsetzungsverfahrens festgestellt.[1418] Auf Basis dieses Urteils wurde dann die unabhängige KEF eingeführt. Zur Intensivierung des kooperativen Elements im Rahmen des Verfahrens der anstaltsautonomen Aufgabenbestimmung böte sich daher konsequent ein Verfahren analog dem Gebührenfestsetzungsverfahren an, im Rahmen welchem eine der KEF nachgebildete, unabhängige Kommission eine Evaluierung vornehmen kann.[1419]

[1415] So bereits *Rossen-Stadtfeld* ZUM 2000, 36, 43 f.; *Paulweber* AfP 1999, 439, 444 f.; *Tabbara* ZUM 1996, 378, 387 und 389, allerdings für die Zentralisierung allein der Aufsicht über den privaten Rundfunk; für den öffentlich-rechtlichen Rundfunk ergibt sich kein anderes Ergebnis.

[1416] Ähnlich bereits *Paulweber* AfP 1999, 439, 444 Fn. 50 mwN und 445; möglich wäre bestenfalls ein zwischen Bund und Ländern abgestimmter Rahmen, der von einer Landesbehörde angewendet würde. Die Effizienz eines solchen Vorgehens ist jedoch fraglich, vgl. insbesondere den kompetenziellen Kompromiss im Bereich der neuen Medien zwischen Bund und Ländern durch Mediendienste-Staatsvertrag und Teledienstegesetz und die dort evidenten Insuffizienzen. Selbstverständlich kann mit entsprechenden Mehrheiten eine Verfassungsänderung angestrebt werden, die die Kompetenzen neu ordnet. Die politische Umsetzbarkeit eines solchen Wagnisses sei allerdings dahingestellt. Ein eventuell gangbarer Weg einer Bund-Länder-Kooperation findet sich bei *Rossen-Stadtfeld* ZUM 2000, 36, 43 f.; vgl. auch *Schoch* JZ 2002, 798, 807; *Hamm/Hart*, Kommunikationsordnung 2010, S. 86 ff.

[1417] *Schoch* JZ 2002, 798, 807.

[1418] BVerfGE 90, 60, 85 ff.

[1419] *Eifert* ZUM 1999, 595, 602; *Hoffmann-Riem*, Regulierung, S. 205; *Bullinger*, Aufgaben, S. 113.

Das neue Verfahren sollte daher seinen Ausgang bei dem bereits vorgeschlagenen, kooperativen Verfahren nehmen, innerhalb welchem die Anstalten ihre Programmstrategien erstellen und diese innerhalb einer Frist Rundfunkrat und Verwaltungsrat sowie der Öffentlichkeit vorlegen. An dieser Stelle müssen die von den Anstalten erarbeiteten Strategien nun auch der unabhängigen Kommission, der Kommission für Programmfragen, vorgelegt werden. Dann wird die Vorlage bei Rundfunk- und Verwaltungsrat entbehrlich. Nach Ablauf der Evaluierungsfrist müssen die Anstalten die Anmerkungen der Beteiligten berücksichtigen und deren Nichtberücksichtigung ausgiebig begründen. Um die Effektivität der Kommission für Programmfragen zu erhöhen, erlangen deren Anmerkungen besondere Qualität dadurch, dass sie zu erheblichen, rechtlichen Sanktionen bei deren begründeter Nichtberücksichtigung und gleichzeitiger späterer Verfehlung der Zielstellung durch die Anstalten führen können. Der Aufbau der Kommission für Programmfragen kann dem der KEF nachgebildet werden. Diese besteht aus sechzehn, weisungsfreien, unabhängigen Sachverständigen aus sechs Schwerpunktbereichen, §§ 2 S. 1; 4 Abs. 1 S. 1, Abs. 4 RfFinStV. Dabei benennt jedes Land ein Mitglied, welches dann von den Ministerpräsidenten für die Dauer von fünf Jahren berufen wird. Zur Verbesserung des Verfahrens könnte in Anlehnung an die Wahl des Medienrats die Ernennung durch den Ministerpräsidenten ersetzt werden durch eine Zwei-Drittel-Mehrheit der gesetzlichen Mitglieder des Parlaments des entsendenden Landes. Kostengünstiger wäre es jedoch, der KEF auch die Aufgabe der Evaluierung der Programmstrategien zu übertragen und deren Kompetenzen zu erweitern. Die so entstehende Kommission für Programm- und Finanzfragen des öffentlich-rechtlichen Rundfunks würde wie die KEF über das Gebührenaufkommen finanziert. Wie die KEF sollte die neue Kommission der Bundesmedienanstalt als Organ zugeordnet werden. Als zusätzliche Aufgaben der neuen Kommission könnten beispielsweise das Erstellen von Muster-Programmrichtlinien sowie eines Jahresabschlussberichts zur Programmsituation des öffentlich-rechtlichen Rundfunks normiert werden.

d) Restrukturierung der anstaltsinternen Aufsicht

Weiterer Ansatzpunkt zur Effektivierung des Aufsicht des öffentlich-rechtlichen Rundfunks wäre die Restrukturierung der Rundfunkräte. Zwar ist das bestehende Modell dem Grunde nach verfassungsgemäß[1420]; nichtsdestotrotz wäre der Rundfunkgesetzgeber nicht daran gehindert, ein anderes System einzuführen, solange die gesellschaftlich relevanten Kräften effektiv Einfluss auf die Programmgestaltung nehmen können.[1421] Die Hauptfunktion des Rundfunkrats ist die Repräsentation der Allgemeinheit im internen Anstaltsbereich.[1422] Seine Zusammensetzung soll im internen Bereich ein Abbild der Gesellschaft nachzeichnen. Richtigerweise wird dies in neuerer Zeit zunehmend kritisiert, da die Fragmentierung der Zuschauerschaft und der Gesell-

---

[1420] BVerfGE 12, 205, 261 ff.; 83, 238, 332 f.; kritisch *Schulze-Fielitz*, in: Dreier, Art. 5 I, II GG Rz. 258 ff.; *Hamm*, Bericht zur Lage des Fernsehens, S. 155 f.; *Eifert*, Programmauftrag, S. 125 ff.

[1421] BVerfGE 83, 238, 333; *Ricker/Schiwy*, Rundfunkverfassungsrecht, Teil E Rz. 31.

[1422] BVerfGE 60, 53, 65 f.; 83, 238, 333 f.; *Herzog*, in: Maunz/Dürig, Art. 5 GG Rz. 233; *Bethge*, Verfassungsrechtliche Position, S. 31; *Herrmann/Lausen*, Rundfunkrecht, Kap. 11 Rz. 12, 30; *Gersdorf*, Rundfunkrecht, Rz. 331.

schaft ein Abbild derselben nahezu unmöglich macht.[1423] Zudem hat ein System, welches sich an Verbänden und Interessengruppen ausrichtet, stets die Schwäche, dass eine latente Gefahr der Übervorteilung gesellschaftlich besser organisierter Gruppen besteht und es beherbergt das strukturelle Defizit, dass nicht alle Kräfte in Verbänden organisiert sind.[1424] Zur Vermeidung der Defizite böte es sich an, die Rundfunkräte als Sachverständigengremien auszugestalten. Dabei könnte sich erneut an dem Medienrat als Organ der MABB orientiert werden.[1425] Ein solches Gremium wäre genauso befähigt, der „Gefahr einseitiger Einflussnahme und Programmgestaltung entgegen zu wirken und zu gewährleisten, dass die Vielfalt der Anschauungen und Aktivitäten in allen Lebensbereichen im Programm zum Ausdruck kommt“[1426]. Es gibt keine Gewährleistung dafür, dass ein binnenpluralistisches Gremium besser und fairer in der Programmgestaltung die Interessen der Allgemeinheit umfassend reflektiert als ein unabhängiges, objektives Sachverständigengremium, das mit neutralen Dritten besetzt wird.

C. Ergänzende Maßnahmen

Neben den bereits dargelegten, legislativen Auftragspräzisierungen könnte eine Reform des dualen Systems auf andere Bereiche ausgedehnt werden. Im Weiteren sollen daher eine Reihe von möglichen, flankierenden legislativen Maßnahmen vorgeschlagen werden, die die Effizienz des dualen Systems positiv zu beeinflussen vermögen:

I. Werbeverbot

Das bestehende System der Mischfinanzierung aus Gebühren und Werbung ist vom Bundesverfassungsgericht als verfassungskonforme Ausgestaltung durch den Rundfunkgesetzgeber qualifiziert worden, solange die vorrangige Art der Finanzierung die Gebührenfinanzierung ist.[1427] Richtigerweise hat das Bundesverfassungsgericht angenommen, dass eine Mehrzahl von Einnahmequellen dem Grunde nach dazu geeignet ist, einseitige Abhängigkeiten zu lockern und damit der Verwirklichung der Rundfunkfreiheit zu dienen.[1428] Allerdings berücksichtigt diese Bewertung nur unzureichend die Gefahren, die mit einer kommerziellen Werbefinanzierung einhergehen. Zwar hat das Bundesverfassungsgericht selbst erkannt, dass kommerzielle Finanzierung zu einer Beschränkung der Programmgestaltung führt, weil vornehmlich Sendeformate gewählt werden, die diejenigen bedienen, die über wirtschaftlich attraktive Kaufkraft verfügen.[1429] Allerdings ging das Gericht unzutreffend davon aus, dass die werbeinhärenten Zwänge nicht oder nur marginal in Erscheinung treten, soweit die Gebührenfinanzie-

---

[1423] Vgl. statt vieler *Eifert*, Programmauftrag, S. 130 f.

[1424] BVerfGE 83, 238, 335; *Hoffmann-Riem* RuF 1978, 111, 132; *Herzog*, in: Maunz/Dürig, Art. 5 GG Rz. 220; *Eifert*, Programmauftrag, S. 138 f.

[1425] So schon *Ricker/Schiwy*, Rundfunkverfassungsrecht, Teil E Rz. 31 ff.

[1426] BVerfGE 60, 53, 66; 83, 238, 334.

[1427] BVerfGE 83, 283, 310 f.; 87, 181, 200; 90, 60, 91 f.; *Loeb* ZUM 2004, 290, 293; *Herzog*, in: Maunz/Dürig, Art. 5 GG Rz. 239b; *Hoffmann-Riem*, Regulierung, S. 247.

[1428] BVerfGE 87, 181, 200; 90, 60, 91; *Loeb* ZUM 2004, 290, 296 f.; *Bosman* ZUM 2003, 444, 449; *Kübler*, in: FS Berg, 18, 21.

[1429] BVerfGE 83, 238, 311; 87, 181, 199 f.; 90, 60, 91.

rung den wesentlichen Teil der Finanzierung sichert. Jedoch führt bereits eine geringe Ausrichtung an kommerziellen Interessen aufgrund der teilweisen Finanzierung durch Werbung zu einer schleichenden Unterwanderung der öffentlich-rechtlichen Strukturen. Durch die kommerzielle Ausrichtung entsteht in geringem Maße ein wirtschaftlicher Druck, der den öffentlich-rechtlichen Rundfunk zumindest ansatzweise ökonomisch motiviert und damit konträr zu seiner ihm zugewiesenen Funktion handeln lässt.[1430] Diesen Kommerzialisierungstendenzen könnte durch eine klare Trennung der Finanzierungsquellen entgegen getreten werden: Sinnvoll wäre es daher, die Werbefinanzierung für den öffentlich-rechtlichen Rundfunk zu verbieten. Welche Finanzierungsart der Rundfunkgesetzgeber wählt, ist nach Auffassung des Bundesverfassungsgerichts Gegenstand seiner eigenen politischen Entscheidung.[1431] Dementsprechend ist es konsequent, dass ein Werbeverbot für öffentlich-rechtliche Sender dem Grunde nach keinen verfassungsrechtlichen Bedenken unterliegt.[1432] Allerdings muss mit diesem einhergehen, dass der durch dieses Verbot verursachte Einnahmenverlust für die Anstalten durch Erhöhung der Rundfunkgebühr kompensiert wird. Ein kompensationsloser Wegfall der Wirtschaftswerbung als Einnahmequelle der Anstalten wäre verfassungswidrig.[1433] Die Erhöhung der Rundfunkgebühr beliefe sich bei Wegfallen der Wirtschaftswerbung nach neuesten Schätzungen der KEF auf ca. 1,42 Euro.[1434] Ein Erhöhung der Rundfunkgebühr in diesen Dimensionen ist rechtlich zulässig, mithin bestehen also keine Bedenken gegen ein vollständiges Werbeverbot bei gleichzeitiger Kompensation der Einnahmeverluste durch eine Erhöhung der Rundfunkgebühr.[1435]

II. Strategierat Öffentlich-rechtlicher Rundfunk

Zur verbesserten Koordinierung des öffentlich-rechtlichen Rundfunks als Einheit und zur Positionierung gegenüber den privaten Anbietern bietet es sich an, neben den jährlichen anstaltspezifischen Programmstrategien auch die strategische Ausrichtung des öffentlich-rechtlichen Rundfunks insgesamt turnusmäßig festzuschreiben. Zur besseren, internen Abstimmung müssen die Intendanten aller Anstalten einmal jährlich die strategische Ausrichtung des gesamten öffentlich-rechtlichen Rundfunks bestimmen und zu diesem Zweck eine allgemeine Strategiebestimmung für das laufende Jahr anstaltsübergreifend formulieren. Dieser Strategierat Öffentlich-rechtlicher Rundfunk soll dabei insbesondere darlegen, mit welcher Gesamtstrategie der öffentlich-

---

[1430] Vgl. nur den Kampf um werbeattraktive Sportrechte; auch *Bullinger*, Aufgaben, S. 110.

[1431] BVerfGE 83, 238, 310; 87, 181, 198; 90, 60, 90; *Loeb* ZUM 2004, 290, 293 f.; *Bosman* ZUM 2003, 444, 440.

[1432] *Loeb* ZUM 2004, 290, 298; *Bosman* ZUM 2003, 444, 452 f.; *Kresse* ZUM 1995, 67, 69 f.; *Schoch* JZ 2002, 798, 806; *Schulze-Fielitz*, in: Dreier, Art. 5 I, II GG Rz. 274; offen *Herzog*, in: Maunz/Dürig, Art. 5 GG Rz. 239b.

[1433] BVerfGE 74, 297, 341 f.; *Bosman* ZUM 2003, 444, 449; *Schulze-Fielitz*, in: Dreier, Art. 5 I, II GG Rz. 274.

[1434] 15. Bericht der KEF, Band II, Dezember 2005, Tz. 312; *Bosman* ZUM 2003, 444, 452 Fn. 70.

[1435] 15. Bericht der KEF, Band II, Dezember 2005, Tz. 328; *Bosman* ZUM 2003, 444, 453; *Schulze-Fielitz*, in: Dreier, Art. 5 I, II GG Rz. 274; anders *Loeb* ZUM 2004, 290, 298, der eine Kompensation durch Erhöhung der Rundfunkgebühr derzeit nicht für möglich hält; im Ansatz *Hamm*, Bericht zur Lage des Fernsehens, S. 179.

rechtliche Rundfunk als Gesamtheit seiner privaten Konkurrenz begegnen will. Inhalt der Strategiebestimmungen sind weiter geplante Kostenreduzierungen, Veränderungen der Verbreitungsarten, Koordinierung der inter-anstaltlichen Zusammenarbeit, Durchführung gemeinsamer Projekte und gemeinsame Standards, denen sich alle Anstalten verpflichtet fühlen. Nach Ablauf des Turnus verfasst der Strategierat einen Bericht, anhand dessen er die Erfüllung seiner strategischen Ziele in der dualen Ordnung bewertet. Dadurch entsteht eine jährliche Standortbestimmung für den öffentlich-rechtlichen Rundfunk, durch welche dieser in seiner Gesamtheit in die Lage versetzt wird, auf aktuelle Entwicklungen durch Umpositionierung zu reagieren. Praktische Ansätze finden sich bereits bei der ARD, bei der eine Konferenz der Gremienvorsitzenden als Koordinierungsstelle für die Gremienkontrolle der ARD gegründet wurde, die die zentrale Weichenstellung in wesentlichen Bereichen vorgibt. Hier böte sich eine Erweiterung auf alle Anstalten des öffentlich-rechtlichen Rundfunks an.

III. Zentralstelle für Programmbeschwerden

Wie gezeigt, sind die Möglichkeiten der Programmkontrolle intransparent und uneinheitlich geregelt. Daher ist es erstrebenswert, eine zentrale Stelle für Programmbeschwerden zu errichten, die es dem einzelnen Zuschauer ermöglicht, auf Missstände im Programm umgehend zu reagieren. Eine Möglichkeit hierfür wäre, dass für jede Anstalt einheitlich eine Programmbeschwerdestelle eingerichtet wird, deren Verfahren einheitlich im Rundfunkstaatsvertrag zu regeln wäre. Koordinierend könnten dann alle Beschwerdestellen über eine Telefonnummer oder ein Internetportal zu erreichen sein, um Übersichtlichkeit zu gewährleisten. Alternativ könnte in der einzurichtenden Bundesmedienanstalt eine zentrale Programmbeschwerdestelle errichtet werden, für die der Intendant jeder einzelnen Anstalt zuständige Mitarbeiter abstellt. Diese entscheiden in erster Instanz, zweite Instanz ist der Rundfunkrat des betroffenen Senders.

D. Perspektive

Eine vollumfängliche Umsetzung der vorgeschlagenen Maßnahmen zur Umstrukturierung der deutschen Rundfunklandschaft wäre eine strukturelle Revolution der dualen Rundfunkordnung, die zum Teil erhebliche Veränderungen mit sich bringen würde. Diese könnte allerdings erstmals effizient dazu beitragen, dass die duale Ordnung eine Balance zwischen der notwendigen Funktionswahrnehmung durch den öffentlich-rechtlichen Rundfunk und der ebenso notwendigen Sicherung fairen, wirtschaftlichen Wettbewerbes im dualen System herzustellen vermag. Die Alternative, an den bestehenden Strukturen so weit wie möglich festzuhalten und nur kosmetische Nachbesserungen durchzuführen, kann kein zielführender Weg in die Zukunft sein. Sie behandelte nur die akuten Symptome, nicht aber die Wurzel des Problems. Tiefgreifende Reformen sind seit jeher erheblichen Kritiken ausgesetzt: Immer wird betont, dass dies und jenes nicht möglich sei, dass die Kosten zu hoch sein würden, dass es bessere Ansätze gäbe, etc. Diese Litanei ließe sich endlos fortführen. Es scheint Teil des deutschen Selbstverständnisses allgemein und der Vertreter des öffentlich-rechtlichen Rundfunks im Besonderen zu sein, dass hier wie dort stets versucht wird, den bestehenden Status Quo um jeden Preis zu erhalten. Dabei wird aber ein entscheidendes Faktum verkannt: Veränderung bedeutet keineswegs immer nur Verlust; vielmehr kann in der Veränderung auch die Kraft liegen, überkommene Gesellschaftsmuster neu zu ordnen und zeitgemäß zu interpretieren. Tiefgreifende Reformen tragen auch die Chance in sich, bestehende Strukturen durch deren Neuausrichtung auf veränderte Begebenheiten zukunftsfähig werden zu lassen und damit letztlich deren gesellschaftliche Basis wieder zu festigen. Diesen Befund hatte bereits *Bullinger* zutreffend 1999 herausgearbeitet.[1436] Seit der Herausarbeitung wurde zwar viel diskutiert und auch teilweise legislativ reagiert. Beinahe im Jahrestakt novelliert der Rundfunkgesetzgeber den zentralen Rundfunkstaatsvertrag, um stückchenweise neue Änderungen einfließen zu lassen. Der Vertrauensbildung in der Öffentlichkeit ist diese zögerliche Herangehensweise nicht dienlich.

I. Öffentlich-rechtlicher Rundfunk und Ökonomisierung

Für das deutsche Rundfunksystem ergeben sich zwei fixe Konstanten, denen jede Veränderung Rechnung tragen muss: Erstens ist die Existenz eines funktionierenden, breit gefächerten öffentlich-rechtlichen Rundfunks gesellschaftlich unverzichtbar.[1437] Es ist eine Illusion den Glauben zu verfolgen, dass private Anbieter heute oder irgendwann in der Zukunft adäquat und gleichwertig die Funktion des öffentlich-rechtlichen Rundfunks übernehmen können. Die Auswirkungen und die damit einhergehende Qualität eines rein werbefinanzierten Rundfunksystems können in natura in den USA und Neuseeland begutachtet werden. Es ist ein Gebot der Logik, dass transnationale, auf Profit ausgerichtete Konzerne kaum je effizient für eine nationale Demokratie wesentliche Interessen wahrnehmen und berücksichtigen werden. Dies gilt umso mehr im Zeitalter der Globalisierung, da sich international operierende Unternehmen nur begrenzt nationalen Interessen verpflichtet fühlen oder sich diesen verpflichten lassen.[1438] Ebenso wenig wie McDonalds oder Nike die nationale Bildungsstruktur effizient finanzieren, werden wirtschaftlich orientierte, private Anbieter vollumfänglich die Funktion des öffentlich-rechtlichen Rundfunks übernehmen können.[1439]

Zweitens muss anerkannt werden, dass auch die Dienstleistung Rundfunk einer zunehmenden Ökonomisierung unterliegt.[1440] Dabei hilft es nicht diese Entwicklung als neoliberal zu verteufeln, indem man sie allein dem Einfluss des wirtschaftlich geprägten, freien Binnenmarktes zuschreibt und damit letztlich als negative Folge der EU geißelt. Dieser Entwicklung liegt vielmehr die allgemeine, gesellschaftliche Tendenz zugrunde, dass Leistungen der Daseinsvorsorge nicht mehr als selbstverständlich zu betrachten sind, sondern dass diese sich vielmehr an wirtschaftlichen Grundsätzen zu orientieren haben. Die gesellschaftliche Entwicklung kann nicht ausgeblendet werden, wenn man sich daran versucht, die grundlegenden Strukturen des dualen Systems zu reformieren. Diese beiden Konstanten des deutschen Rundfunksystems können über

---

[1436] *Bullinger*, Aufgaben, S. 117 ff.

[1437] *Dörr* MP 2005, 333, 341 f.; *Ukrow* WiVerw 2003, 160, 160; *Scharf*, in: FS Berg, 25, 25 f.

[1438] *Holznagel*, Funktionsauftrag, S. 123 f.

[1439] *Graham* MP 2004, 95, 98; *Scharf*, in: FS Berg, 25, 30 f.; zurecht geht *Kiefer* in der bestehenden Situation betreffend der Qualität im Bereich des privaten Rundfunks von einem Marktversagen aus, *Kiefer* MP 2004, 558, 566.

[1440] *Kiefer* MP 2004, 558, 561.

die vorgeschlagenen Lösungen zu einem gerechten Ausgleich gebracht werden. Das duale System heutiger Prägung fußt in seinen Grundsätzen noch auf den zentralen Entscheidungen des Bundesverfassungsgerichts zur Grundversorgung, die vor zwanzig Jahren ergangen sind. Das letzte bedeutende Urteil des Gerichts stammt aus dem Jahre 1994. Seitdem haben sich die gesellschaftlichen Strukturen fundamental verschoben.[1441] Dadurch ist die duale Ordnung heute nicht mehr auf der Höhe ihrer Zeit. Der Rundfunkgesetzgeber täte gut daran, das bestehende System durch eine grundlegende Reform zukunftsgemäß auszugestalten. Eine Anpassung Schritt für Schritt führt dazu, dass die neuen Regelungen stets der voranschreitenden Entwicklung hinterher hinken.

II. Zusammenführung der Institutionen

Zuzugeben ist den Kritikern einer weitläufigen Reform, dass diese durch die Schaffung neuer Institutionen negative Effekte erzielen kann: *Vesting* konzediert zutreffend, dass die Schaffung neuer Organe zu einer Zersplitterung der Rundfunklandschaft und damit letztlich zum gegenteiligen Effekt einer Destabilisierung des dualen Systems führen kann.[1442] Dem kann allerdings entgegen gehalten werden, dass durch die angestrebte Einführung insbesondere der Bundesmedienanstalt eine Bündelung der verteilten Aufgabenstrukturen erzielt würde, die zum einen andere Institutionen entlasten, zum anderen diese sogar überflüssig machen könnte. So bestünde beispielsweise die Möglichkeit, die Aufsichtsstrukturen von öffentlich-rechtlichem und privatem Rundfunk zusammenzuführen.[1443] Das Konzept der Bundesmedienanstalt macht es möglich, dieser auch Kompetenzen hinsichtlich der Aufsicht über den privaten Rundfunk einzuräumen. Die Einführung einer gleichgeschalteten Rundfunkaufsicht steht als wesentliche Frage des Rundfunksystems im Ermessen des Rundfunkgesetzgebers.[1444] Entscheidet er sich für eine Zusammenlegung, so könnten die bestehenden Landesmedienanstalten aufgelöst und ihre Aufgabe durch die zentrale Bundesmedienanstalt durchgeführt werden.[1445] Freilich müsste diese um bestimmte Gremien erweitert werden. Dennoch ist die Errichtung einer solchen zentralen Aufsicht über den gesamten Rundfunkbereich durchaus sinnvoll und auch praktisch durchführbar.

[1441] *Vesting* M&K 2001, 287, 294; *von Münch*, in: FS Selmer, 821, 830.

[1442] *Vesting*, Rundfunkrecht, S. 358.

[1443] Ansätze bei *Stock* RuF 1987, 5, 21; *A. Hesse*, Rundfunkrecht, Kap. 4 Fn. 23.

[1444] *Degenhart* K&R 2000, 49, 58.

[1445] Zu der verfassungsrechtlichen Zulässigkeit bereits *Rossen-Stadtfeld* ZUM 2000, 36, 44 f.; *Paulweber* AfP 1999, 439, 444 f.; *Tabbara* ZUM 1996, 378, 387 und 389; Tendenzen zu Zusammenlegungen lassen sich aktuell erkennen: So fusionierten die Bundesländer Hamburg und Schleswig-Holstein ihre Landesmedienanstalten jüngst zu einer „Medienanstalt Nord". Anreize zu weiteren Fusionen finden sich auch in Art. 8 des 9. Rundfunkänderungsstaatsvertrages, wonach durch finanzielle Privilegien die Fusionsbereitschaft der Landesmedienanstalten gefördert werden soll.

1. Leitbild Office of Communications

Beispielhaft hierfür kann Großbritannien sein:[1446] Durch den Communications Act 2003 wurde dort eine zentrale Regulierungsstelle in Gestalt des Office of Communications („***OFCOM***") eingeführt, welche den gesamten Bereich des Rundfunks zu beaufsichtigen verpflichtet ist. Dabei wurde die Aufsicht in drei Ebenen aufgeteilt:[1447] Regulierungsebene 1 betrifft die grundlegenden Anforderungen, die für alle Rundfunkveranstalter Geltung finden sollen. Dies entspricht im wesentlichen der Art und Weise der Aufsicht, die in Deutschland durch die Landesmedienanstalten ausgeübt wird. Beispiele hierfür sind der Jugendschutz, Objektivität und Wahrhaftigkeit, Werbung und Sponsoring sowie Zugangsmöglichkeiten für behinderte Nutzer.[1448] Regulierungsebene 2 betrifft dann quantifizierbare Anforderungen an den öffentlich-rechtlichen Rundfunk, deren Einhaltung ebenfalls von OFCOM überwacht wird. Beispiele hierfür sind insbesondere die Einhaltung von Quoten, Ausstrahlung von Wahlwerbung oder Umfang der Nachrichten, etc.[1449] Die letzte Ebene betrifft den Kernbereich der Programmgestaltung, mithin qualitative Anforderungen, die nicht oder nur schwer quantifizierbar sind. Dieser Bereich bleibt für den öffentlich-rechtlichen Rundfunk, in Großbritannien also insbesondere für die BBC, allein der Selbstkontrolle vorbehalten. Versagt das System der Selbstregulierung, so ist OFCOM aber auch befugt, mit Sanktionen zu reagieren.[1450]

2. Bundesmedienanstalt

Will man das britische System auf die Bundesmedienanstalt übertragen, so ergibt sich folgende Bewertung: Die bereits vorgeschlagene Form der Aufsicht entspricht im wesentlichen der Regulierungsebene 3 von OFCOM. Integrierte man nun die beiden anderen Regulierungsebenen bei gleichzeitiger Auflösung der Landesmedienanstalten in die neu zu gründende Bundesmedienanstalt, so ergäben sich grundsätzlich zwei weitere zentrale Aufgabenbereiche. Das deutsche Rundfunksystem verfolgt bedingt durch das Gebot der Staatsfreiheit des Rundfunks eine schärfere Einschränkung indirekten, staatlichen Einflusses als das britische Rundfunksystem. Die von Verfassungs wegen nur begrenzt zulässige Rechtsaufsicht über den öffentlich-rechtlichen Rundfunk verbietet eine direkte, umfängliche Aufsicht über die Bereiche der Regulierungsebene 1 und 2. Deshalb benötigte die deutsche Gesamtaufsicht nur zwei Regulierungsebenen: Einmal die Aufsicht über die privaten Anbieter, so wie sie bereits durch die Landesmedienanstalten ausgeübt worden ist, und zum anderen die skizzierte begrenzte Aufsicht über die öffentlich-rechtlichen Anstalten. Flankiert werden müsste dies mit Kompetenzen zur Zulassungskontrolle und Lizenzüberwachung sowie aller weiteren

---

[1446] Vgl. *Hamm/Hart*, Kommunikationsordnung 2010, S. 84 f.: Die Federal Communications Commission (USA), die Radio and Television Commission (Kanada) und die Broadcasting Authority (Australien) verfügen über ähnlich weitreichende Kompetenzen der Regulierung.

[1447] *Vick/Doyle* MP 2004, 38, 40 f.

[1448] *Vick/Doyle* MP 2004, 38, 40.

[1449] *Vick/Doyle* MP 2004, 38, 41.

[1450] *Vick/Doyle* MP 2004, 38, 41.

Aufgaben der Landesmedienanstalten. Neben der Auflösung der Landesmedienanstalten könnte gleichzeitig die KEK der Bundesmedienanstalt zugeordnet werden.

3. Bundesagentur für Infrastruktur und Inhalte?

Langfristig bestünde weiter die Möglichkeit, die Aufsichtskompetenzen im Bereich von Telekommunikation und Medien zu bündeln. Dies könnte auch wieder in Anlehnung an das britische Modell der Super-Regulierungsbehörde OFCOM geschehen, die Ende 2003 die Aufgaben von fünf verschiedenen Regulierungsbehörden übernommen hat.[1451] Insbesondere die Tendenz zur Konvergenz der Medien könnte eine solche Neugestaltung der zersplitterten Aufsichtsstrukturen sinnvoll machen.[1452] Dort, wo nämlich einstmals klar getrennte Marktsegmente konvergieren, kann eine Marktregulierung nicht mehr adäquat sein, die sich noch an den nicht mehr bestehenden, alten Strukturen orientiert.[1453] Beispielsweise könnten die Bundesnetzagentur und die Bundesmedienanstalt zu einer Bundesagentur für Infrastruktur und Inhalte fusioniert werden, um eine Vereinheitlichung der Strukturen zu ermöglichen. Daneben bestünde als andere Möglichkeit die Zusammenlegung der Bundesmedienanstalt mit beispielsweise der Bundesprüfstelle für jugendgefährdende Medien. Die mit den vorgeschlagenen Institutionen möglichen Synergieeffekte können nach alledem vielfältig sein.

III. „Positive Approach" als offensive Strategie

In Anerkennung der neuen, gesellschaftlichen Entwicklungen hin zu einer Ökonomisierung auch der öffentlichen Daseinsvorsorge wird sich zunehmend eine Tendenz dahin ergeben, dass der öffentlich-rechtliche Rundfunk eben nicht mehr eine Selbstverständlichkeit, sondern nur eine begründungsbedürftige Ausnahme zur Wirtschaftsordnung sein kann. Verstärkt und forciert wird diese Entwicklung durch die marktorientierten Vorgaben des Gemeinschaftsrechts, deren prägender Grundsatz der freie, gemeinsame Binnenmarkt ist. Daneben verschärft sich die Ökonomisierung des Rundfunks durch die angespannte Wirtschaftslage, die zu einer Krise auch des Werbemarktes geführt hat, auch wenn sich seit 2004 erstmals eine Trendwende auf dem Werbemarkt abzeichnet.[1454] Dadurch reagieren die privaten Anbieter sensibler auf die besondere Stellung des öffentlich-rechtlichen Rundfunks, weil sie dessen Existenz teilweise zurecht als Konkurrenz empfinden. Vor diesem Hintergrund werden sich über kurz

---

[1451] *Vick/Doyle* MP 2004, 38, 39: kritisch *Graham* MP 2004, 95, 100 f.; zur britischen Aufsichtsstruktur *Paulweber* AfP 1999, 439, 446 ff.; *Hamm/Hart*, Kommunikationsordnung 2010, S. 85 f.

[1452] Zu deren Zulässigkeit *Paulweber* AfP 1999, 439, 443 ff.; da durch einen solchen Super-Regulierer Landes- und Bundeskompetenzen abgedeckt würden, wirft eine solche Institution erhebliche verfassungsrechtliche Bedenken auf. Eine Umsetzung wird nur möglich sein, wenn eine Verfassungsänderung hinsichtlich der Kompetenzverteilung vorgenommen würde; eine solche wird sich aber kaum je realisieren lassen, vgl. *Paulweber* AfP 1999, 439, 448; ein interessanter Vorschlag einer Anstalt als Bund-Länder-Kooperation findet sich bei *Rossen-Stadtfeld* ZUM 2000, 36, 43 f.; allgemein *Rossen-Stadtfeld* ZUM 2000, 36, 41; *Schoch* JZ 2002, 798, 805, 807; *Schulze-Fielitz*, in: Dreier, Art. 5 I, II GG Rz. 240 mwN; *Holznagel*, Funktionsauftrag, S. 72 f.; *Hamm/Hart*, Kommunikationsordnung 2010, S. 20 (dort auch die Übersicht auf S. 70 zur Medienaufsicht).

[1453] *Hamm/Hart*, Kommunikationsordnung 2010, S. 82 f.

[1454] *Kiefer* MP 2004, 558, 562; *Heffler* MP 2004, 242, 242 ff.; *Heffler/Möbus* MP 2005, 258, 263 f.

oder lang Konsequenzen in zwei Richtungen ergeben: Erstens ist der Rundfunkgesetzgeber gefordert, die nicht mehr zeitgemäße, duale Rundfunkordnung zukunftsgerecht umzustrukturieren. Da die Diskrepanz zwischen der Aktualität der vorhandenen Strukturen und den neuen, gesellschaftlichen Entwicklungen immer noch erheblich ist, sollte der Rundfunkgesetzgeber nicht nur die hier vorgeschlagenen, notwendigen Korrekturen vornehmen, sondern zugleich eine weitreichende Reform des dualen Systems anstreben. Leitbild kann hier einmal mehr der Rundfunkgesetzgeber Großbritanniens sein: Mit dem Communications Act 2003 und der für 2007 geplanten Novellierung der Royal Charter als wesentlicher Grundlage der BBC[1455] wurde dort einen neue Ära öffentlich-rechtlichen Rundfunks eingeläutet, die den von diesem zu erbringenden Gegenwert für die Gesellschaft genauer bestimmt und dessen Sonderstellung in Richtung der privaten Anbieter verschiebt. Diese ambitionierte Umstrukturierung positioniert die BBC einmal mehr als Aushängeschild des öffentlichen-rechtlichen Rundfunks. Der nationale Rundfunkgesetzgeber täte demzufolge in Anlehnung an die Strukturreformen der BBC gut daran, einen gesetzlichen Rahmen zu schaffen, innerhalb welchem es dem öffentlich-rechtlichen Rundfunk möglich ist, sich mit modernen Diensten und Übertragungstechniken in der globalen Medienordnung des 21. Jahrhunderts zu positionieren, ohne gleichzeitig die privaten Anbieter ihrer wirtschaftlichen Entfaltungsmöglichkeiten zu berauben.

Zweitens ist mehr denn je der öffentlich-rechtliche Rundfunk gefordert: Hilfreich ist es insbesondere nicht, sich zur Reaktivierung der Bedeutung des öffentlich-rechtlichen Rundfunks in der Öffentlichkeit mittels defensiver Hilferufe an politische Instanzen oder Gerichte zu wenden.[1456] Vor dem Hintergrund der gesellschaftlichen Entwicklungen, die den öffentlich-rechtlichen Rundfunk als begründungsbedürftige Ausnahme qualifizieren, muss auch dieser dazu beitragen, sein Profil und damit letztlich seine Wahrnehmung in der Öffentlichkeit im Interesse der ihm übertragenen Funktion zu konturieren. Er ist gehalten, die ihm eröffneten Möglichkeiten der Positionierung im 21. Jahrhundert eingehend zu nutzen. Versäumte er die Teilhabe an neuen Techniken wie Online-Diensten und Abrufdiensten, so könnte sich ein Paradigmenwechsel vollziehen, indem die Bedeutung des öffentlich-rechtlichen Rundfunks für die Medienordnung der Zukunft schwindet.[1457] Daher führt eine Schärfung des Programmprofils im Kernbereich der Grundversorgung zu einer nachhaltigen Festigung der Legitimationsbasis öffentlich-rechtlichen Rundfunks.[1458] Dies gilt umso mehr unter dem durch die voranschreitende Ökonomisierung beeinflussten Zeitgeist: Im Rahmen des vorherrschenden gesellschaftlichen Klimas ist es weitaus günstiger für den öffentlich-rechtlichen Rundfunk, seine anstaltsautonomen Präzisierungen so präzise wie möglich auszugestalten und sich nicht mit einer Fortschreibung des Status Quo zu begnügen. Erfüllt der öffentlich-rechtliche Rundfunk die ihm übertragene, formelle Präzisie-

[1455] Details abrufbar unter http://www.bbccharterreview.org.uk.

[1456] So schon *Bullinger*, Aufgaben, S. 124.

[1457] *Wiedemann* ARD-Jahrbuch 2005, 29, 33.

[1458] *Kiefer* MP 2004, 558, 565 f.; *Dörr* MP 2005, 333, 340 f.; *Wiedemann* ARD-Jahrbuch 2005, 29, 35; *Ukrow* WiVerw 2003, 160, 160; *Scharf*, in: FS Berg, 25, 35; *Stock*, Rundfunksystem, S. 85; *Bullinger*, Aufgaben, S. 124, rungspflicht mustergültig und ambitioniert, so entlastet das den Rundfunkgesetzgeber, der mangels Notwendigkeit auf schärfere Regulierung des öffentlich-rechtlichen Rundfunks verzichten könnte.

Diese „Gefahr oktroyierter Fremdregulierung"[1459] sollten die Vertreter des öffentlich-rechtlichen Rundfunks stets im Hinterkopf behalten. Konsequenz für den öffentlich-rechtlichen Rundfunk sollte es daher sein, durch eine konturenscharfe Profilierung offensiv zur Festigung seiner Legitimationsbasis beizutragen.[1460] Leider ist diese Erkenntnis noch nicht zu den Intendanten der Anstalten vorgedrungen: Wenn zum Beispiel *Fritz Pleitgen*, ehedem Intendant des WDR, im Zusammenhang von Selbstverpflichtungen von „erpresster Eigeninitiative" spricht und die wenig ambitionierten Selbstverpflichtungen der ARD im Vergleich zu denjenigen der BBC damit rechtfertigt, dass die BBC schon lange Erfahrung mit solchen Verpflichtungen aufweisen könne, so sind diese realitätsfernen Äußerungen wenig geeignet, den öffentlich-rechtlichen Rundfunk in der Medienordnung des 21. Jahrhunderts zu verorten.[1461] Ein Akzeptanz schaffender „Positive Approach" wurde bereits durch die BBC als Strategie mit Erfolg angewandt. Erst durch eine offensive Strategie würde sich die Wahrnehmung des öffentlich-rechtlichen Rundfunks in der Öffentlichkeit verbessern. Erst dann, wenn der Rundfunkgesetzgeber und die Vertreter des öffentlich-rechtlichen Rundfunks an einem gemeinsamen Strang ziehen, wird es möglich sein, den öffentlich-rechtlichen Rundfunk zukunftsfähig in der globalen Medienordnung zu positionieren. Ob dies gelingen wird, ist letztendlich aber abhängig von der Bereitschaft der handelnden Akteure. Diese sind wechselseitig im Interesse der Zukunftsfähigkeit der dualen Rundfunkordnung gefordert.

1459 *Stock*, Rundfunksystem, S. 85.

1460 *Ukrow* WiVerw 2003, 160, 160 f.; *Stock*, Rundfunksystem, S. 84 f.; *Bullinger*, Aufgaben, S. 124.

1461 *Pleitgen* epd Medien Nr. 5/2005, 23, 24.

Kapitel 9: Ergebnis der Untersuchung

A. Zur Dogmatik der Rundfunkfreiheit

- Die Konzeption des Bundesverfassungsgerichts ist eine dogmatische Collage aus institutionellem Grundrechtsverständnis einerseits und der Interpretation der Grundrechte als Organisationsmaximen und Verfahren andererseits mit einer Tendenz hin zu letzterem.

- Rundfunkfreiheit schützt als „dienende Freiheit" vornehmlich die Voraussetzungen und Bedingungen der freien individuellen und öffentlichen Meinungsbildung und gerade nicht den Einzelnen vor staatlichen Interventionen. Subjektive Ansprüche des Einzelnen bestehen nur restriktiv in Abhängigkeit zu den vom Rundfunkgesetzgeber festgelegten Strukturen.

- Die Begründung, die das Bundesverfassungsgericht für die Verobjektivierung der Rundfunkfreiheit anführt, hat sich beständig gewandelt: Zunächst ging das Gericht von einer Sondersituation des Rundfunks aus, die aber mittlerweile in einer ökonomisch etablierten, dualen Ordnung nicht mehr angenommen werden kann.

- Nach dem Entfallen der Sondersituation begründete das Gericht seine dogmatische Konzeption mit den besonderen Funktionen des Rundfunks, die verlangen, dass die Rundfunkfreiheit nicht dem Staat oder dem freien Spiel der Kräfte ausgesetzt sein darf, da ansonsten Gefahren für die für die Demokratie essenzielle Vielfalt der Meinungen entstehen könnten.

- Da die Begründung des Bundesverfassungsgerichts für die primär objektive Konzeption in sich widersprüchlich ist, kann diese nicht geeignet sein, die verfassungsrechtliche Begründungslast hinsichtlich des nahezu vollständigen Abweichens vom Grundkonzept der Verfassung, des Grundrechts als liberalem Freiheitsrecht, argumentativ zu tragen. Damit ist verfassungsrechtlich eine Rückbesinnung auf die überlagerte, originäre Funktion der Rundfunkfreiheit notwendig.

- Die Konzeption des Bundesverfassungsgerichts bedarf eines Ausgleichs subjektiver und objektiver Schutzrichtungen, der die Rundfunkfreiheit wieder im Gefüge der modernen Grundrechtsdogmatik verfassungskonform verankert. Subjektiver und objektiver Schutz müssen sich wechselseitig ergänzen und intensivieren.

- Dazu muss einerseits eine Rückführung der objektiv-rechtlichen Dimension der Rundunkfreiheit zu einer komplementären Ergänzung der subjektiven Funktion vorgenommen und andererseits eine Rückbesinnung auf die originäre, subjektive Funktion des Grundrechts der Rundfunkfreiheit angestrebt werden.

- Die neuere Rechtsprechung des Bundesverfassungsgerichts deutet eine originär subjektive Komponente der Rundfunkfreiheit bereits an; entsprechend wird die Existenz einer solchen subjektiven Dimension nicht ausgeschlossen. Dennoch wird die Reichweite des subjektiven Schutzes bewusst offen gelassen.

- Eine verfassungskonforme Lösung muss daher zwar weiter an objektiven Sicherungen festhalten, daneben aber – ähnlich wie im Rahmen der Pressefreiheit – gleichzeitig in gewissem Rahmen die Rundfunkfreiheit als originäres Abwehrrecht interpretieren: Allein der Kernbereich der Grundversorgung im Sinne der essenziellen Funktionen des Rundfunks bedarf einer objektiven Absicherung. Jenseits dieses Kernbereichs steht den außerhalb der Grundversorgung operierenden öffentlich-rechtlichen Anstalten wie auch den privaten Anbietern dann aber ein originäres, subjektives Freiheitsrecht zu.

B. Verfassungsrechtliche Präzisierungsvorgaben

- Als Konsequenz dieses Pluralismusgebotes trifft den Rundfunkgesetzgeber die verfassungsrechtliche Pflicht, eine positive Ordnung zu etablieren, die dem Prozess der Meinungsbildung bestmögliche Geltung verschafft. Hinsichtlich der Art und Weise der Ausgestaltung kommt dem Rundfunkgesetzgeber im Rahmen der allgemeinen Bindungen aus Art. 1 Abs. 3 GG ein breiter Gestaltungsspielraum zu.

- Daneben hat das Gericht die Wesentlichkeitsdoktrin auf den Rundfunkbereich übertragen: Resultierend aus der elementaren Bedeutung des Rundfunks für die Demokratie verlangt das Gericht, dass die Festlegung der Grundlinien der dualen Ordnung und hierbei insbesondere die Bestimmung des Aufgabenbereiches des öffentlich-rechtlichen Rundfunks in den wesentlichen Grundzügen vom Rundfunkgesetzgeber selbst zu regeln ist. Insoweit besteht ein rundfunkspezifischer Parlamentsvorbehalt.

- Unter Berücksichtigung der verfassungsgerichtlichen Strukturvorgaben muss der Rundfunkgesetzgeber den verfassungsrechtlichen Funktionsauftrag des öffentlich-rechtlichen Rundfunks einfachgesetzlich ausgestalten. Zu diesem Zweck errichtet der Rundfunkgesetzgeber die öffentlich-rechtlichen Rundfunkanstalten und überträgt diesen treuhänderisch die sich aus dem Funktionsauftrag ergebenden Aufgaben und das dafür notwendige organisatorische Gerüst.

- Dabei wird der Aufgabenbereich des öffentlich-rechtlichen Rundfunks im dualen System als verfassungsrechtlicher Funktionsauftrag bezeichnet, der durch gesetzgeberische Konkretisierung an die einzelnen Anstalten als einfachgesetzlicher Auftrag delegiert und für diese spezifiziert wird.

- Inhaltlich beschreibt der verfassungsrechtliche Funktionsauftrag den gesamten Bereich der für den öffentlich-rechtlichen Rundfunk zulässigen Tätigkeiten. Neben des Kernbereiches der Grundversorgung im Sinne der essenziellen Funktionen des Rundfunks umfasst der Funktionsbereich auch den Bereich der Zusatzversorgung.

- Dieser optionale Zusatzbereich beschreibt den Bereich jenseits der Grundversorgung, der all dasjenige, was nicht Grundversorgung, aber dennoch für die Funktion des öffentlich-rechtlichen Rundfunks erforderlich ist, beinhaltet. Umfasst sind die programmliche Zusatzversorgung genauso wie programmbezogene Hilfstätigkeiten in vor-, neben- und nachgelagerten Bereichen.
- Der Rundfunkgesetzgeber hat das Gebot der Staatsfreiheit des Rundfunks zu beachten: Er hat dafür Sorge zu tragen, dass Rundfunk frei von mittelbarer oder unmittelbarer staatlicher Beeinflussung und Beherrschung organisiert ist. Den Anstalten muss stets ein Autonomiebereich verbleiben, innerhalb welchem sie ihre Funktion eigenverantwortlich und entwicklungsoffen gestalten können.
- Vor diesem Hintergrund ist die Grenzziehung zwischen manipulativer Einmischung und der verfassungsrechtlich gebotenen Einflussnahme auf die Gestaltung der Rundfunkordnung durch den Rundfunkgesetzgeber ein schmaler Grat: Einerseits hat der Rundfunkgesetzgeber den Autonomiebereich der Anstalten zu respektieren, andererseits aber zugleich auch die Pflicht, das organisatorische Gerüst des öffentlich-rechtlichen Rundfunks in ausreichendem Maße festzulegen.
- Die Auflösung des Dilemmas erfolgt unter der Prämisse, dass der Rundfunkgesetzgeber für die Wahrnehmung seiner verfassungsrechtlichen Verpflichtung zur Ausgestaltung im Rahmen seiner Bindung aus Art. 1 Abs. 3 GG, soweit er sich an den Zielvorgaben des Art. 5 Abs. 1 S. 2 GG orientiert, auch im Bereich programmleitender Entscheidungen über einen breiten Gestaltungsspielraum verfügt.
- Ein Autonomiebereich der Anstalten besteht erst insoweit, wie der Rundfunkgesetzgeber diesen ausgestaltet; zuerst muss der Funktionsrahmen gesetzgeberisch festgelegt werden, erst danach entsteht der in diesen Grenzen zulässige Autonomiebereich. Die genuine Festlegung des Funktionsrahmens obliegt von Verfassungs wegen dem Rundfunkgesetzgeber. Solchermaßen konstituiert das Verfassungsrecht hinsichtlich der Funktionsbestimmung ein Primat der Legislative.
- Das Gebot der Staatsfreiheit des Rundfunks ist folglich auch nur dann verletzt, wenn die Regulierungsdichte der Rundfunkgesetzgebung ein Maß überschreitet, bei dem den einzelnen Anstalten faktisch nur ein erheblich eingeschränkter Autonomiebereich verbleibt. Ob dieses zulässige Maß letztlich überschritten ist, ist in jedem Einzelfall gesondert zu entscheiden.

C. Gemeinschaftsrechtliche Präzisierungsvorgaben

- Der Europäische Gerichtshof geht in ständiger Rechtsprechung davon aus, dass Rundfunk eine wirtschaftliche Dienstleistung und dementsprechend zumindest partiell der Regelungsbefugnis der Gemeinschaft unterstellt ist. Durch das Amsterdamer Protokoll wird aber eine vorrangige Zuständigkeit der Mitgliedstaaten zur Aufrechterhaltung einer pluralistischen Medienordnung und eines Pluralismus sichernden, nicht-kommerziellen Rundfunkwesens anerkannt.

- Letztlich kann der einfachgesetzliche Auftrag und die Finanzierung des öffentlich-rechtlichen Rundfunks zwar primär und vorrangig durch die Mitgliedstaaten bestimmt werden, verlassen diese aber den Korridor der notwendigen Vorgaben des Amsterdamer Protokolls, so obliegt der Gemeinschaft die Kompetenz, gestützt auf die wirtschaftliche Dimension des Rundfunks, zu intervenieren und die Aufgabenbestimmung durch regulatorische Maßnahmen in zulässige Bahnen zu lenken.

- Das nationale Rundfunkgebührenfinanzierungssystem erfüllt die tatbestandlichen Voraussetzungen des Art. 87 Abs. 1 EG. Konsequenz ist daher, dass die Finanzierung des öffentlich-rechtlichen Rundfunks über Rundfunkgebühren in der derzeitigen Fassung des nationalen Regulierungsregimes tatbestandlich als unzulässige Beihilfe im Sinne des Art. 87 Abs. 1 EG einzustufen ist. Im Einzelnen:

- Die zwangsweise Festsetzung der Gebühren durch den Staat unter gleichzeitiger Schaffung öffentlich-rechtlicher Anstalten, denen das Aufkommen der Zwangsabgabe zugute kommen soll, ist als staatlich gelenkte, mittelbare Verwendung staatlicher Mittel zu werten. Darüber hinaus stellen die steuerrechtliche Privilegierung der kommerziellen Einkünfte als möglicher Steuereinnahmeverlust sowie die durch die Finanzierungsgarantie bedingte Haftungsübernahme durch den Staat eine Verwendung staatlicher Mittel im Sinne des Art. 87 Abs. 1 EG dar.

- Durch die gesicherten Einnahmen aus der Rundfunkgebühr erlangen die Rundfunkanstalten einen erheblichen Wettbewerbsvorteil im Sinne einer tatbestandlichen Begünstigung. Insbesondere sind die Rundfunkgebühren auch keine Kompensation für Leistungen zur Erfüllung gemeinwirtschaftlicher Verpflichtungen der begünstigten Unternehmen im Sinne der Kriterien der Altmark Trans-Rechtsprechung des Europäischen Gerichtshofs.

- Durch die Gebührenfinanzierung erhalten die Anstalten einen wirtschaftlichen Vorteil, den sie unter marktkonformen Voraussetzungen nicht erhalten hätten, wodurch der Ablauf des Wettbewerbs in eine andere Richtung gelenkt wird. Ebenso verstärkt die gesicherte Gebührenbasis mit der Möglichkeit zur Quersubventionierung kommerzieller Tätigkeiten die Position der öffentlich-rechtlichen Rundfunkanstalten im innergemeinschaftlichen Wettbewerb in erheblichem Maße.

- Daran anknüpfend ergibt sich eine Pflicht der öffentlich-rechtlichen Rundfunkanstalten, jegliche Maßnahmen, die die nationalen Gebühren direkt oder indirekt beeinflussen, gemäß Art. 88 EG der Kommission anzuzeigen und diese durch die Kommission genehmigen zu lassen.

- Die Voraussetzungen für eine Privilegierung nach Art. 86 Abs. 2 EG liegen ebenso nicht vor. Die Bereichsausnahme kann nicht die dem Grunde nach unzulässige Beihilfe ausnahmsweise als gerechtfertigt bewerten. Die nationale Rundfunkfinanzierung ist daher in der derzeitigen Fassung des nationalen Rundfunkregulierungsregimes eine unzulässige Beihilfe im Sinne des Art. 87 Abs. 1 EG, die nicht mit dem Gemeinsamen Markt vereinbar ist.

- Sekundärrechtlich ist die Transparenzrichtlinie auf den nationalen öffentlich-rechtlichen Rundfunk anwendbar mit der Konsequenz, dass die Anstalten zu einer getrennten Buchführung verpflichtet werden müssen, bei der Gemeinwohlverpflichtungen und kommerzielle Aktivitäten separat ausgewiesen werden. Deren Anforderungen müssen vom Rundfunkgesetzgeber bis zum 19. Dezember 2006 in nationales Recht transformiert werden.

D. Rechtsrahmen präzisierender Regulierung

I. Rechtliche, legislative Handlungsalternativen

- In der Regel sind einfachgesetzliche Präzisierungen des verfassungsrechtlichen Funktionsauftrages als Ausgestaltungen zu qualifizieren sein. Es verbietet sich jedoch eine pauschale Einordnung; geboten ist vielmehr eine einzelfallabhängige Qualifizierung der in Frage stehenden Regulierung, wobei eine widerlegbare Vermutung für die Qualifizierung als Ausgestaltung spricht.

- Ausgestaltungen weisen in mehrfacher Hinsicht ein niedrigeres Legitimationsniveau als Schrankengesetze auf: Erstens sind ausgestaltende Maßnahmen des Rundfunkgesetzgebers nicht an den besonderen Vorgaben des Art. 5 Abs. 2 GG zu messen. Zweitens findet auf Ausgestaltungen der Grundsatz der Verhältnismäßigkeit nur eingeschränkt Anwendung: Ausgestaltungen müssen lediglich geeignet sein, die Sicherung individueller und öffentlicher Meinungsbildung in irgendeiner Weise zu fördern.

- Im Einklang mit der Rechtsprechung des Bundesverfassungsgerichts darf privater Rundfunk dabei insbesondere nicht Bedingungen unterworfen werden, die seine Veranstaltung in hohem Maße erschweren, wenn nicht ausschließen würden; auf der anderen Seite darf der öffentlich-rechtliche Rundfunk nicht an der Erfüllung der Grundversorgung gehindert werden.

- Allerdings verlangt die verfassungsrechtliche Pflicht zur Ausgestaltung im Interesse der Effektivierung des Zieles der Rundfunkfreiheit, dass der Rundfunkgesetzgeber ein Mindestmaß an Maßnahmen zur Sicherung des demokratischen Meinungsbildungsprozesses trifft und so ein ausreichendes Schutzniveau konstituiert. Nach diesem Untermaßverbot darf der Rundfunkgesetzgeber das verfassungsrechtlich gebotene Mindestniveau ausreichenden Schutzes nicht unterschreiten.

II. Tatsächliche, legislative Handlungsalternativen

- Der Rundfunkgesetzgeber ist grundsätzlich frei, hinsichtlich der Art und Weise der Festschreibung des einfachgesetzlichen Auftrags der Rundfunkanstalten zwischen unterschiedlichen Gestaltungsmöglichkeiten zu wählen.

- Eine Möglichkeit normativer Steuerung für den Rundfunkgesetzgeber ist die direkte, hoheitliche Steuerung durch normative Festschreibung materieller Vorgaben. Durch diese kann der Rundfunkgesetzgeber den einfachgesetzlichen Auftrag der Rundfunkanstalten in qualitativer und quantitativer Hinsicht konkretisieren.

- Für die qualitative, materielle Präzisierung reicht die Bandbreite der Möglichkeiten von inhaltlicher und sachlicher Aufgabenpräzisierung bis hin zu programmlichen Qualitätsvorgaben. Typische quantitative Begrenzungen sind Quoten- und Sendezeitvorgaben, territoriale Begrenzungen und Programmzahlbegrenzungen.

- Materielle Präzisierungen sind notwendiges und legitimes Mittel der Präzisierung der Aufgabenbestimmungen, solange der Rundfunkgesetzgeber das im Einzelfall erforderliche Maß an Abstraktionshöhe bei normativer, materieller Präzisierung einhält und den Anstalten ein ausreichendes Maß an Autonomie verbleibt.

- Statt materieller Präzisierung kann der Rundfunkgesetzgeber versuchen, durch indirekte, formelle Präzisierungen prozedural sicherzustellen, dass die Anstalten und andere Adressaten zu einem für den Rundfunkgesetzgeber „richtigen" Ergebnis gelangen. Normiert werden die Rahmenbedingungen für den Prozess der Entscheidungsfindung, der selbst im Autonomiebereich der Anstalten belassen wird.

- Für die verfahrensmäßige Aufgabenbestimmung kann der Rundfunkgesetzgeber drei Weichenstellungen vorgeben: Erstens kann er allein den Anstalten auferlegen, ihre Aufgabe durch geeignete Mittel (interne Regularien und Selbstverpflichtungen) näher zu präzisieren (selbstbestimmte, eigenverantwortliche Präzisierung).

- Zweitens kann er das Procedere formeller Präzisierung so ausrichten, dass neben den Anstalten auch Dritte mehr oder weniger verbindlich an der Aufgabenpräzisierung kooperativ mitwirken können (selbstbestimmte, kooperative Präzisierung).

- Drittens vermag der Rundfunkgesetzgeber die letztverbindliche Präzisierung in die Kompetenz eines weisungsfreien, staatsfrei organisierten und damit selbst unabhängigen Gremiums legen, an welches die Anstalten Vorschläge zur Präzisierung zu entrichten haben, die dann der Genehmigung durch das Gremium bedürfen (fremdbestimmte Präzisierung).

- Generell kann der Rundfunkgesetzgeber nach der Entscheidung für den zu verwendenden Verfahrenstyp durch die Intensität der Vorgaben für das Verfahren selbst den Grad der Autonomie der Anstalten beeinflussen. Hier ist dann allerdings zu beachten, dass zu konkrete Verfahrensvorgaben ihrerseits wieder in verfassungsrechtlich bedenkliche, materielle Vorgaben umschlagen können.

- Insgesamt steht und fällt die Effizienz einer verfahrensmäßigen Aufgabenbestimmung mit der Qualität des regulativen Rahmens, in dessen Bahnen formelle Präzisierungen stattfinden. Ebenso steigt der Grad an regulativer Bindung bei formellen Präzisierungen proportional mit der gleichzeitigen Existenz von Auffanggesetzen und Sanktionen bei Nichtbefolgung der gesetzlichen Pflichten.

- Vor diesem Hintergrund kann und muss eine effiziente Aufgabenbestimmung durch eine Kombination aus materieller und formeller Präzisierung erfolgen. Die Gewichtung der beiden grundlegenden Ausgestaltungsoptionen sowie die legislative Akzentuierung einzelner Schwerpunkte innerhalb der beiden Modelle obliegt dabei dem Gestaltungsermessen des Rundfunkgesetzgebers.

E. Tatsächliches Präzisierungsbedürfnis

I. Legislative Präzisierungen

- Bei Ausführung der verfassungsrechtlichen Pflicht zur Ausgestaltung ist der Rundfunkgesetzgeber gehalten, die strukturellen Vorgaben des Bundesverfassungsgerichts zu berücksichtigen: Diese fordern ihm die Einhaltung eines legislativen Mindestpräzisierungsniveaus ab.
- Dabei muss jeder einfachgesetzliche Auftrag einer Anstalt von der Funktion des Rundfunks als Medium und Faktor des Prozesses individueller und öffentlicher Meinungsbildung ausgehen. Ausfluss der strukturellen Vorgaben sind dann die Gebote gleichgewichtiger Vielfalt und der Ausgewogenheit als verfassungsrechtliche Direktiven, die grundlegende Anforderungen an die Programme des öffentlich-rechtlichen Rundfunks stellen.
- Das zentrale Regelwerk der dualen Rundfunkordnung ist der Rundfunkstaatsvertrag. In seiner Gesamtheit schreibt dieser zwar mehr als das verfassungsrechtlich determinierte Mindestpräzisierungsniveau fest, dennoch bleibt der Grad der Präzisierung des Gesamtgefüges vergleichsweise gering.
- Gravierende materielle Präzisierungsdefizite ergeben sich dort insbesondere im Bereich der programmbegleitenden Zusatzdienste und –angebote wie beispielsweise Telemedien der Anstalten sowie im Bereich der digitalen Kanäle und weitergehenden Programmermächtigungen; in diesen Bereichen besteht auch ein besonderes tatsächliches Präzisierungsbedürfnis.
- Unter den qualitativ zum Teil erheblich divergierenden Rundfunkgesetzen weist das DW-Gesetz den höchsten Grad an Präzisierung auf: Zwar besteht selbst bei diesem Rundfunkgesetz im Rahmen der materiellen Präzisierungen durchaus an einigen Stellen weiterer Präzisierungsbedarf, jedoch werden diese Defizite größtenteils durch eine sinnvoll delegierte, formelle Präzisierung kompensiert.
- Ein zu niedriger Präzisierungsgrad findet sich in den Staatsverträgen des ZDF und des DLR: Die zentralen Aufgabennormen können hier kaum mehr als das Mindestpräzisierungsniveau wiedergeben. Hinsichtlich der Telemedien besteht ebenso wie unter § 11 Abs. 1 S. 2 RfStV nF ein tatsächliches Präzisierungsbedürfnis.
- In einer Gesamtbewertung der nationalen Landesrundfunkgesetze ergibt sich folgender Befund: Im Vergleich zu anderen analysierten Gesetzen weisen der NDR-Staatsvertrag, das WDR-Gesetz und das Saarländische Mediengesetz den höchsten Grad der Präzisierung auf. Positiv ist dort zum einen, dass ein formelles Auftragspräzisierungsverfahren existiert, zum anderen, dass die Gesetze eine klare Struktur und zumindest ansatzweise materielle Präzisierungen integriert haben.
- Deutlich am schwächsten ist der durch die Landesgesetzes des BR, HR und RB vermittelte Präzisierungsgrad: Alle diese Landesgesetze geben kaum mehr als das verfassungsrechtlich determinierte Mindestpräzisierungsniveau wieder und sind

daher als wenig ambitioniert einzustufen. Neben viel zu geringer, materieller Verdichtung fehlen aber auch formelle Präzisierungspflichten hinsichtlich des einfachgesetzlichen Auftrags der Anstalten. Zudem weisen das RB-Gesetz und das BR-Gesetz eklatante Widersprüche zu höherrangigen, rundfunkrechtlichen Bestimmungen auf und sind daher novellierungsbedürftig.

- Betrachtet man die existierenden legislativen Präzisierungen in ihrer Gesamtheit, so ergibt sich nach alledem folgender Befund: Hinsichtlich der Möglichkeiten materieller und formeller Präzisierungen wird der dem Rundfunkgesetzgeber von Verfassungs wegen zustehende Gestaltungsspielraum von diesem nur sehr restriktiv wahrgenommen. Vielfach erschöpfen sich die gesetzlichen Regelungen in formelartigen Wiedergaben der verfassungsgerichtlichen Leitformeln und weisen im Bereich der legislativen Präzisierungen einen relativ geringen Grad an Präzisierung des einfachgesetzlichen Auftrags der Anstalten auf.

II. Anstaltsautonome Präzisierungen

- Die restriktive Wahrnehmung des Gestaltungsspielraumes wurde vielfach gekoppelt an die Festschreibung formeller Verfahren zur Auftragspräzisierung: Hier hat der Rundfunkgesetzgeber einen Teil seines originär ihm zustehenden Handlungsspielraums über formelle Präzisierungspflichten an die Anstalten delegiert.
- Konkrete Form der Delegierung durch formelle Präzisierung des einfachgesetzlichen Auftrags der Anstalten ist das dreistufige Präzisierungsverfahren des § 11 Abs. 4 und 5 RfStV, das in Anlehnung an das britische Modell der BBC mit dem 7. Rundfunkänderungsstaatsvertrag eingeführt wurde. Danach sind die Anstalten dazu angehalten, durch Programmrichtlinien und turnusmäßige Selbstverpflichtungen ihren Auftrag weiter zu präzisieren.
- Inhaltlich hat es der Rundfunkgesetzgeber bei der Regelung versäumt, den ihm zugebilligten Gestaltungsspielraum ausreichend wahrzunehmen: Es wurden im Rahmen der formellen Präzisierungspflichten in den Rundfunkgesetzen keine klaren Vorgaben für das formelle Verfahren gesetzlich determiniert; die Aufgabe wurde vielmehr freimütig in den Bereich der Anstalten delegiert.
- Die zweite Stufe des neuartigen Präzisierungsmodells sind die in Erfüllung der Pflicht aus § 11 Abs. 4 S. 1 RfStV zu erlassenden Richtlinien und Satzungen. Diese Form der anstaltsinternen Normsetzung ist zwar dem Grunde nach geeignet, Bindungswirkung innerhalb der Anstalt zu entfalten, dennoch sind die Programmrichtlinien bereits generell der Kritik ausgesetzt, eine zu schwache Bindungswirkung zu entfalten, da die Regulierungshoheit aufgrund der restriktiven, legislativen Präzisierungen de facto bei den Anstalten liegt.
- In materieller Hinsicht enthalten die Programmrichtlinien aller Anstalten regelmäßig nur Wiederholungen entweder der verfassungsgerichtlichen Leitlinien oder der gesetzlich determinierten Auftragsnormen, ohne durch konkrete Angaben den

Umfang des einfachgesetzlichen Auftrags weiter präzisieren zu können. Allein das Online-Angebot wird zuweilen in Ansätzen näher bestimmt.

- In formeller Hinsicht enthalten die Programmrichtlinien (bzw. die ZDF-Satzung) vor allem Regelungen hinsichtlich der Ausgestaltung der Berichtspflicht aus § 11 Abs. 4 S. 3 RfStV. Zu deren weiterer Ausgestaltung sind die Rundfunkanstalten gesetzlich angehalten. Bis auf die Richtlinien des SR versäumen es alle untersuchten Programmrichtlinien, das weitere Verfahren konkret auszugestalten. Zumeist erschöpfen sich die formellen Präzisierungen in einer deckungsgleichen Wiedergabe der gesetzlichen Vorgaben des § 11 Abs. 4 S. 3 RfStV.

- Auf der zweiten Stufe besteht daher ein erhebliches, tatsächliches Präzisierungsbedürfnis, da die Anstalten es vernachlässigen, die vom Rundfunkgesetzgeber intendierte, formelle Ausgestaltung des Selbstverpflichtungsverfahrens effizient durchzuführen, wenn sie in ihren Richtlinien und Satzungen keine Bestimmungen zu Form, Verfahren und Inhalt der Selbstverpflichtungen integrieren.

- Dritte Stufe des neuartigen, formellen Präzisierungsverfahrens des § 11 Abs. 4 RfStV ist die turnusmäßige Berichtspflicht der Rundfunkanstalten hinsichtlich der Schwerpunkte des Programms. Inhaltlich sollen die Selbstbindungen von Gesetzes wegen insbesondere die programmlichen Aktivitäten der einzelnen Anstalten beschreiben und versuchen in ihrer Gesamtheit, das Profil des jeweilig in Frage stehenden Senders nachzuzeichnen.

- In noch höherem Maße als die Programmrichtlinien weisen die Selbstverpflichtungen der Anstalten eine defizitäre Bindungswirkung auf und sind von einer „begrenzten normativen Qualität".

- Inhaltlich fällt auf, dass durchweg die Selbstverpflichtungen keinen bzw. einen verschwindend geringen Grad an weitergehender Präzisierung vermitteln können: Dies liegt vor allem an der Art und Weise, in der die Zielstellungen formuliert werden. Regelmäßig werden das verfassungsrechtliche Mindestpräzisierungsniveau wie auch gesetzliche Regelungen aus den Rundfunkgesetzen wiedergegeben.

- Zudem wird es vermieden, konkrete, evaluierbare Zielstellungen zu formulieren; vielmehr erschöpfen sich die vermeintlichen Selbstverpflichtungen in allgemeinen Zielwertbeschreibungen, die in praxi aber, wenn überhaupt, nur sehr schwer überprüfbar sind. Insoweit besteht ein tatsächliches Präzisierungsbedürfnis.

- Positiv ist auf das Verfahren der DW im DW-Gesetz hinzuweisen, nach dessen klaren Vorgaben die DW eine Aufgabenplanung erstellen muss. In dieser stellt sie sich konkreten Vorgaben und erreicht dadurch eine gewisse Bindungswirkung und damit letztlich auch eine Präzisierung ihres Auftrags.

- Ergebnis der Untersuchung der bestehenden Selbstverpflichtungen ist die Erkenntnis, dass de facto die Effizienz des autonomen Regulierungsverfahrens der Anstalten mit dem Willen der Anstalten, sich selbst konkrete Bindungen aufzuerlegen und diesen gerecht zu werden, steht und fällt.

III. Nebenergebnisse

- Ein Nebenergebnis der Untersuchung der legislativen Präzisierungen ist weiter der Befund, dass die interne Programmkontrolle – letztlich als Ausfluss der föderalen Struktur – uneinheitlich und intransparent gesetzlich geregelt ist.
- Zweites Nebenergebnis der Untersuchung ist dann die Erkenntnis, dass die Rechtsaufsicht über die öffentlich-rechtlichen Rundfunkanstalten zersplittert ist. Sinnvoll wäre hier eine Bündelung der Rechtsaufsicht und eine Vereinheitlichung der Bestimmungen der Rechtsaufsicht zur Schaffung von Transparenz.

F. Rechtliche Präzisierungspflicht

- Im nationalen Rundfunkregulierungsregime besteht nicht allein ein tatsächliches Bedürfnis nach weitergehender Präzisierung des einfachgesetzlichen Auftrags der Rundfunkanstalten, sondern vielmehr trifft den Rundfunkgesetzgeber zugleich die rechtliche Pflicht, den Auftrag der Anstalten näher einfachgesetzlich zu umschreiben. Dieses Gebot weitergehender Präzisierung leitet sich einerseits aus dem nationalen Verfassungsrecht, andererseits auch aus dem Gemeinschaftsrecht ab:
- Die bestehenden Ausgestaltungen des einfachgesetzlichen Auftrags der öffentlich-rechtlichen Rundfunkanstalten sind im Rahmen der Konzeption des Bundesverfassungsgerichts als Ausgestaltungen geeignet, das Ziel der Rundfunkfreiheit zu fördern und sie überschreiten weder die vom Bundesverfassungsgericht gesteckten Grenzen einer übermäßigen Beschränkung, noch unterschreiten sie das verfassungsrechtlich gebotene Mindestmaß an Präzisierung.
- Orientiert an den Vorgaben des Bundesverfassungsgerichts werden durch sie keine Bedingungen festgeschrieben, die privaten Rundfunk erheblich erschwerten oder gar unmöglich machen würden. Daneben entfalten die bestehenden legislativen Präzisierungen als Ausgestaltungen auch keine belastenden Wirkungen, die als selbstständige Beeinträchtigungen den Handlungsspielraum des Rundfunkgesetzgebers hätten begrenzen können.
- In einer Zusammenschau der verfassungsrechtlichen Vorgaben der Wesentlichkeitsdoktrin des Bundesverfassungsgerichts, des Bestimmtheitsgebots als Konsequenz des Vorbehalts des Gesetzes und der strukturellen Vorgaben des Gewaltenteilungsprinzips leitet sich aus diesen verfassungsrechtlichen Prinzipien eine verfassungsrechtliche Pflicht des Rundfunkgesetzgebers ab, den einfachgesetzlichen Auftrag der Anstalten partiell weiter zu präzisieren.
- In Vernachlässigung dieser verfassungsrechtlichen Pflicht sind insbesondere die formellen Präzisierungspflichten aus § 11 Abs. 4 S. 1, 3 RfStV und den zugehörigen landesgesetzlichen Ausformungen, die Pauschalermächtigungen aus § 19 Abs. 2 und 4 RfStV und die Ermächtigungen für die Erbringung von Telemedien im Bereich der Zusatzversorgung aus § 11 Abs. 1 S. 2 RfStV nF sowie deren landesgesetzliche Ausprägungen in ihrer derzeitigen Fassung verfassungswidrig.

- Das bestehende nationale Rundfunkregulierungsregime in seiner derzeitigen Fassung steht im Widerspruch zum EU-Beihilferegime und damit zu geltendem Primärrecht der Gemeinschaft. Für den nationalen Rundfunkgesetzgeber erwächst daher aus Art. 10 Abs. 1 S. 1 EG iVm Art. 86; 87 EG eine rechtliche Pflicht, die nationale Rundfunkordnung gemeinschaftsrechtskonform auszugestalten und die Vorgaben des Gemeinschaftsrechts national zu integrieren.

- Da die Transparenzrichtlinie auf das Finanzierungssystem des öffentlich-rechtlichen Rundfunks Anwendung finden muss, begründet sich aus der Transparenzrichtlinie in Verbindung mit Art. 249 Abs. 3 EG die gemeinschaftsrechtliche Pflicht des Rundfunkgesetzgebers, deren Zielstellung, finanzielle Transparenz in öffentlichen Unternehmen zu sichern, auch im Bereich des öffentlich-rechtlichen Rundfunks bestmöglich Geltung zu verschaffen und deren Vorgaben bis zum 19. Dezember 2006 in nationales Recht umzusetzen.

G. Maßnahmenkatalog

- Als partiell notwendige Reaktion muss der Rundfunkgesetzgebers in Ausführung der verfassungs- und gemeinschaftsrechtlichen Pflicht zur Präzisierung den einfachgesetzlichen Auftrag der Anstalten durch präzisere, materielle Beschreibung in qualitativer und quantitativer Hinsicht weiter präzisieren. Eine pauschale rechtliche Präzisierungspflicht des Rundfunkgesetzgebers besteht indes nicht.

- Bei § 19 Abs. 2 RfStV ist der Rundfunkgesetzgeber von Verfassungs wegen gehalten, den Umfang des für die jeweiligen Programme zulässigen Zusatzangebots genauer zu bestimmen. Dessen Umfang wird im geltenden Recht in verfassungswidriger Weise durch Verwaltungsvereinbarungen begrenzt.

- Bei § 19 Abs. 4 RfStV ist es notwendig, den Umfang der im Rahmen der digitalen Programme zulässigen Zusatzangebote legislativ zu determinieren sowie die Programmprofile der zu erbringenden, digitalen Kanäle genauer zu umreißen.

- Dienste im Bereich Zusatzversorgung, die gemeinschaftsrechtlich zuweilen als kommerziell einzustufen sind, bedürfen weitergehender Präzisierung. Um Kollisionen mit Gemeinschaftsrecht zu vermeiden, muss der Rundfunkgesetzgeber die Möglichkeit der Erbringung von Zusatzversorgung restriktiv umgrenzen.

- Bei § 11 Abs. 1 S. 2 RfStV nF und den gleichlaufenden landesgesetzlichen Ermächtigungen müssen die Kriterien des Programmbezugs und der Programmbegleitung legislativ festgelegt werden. Programmbezug weisen nur solche Zusatzangebote auf, die in direkter Verbindung mit dem laufenden Programm dahingehend stehen, dass sie dieses begleiten, vertiefen oder durch besondere Hinweise ergänzen.

- Wie dargelegt, ist die offene Delegierung der Aufgabenbestimmung an die einzelnen Anstalten als solche verfassungswidrig. Will der Rundfunkgesetzgeber also an dem dreigliederigen System der Aufgabenbestimmung (Gesetz, Richtlinie, Selbstverpflichtung) festhalten, so muss er die formelle Ermächtigung in § 11 Abs. 4 RfStV in verfassungsrechtlich adäquater Weise weiter bestimmen.

- Je präziser die inhaltlichen, formellen Vorgaben an die Anstalten sind, desto wahrscheinlicher ist es, dass eine Entschlackung der materiellen, legislativen Vorgaben möglich werden könnte.

- Hinsichtlich der Programmrichtlinien muss die konkrete Zielstellung der Programmrichtlinien legislativ bestimmt werden. Neben einer zusammenfassenden Darstellung der öffentlich-rechtlichen Arbeitsweise ist es notwendig, durch abstrakte Inhaltsvorgaben die Inhalte der Programmrichtlinien rasterartig vorzugeben.

- Weiter muss das formelle Verfahren für die Selbstverpflichtungen auf dritter Ebene legislativ präzisiert werden, indem der tatsächliche Ablauf der Erstellung der Selbstverpflichtungen wie auch des darauf folgenden Evaluationsberichts aus den Programmrichtlinien ausgelagert und genauer gesetzlich bestimmt wird.

- Inhaltlich muss legislativ festgelegt werden, welche Zielstellung die Programmstrategien verfolgen sollen und wie jedes einzelne Programm und jeder erbrachte Dienst der Erreichung dieses Zieles dient. Daneben muss auch für die Programmstrategien ein Raster der notwendigen Inhalte legislativ vorgegeben werden.

- Ebenso hat der Rundfunkgesetzgeber das Verfahren der Evaluierung der Programmstrategien festzuschreiben: Bei der Überprüfung muss jede einzelne in den Strategien niedergelegte Zielstellung auf ihre konkrete Erfüllung im maßgeblichen Zeitraum durchleuchtet werden. Konnte ein Ziel nicht erreicht werden, so muss die Nichterreichung durch den Intendanten begründet werden.

Literaturverzeichnis

Alber, Siegbert / Widmaier, Ulrich

„Die EU-Charta der Grundrechte und ihre Auswirkungen auf die Rechtsprechung", EuGRZ 2000, S. 497 ff.

Alexy, Robert

„Grundrechte als subjektive Rechte und als objektive Normen", Der Staat 29 (1990), S. 49 ff.

Astheimer, Sabine / Moosmayer, Klaus

„Europäische Rundfunkordnung – Chance oder Risiko?", ZUM 1994, S. 395 ff.

Badura, Peter

Verfassungsrechtliche Bindungen der Rundfunkgesetzgebung, Frankfurt Berlin 1980, zitiert: *Verfassungsrechtliche Bindungen*

„Gleichgewichtige Vielfalt im dualen System des Rundfunks", JA 1987, S. 180 ff.

„Gewährleistung der Freiheit des Rundfunks, ‚Funktion' des Rundfunks und ‚öffentliche Aufgabe' der Rundfunkveranstalter", in: Merten/Schmidt/Stettner (Hrsg.), Der Verwaltungsstaat im Wandel: Festschrift für Franz Knöpfle, München 1996, S. 1 ff.

Bartosch, Andreas

„Neues zum Tatbestandsmerkmal der ‚Belastung des Staatshaushalts' im Sinne des Art. 87 Abs. 1 EG", NVwZ 2001, S. 643 ff.

„Der EuGH zieht der EG-Beihilfenkontrolle engere Schranken – das Urteil in der Rechtssache Ferring / ACOSS", NVwZ 2002, S. 174 f.

Benda, Ernst / Maihofer, Werner / Vogel, Hans-Jochen (Hrsg.)

Handbuch des Verfassungsrechts der BRD, 2. Aufl., Berlin New York 1994, zitiert: *Verfassungsrecht*

Berg, Klaus

„Grundversorgung", MP 1987, S. 265 ff.

Bethge, Herbert

„Grundrechtsverwirklichung und Grundrechtsschutz durch Organisation und Verfahren", NJW 1982, S. 1 ff.

„Rundfunkfreiheit in der Perspektive von Bundes- und Landesverfassungsgerichtsbarkeit", ZUM 1987, S. 199 ff.

Die verfassungsrechtliche Position des öffentlich-rechtlichen Rundfunks in der dualen Rundfunkordnung, Baden-Baden Hamburg 1996, zitiert: *Verfassungsrechtliche Position*

„Die verfassungsrechtliche Position von DeutschlandRadio in der dualen Rundfunkordnung", ZUM 1996, S. 456 ff.

„Der Grundversorgungsauftrag des öffentlich-rechtlichen Rundfunks in der dualen Rundfunkordnung", MP 1996, S. 66 ff.

„Der Grundrechtsstatus privater Rundfunkveranstalter", NVwZ 1997, S. 1 ff.

„Rechtsberatung durch Rundfunkveranstalter", AfP 1999, S. 309 ff.

„Die Freiheit des privaten Rundfunks – eine Bestandsaufnahme“, DÖV 2002, S. 673 ff.

Bettermann, Karl August

„Rundfunkfreiheit und Rundfunkorganisation“, DVBl. 1963, S. 41 ff.

Betz, Jürgen

„Spartenkanäle bei ARD und ZDF – ein juristische Bewertung“, MP 1997, S. 2 ff.

Bleckmann, Albert

Öffentlich-rechtliche Spartenprogramme als Bestandteil der Grundversorgung, Berlin 1996, zitiert: *Spartenprogramme*

Bleckmann, Albert/Pieper, Stefan Ulrich/Erberich, Ingo

„Zur Zulässigkeit der Veranstaltung von Spartenprogrammen durch öffentlich-rechtliche Rundfunkanstalten“, AfP 1997, S. 417 ff.

Böckenförde, Ernst-Wolfgang

„Grundrechtstheorie und Grundrechtsinterpretation“, NJW 1974, S. 1529 ff.

„Grundrechte als Grundsatznormen“, Der Staat 29 (1990), S. 1 ff.

Zur Lage der Grundrechtsdogmatik nach 40 Jahren Grundgesetz, München-Nymphenburg 1990, zitiert: *Grundrechtsdogmatik*

Böckenförde, Ernst-Wolfgang / Wieland, Joachim

„Die ‚Rundfunkfreiheit' – ein Grundrecht?“, AfP 1982, S. 77 ff.

Bornemann, Roland

„Medienrecht, Medienrechtsprechung und Medienpraxis“, ZUM 1998, S. 915 ff.

Bornemann, Roland / Hepbach, Stefan

„Subjektive Rundfunkfreiheit und positive Rundfunkordnung im Spannungsfeld zwischen Gesetzesausgestaltung und verfassungskonformer Auslegung“, K&R 2004, S. 317 ff.

Bosman, Wieland

„Verfassungsrechtliche Aspekte eines Werbeverbots für den öffentlich-rechtlichen Rundfunk“, ZUM 2003, S. 444 ff.

Brenner, Christian

Zur Gewährleistung des Funktionsauftrages durch den öffentlich-rechtlichen Rundfunk, Tübingen 2002, zitiert: *Funktionsauftrag*

Bröcker, Klaus / Neun, Andreas

„Fußballweltmeisterschaft zwingend im Free-TV?“, ZUM 1998, S. 766 ff.

Brugger, Winfried

Rundfunkfreiheit und Verfassungsinterpretation, Heidelberg 1991, zitiert: *Verfassungsinterpretation*

Bullinger, Martin

„Das Vollprogramm im Rundfunk“, in: Klein (Hrsg.), Grundrechte, soziale Ordnung und Verfassungsgerichtsbarkeit: Festschrift für Ernst Benda, Heidelberg 1995, S. 33 ff.

Länderfinanzausgleich und Rundfunkfinanzausgleich, Baden-Baden 1998, zitiert: *Länderfinanzausgleich*

Die Aufgaben des öffentlichen Rundfunks – Wege zu einem Funktionsauftrag -, Freiburg 1999, zitiert: *Aufgaben*

„Medien, Pressefreiheit, Rundfunkverfassung", in: Badura/Dreier (Hrsg.), Festschrift 50 Jahre Bundesverfassungsgericht Band II, Tübingen 2001, S. 193 ff.

„Von presseferner zu pressenaher Rundfunkfreiheit", JZ 2006, S. 1137 ff.

Bullinger, Martin/Kübler, Friedrich (Hrsg.)

Rundfunkorganisation und Kommunikationsfreiheit, Baden-Baden 1979, zitiert: *Rundfunkorganisation*

Calliess, Christian / Ruffert, Matthias (Hrsg.)

Kommentar des Vertrages über die Europäische Union und des Vertrages zur Gründung der Europäischen Gemeinschaft: EUV/EGV, 2. Aufl., Neuwied Kriftel 2002

Darschin, Wolfgang / Zubayr, Camille

„Anders oder gleich? – Öffentlich-rechtliche und private Sender im Urteil der Fernsehzuschauer", MP 2004, S. 208 ff.

Degenhart, Christoph

„Öffentlich-rechtlicher und privater Rundfunk im dualen System", ZUM 1988, S. 47 ff.

„Rundfunkordnung im europäischen Rahmen", ZUM 1992, S. 449 ff.

„Rundfunkaufsicht und Wettbewerbsgleichheit im dualen Rundfunksystem", ZUM 1997, S. 153 ff.

„Programmfunktionen des öffentlich-rechtlichen Rundfunks und Aufgabenbestimmung durch den Gesetzgeber", ZUM 2000, S. 356 ff.

„Medienrecht und Medienpolitik im 21. Jahrhundert", K&R 2000, S. 49 ff.

Der Funktionsauftrag des öffentlich-rechtlichen Rundfunks in der „Digitalen Welt", Heidelberg 2001, zitiert: *Funktionsauftrag*

„Funktionsauftrag und ‚dritte Programmsäule' des öffentlich-rechtlichen Rundfunks", K&R 2001, S. 329 ff.

„Öffentlich-rechtlicher Rundfunkauftrag und Rundfunkgebühr nach dem siebten und achten Rundfunkänderungsstaatsvertrag", K&R 2005, S. 295 ff.

„Finanzierung de öffentlich-rechtlichen Rundfunks aus nationaler und internationaler Sicht: Der Rundfunkauftrag als Grundlage und Grenze", AfP 2005, S. 493 ff.

Depenheuer, Otto

„Informationsordnung durch Informationsmarkt", AfP 1997, S. 669 ff.

Determann, Lothar

Kommunikationsfreiheit im Internet: Freiheitsrechte und gesetzliche Beschränkungen, Baden-Baden 1999, zitiert: *Kommunikationsfreiheit*

Dietlein, Johannes

Die Lehre von den grundrechtlichen Schutzpflichten, 2. Aufl., Berlin 2005, zitiert: *Schutzpflichten*

Di Fabio, Udo

„Grundrechte im präzeptoralen Staat am Beispiel hoheitlicher Informationstätigkeit", JZ 1993, S. 689 ff.

Doetz, Jürgen

„Ordnungspolitische Herausforderungen aus Sicht privater elektronischer Medien", in: Hamm/Hart (Hrsg.), Kommunikationsordnung 2010. Märkte und Regulierung im interaktiven Zeitalter, Gütersloh 2001, zitiert: *Kommunikationsordnung 2010,* S. 153 ff.

Dolde, Klaus-Peter

„Grundrechtsschutz durch einfaches Verfahrensrecht?", NVwZ 1982, S. 65 ff.

Dolzer, Rudolf / Vogel, Klaus / Graßhof, Karin (Hrsg.)

Bonner Kommentar zum Grundgesetz, Loseblattsammlung, Heidelberg, Stand: 125. Ergänzungslieferung, Oktober 2006, zitiert: *Bonner Kommentar*

Dörr, Dieter

Die Rolle des öffentlich-rechtlichen Rundfunks in Europa, Baden-Baden Hamburg 1997, zitiert: *Rundfunk in Europa*

„Die Entwicklung des Medienrechts", NJW 1997, S. 1341 ff.

Die verfassungsrechtliche Stellung der Deutschen Welle, München 1998, zitiert: *Deutsche Welle*

„Medienfreiheit im Binnenmarkt", AfP 2003, S. 202 ff.

„Öffentlich-rechtlicher Rundfunk und die Vorgaben des Europarechts", MP 2005, S. 333 ff.

„Die Gebührenfrage und die Debatte um die Strukturreform", in: Bröhmer (Hrsg.), Internationale Gemeinschaft und Menschenrechte: Festschrift für Georg Ress, Köln 2005, S. 1151 ff.

Dreier, Horst (Hrsg.)

Kommentar zum Grundgesetz,
Band I: Präambel, Artikel 1-19 GG, 2. Aufl., Tübingen 2004
Band II: Art. 20-82 GG, 2. Aufl., Tübingen 2006

Dreier, Horst

Dimensionen der Grundrechte, Hannover 1993, zitiert: *Dimensionen*

„Subjektiv-rechtliche und objektiv-rechtliche Grundrechtsgehalte", Jura 1994, S. 505 ff.

Eberle, Carl-Eugen

„Das europäische Recht und die Medien am Beispiel des Rundfunkrechtes", AfP 1993, S. 422 ff.

„Neue Übertragungstechniken und Verfassungsrecht", ZUM 1995, S. 249 ff.

„Die Rundfunkgebühr auf dem EU-Prüfstand", AfP 2001, S. 477 ff.

„Die Transparenzrichtlinie und die öffentlich-rechtlichen Rundfunkanstalten in Deutschland", in: Eberle (Hrsg.), Der Wandel des Staates vor den Herausforderungen der Gegenwart, Festschrift für Winfried Brohm, München 2002, S. 51 ff.

Eifert, Martin

„Die Zuordnung der Säulen des dualen Rundfunksystems", ZUM 1999, S. 595 ff.

Konkretisierung des Programmauftrags des öffentlich-rechtlichen Rundfunks, Baden-Baden 2002, zitiert: *Programmauftrag*

Engel, Christoph

„Rundfunk in Freiheit", AfP 1994, S. 185 ff.

Fechner, Frank

„Der neue SWR-Staatsvertrag auf dem Prüfstand der Rundfunkfreiheit", NJW 1997, S. 3211 ff.

Fink, Udo

„Wem dient die Rundfunkfreiheit?", DÖV 1992, S. 805 ff.

Flitsch, Michael

Die Funktionalisierung der Kommunikationsgrundrechte, Berlin 1998, zitiert: *Kommunikationsgrundrechte*

Frey, Dieter

„Das öffentlich-rechtliche Fernsehen im Wettbewerbsrecht der EG", ZUM 1999, S. 528 ff.

Fromm, Michael

Öffentlicher Programmauftrag und Rundfunkföderalismus, Baden-Baden 1998, zitiert: *Programmauftrag*

Geiger, Rudolf

Kommentar zum Vertrag über die Europäische Union und Vertrag zur Gründung der Europäischen Gemeinschaft, 4. Aufl., München 2004

Gerhards, Maria / Klingler, Walter

„Mediennutzung in der Zukunft – Konstanz und Wandel", MP 2004, S. 472 ff.

Gersdorf, Hubertus

Staatsfreiheit des Rundfunks in der dualen Rundfunkordnung der Bundesrepublik Deutschland, Berlin 1991, zitiert: *Staatsfreiheit*

„Zur Zulässigkeit von ‚Vampir-Werbeblöcken' im öffentlich-rechtlichen Rundfunk", AfP 1992, S. 338 ff.

„Das Kooperationsverhältnis zwischen deutscher Gerichtsbarkeit und EuGH", DVBl. 1994, S. 674 ff.

„Funktionen der Gemeinschaftsgrundrechte im Lichte des Solange II-Beschlusses des Bundesverfassungsgerichts", AöR 119 (1994), S. 400 ff.

„Einspeisung von CNBC als Bestandteil des Programmbouquets ‚ZDF.vision' in digitale Netze der PrimaCom AG", TKMR 2002, S. 441 ff.

Grundzüge des Rundfunkrechts – Nationaler und europäischer Regulierungsrahmen, München 2003, zitiert: *Rundfunkrecht*

Glotz, Peter / Groebel, Jo / Mestmäcker, Ernst-Joachim

„Zur Wirklichkeit der Grundversorgung", in: Hamm (Hrsg.), Fernsehen auf dem Prüfstand – Aufgaben des dualen Systems, Gütersloh 1998, zitiert: *Fernsehen auf dem Prüfstand*, S. 87 ff.

Goerlich, Helmut / Radeck, Bernd

„Neugründung und Grundversorgung – die Rundfunkordnung in einer dritten Phase?", JZ 1989, S. 53 ff.

Götz, Volkmar /Martinez Soria, José (Hrsg.)

Kompetenzverteilung zwischen der EU und den Mitgliedstaaten, Baden-Baden 2002, zitiert: *Kompetenzverteilung*

Gostomzyk, Tobias

„Grundrechte als objektiv-rechtliche Ordnungsidee"; JuS 2004, S. 949 ff.

„Die Rechtsrealität der Massenmedien", AfP 2005, S. 437 ff.

Gounalakis, Georgios

Funktionsauftrag und wirtschaftliche Betätigung des ZDF, Mainz 2000, zitiert: *Funktionsauftrag*

„Funktionsauftrag und anstaltliches Selbstverwaltungsrecht", AfP 2003, S. 395 ff.

Grabitz, Eberhard / Hilf, Meinhard (Hrsg.)

Kommentar zum Recht der Europäischen Union, Loseblattsammlung, München, Stand: 31. Ergänzungslieferung Oktober 2006

Graham, Andrew

„Öffentlich-rechtlicher Rundfunk in der Demokratie", MP 2004, S. 95 ff.

Grimm, Dieter

„Verfassungsrechtliche Perspektiven einer dualen Rundfunkordnung", RuF 1987, S. 25 ff.

Die Zukunft der Verfassung, 2. Aufl., Frankfurt 1994, zitiert: *Zukunft der Verfassung*

Groß, Thomas

„Selbstverwaltung angesichts von Europäisierung und Ökonomisierung", DVBl. 2002, S. 1182 ff.

Das Kollegialprinzip in der Verwaltungsorganisation, Tübingen 1999, zitiert: *Kollegialprinzip*

Grüttner, Stefan

„Föderale Fahne hochhalten – Aktuelle Fragen der Medienpolitik", epd Medien Nr. 94/2005, S. 16 ff.

Gundel, Jörg

„Nationale Programmquoten im Rundfunk: Vereinbar mit den Grundfreiheiten und der Rundfunkfreiheit des Gemeinschaftsrechts?", ZUM 1998, S. 1002 ff.

Häberle, Peter

Die Wesensgehaltsgarantie des Art. 19 II GG. Zugleich ein Beitrag zum institutionellen Verständnis der Grundrechte und zur Lehre vom Gesetzesvorbehalt, 3. Aufl., Heidelberg 1983, zitiert: *Wesensgehaltsgarantie*

Hahn, Werner / Vesting, Thomas (Hrsg.)

Beck'scher Kommentar zum Rundfunkrecht, München 2003

Hain, Karl- Eberhard

Rundfunkfreiheit und Rundfunkordnung, Baden-Baden 1993, zitiert: *Rundfunkfreiheit*

„Die europäische Transparenz-Richtlinie und der öffentlich-rechtliche Rundfunk in Deutschland", MMR 2001, S. 219 ff.

Hamann, Andreas

„Der Entwurf einer E-Commerce-Richtlinie unter rundfunkrechtlichen Gesichtspunkten", ZUM 2000, S. 290 ff.

Hamm, Ingrid (Hrsg.)

Bericht zur Lage des Fernsehens, Gütersloh 1995, zitiert: *Bericht zur Lage des Fernsehens*

Hamm, Ingrid / Hart, Thomas (Hrsg.)

Kommunikationsordnung 2010. Märkte und Regulierung im interaktiven Zeitalter, Gütersloh 2001, zitiert: *Kommunikationsordnung 2010*

Hartstein, Reinhard / Ring, Wolf-Dieter / Kreile, Johannes / Dörr, Dieter / Stettner, Rupert (Hrsg.)

Kommentar zum Rundfunkstaatsvertrag, Loseblattsammlung, Heidelberg München Berlin, Stand: 28. Ergänzungslieferung Januar 2006

Hasse, Arne

Die Finanzierung des öffentlich-rechtlichen Rundfunks – Bestand und Alternativen, Frankfurt 2004, zitiert: *Finanzierung*

Heffler, Michael

„Der Werbemarkt 2003. Gebremste Entwicklung der Werbekonjunktur", MP 2004, S. 242 ff.

Heffler, Michael / Möbus, Pamela

„Der Werbemarkt 2004. Solides Wachstum nach dreijähriger Talsohle", MP 2005, S. 258 ff.

Helberger, Natali

„Die Konkretisierung des Sendestaatsprinzips in der Rechtsprechung des EuGH", ZUM 1998, S. 50 ff.

„Brot und Spiele – Die Umsetzung der Listenregelung des Art. 3a der Fernsehrichtlinie", AfP 2002, S. 292 ff.

Held, Thorsten / Schulz, Wolfgang

Europarechtliche Beurteilung von Online-Angeboten öffentlich-rechtlicher Rundfunkanstalten, Berlin 2004, zitiert: *Online-Angebote*

„Europarechtliche Beurteilung von Online-Angeboten öffentlich-rechtlicher Rundfunkanstalten", epd Medien Nr. 91/2004, S. 3 ff.

Hepbach, Stefan

„Die Rechtsprechung des Bayerischen Verfassungsgerichtshofs seit dem Beschluss des Bundesverfassungsgerichts vom 20.02.1998 („extra radio"), ZUM 2006, S. 530 ff.

Hesse, Albrecht

„Rundfunk zwischen demokratischer Willensbildung und dem Zugriff der EG", JZ 1993, S. 545 ff.

„Zur aktuellen Entwicklung des Rundfunkrechts", BayVBl. 1997, S. 132 ff.

Rundfunkrecht, 3. Aufl., München 2003, zitiert: *Rundfunkrecht*

„Die Finanzierung des öffentlich-rechtlichen Rundfunks aus europäischer und nationaler Sicht", AfP 2005, S. 499 ff.

Hesse, Konrad

„Bestand und Bedeutung der Grundrechte in der BRD", EuGRZ 1978, S. 427 ff.

„Verfassungsrechtsprechung im geschichtlichen Wandel", JZ 1995, S. 265 ff.

Herrmann, Günter / Lausen, Matthias

Rundfunkrecht, 2. Aufl., München 2004, zitiert: *Rundfunkrecht*

Hoffmann-Riem, Wolfgang

„Programmgrundsätze – Programmverantwortung – Programmkontrolle", RuF 1978, S. 111 ff.

Erosionen des Rundfunkrechts, München 1990, zitiert: *Erosionen*

Rundfunkrecht neben Wirtschaftsrecht, Baden-Baden 1991, zitiert: *Rundfunk neben Wirtschaftsrecht*

„Rundfunk in neuen Ländern mit alten Schwächen: Der ungenierte Parteienzugriff", AfP 1991, S. 606 ff.

„Der Rundfunkbegriff in der Differenzierung kommunikativer Dienste", AfP 1996, S. 9 ff.

„Pay-TV im öffentlich-rechtlichen Rundfunk", MP 1996, S. 73 ff.

Regulierung der dualen Rundfunkordnung, Baden-Baden 2000, zitiert: *Regulierung*

„Thesen zur Regulierung der dualen Rundfunkordnung", M&K 2000, S. 7 ff.

Kommunikationsfreiheiten - Kommentierungen zu Art. 5 Abs. 1 und 2 sowie Art. 8 GG, Baden-Baden 2002, zitiert: *Kommunikationsfreiheiten*

„Medienregulierung als objektiv-rechtlicher Grundrechtsauftrag", M&K 2002, S. 175 ff.

„Mediendemokratie als rechtliche Herausforderung", Der Staat 42 (2003), S. 193 ff.

Holoubek, Michael

"Medienfreiheit in der Europäischen Menschenrechtskonvention", AfP 2003, S. 193 ff.

Holznagel, Bernd

„Probleme der Rundfunkregulierung im Multimedia-Zeitalter", ZUM 1996, S. 16 ff.

Der spezifische Funktionsauftrag des ZDF, Mainz 1999, zitiert: *Funktionsauftrag*

„Multimedia zwischen Regulierung und Freiheit", ZUM 1999, S. 425 ff.

Holznagel, Bernd / Vesting, Thomas

Sparten- und Zielgruppenprogramme im öffentlich-rechtlichen Rundfunk, insbesondere im Hörfunk, Baden-Baden 1999, zitiert: *Sparten- und Zielgruppenprogramme*

Huber, Peter-Michael

Konkurrenzschutz im Verwaltungsrecht, Tübingen 1991, zitiert: *Konkurrenzschutz*

Immenga, Ulrich

„Rundfunk und Markt", AfP 1989, S. 621 ff.

Isensee, Josef

„Grundrechte und Demokratie", Der Staat 20 (1981), S. 161 ff.

Das Grundrecht auf Sicherheit, Berlin 1983, zitiert: *Grundrecht auf Sicherheit*

Isensee, Josef / Axer, Peter

Jugendschutz im Fernsehen, München 1998, zitiert: *Jugendschutz*

Isensee, Josef / Kirchhof, Paul (Hrsg.)

Handbuch des Staatsrechts der Bundesrepublik Deutschland, zitiert: *HbdStR*
Band II: Demokratische Willensbildung; die Staatsorgane des Bundes, 3. Aufl., Heidelberg 2004
Band V: Allgemeine Grundrechtslehren, 2. Aufl., Heidelberg 2000
Band VI: Freiheitsrechte, 2. Aufl., Heidelberg 2001
Band VII: Normativität und Schutz der Verfassung, Heidelberg 1993

Jarass, Hans. D.

Freiheit der Massenmedien, Baden-Baden 1978, zitiert: *Massenmedien*

Die Freiheit des Rundfunks vom Staat, Berlin 1981, zitiert: *Staatsfreiheit*

„Grundrechte als Wertentscheidungen und objektiv-rechtliche Prinzipien in der Rechtsprechung des Bundesverfassungsgerichts", AöR 110 (1985), S. 363 ff.

„Bausteine einer umfassenden Grundrechtsdogmatik", AöR 120 (1995), S. 345 ff.

Online-Dienste und Funktionsbereich des Zweiten Deutschen Fernsehens, Mainz 1997, zitiert: *Online-Dienste*

„Rundfunkbegriffe im Zeitalter des Internet", AfP 1998, S. 133 ff.

„Die Grundrechte: Abwehrrechte und objektive Grundsatznormen", in: Badura/Dreier (Hrsg.), Festschrift 50 Jahre Bundesverfassungsgericht Band II, Tübingen 2001, S. 35 ff.

Jarass, Hans D. / Pieroth, Bodo

Grundgesetz-Kommentar, 8. Aufl., München 2006

Jeand'Heur, Bernd

„Grundrechte im Spannungsverhältnis zwischen subjektiven Freiheitsgarantien und objektiven Grundsatznormen", JZ 1995, S. 161 ff.

Kämmerer, Jörn Axel

„Strategien zur Daseinsvorsorge – Dienste im allgemeinen Interesse nach der Altmark Entscheidung des EuGH", NVwZ 2004, S. 28 ff.

Karpen, Ulrich (Hrsg.)

Der Richter als Ersatzgesetzgeber, Baden-Baden 2002, zitiert: *Ersatzgesetzgeber*

Kiefer, Marie Luise

„20 Jahre privater Rundfunk in Deutschland", MP 2004, S. 558 ff.

Klein, Eckhart

„Grundrechtliche Schutzpflicht des Staates", NJW 1989, S. 1633 ff.

„Der Verfassungsstaat als Glied einer europäischen Gemeinschaft", VVDStRL 50 (1991), S. 56 ff.

Klein, Hans Hugo

Die Rundfunkfreiheit, München 1978, zitiert: *Rundfunkfreiheit*

„Rundfunkrecht und Rundfunkfreiheit", Der Staat 20 (1981), S. 177 ff.

„Die grundrechtliche Schutzpflicht", DVBl. 1994, S. 489 ff.

„Parteien – Presse – Rundfunk", in: Geis/Lorenz (Hrsg.), Staat – Kirche – Verwaltung, Festschrift für Hartmut Maurer, München 2001, S. 193 ff.

Klein, Oliver

Fremdnützige Freiheitsgrundrechte, Baden-Baden 2003, zitiert: *Fremdnützige Freiheitsgrundrechte*

Kohl, Helmut (Hrsg.)

Vielfalt im Rundfunk, Konstanz 1997

Koenig, Christian /Haratsch, Andreas

„Die Rundfunkgebühren auf dem Prüfstand des Altmark Trans-Urteils des Europäischen Gerichtshofs", ZUM 2003, S. 804 ff.

„Die Wiedergeburt von Art. 86 Abs. 2 EG in der RAI-Entscheidung der Europäischen Kommission", ZUM 2004, S. 122 ff.

Koenig, Christian / Kühling, Jürgen

„Grundfragen des EG-Beihilfenrechts", NJW 2000, S. 1065 ff.

„How to cut a long story short: Das PreussenElektra-Urteil des EuGH und die EG-Beihilfenkontrolle über das deutsche Rundfunkgebührensystem", ZUM 2001, S. 537 ff.

„EG-beihilfenrechtlicher ‚Switch-Off' für das digitale terrestrische Fernsehen (DVB-T)?", K&R 2004, S. 201 ff.

Kopp, Ferdinand O. / Ramsauer, Ulrich

Kommentar zum Verwaltungsverfahrensgesetz, 9. Aufl., München 2005

Korthals, Claudia

„Sind öffentliche Rundfunkanstalten öffentliche Auftraggeber im Sinne des Vergaberechts?", NZBau 2006, S. 215 ff.

Krausnick, Daniel

Das deutsche Rundfunksystem unter dem Einfluss des Europarechts, Berlin 2005, zitiert: *Rundfunksystem*

„Verfassungsrechtliche Ewigkeitsgarantie für den öffentlich-rechtlichen Rundfunk?", AfP 2006, S. 125 ff.

Kresse, Hermann

„Öffentlich-rechtliche Werbefinanzierung und Grenzen der Grundversorgung im dualen System", ZUM 1995, S. 67 ff.

„Grundversorgung und integrative Pluralismussicherung", ZUM 1995, S. 178 ff.

„Grundversorgung und noch viel mehr?", ZUM 1996, S. 59 ff.

Kresse, Herrmann / Heinze, Matthias

„Der Rundfunk: Das ‚jedenfalls auch kulturelle Phänomen'", ZUM 1995, S. 394 ff.

Krüger, Udo Michael

„Spartenstruktur und Informationsprofile im deutschen Fernsehangebot", MP 2004, S. 194 ff.

Kübler, Friedrich

„Der ‚Markt der Meinungen'", in: Stein/Faber (Hrsg.), Auf einem dritten Weg: Festschrift für Helmut Ridder, Neuwied/Frankfurt 1989, S. 117 ff.

„Massenkommunikation und Medienverfassung – Bemerkungen zur institutionellen Deutung der Rundfunk- und Pressefreiheit", in: Badura/Scholz (Hrsg.), Wege und Verfahren des Verfassungslebens, Festschrift für Peter Lerche, München 1993, S. 648 ff.

„Legitimationsfragen der Medienregulierung", AfP 2002, S. 277 ff.

„Duale Rundfunkordnung?", in: Ridder/Kohl (Hrsg.), Funktionen des öffentlich-rechtlichen Rundfunks, Festschrift für Klaus Berg, Frankfurt 2003, S. 18 ff.

„Rundfunkgebühr, Meinungswettbewerb und Medienkonzentration", MP 2004, S. 131 ff.

Kuch, Hansjörg

„Die Finanzierung des öffentlich-rechtlichen und privaten Rundfunks im Lichte der Rechtsprechung des Bundesverfassungsgerichts", ZUM 1995, S. 161 ff.

Küll, Carolin

„Europarechtliche Zulässigkeit nationaler Rundfunkquoten", AfP 2005, S. 518 ff.

Kull, Edgar

„Auf dem Weg zum dualen Rundfunksystem", AfP 1987, S. 365 ff.

„'Dienende Freiheit' – dienstbare Medien?", in: Badura/Scholz (Hrsg.), Wege und Verfahren des Verfassungslebens, Festschrift für Peter Lerche, München 1993, S. 663 ff.

Kunig, Philip

„Die Pressefreiheit", Jura 1995, S. 589 ff.

Ladeur, Karl-Heinz

„Grundrechtskonflikte in der ‚dualen Rundfunkordnung' – Grundrechtsausübung und staatliche Regulierung", AfP 1998, S. 141 ff.

„Der Gesetzesvorbehalt bei der Frequenzzuteilung im dualen System", AfP 1999, S. 221 ff.

„Der ‚Funktionsauftrag' des öffentlich-rechtlichen Rundfunks – auf ‚Integration' festgelegt oder selbst definiert?", M&K 2000, S. 93 ff.

Ladeur, Karl-Heinz / Gostomzyk, Tobias

„Rundfunkfreiheit und Rechtsdogmatik – Zum Doppelcharakter des Art. 5 Abs. 1 S. 1 GG in der Rechtsprechung des BVerfG", JuS 2002, S. 1145 ff.

Landesmedienanstalten (Hrsg.)

Beschäftigte und wirtschaftliche Lage des Rundfunks in Deutschland 2003/2004, Berlin 2005

Leibholz, Gerhard / Von Mangoldt, Hermann (Hrsg.)

Jahrbuch des öffentlichen Rechts der Gegenwart, Band I, Tübingen 1951, zitiert: *JöR*

Lerche, Peter

„Gestaltungskompetenz des Gesetzgebers und Programmbereich der öffentlich-rechtlichen Rundfunkanstalten", in: Assmann/Brinkmann/Gounalakis/Kohl/Walz (Hrsg.), Wirtschafts- und Medienrecht in der offenen Demokratie, Festschrift für Friedrich Kübler, Heidelberg 1997, S. 239 ff.

„Bemerkungen zur Auseinandersetzung um die rundfunkmäßige Grundversorgung", in: Ziemske (Hrsg.), Staatsphilosophie und Rechtspolitik, Festschrift für Martin Kriele, München 1997, S. 357 ff.

Libertus, Michael

Grundversorgungsauftrag und Funktionsgarantie, Köln 1991, zitiert: *Grundversorgungsauftrag*

„Randnutzung im öffentlich-rechtlichen Rundfunk - Rechtliche Aspekte und Erscheinungsformen", AfP 1992, S. 229 ff.

„Verfassungsrechtliche Aspekte einer Bestands- und Entwicklungsgarantie", ZUM 1992, S. 225 ff.

„Grenzen entgeltfinanzierter öffentlich-rechtlicher Fernsehangebote", AfP 1998, S. 149 ff.

„Beteiligung von ARD und ZDF an einem deutschen Auslandsfernsehen?", AfP 2000, S. 1 ff.

Lindner, Josef Franz

„Zur grundrechtsdogmatischen Struktur der Wettbewerbsfreiheit", DÖV 2003, S. 185 ff.

„Zum Gebot der Programmkoordinierung zwischen ARD und ZDF", AfP 2005, S. 313 ff.

„Verfassungsrechtliche Ewigkeitsgarantie für den öffentlich-rechtlichen Rundfunk?", AfP 2005, S. 429 ff.

Loeb, Michael

„Werbung als Finanzierungsquelle des öffentlich-rechtlichen Rundfunks", ZUM 2004, S. 290 ff.

Löffler, Martin / Ricker, Reinhart (Hrsg.)

Handbuch des Presserechts, 5. Aufl., München 2005, zitiert: *Presserecht*

Lübbe-Wolff, Gertrude

Die Grundrechte als Eingriffsabwehrrechte, Baden-Baden 1988, zitiert: *Grundrechte als Eingriffsabwehrrechte*

Mahrenholz, Ernst Gottfried

„Grundversorgung und Programmfreiheit", in: Assmann/Brinkmann/Gounalakis/Kohl/Walz (Hrsg.), Wirtschafts- und Medienrecht in der offenen Demokratie, Festschrift für Friedrich Kübler, Heidelberg 1997, S. 251 ff.

Mattern, Klaus / Künstner, Thomas

„Fernsehsysteme im internationalen Vergleich", in: Hamm (Hrsg.), Die Zukunft des dualen Systems – Aufgaben des dualen Rundfunkmarktes im internationalen Vergleich, Gütersloh 1998, zitiert: *Die Zukunft des dualen Systems,* S. 15 ff.

Mattern, Klaus / Künstner, Thomas / Zirn, Markus

„Fernsehsysteme im internationalen Vergleich", in: Hamm (Hrsg.), Fernsehen auf dem Prüfstand – Aufgaben des dualen Systems, Gütersloh 1998, zitiert: *Fernsehen auf dem Prüfstand,* S. 13 ff.

Maunz, Theodor / Dürig, Günter (Begr.)

Kommentar zum Grundgesetz, Loseblattsammlung, München, Stand: 47. Ergänzungslieferung, Juni 2006

Michel, Eva-Maria

„Konvergenz der Medien – Auswirkungen auf das Amsterdamer Protokoll und das Europäische Beihilferecht", MMR 2005, S. 284 ff.

Müller, Michael

„Die Rundfunkfreiheit emanzipiert sich – Zu den aktuellen Entscheidungen der Verfassungsgerichte", MMR 12/2005, S. VI ff.

Nettesheim, Martin

„Grundrechtliche Prüfdichte durch den EuGH", EuZW 1995, S. 106 ff.

Neun, Andreas

Öffentlich-rechtlicher Rundfunk: Grenzen des Wachstums, Berlin 2002, zitiert: *Grenzen des Wachstums*

Niepalla, Peter

Die Grundversorgung durch die öffentlich-rechtlichen Rundfunkanstalten, München 1990, zitiert: *Grundversorgung*

„Die zukunftsweisende Modernisierung des deutschen Auslandsrundfunks", ZUM 2005, S. 532 ff.

Noam, Eli M.

„Public Interest Programme im kommerziellen Fernsehmarkt der USA", in: Hamm (Hrsg.), Die Zukunft des dualen Systems – Aufgaben des dualen Rundfunkmarktes im internationalen Vergleich, Gütersloh 1998, zitiert: *Die Zukunft des dualen Systems,* S. 205 ff.

Oeter, Stefan

„Rundfunk als Wirtschaftsgut?", AfP 2005, S. 6 ff.

Oppermann, Thomas

„Auf dem Weg zur gemischten Rundfunkverfassung in der Bundesrepublik Deutschland", JZ 1981, S. 721 ff.

Deutsche Rundfunkgebühren und Europäisches Beihilferecht, Berlin 1997, zitiert: *Rundfunkgebühren*

Ossenbühl, Fritz

„Die Interpretation der Grundrechte in der Rechtsprechung des Bundesverfassungsgerichts", NJW 1976, S. 2100 ff.

„Programmnormen im Rundfunkrecht", in: Gesellschaft für Rechtspolitik (Hrsg.), Rundfunkrecht, Schriften der Gesellschaft für Rechtspolitik, Band I, München 1981, zitiert: *Rundfunkrecht*, S. 1 ff.

„Kernenergie im Spiegel des Verfassungsrechts", DÖV 1981, S. 1 ff.

„Bundesverfassungsgericht und Gesetzgebung", in: Badura/Dreier (Hrsg.), Festschrift 50 Jahre Bundesverfassungsgericht Band I, Tübingen 2001, S. 33 ff.

Paulweber, Michael

„Eine Super-Medienbehörde in Deutschland?", AfP 1999, S. 439 ff.

Pelny, Stefan

"Das Verfahren der EU-Kommission gegen Dänemark: Ein Menetekel für die Länderregierungschefs in Deutschland?, ZUM 2005, S.-22 ff.

Pestalozza, Christian Graf von

"Der Schutz vor der Rundfunkfreiheit in der BRD", NJW 1981, 2158 ff.

Petersen, Nikolaus

Rundfunkfreiheit und EG-Vertrag: die Einwirkungen des europäischen Rechts auf die Ausgestaltung der nationalen Rundfunkordnungen, Baden-Baden 1994, zitiert: *Rundfunkfreiheit und EG-Vertrag*

Pietzcker, Jost

„Drittwirkung – Schutzpflicht – Eingriff", in: Maurer (Hrsg.), Das akzeptierte Grundgesetz: Festschrift für Günter Dürig, München 1990, S. 345 ff.

Preu, Peter

„Freiheitsgefährdung durch die Lehre von den grundrechtlichen Schutzpflichten", JZ 1991, S. 265 ff.

Rath-Glawatz, Michael

„Die Selbstbindung öffentlich-rechtlicher Rundfunkanstalten bei der Veranstaltung von Online-Angeboten", AfP 2003, S. 9 ff.

Reese, Stephanie

Der Funktionsauftrag des öffentlich-rechtlichen Rundfunks vor dem Hintergrund der Digitalisierung, Frankfurt am Main 2006, zitiert: *Funktionsauftrag*

Ress, Georg / Bröhmer, Jürgen

Europäische Gemeinschaft und Medienvielfalt, Frankfurt 1998, zitiert: *Medienvielfalt*

Ricker, Reinhart

„Die Grundversorgung als Aufgabe des öffentlich-rechtlichen Rundfunks", ZUM 1989, S. 331 ff.

„Gleichwertig, gleichberechtigt – Grundversorgung durch private Rundfunkveranstalter", epd Medien Nr. 35/1996, S. 5 ff.

Ricker, Reinhart / Schiwy, Peter

Rundfunkverfassungsrecht, München 1997, zitiert: *Rundfunkverfassungsrecht*

Robbers, Gerhard

Sicherheit als Menschenrecht, Baden-Baden 1987, zitiert: *Sicherheit als Menschenrecht*

Roider, Claudia

Perspektiven einer europäischen Rundfunkordnung: eine Untersuchung der gemeinschaftsrechtlichen Direktiven unter besonderer Berücksichtigung des Pluralismusgebots, Berlin 2001, zitiert: *Europäische Rundfunkordnung*

Roßnagel, Alexander / Scheuer, Alexander

„Das europäische Medienrecht", MMR 2005, S. 271 ff.

Rossen, Helge

Freie Meinungsbildung durch den Rundfunk, 1988, zitiert: *Freie Meinungsbildung*

„Staatsfreie Rundfunkaufsicht? Zur Zusammensetzung des Medienrates der Medienanstalt Berlin-Brandenburg", ZUM 1992, S. 408 ff.

Rossen-Stadtfeld, Helge

„Medienaufsicht unter Konvergenzbedingungen", ZUM 2000, S. 36 ff.

„Verfassungsrechtliche Perspektiven des dualen Rundfunksystems", M&K 2002, S. 481 ff.

Ruck, Silke

„Zur Unterscheidung von Ausgestaltungs- und Schrankengesetzen im Bereich der Rundfunkfreiheit", AöR 117 (1992), S. 543 ff.

Rupp, Hans Heinrich

„Vom Wandel der Grundrechte", AöR 101 (1976), S. 161 ff.

„'Dienende Grundrechte', ‚Buergergesellschaft', ‚Drittwirkung' und ‚soziale Interdependenz' der Grundrechte", JZ 2001, S. 271 ff.

Sachs, Michael (Hrsg.)

Grundgesetz-Kommentar, 3. Aufl., München 2003

Schapp, Jan

„Grundrechte als Wertordnung", JZ 1998, S. 913 ff.

Scharf, Albert

„Die Funktion des öffentlich-rechtlichen Rundfunks in einer gewandelten Medienwelt", in: Ridder/Kohl (Hrsg.), Funktionen des öffentlich-rechtlichen Rundfunks, Festschrift für Klaus Berg, Frankfurt 2003, S. 25 ff.

Scheble, Roland

Perspektiven der Grundversorgung, Baden-Baden 1994, zitiert: *Grundversorgung*

„Grundversorgung – Definition und Umfang", ZUM 1995, S. 383 ff.

Schellenberg, Martin

„Pluralismus: Zu einem medienrechtlichen Leitmotiv in Deutschland, Frankreich und Italien", AöR 119 (1994), S. 427 ff.

Scherer, Frank

„Der Staatsvertrag über den Südwestrundfunk und die ARD-Reform“, ZUM 1998, S. 8 ff.

Schilling, Theodor

„Bestand und allgemeine Lehren der bürgerschützenden allgemeinen Rechtsgrundsätze des Gemeinschaftsrechts“, EuGRZ 2000, S. 3 ff.

Schipanski, Tankred

„Jüngste Entwicklungslinien eines eventuellen Beihilfecharakters der Gebührenfinanzierung des öffentlich-rechtlichen Rundfunks“, K&R 2006, S. 217 ff.

Schlink, Bernhard

„Freiheit durch Eingriffsabwehr – Rekonstruktion der klassischen Grundrechtsfunktion“, EuGRZ 1984, S. 457 ff.

Schmid, Dieter

Der Europäische Fernsehkulturkanal ARTE, Berlin 1997, zitiert: *ARTE*

Schmidt-Aßmann, Eberhard

„Anwendungsprobleme des Art. 2 GG im Immissionsschutzrecht“, AöR 106 (1981), S. 205 ff.

Schmitt Glaeser, Walter

„Das duale Rundfunksystem – zum ‚vierten Fernsehurteil' des Bundesverfassungsgerichts vom 4. November 1986“, DVBl. 1987, S. 14 ff.

„Art. 5 Abs. 1 S. 2 GG als ‚Ewigkeitsgarantie' des öffentlich-rechtlichen Rundfunks“, DÖV 1987, S. 837 ff.

Schmitt-Vockenhausen, Monika

„Revision der EG-Fernsehrichtlinie - Ein weiterer Schritt in eine europäische Medienordnung?“, ZUM 1998, S. 377 ff.

Schoch, Friedrich

„Öffentlich-rechtliche Rahmenbedingungen einer Informationsordnung“, VVDStRL 57 (1998), S. 158 ff.

„Konvergenz der Medien – Sollte das Recht der Medien harmonisiert werden?“, JZ 2002, S. 798 ff.

Schoch, Friedrich / Schmidt-Aßmann, Eberhard / Pietzner, Rainer (Hrsg.)

Kommentar zur Verwaltungsgerichtsordnung, Loseblattsammlung, München, Stand: 13. Ergänzungslieferung April 2006

Scholz, Rupert

“Zukunft von Rundfunk und Fernsehen: Freiheit der Nachfrage oder reglementiertes Angebot?”, AfP 1995, S. 357 ff.

Schulz, Wolfgang / Dreyer, Stephan

Reform des Deutsche Welle-Gesetzes – Optionen zur Konkretisierung von Aufgaben und Auftrag der Anstalt, Baden-Baden 2005, zitiert: *Reform des DW-Gesetzes*

Schulz, Wolfgang / Held, Thorsten / Kops, Manfred

„Perspektiven der Gewährleistung freier öffentlicher Kommunikation“, ZUM 2001, S. 621 ff.

Schwarze, Jürgen

„Medienfreiheit und Medienvielfalt im Europäischen Gemeinschaftsrecht", ZUM 2000, S. 779 ff.

„Die Medien in der europäischen Verfassungsreform", AfP 2003, S. 209 ff.

Seelmann-Eggebert, Sebastian

„Die Dogmatik der Rundfunkfreiheit gemäß Art. 5 Abs. 1 S. 2 GG aus der Sicht des Bundesverfassungsgerichts", ZUM 1992, S. 79 ff.

Selmayr, Martin / Kamann, Hans-Georg

„Public Broadcasting and EC State Aid Law: No ‚Carte Blanche' after Altmark Trans", K&R 2004, S. 49 ff.

Selmer, Peter / Gersdorf, Hubertus

Die Finanzierung des Rundfunks in der BRD auf dem Prüfstand des EG-Beihilferegimes, Berlin 1994, zitiert: *Finanzierung*

Sichtermann, Barbara

„Gerupftes Huhn. 20 Jahre Privatfernsehen im Guten wie im Bösen", epd Medien Nr. 4/2004, S. 3 ff.

Starck, Christian

„'Grundversorgung' und Rundfunkfreiheit", NJW 1992, S. 3257 ff.

„'Grundversorgung' und Programmauftrag des öffentlich-rechtlichen Rundfunks", in: Burmeister (Hrsg.), Verfassungsstaatlichkeit, Festschrift für Klaus Stern, München 1997, S. 777 ff.

„Das Bundesverfassungsgericht in der Verfassungsordnung und im politischen Prozess", in: Badura/Dreier (Hrsg.), Festschrift 50 Jahre Bundesverfassungsgericht Band I, Tübingen 2001, S. 1 ff.

Steinberg, Rudolf

„Verfassungsrechtlicher Umweltschutz durch Grundrechte und Staatszielbestimmung", NJW 1996, S. 1985 ff.

Stelkens, Paul / Bonk, Heinz Joachim / Sachs, Michael (Hrsg.)

Kommentar zum Verwaltungsverfahrensgesetz, 6. Aufl., München 2001

Stern, Klaus (Hrsg.)

Das Staatsrecht der Bundesrepublik Deutschland, zitiert: *Staatsrecht,* Band III: Allgemeine Lehren der Grundrechte, 1. Halbband, München 1988

Stettner, Rupert

„Ist es öffentlich-rechtlichen Rundfunkanstalten, insbesondere dem Zweiten Deutschen Fernsehen (ZDF), gestattet, Pay-TV zu veranstalten?", ZUM 1995, S. 293 ff.

Stock, Martin

„Ein fragwürdiges Konzept dualer Rundfunksysteme", RuF 1987, S. 5 ff.

„Meinungsvielfalt und Meinungsmacht", JZ 1997, S. 583 ff.

Das deutsche duale Rundfunksystem: Alte Probleme, neue Perspektiven, Münster 2004, zitiert: *Rundfunksystem*

Stolte, Dieter

„Zur neuen Rolle des öffentlich-rechtlichen Systems“, in: Hamm/Hart (Hrsg.), Kommunikationsordnung 2010. Märkte und Regulierung im interaktiven Zeitalter, Gütersloh 2001, zitiert: *Kommunikationsordnung 2010,* S. 169 ff.

Storr, Stefan

„Grundversorgung im Rundfunk und Binnenmarkt“, K&R 2002, S. 464 ff.

Stürner, Rolf

„Medien zwischen Regulierung und Reglementierung - Sanktionen gegen Medien?“, AfP 2002, S. 283 ff.

Stulz-Herrnstadt, Michael

Nationale Rundfunkfinanzierung und europäische Beihilfenaufsicht im Lichte des Amsterdamer Rundfunkprotokolls, Berlin 2004, zitiert: *Rundfunkfinanzierung*

„Wenn der Staat haftet – Zum Auskunftsersuchen der EU-Kommission“, epd Medien Nr. 26/2005, S. 6 ff.

Tabbara, Tarik

„Zur Verfassungsmäßigkeit der Errichtung einer Bundesmedienanstalt“, ZUM 1996, S. 378 ff.

Thaenert, Wolfgang

„Der Einfluss der EU-Medienpolitik auf die nationale Rundfunkordnung“, MMR 2005, S. 279 ff.

Thum, Kai

„Verfassungsunmittelbarer Auskunftsanspruch der Presse gegenüber staatlichen Stellen?“, AfP 2005, S. 30 ff.

Trebbe, Joachim (Hrsg.)

Gemeinsame Studie der Landesmedienanstalten: Fernsehen in Deutschland 2003- 2004. Programmstrukturen, Programminhalte, Programmentwicklungen, Berlin 2004

Trute, Hans-Heinrich

„Öffentlich-rechtliche Rahmenbedingungen einer Informationsordnung“, VVDStRL 57 (1998), S. 216 ff.

Ukrow, Jörg

„Der Funktionsauftrag des öffentlich-rechtlichen Rundfunks“, WiVerw 2003, S. 160 ff.

Vesting, Thomas

Prozedurales Rundfunkrecht, Baden-Baden Hamburg 1997, zitiert: *Rundfunkrecht*

„Das Rundfunkrecht vor den Herausforderungen der Logik der Vernetzung“, M&K 2001, S. 287 ff.

Vick, Douglas / Doyle, Gillian

„Über die ‚konvergierte Regulierung‘ zum deregulierten Medienmarkt?“, MP 2004, S. 38 ff.

Von Danwitz, Thomas

„Zur Regulierung von ‚product placement‘ bei der Novellierung der EU-Fernsehrichtlinie“, AfP 2005, S. 417 ff.

Von der Groeben, Hans / Schwarze, Jürgen (Hrsg.)

Kommentar zum Vertrag über die Europäische Union und zur Gründung der Europäischen Gemeinschaft, 6. Aufl., Baden-Baden 2004

Von Mangoldt, Hermann / Klein, Friedrich / Starck, Christian (Hrsg.)

Bonner Grundgesetz, Kommentar
Band I: Präambel, Art. 1 – 19 GG, 5. Aufl., München 2005
Band II: Art. 20 – 82 GG, 5. Aufl., München 2005

Von Münch, Ingo

„Wie lange noch Rundfunk-Zwangsgebühr?", NJW 2000, S. 634 ff.

„Die Rundfunkgebühr: Ein verfassungsrechtlich unhaltbares Fossil?", in: Osterloh (Hrsg.), Staat, Wirtschaft, Finanzverfassung, Festschrift für Peter Selmer, Berlin 2004, S. 821 ff.

Von Münch, Ingo / Kunig, Philip (Hrsg.)

Grundgesetzkommentar, Band I: Präambel bis Art. 19 GG, 5. Aufl., München 2000

Von Wallenberg, Gabriela

„Anmerkungen zu den Urteilen des EuGH Enirisorse und Altmark Trans", MMR 2004, S. 88 ff.

„Fortentwicklung des dualen Rundfunksystems zur Überwindung der wettbewerblichen Schieflage zwischen privatem und öffentlich-rechtlichem Rundfunk", ZUM 2004, S. 875 ff.

„Strukturelle Vorgaben für den öffentlich-rechtlichen Rundfunk im 8. Rundfunkänderungsstaatsvertrag", MMR 2005, S. 88 ff.

Wiedemann, Verena

„Am europäischen Scheideweg", ARD-Jahrbuch 2005, S. 29 ff.

Wieland, Joachim

Die Freiheit des Rundfunks – zugleich ein Beitrag zur Dogmatik des Art. 12 Abs. 1 GG, Berlin 1984, zitiert: *Freiheit des Rundfunks*

„Konkurrentenschutz gegen kommunale Wirtschaftsbetätigung", Die Verwaltung 36 (2003), S. 225 ff.

Wille, Karola / Heckel, Mario

„Verfassungsrechtliche Aspekte bei der Kabeleinspeisung - Zur Auslegung des Begriffs ‚gesetzlich bestimmtes Programm'", ZUM 1997, S. 240 ff.

Wille, Karola / Schneider-Freyermuth, Georg

„Die Rechtsprechung zu ‚MDR Sputnik' und das Verfassungsrecht", ZUM 1999, S. 713 ff.

Woldt, Runar

„Selbstverpflichtungen bei der BBC", MP 2002, S. 202 ff.

Relevante Rechtsprechung

Nationale Rechtsprechung

Bundesverfassungsgericht

Rundfunkurteile:

1. Rundfunkurteil: BVerfGE 12, 205, („Deutschland-Fernsehen GmbH", 1961)
2. Rundfunkurteil: BVerfGE 31, 314 („Mehrwertsteuer", 1971)
3. Rundfunkurteil: BVerfGE 57, 295 („FRAG", 1981)
4. Rundfunkurteil: BVerfGE 73, 118 („Niedersachsen", 1986)
5. Rundfunkurteil: BVerfGE 74, 297 („Baden-Württemberg", 1987)
6. Rundfunkurteil: BVerfGE 83, 238 („Nordrhein-Westfalen", 1991)
7. Rundfunkurteil: BVerfGE 87, 181 („Hessen 3", 1992)
8. Rundfunkurteil: BVerfGE 90, 60 („Rundfunkgebühren", 1994)
9. Rundfunkurteil: BVerfGE 97, 228 („Kurzberichterstattung", 1998)

Andere rundfunkspezifische Urteile:

BVerfGE 35, 202 („Lebach", 1973)
BVerfGE 59, 231 („Rundfunkmitarbeiter", 1982)
BVerfGE 89, 144 („Konkursfähigkeit der Anstalten", 1993)
BVerfGE 92, 203 („EG-Fernsehrichtlinie, 1995)
BVerfGE 95, 220 („Radio Dreyeckland", 1998)
BVerfGE 97, 298 („extra-radio", 1998)
BVerfGE 101, 361 ("Caroline von Monaco", 1999)
BVerfGE 103, 44 („n-tv", 2001)

Bundesverwaltungsgericht

BVerwGE 107, 275, („MDR Sputnik", 1998)

Europäische Rechtsprechung

Europäischer Gerichtshof (EuGH)

EuGH, Slg. 1974, 409 ("Sacchi", 1974)
EuGH, Slg. 1980, 833 ("Debauve", 1980)
EuGH, Slg. 1980, 881 („Coditel I", 1980)
EuGH, Slg. 1982, 3381 ("Coditel II", 1982)
EuGH, Slg. 1988, 2085 („Kabelregeling, Bond van Adverteerders", 1988)
EuGH, Slg. 1991, I-2925 („Elliniki Radiophonia, ERT", 1991)
EuGH, Slg. 1991, I-4007 ("Stichting, Antennevoorziening Gouda - Mediawet", 1991)
EuGH, Slg. 1991. I-4069 („Kommission gegen Niederlande", 1991)
EuGH, Slg. 1993, I-487 ("Veronica", 1993)
EuGH, Slg. 1994, I-4795 („TV10", 1994)

Europäisches Gericht erster Instanz (EuG)

EuG, Slg. 2000, II-2125 („SIC", 2000)

Europäischer Gerichtshof für Menschenrechte (EGMR)

EGMR, EuGRZ 1990, 255 („Groppera", 1990)
EGMR, NJW 1991, 620 („Autronic", 1991)
EGMR, EuGRZ 1994, 549 („Informationsverein Lentia", 1993)

Studien und Materialien zum Öffentlichen Recht

Herausgegeben von Herbert Bethge

Band 1 Hans-Georg Kamann: Die Mitwirkung der Parlamente der Mitgliedstaaten an der europäischen Gesetzgebung. National-parlamentarische Beeinflussung und Kontrolle der Regierungsvertreter im Rat der Europäischen Union im Spannungsfeld von Demokratie und Funktionsfähigkeit des gemeinschaftlichen Entscheidungsverfahrens. 1997.

Band 2 Gerhard Spieß: Der Grundrechtsverzicht. 1997.

Band 3 Stefan Hepach: Der Grundrechtsstatus der Landesmedienanstalten. 1997.

Band 4 Michael Fraas: Sicherheitsrat der Vereinten Nationen und Internationaler Gerichtshof. Die Rechtmäßigkeitsprüfung von Beschlüssen des Sicherheitsrats der Vereinten Nationen im Rahmen des VII. Kapitels der Charta durch den Internationalen Gerichtshof. 1998.

Band 5 Friedrich Loschelder: Die Durchsetzbarkeit von Weisungen in der Bundesauftragsverwaltung. 1998.

Band 6 Gunila Dieterich: Rechtsschutz der deutschen Bundesländer vor dem Bundesverfassungsgericht in Angelegenheiten der Europäischen Union. 1998.

Band 7 Wolfgang Weiß: Die Personenverkehrsfreiheiten von Staatsangehörigen assoziierter Staaten in der EU. Eine vergleichende Analyse der Assoziationsabkommen. 1998.

Band 8 Christian Bamberger: Verfassungswerte als Schranken vorbehaltloser Freiheitsgrundrechte. Vom Verfassungs- zum Gegenseitigkeitsvorbehalt. 1999.

Band 9 Andreas Rohde: Freier Kapitalverkehr in der Europäischen Gemeinschaft. 1999.

Band 10 Herbert Bethge: Rechtsberatung im privaten Rundfunk. Rechtsgutachten, erstattet auf Ansuchen von SAT 1, unter Mitwirkung von Christian von Coelln. 2000.

Band 11 Marcel Vachek: Das Religionsrecht der Europäischen Union im Spannungsfeld zwischen mitgliedstaatlichen Kompetenzreservaten und Art. 9 EMRK. 2000.

Band 12 Kerstin Ebock: Der Schutz grundlegender Menschenrechte durch kollektive Zwangsmaßnahmen der Staatengemeinschaft. Vom Interventionsverbot zur Pflicht zur humanitären Intervention? 2000.

Band 13 Christiane Gucht: Das Zensurverbot im Gefüge der grundrechtlichen Eingriffskautelen. 2000.

Band 14 Markus Ruttig: Der Einfluß des EG-Beihilferechts auf die Gebührenfinanzierung der öffentlich-rechtlichen Rundfunkanstalten. 2001.

Band 15 Jochen Murach: Die Haftung der öffentlichen Hand im Verwaltungsschuldrecht. 2002.

Band 16 Holger Schäfer: Die ungeschriebenen Freiheitsrechte in der schweizerischen Bundesverfassung von 1874 im Vergleich mit dem Grundgesetz. 2002.

Band 17 Alexander Glos: Die deutsche Berufsfreiheit und die europäischen Grundfreiheiten. Ein Strukturvergleich. 2003.

Band 18 Georg Blasberg: Verfassungsgerichte als Ersatzgesetzgeber. Entscheidungsaussprüche bei Normenkontrollen von Bundesverfassungsgericht und Corte Costituzionale. 2003.

Band 19 Artur Müller-Wewel: Souveränitätskonzepte im geltenden Völkerrecht. 2003.

Band 20 Helmut Wirner: Kommunale Wohnungsunternehmen als öffentliche Auftraggeber im Sinne der EG-Vergaberichtlinien. 2003.

Band 21 Christian Abt: Die Mitwirkung der deutschen Bundesländer bei völkervertraglichen Handlungen im Rahmen der Europäischen Union. 2003.

Band 22 Wolfram Wormuth: Die Bedeutung des Europarechts für die Entwicklung des Völkerrechts. 2004.

Band 23 Sonja Rademacher: Diskriminierungsverbot und „Gleichstellungsauftrag". Zur Auslegung des Art. 3 Abs. 2 Satz 2 GG. 2004.

Band 24 Thomas Lennarz: Die Rechtsprechung des Europäischen Gerichtshofs und des Gerichts erster Instanz zu prozessualen Fragen des Verfügungsgrundsatzes und der Fristen. 2004.

Band 25 Florian Niewöhner: Elektronische Benutzerführungssysteme und chancengerechter Zugang zum digitalen Fernsehen. Eine Untersuchung unter besonderer Berücksichtigung der Position des öffentlich-rechtlichen Rundfunks. 2004.

Band 26 Oliver Glück: § 24c KWG und das Recht auf informationelle Selbstbestimmung. Eine Untersuchung der Verfassungsmäßigkeit des automatisierten Abrufs von Kontoinformationen. 2005.

Band 27 Siegfried Kwanka: Die Einwirkungen des Europarechts auf den vorläufigen Rechtsschutz im nationalen Verwaltungsprozess. 2006.

Band 28 Christian von Coelln: Spielräume des Gesetzgebers für die Erweiterung des Zugangs der Zeitungsverlage zum Rundfunk in Bayern. Rechtsgutachten, erstattet auf Ansuchen des Verbandes Bayerischer Zeitungsverleger e.V. 2006.

Band 29 Christoph Schultes: Die verfassungsändernde Volksgesetzgebung in Bayern. Eine Untersuchung zur Revision der Bayerischen Verfassung durch Volksbegehren und Volksentscheid. 2006.

Band 30 Kai Thum: Einfachgesetzliche Präzisierung des verfassungsrechtlichen Funktionsauftrags des öffentlich-rechtlichen Rundfunks. Zugleich ein Beitrag zur Dogmatik der Rundfunkfreiheit. 2007.

Stephanie Reese

Der Funktionsauftrag des öffentlich-rechtlichen Rundfunks vor dem Hintergrund der Digitalisierung

Zur Konkretisierung des Funktionsauftrages in § 11 Rundfunkstaatsvertrag

Frankfurt am Main, Berlin, Bern, Bruxelles, New York, Oxford, Wien, 2006.
339 S.
Studien zum deutschen und europäischen Medienrecht.
Herausgegeben von Dieter Dörr und Udo Fink. Bd. 20
ISBN 978-3-631-55472-2 · br. € 56.50*

Welche Ansprüche können oder besser müssen wir in der heutigen Zeit an den öffentlichrechtlichen Rundfunk stellen? Welche Veränderungen bringen die Digitalisierung und die Konvergenz der Medien? Besteht weiterhin eine Sondersituation des Rundfunks, die die Sonderstellung des öffentlich-rechtlichen Rundfunks rechtfertigt? Wird Rundfunk zum reinen Wirtschaftsgut? Welche Anforderungen stellt Europa? Wie ist die Neuregelung des § 11 Rundfunkstaatsvertrag vor diesem Hintergrund zu bewerten? Diesen und anderen Fragen nähert sich diese Abhandlung und findet Antworten.

Aus dem Inhalt: Entwicklung des Rundfunks · Verfassungsrechtliche Grundlagen · Duale Rundfunkordnung · Digitalisierung des Rundfunks · Reichweite des Funktionsauftrages · Europarechtliche Anforderungen · Regelung der BBC · Inhalt und Verfassungsmäßigkeit des § 11 RfStV

Kolibri 360 GmbH
Ferdinand-Jühlke-Straße 7
99095 Erfurt, Deutschland
produktsicherheit@kolibri360.de

Druck:
CPI Druckdienstleistungen GmbH
im Auftrag der
Kolibri 360 GmbH
Ferdinand-Jühlke-Str. 7
99095 Erfurt